AF167844

Karl Lenz

Soziologie der Zweierbeziehung

Karl Lenz

Soziologie der Zweierbeziehung

Eine Einführung

4. Auflage

VS VERLAG FÜR SOZIALWISSENSCHAFTEN

Bibliografische Information der Deutschen Nationalbibliothek
Die Deutsche Nationalbibliothek verzeichnet diese Publikation in der
Deutschen Nationalbibliografie; detaillierte bibliografische Daten sind im Internet über
<http://dnb.d-nb.de> abrufbar.

4. Auflage 2009

Alle Rechte vorbehalten
© VS Verlag für Sozialwissenschaften | GWV Fachverlage GmbH, Wiesbaden 2009

Lektorat: Frank Engelhardt

VS Verlag für Sozialwissenschaften ist Teil der Fachverlagsgruppe Springer Science+Business Media.
www.vs-verlag.de

Umschlaggestaltung: KünkelLopka Medienentwicklung, Heidelberg
Druck und buchbinderische Verarbeitung: Krips b.v., Meppel
Gedruckt auf säurefreiem und chlorfrei gebleichtem Papier
Printed in the Netherlands

ISBN 978-3-531-15810-5

Inhalt

Einleitung

Eduard und Ottilie, Effi Briest und Baron Innstetten, Professor Unrat (Raat) und Rosa Fröhlich, Thomas und Gerda Buddenbrook, Madame Bovary und Leon. Harry und Sally, Paul und Paula, (Ted) Kramer gegen (Joanna) Kramer, Alvy Singer und Annie Hall, Dan Gallagher und Alex Forrest. Tristan und Isolde, Telramund und Ortrud, Othello und Desdemona, Carmen und José, Torvald und Nora Helmer. Jean-Paul Sartre und Simone Beauvoir, Edward VIII und Wallis Simpson, Petra Kelly und Gert Bastian, George W. und Laura Bush, Angela Merkel und Joachim Sauer.

Diese mehr oder minder willkürliche Auswahl von fiktiven und realen Paaren, die aus bekannten Romanen, Filmen, Opern und Theaterstücken stammen bzw. "uns" als Personen des Zeitgeschehens in der medialen Vermittlung "bekannt" sind, eröffnet einen Einblick in die reichhaltige Dynamik der Zweierbeziehungen. Sichtbar werden die Irrwege des Kennenlernens, Strategien der Kontaktanbahnung, aufflammende Leidenschaften, das grenzenlose Glück, Versuche, das Glück festzuhalten, das Einrichten fester Routinen, Unterschiede in der persönlichen Nähe und Erreichbarkeit, das gewachsene Vertrauen, die hohen gegenseitigen Unterstützungs- und Stabilisierungsleistungen, unterschiedliche Treue-/Untreue-Regelungen, die Modellierung der Akteure, das Ausbrechen aus der Konvention, Eifersucht, Hass und Verachtung, Grenzen der Kommunikation, die Beziehung als Abenteuer, die Tragik des Scheiterns, das hohe Lebensrisiko, das mit der "Liebe" einhergehen kann und vieles mehr.

Romane, Filme und Opern – um nur diese Genres zu nennen – sind überreich an Beziehungsgeschichten. Das hohe Interesse am Innenleben von Paarbeziehungen ist nicht nur auf den Kunstbetrieb begrenzt. Mit hoher Wissbegier werden Paarbildung, Affären, Krisen und Trennungsgeschichten bekannter Personen durch Klatschgeschichten kolportiert oder gar in Biografien recherchiert. Die Soziologie hat sich von diesem "Beziehungsfieber" nicht anstecken lassen; ihr Interesse an Ehen und eheähnlichen Beziehungen ist – wie ich im ersten Teil ausführlich zeigen werde – schwach ausgeprägt. Zwar wäre es verfehlt, den Eindruck zu erwecken, eine "Soziologie der Zweierbeziehung" sei etwas ganz Neues (In diesem Falle wäre es schwer möglich, eine "Einführung" zu schreiben). Da aber ihre Erforschung in der Soziologie zu keinem eigenen Forschungsbereich geführt und sich auch keine Forschungstradition etabliert hat, ist es für das anstehende Projekt einer Soziologie der Zweierbeziehung erforderlich, aus unterschiedlichen Zusammenhängen stammende Vorarbeiten zu verknüpfen, lose verbundene, z. T. völlig disparate Wissensbestände zu systematisieren und zu bündeln sowie vor allem diese Materialien für einen soziologischen Fokus zu schärfen.

Wenn hier dafür plädiert wird, dass Zweierbeziehungen in das Rampenlicht soziologischer Aufmerksamkeit gehören, dann folgt dies nicht der Devise, dass, wenn alle von Beziehungen reden, auch die Soziologie sich dem nicht verschließen darf.

Mein Plädoyer stützt sich vielmehr darauf, dass Zweierbeziehungen den Prototyp der Vergemeinschaftung bilden und ihre Ausblendung als Forschungsgegenstand ein großer Schaden für die (Mikro-)Soziologie ist. Zugleich hat, und dies ist die andere Seite meines Plädoyers, die Soziologie – wie ich zu zeigen versuche – das Potenzial, einen eigenständigen Beitrag für die Erforschung von Zweierbeziehungen zu leisten.

Zwei weitere Gesichtspunkte haben mich beim Schreiben dieser Einführung geleitet: (1) Eine Soziologie der Zweierbeziehung ist nicht eine weitere der unzähligen Bindestrichsoziologien. Sie gehört vielmehr als zentraler Teil einer Soziologie persönlicher Beziehung in den Kernbereich der Soziologie. Im Unterschied zu den Ebenen der Gesellschaft, der Organisation und auch der Interaktion stellt die persönliche Beziehung eine eigenständige Ebene dar, die bisher stark unterbelichtet geblieben ist. Hier besteht ein großer Nachholbedarf. Um diese Zugehörigkeit sichtbar zu machen, lege ich ein besonderes Gewicht auf die Verknüpfung mit theoretischen Grundlagen der Soziologie, wobei ich mich vor allem auf die interpretative Tradition im Anschluss an Georg Simmel und Erving Goffman stützen werde. (2) Zugleich geht es mir darum, deutlich zu machen, dass eine Soziologie der Zweierbeziehung unvoreingenommen nach Forschungsmaterialien Ausschau halten soll. Es ist viel zu eng gefasst, nur mit Interviews – egal ob mit Fragebogen oder als narratives bzw. Leitfaden-Interview – zu arbeiten. Auch Romane, Filme, Tagebücher, Alltagsbeobachtungen, Beziehungsratgeber, therapeutische Fachliteratur usw. können reichhaltige Materialien sein (ausführlicher vgl. Lenz 2002).

Die vorliegende Einführung stellt ein Kondensat einer sich über Jahre erstreckenden wissenschaftlichen Beschäftigung mit persönlichen Beziehungen dar. Vielen Kolleginnen und Kollegen, Freundinnen und Freunden habe ich für vielfältige Anregungen und für ihre breite Unterstützung zu danken. Wie bereits bei der 2. und 3. Auflage habe ich die Neuauflage für einige Ergänzungen und vor allem für die Aktualisierung der Forschungsliteratur genutzt. Um den Lehrbuchcharakter stärker zu betonen, findet sich am Ende der zentralen Kapitel eine Zusammenstellung der Schlüsselbegriffe, Wiederholungsfragen sowie weiterführender Literaturverweise. Unterstützt haben mich bei diesen Aufgaben Frau Sabine Dreßler, M. A., und Dipl.-Soz. Martina Kyselová; ihnen möchte ich an dieser Stelle für ihr hohes Engagement und für ihren großen zeitlichen Einsatz danken.

Teil I
Zweierbeziehungen als Forschungsgegenstand

1.   Ehen als Randthema der Familienforschung

Für die Familienforschung war lange Zeit die Namensgebung Programm. Forschungsgegenstand war primär die Eltern-Kind-Beziehung; Ehen kamen ganz überwiegend nur in Bezug auf die Familie in den Blick (vgl. Schmidt 2002; Nave-Herz/Markefka 1989). Eine Eheforschung konnte sich – besonders ausgeprägt im deutschsprachigen Raum – zu keinem eigenständigen Teilbereich entwickeln (vgl. Nave-Herz 2006; Matthias 2008); entsprechend wurde es auch nicht als notwendig angesehen, von "Ehe- und Familienforschung" zu sprechen. Ein als grundlegend aufgefasster enger Verweisungszusammenhang von Ehe und Familie hat dazu geführt, dass Ehe primär aus dem Blickwinkel der Familie thematisiert wurde. Die Ehe wurde – und wird z. T. auch weiterhin – lediglich als ein kurzer und dadurch auch unbedeutender Vorlauf zu einer als dem "eigentlichen Zweck" oder "eigentlichen Motiv" aufgefassten Familienbildung angesehen. Dieser Verweisungszusammenhang war noch in den soziologischen Ehedefinitionen aus den 1980er Jahren ein gängiges Element[1]:

> "Ehe ist nach traditioneller und im Zivilrecht vorherrschender Auffassung eine (relativ) dauerhafte und rechtlich legitimierte Lebens- und Sexualgemeinschaft zweier (ehe-)mündiger verschiedengeschlechtlicher Partner, *die den Vorsatz haben, die von der Frau geborenen Kinder rechtsverbindlich als die eigenen anzuerkennen*" (Gukenbiehl 1986: 55; Hervorhebung K. L.).

> "Mit Ehe bezeichnet man eine durch Sitte oder Gesetz anerkannte, auf Dauer angelegte Form gegengeschlechtlicher sexueller Partnerschaft. Weiterhin ist ein wesentliches Strukturmerkmal aller Ehen, auch der modernen, dass sie über das bloße personale Paarverhältnis auf Gruppenbildung – *auf Familie* – *hinausweist*" (Nave-Herz 1989a: 6; Hervorhebung K. L.).

Im englischsprachigen Raum ist es immerhin üblich, diesen Forschungsbereich mit "marriage and family" zu bezeichnen. Diese Benennungsunterschiede gehen auch mit einer stärkeren Aufmerksamkeit für die Ehe einher. Allerdings ohne dass von einer Gleichrangigkeit gesprochen werden könnte. Überhaupt fällt auf, dass die Ehe als Forschungsgegenstand im amerikanischen Raum erst auf dem Umweg wahrgenommener "Probleme" der Familie "entdeckt" wurde. Es sind vor allem drei "ehebezogene" Themenbereiche, die in der amerikanischen Forschung Tradition haben: die Partnerwahl, Ehequalität (bzw. Ehezufriedenheit) und Scheidungen, und alle drei wurden durch die sich ausbreitende "Sorge" um die wachsende Instabilität von Familien angestoßen. Die Entdeckung der Partnerwahl als Thema war eng mit der Befürchtung

---

1   Dieser Verweisungszusammenhang kehrt auch in der strukturtheoretisch angelegten Familiensoziologie von Tilman Allert (1998: 214) wieder: Das Hauptanliegen sei, "die Vielfalt der Handlungsmuster in Paarbeziehungen aus dem dynamischen Potenzial des Dritten" heraus zu erklären.

verbunden, dass die wachsende Bedeutung des romantischen Ideals bei der Wahl des Ehegatten bzw. der Ehegattin desorganisierend auf Familien wirke. Mit der Ehequalität oder -zufriedenheit wollte man den "Vorraum" einer möglichen Trennung inspizieren, um einen Beitrag zur Prophylaxe zu leisten. Bei der Ehescheidung dominierten neben der Suche nach sozialdemographischen Merkmalen, die Ehen besonders anfällig machen, vor allem die "Scheidungsfolgen", und zwar lange Zeit fast ausschließlich hinsichtlich der Konsequenzen für die Kinder. Alle drei Themenkomplexe, die in der deutschsprachigen Familienforschung keine vergleichbare Bedeutung erlangen konnten, begründen zwar eine höhere Aufmerksamkeit für die Ehe im amerikanischen Kontext, zeigen aber zugleich, wie sehr auch diese an eine dominante "Familien-Optik" gebunden bleibt.

Dieses Versäumnis resultiert aus einer unkritischen Übernahme und Fortschreibung des "bürgerlichen" oder "modernen" Familienmodells – und damit einer historisch gebundenen Familienform – als Grundkategorie der Familienforschung (ausführlicher dazu Lenz 2003d). Dieses Familienmodell ist im 18. Jahrhundert mit dem Aufkommen des Bürgertums entstanden und setzte sich nach und nach auch in anderen sozialen Milieus als dominante Familienform durch (als Überblick vgl. Sieder 1995; Gillis 1997). Ein zentrales Kennzeichen dieses modernen Familienmodells ist die "institutionelle Koppelung" (Tyrell/Herlth 1994) von liebesfundierter Ehe und Elternschaft. In diesem Familienmodell wird die Elternschaft als die Vollendung der Ehe, die Familiengründung als der eigentliche Zweck der Heirat aufgefasst. Die Ehe verschwindet hier weitgehend in der Familie, sie wird fraglos unter die Familie subsumiert. Anstatt dieser historisch gebundenen Familienform einen analytischen Familienbegriff entgegenzusetzen, war Familienverständnis in der Familienforschung dominant.

Anzuerkennen ist, dass seit dem ersten Erscheinen dieses Buches im Jahre 1998 und meiner Habilitationsschrift zu Zweierbeziehungen (1991) die Paarforschung inzwischen deutlich mehr Aufmerksamkeit findet. Unter dem Druck der Veränderungsprozesse, die im Weiteren beschrieben werden und – auf die Formel gebracht – als Entkoppelung von Ehe und Familie benannt werden können, hat sich zumindest in Ansätzen – innerhalb und außerhalb der Familienforschung – die Paarforschung etablieren können (als Überblick zur aktuellen Familienforschung vgl. Ecarius 2007; Huinink/Konietzka 2007). Weitere wichtige Impulse sind vom DFG-Schwerpunktprogramm "Panel Analysis of Intimate Relationships and Family Dynamics" (kurz: PAIRFAM) zu erwarten, das auf der Grundlage einer soziologischen und psychologischen Rational-Choice-Theorie u. a. die Etablierung und Gestaltung der Paarbeziehungen und deren (In-)Stabilität empirisch untersucht (Feldhaus/Huinink 2005; 2006)[2].

---

2   Nach dem Mini-Panel sollen 2008 und 2009 die beiden ersten Wellen des Hauptpanels mit drei Kohorten (15- bis 17-, 25- bis 27- und 35- bis 37-Jährigen) mit je 4000 Zielpersonen durchgeführt werden.

Was ist eine Familie?

Da lange Zeit in der Familienforschung das bürgerliche Familienmodell auch den gängigen Familienbegriff dominiert hat, sollen an dieser Stelle kurz Konturen eines universellen Familienbegriffs skizziert werden[3]:

Konstitutiv für eine Familie ist das Vorhandensein einer Generationendifferenz. Von einer Familie kann immer erst dann gesprochen werden, wenn mindestens eine Generationenbeziehung in Form einer Mutter-Kind- bzw. Vater-Kind-Beziehung vorhanden ist. Zu betonen ist, dass durch die Geburt eines Kindes noch keine Familie entsteht, sondern erst, wenn zumindest eine Person eine Mutter- oder Vater-Position übernimmt. Es kann Familien ohne biologische (und ohne rechtliche) Elternschaft geben, nicht aber Familien ohne soziale Elternschaft. Eine Familie wird immer durch die Übernahme und das Innehaben einer oder beider Elter(n)-Position(en) geschaffen und kann nur dadurch fortbestehen. Solange die Kinder klein sind, leben – zumindest in den modernen Gesellschaften – die Familienmitglieder vielfach in einem Haushalt. Dennoch ist die Haushaltsgemeinschaft kein konstitutives Element einer Familie. Dies wird schon daran deutlich, dass eine Familie keinesfalls aufhört zu bestehen, wenn das (letzte) Kind ausgezogen ist. Die kleinstmögliche Familie wird von zwei Personen gebildet, die in einer Generationenbeziehung zueinander stehen. Eine Familie kann aber auch drei, vier oder mehr Personen umfassen, die zwei oder mehr Generationen angehören können. Neben Mutter, Vater und Kind sind in Familien weitere Positionen möglich. Diese können einer weiteren Generation (z. B. Großmutter, Großvater) angehören oder die Eltern-Generation horizontal erweitern (z. B. Onkel, Tante). Zur Familie lassen sich diese Personen nur dann rechnen, wenn sie tatsächlich als Familienmitglieder wahrgenommen und als solche behandelt werden; eine bloße Haushaltsgemeinschaft reicht dafür nicht aus. Während den Kern einer jeden Familie das Vorhandensein von mindestens einer Generationenbeziehung bildet, braucht es immer auch einer Definition der Grenzziehung, wer neben dieser bzw. diesen Generationenbeziehung/en noch zur Familie gehört und wer außerhalb davon steht.

1.1 Wachsende Eigenständigkeit der Ehe

Lange Zeit ist diese weitgehende Vernachlässigung der Ehe in der Familienforschung unter den Bedingungen der kulturellen Hegemonie des modernen Familienmodells nicht weiter aufgefallen. Mit der Familie als Forschungsgegenstand schien auch die Ehe hinreichend abgedeckt zu sein. In der Gegenwart ist dies aber im wachsenden Maße – wie Verschiebungen im Forschungsinteresse zeigen (vgl. z. B. Matthias-Bleck 1997; Vaskovics/Rupp/Hoffmann 1997; Nave-Herz 1997a; Burkart 1998; Schneider/Rosenkranz/Limmer 1998, Nave-Herz 2006) – immer weniger haltbar.

---

3 Ausführlicher vgl. K. Lenz, Familie – Abschied von einem Begriff?, in: Erwägen – Wissen – Ethik (EWE) 14 (2003), S. 485-498; K. Lenz, Familien als Ensemble persönlicher Beziehungen, in: F. Busch, Familie und Gesellschaft: Beiträge zur Familienforschung, Oldenburg 2005, S. 9-31.

Familiensoziologische Studien "entdecken", dass es auch jenseits der Familie noch "Leben" gibt. Hierzu haben nachhaltig Tendenzen einer wachsenden Eigenständigkeit der Ehe einerseits und eines fortschreitenden Bedeutungsverlustes der Ehe andererseits beigetragen. Weithin Konsens besteht darüber, dass diese Tendenzen das Ergebnis eines forcierten Modernisierungsprozesses sind (als Überblick vgl. Hettlage 1998). Kontrovers dagegen wird diskutiert, ob das "Kernstück" dieses Wandlungsprozesses als "Individualisierung" (Beck/Beck-Gernsheim 2005), als "Differenzierung" (Meyer 1992; Nave-Herz 1997b) oder als "Deinstitutionalisierung" (Tyrell 1988) zu deuten ist. Hier soll es im Weiteren nicht um diese Erklärungsversuche gehen, sondern um die Phänomenebene: Zunächst werden einige Tendenzen der wachsenden Eigenständigkeit der Ehe aufgezeigt, im folgenden Teilkapitel dann Tendenzen des Bedeutungsverlustes der Ehe.

Schon mit dem Übergang zur Industriegesellschaft wurde die Nachfamilienphase ("empty nest") im Familienzyklus zu einer Massenerscheinung, aber ihre immense Bedeutungssteigerung ist ein ungleich neueres Phänomen. Dazu trägt die starke Zunahme der Lebenserwartung bei, die in Deutschland von 1960 bis 2004/2006 für Männer um ca. achteinhalb Jahre auf 76,6 Jahre und für Frauen um mehr als zehn Jahre auf 82,1 Jahre angestiegen ist (vgl. Höpflinger 1997; Statistisches Bundesamt 2007). Einen ähnlichen Anstieg haben auch die anderen westeuropäischen Staaten zu verzeichnen. Zur Bedeutungszunahme der Nachfamilienphase trägt auch bei, dass sich die Familienbildung überwiegend auf ein Kind oder auf zwei Kinder beschränkt. Werden zwei oder mehr Kinder in einer Familie geboren, lässt sich gleichzeitig eine deutliche Tendenz zur Verringerung der Geburtenabstände feststellen. Auch wenn die nachwachsende Generation heute aufgrund der Verlängerung der Ausbildungszeiten oftmals länger in ihrer Herkunftsfamilie verweilt, ist in aller Regel die Schrumpfung der Familie auf das Ehepaar bereits abgeschlossen, wenn die Eltern 50 Jahre alt werden oder kurz danach. Den 20 bis 25 Jahren Familienhaushalt steht ein ähnlich langer Zeitraum gegenüber, in dem das Ehepaar wieder allein ist. In vielen Fällen dürfte mittlerweile die Zeitdauer des alleinigen Zusammenlebens des Ehepaares, zu der neben der Nachfamilienphase auch die kinderlose Zeit zu Beginn der Ehe zu rechnen ist, die Dauer der Familienphase übersteigen (vgl. auch Nave-Herz 2002a).

Nicht nur gewinnen die kinderlosen Phasen im Familienzyklus zunehmend gegenüber den Familienphasen an Gewicht, auch mit Kindern zeigt sich in der Gegenwart eine höhere Eigenständigkeit der Ehe. Trotz der Zunahme einer Kindzentrierung der Familien scheinen Eltern immer weniger bereit, voll und ganz in ihrem "Eltern-Dasein" aufzugehen. Sie sind nicht nur Vater und Mutter, sondern auch weiterhin Ehemann und Ehefrau. Dies wird bereits in der scheinbaren Kleinigkeit der Anrede erkennbar. Während es lange Zeit gängige Praxis war, dass sich ein Ehepaar mit Kindern auch gegenseitig als "Vater" und "Mutter" ansprach, wird es immer üblicher, dass die Anrede mit Vornamen (oder deren Substituten) beibehalten wird. Immer mehr wenden sich Eltern dagegen, sich in ihrem Privatleben auf die Vater- oder Mutterrolle reduzieren zu lassen. Man möchte auch mal etwas ohne die Kinder unternehmen, nur zu zweit sein. Wenn das nicht in dem gewünschten Maße möglich ist, wird dies zumindest als Belastung, als Einschränkung erlebt. Dass der Partner ein "guter Vater", die Partnerin eine "gute Mutter" ist, reicht nicht mehr für die eheliche Zufriedenheit aus; diese wird vielmehr von einer breiten Palette an Erwartungen, die aneinander gestellt werden, abhängig gemacht. Erfüllen sich diese Erwartungen nicht hinreichend, so sind auch die Ehepaare mit Kindern zunehmend weniger gewillt, die Schwierigkeiten miteinander nur wegen der Sicherung des Familienzusammenhalts hinzunehmen, wie die hohe Zahl von Scheidungen bei Ehen mit Kindern deutlich zeigt.

In der Familienforschung finden diese Tendenzen bislang wenig Beachtung, das Ehegatten-Subsystem wird zugunsten des Eltern-Kind-Subsystems, die Ehe also zugunsten der Familie stark vernachlässigt. Dabei hatte schon Emile Durkheim (1921), einer der Begründer der Familiensoziologie, auf die Bedeutung der Ehe für die moderne Familie hingewiesen. Er sah hierin gerade ihr zentrales Strukturmerkmal, weshalb Durkheim diese Familie in Kontrastierung zur "Vaterfamilie" (famille paternelle) als "Gattenfamilie" (famille conjugale) bezeichnete. Mitglieder einer Gattenfamilie sind nur noch der Ehemann, die Ehefrau und die unverheirateten Kinder (vgl. Wagner 2001). Durch diese Begriffswahl sollte angezeigt werden, dass das Gattenpaar die zentrale und einzig permanente Zone der Familie ist, während die Kinder lediglich zeitlich begrenzt anzutreffen sind. Auch wenn dieser Begriff bei Durkheim mit dem "Kontraktionsgesetz" in Verbindung steht, das mittlerweile von der historischen Familienforschung einhellig verworfen wird (vgl. Mitterauer/Sieder 1991), wäre es auf dieser Grundlage durchaus möglich gewesen, der Ehebeziehung eine eigenständige Relevanz zuzumessen und sie nicht nur als Epiphänomen der Familie aufzufassen.

Dies ist für die Gegenwart unerlässlich, da die Ehe gegenüber der Familie nicht nur an Eigenständigkeit gewonnen hat, sondern die empirischen Grundlagen für den Verweisungszusammenhang von Ehe auf Familie – die, wie gesehen, zum festen Bestand soziologischer Ehedefinitionen gehören – selbst brüchig geworden sind. Was bis in die jüngste Vergangenheit unbestritten eine kulturelle Selbstverständlichkeit darstellte – dass eine Eheschließung fest an die Intention einer Familiengründung gekoppelt ist, dass wer heiratet, auch Kinder möchte – hat mittlerweile eine massive Geltungseinbuße hinnehmen müssen. Die Familiengründung ist zu einer Option geworden (vgl. Rost/Schneider 1996), wie eine wachsende Zahl von Ehen zeigt, die dauerhaft kinderlos bleiben. Genaue Zahlen, wie viele kinderlose Ehepaare es in Deutschland gibt, liegen nicht vor; Schätzungen gehen aber davon aus, dass es mittlerweile ca. 20% sein dürften (vgl. Onnen-Isemann 1999; auch Dobritz/Schwarz 1996). Als Bezugsgröße für die Kinderlosigkeit werden meistens nicht die Ehen, sondern die Frauen gewählt; mit einbezogen werden dadurch auch die ledigen Frauen. Hier ist man ebenso auf Schätzungen angewiesen (vgl. Kreyenfeld /Konietzka 2007), die mit einer mehr oder minder großen Ungenauigkeit einhergehen[4]. Bis zum

---

4   Auf Schätzungen ist man nicht nur deshalb angewiesen, da man endgültige Aussagen über die Kinderzahl einer Frau erst nach Abschluss der reproduktiven Phase machen kann und bei jüngeren Geburtenkohorten Annahmen über den weiteren Fertilitätsverlauf getroffen werden müssen. Dieser Schätzungsbedarf ergibt sich vielmehr bereits aus den Erfassungsmodalitäten (vgl. Dorbritz 2005).

Geburtsjahrgang 1960 gab es in Westdeutschland einen kinderlosen Frauenanteil von knapp über 20% und weniger als 10% in Ostdeutschland. Für Westdeutschland ist zu vermuten, "dass die nach 1965 geborenen Frauen zu deutlich mehr als 25 Prozent, wenn nicht sogar zu 30 Prozent kinderlos bleiben werden" (Dorbritz/Ruckdeschel 2007: 77). Auch in Ostdeutschland nimmt die Kinderlosigkeit zu, doch selbst in den jüngeren Geburtsjahrgängen werden die westdeutschen Vergleichswerte nicht erreicht. Im europäischen Vergleich weist Deutschland zusammen mit der Schweiz die höchste Kinderlosigkeit auf. Aber auch in den anderen europäischen Ländern ist die Kinderlosigkeit ansteigend (vgl. Dorbritz/Ruckdeschel 2007). Nicht außer Betracht darf dabei bleiben, dass ein Teil dieser Kinderlosigkeit medizinisch bedingt ist. Vielfach kann man von einer Globalziffer von 10% ungewollt kinderloser Paare lesen, die aber nicht belegt ist. Neuere amerikanische Schätzungen gehen davon aus, dass ihr Anteil etwa bei 5% aller Ehepaare liegt (vgl. Höpflinger 1991). Die Kinderlosigkeit steigt an, und dies, obwohl die moderne Reproduktionsmedizin Möglichkeiten geschaffen hat, dass auch Paare mit Fertilitätsstörungen ihren Kinderwunsch realisieren können (vgl. Nave-Herz/Onnen-Isemann 2000; Stöbel-Richter/Weidner/Borkenhagen/Kraus/Brähler 2008). Medizinisch bedingte Kinderlosigkeit ist heute in vielen Fällen – trotz einer niedrigen Erfolgsquote, die viele Versuche notwendig macht – nicht mehr einfach ein unabwendbares 'Schicksal'. Dies ist in Rechnung zu stellen, wenn das Ausmaß freiwilliger Kinderlosigkeit beurteilt werden soll. Weiterhin scheint der temporäre Aufschub die dominante Form der freiwilligen Kinderlosigkeit zu sein, wie schon die Studie von Nave-Herz (1988b) gezeigt hat: Der Kinderwunsch wird zunächst aufgeschoben und auf diesem Umweg – weil man sich an den kinderlosen Lebensstil gewöhnt, weil nie der "richtige" Zeitpunkt ist oder auch durch unvorhersehbare Ereignisse – kommt es dann zu einer dauerhaften Kinderlosigkeit. Daneben gibt es im wachsenden Maße die bewusste, lebenslange bzw. als solche projektierte Entscheidung, keine Kinder zu wollen. Jürgen Dorbritz (2005: 389f) kommt auf der Grundlage der bereits erwähnten Population Policy Acceptance Study zu dem Ergebnis, dass "eine Gruppe in der Bevölkerung vorhanden (ist), die sich aufgrund individualistisch geprägter Orientierungen gegen Kinder entscheidet".

Dieses offensichtlich hohe Ausmaß an freiwilliger Kinderlosigkeit, wobei es zweitrangig erscheint, ob diese "momentan" oder bereits von Anfang an "dauerhaft" geplant ist, macht deutlich, dass auch die Elternschaft im individuellen Lebenslauf zu einer Option geworden ist, für die man sich entscheiden, die man aber auch für sich ablehnen kann. Es hat sich eine – wie es Franz-Xaver Kaufmann (1995) ausdrückt – "Entkoppelung von Ehe und Elternschaft" vollzogen: An die Heirat ist nicht mehr quasi automatisch der Wunsch nach gemeinsamem Nachwuchs gebunden. Auch unter den "entkoppelten" Bedingungen wird sich die große Mehrzahl der Ehen weiterhin für die Familiengründung entscheiden, aber dies ist dann eine Selektion aus

---

In der Geburtsstatistik wird die Ordnungszahl der Geburten jeweils in der bestehenden Ehe erfasst. Geburten aus früheren Ehen werden nicht mitgezählt. Dadurch ist es möglich, dass eine Frau in der statistischen Erfassung mehrere "erste Kinder" hat. Der Mikrozensus erfasst nur die Zahl der in einem Haushalt lebenden Kinder, nicht die Zahl der Geburten. Praktiziert werden unterschiedliche Verfahren, um diese Verzerrung zu korrigieren.

Wahlmöglichkeiten und keine Selbstverständlichkeit mehr. Die Entkoppelung von Ehe und Elternschaft schafft einen Korrekturbedarf soziologischer Ehedefinitionen. Der Verweisungszusammenhang auf Familie kann nicht länger ein festes Element der Ehedefinitionen sein, da man ansonsten streng genommen Ehen, die freiwillig auf Kinder verzichten, im soziologischen Sinne nicht mehr als "Ehen" bezeichnen dürfte. Große Teile der Familienforschung scheinen sich weiterhin diesem notwendigen Korrekturbedarf zu versperren[5].

1.2   Verlust der Monopolstellung der Ehe

Die bisher angeführten Argumente zielten darauf ab, Ehen als eigenständiges Forschungsfeld gegenüber Familien sichtbar zu machen. Mit einer Eheforschung ist es aber nicht getan, da die Ehe selbst − und ungleich stärker noch als die Familiengründung − inzwischen massive Einbußen als eine kulturelle Selbstverständlichkeit hat hinnehmen müssen und in Konkurrenz zu inzwischen weitgehend gesellschaftlich akzeptierten nichtkonventionellen Beziehungsformen tritt (vgl. auch Cherlin 2004; Nave-Herz 2006; Lengerer/Klein 2007; Peuckert 2008).

(1) Verlust der normativen Verbindlichkeit der Ehe

Nach dem Wegfall der Ehebeschränkungen im 19. Jahrhundert ist die Heiratshäufigkeit in Deutschland und auch anderen Ländern stark angestiegen und hat in den 50er und 60er Jahren des 20. Jahrhunderts − dem "golden age of marriage" − Rekordmarken erklommen. Zu jener Zeit konnte man mit Fug und Recht von der Ehe als kulturelle Selbstverständlichkeit sprechen. Seit den 1970er Jahren lässt sich nicht nur ein Trend zu einem höheren Heiratsalter feststellen, sondern zugleich ist auch in allen westlichen Industrieländern die Heiratsneigung stark rückläufig (vgl. Grünheid 2006; Huinink/Konietzka 2007).

Eine gängige Messziffer ist die 'jahresspezifische' zusammengefasste Erstheiratsziffer (vgl. Klein 2005). Für Aussagen, wie viele Personen entsprechend der Heiratsneigung des jeweiligen Kalenderjahres zumindest einmal im Leben heiraten oder über das gesamte Leben hinweg ledig bleiben, muss auf die methodisch aufwändigeren Heiratstafeln zurückgegriffen werden (vgl. Klein 2005): Die Berechnungen zu den Heiratstafeln zeigen, dass die Erstheiratsneigung seit den 1970er Jahren rückläufig ist. Anfang der 1970er Jahren heirateten noch 93% der Frauen und 87% der Männer wenigstens einmal in ihrem Leben. 30 Jahre später hat sich ein Rückgang auf 77% bzw. 66% vollzogen (Bundesinstitut für Bevölkerungsforschung 2004)[6]. Die

---

5   In der aktuellen Ausgabe des "Wörterbuches der Soziologie" von Günther Endruweit und Gisela Trommsdorff (2002) wiederholt Rosemarie Nave-Herz in ihrem Artikel zur Ehe ihre bereits zu Beginn dieses Kapitels zitierte Definition: "Weiterhin ist ein wesentliches Strukturmerkmal aller Ehen, auch der modernen, dass sie über das bloße personale Paarverhältnis auf Gruppenbildung − auf Familie − hinausweist".

6   Diese Vergleichswerte stammen aus Westdeutschland. In Ostdeutschland lag die Heiratsneigung 2000 bei 69% für Frauen und 57% für Männer.

höhere Heiratsneigung der Frauen resultiert daraus, dass geschiedene Männer bei einer erneuten Heirat häufiger eine ledige Frau wählen als umgekehrt dies der Fall ist. Aus dem Vergleich verschiedener Geburtsjahrgänge, wie er im Familiensurvey des Deutschen Jugendinstituts vorgenommen wurde, geht hervor, dass sich bei Männern unabhängig vom Schulabschluss ein deutlicher Rückgang der Heiratsneigung zeigt. Dagegen bestehen bei den Frauen Unterschiede: Frauen mit Abitur weisen einen ähnlich starken Rückgang der Heiratsneigung auf wie die Männer, dagegen ist das Ausmaß des Rückgangs bei Frauen mit Hauptschulabschluss noch deutlich niedriger (vgl. Bundesministerium für Familie, Senioren, Frauen und Jugend 2003).

Die Ehe hat zumindest in weiten Teilen der Gesellschaft erhebliche kulturelle Legitimationseinbußen erlebt. Aus Liebe folgt heute nicht mehr – wie es Hartmann Tyrell (1988: 155) formuliert – "bindend und motivational zwingend Heirat/Ehe". Es kommt zu einer Entkoppelung von Liebe und Ehe (vgl. Kaufmann 1995). Für ein Paar stehen unterschiedliche Beziehungsformen offen, in denen das gemeinsame sexuelle Erleben fest eingeschrieben und ein gemeinsamer Alltag in einer variablen Dichte erlangbar ist. Wer liebt, muss noch lange nicht auch heiraten. Selbst wenn geheiratet wird, lassen sich die Paare zunehmend Zeit bei ihrer Entscheidung, ob aus ihrer Liebe eine Ehe werden soll. Liebe reicht als Grund für eine Ehe nicht mehr aus, ein weiterer Grund muss hinzukommen (vgl. Matthias-Bleck 1997; Schneider/Rüger 2007). Vielfach wird darauf hingewiesen, dass die westdeutschen Paare den Schritt zum Standesamt in der Gegenwart erst dann machen, wenn ein Kind erwartet oder gewünscht wird. Rosemarie Nave-Herz (2006) hat dieses Muster als "kindorientierte Eheschließung" bezeichnet. Im Hinblick auf das moderne Familienmodell hat sich damit eine ganz wesentliche Verschiebung ereignet: "Nicht mehr die Eheschließung legitimiert Kinder, sondern Kinder legitimieren die Ehe" (Simm 1991: 322). Das Vorkommen dieses Heiratsmusters ist allerdings auf Westdeutschland begrenzt, in Ostdeutschland ist die kindorientierte Eheschließung nicht oder nur wenig verbreitet (vgl. Schneider 1994). Auch in den skandinavischen Ländern ist dieses Muster weitgehend unbekannt (vgl. Trost 1995). Hier wie in Ostdeutschland hat sich nicht nur die Legitimationsrichtung "gedreht", sondern eine Ablösung von Ehe und Familiengründung (bereits) durchgesetzt. Aber auch in Westdeutschland ist die kindorientierte Eheschließung – wie schon die große Zahl an kinderlosen Ehepaaren zeigt – nicht das einzige aktuell vorkommende Heiratsmuster.

Norbert F. Schneider und Heiko Rüger (2007: 146) kommen auf der Grundlage einer Befragung von 377 Paaren, die zwischen 1999 und 2005 geheiratet haben, zu dem Ergebnis, "dass es gegenwärtig keine dominierenden Heiratsmotive zu geben scheint". Mit Hilfe einer Clusteranalyse können die Autoren neun Cluster identifizieren, die sich drei Kernmotiven zuordnen lassen:

(1) Nutzenorientierte Heiratsmotive: Für ein Drittel der Paare wird der Ehe ein bestimmter Nutzen zugeschrieben. Die Ehe kann das Ergebnis eines rationalen Kalküls (z. B. ökonomische Vorteile) sein, dient dazu, eine räumliche Trennung zu verhindern (z. B. bei drohender Versetzung) oder den Erwartungen des nahen sozialen Umfelds zu entsprechen. Auch die kindorientierte Eheschließung wird

hier dazugerechnet, die gerade einmal bei jedem zehnten Paar in der Studie anzutreffen ist.

(2) Wertorientierte Heiratsmotive: Für ein knappes Drittel besitzt die Ehe an sich eine hohe Wertschätzung. Die Heirat stellt eine biografische Selbstverständlichkeit dar oder es geht vor allem um die traditionelle, festliche Heirat.

(3) Spontan-emotionale Heiratsmotive: Ein gutes Drittel der Paare wird diesem Muster zugeordnet. Für sie ist die Heirat eine spontane Entscheidung, ein Statusübergang im Sinne der Bestätigung der Beziehung oder erfolgt als Liebesheirat. Liebe ist bei nahezu allen unverzichtbar, aber nur bei 14% der Paare das allein ausschlaggebende Motiv.

Entschiedene Ehegegner/innen sind heute eher selten; typisch ist vielmehr eine indifferente Haltung. Ob man verheiratet ist oder nicht, darin wird kein wesentlicher Unterschied gesehen. Die Ehe hat stark an Symbolwert verloren; der Schritt zum Standesamt (und Traualtar) ist nicht mehr länger selbstverständlich, sondern wird hochgradig begründungsbedürftig (vgl. Matthias-Bleck 1997). Unzutreffend wäre es, aus diesen Wandlungstendenzen das (baldige) Ende der Ehe ableiten zu wollen. Auch weiterhin wird – wie auch die Zahlen zur Heiratsneigung zeigen – die große Mehrheit der heiratsfähigen Personen eine Ehe eingehen (vgl. Bloch/Fischer 2003), Die Ehe hat aber ihre Monopolstellung als die einzige, legitime Form der Geschlechterbeziehung verloren und dies wohl auf Dauer.

(2) Pluralisierung von Beziehungsformen

Parallel zum Rückgang der Heiratsneigung lässt sich in den meisten westeuropäischen Ländern eine starke Zunahme der unverheiratet Zusammenlebenden verzeichnen (vgl. Schneider/Rosenkranz/Limmer 1998; Matthias-Bleck 2006; Lengerer/Klein 2007). Vorreiter dieser Entwicklung zu nichtehelichen Lebensgemeinschaften[7] sind Schweden und Dänemark (vgl. Hradil 2006). In diesen beiden Ländern lebten zu Beginn der 1990er Jahre rund 20% (Dänemark) bzw. 18% (Schweden) aller Paare in dieser Lebensform (vgl. Vaskovics et al. 1997; Höpflinger 1999). Auskunft über die Verbreitung dieser Lebensform in Deutschland geben die amtliche Statistik und repräsentative Studien. Bis Mitte der 1990er Jahre war man auf Schätzungen angewiesen, da das Mikrozensusgesetz eine direkte Frage nach dem Lebenspartner bzw. der Lebenspartnerin nicht zuließ. Auch weiterhin besteht keine Auskunftspflicht, den-

---

7 Als nichteheliche Lebensgemeinschaften werden hier nur solche Zweierbeziehungen bezeichnet, die in einem gemeinsamen Haushalt zusammenleben. Diese Definition ist weithin üblich (vgl. Peuckert 2008; Vaskovics et al. 1997; Schneider et al. 1998), aber es gibt auch Abweichungen, die diesen Hinweis notwendig machen. Z. B. in der ersten deutschen Repräsentativstudie zu nichtehelichen Lebensgemeinschaften im Auftrag des Bundesministeriums für Jugend, Familie und Gesundheit (1985), bei der die Zuordnung aufgrund der Selbstdefinition der Befragten erfolgte, was zur Folge hatte, dass auch Paare (1/3 der Gesamtbefragten), die in getrennten Wohnungen lebten, als nichteheliche Lebensgemeinschaften benannt wurden. Da aber die Haushaltsgründung ein markanter Einschnitt ist, erscheint es ratsam, beide Typen von Paaren begrifflich auseinanderzuhalten. Auch findet sich weiterhin ein Nebeneinander unterschiedlicher Begriffe zur Bezeichnung nichtehelich zusammenlebender Paare (z. B. Ehen ohne Trauschein, Paare ohne Trauschein, Konkubinat). Ich habe mich für den Begriff nichteheliche Lebensgemeinschaften entschieden, da er am gebräuchlichsten ist und die beiden Merkmale, dass das Paar nicht verheiratet ist und in einem Haushalt zusammenlebt, deutlich zum Ausdruck bringt.

noch werden die Angaben als zuverlässig bewertet (vgl. auch Peuckert 2008). Seit der ersten Schätzung im Jahr 1972 haben sich die nichtehelichen Lebensgemeinschaften im früheren Bundesgebiet von 137.000 (1972) auf etwa 1,8 Millionen im Jahr 2005 vermehrt (vgl. Statistisches Bundesamt 2006). Einschließlich der neuen Bundesländer gab es Mitte des ersten Jahrzehnts des neuen Jahrtausends in Deutschland ca. 2,4 Millionen Haushalte mit nichtehelichen Lebensgemeinschaften. Besonders ausgeprägt ist dieser Wandlungsprozess bei den jüngeren Altersgruppen: Lebten von der Altersgruppe der 16- bis 30-Jährigen in den 1960er Jahren noch ca. 40% der Männer und 60% der Frauen in Westdeutschland in einer Ehe, so sind es heute nur noch ca. 10% bzw. 20%. Männer dieser Altersgruppe leben in der Gegenwart etwa gleich häufig in Ehen und nichtehelichen Lebensgemeinschaften; bei den Frauen hat die Ehe dagegen noch einen Vorsprung. Anders jedoch in Ostdeutschland: Ostdeutsche Männer und Frauen dieser Altersgruppe leben deutlich häufiger in nichtehelichen Lebensgemeinschaften als in Ehen (vgl. Lengerer/Klein 2007)[8].

Wohl als erste hat Rosemarie Nave-Herz (1988a; in aktueller Fassung: 2002a) darauf hingewiesen, dass es nicht angemessen ist, alle nichtehelichen Lebensgemeinschaften lediglich als eine neue Form der Verlobung oder als Probe-Ehe aufzufassen (vgl. auch Hettlage 1998). Nur ein Teil der nichtehelichen Lebensgemeinschaften wird mit dem festen Vorsatz geschlossen, dass in absehbarer Zeit geheiratet wird, oder um auszuprobieren, ob man im Beziehungsalltag auch zusammenpasse. In der Mehrzahl der Fälle dürfte es sich dagegen um eine neue Form des informellen Zusammenlebens handeln, die gewählt wird, ohne dass die Frage einer möglichen Eheschließung auf der Tagesordnung steht. Dies schließt jedoch nicht aus, dass sich das zusammenlebende Paar zu einem späteren Zeitpunkt dennoch entschließt zu heiraten. Die vorliegenden Studien deuten darauf hin, dass es sich bei den nichtehelichen Lebensgemeinschaften in den allermeisten Fällen um ein "Durchgangsstadium" handelt, das entweder in einer Ehe oder mit der Trennung endet (vgl. Vaskovics et al. 1997; Peuckert 2008). Nur für eine Minderheit scheint diese Lebensform eine dauerhafte Alternative zur Ehe zu sein. Weiterhin scheint zuzutreffen, was Günter Burkart et al. (1989) in einer zwanzig Jahre alten Studie feststellten: Nichteheliche Lebensformen als dauerhafte Alternative werden lediglich im großstädtischen Akademiker- und Alternativmilieu gelebt oder projektiert. Unerlässlich erscheint es zu beachten, dass nichteheliche Lebensgemeinschaften ein heterogenes Gebilde darstellen, das unterschiedliche Typen zusammenfasst, die von einer Vorstufe bis zur Alternative zur Ehe reichen können.

Auch wenn am Anfang von nichtehelichen Lebensgemeinschaften keineswegs immer schon konkrete oder mögliche Heiratsabsichten stehen, lässt sich feststellen, dass mittlerweile die große Mehrzahl junger Ehen aus nichtehelichen Lebensgemeinschaften hervorgeht. Für Schweden trifft dies inzwischen nahezu für jede neugegründete Ehe zu. Für die Bundesrepublik kommt die Bamberger Ehestudie von Laszlo A.

---

8   Die Datengrundlage dieser Ergebnisse bildet der Mikrozensus. Dieser ist für Ostdeutschland erst seit 1991 verfügbar. Aus diesem Grunde können für Ostdeutschland keine Aussagen zu den 1960er Jahren getroffen werden. Der Mikrozensus ist eine amtliche Repräsentativerhebung, die sich auf 1% der gesamten wohnberechtigten Bevölkerung erstreckt.

Vaskovics et al., in der in der ersten Befragungswelle über 1500 junge, noch kinderlose Ehepaare befragt wurden, zu dem Ergebnis, dass 80% der Paare bereits vor der
Ehe, und zwar im Schnitt zwei Jahre, zusammenlebten (vgl. Schneewind/Vaskovics
1992). Nichteheliche Lebensgemeinschaften, egal ob sie in eine Ehe münden oder
nicht, machen vor allem deutlich, dass die (relativ) festen Beziehungen unabhängig
von oder im Vorfeld einer Ehe einen starken Bedeutungszuwachs erfahren haben
(vgl. Matthias-Bleck 2006).

Neben der nichtehelichen Lebensgemeinschaft gewinnt als eine zweite "Figur
nichtkonventioneller Lebensformen" (Schneider/Rosenkranz/Limmer 1998; Schneider 2008) eine Beziehungsform an Gewicht, die sich durch das Fehlen eines gemeinsamen Haushalts auszeichnet. Hierbei sind nicht die Paare gemeint, die aufgrund
ihres jungen Alters noch im Haushalt ihrer Herkunftsfamilie leben. Voraussetzung
für die Zuordnung ist vielmehr, dass die Beziehungspersonen – nach einer gewissen
Zeitdauer ihres Kennenlernens – zwei eigenständige Haushalte aufweisen. Diese
Beziehungsform existiert unabhängig vom Familienstand. Sie findet sich zwar gehäuft unter Ledigen, aber auch unter Personen, die – geschieden oder nicht – eine
Ehe "hinter" sich haben. Auch Ehepaare können in zwei Haushalten leben. Diese
Beziehungsform wird häufig als "living-apart-together"-Beziehung (Schlemmer
1995) oder als "Paarbeziehung auf Distanz" bzw. – in Kurzform – als "Distanzbezie-
hung" (Schneider 2008) bezeichnet. Nach den Ergebnissen der 3. Welle des
DJI-Familiensurveys – einbezogen wurden nur Beziehungen, die bereits seit mindestens einem Jahr bestanden – lebten im Jahre 2000 von den Bundesbürger/innen im
Alter zwischen 18 und 61 Jahren 6% in dieser Beziehungsform (vgl. Schnei-
der/Ruckdeschel 2003). Weitere 2% dieser Altersgruppe lebten zwar in einer Paarbeziehung auf Distanz, allerdings lag ihre Beziehungsdauer noch unter einem Jahr.
Besonders verbreitet sind Distanzbeziehungen bei den 20- bis 29-Jährigen; ihr Anteil
in dieser Altersgruppe liegt bei 15%. Diese Lebensform wird vor allem von kinderlosen Personen mit höheren Bildungsabschlüssen gewählt.

Für Hoffmann-Nowotny (1995) ist die living-apart-together-Beziehung überhaupt der wahrscheinlichste Beziehungstyp der Zukunft. Hierbei ist allerdings zu
beachten, dass Hoffmann-Nowotny eine Ausweitung des Begriffs vornimmt und
darunter auch Beziehungen mit einer gemeinsamen Wohnung fasst, jedoch mit einer
weitgehenden Verselbständigung der Lebensstile und Aktivitäten. Aber auch ein
Anwachsen der living-apart-together-Beziehungen (im engeren Sinne: als doppelte
Haushaltsführung) erscheint keineswegs abwegig, wenn man den Blick auf Entste-
hungsgründe richtet. Erhöhte Anforderungen an die Berufsmobilität, ohne dass der
Partner oder die Partnerin bereit bzw. aufgrund des eigenen beruflichen Engagements
in der Lage ist, den Wohnortswechsel mitzuvollziehen, fördern Distanzbeziehungen
(vgl. Schneider/Limmer/Ruckdeschel 2002). Doch nicht immer hängt diese Beziehungsform mit dem Beruf zusammen. Paare ohne gemeinsame Wohnung in ein und
derselben Stadt können auch Ausdruck davon sein, dass ein hohes Gewicht auf fortgesetzte Selbst- und Eigenständigkeit gelegt wird. Die beruflichen Mobilitätsanforde-

rungen und die Ansprüche an das "eigene Leben" dürften in der Zukunft eher ansteigend sein[9].

In vielen Fällen ist davon auszugehen, dass die living-apart-together-Beziehungen, selbst wenn sie sich als stabil erweisen, nur zeitlich befristet bestehen. Sie existieren solange bis die Beziehung eine Intensität gewonnen hat, dass man zusammenzieht, oder bis es (wieder) möglich wird, die beruflichen Ambitionen beider Seiten in einer Stadt zu vereinen. In vielen Fällen geht eine Paarbeziehung auf Distanz zu einem späteren Zeitpunkt in eine nichteheliche Lebensgemeinschaft oder auch in eine Ehe über. Dennoch lassen sie sich nicht gesamthaft auf eine bloße Vorphase von nichtehelichen Lebensgemeinschaften beschränken, auf eine Wartephase, bis man zusammenzieht. Diese Beziehungsform mit getrennten Haushalten kann nämlich durchaus für eine relativ lange Dauer fortbestehen. Von den in der Studie von Norbert Schneider, Ruth Limmer und Kerstin Ruckdeschel (2002) untersuchten Distanzbeziehungen bestand jede vierte bereits sechs Jahre und länger, jede achte sogar länger als zwölf Jahre. In der Dauer unterscheiden sich living-apart-together-Beziehungen und nichteheliche Lebensgemeinschaften offensichtlich nicht; Letztere gehen nur häufig in eine Ehe über (vgl. Schneider 2008).

Distanzbeziehungen weisen untereinander deutliche Unterschiede auf: Neben dem Vorhandensein zweier "gleichwertiger" Wohnungen kommt es häufig auch vor, dass eine der beiden Wohnungen die gemeinsame Hauptwohnung ist und die andere Wohnung nur für den Zeitraum der berufsbedingten Abwesenheit genutzt wird. Letzteres ist bei "Pendler-Ehen" (vgl. Peuckert 2008) der Normalfall. In die Kategorie der Paarbeziehungen auf Distanz fallen auch die – wie Laurel Richardson (1985) sie nennt – "forbidden relationships", die jedoch durchaus eine eigenständige Thematisierung verdienen. Richardson bezeichnet damit längerwährende Beziehungen, die ein anders gebundener, meist verheirateter Mann zu seiner Geliebten oder eine anders gebundene, meist verheiratete Frau zu ihrem Liebhaber oder Geliebten[10] hat und die (meist) vor dem bzw. der Beziehungspartner/in verborgen wird. An Stelle von "forbidden relationships" schlage ich vor, von einer "verdeckten Zweierbeziehung" oder allgemeiner – da das Verheimlichen auch wegfallen kann – von einer "Nebenbeziehung" zu sprechen. Mit Nebenbeziehungen hat sich die Forschung bislang nur im geringen Umfang befasst[11].

Eine weitere nichtkonventionelle Lebensform, die zur Pluralisierung beiträgt, sind gleichgeschlechtliche Paarbeziehungen (vgl. Maier 2008). Anders als bei nichtehelichen Lebensgemeinschaften und Distanzbeziehungen wird damit kein weiterer Beziehungstypus umschrieben – schwule und lesbische Paare leben zusammen oder

---

9   Eine sehr enge Fassung des Begriffs "living-apart-together-Beziehung" findet sich bei Schneider/Rosenkranz/Limmer (1998), die darunter nur jene Zweierbeziehungen verstehen wollen, bei denen der doppelte Haushalt nicht – oder zumindest nicht vorrangig – durch berufliche Zwänge verursacht, sondern freiwillig aus Gründen ihres Partnerschaftsideals gewählt wurde.

10 Zunehmend scheint der Begriff des Geliebten, der im Deutschen lange wenig gebräuchlich war, den des Liebhabers zu verdrängen.

11 Ausnahmen aus dem englischsprachigen Bereich sind Laurel Richardson 1985; 1988; Anette Lawson 1990; Janet Reibstein/Martin Richards 1992. Für den deutschen Sprachraum finden sich Materialien zu diesem Thema im Sammelband von Elisabeth Flitner und Renate Valtin (1987).

in zwei getrennten Haushalten –, sondern sie grenzen sich durch die geschlechtsgleiche Besetzung von anderen (heterosexuellen) Paaren ab (vgl. Maier 2008; Matthias-Bleck 2006). Folgt man den spärlich vorliegenden Forschungsergebnissen, dann lebt knapp die Hälfte der schwulen Männer in einer Zweierbeziehung, die bereits seit einem Jahr besteht. Bei lesbischen Frauen scheinen feste Beziehungen stärker verbreitet zu sein (vgl. auch Schneider/Rosenkranz/Limmer 1998; Hoffmann/Lautmann/Pagenstecher 1993).

(3) Wechsel der Beziehungsformen im Lebenslauf
Dieser stattgefundene Verlust der Monopolstellung der Ehe wird im vollen Umfang erst deutlich, wenn man berücksichtigt, dass sich der Beginn von 'festen Freundschaften' und der Einstieg in Sexualität biografisch stark nach vorne verlagert haben. Noch keine sexuellen Erfahrungen mit dem anderen Geschlecht, also weder geküsst noch geschmust, haben mit 16 Jahren nur 11% der Mädchen und 14% der Jungen. Fast jedes zweite Mädchen und jeder dritte Junge hat in diesem Alter zudem bereits koitale Erfahrungen gesammelt. Im Alter von 17 Jahren erhöht sich dieser Anteil auf 73% (Mädchen) bzw. 66% (Jungen) (vgl. Bundeszentrale für gesundheitliche Aufklärung 2007). Das im bürgerlichen Familienmodell vorfindbare Ideal des Aufschubs der Sexualität auf die Ehe ist inzwischen längst obsolet geworden. Das kulturelle Muster, demzufolge nach einer kurzen Werbe- und Kennenlernphase die Eheschließung folgt, ist heute weitgehend verschwunden (vgl. Lenz 2003c). Immer seltener wird der erste Freund oder die erste Freundin gleich geheiratet (vgl. Schmidt/Matthiesen/Dekker/Starke 2006). Feste Beziehungen zu dem anderen Geschlecht werden früh aufgenommen, einige erweisen sich als kurzlebig, andere dagegen gewinnen an Dauer. Immer seltener wird mit dem Wegzug aus der Herkunftsfamilie sofort geheiratet, sondern man lebt zunächst alleine, mit dem Freund oder der Freundin oder – weitgehend auf das studentische Milieu beschränkt – mit mehreren anderen Personen (Wohngemeinschaft) zusammen und sammelt Erfahrungen in unterschiedlichen Beziehungen und Beziehungsformen. Diese starke Aufwertung der festen Beziehung im Vorfeld einer (möglichen) Eheschließung lässt es nicht länger ausreichend erscheinen, diese Phase – wie es in den gängigen Modellen des Familienzyklus der Fall ist – lediglich als Partnerwahl zu konzeptualisieren.

Im Vordergrund steht nicht die Suche nach einem geeigneten Partner bzw. einer geeigneten Partnerin, sondern es werden Beziehungen gelebt, die einen Eigenwert haben und sich nicht als Partnersuche instrumentalisieren lassen. Sie schließen sexuellen Austausch und häufig auch ein Zusammenwohnen als selbstverständliche Elemente ein, vielfach ohne dass damit – um eine in den 1950er und 1960er Jahren verbreitete Metapher zu verwenden – der "Hafen der Ehe" angesteuert wird. Selbst wenn die feste Beziehung über mehrere Jahre besteht und verschiedene Formausprägungen – eine Phase des Getrenntlebens in zwei Wohnungen und ein nichteheliches Zusammenleben – einschließt, besteht keine Garantie, dass sich diese Beziehung als lebenslang erweisen wird. Trennung und der Aufbau einer neuen Beziehung werden zu sich wiederholenden Erfahrungen im individuellen Lebenslauf (vgl. auch Coontz 2005). Mit dem/der "Lebensabschnittspartner/in" macht seit einiger Zeit ein Begriff die Runde, sei es in privaten Gesprächen oder auch in den Medien, der auf den Wechsel der Beziehungen im Lebenslauf Bezug nimmt.

Zwar ist die Ehe stabiler als die nichtehelichen Beziehungen (vgl. Lauterbach 1999), aber auch ihre Stabilität hat deutlich abgenommen. Selbst dann, wenn man beim Standesamt war, ist mittlerweile die Wahrscheinlichkeit hoch, dass sich die geheiratete Person dennoch nur als ein/e Lebensabschnittspartner/in erweisen wird. Während in der (alten) Bundesrepublik vom Eheschließungsjahr 1950 nur etwa jede zehnte Ehe geschieden wurde, geht man inzwischen davon aus, dass "mehr als jede dritte Ehe" (Emmerling 2002) früher oder später vor dem Scheidungsrichter steht. Die skandinavischen Länder und auch Großbritannien weisen noch höhere Scheidungsraten auf (vgl. Höpflinger 1997)[12].

Ein großer Teil der Geschiedenen heiratet ein weiteres Mal. Seit den 1960er Jahren steigt der Anteil der Folgeehen an der Gesamtzahl der Eheschließungen an (vgl. Engstler/Menning 2003). Allerdings ist die Wiederverheiratungsneigung unter Geschiedenen rückläufig. Während in den 1970er Jahren noch etwa zwei Drittel der Geschiedenen ein weiteres Mal eine Ehe eingegangen sind, liegt dieser Anteil mittlerweile nur noch knapp über 50% (vgl. Grünheid 2006). "Nacheheliche Lebensgemeinschaften" – wie sie manchmal in Unterscheidung zum unverheirateten Zusammenleben von Ledigen genannt werden – wie auch Distanzbeziehungen stellen inzwischen für Geschiedene 'attraktive' Alternativen dar. In einigen Ländern, allen voran Schweden, hat das unverheiratete Zusammenleben die "zweite Ehe" schon deutlich in den Hintergrund gedrängt, eine ähnliche Tendenz zeichnet sich auch für die Bundesrepublik ab (vgl. Peuckert 2008).

Sehr aufschlussreich ist in diesem Zusammenhang die Hamburg-Leipziger Drei-Generationen-Studie (vgl. Schmidt/Matthiesen/Dekker/Starke 2006), in der die Beziehungsbiografien der 30-, 45- und 60-Jährigen in den beiden Städten untersucht wurden. Die 60-Jährigen hatten bislang in Hamburg durchschnittlich drei feste Beziehungen und in Leipzig 2,4. Trotz einer kürzeren Biografie werden sie deutlich von den 45-Jährigen übertroffen, die im Schnitt in Hamburg von über 4,1 und in Leipzig von 3,2 festen Beziehungen berichten. In diesem Alter hatten die heute 60-Jährigen erst 2,7 (Hamburg) und 2,3 (Leipzig). Beide Kohorten werden allerdings von der jüngsten, den 30-Jährigen, übertroffen. Die heute 30-Jährigen haben schon jetzt im Schnitt in Hamburg 3,7 und in Leipzig 3,4 feste Beziehungen erlebt. Mit 30 Jahren hatte die mittlere Altersgruppe, also die jetzt 45-Jährigen 3,0 (Hamburg) und 2,6 (Leipzig) und die heute 60-Jährigen in beiden Städten 1,9 feste Beziehungen.

Diese Ergebnisse machen deutlich, dass Zweierbeziehungen immer stärker seriell werden. Allerdings lassen sie auch erkennen, dass selbst in der Vergangenheit, also für die Anfang der 1940er Jahre Geborenen, keineswegs nur das Modell der ersten als dauerhafte und ewige Liebe vorgekommen ist. Eine unmittelbare Folge der Zunahme der Zweierbeziehungen ist die Tendenz der Verkürzung der Beziehungsdauer. Die Dauer der längsten Beziehung liegt bis zum Alter von 30 Jahren bei den 1972 Geborenen durchschnittlich um 2 Jahre niedriger als bei den 1942 Geborenen. Der

---

12 Zur hohen Instabilität afroamerikanischer Paare vgl. Adler 2003.

häufigere Beziehungswechsel bei der jüngeren Generation führt zwangsläufig zu häufigeren Trennungserfahrungen. Während bei der ältesten Kohorte nur etwa jeder oder jede Zehnte drei oder mehr Trennungen bis zum Alter von 30 Jahren erlebt hatte, sind es bei den heute 30-Jährigen bereits jeder oder jede Zweite. Nur wenige der 30-Jährigen bedauern, dass sie schon mehrere Beziehungen hatten. Von großer Dominanz ist vielmehr eine Argumentationsfigur, die die Autor/innen (Schmidt et al. 2006: 35) in den folgenden Worten zusammenfassen: "Die vielen Beziehungen waren, auch wenn die Trennungen oft schmerzten, wichtig, weil ich Beziehungserfahrung gesammelt und meine Beziehungsfähigkeit gestärkt habe." Stellvertretend soll nur eine dreißigjährige Hamburgerin zitiert werden, die auf fünf feste Beziehungen zurückblickt und seit drei Jahren wieder in einer Zweierbeziehung lebt: "Dass ich viele Erfahrungen mit verschiedenen Typen von Männern machen konnte, war gut, auch um zu wissen, welchen Typ ich lieber mag. Ich möchte keine der Erfahrungen missen, auch wenn ich enttäuscht wurde" (Schmidt et al. 2006: 35).

(4) Auf dem Weg in die Single-Gesellschaft?
Um die in dieser Überschrift enthaltende Frage gleich zu beantworten: Die Bedeutungserosion der Ehe darf nicht mit einem generellen Niedergang von Paarbeziehungen gleichgesetzt werden (vgl. Lengerer/Klein 2007; Peuckert 2008). Vom Rückgang der Heiratsneigung und der wachsenden Instabilität der Ehen profitieren in erster Linie nichteheliche Lebensgemeinschaften und Distanzbeziehungen. Schlicht falsch ist es, aus der Zunahme der Ein-Personen-Haushalte auf eine sich ausbreitende Single-Gesellschaft zu schließen (vgl. Hradil 1995, 2003). Nicht nur sind hier die Angaben der amtlichen Statistik besonders ungenau, da z. T. nichteheliche Lebensgemeinschaften und auch Wohngemeinschaften unter diese Kategorie subsumiert werden[13]. Es bleibt dabei auch offen, wie viele Personen aus einem Ein-Personen-Haushalt in eine living-apart-together-Beziehung integriert sind. Nimmt man die älteren Menschen aus, die sehr häufig nach dem Tod des Ehepartners bzw. der Ehepartnerin tatsächlich "alleinstehend" sind, dürfte die große Mehrzahl der Personen in Ein-Personen-Haushalten keine "echten Singles" sein.

"Single" ist im Alltag – und davon nicht unberührt auch in der Wissenschaft – zu einem Modebegriff aufgestiegen. Allerdings wird "Single" in unterschiedlichen Bedeutungsvarianten verwendet (vgl. Hradil 1995; Bayer/Bauerreis 1995; Bien/Bender 1995). Manchmal ist "Single" lediglich ein Synonym für einen Ein-Personen-Haushalt. In einer zweiten Verwendungsweise wird dieser Begriff für Personen einer bestimmten Altersspanne (z. B. zwischen 25 und 55 Jahren) verwendet, die alleine in einem Haushalt leben. Eine dritte Variante nimmt zwar das Kriterium der Partnerlosigkeit auf, bleibt aber weiterhin auf das Kriterium des Ein-Personen-Haushalts bezogen. Allen drei Verwendungsweisen gelingt es nicht, die Gruppe der "beziehungslosen" Personen zutreffend zu umschreiben. Versucht man, den Begriff der Singles zu reformulieren, so sind darunter diejenigen Personen zu fassen, die aktuell nicht in

---

13 Es gibt Vermutungen, dass die offizielle Zahl der Ein-Personen-Haushalte in Großstädten um ca. 10% zu hoch eingeschätzt wird (vgl. Peuckert 2008).

eine Zweierbeziehung einbezogen sind, egal wie kurzfristig oder dauerhaft dieser Zustand ist, und egal auch, in welcher Haushaltsform sie leben (vgl. auch Schneider/Rosenkranz/Limmer 1998).

Die vorliegenden Studien zu Singles oder Alleinstehenden[14] lassen bei dieser Personengruppe eine ausgeprägte "Sehnsucht" nach einer neuen Paarbeziehung erkennen (vgl. Stich 2002). Die hohe Instabilität von Zweierbeziehungen "sorgt" immer auch dafür, dass eine stattliche Anzahl von Personen – zumindest vorübergehend – von einer festen Bindung freigestellt ist. Wichtig erscheint, an dieser Stelle eine deutliche Unterscheidung zwischen einer Momentaufnahme und einer biografischen Betrachtung einzuführen. Die Zerbrechlichkeit von Ehen und nichtehelichen Beziehungen bringt es mit sich, dass es stets eine gewisse Anzahl von Singles (im oben definierten Sinne) gibt, aber für diese Personen ist dieser Single-Zustand meist nur eine mehr oder minder kurze biografische Episode, bis es wieder gewünscht wird und wieder gelingt, eine neue Paarbeziehung einzugehen. Die zu einem Zeitpunkt anzutreffenden Singles haben meist vor kurzer Zeit den Bruch der Beziehung erlebt und sind seither – sei es aus Mangel an Gelegenheiten, Chancen und/oder Interesse – noch keine neue Verbindung eingegangen. Keineswegs ist auszuschließen, dass das Alleinsein dabei als ein positiver Zustand erfahren wird. Jedoch scheint dies meist nur für eine gewisse Übergangzeit zuzutreffen. Zwar gibt es Personen, offensichtlich mehr Frauen als Männer, die sich dafür entschieden haben – zunächst unbestimmt –, allein zu bleiben, aber der Entscheidung gehen fast immer negative Erfahrungen voraus (vgl. Meyer/Schulze 1989). Aus der tiefen Enttäuschung, dass es nicht möglich ist, trotz meist wiederholter Anläufe, die eigenen Beziehungsvorstellungen zu verwirklichen, wird dann das Alleinsein ohne feste Beziehung als das "kleinere Übel", als die "zweite Wahl" hingenommen. Aber auch dies ist keine Absage an Zweierbeziehungen, sondern nur an die zur Auswahl stehenden Beziehungen. Gleichwohl ist hervorzuheben, dass es in der Gegenwart möglich geworden ist, ohne feste Beziehung, aber dennoch eigenständig zu leben. Man ist nicht mehr zur Beziehung "verdammt".

Sieht man von dieser – meist nur temporären – Freisetzung aus Beziehungen aufgrund ihrer wachsenden Instabilität ab, dann wird deutlich, dass der Rückgang von Ehen durch die Zunahme von unverheirateten Paaren kompensiert, ja wohl sogar überkompensiert wird. Nicht die Vereinzelung droht, es hat sogar den Anschein, dass Zweierbeziehungen in der Gegenwart eine erhebliche Bedeutungssteigerung erfahren haben. Je mehr traditionelle Vergemeinschaftungsformen brüchig werden und sich auflösen, desto mehr wird das Bedürfnis nach Intimität und emotionaler Absicherung auf die Zweisamkeit fokussiert und das Individuum "in die Suche nach dem Partnerglück hineingetrieben" (Beck 2005a: 37). Dass es gleichzeitig immer schwerer fällt, das erlangte "Glück" auch festzuhalten und auf Dauer zu stellen, steht dieser These nicht entgegen, sondern verweist lediglich darauf, wie stark die Steigerung der Erwartungen und Ansprüche ist, die an Beziehungen gerichtet werden (vgl. auch

---

14 Anzumerken ist, dass diese Studien den Begriff der Alleinstehenden ("Single") nicht immer streng fassen; es werden auch Personen mit einbezogen, die zwar alleine leben, aber aktuell in eine living-apart-together-Beziehung integriert sind.

Schneider/Rosenkranz/Limmer 1998). Nach Karl-Otto Hondrich (1997) geht mit der fortschreitenden Auflösung individueller Ehe- und Liebesbeziehungen eine verstärkte kollektive Bindung an den Wert der Liebe einher. "In der Trennung trennen wir uns von einer Person und von einer individuellen Bindung, nicht von der Liebesbindung als Institution. (...) Die brüchig gewordenen Bindungen an einen Partner aus Fleisch und Blut verwandeln sich in Bindungen an eine Idee, also in reine Wertbindungen, die von einem größeren Kollektiv geteilt werden. Die Institution des Liebespaares geht aus allen Individualisierungen als Sieger hervor" (Hondrich 1997: 306f). Auch die Hamburg-Leipziger Drei-Generationen-Studie (vgl. Schmidt et al. 2006: 31f.) bestätigt, dass die Beziehungsneigung unverändert hoch ist. Lediglich 2 % der 30-jährigen Männer und ein Prozent der gleichaltrigen Frauen bevorzugen ein Leben ohne feste Beziehungen. Bei den 60-Jährigen sind es 3% der Männer und immerhin 8% der Frauen.

2.   Zweierbeziehung als persönliche Beziehung

2.1 Spurensuche für eine Soziologie persönlicher Beziehung

Ehen und eheähnliche Beziehungen beanspruchen – wie im vorangegangenen Kapitel aufgezeigt – gegenüber Familien eine eigenständige Aufmerksamkeit. Sie stellen – um nun den Blick über die Familienforschung hinaus zu weiten – eine besondere Formausprägung von persönlichen Beziehungen dar. Zu hoffen wäre, dass über eine Soziologie persönlicher Beziehung anschlussfähiges Wissen über die Analyse von Ehen und eheähnlichen Beziehungen auffindbar wäre. Jedoch auch in dieser Suchrichtung stößt man auf wenig Vorarbeiten. Weiterhin trifft zu, dass – wie es Friedrich H. Tenbruck zu Anfang der 1960er Jahre in einem Vortrag formulierte – der Bereich der persönlichen Beziehungen in der Soziologie ein "Kümmerdasein" fristet. Tenbrucks Werbeaktion, dass "eine Theorie der persönlichen Beziehungen soziologisch von eminenter Bedeutung" (Tenbruck 1989: 248) sein könnte, hat nicht ausgereicht, ein Forschungsinteresse zu entfachen. Die wenigen Arbeiten, die dem entgegensteuern wollen, konnten an dem "Kümmerdasein" dieses Forschungsfeldes nichts ändern. Eine Soziologie persönlicher Beziehung hat sich bis heute nicht herausgebildet und etabliert. Unverändert entziehen sich persönliche Beziehungen der Aufmerksamkeit der Soziologie. Für viele Soziologen und Soziologinnen scheint sich eine Beziehung in der Individualität der daran beteiligten Personen zu erschöpfen und folglich in die Zuständigkeit der Psychologie zu fallen und nicht in die eigene Disziplin.

Dabei hat es in den Anfängen der Soziologie durchaus ein "gewisses Interesse" (Tenbruck 1989) an diesem Thema gegeben. Bei Max Weber (1976; orig. 1922) und in der Folge auch bei Alfred Schütz (1974; orig. 1932) hat das Beziehungskonzept in der Grundlegung der verstehenden Soziologie eine prominente Stellung inne (vgl. Lenz 2008a). Ein noch deutlich größeres Interesse an persönlichen Beziehungen findet man in den Werken von *Georg Simmel* und *Leopold von Wiese*: Als Aufgabe der Soziologie bestimmt Simmel (1983; orig. 1908) die Erforschung der Formen der Wechselwirkung oder der Vergesellschaftung. Mit großem Nachdruck wendet sich Simmel gegen eine Verengung der Soziologie auf "große Systeme" und "überindividuelle Organisationen" und öffnet die Perspektive dieser Disziplin für die Analyse von "mikroskopisch-molekularen Vorgängen" (Simmel 1983: 15). Simmel leistet dadurch eine Grundlegung der Mikrosoziologie und gibt an diversen Stellen seines Werkes, vor allem in seiner großen "Soziologie" (1983; orig. 1908), zu erkennen, dass Erscheinungsformen persönlicher Beziehungen ein wichtiger Gegenstand der Soziologie sind. Leopold von Wiese bezeichnet seinen Soziologieentwurf gar als "Beziehungslehre". Mit einer deutlich sichtbaren Anlehnung an Simmel bildet für ihn die "soziale Sphäre", also jene Sphäre, in der die Menschen zueinander in Beziehung treten, den Gegenstand der Soziologie. Den "Grundstoff" der Sozialsphäre bilden für Wiese soziale Prozesse, die sich durch wiederkehrende Abläufe in sozialen Gebilden verdichten. Die Beziehungslehre Wieses erweist sich in erster Linie als eine – an das Periodensystem der chemischen Elemente erinnernde – kategorienreiche Systematik von sozialen Prozessen und sozialen Gebilden.

Diese Ansatzpunkte, Beziehungen als eine Grundkategorie der Soziologie zu etablieren, wurden jedoch nicht systematisch fortgeführt. Die zu ihrer Zeit bedeutsame Beziehungslehre Wieses ist heute eine weitgehend vergessene Theorieperspektive. Sie
ist an Wieses Systematisierungs- und Klassifikationsbestrebungen gescheitert, bei
der die Einordnung der sozialen Formen deutlichen Vorrang vor einer inhaltlichen
Analyse gewann. Simmel ist sicherlich der Klassiker, der für eine Soziologie persönlicher Beziehung die meisten Anregungen geben kann. Jedoch bleiben seine Beiträge
Bruchstücke, die nicht in einen Gesamtentwurf integriert sind (vgl. auch Daub 1996).
Überhaupt wurde sein umfangreiches Werk lange nur als "Steinbruch" rezipiert, das
in seinen Grundintentionen kaum zur Kenntnis genommen wurde. Dies hat dazu
geführt, dass die von Simmel als vordringlich angesehene Hinwendung zu mikroskopisch-molekularen Prozessen in der Soziologie lange hat auf sich warten lassen.

Am fruchtbarsten für die Fortführung der Soziologie Simmels hat sich die *Chicagoer Schule* erwiesen. Simmel fand hier von Anfang an eine hohe Resonanz, vor
allem durch die Vermittlung von Robert E. Park, dem eigentlichen Gründer dieser
Schule. Eine Hinwendung zur soziologischen Analyse von Mikroprozessen ließ jedoch auch in der Chicagoer Schule auf sich warten und kam erst allmählich zum
Durchbruch. Neben Simmel hatten hierbei die Arbeiten von George Herbert Mead
und Charles Horton Cooley einen maßgeblichen Anteil. Nach und nach wurden in
dieser Tradition Interaktionen zu einem wichtigen Forschungsgegenstand; eine konsequente Steigerung hat diese verstärkte Hinwendung dann im Werk von *Erving
Goffman* erfahren. Das zentrale Anliegen von Goffman ist es, unmittelbare (face-to-face) Interaktionen als eigenständigen Forschungsbereich in der Soziologie zu
etablieren (vgl. Lenz 1991; Knoblauch 1994). "Es war in all den Jahren mein Anliegen" – so Goffman in seiner Präsidentenadresse (1994a: 55; orig. 1983) – "Anerkennung dafür zu finden, dass die Sphäre der unmittelbaren Interaktion der analytischen
Untersuchung wert ist – eine Sphäre, die man, auf der Suche nach einem treffenden
Namen, *Interaktionsordnung* nennen könnte".

Für die Erforschung der Interaktionsordnung ("interaction order") hat Goffman
eine Reihe von Grundkonzepten geprägt und in zahlreichen anschaulichen Analysen
aufgezeigt, dass den Interaktionen Regelstrukturen zugrunde liegen, die für ihn vor
allem aus den rituellen Erfordernissen resultieren. Die rituellen Erfordernisse ergeben
sich für ihn aus der geforderten Sorgfalt im Umgang mit dem Selbst der Beteiligten
(ausführlich hierzu vgl. Lenz 1991). Goffman hat damit in einem erheblichen Umfang den Boden für eine detailorientierte Erforschung von Interaktionsprozessen
bereitet. Er hat damit Grundlagen für Forschungsarbeiten geschaffen, die weit über
die Zahl der Studien hinausgehen, die sich unmittelbar auf ihn berufen.

Sehr deutlich ist im Forschungsprogramm von Goffman der starke Einfluss von
Simmel. Dies hat Goffman selbst durch ein vorangestelltes, langes Simmel-Zitat in
seiner Dissertation (1953: ix) angezeigt, in dem Simmel auf die hohe Relevanz der
Analyse von primären Wechselwirkungsprozessen hinweist (entnommen aus
"Grundfragen der Soziologie" 1994: 13f). Mit dem Forschungsprogramm der "interaction order" hat Goffman die Grundlegung der Soziologie bei Simmel auf den Teilbereich der Interaktion umgesetzt und äußerst kreativ fortgeführt. Persönliche Bezie-

hung als eine andere Grundform sozialer Wechselwirkung interessiert ihn jedoch nur aus der Perspektive der in diese eingebetteten unmittelbaren Interaktion (vgl. z. B. das Kapitel "Beziehungszeichen" in Goffman 1974; orig. 1971).

2.2   Forschungsbereich der "personal relationships"

Das eingangs konstatierte Forschungsdefizit vermindert sich, wenn man über die Grenzen der eigenen Stammdisziplin hinausgeht. Im englischsprachigen Raum ist der interdisziplinär ausgerichtete Forschungsbereich der "personal relationships" seit den 1980er Jahren stark im Aufwind (vgl. Perlman/Duck 2006). Im deutschsprachigen Raum wurde diese Thematik bislang nahezu ausschließlich in der Psychologie aufgegriffen (vgl. z. B. Bierhoff/Grau 1999; Asendorpf/Banse 2000; Grau/Bierhoff 2003). In diesem interdisziplinär ausgerichteten Forschungsbereich dominiert zwar eine psychologische Perspektive, dennoch existieren auch für soziologische Studien zahlreiche Anschlussstellen.

Der Anfang dieses Forschungsbereichs wird häufig auf das Erscheinen von *"Towards Understanding Relationships"* von *Robert A. Hinde (1979)* datiert. Hinde, von Hause aus Ethologe, hat erste Schritte unternommen, persönliche Beziehungen als eigenständigen Forschungsbereich zu etablieren, wobei er versucht hat, die Ansätze und Ergebnisse aus allen verwandten Disziplinen zu integrieren. Im Vordergrund dieser Arbeit steht das Aufzeigen der Schwierigkeiten einer integrativen Theoriebildung und der Schwächen der bisher verstreuten Thematisierung von Beziehungen in verschiedenen Disziplinen. Bei Hinde (1979; in einer Kurzfassung auch 1981; dt. 1993) finden sich Thesen, die für die weitere Erforschung von persönlichen Beziehungen zukunftsweisend erscheinen. Vor allem weist er bereits darauf hin, dass sich Beziehungen durch emergente Eigenschaften auszeichnen, und er führt eine Unterscheidung zwischen Interaktion und Beziehung ein. "Interactions can have properties not present in the actions of isolated individuals, and relationships have properties not present in their constituent interactions" (Hinde 1979: V). Ausdrücklich betont Hinde auch, dass Beziehungen als ein dynamisches Geschehen zu erforschen sind.

Ein weiterer wichtiger Schritt auf dem Weg der Etablierung dieses Forschungsgebiets war die fünfbändige Aufsatzsammlung, die *Steve Duck* – die ersten drei zusammen mit *Robin Gilmour* – zwischen 1981 und 1984 unter dem Titel *"Personal Relationships"* publizierte. Eine hohe Relevanz hat auch die Arbeitsgruppe von neun ausgewiesenen Forscher/innen (Harold H. Kelley, Ellen Berscheid, Andrew Christensen, John H. Harvey, Ted L. Huston, George Levinger, Evie McClintock, Letitia A. Peplau, Donald R. Peterson) gewonnen, die sich zusammengetan haben, um für diesen neuen Forschungsbereich eine Bestandsaufnahme vorzunehmen und die Richtungen ihrer zukünftigen Arbeit zu bestimmen. Als Ergebnis ihrer mehr als dreijährigen Diskussion ist 1983 das Buch *"Close Relationships"* entstanden. Den Kern dieser Arbeit bildet das zweite, von allen Mitarbeiter/innen gemeinsam verfasste Kapitel, in dem ein konzeptueller Bezugsrahmen für die Wissenschaft der interpersonalen Beziehung entworfen wird.

Seither ist ein sprunghafter Anstieg von wissenschaftlichen Büchern mit "relations-hips" im Titel zu verzeichnen (vgl. Duck 1988b; 1997). Eine Reihe von Tagungen zu persönlichen Beziehungen wurde seither abgehalten, eine Fachorganisation, das "International Network on Personal Relationships", hat sich gegründet und mit dem "Journal of Social and Personal Relationships" (Sage) verfügt dieses Arbeitsfeld seit 1984 auch über eine eigene Fachzeitschrift. Mitte der 1990er Jahre wurde mit "Personal Relationships" (Cambridge University Press) eine zweite Fachzeitschrift gegründet. Schon eher, nämlich 1988, ist mit dem "Handbook of Personal Relationships", herausgegeben von Steve Duck, das erste Handbuch und damit die erste umfassende Bestandsaufnahme der bisherigen Forschung erschienen. Eine überarbeitete Neuauflage dieses Handbuchs hat derselbe Herausgeber 1997 vorgelegt. Weitere Handbücher haben Clyde und Susan S. Hendrick (2000) unter dem Titel "Close Relationships" sowie Anita L. Vangelisti und Daniel Perlmann (2006) unter dem Titel "The Cambridge Handbook of Personal Relationsphips" publiziert.

Eindeutig stellen in diesem Forschungsbereich die auf Dauer angelegten Mann-Frau-Beziehungen den wichtigsten Typus der erforschten persönlichen Beziehungen dar (z. B. Hendrick/Hendrick 2000; Bierhoff/Rohmann 2008). Es fällt auf, dass sich in diesem Kontext bislang noch keine übergreifende Kategorie für die verschiedenen Beziehungsformen herausgebildet hat. Es herrscht ein ad-hoc-Gebrauch von "marriage", "nonmarital cohabitation", "courtship", "sexual relationship", "intimate relationship" usw. vor; häufig wird sogar ohne eine Definition versucht, an ein Alltagsverständnis anzuschließen. Weitere Formen von persönlicher Beziehung, die ausführlich behandelt werden, sind Eltern-Kind-Beziehungen und Freundschaft.

Zu dem schnellen Wachstum hat nachhaltig beigetragen, dass das neue Forschungsgebiet der persönlichen Beziehung in einem bedeutsamen Umfang aus der Kritik an der gängigen interpersonalen Anziehungsforschung erwachsen ist. Das Studium der interpersonalen Anziehung ist ein traditionsreicher Gegenstand der Sozialpsychologie. Diese Kontinuitätslinie bringt es auch mit sich, dass sich trotz der interdisziplinären Ausrichtung ein Übergewicht der Sozialpsychologie in diesem neuen Arbeitsfeld feststellen lässt. Zentrale Fragestellung der Anziehungsforschung ist, welche Merkmale eine Person aufweisen muss, damit sie als anziehend erlebt wird (mehr dazu im ersten Kapitel des Teils II). In den 1970er Jahren wurde die Kritik aus den eigenen Reihen an einer zu eingeengten Perspektive immer stärker, die in dem Vorwurf gipfelte, dass die Anziehungsforschung für das Verständnis der Dynamik realer Beziehungen nur von geringem Wert ist (vgl. Mikula 1984; Perlman/Duck 2006). Nicht nur greife die Anziehungsforschung hoffnungslos zu kurz, um die gesamte Dynamik und den Ablauf von Beziehungen in den Blick zu bekommen, sie erfasse auch den Aufbau einer Beziehung immer nur sehr partiell. Der Aufbau einer Beziehung lässt sich nicht auf einen bloßen Moment reduzieren, sondern ist stets ein interpersonaler Prozess, der sich auf eine unterschiedlich lange Zeitdauer erstrecken kann und immer eine Reihe von Begegnungen umfassen wird. Diese Kritik zeigt zugleich, dass die Erforschung persönlicher Beziehungen auch in der Sozialpsychologie keine traditionsreiche Verwurzelung hat.

Gerade in Abgrenzung zu der herkömmlichen Anziehungsforschung stellt es für den neuen Forschungsbereich eine wichtige Grundlage dar, dass persönliche Beziehungen immer als Prozess aufzufassen sind. Es reiche nicht aus, nur zu fragen, wer wen anziehend findet oder gern hat, sondern Aufgabe ist die Analyse der Entwicklungsverläufe von mehr oder minder langfristigen Beziehungen. "We claim that relationships themselves are processes, not states, and are made up of several continually interacting components" (Duck/Scants 1983: 28). Beziehungen machen im Laufe der Zeit Veränderungen durch, ihre Qualität oder ihr Niveau der Intimität ist nicht ein für allemal festgeschrieben. Alle Ereignisse in einer Beziehung sind unauflösbar in die Beziehungsgeschichte eingebunden, aus der sie erst ihre besondere Bedeutung gewinnen und auch erst verstehbar werden. Persönliche Beziehungen weisen eine komplexe Zeitstruktur auf, sie besitzen eine erinnerte Vergangenheit und eine antizipierte Zukunft, die beide der Gegenwart einer Beziehung ihre besondere Gestalt verleihen. Parallel zu diesem Übergang von einer statischen zu einer dynamischen Perspektive findet auch ein weitgehender Abschied von Laborstudien zugunsten von – wie es Duck/Perlman (1985: 2) nennen – "study of the relationships of 'real' people" statt. Allerdings dominiert in diesem Forschungsbereich unverändert die Verwendung standardisierter Forschungsinstrumente, was nicht mit der zentralen Forderung nach mehr Wirklichkeitsnähe konform geht.

Der Bezug auf die Beziehungsebene in deutlicher Abgrenzung zu einer individuellen Ebene macht dieses Arbeitsfeld, auch viele der von Sozialpsychologen und -psychologinnen stammenden Arbeiten, in einem hohen Maße für eine genuin soziologische Perspektive kompatibel. Zugleich erscheint ein stärkerer Beitrag der Soziologie als bisher für eine konsequente Weiterentwicklung des Arbeitsfeldes der persönlichen Beziehung von zentraler Bedeutung zu sein (vgl. Jamieson 1998). Dies wird offenkundig, wenn man den Blick nicht nur auf die Forschungsprogrammatik richtet, sondern auch auf die Forschungspraxis. Auch wenn die Beziehungs- und Prozessperspektive als Grundlage auf der programmatischen Ebene unbestritten akzeptiert wird, bereitet deren Einlösung in der Praxis der Forschung dennoch erhebliche Probleme. In einer Vorschau auf das gerade beginnende Jahrzehnt stellt Duck (1990: 4) fest, dass bislang die Individualebene in der Analyse noch dominant ist, und leitet daraus die Aufgabe ab: "The 1990s should be the decade of expansion to a relational level of theory and analysis". Hier scheint eine Soziologie in der Tradition von Simmel, die auf das Konzept der Wechselwirkung aufbaut, einen wichtigen Beitrag leisten zu können, da sie ungleich weniger als eine psychologisch ausgerichtete Denktradition in Gefahr steht, immer wieder auf die Ebene des Individuums auszuweichen. Die Ausrichtung auf Formen der Wechselwirkung bringt zumindest auch das Potenzial mit sich, systematisch zwischen Interaktion und persönlicher Beziehung zu unterscheiden. Diese Differenz hat Hinde (1979; 1981) für den Forschungsbereich persönlicher Beziehung zwar aufgezeigt, aber sie wird in der Konzeptualisierung von Beziehung keineswegs durchgängig beachtet (vgl. z. B. Kelley 1983b). Dass der Prozesscharakter in dem neuen Forschungsbereich noch nicht konsequent Beachtung findet, führen Steve Duck und Harriet Scants (1983) auf eine Erbschaft, wenn auch eine ungewollte, aus der Anziehungsforschung zurück, die immer noch bewirkt, dass Beziehungen eher als "timeless states or rootless events" aufgefasst werden, statt als "a continuous process with temporal energy, changing form, and a place in the history of the participants' lives" (Duck/Scants 1983: 32). Auch wenn nicht übersehen werden kann, dass auch die Soziologie mit der Erfassung von Prozessen ihre Schwierigkeiten hat, bietet sich hier für eine Soziologie persönlicher Beziehung dennoch die besondere Chance, einen wichtigen Beitrag zu diesem Forschungsbereich zu leisten. Schließlich besitzt in der Soziologie die qualitative Methodologie ein höheres Gewicht als in der Psychologie, wodurch ein Gegengewicht zum bislang dominanten Empirieverständnis geschaffen werden kann.

Austauschtheorien stellen – auch wenn keine Ausschließlichkeit besteht – im Forschungsbereich der personal relationships den dominanten theoretischen Bezugsrahmen dar (als Einführung vgl. Esser 1993; Hill/Kopp 2006). Vor allem der austauschtheoretische Ansatz von John W. Thibaut und Harold H. Kelley (1959) wird breit rezipiert. Das zentrale Problem für das Studium sozialer Verhaltensweisen ist für die beiden Autoren die wechselseitige Abhängigkeit. Dem Begriff der Interdependenz kommt für Thibaut/Kelley eine zentrale Bedeutung zu, noch pointierter in ihrer neuen Fassung, in der sie ihren Ansatz als "Theory of Interdependence" (Kelley/Thibaut 1978) bezeichnen. Die Interdependenz erwächst aus der Fähigkeit jeder Person, Einfluss auf die Handlungen der anderen auszuüben. Diese daraus für jede Person sich ergebenden Konsequenzen lassen sich nach Thibaut/Kelley mit den damit verbundenen Gewinnen und Kosten beschreiben. Für die Beurteilung der Handlungskonsequenzen sind die Vergleichsniveaus von hoher Relevanz, die aus den direkten Erfahrungen aus der Vergangenheit oder aus dem Bezug auf mögliche Alternativen gewonnen werden. Die Grenzen dieser Theorieperspektive sind unverkennbar: Bei dem Streben nach Nutzenmaximierung wird die Rationalität der Akteure vorausgesetzt. Unterstellt wird das Vorhandensein zweier Handlungsalternativen, was aber unter den Bedingungen des sozialen Handelns aus der subjektiven Perspektive keineswegs immer der Fall sein muss. Angenommen wird ein freier Markt von Handlungsmöglichkeiten, der aber in vielen Situationen – sei es aufgrund vorhandener Loyalität, sei es aufgrund geltender Normen – nicht vorhanden ist. Dass die Nutzenmaximierung ein mögliches Orientierungsmuster ist, soll nicht bestritten werden. Die berechtigte Kritik richtet sich gegen den damit in den Austauschtheorien verbundenen generellen Erklärungsanspruch (ausführlicher dazu vgl. Burkart 1994). Auch diese theoretische Ausrichtung in diesem Forschungsbereich halte ich durch eine breitere Rezeption soziologischer Theorien für ausbaufähig[15].

Nicht nur im populärwissenschaftlichen Diskurs, auch in der Psychologie finden soziobiologische Ansätze zunehmend Aufmerksamkeit (vgl. Lösel/Bender 2003). Soziobiologische Ansätze gehen von der Prämisse aus, dass es biologisch festgelegte Verhaltensprogramme gibt, die veränderbar unsere Sozialbeziehungen bestimmen. Die menschliche Paarbildung beruhe auf kontextabhängigen Strategien, mit denen spezifische Adaptionsprobleme im Laufe der Evolution von Menschen gelöst wur-

---

15 Einzuschließen sind hierbei durchaus auch die Weiterentwicklungen innerhalb des austauchtheoretischen Rahmens, wie sie z. B. von Johannes Huinink (1995) in seiner Analyse der Attraktivität von Partnerschaft und Elternschaft in der Gegenwart aufgegriffen werden.

den. Sie seien unter dem Selektionsdruck der Fortpflanzung entstanden (vgl. auch Buss/Schmitt 1993). Die Grundlage der Soziobiologie bilden Aussagen über die Tierwelt, die dann bruchlos auf die Menschen übertragen werden. Ein zentrales Erklärungsmuster geht davon aus, dass das Geschlecht, das mehr Energie und Zeit in die Nachkommen investiert, bei der Partnerwahl immer wählerisch ist. Da die Weibchen nur wenige Eier im Laufe des Lebens produzieren, die Männchen dagegen deutlich mehr Spermien, werden Letztere "billiger" und Eier als "teuer" aufgefasst. Hinzu kommt, dass die Weibchen der soziobiologischen Theorie nach auch mehr zur elterlichen Pflege des Nachwuchses beitragen. Aus diesem Grunde zwinge die Logik der Natur die Weibchen dazu, wählerisch in der Auswahl ihrer Sexualpartner zu sein. Ihre sexuelle Zurückhaltung führe darüber hinaus dazu, dass die Männchen um die sexuelle Gunst der Weibchen miteinander konkurrieren. Dieses angebliche Naturgesetz hat als Erster der Fliegengenetiker A. J. Bateman aufgestellt – weshalb es vielfach auch als Bateman-Regel bezeichnet wird. Robert Trivers hat diese These dann auf die Menschen übertragen (vgl. Judson 2003).

So oft die These auch wiederholt wird, sie ist alles andere als überzeugend. Ausgehend von der Häufigkeit der Eier und Spermien wäre es ebenso möglich, umgekehrt zu argumentieren und davon auszugehen, dass Weibchen mit möglichst vielen Männchen Sex haben müssen, um die Bedingungen des survival of the fittest zu optimieren. Beispiele hierzu finden sich in der Tierwelt. Hier nur eins: Die weiblichen Libellen paaren sich mit zahlreichen Männchen und speichern deren Spermien für den späteren Gebrauch in einem Sack ab. Die Männchen versuchen bei der Begattung diese Spermienkonkurrenz zu unterlaufen, indem sie bestrebt sind, den Spermiensack des Weibchens zu leeren. (vgl. Weber 2003). Schon diese Möglichkeit lässt erkennen, dass die unterstellte Logik der Natur keineswegs so zwangsläufig ist, wie gerne behauptet wird. Zusammenfassend lassen sich zwei Argumentationskomplexe nennen, die das soziobiologische Erklärungsmuster widerlegen.

(1) Schon die Befunde der Ethologie zeigen, dass diese Theorie nicht einmal für die Tierwelt eine universelle Gültigkeit beanspruchen kann. Es ist keineswegs so, dass immer das Weibchen wählerischer ist, auch wenn es – und das auch nicht in jedem Fall[16] – die Hauptaufgabe der Pflege des Nachwuchses leistet. Bei den Fruchtfliegen und den Mäusen – um nur zwei Beispiele auszuwählen – ist es gerade umgekehrt: Die Männchen sind wählerischer und die Weibchen konkurrieren um die sexuelle Gunst der Männchen. Als noch wichtiger erweist es sich, den Blick auf die Primaten zu richten. Die beiden den Menschen am nächsten stehenden Primaten sind die Schimpansen und die Bonobos. Die Schimpansen-Weibchen kopulieren mehrere hundert Male mit zahlreichen Männchen, bevor sie zum ersten Mal schwanger werden. An den Tagen danach setzen sie ihre Kopulationen mit verschiedenen Männchen ungebrochen fort. Es wird vermutet, dass dieses Verhalten dem Schutz des Nachwuchses vor der Tötung durch Männchen dienen soll, da die Männchen dadurch nicht sicher sein können, welche Kinder ihre Nachkommen sind. Bei den Bonobos

---

16 Bei einigen Fisch- (z. B. Wels) und Vogelarten (z. B. Afrikanischer Grillkuckuck) übernimmt das
   Männchen die Brutpflege.

dominieren die Weibchen; bei dieser Affenart spielt Sex eine ungemein wichtige, über die Fortpflanzung hinaus reichende Rolle. Die Männchen bei den Bonobos können sich noch weniger ihrer Vaterschaft sicher sein als bei den Schimpansen (vgl. Weber 2003). Auch zeigen die aktuellen Forschungsarbeiten, dass die Monogamie in der Tierwelt lange Zeit maßlos überschätzt wurde. Selbst wo eine soziale Monogamie vorhanden ist, muss diese nicht schon eine genetische Monogamie zur Folge haben. So schätzt man inzwischen, dass bei manchen Vogelarten 25 bis 40% des Nachwuchses nicht von den "wahren Vätern" aufgezogen werden (vgl. Weber 2003). Ganz entscheidend ist, hier nochmals zu betonen, dass die Unterschiede zwischen den Tierarten so groß sind, dass es schlicht unmöglich ist, Aussagen zu machen, die für alle zutreffen.

(2) Die Vertreter der Soziobiologie nehmen die markanten Unterschiede zwischen den Tieren und den Menschen nicht zur Kenntnis. Bei den Homo sapiens schöpfen Frauen – zumindest unter den Bedingungen der modernen Gesellschaft – ihr Reproduktionspotenzial nur zu einem Bruchteil aus. Jenseits der Realisierung eines Kinderwunsches könnten sie – selbst wenn dieses angebliche Naturgesetz Geltung hätte – bei der Wahl ihrer Sexualpartner ungleich freizügiger sein. Dass sie es aber nicht sind, lässt bereits erkennen, dass die Fokussierung auf die Fortpflanzungsnotwendigkeiten zu kurz greift. Der Versuch einer nahtlosen Übertragung von den Tieren auf die Menschen muss auch scheitern, da die Sexualität der Menschen in der Gegenwart fundamental durch die Abkoppelung von der Fortpflanzung gekennzeichnet ist. Dass dies überhaupt möglich ist, verweist auf einen grundlegenden Unterschied zwischen Tieren und Menschen, der von der Philosophischen Anthropologie überzeugend aufgezeigt wurde (vgl. auch Lenz 2002). Während das Verhalten der Tiere im hohen Maße vom Instinkt gesteuert ist, zeichnet sich das Verhalten der Menschen durch eine Instinktarmut aus, die eine Weltoffenheit schafft und den Menschen zu einem Kulturwesen macht. Zur Kompensation seiner unzureichenden Instinktausstattung ist der Mensch gezwungen, unablässig zu handeln. Der Mensch als Mängelwesen ist einer unbestimmten, unendlich offenen Welt mit einer endlosen Vielzahl an Möglichkeiten ausgeliefert. Die Verhaltensstabilität, die Tiere durch die Instinkte besitzen, schafft sich der Mensch erst durch die Kultur. Um zu einem verlässlichen Weltumgang und zu einem stabilen Selbstverhältnis zu kommen, braucht er kulturelle Hervorbringungen, die die Handlungsalternativen begrenzen und wiederkehrende Handlungsmuster generieren. Der Mensch ist – in der bekannten Formulierung Arnold Gehlens (1986: 80) gesprochen – "von Natur aus ein Kulturwesen". Die menschliche Sexualität und noch mehr die Paarbildung sind kein bloßes Naturphänomen, sondern ein soziokultureller Tatbestand. Ihr sexuelles Handeln ist aufgrund der Instinktentbundenheit und Weltoffenheit der Gattung Mensch weitgehend von biologischen Vorgaben entkoppelt und weist dadurch einen prinzipiell weiten Möglichkeitsraum auf, der durch kulturelle Hervorbringungen gestaltet werden muss.

2.3 Bestimmungsmerkmale einer persönlichen Beziehung

Nachdem Spuren in der Soziologie gesichtet wurden und ein verstärktes Interesse an diesem Gegenstand festgestellt werden konnte, stellt sich als Nächstes die Aufgabe, den Begriff der persönlichen Beziehung zu klären. Das Anliegen ist es dabei, persönliche Beziehung als einen zentralen Begriff im Kernbestand der Soziologie zu verorten (vgl. auch Lenz 2008c).

(1) Persönliche Beziehung als emergentes Phänomen

Wie in der kurzen Darstellung des Forschungsbereichs der "personal relationships" bereits angedeutet wurde, reicht es nicht aus, persönliche Beziehungen unter Rückgriff auf die Eigenschaften und Merkmale der beteiligten Individuen erklären zu wollen (vgl. Neyer 2003). Schon *Leopold von Wiese* (1966) hat ganz entschieden darauf hingewiesen, dass das Paar (Zweiergruppe) – für ihn die kleinste Form der Gruppe – als Gegenstand nicht der (Individual-) Psychologie überlassen werden kann. Das Paar ist für Wiese ein genuin soziologischer Gegenstand. In der Betrachtung des Paares steht für ihn das Problem im Mittelpunkt, "wie durch Beziehungen des einen Menschen zum anderen jeder von beiden veranlasst wird, sich anders zu verhalten, als wenn er bloß sich selbst (und seiner eigenen Seele) überlassen wäre" (Wiese 1966: 463). Das Paar – so seine Feststellung – handelt immer anders als jeder Einzelne allein oder wenigstens (bei starkem Überwiegen eines Partners) als der eine von beiden (der Passivere) allein handeln würde.

Dieses Argument der emergenten Qualität wird auch von *Goffman* bei seinem Unternehmen verwendet, Interaktionen als einen eigenständigen Forschungsbereich einzuführen. Interaktionsvorgänge weisen – so macht Goffman deutlich – besondere Züge auf, die aus dem Blickwinkel des Individuums nicht beschreibbar sind. Interaktionen sind nicht einfach das Produkt der daran beteiligten Personen, die in Verfolgung ihrer Pläne die Handlungen der anderen in Betracht ziehen. Oder wie es Goffman (1971b: 8) in der Einleitung zu "Interaktionsrituale" formuliert: "Ich setze voraus, dass der eigentliche Gegenstand der Interaktion nicht das Individuum und seine Psychologie ist, sondern eher die syntaktischen Beziehungen zwischen den Handlungen verschiedener gleichzeitig anwesender Personen". Damit werden keineswegs die Handelnden als Subjekte negiert – ausdrücklich weist er gleich anschließend darauf hin, dass sie es sind, die das Grundmaterial liefern; Goffman will damit lediglich anzeigen, dass Interaktionen eine Realität sui generis darstellen. Dies schließt auch ein, dass sie sich auch nicht unter Bezugnahme auf soziale Makrozusammenhänge adäquat erfassen lassen. Gegen diesen Vorrang des Individuums bzw. der Makrostruktur setzt Goffman das Studium von Interaktionen als eigenständigen Untersuchungsgegenstand. Goffman impliziert damit weder, dass Interaktionen unabhängig sind von den Individuen und der Makrostruktur, noch dass ihnen eine Priorität zukommt, sondern lediglich, dass Interaktionsprozesse nur zu verstehen sind, wenn sie in ihrer Besonderheit als Interaktionsprozess auch studiert werden.

Diese Sichtweise ist weitgehend deckungsgleich mit der Argumentation von *Niklas Luhmann*. Luhmann kritisiert, dass Interaktionen bislang meist von einem individuum-zentrierten Ansatz aus zum Gegenstand gemacht wurden. Das Individuum erscheint als eine "zu anspruchsvolle Größe, die einer schärferen Analyse der Strukturen sozialer Interaktion im Wege steht" (Luhmann 1975b: 25). Ein individuumzentrierter Ansatz erfasst die "Eigengesetzlichkeit des sozialen Geschehens nicht zureichend" und übersieht, dass sich "keine Person, keine Rolle, keine Identität (...) in einzelnen Interaktionsreihen erschöpft" (Luhmann 1975b: 25). Für eine Soziologie der Interaktion muss das Soziale eigenständig zum Thema gemacht werden. Luhmann unterscheidet drei Systemebenen: Interaktion, Organisation und Gesellschaft. Es sei zwar nicht möglich, diese Systemebenen vollständig voneinander zu trennen. Aber diese Systemebenen weisen jeweils besondere Beschaffenheiten auf, "die sich nicht aufeinander zurückführen lassen. Nicht alle Sozialsysteme bilden sich nach der Formel Interaktion, nicht alle Sozialsysteme nach der Formel Gesellschaft und erst recht nicht alle nach der Formel Organisation. Daher haben auch die diesen Systemtypen zugeordneten Theorien nur eine begrenzte Tragweite. Keine von ihnen erfasst die gesamte soziale Wirklichkeit" (Luhmann 1975a: 13). Luhmann weist damit darauf hin, dass kein Systemtyp allumfassend und keiner für die anderen schlechthin determinierend ist (vgl. auch Tyrell 1983a). Für ihn ist daher für jede dieser Systemebenen eine eigene Theoriebildung erforderlich.

Dasselbe trifft auch für persönliche Beziehungen zu: Auch persönliche Beziehungen weisen emergente Eigenschaften auf, die weder mit Blick auf die Individualnoch auf die Makroebene hinreichend erfassbar sind. Und es kommt hinzu, dass persönliche Beziehungen auch systematisch von Interaktionen unterschieden werden müssen.

(2) Persönliche Beziehung zwischen Interaktion und Organisation

Für die inhaltliche Bestimmung des Konzepts der persönlichen Beziehung soll zunächst an die Arbeiten von George J. McCall angeknüpft werden, der als Soziologe an dem aufstrebenden Forschungsbereich "personal relationships", wenn auch nicht in einer zentralen Stellung, beteiligt ist. McCall stammt aus der Chicagoer Tradition[17]. Er hat bereits in der zusammen mit Jerry L. Simmons verfassten Studie "Interaction and Identity" (orig. 1966; dt.: 1974) die in dieser Tradition gängige Beschränkung auf Interaktion als Form der primären Wechselwirkung durchbrochen und sich ausführlich mit persönlichen Beziehungen – sie selbst sprechen von "interpersonalen Beziehungen" – befasst. Im Mittelpunkt dieser Studie steht das Konzept der Rollen-Identität. Unter Rollen-Identität verstehen die Autoren "die erdachte Vorstellung von sich selbst, wie man sich selbst als Inhaber dieser Position gern sehen würde, und wie man handeln möchte" (McCall/Simmons 1974: 89). Während es in einer Interaktion immer ungewiss ist, ob die erforderliche Unterstützung der Rollen-Identi-

---

17 McCall steht in der Tradition des Symbolischen Interaktionismus, wenngleich er in der Publikation mit Simmons darauf hinweist, dass dessen Hauptrichtung – sie dürften hier vor allem den von Herbert Blumer geprägten Zweig im Auge haben – für ihre Arbeit "wenig mehr als ein paar allgemeine Richtlinien" liefert. Stattdessen seien sie einem "schlichten interaktionistischen Ansatz (verpflichtet), ohne Beiwörter und Bindestriche, in der allgemeinen Form, wie er von Georg Simmel und Robert E. Park begründet worden ist" (McCall/Simmons 1974: 39). Aber auch die Austauschtheorie und Erving Goffman haben in dieser Arbeit deutliche Spuren hinterlassen.

täten (kurz gefasst: Rollen-Unterstützung) tatsächlich erzielt wird, sind persönliche Beziehungen hierfür eine zuverlässige Quelle. Unter einer persönlichen Beziehung verstehen McCall/Simmons (1974: 183) eine Beziehung, die "notwendigerweise jeden Beteiligten als eine personale Entität einschließt". Eine jede Partei wird hier von der anderen als ein besonderes Individuum anerkannt, über das ein Vorwissen vorhanden ist. McCall/Simmons machen dadurch deutlich, dass es sich bei einer persönlichen Beziehung um eine andere Form von primärer Wechselwirkung handelt als bei einer Interaktion. Während eine Interaktion auf die Dauer der Anwesenheit der Beteiligten in einer Situation begrenzt ist, dauert eine Beziehung auch dann an, wenn die Beziehungspersonen getrennt sind. Nur durch diese Fortdauer kann eine Beziehung die hohe Verlässlichkeit in der Rollen-Unterstützung bieten.

Stärker noch als in der Arbeit mit Simmons hat sich McCall in weiteren Arbeiten (1974; 1988) mit den Besonderheiten einer persönlichen Beziehung beschäftigt. McCall fasst dabei Beziehung oder Dyade[18] als eine Art sozialer Organisation auf. Er stellt einer interpersonalen Beschreibung[19] von Dyaden eine organisatorische gegenüber. "In the interpersonal depiction, the two individuals see only one another; in the organizational depiction, the two individuals see not only one another but also their relationship, as a social unit over and above themselves, to which they belong and of which they are members" (McCall 1988: 469). McCall stellt vier Merkmale heraus, die persönliche Beziehungen mit allen anderen sozialen Organisationen teilen:

- *Bewusstsein einer objektivierten, institutionalisierten Form*: Ebenso wie Mitglieder einer Kirche oder einer Fußballmannschaft besitzen Paare bestimmte, kulturell vorgegebene und unabhängig von ihnen existierende Vorstellungen, die ihr Handeln, Denken und Fühlen als Mitglied dieser besonderen sozialen Einheit anleiten und auf die sie sich stützen können.

- *Vorstellung einer Kollektivität (Mitgliedschaft; Zugehörigkeit)*: Für eine soziale Organisation ist es eine wichtige Aufgabe, bei den Mitgliedern die Vorstellung zu schaffen und aufrechtzuerhalten, dass sie einer übergeordneten Einheit angehören, und zugleich bei ihnen das Gefühl der Wichtigkeit dieser Mitgliedschaft zu entwickeln. In Beziehungen entsteht die Vorstellung des gemeinsamen Schicksals, wenn die Mitglieder entdecken, dass sie von außen als Paar behandelt werden. Durch die Außenwahrnehmung als Paar wird zugleich die eigene Bereitschaft zu gemeinsamen Handlungen verstärkt; sie werden dadurch bestärkt, im Umgang mit der Außenwelt als ein Team aufzutreten.

- *Schaffung einer gemeinsamen Kultur:* Wie in jeder sozialen Organisation kommt es zur "Kulturschaffung", einer sozialen Konstruktion eines gemeinsamen Wissens über "uns". Analog zu dem Begriff der Organisationskultur

---

18 Da Zweierbeziehungen eine dyadische Struktur aufweisen, soll hier nicht eigens problematisiert werden, ob die Gleichsetzung von persönlicher Beziehung und Dyade berechtigt ist. Diese Gleichstellung unterstellt, dass persönliche Beziehungen prinzipiell die Gestalt einer Dyade haben.

19 Diese Bezeichnung lädt zu Missverständnissen ein: Präziser wäre es gewesen, statt von "interpersonaler" von einer "individuum-zentrierten Beschreibung" zu sprechen.

spricht McCall von einer Beziehungskultur. Aus der Kommunikation miteinander wächst eine gemeinsame Wirklichkeit. Durch Aushandlungsprozesse werden normative Erwartungen über die gemeinsamen Aktivitäten, Arbeitsteilung usw. entwickelt. Das Paar schafft und verwendet Beziehungssymbole, die die Einzigartigkeit der Beziehung ausdrücken und die zu gemeinsamen Handlungen anleiten. Es besteht eine eigene Sprache und es wird ein einzigartiger Kalender entworfen, in dem die Geschichte der Beziehung ihren Niederschlag findet.

- *Vorhandensein einer Rollendifferenzierung (Arbeitsteilung):* Zu einer Organisation gehört schließlich auch, dass sich die Handlungslinien der Mitglieder unterscheiden. Auch in eine Beziehung haben die Mitglieder verschiedene Rollen inne, die aufeinander bezogen sind.

Es entgeht McCall (1988) nicht, dass es trotz dieser Gemeinsamkeiten auch wichtige Unterschiede zwischen Organisation und Dyade bzw. persönlicher Beziehung gibt. Er beruft sich dabei – wie schon bei der Vorstellung der Dyade als überindividuelle Einheit – vor allem auf Simmel. Diese Unterschiede zeigen sich in der Struktur: Im Unterschied zu einer Organisation ist eine Dyade zahlenmäßig festgelegt und kann nicht in ihrem Umfang variieren. Diese Festlegung hat auch Auswirkungen auf die maximal mögliche interne Differenzierung. Besonderheiten zeigen sich ebenso im Organisationsprozess: Die Rekrutierung ist ein einmaliger Prozess, interne Koalitionsbildungen sind ausgeschlossen. Vor allem zeichnet sich die dyadische Beziehung – wie es McCall (1988: 474) im Anschluss an Simmel formuliert – durch eine inhärente Sentimentalität aus. Unter diesem Etikett werden fünf Besonderheiten von Dyaden zusammengefasst:

- Vorstellung der Einmaligkeit: Die Beziehungspersonen sind überzeugt, dass es so eine Beziehung wie die ihrige noch nie gegeben habe.
- Vorstellung der Intimität: Sie teilen die Überzeugung, dass sie bestimmte Dinge nur dem/der anderen mitteilen können und sonst niemandem. Sowohl diese Vorstellung der Intimität wie auch die der Einmaligkeit erwachsen aus der gemeinsam geschaffenen Beziehungskultur.
- Vorstellung der Hingabe: Beide fühlen sich für das, was in der Beziehung geschieht, verantwortlich, eine Vorstellung, die McCall mit der Vorstellung der Kollektivität in Verbindung bringt.
- Vorstellung der Ungebrochenheit der Wechselseitigkeit: Es ist die Annahme vorhanden, dass kein Tun noch Unterlassen vor dem/der anderen verborgen werden kann, eine Vorstellung, die aus dem Prozess der Rollendifferenzierung erwächst.
- Vorstellung der Mortalität der Dyade: Beide Seiten wissen, dass mit dem Ausscheiden eines der beiden Mitglieder die Beziehung aufhört zu existieren.

Diese Unterscheidungsmerkmale, die McCall auflistet, veranlassen ihn jedoch nicht zu einer Revision seiner Ausgangsthese, dass eine persönliche Beziehung bzw. eine Dyade als soziale Organisation aufzufassen ist. Der Autor erkennt darin lediglich "Besonderheiten" einer persönlichen Beziehung als einer sozialen Organisation. Diese Auffassung kann nicht geteilt werden, da im letzten Kriterium, der Mortalität der Dyade, sich ein nicht überbrückbarer Unterschied zu einer sozialen Organisation aufgetan hat. Es ist ein zentrales Kennzeichen einer sozialen Organisation, dass diese auch dann fortbestehen wird, wenn Mitglieder ausscheiden. Eine persönliche Beziehung dagegen weist dieses wesentliche Kriterium nicht auf.

Auch wenn McCall den Schluss nicht selbst zieht, machen seine Ausführungen jedoch offenkundig, dass sich eine persönliche Beziehung nicht nur von einer Interaktion, sondern auch von einer Organisation deutlich unterscheiden lässt. Eine persönliche Beziehung besteht auch dann fort, wenn die gegenseitig wahrgenommene Anwesenheit wegfällt; zugleich weist sie aber nicht jene Unabhängigkeit von Person und Position auf, die für eine Organisation charakteristisch ist. Persönliche Beziehung liegt als Formtypus "irgendwo" zwischen Interaktion und Organisation.

Für die weitere Klärung kann an die Versuche von Hartmann Tyrell (1983a) und auch Friedhelm Neidhardt (1979) angeknüpft werden, die die Systemebenen bei Luhmann mit der sozialen Gruppe als einer vierten Systemebene erweitern, die zwischen Interaktion und Organisation eingelagert sein soll. Nach Neidhardt (1979: 642) ist eine Gruppe "ein soziales System, dessen Sinnzusammenhang durch unmittelbare und diffuse Mitgliederbeziehungen sowie durch relative Dauerhaftigkeit bestimmt ist". Diese Definitionselemente dienen zugleich als Abgrenzungskriterien. Die Unmittelbarkeit und Diffusität der Mitgliederbeziehungen bilden für Tyrell (1983a) die wesentlichen Unterschiede zu einer Organisation[20]. Während eine Organisation mit einem Minimum an dienstlich anfallender Kommunikation auskommt, die keineswegs face-to-face erfolgen muss, ist die unmittelbare Interaktion der Mitglieder für die Bildung und den Fortbestand einer Gruppe unerlässlich. Anders als eine Organisation steht eine Gruppe nicht unter dem Primat sachlicher Zwecke, sondern es besteht ein breiter Raum für ein offenes Kommunikationsgeschehen, das mit unterschiedlichen Inhalten gefüllt werden kann. Das Kriterium der relativen Dauerhaftigkeit trennt eine Gruppe von der Interaktion. Eine Gruppe ist nicht auf die Zeitdauer der gemeinsamen Anwesenheit begrenzt, sondern besteht auch fort, wenn die Mitglieder auseinander gehen. Es ist eine Vorstellung von Zugehörigkeit (vom Einzelnen her) und Zusammengehörigkeit vorhanden, die sich für Tyrell letztlich als das "tragende Prinzip des Systemtypus Gruppe" herausschält (vgl. auch Nollmann 1997).

Als Beispiele für Gruppen führt Tyrell Wohngemeinschaften, Literatenzirkel, Rockergruppen usw. an, aber auch Liebesbeziehungen. Sind, so könnte man fragen, persönliche Beziehungen eine Teileinheit des Systemtypus Gruppe? Die Definitionselemente einer Gruppe, Unmittelbarkeit, Diffusität und relative Dauerhaftigkeit und auch das von Tyrell als zentral herausgestellte Prinzip der Zusammengehörigkeit treffen auf die persönliche Beziehung zu, mehr noch, sie scheinen dort die reinste Ausprägung zu finden. Was unter "Gruppe" verstanden wird, weist eine große Heterogenität auf (vgl. Schäfers 1999). Nicht nur ist daran zu denken, dass das Gruppenkonzept sich auf Klein- und Großgruppen, Primär- und Sekundärgruppen erstrecken kann, wobei allerdings zu berücksichtigen ist, dass die Gruppendefinition von Neid-

---

20 Neidhardt (1983: 14) versteht das Merkmal der Unmittelbarkeit als Differenz zur Gesellschaft.

hardt eine Einschränkung auf Klein- bzw. Primärgruppen vornimmt. Aber auch für diese eingeschränkte Auswahl kann der Grad des Vorhandenseins einzelner Definitionselemente stark variieren. Für eine Anzahl von Personen, die sich einmal in der Woche zum Kegeln treffen, oder auch für einen Literaturzirkel ist die Diffusität ungleich stärker eingeschränkt als für eine Clique von Jugendlichen. Auch die Zusammengehörigkeit ist keineswegs immer so eindeutig, wie Tyrell zu unterstellen scheint. Sie ist es nur dort, wo diese formal geregelt ist, z. B. bei einer Rockergruppe etwa durch ein Eintrittsritual. Dagegen ist für viele peer groups bei Jugendlichen und Kindern keineswegs immer eindeutig, wer dazu gehört und wer nicht (für Kinder vgl. Hartup 2006; Oswald 2008).

Im Unterschied zu Gruppen ist diese Variationsbreite in der Diffusität und die Möglichkeit einer fehlenden Eindeutigkeit der Zusammengehörigkeit bei persönlichen Beziehungen nicht vorhanden. Insofern scheinen persönliche Beziehungen die "besseren" Gruppen zu sein, was den Grad der Realisierung dieser Bestimmungsmerkmale betrifft. Diese Heterogenität, die Gruppen eigen ist, bringt die Gefahr mit sich, bei einer Zuordnung der persönlichen Beziehung zum Systemtyp Gruppe deren Besonderheiten zu verwischen. Eine persönliche Beziehung weist aber auch ein wesentliches Bestimmungsmerkmal auf, das eine solche Zuordnung schlichtweg ausschließt. Auch wenn das "persönliche Sosein" in die Gruppe, wie Tyrell (1983b: 375ff) zeigt, Eingang findet – und dies im deutlichen Unterschied zur Organisation, bei der das "Persönliche" ausgeklammert wird –, können die Mitglieder einer Gruppe ausscheiden, ohne dass damit unvermeidlich das Ende der Gruppe gekommen wäre. In Wohngemeinschaften ist es an der Tagesordnung, dass jemand auszieht und durch einen bzw. eine neue/n Mitbewohner/in ersetzt wird. Dies kann nach einer Zeit dazu führen, dass die "alten" Mitglieder durch neue völlig ersetzt werden, aber die Wohngemeinschaft fortbesteht. Oder, um ein zweites Beispiel zu nennen, auch in Rockergruppen besteht eine gewisse Fluktuation, ohne dass mit dem Ausscheiden eines Mitglieds schon das Ende der Rockergruppe gekommen wäre. Da das Persönliche in die Gruppe eingeht, wird dieser Austausch mehr oder minder Einfluss auf das Gruppenleben ausüben, aber am Fortbestand der Gruppe ändert das nichts. Anders als in Organisationen sind die Mitglieder einer Gruppe nicht beliebig ersetzbar, aber ihre Existenz hat sich ein Stück weit von den Mitgliedern verselbständigt. Dagegen ist eine jede persönliche Beziehung unwiederbringlich an die sie konstituierenden Personen gebunden. Mit dem dauerhaften Ausscheiden einer Person aus einer persönlichen Beziehung hört – wie bereits Georg Simmel[21] aufgezeigt hat – diese ein für alle Mal auf zu existieren.

---

21 "Dass aber eine Vereinigung von zweien zwar nicht ihrem Leben nach, aber ihrem Tode nach von jedem ihrer Elemente für sich allein abhängt, – denn zu ihrem Leben bedarf sie des zweiten, aber nicht zu ihrem Tode – das muss die innere Gesamtattitüde des Einzelnen zu ihr, wenn auch nicht immer bewusst und nicht immer gleichmäßig, mitbestimmen. Es muss diesen Verbindungen für das Gefühl einen Ton von Gefährdung und von Unersetzlichkeit geben, der sie zu dem eigentlichen Ort einerseits einer echten soziologischen Tragik, andererseits einer Sentimentalität und elegischen Problematik macht" (Simmel 1983: 60).

(3) Zum Grundkonzept der persönlichen Beziehung

Damit bin ich an einer Stelle angekommen, an der es möglich wird, das Konzept der persönlichen Beziehung präziser zu beschreiben. Eine persönliche Beziehung unterscheidet sich – wie man in Anlehnung an die Systemtheorie sagen könnte – als eigene Systemebene von Interaktion und Organisation und wird auch durch das Gruppenkonzept nicht hinreichend umschrieben (vgl. Lenz/Nestmann 2008; Lenz 2008c).

Ein zentrales Strukturmerkmal von Organisationen ist die Abtrennung von Person und Position. Eine Organisation besteht im Normalfall auch dann fort, wenn Mitglieder ausscheiden und diese durch neue ersetzt werden. Anders dagegen eine persönliche Beziehung: Im klaren Kontrast zur Organisation – und auch zur Gruppe – ist eine persönliche Beziehung durch die personelle Unersetzbarkeit strukturbildend geprägt. Eine persönliche Beziehung lässt einen Personalwechsel nicht zu; sie kann nur durch eine neue persönliche Beziehung abgelöst werden (vgl. auch Allert 1998; Hildenbrand 1999). Persönliche Beziehungen sind also durch das *Moment der personellen Unersetzbarkeit* geprägt.

Persönliche Beziehungen lassen sich auch von Interaktionen unterscheiden, wenngleich sie darauf angewiesen sind, sich fortgesetzt in Interaktionen zu aktualisieren (vgl. auch Asendorpf/Banse 2000). Im Unterschied zur Interaktion zeichnet sich eine persönliche Beziehung durch Kontinuität und relative Dauer aus. Dieses Unterscheidungsmerkmal scheint auch Johannes Huinink (1995) im Blick zu haben, wenn er eine "dialogische Beziehung" – und dies ist durchaus synonym zu persönlicher Beziehung zu verstehen – durch eine "Unendlichkeitsfiktion" konstituiert auffasst. In Übereinstimmung damit bezeichnet Tilman Allert (1998) mit Blick auf Paarbeziehungen die "Unterstellung ewiger Dauer" als beziehungskonstitutiv. Wesentlich bei diesem Unterscheidungsmerkmal ist – aus subjektiver Sicht – nicht der "Glaube", dass eine Beziehung "ewig währt", sondern das pragmatische Motiv, dass diese Beziehung, so wie sie ist, auf absehbare Zeit sich fortsetzt. Diese als Idealisierung unterstellte Fortdauer *("Fortdauer-Idealisierung")* und – vom Beobachter-Standpunkt aus gesehen – das Phänomen einer fortlaufenden Kette von Begegnungen soll hier durch die Merkmale der Kontinuität und relativen Dauer zum Ausdruck gebracht werden.

Neben diesen beiden zentralen Abgrenzungsmerkmalen lassen sich weitere Strukturmerkmale nennen: Eine persönliche Beziehung ist gekennzeichnet durch das *Vorhandensein eines persönlichen Wissens,* das in eine jede Begegnung eingeht und deren Verlauf entscheidend mitprägt (vgl. auch Hohenester 2000; Asendorpf/Banse 2000). Dieser Wissensvorrat umfasst dabei nicht nur Wissen über die andere Person, sondern immer auch Wissen über "unsere Beziehung". Ich weiß nicht nur, dass A "launisch", "eifersüchtig" und "leicht zu begeistern" ist, sondern ich habe auch eine Vorstellung über die Geschichte unserer Beziehung, über ihre Qualität, darüber, was ich von ihr/ihm zu erwarten habe, ein Rezeptwissen, wie wir mit unserer Beziehung umgehen haben, und auch Vorstellungen darüber, wie ich in der Beziehung von außen wahrgenommen werde und andere unsere Beziehung insgesamt sehen. Dies schafft in der Anfangsphase, aber auch fortgesetzt, einen hohen Informationsbedarf (vgl. auch Huinink 1995).

Die fortgesetzte Kontinuität einer Beziehung mehrt nicht nur das vorhandene Wissen, sondern bringt es auch mit sich, dass zwischen den Beziehungspersonen eine *emotional fundierte gegenseitige Bindung* entsteht. Die Beziehungspersonen "stehen einander nahe", "sorgen" oder "freuen" sich füreinander oder "leiden" miteinander. Auch wenn für eine "freiwillige" Fortsetzung positive Emotionen (z. B. Liebe, Zuneigung, Vertrauen) besonders wichtig erscheinen, ist der Emotionen-Haushalt in einer persönlichen Beziehung nicht darauf zu begrenzen. Negative Emotionen (z. B. Hass, Rachegefühle oder Eifersucht) können parallel auftreten, vorübergehend oder auch längerfristig dominant werden. Persönliches Wissen und emotionale Bindung tragen gemeinsam dazu bei, dass eine persönliche Beziehung – zumindest in der Moderne – von der Einzigartigkeit der daran beteiligten Personen getragen wird (vgl. auch Luhmann 1984; Hohenester 2000). Dies qualifiziert persönliche Beziehungen zugleich – wie Huinink (1995) herausstellt – in einer einmaligen Weise, eine Befriedigung des "Grundbedürfnisses nach persönlicher Fundierung" zu leisten (vgl. auch Allert 1998).

Persönliche Beziehungen besitzen eine *besonders ausgeprägte Interdependenz.* Dass sich die Beteiligten gegenseitig beeinflussen, ist auch für jede Interaktion grundlegend, aber durch das persönliche Vertrautsein und die emotionale Bindung in einem auf (relative) Dauer gestellten Miteinander gewinnt die Interdependenz in der persönlichen Beziehung eine besondere Ausprägung (vgl. auch Simmel 1985b). Das Potenzial der Einflussnahme erstreckt sich nicht nur auf die Handlungslinien, sondern erfasst auch die Person der Beteiligten. Nicht nur das Selbstbild, auch die eigenen Interessen und Leidenschaften, Weltsicht und Lebensentwürfe, Präferenzen und Motivationen usw. können durch die persönliche Beziehung entscheidend geformt werden. Diese hohe Interdependenz hat zur Folge, dass sich Veränderungen der Person A immer auch auf die Beziehung und damit auch auf die Person B auswirken werden und umgekehrt. Ebenso haben Veränderungen in der Beziehung Folgen für die beteiligten Personen.

Das Vorhandensein des persönlichen Wissens und auch die emotionale Bindung erleichtern in einem hohen Maße das Miteinander-in-Kontakt-treten. Viele Vorleistungen, die in Interaktionen mit Fremden erst zu erbringen sind, fallen zwischen Personen weg, die miteinander eine persönliche Beziehung bilden. Man "weiß", mit wem man es zu tun hat, man "weiß", was man voneinander erwarten kann, und darauf kann man die eigenen Verhaltensweisen vorab einstellen. Interaktionen, eingebettet in eine persönliche Beziehung, ermöglichen es, sich "informeller" zu geben. Je enger die Beziehung ist, desto stärker die Möglichkeit, so zu sein, wie man "ist". Auch eröffnet sich dadurch ein breiter Möglichkeitsspielraum; die in einer persönlichen Beziehung vorkommenden Inhalte weisen eine große Breite auf. Tendenziell kann in eine persönliche Beziehung alles eingebracht werden, was mich als Person bewegt (vgl. Luhmann 1984; Daub 1996). Wie breit gefächert die Themen und Handlungsfelder in einer persönlichen Beziehung sind, hängt stark mit der ihr zugeschriebenen Qualität zusammen. Kontakthäufigkeit, Informalität und Breite werden durch persönliches Wissen voneinander und durch die vorhandene Emotionalität möglich und tragen zugleich wiederum dazu bei, dass das Wissen wächst und die emotionale Bindung gestärkt wird.

Nur am Rande soll die Abgrenzung von persönlichen Beziehungen zu Rollenbeziehungen angesprochen werden (vgl. auch Asendorpf/Banse 2000). Für die Abgrenzung bietet sich aus meiner Sicht Erving Goffmans Dichotomie von persönlicher und sozialer Identität (1967) an. Von persönlicher Beziehung kann immer dann gesprochen werden, wenn in der gegenseitigen Wahrnehmung die persönliche Identität, und von einer Rollenbeziehung, wenn die soziale Identität Vorrang hat. In der persönlichen Beziehung dominiert also das an die Einzigartigkeit der beteiligten Personen gebundene Wissen (persönliches Wissen), in der Rollenbeziehung das an die soziale Typik gebundene Wissen (z. B. ein Student, ein Professor). Zusätzlich bietet sich an, den Begriff der sozialen Beziehung als Sammelkategorie zu verwenden, der persönliche Beziehungen und Rollenbeziehungen einschließt.

3. Zweierbeziehung – Begriff und Arbeitsprogramm

3.1 Zweierbeziehung als neuer Leitbegriff

Die im Eingangskapitel aufgezeigten Entwicklungstrends haben deutlich gemacht, dass eine Eheforschung den Beziehungsformen, die nebeneinander bestehen und im individuellen Lebenslauf vielfach miteinander kombiniert werden, nicht gerecht wird. Es besteht eine Gestaltungsbreite der relativ festen Beziehungen, die deutlich über die Ehe hinausweist und einen breiteren Fokus als Ausgangspunkt erfordert. Ehen und eheähnliche Konstellationen stellen einen Strukturtypus persönlicher Beziehung dar – mehr noch: sie werden vielfach als deren Prototyp aufgefasst; für eine umfassende Benennung dieser vorhandenen Gestaltungsbreite besteht jedoch eine kategoriale Lücke. Von Ehe und eheähnlichen Beziehungen zu reden, reicht ebenso wenig aus wie die bloße Aufzählung der verschiedenen Formen. Notwendig erscheint vielmehr ein einheitlicher Begriff als Klammer für diese Beziehungsvielfalt. Hierfür schlage ich – wie bereits der Titel dieses Buches ankündigt – den Begriff der Zweierbeziehung vor. Die hierbei zugrunde liegenden Überlegungen sollen im Folgenden expliziert und alternative Vorschläge geprüft werden.

Schon Ende der 1980er Jahren haben John Scanzoni, Karen Polonko, Jay Teachman und Linda Thompson (1989) darauf hingewiesen, dass ein neuer Leitbegriff erforderlich ist Sie nehmen dabei nicht nur auf Ehe und nichteheliche Beziehungen Bezug, sondern verwerfen auch den Begriff der Familie verwerfen (vgl. auch Lenz 2003d). Sie ersetzen das Familienkonzept, das sie als wertbeladenes Commonsense-Konstrukt für wissenschaftliche Ansprüche für unbrauchbar halten, durch das Konzept der *primären Beziehung*. Es lassen sich zwei Hauptgruppen primärer Beziehungen unterscheiden: die zwischen Erwachsenen und Kind sowie zwischen zwei Erwachsenen. Besondere Aufmerksamkeit widmen Scanzoni et al. (1989) denjenigen Erwachsenen-Erwachsenen-Beziehungen, wie man sie in Ehen oder auch in nichtehelichen Formen finden kann und für die sie den Begriff der "*sexually bonded primary relationship*" einführen. Das entscheidende Merkmal, das diese Beziehungsform von anderen primären Beziehungen zwischen Erwachsenen unterscheidet, sehen Scanzoni et al. (1989) im Vorhandensein des sexuellen Austausches. Sicherlich hat Sexualität in dieser Beziehungsform einen hohen Stellenwert, dennoch ist die Ausschließlichkeit, mit der diese Beziehungsform an Sexualität gebunden ist, überzogen. Das Leitkonzept sollte den Stellenwert der Sexualität als variabel auffassen, und zwar bis dahin, dass ein sexueller Austausch verschwinden bzw. fehlen kann, ohne dass daran der Bestand der Beziehung gekoppelt ist. Gerade mit wachsendem Alter der Beziehungspersonen kommt es nicht nur in Ausnahmefällen vor, dass Sexualität als erwartbares Element verschwindet, ohne dass damit notgedrungen auch der Beziehungsbestand enden würde. Der Begriff von Scanzoni et al. ist auch zu sehr auf die Gegenwart zugeschnitten, die sich nach Edward Shorter (1989) durch einen höheren Grad an Sexualisierung auszeichnet. Dadurch mag dieser Begriff für viele aktuelle Beziehungen zwar eine hohe Plausibilität in Anspruch nehmen können, verliert aber zugleich an Brauchbarkeit für kulturelle Wandlungsprozesse. Wenn Sexualität in einer Beziehung primär auf Fortpflanzung ausgerichtet ist – und das Auseinan-

derklaffen zwischen kirchlicher Sexualmoral und den gelebten Beziehungen ist zumindest als Massenerscheinung ein relativ neues Phänomen –, dann erscheint es
durchaus naheliegend, die gemeinsamen sexuellen Aktivitäten beim Erreichen (oder
Überschreiten) einer hinreichend groß erscheinenden Familie einzustellen. Wenn
man die legitime Erwartung des sexuellen Austausches als das einzig entscheidende
Moment dieser Beziehungsform auffasst, macht man sich selbst blind für individuelle Unterschiede und kulturelle Variabilität in der Einbeziehung der Sexualität in den
Beziehungsalltag.

Der von Scanzoni et al. verwendete Begriff ist nicht der einzige, der als Leitbild
für die verschiedenen Beziehungsformen gebraucht wird, auch wenn dies meist ohne
inhaltliche Begründung stillschweigend geschieht, um die klaffende kategoriale Lücke zu schließen. Andere häufig gebrauchte Begriffe sind die der *intimen Beziehung,
Intimbeziehung bzw. Intimität* (vgl. Davis 1973; Luhmann 1982; Jamieson 1998), die
allerdings unterschiedlich breit verwendet werden. In einer breiten Variante werden
neben "Liebenden" und "Ehegatten" auch Freunde und Geschwister eingeschlossen,
manchmal gar auch Eltern-Kind-Beziehungen. In dieser Breite geht er weit über das
hinaus, was durch den gesuchten Oberbegriff abgedeckt werden soll. In einem engeren Gebrauch zielt "intime Beziehung" auf das Moment der Sexualität ab, wobei
dann dieselben Probleme auftreten wie bei dem Begriff der "sexual bonded primary
relationship" mit dem Zusatz, dass damit auch ein einmaliges sexuelles Zusammensein – im Neudeutschen mittlerweile auch "one-night-stand" genannt – gemeint sein
kann.

Wurde bei den bislang vorgestellten Begriffen vor allem die Sexualität als wesentliches Merkmal herausgestellt, finden sich andere, die in erster Linie auf die
Emotionalität abzielen. Dies ist der Fall bei dem Begriff der Liebesbeziehung und bei
dem der *romantischen Beziehung* (vgl. Bierhoff/Grau 1999; Bierhoff/Rohmann
2008), wobei diese meist nur auf die Anfänge der Beziehung, gelegentlich aber auch
auf die Gesamtdauer bezogen, verwendet werden. Beide Begriffe machen auf die
romantische Liebe als kulturelles Muster für Mann-Frau-Beziehungen aufmerksam.
Gerade dadurch wird auch die Grenze dieser Begriffe evident; sie sind beschränkt auf
Gesellschaften, in denen die romantische Liebe als kulturelles Muster dominant ist.
Dieser Vorstellungskomplex, dass nur diejenigen heiraten bzw. miteinander eine
enge Beziehung unterhalten sollten, die sich lieben, ist nicht nur in vielen Kulturen
fremd, sondern auch in unserem Kulturkreis relativ jungen Datums. Zudem decken
sich auch unter dem Sternenbanner der romantischen Liebe die Beziehungsrealitäten
keineswegs durchgehend mit den hohen Idealen. Nicht nur kann die Liebe mit der
Dauer der Beziehung, auch wenn diese stabil ist, sich verändern und verblassen, sondern auch in den Anfangsphasen kann die Liebe einen unterschiedlichen Stellenwert
besitzen. Sowohl Liebesbeziehung wie auch romantische Beziehung erweisen sich –
auch wenn sie auf den Gesamtverlauf bezogen sind – als zu spezifisch, um als
Grundkonzept tauglich zu sein.

Für ungeeignet halte ich als Sammelkategorie für Ehen und nichteheliche Beziehungsformen auch den Begriff der *Partnerschaft*, der inzwischen vielfach verwendet
wird (vgl. z. B. Huinink 1995; Tyrell/Herlth 1994; Grau/Bierhoff 2003). Dagegen

spricht vor allem, dass "Partnerschaft" bereits mit einem anderen Bedeutungsgehalt besetzt ist (vgl. auch Burkart 2000; Burkart/Koppetsch 2001; Koppetsch 1998; Huinink/Röhler 2005). Unter "Partnerschaft" wird ein kulturelles Ideal für die interne Gestaltung einer Beziehung verstanden. Das Ideal der Partnerschaft fordert unabhängig von der Geschlechtszugehörigkeit weitgehend gleiche Rechte und Pflichten für beide Beziehungspersonen und eine aus dem konstruktiven Miteinander gewonnene Verständigung über das gemeinsame Leben. Trotz starker Ausbreitung dieses Ideals wäre es m.E. voreilig zu meinen, dass andere Beziehungsleitvorstellungen, z. B. die des "natürlichen Autoritätsvorsprungs" des Mannes, bereits völlig verdrängt wären. Aus einer Studie über ein holländisches Frauenhaus berichten Bram van Stolk und Cas Wouters (1987), dass die dort lebenden Frauen trotz aller Misshandlungen und Demütigungen, die sie erlitten haben, unverändert eine gewisse Unterordnung unter ihren Mann für "normal" halten. Die beiden Autoren bezeichnen das hier sichtbar werdende Beziehungsideal als "Figurationsideal harmonischer Ungleichheit" (vgl. auch Gräßel 2003). Die Existenz unterschiedlicher Beziehungsleitbilder in den drei untersuchten sozialen Milieus wird auch durch die Studie von Cornelia Koppetsch und Günter Burkart (1999) bestätigt. Aber auch dann, wenn das Ideal der Partnerschaft übernommen wird, bleibt offen, wie es mit seiner Realisierung im Beziehungsalltag bestellt ist. Partnerschaft als Sammelkategorie aller Beziehungsformen eingeführt, würde diese empirisch vorhandenen Unterschiede in der Verbreitung und Umsetzung jedoch verdecken und wäre damit in der Gefahr einer Ideologisierung. Vor allem spricht gegen diese Begriffswahl, dass damit eine Kategorie, die auf die Gestaltung, genauer auf das Machtgefüge der Beziehung abzielt, vermengt wird mit einer Formkategorie.

An Stelle dieser genannten Begriffe ist ein Begriff vorzuziehen, der weniger festgelegt und damit offen ist für eine größere Vielfalt unterschiedlicher Beziehungswirklichkeiten, die innerhalb einer historischen Epoche, zwischen verschiedenen Epochen oder auch zwischen verschiedenen Kulturen vorkommen können. Man könnte nun die Begriffe *Dyade, Geschlechterbeziehung oder heterosexuelle Beziehung* vorschlagen. Allerdings bezeichnet Dyade im herkömmlichen Gebrauch (vgl. als frühes Beispiel Becker/Useem 1942) alle Arten von Zweier-Konstellationen und ist von daher viel zu breit. Geschlechterbeziehung oder heterosexuelle Beziehung macht zum einen eine Einschränkung auf die vorhandene Geschlechterdifferenz und schließt darum gleichgeschlechtliche Paare aus. Zum anderen sind diese Begriffe nicht auf eine relativ dauerhafte Mann-Frau-Beziehung beschränkt, sondern können alle möglichen Konstellationen zwischen einem oder mehreren Männern und einer oder mehreren Frauen umfassen, einschließlich auch Formen, die hochgradig anonym sind.

Zweierbeziehung – Ehe – eingetragene Lebenspartnerschaft
Stattdessen schlage ich als neutrale Leitkategorie die der *Zweierbeziehung* vor. Für diesen Begriff spricht, dass er nicht mit fixierten, störenden Konnotationen verknüpft ist und dass er – wenn auch eher spontan, ohne die ausdrückliche Intention, ihn als

Leitbegriff einzuführen und zu gebrauchen – bereits in diesem Zusammenhang verwendet wurde (vgl. Willi 1997, orig. 1975).

> Unter einer Zweierbeziehung soll ein Strukturtypus persönlicher Beziehung zwischen Personen unterschiedlichen oder gleichen Geschlechts verstanden werden, der sich durch einen hohen Grad an Verbindlichkeit (Exklusivität) auszeichnet, ein gesteigertes Maß an Zuwendung aufweist und die Praxis sexueller Interaktion – oder zumindest deren Möglichkeit – einschließt.

Im Vergleich zu den ersten beiden Auflagen dieses Buches wurde die Definition von Zweierbeziehung geringfügig geändert. Statt der ursprünglichen Formulierung, dass Zweierbeziehungen "die Praxis sexueller Interaktion einschließt bzw. eingeschlossen hat", heißt es nunmehr: "die Praxis sexueller Interaktion – oder zumindest deren Möglichkeit – einschließt". Ich greife damit einen Hinweis von Maja S. Maier (2007) auf, dass eine Paargemeinschaft existieren kann, ohne dass es bislang zu einem sexuellen Austausch gekommen ist. Die Autorin illustriert dies anhand der Studie von Sally Cline (1998). Cline (1998) berichtet von einem Paar, das seit einem knappen Jahr ohne sexuellen Austausch zusammen ist. Von beiden Seiten besteht zwar der Wunsch, aber auf Grund der erlebten Dramatisierung eines Partners wird auf eine sexuelle Praxis bislang verzichtet. Dies findet auch Bestätigung in den Interviews zu den Beziehungsanfängen aus unserem Forschungsprojekt "Institutionalsierungsprozesse in Zweierbeziehungen" (vgl. auch Lenz 2002; Lenz/Maier 2004); die Narrationen zeigen, dass die Paarbildung der Aufnahme der sexuellen Interaktion vorausgehen kann. Maier (2007) weist auch darauf hin, dass Zweierbeziehungen, die erst in einem höheren Lebensalter geschlossen werden, sogar ohne sexuelle Interaktionen auskommen können. Dies legt es nahe, in der Definition von Zweierbeziehungen nicht nur die Möglichkeit vorzusehen, dass die sexuelle Interaktion eingestellt wird, sondern auch, dass es (noch) nicht zum sexuellen Austausch gekommen ist. Auch wenn Zweierbeziehungen in aller Regel die Praxis sexueller Interaktion einschließen, sind sie nicht daran gebunden. Sie können beginnen und andauern, ohne dass es zum sexuellen Austausch gekommen ist, und bestehen auch fort, wenn dieser eingestellt wird. Entscheidend scheint lediglich zu sein, dass eine Enge der Beziehung vorhanden ist, welche die Möglichkeit sexueller Interaktionen einschließt.

An dieser Stelle ist es auch angebracht, kurz darauf einzugehen, was unter Sexualität verstanden werden soll (ausführlich vgl. Lenz/Funk 2005). Im Fachdiskurs wird vielfach auf eine Definition verzichtet. Was unter Sexualität zu verstehen ist, scheint so evident zu sein, dass es keiner Definition bedarf. Dieser Verzicht hat aber vielfach zur Folge, dass ein verengtes Verständnis von Sexualität zum Vorschein kommt oder unreflektiert fortgeschrieben wird. Eine Verengung liegt vor, wenn Sexualität mit Koitus gleichgesetzt wird oder unterstellt wird, dass diese Aktivitäten in einem Orgasmus gipfeln müssen. Angemessen erscheint es vielmehr im Anschluss an Rüdiger Lautmann (2002: 25), Sexualität als "lustvolle Begegnung von Körpern" aufzufassen. Der Bezug auf den Körper ist das zentrale und unverzichtbare Bestimmungsmerkmal von Sexualität. Bei einer sexuellen Interaktion ist der Körper Objekt der anderen Person und zugleich das Zentrum des eigenen Erlebens (vgl. auch Stein-Hilbers 2000).

Der Begriff der Zweierbeziehung umfasst gleichermaßen hetero- wie auch homosexuelle Konstellationen. Er ist unabhängig davon, ob die beiden verheiratet sind, ein oder mehrere (gemeinsame) Kinder haben und/oder zusammenwohnen. Die jeweils vorhandene Ausprägung des Machtgefüges bleibt in dieser Definition offen. Emotionalität (in der vieles offen lassenden Form der gesteigerten Zuwendung) und Sexualität werden als in dieser Konstellation wichtige Momente zwar benannt, ohne allerdings sie in einer bestimmten Gestalt und Konstanz als "das" Bestimmungsmerkmal festzuschreiben. Es ist davon auszugehen, dass in den Ausprägungen der genannten Bestimmungsmerkmale nicht nur zwischen verschiedenen Kulturen, sondern auch in einer Gesellschaft Unterschiede bestehen, ebenso wie diese auch in der historischen Zeit und sogar in der Lebensdauer ein und derselben Beziehung Veränderungen unterworfen sein können.

Die Brauchbarkeit des Begriffs ist – wie damit auch schon angedeutet – keinesfalls nur auf die Gegenwart bezogen. Damit ist ein wissenschaftlich brauchbares Konzept gewonnen, das sich unabhängig von der jeweils gültigen kulturellen Definition von Ehe macht. Zweierbeziehung als Leitbegriff ist durchaus damit vereinbar, dass in einer bestimmten Gesellschaft oder zu einer bestimmten Epoche die Ehe die dominante Form der Zweierbeziehung ist. Unter diesen Bedingungen fallen Zweierbeziehungen und Ehen zusammen. Dennoch ist es wichtig, beides auseinander zu halten und zu beachten, dass die Ehe nur eine mögliche Ausprägung von Zweierbeziehungen ist. In unserer Gesellschaft ist die *Ehe* eine rechtlich legitimierte, auf Dauer angelegte Beziehung zweier ehemündiger, verschiedengeschlechtlicher Personen. Das wesentliche Kriterium, das Ehen von anderen Zweierbeziehungen trennt, ist die rechtliche Legitimation durch den Staat. Da es nicht in allen Kulturen der Staat ist, der Ehen schließt (vgl. Vögler 1985), kann man allgemeiner formulieren, dass das Besondere einer Eheschließung in der Verpflichtungserklärung gegenüber Dritten und im Schutz von Dritten besteht. Die Abgabe dieser Verpflichtungserklärung wird in Form von Riten und Kulthandlungen symbolisch erhöht, um sich und den anderen den nun vollzogenen Wechsel der Loyalitäten und Zugehörigkeiten anzuzeigen. Welche Instanz als Dritter befugt ist, eine Ehe als verbindlich zu erklären, ist kulturell variabel und unterliegt historischen Verschiebungen. Das staatliche Monopol auf Anerkennung einer Ehe existiert im deutschen Raum erst seit etwa vier Generationen. Vorher war die Kirche die zentrale Instanz der Ehestiftung. Aber auch die Kirche hat sich ihrerseits dieses Privileg im Laufe des Mittelalters erst nach und nach gesichert, indem sie die Verwandtschaftssysteme aus dieser Funktion verdrängt hat (vgl. ausführlich dazu Coontz 2005; Otis-Cour 2000; Schröter 1985).

Von einer zentralen Eheschließungsinstanz wird auch festgelegt, wer überhaupt berechtigt ist zu heiraten. Erst mit der Reichsgründung 1871 wurde es grundsätzlich für alle Bevölkerungsgruppen möglich, uneingeschränkt zu heiraten.[22] Bis dahin bestanden noch in einzelnen deutschen Ländern Heiratsverbote fort, die im 19. Jahrhundert schon immer mehr im Rückzug waren. In der vormodernen Gesellschaft

---

22 Im Nationalsozialismus trat erneut eine Beschränkung in Kraft: "Ariern" wurde die Heirat mit "Nichtariern" verboten.

regulierten Heiratsverbote nachhaltig den Heiratsmarkt, indem eine Eheschließung an das Vorhandensein einer ökonomischen Vollstelle geknüpft wurde. Bis heute gilt, dass nur Personen unterschiedlichen Geschlechts eine Ehe schließen können.

Seit August 2001 hat der deutsche Gesetzgeber – nach dem Vorbild anderer europäischer Staaten – mit der *eingetragenen Lebenspartnerschaft* auch für schwule und lesbische Paare eine staatliche Registrierung mit eheähnlichen Rechten und Pflichten geschaffen (vgl. Lüscher/Grabmann 2002; Schwab 2007). Allerdings handelt es sich dabei nicht um eine völlige Gleichstellung mit einer Ehe, eine solche existiert bislang nur in den Niederlanden. Wie die Ehe ist die Lebenspartnerschaft eine "Einstehungs- und Verantwortungsgemeinschaft", d. h. jeder Lebenspartner muss den anderen unterstützen, soweit ihm das möglich ist. Das Paar kann einen gemeinsamen Namen führen. Auch vermögensrechtliche Regelungen existieren. Als Normalfall wird die Ausgleichsgemeinschaft festgesetzt, die der Zugewinngemeinschaft entspricht. Anders als bei Ehen ist keine gemeinsame Adoption möglich. Ebenso gibt es keinen Versorgungsausgleich bei Aufhebung der Lebenspartnerschaft. Grundlegend unterscheiden sich auch die Aufhebungsgründe von Scheidungsgründen. Erforderlich ist kein Scheitern, sondern lediglich Erklärungen der Lebenspartner sowie bestimmte Zeitabläufe seit diesen Erklärungen. Im Juli 2002 wurde die Normenkontrollklage der Landesregierungen von Bayern, Sachsen und Thüringen gegen dieses Gesetz vom Bundesverfassungsgericht (BVG) abgewiesen. Nach der Mehrheitsmeinung verstoße das Gesetz nicht gegen Art. 6 Abs. 1 GG, der die Ehe unter den besonderen Schutz der staatlichen Ordnung stellt. "Es ist verfassungsrechtlich", so die Presseerklärung des Bundesverfassungsgerichts (Nr. 64/2002 vom 17. Juli 2002), "nicht begründbar, aus dem besonderen Schutz der Ehe abzuleiten, dass (andere) Lebensgemeinschaften im Abstand zur Ehe ausgestaltet und mit geringeren Rechten versehen werden müssten." Eine Aussage mit weitreichender Wirkung, da damit vom BVG ein Abstandgebot der Ehe zu anderen Lebensformen verworfen wird.

Zweierbeziehungen und Freundschaften
Wenn man die Zweierbeziehung als einen Strukturtypus persönlicher Beziehung auffasst, dann bietet es sich an, die Zweierbeziehung mit anderen Strukturtypen zu vergleichen[23]. Dies kann an dieser Stelle nicht systematisch geleistet werden; lediglich soll kurz auf zentrale Unterschiede zur Freundschaft als einem anderen wichtigen Typus persönlicher Beziehung (als Überblick zur Freundschaft vgl. Hays 1988; Nötzoldt-Linden 1994; Fehr 1996; Jamieson 1998; Stiehler 2008) eingegangen werden. Das vielfach gebrauchte Unterscheidungsmerkmal, Freundschaften seien gleichgeschlechtlich, Zweierbeziehungen gegengeschlechtlich, ist nicht geeignet, da es sowohl gegengeschlechtliche Freundschaften wie auch gleichgeschlechtliche Zweierbeziehungen gibt (vgl. Werking 1997; Reeder 2000, Monsour 2001). Von einer zentralen Bedeutung für die Unterscheidung ist dagegen das Vorhandensein

---

23 Zum Vergleich von Eltern-Kind-Beziehungen, Freundschaften und Zweierbeziehungen, vgl. Lenz 2001a.

bzw. Fehlen von Sexualität. Die Praxis sexueller Interaktion bzw. deren Möglichkeit ist für eine Zweierbeziehung konstitutiv, während Freundschaften keine Sexualität aufweisen. Dies schließt Übergänge jedoch nicht aus, dass also aus einer Freundschaft – u. a. durch das Hinzukommen sexuellen Austausches – eine Zweierbeziehung entsteht (vgl. auch Teil II, Kap. 1) oder aus einer gescheiterten Zweierbeziehung eine Freundschaft erwächst.

Im Unterschied zu Freundschaften zeichnet sich – in unserem Kulturkreis – eine Zweierbeziehung durch einen hohen Anspruch auf Exklusivität aus: Man kann – gleichzeitig – nur einen Ehemann oder festen Partner bzw. eine Ehefrau oder feste Partnerin "haben". Damit ist bekanntlich nicht ausgeschlossen, dass ein "sexuelles Abenteuer" vorkommt oder gar eine Nebenbeziehung besteht. Dass dies vielfach verheimlicht wird, oder auch die hohe Belastung, die sich aus ihrem Bekanntwerden für die Beziehung ergibt, sind jedoch eindrucksvolle Belege für den vorhandenen hohen Exklusivitätsanspruch. Weniger strikt wird die Exklusivitätsnorm offensichtlich bei schwulen Paaren gehandhabt (vgl. Diamond 2006); zu wenig ist aber erforscht, wie in diesem Falle eine größere Freizügigkeit mit der Verbindlichkeit der Beziehung verknüpft wird[24].

Freundschaften besitzen zwar meist ebenfalls eine dyadische Struktur, aber es ist durchaus möglich, parallel mit mehr als einer Person befreundet zu sein, ohne dass dies die Qualität der jeweiligen Freundschaften beeinträchtigt. Auch sind in einer Zweierbeziehung ungleich höhere Erwartungen an emotionale Verbundenheit, Vertrautheit und auch an die Bereitschaft der wechselseitigen Unterstützung anzutreffen als in Freundschaften. Eine Freundschaft erlaubt viel stärker, Distanz zu wahren, als eine Zweierbeziehung. Schließlich scheinen Freundschaften in aller Regel – zumindest jenseits einer noch von Zweierbeziehungen weitgehend freien frühen Jugendphase – partiellen Charakter zu haben; sie sind im Unterschied zu Zweierbeziehungen, die einen umfassenden Anspruch auf die Person des/der anderen erheben, auf Teilbereiche beschränkt.

3.2 Eckpunkte einer Soziologie der Zweierbeziehung

Grundlegend für eine soziologische Perspektive ist, dass es für eine Analyse von Zweierbeziehungen nicht ausreicht, nur die beteiligten Personen in den Blick zu nehmen und die Zweierbeziehung als Emanation ihrer "Wesensmerkmale" aufzufassen. Einem individuum-zentrierten Ansatz stellt die Soziologie eine Sicht gegenüber, die die Wechselwirkung zwischen den Personen in den Mittelpunkt stellt. Eine Beziehung ist "mehr" als die Summe der Eigenschaften der Beteiligten, sie hat eine Eigendynamik, die die Individualebene übersteigt (vgl. auch Lenz 2003b). Oder mit

---

24 Forschungsbedarf besteht auch bei der Frage, wie die Verbindlichkeit in Gesellschaften geregelt ist, die Polygamie zulassen. Zu fragen ist hier, ob es sich dabei um ein Nebeneinander von Zweierbeziehungen handelt oder die dyadische Struktur durch eine Gruppenstruktur ersetzt wird. Die wenigen Dreiecksbeziehungen, die sich in unserer Gesellschaft finden lassen – meist als Übergangsphase einer Paarbeziehung zur nächsten – sind m.E. als parallele Zweierbeziehungen zu fassen.

Anleihe bei der Systemtheorie formuliert: Zweierbeziehungen sind soziale Systeme, die sich im Rückgriff auf psychische Systeme nicht hinreichend beschreiben lassen.

Für eine Soziologie auf den Schultern von Georg Simmel und Erving Goffman reicht es auch nicht aus, Zweierbeziehungen nur als Kristallisation von Sozialisationserfahrungen der Beziehungspersonen oder als Spielball makrosozialer Entwicklungstrends aufzufassen. Zweierbeziehungen aus dem Blickwinkel mitgebrachter Sozialisationserfahrungen zu betrachten, ist in weiten Teilen der psychotherapeutischen Literatur gängig; der Vorrang der Makrostrukturen findet sich in der aktuellen Diskussion vor allem dann, wenn die Auswirkungen von Modernisierungsprozessen auf Zweierbeziehungen thematisiert werden. Damit soll keinesfalls ausgeblendet werden, dass die Sozialisationserfahrungen der Beziehungspersonen als "Voreinstellungen" in die Beziehungen eingehen und darin relevant werden. Auch kann und soll nicht bestritten werden, dass Zweierbeziehungen in einen sozialen Raum eingebettet sind und dadurch nachhaltig beeinflusst werden. Beides sind wichtige wissenschaftliche Fragestellungen. Zum Ausdruck gebracht werden soll jedoch, dass eine unzulässige Verengung des Aufgabengebiets vorliegt, wenn Zweierbeziehungen lediglich als bloße Epiphänomene mitgebrachter Sozialisationserfahrungen oder vorgegebener Makrostrukturen in den Fokus wissenschaftlicher Betrachtung kommen. Zweierbeziehungen zeichnen sich – wie überhaupt persönliche Beziehungen – durch eine *emergente Qualität* aus, sie bilden eine Realität sui generis. Zweierbeziehungen lassen sich nur dann angemessen erforschen, wenn man sie in ihrer Besonderheit als Zweierbeziehungen studiert. Um dies einzulösen, bietet es sich an, die drei folgenden Themenfelder zu vertiefen[25]:

(1) Wie bereits vor allem in Anschluss an den Forschungsbereich der "personal relationships" aufgezeigt wurde, kommt es darauf an, die *Prozesshaftigkeit von Zweierbeziehungen* herauszustellen. Zweierbeziehungen sind keine zeitlosen Zustände, sondern zeichnen sich durch eine hohe Dynamik aus. Sie lassen sich nur in einer Prozessperspektive adäquat beschreiben. Um dieser Veränderungsdynamik habhaft zu werden, wird im folgenden Hauptkapitel (Teil II) ein Phasenmodell für den Ablauf von Zweierbeziehungen eingeführt und für die einzelnen Verlaufsphasen die eingebettete Dynamik aufgezeigt.

(2) In einer Zweierbeziehung wird – und dem ist der Teil III gewidmet – eine *"Wirklichkeit"* geschaffen, die die persönlichen Qualitäten transzendiert und auch verändernd auf die Personen der Beteiligten zurückwirkt. Dies schließt unmittelbar an das Bestimmungsmerkmal persönlicher Beziehungen an, dem Vorhandensein von persönlichem Wissen, das sowohl auf die Personen als auch auf die Beziehung bezogen ist. Hier fließen die von McCall herausgearbeiteten Merkmale (Bewusstsein einer objektivierten, institutionalisierten Form; Vorstellung der Kollektivität; Beziehungskultur und Vorhandensein einer Rollendifferenzierung) ein, die ihn veranlasst haben, persönliche Beziehung als eine Art von Organisation zu betrachten. Von den "Ahnen" hat am deutlichsten Wiese auf diesen "überindividuellen Aspekt" von Paa-

---

25 Im Rahmen unseres Forschungsprojektes "Institutionalisierungsprozesse in Zweierbeziehungen" des Dresdner Sonderforschungsbereiches 537 wurde dieser Ansatz zu einem institutionellen Forschungsprogramm ausgebaut (vgl. Lenz 2002, Lenz 2003b).

ren hingewiesen; aus- und fortgeführt haben dies Peter L. Berger und Hansfried Kellner in ihrem vielfach zitierten, jedoch nie als ein Fundament einer Soziologie der Ehe genutzten Aufsatz "Die Ehe und die Konstruktion der Wirklichkeit" (1965)[26]. In diesem, aus dem Arbeitszusammenhang für das Werk "Die gesellschaftliche Konstruktion der Wirklichkeit" (Berger/Luckmann 1977; orig. 1966) entsprungenen Aufsatz stellen die Autoren die nomosbildende Funktion der Ehe heraus. Die Ehe bietet nicht nur – wie bereits Emile Durkheim in seiner Selbstmord-Studie (orig. 1897) gezeigt hat – dem Individuum einen wichtigen Schutz gegen Anomie, sondern sie schafft eine Ordnung, in der es möglich wird, das eigene Leben als sinnvoll zu erfahren. Mit der Heirat stehen die Ehepartner vor der Aufgabe, "ihre eigene private Welt, in der sie leben werden, selbst zu schaffen" (Berger/Kellner 1965: 225). Diese Konstruktion der ehelichen Wirklichkeit ist nicht ein für allemal abschließbar, sondern ist prinzipiell fragil und bedarf, damit sie fortbesteht, einer fortlaufenden Bestätigung. Wirklichkeitskonstruktion und -bestätigung erfolgt für Berger/Kellner (1965) durch das Medium des ehelichen Gesprächs. "Jeder Partner trägt seine Konzeption der Wirklichkeit vor – die im Allgemeinen nicht nur einmal, sondern mehrmals 'durchgesprochen' und somit durch den Gesprächsapparat objektiviert wird. Je länger das Gespräch anhält, umso realer werden den Partnern die Objektivierungen. Das eheliche Gespräch erschafft nicht nur eine neue Welt, sondern sorgt auch dafür, dass sie repariert und fortwährend neu ausgestaltet wird. Für die beiden Partner wird die subjektive Realität dieser Welt durch das gemeinsame Gespräch erhalten. Durch das endlose Gespräch, das von dem zehrt, was sie gemeinsam und getrennt erfahren, wird das nomische Instrument der Ehe ständig konkretisiert" (Berger/Kellner 1965: 228). Eine sehr anschauliche Studie zur Wirklichkeitskonstruktion in Zweierbeziehungen – dargestellt am Beispiel des Umgangs mit der "schmutzigen Wäsche" – hat Jean-Claude Kaufmann (1994) vorgelegt (vgl. auch als Weiterführung Kaufmann 1999).

Dass Berger/Kellner diese wirklichkeitsbildende Kraft nur der Ehe zubilligen, ist eine Altersspur in diesem aber weiterhin sehr lesenswerten Aufsatz. Die Autoren standen noch ganz im Banne des bürgerlichen Familienmodells, in dem nach einer kurzen Werbephase die eigentliche Beziehung erst mit der Heirat beginnt. Dies hat sich inzwischen grundlegend geändert, so dass die Wirklichkeitskonstruktion als ein Phänomen einer Zweierbeziehung aufzufassen ist und nicht länger an das Standesamt gebunden werden kann. Die Herstellung einer gemeinsamen Wirklichkeit ist nicht – wie Cornelia Koppetsch und Günter Burkart (1999) vermuten – eine Leistung, die vor allem traditionelle Paare zu erbringen haben, während diese für stärker individualisierte Paarbeziehungen abnimmt (ähnlich auch Schöningh 1996). Eher dürfte gerade das Gegenteil der Fall sein: Der Aufwand für die Wirklichkeitskonstruktion nimmt zu, da moderne Paare verbindliche Rollenvorgaben im geringeren Umfang zur Verfügung haben. Hinzu kommt außerdem, dass es mit gesteigerten Autonomie-

---

26 Letzteres war jedoch von beiden Autoren durchaus angedacht: Sie wollten zeigen, "dass es möglich ist, eine soziologische Theorie der Ehe, die auf soziologischen Voraussetzungen aufgebaut ist, zu entwickeln, ohne mit psychologischen oder psychiatrischen Kategorien (...) zu operieren" (Berger/Kellner 1965: 235).

Ansprüchen der Beziehungspersonen notwendig wird, die dadurch (stärker) aufbrechende Spannung zwischen Gemeinschaft und Individualität in den gemeinsamen Beziehungsalltag einzubauen.

(3) Konstitutiv für eine Zweierbeziehung als Prototyp einer persönlichen Beziehung ist ein emotionales Band, das die Beziehungspersonen miteinander verbindet. Gerade für Zweierbeziehungen der Gegenwart hat diese emotionale Verbundenheit eine überragende Relevanz inne. Daraus ergibt sich, dass eine Analyse von Zweierbeziehungen zwingend auch die vorhandenen *Emotionen* zu ihrem Gegenstand machen muss (vgl. auch Guerrero/Anderson 2000), was im Teil IV der vorliegenden Einführung der Fall sein wird. Ebenso wie persönliche Beziehungen wurden Emotionen von der Soziologie lange Zeit stark vernachlässigt. Dies hat sich jedoch in den 80er Jahren geändert. Daran soll angeknüpft werden, wobei aus der breiten Palette von Emotionen, die in Zweierbeziehungen vorkommen (können), eine, nämlich die Liebe, herausgehoben werden soll. Da Liebe wie kein anderes Gefühl mit Zweierbeziehungen assoziiert und durch Liebe weitgehend dieses einmalige emotionale Band geschaffen wird, wurde diese Beschränkung zugunsten einer intensiven Beschäftigung mit dieser einen Emotion gewählt.

So sehr es in diesem Forschungsgebiet gerade darauf ankommt, Zweierbeziehungen in ihrer Besonderheit als Zweierbeziehungen zu studieren, reicht für die Analyse ein starrer Blick auf die *Ebene des Beziehungsalltags* nicht aus. Zur Verdeutlichung nehme ich den Aspekt der Wirklichkeitskonstruktion in Zweierbeziehungen heraus: Für die Paarbildung ist es erforderlich, dass eine gemeinsame Welt geschaffen wird. Das heißt nicht und kann nicht heißen, dass diese geschaffene Welt die private "Erfindung" eines Paares ist. Diese Aufgabe kann nur im vielfältigen Rückgriff auf einen kulturell vorgegebenen Vorrat von Handlungs- und Deutungsmustern geleistet werden. Aus kulturellen Vorgaben und Versatzstücken, gebrochen durch die eigene Interpretation, gestaltet sich das Paar seine eigene private Welt. Für die Analyse des Beziehungsalltags in Zweierbeziehungen ist es deshalb erforderlich, auch die *Ebene der kulturellen Vorgaben* einzubeziehen, auf der Schablonen und Folien für die Ausgestaltung der Paar-Wirklichkeit bereitgestellt werden (vgl. auch Burkart 1997; Fuchs 1999; Jamieson 1998).

Zweierbeziehungen sind darüber hinaus in die Gesellschaft eingelagert, deren Strukturierungen in vielfältiger Weise auf den Beziehungsalltag einwirken. Hier kann auf gesellschaftliche Wandlungsprozesse verwiesen werden, wie sie stichwortartig als "Modernisierungs-" oder als "Individualisierungsprozess" vereinzelt in dieser Einführung bereits angesprochen wurden. Die Aufmerksamkeit kann hier auf epochale Umbrüche – in Form des Übergangs von der traditionellen zur modernen Gesellschaft, von der segmentär zur funktional differenzierten Gesellschaft, von der ersten zur zweiten Moderne, von der Moderne zur Postmoderne – gerichtet sein oder auch auf "kleinformatige" Verschiebungen. Wandlungstendenzen auf der *sozialstrukturellen Ebene* sind vielfach eng mit veränderten Kulturmustern verwoben, so dass sich beide Ebenen vielfach nur analytisch trennen lassen. Als ein weiterer wichtiger Aspekt der makrosozialen Ebene ist die vorhandene Ungleichheitsstruktur anzusprechen. Mit großer Überzeugungskraft hat Günter Burkart – sowohl zusammen mit

Martin Kohli (1992) wie auch in dem Forschungsprojekt "Geschlechtsnormen in Paarbeziehungen im Milieuvergleich" (Koppetsch/Burkart 1999) – deutlich gemacht, dass Zweierbeziehungen in unterschiedlichen sozialen Milieus eine Reihe wesentlicher Differenzen aufweisen. Im aktuellen Projekt wird zwischen einem traditionellen, familialistischen und individualisierten Milieu unterschieden und aufgezeigt, dass die – vor allem auf die Arbeitsteilung bezogenen – vorhandenen Leitvorstellungen ("Kode") und die diesbezüglichen Alltagspraktiken ("Praxis") in diesen drei sozialen Milieus erhebliche Differenzen aufweisen.

Für die umfassende Analyse ist es erforderlich, zwei weitere Ebenen einzuführen: die des sozialen Netzwerkes und die der symbolischen Paarrepräsentation. Was ist damit gemeint?

Die *Ebene des sozialen Netzwerkes* trägt dem Umstand Rechnung, dass Zweierbeziehungen immer in ein Beziehungsgefüge eingebettet sind (zur Netzwerkforschung vgl. Lenz/Nestmann 2008; Laireiter (2008). Eine Zweierbeziehung besteht aus zwei und nur aus zwei Personen; diese Vergemeinschaftungsform schließt eine dritte Person kategorisch aus. Unter dem Geltungsanspruch der romantischen Liebe wurde dieser Exklusivitätsanspruch nachhaltig gesteigert (vgl. Tyrell 1987). Dies darf jedoch nicht den Blick darauf verstellen, dass es zu Paaren immer Dritte gibt (vgl. Fischer 2001) oder – anders formuliert – Paare in soziale Netzwerke eingebettet sind. Auf die hohe Relevanz der Netzwerkbeziehungen für die Wirklichkeitskonstruktion des Paares haben schon Peter L. Berger und Hansfried Kellner (1965) aufmerksam gemacht. Die Paarbildung ist mit der Handlungsaufgabe des Aufbaus eines Paar-Netzwerkes verknüpft. Kontakte zu den Netzwerkmitgliedern des Partners bzw. der Partnerin sind herzustellen. In aller Regel ist das Paar-Netzwerk nicht einfach eine Zusammenführung der individuellen Netzwerke, vielmehr scheinen Umstrukturierungen an der Tagesordnung zu sein. Notwendig für Paare ist auch eine Grenzziehung zwischen sich und dem Netzwerk. Gerade in den Anfängen kann dies für ein Paar eine schwierige Aufgabe sein. Eine sich stabilisierende Paarbeziehung hat sich in zwei Richtungen abzugrenzen: gegenüber den beiden Herkunftsfamilien als dem wichtigsten Teil des Verwandtschaftsnetzes und gegenüber den Peers. Ein 'besonderer Dritter' kommt durch die Familiengründung hinzu. Auch wenn es – wie bereits ausgeführt – in der Gegenwart angesichts hoher, vielfach auch lebenslanger Kinderlosigkeit nicht mehr angemessen erscheint, davon auszugehen, dass jede Paarbildung auf Familiengründung angelegt ist (vgl. Lenz 2003b), ist diese Möglichkeit des Überganges von der Dyade zur Triade hier besonders herauszustellen. Kinder werden nicht in die Sozialform Zweierbeziehung aufgenommen, sondern es findet dadurch eine Gruppenbildung statt. Durch das Hinzukommen eines Kindes erweitert sich die Paargemeinschaft zur Familie. Es muss aber nicht in allen Fällen ein Kind sein, das dazukommt. Durchaus verbreitet ist es auch, dass eine bestehende Elter-Kind-Beziehung durch das Hinzukommen eines neuen Partners bzw. einer neuen Partnerin erweitert wird. In beiden Fällen umfasst die entstandene Familie zwei Formen persönlicher Beziehungen: eine Zweierbeziehung und zwei Eltern-Kind-Beziehungen. Gerade um die anfangs kritisierte Einseitigkeit der Familienforschung zu vermeiden, ist es von zentraler Relevanz, die Eigenständigkeit beider Beziehungsformen strikt zu beachten. Diese Eigenständigkeit anerkennend, ist gleichwohl zu konstatieren, dass die durch die Familiengründung bedingte Netzwerkerweiterung der Paargemeinschaft eine alles andere vielfach übertreffende Auswirkung auf die Alltagspraxis der Paare hat (vgl. Schülein 1987).

Auf einen weiteren zentralen Sachverhalt verweist die *Ebene der symbolischen Paarrepräsentation*: Das Strukturmoment der personellen Unersetzbarkeit von Zweierbeziehungen bringt es mit sich, dass eine Wirklichkeitskonstruktion oder institutionelle Ordnung in dieser sozialen Formation an die Subjekte gebunden ist. Der einzig mögliche Träger dieser Ordnung ist das Paar selbst. Dies hat zur Folge, dass die institutionelle Ordnung eines Paares im besonderen Maße fragil ist und einer fortlaufenden Bestätigung durch ein breites Repertoire von Beziehungssymbolen bedarf. Hinzu kommt auch – geht man von einem aktiven und produktiven Subjekt aus –, dass die Beziehung, ihr Zustandekommen und ihr Fortbestand von den Beziehungspersonen zum Gegenstand der Reflexion gemacht wird und diese Ereignisse als sedimentiertes Wissen memoriert werden. Dieser hohe funktionale Bedarf wie die anthropologisch gegebene Reflexivität legen es nahe, die symbolische Paarrepräsentation als eine weitere Ebene in die institutionelle Analyse einzubeziehen (vgl. auch Banse 2003). Beziehungssymbole, durch die der (Fort-)Bestand angezeigt und zum Ausdruck gebracht wird, können Paarjubiläen (z. B. der Hochzeitstag, Kindergeburtstage), Geschenke oder auch lexikalische Besonderheiten im paarinternen Sprachgebrauch sein. Eine herausgehobene Relevanz für die symbolische Paarrepräsentation kommt den Eigengeschichten zu (vgl. Lenz 2002; Maier 2003). Unter der Eigengeschichte wird das angehäufte, sedimentierte und erinnerte Wissen eines Paares über sich selbst verstanden, auf das sich sein Selbstverständnis als Paar stützt. Die Eigengeschichte wirkt der Fragilität der Vergemeinschaftungsformation durch Historisierung und dem Arbeitskonsens durch Geltungsgewissheit entgegen. Die Eigengeschichte beinhaltet nicht – und kann nicht beinhalten –, "wie es eigentlich" war, sondern wie ein Paar den Beziehungsanfang und -verlauf fortlaufend tradiert. Eng verbunden mit der Eigengeschichte des Paares ist die Paar-Identität. Im Zuge der Paarbildung sehen sich die beiden Beziehungspersonen nicht mehr nur als "Ich" und "Du", sondern auch als "Wir". Dieses Wir symbolisiert die Paar-Identität, das Bild des Paares als Paar.

Abb. 1: Analysemodell für Zweierbeziehungen

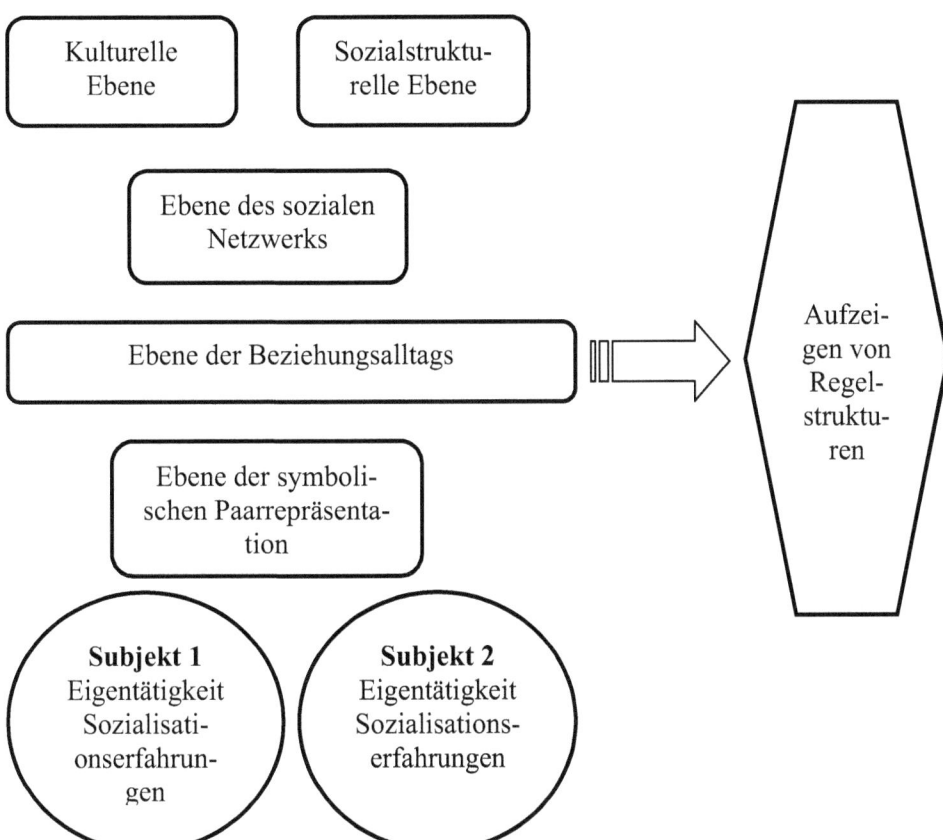

Auch wenn die persönliche Beziehung von der Vorstellung der Einzigartigkeit der Beziehungspersonen ausgeht, kann eine soziologische Analyse dieses Konstruktionsprinzip nicht als Analysemaxime übernehmen. Es geht nicht um die Singularität einer Zweierbeziehung, sondern um das *Auffinden und Aufzeigen von sozialen Regelmäßigkeiten,* die sich hinter den Rücken der Beteiligten einstellen, oder – wie Jean-Claude Kaufmann (1994: 8) es formuliert – um "Tiefenstrukturen des ehelichen Gewebes". Jenseits der vordergründigen Idiosynkrasie zeichnen sich Zweierbeziehungen – wie überhaupt persönliche Beziehungen – durch Regelstrukturen aus, die unabhängig von den Beziehungspersonen und auch der betonten Einmaligkeit ihrer Verbindung vorhanden sind und den Zweierbeziehungen eine wiederholt auffindbare Gestalt verleihen.

Mit der Fokussierung auf Regelstrukturen im Beziehungsalltag wie auch auf die Feststellung seiner Gestaltung in Bezug auf kulturelle Vorgaben und seines Eingebettetseins im sozialen Raum ist keine Negation des Individuums als *Subjekt* verbunden. Regelstrukturen, kulturelle Codierungen und makrosoziale Konstellationen verweisen auf die Hervorbringungsleistungen handelnder Subjekte, auch wenn sie als Objektivierung ein hohes Maß an Eigenständigkeit und Unabhängigkeit gewonnen haben und in Form von "äußeren" Anforderungen – aber auch eigenen Erwartungen – auf die Subjekte zurückwirken (vgl. Berger/Luckmann 1977). Ihr Handeln wird nicht einseitig durch die vorhandenen Regelstrukturen, kulturellen Codierungen und makrosozialen Konstellationen "geprägt". Es besteht ein – mehr oder minder großer – Gestaltungsspielraum für die Eigentätigkeit des Subjekts, der auf der Grundlage der vorhandenen Kompetenzen genutzt wird. Auf der Ebene der Subjekte ist es auch möglich, die Sozialisationserfahrungen als in die Zweierbeziehung mitgebrachten Voreinstellungen in das Analysemodell zu integrieren.

Zum Abschluss der Eckpunkte einer Soziologie der Zweierbeziehung möchte ich für die weitere Darstellung noch auf eine Einschränkung hinweisen und dadurch zugleich auf eine weitere zentrale Analysekategorie aufmerksam machen: Wenngleich – wie bereits angesprochen – eine Zweierbeziehung gleich- wie auch verschiedengeschlechtlich zusammengesetzt sein kann, wird sich diese Einführung ganz überwiegend mit *heterosexuellen Zweierbeziehungen* beschäftigen. Dies ist zum einen dem Forschungsstand geschuldet. Homosexuelle Zweierbeziehungen, egal ob zwischen Frauen oder Männern, sind bislang nur in sehr geringem Maße Gegenstand von Studien (als Überblick und Einstieg vgl. Hoffmann/Lautmann/Pagenstecher 1993; Schneider/Rosenkranz/Limmer 1998; Peplau/Spalding 2000; Diamond 2006; Maier 2008). Vergleiche zwischen heterosexuellen, lesbischen und schwulen Paaren sind eine Mangelware: neben den amerikanischen Untersuchungen (Blumstein/Schwartz 1983; Cline 1998) hat Maja S. Maier (2007) vor kurzem die erste deutsche Vergleichsstudie vorgelegt, die sich vor allem mit der symbolischen Repräsentation von Paarbildungsprozessen befasst. Zum anderen kommt hinzu, dass Zweierbeziehungen, egal in welcher Geschlechterkonstellation, zwar einige Gemeinsamkeiten aufweisen (dürften), dennoch lassen sie sich nicht in einen Topf werfen. Dies ist nicht möglich, da in der heterosexuellen Zweierbeziehung die folgenschwere Besonderheit hinzukommt, dass sich hier zwei Geschlechter begegnen und damit die vorhandenen sozialen und kulturellen Unterschiede der beiden Geschlechterklassen unmittelbar in der Paarkonstellation relevant werden[27]. Für die Analyse heterosexueller Zweierbeziehungen ist *Geschlecht* eine zentrale Kategorie, die einer besonderen Aufmerksamkeit bedarf (vgl. Burkart 1997; Dryden 1999; Burkart/Koppetsch 2001; Lenz 2003a, 2004; Impen/Peplau (2006); Koppetsch 2008).

Die Zugehörigkeit zu einem Geschlecht ist kulturell "hochgradig identitätsrelevant" und wird "so massiv zugemutet und persönlichkeitsstrukturell 'angeeignet', dass man es 'mit Haut und Haaren' ist" (Tyrell 1986: 453). Die Geschlechterzugehörigkeit ist eines der grundlegenden Organisationsprinzipien der Sozialwelt. "It organizes our identities and self-concepts, structures our interactions, and is one basis upon which power and resources are allocated" (Wharton 2005: 9). Verbreitet ist eine Unterscheidung von "sex" und "gender". Mit sex wird dabei das natürliche, biologisch vorgegebene Substrat, mit gender die soziokulturelle Überformung bezeichnet,

---

27 Allert (1998: 230) fasst dies in die Formel des "symmetrischen Antagonismus der Geschlechter".

der in den sozialwissenschaftlichen Analysen fast durchgehend ein Übergewicht zugemessen wird. Neuere Ansätze gehen einen Schritt weiter und betonen eine "größere Eigenständigkeit des Sozialen" (Hirschauer 1993: 21; vgl. auch Gildemeister 2000; Böhnisch/Funk 2002). Der Wirkungsbereich des Sozialen beginnt nicht erst auf der Basis der natürlichen Unterschiede zwischen Mann und Frau, sondern schließt diese selbst bereits ein. Geschlecht wird als Konstruktion, "as a routine, methodical, and recurring accomplishment" (West/Zimmerman 1987: 126) aufgefasst. Ein Rekurs auf "natürliche Unterschiede" setzt immer – wie Stefan Hirschauer (1993) aufzeigt – eine kulturell konstituierte Zeichenrealität voraus, die es möglich macht, Genitalien als Geschlechtszeichen zu "lesen", nimmt Bezug auf ein biologisches Wissen, das fraglos an das kulturell etablierte Alltagswissen der Zweigeschlechtlichkeit anschließt, und stützt sich auf eine Unterscheidungspraxis, die die Produktion expliziten Wissens erst möglich macht (vgl. auch Lindemann 1993). Zurückgewiesen wird die Auffassung, die geschlechtliche Differenzierung sei lediglich Ausfluss des biologischen Sexualdimorphismus (vgl. Lorber 1999). Wie schon Margaret Mead (1992; orig. 1949) aufgezeigt hat, besteht morphologisch ein Kontinuum zwischen weiblicher und männlicher Gestalt, einschließlich der Geschlechtsmerkmale. Zwar gebären nur Frauen Kinder, aber auch dieses Reproduktionsvermögen ist nicht trennscharf, da nicht alle Frauen tatsächlich Kinder gebären bzw. zu gebären vermögen und vor allem nicht in allen Altersstufen. Wenn daraus jedoch eine Differenzierung von Mann und Frau hergeleitet wird, erwächst diese nicht aus "biologischen Tatsachen", sondern stellt das Resultat einer kollektiven Generalisierung dar, die als "natürlich" erklärt, was in dieser Ausschließlichkeit nur kulturell festgelegt sein kann[28].

Eine jede Person wird verbindlich einer der beiden Geschlechterklassen zugeordnet und ist auch gezwungen, sich selbst als zugehörig einzustufen. Die Geschlechterklassen sind auf der Ebene der kulturellen Codierungen engstens mit Idealen der Maskulinität und Femininität verwoben (vgl. Goffman 1994b; orig. 1977). Diese Ideale umfassen Vorstellungen darüber, was für diese beiden Geschlechterklassen als "wesentlich" und "charakteristisch" gilt. Diese Weiblichkeits- und Männlichkeitsbilder stellen gesellschaftliche Wissensvorräte dar, die Folien für die Ausformung geschlechterklassenspezifischer Verhaltensweisen und Emotionalitäten abgeben. Sie beinhalten Rechtfertigungen für die Zuweisung bestimmter Aufgaben an die Geschlechter und liefern in vielfacher Weise geschlechterbezogene Erklärungen, warum man selbst oder jemand anderes sich so und nicht anders verhalten hat.

In unserem Kulturkreis hat die kulturelle Codierung der Geschlechter im Zuge des Aufkommens des bürgerlichen Familienmodells in Form einer starken Kontrastierung eine bis heute nachwirkende Gestaltung (vgl. Frevert 1995; Laqueur 1992). Ein zentrales Element des bürgerlichen Familienmodells ist – in den Worten von Karin Hausen (1976) gesprochen – die "Polarisierung der Geschlechtscharaktere".

---

28 Auf ihren Konstruktionscharakter aufmerksam zu machen, steht keineswegs im Widerspruch zu dem, dass die geschlechtliche Differenzierung – wie Tyrell (1986; 1989) zeigt – offenkundig große klassifikationstechnische Vorzüge und Ausbauchancen besitzt, was entscheidend zu ihrer starken Verbreitung beigetragen haben dürfte.

Während noch zu Beginn des 18. Jahrhunderts die typischen Aussagen über den Mann und die Frau auf den jeweiligen Stand bezogen waren, werden diese nach und nach durch Charakterdefinitionen abgelöst, die allgemeine, abstrakte Eigenschaften für das gesamte männliche oder weibliche Geschlecht herausstellten. Durch diese Ausdehnung über die gesamte Geschlechtsklasse wurde es möglich, die neuen Geschlechtscharaktere – wie es in der wissenschaftlich fundierten Naturrechtslehre von Johann Gottlieb Fichte (orig. 1796) der Fall ist – aus der "Natur" abgeleitet zu legitimieren und als "Wesensmerkmale" in das Innere der Menschen zu verlagern. In den polaren Zuschreibungen werden für den Mann als zentrale Eigenschaften Aktivität und Rationalität, für die Frau Passivität und Emotionalität hervorgehoben. Die Polarisierung der Geschlechtscharaktere korrespondiert mit der in der "bürgerlichen Familie" verbundenen Dissoziation von Erwerbs- und Familienleben. Die Familie wird zur Domäne der Frau, der Beruf zu der des Mannes, und die Wesensmerkmale gewinnen Gestalt aus dieser geschlechtsspezifischen Arbeitsteilung und legitimieren diese zugleich als natürliche Ordnung (vgl. Beck-Gernsheim 2006).

Wenn auch diese Geschlechterstereotype weiterhin fortwirken, haben sie dennoch mittlerweile ihren Monopolanspruch verloren. So kommt z. B. Arlie R. Hochschild (2003) in ihrer Analyse amerikanischer Frauenratgeber zu zwei Hauptformen weiblicher Geschlechtercodes: einem traditionellen und einem egalitären Code[29]. Der traditionelle Code, in dem die Polarisierung der Geschlechtscharaktere fortzubestehen scheint, liefert Anweisungen für die Aufrechterhaltung der männlichen Superiorität. Er übertreibt die Unterschiede im Erscheinungsbild von Männern und Frauen und beinhaltet asymmetrische Interaktionsregeln. Der egalitäre Geschlechtercode als zweite Hauptform beinhaltet dagegen Richtlinien, um eine Gleichheit der Geschlechter herzustellen. Von Frauen wird nichts anderes erwartet und gefordert, als was sie von ihrem Partner erwarten und fordern können. Als Ideal gilt eine Machtbalance, das Erscheinungsbild gleicht sich an und die Interaktionsregeln verlieren ihre Geschlechtsspezifik. Auf deutliche Milieuunterschiede in den Geschlechtercodierungen weisen Cornelia Koppetsch und Günter Burkart (1999) hin: Im traditionellen Milieu (hier: ländliche Arbeiter) dominieren patriarchalische Leitvorstellungen, im familialistischen Milieu (Mittelschicht) steht – in einer partiellen Abkehr vom bürgerlichen Ideal – die Gleichwertigkeit komplementärer Geschlechtsrollen im Vordergrund und in das individualisierte Milieu hat der Anspruch auf Gleichheit der Geschlechter am stärksten Eingang gefunden.

Durch die mit der Geburt einsetzende verbindliche Zuordnung zu einer Geschlechterklasse nehmen Sozialisationsprozesse ihren Anfang, wodurch sich die Kinder "eine geschlechtsklassenspezifische Weise der äußeren Erscheinung, des Handelns und des Fühlens" (Goffman 1994b: 109) aneignen. Sie erwerben ein praktisches Wissen über ihre Geschlechtszugehörigkeit und das kulturell zugeordnete Darstellungs-, Handlungs- und Gefühlsrepertoire. Angeeignet und ausgebaut wird die soziale Kompetenz, sich in unterschiedlichen Situationen überzeugend als "männlich" oder "weiblich" zu präsentieren und im Handeln, Fühlen sowie Denken ein

---

29 Zum Wandel der Männerbilder vgl. Böhnisch 2001; 2003; Meuser 1998; Mosse 1997.

Junge bzw. ein Mann oder ein Mädchen bzw. eine Frau zu sein. Mit dem Begriff der institutionellen Reflexivität hat Erving Goffman (1994b) darauf aufmerksam gemacht, dass die Alltagsorganisation unseres sozialen Lebens nachhaltig dazu beiträgt, die Natürlichkeit des Systems der Zweigeschlechtlichkeit und die damit einhergehende kulturelle Codierung immer wieder selbst zu bestätigen. Ein wichtiges Setting ist dabei das heterosexuelle Paar, das die Unterschiede von Frau und Mann fortlaufend und unabweisbar für alle evident macht (vgl. auch Burkart 1997); und sei es auch nur, dass aus der Norm, dass ein Mann größer und älter zu sein habe als seine Partnerin, die dadurch anschaulich bestätigte "Gewissheit" resultiert, Männer seien den Frauen körperlich überlegen und lebenserfahrener. Die heterosexuelle Zweierbeziehung ist also nicht nur durch die Geschlechtszugehörigkeit der Beziehungspersonen geprägt, sondern sie ist auch zugleich selbst wesentlich an der Produktion der Geschlechtsunterschiede beteiligt (ausführlich vgl. Lenz 2002; 2003b).

4. Zur Wiederholung und Vertiefung

Schlüsselbegriffe

Familie · Ehe · Eingetragene Lebenspartnerschaft · Kinderlosigkeit · Heiratsneigung · Pluralisierung von Beziehungsformen · Nichtkonventionelle Lebensformen · Nichteheliche Lebensgemeinschaft · Living-apart-together-Beziehung (Distanzbeziehung) · Gleichgeschlechtliche Paare · Beziehungsbiografie · Single · Persönliche Beziehung · Rollenbeziehung · Zweierbeziehung · Freundschaft · Interaktion · Organisation · Soziale Gruppe · Zweierbeziehung als Prozess · Wirklichkeitskonstruktionen in Zweierbeziehungen · Emotionen · Analyseebenen von Zweierbeziehungen · Geschlecht

Wiederholungsfragen und -aufgaben

1. Welche Entwicklungstendenzen haben zur wachsenden Eigenständigkeit der Ehe gegenüber der Familie beigetragen?
2. Diskutieren Sie den Bedeutungsverlust der Ehe und was dazu beigetragen hat.
3. Grenzen Sie persönliche Beziehung von Interaktion und Organisation ab.
4. Was unterscheidet die Zweierbeziehung von einer Freundschaft, was hat sie mit ihr als persönliche Beziehung gemeinsam?
5. Skizzieren Sie Grundlinien des Forschungsprogramms einer Soziologie der Zweierbeziehung.

Literatur und Internetquellen zur Vertiefung

Als Einstieg in den Forschungsbereich der Persönlichen Beziehungen
- Lenz, Karl / Frank Nestmann (Hg.) (2008), Handbuch Persönliche Beziehungen. Weinheim: Juventa
- Vangelisti, Anita L. / David Perlman (eds.) (2006), The Cambridge handbook of personal relationships. Cambridge: Cambridge University Press

Zum Wandel der Beziehungsformen in der Gegenwart
- Peuckert, Rüdiger (2008), Familienformen im sozialen Wandel. 7. Aufl., Wiesbaden: VS
- Schneider, Norbert F. / Doris Rosenkranz / Ruth Limmer (1998), Nichtkonventionelle Lebensformen. Entstehung, Entwicklung, Konsequenzen. Opladen: Leske + Budrich
- Schmidt, Gunter / Silja Matthiesen / Arne Dekker / Kurt Starke (2006), Spätmoderne Beziehungswelten, Wiesbaden: VS

Als Einstieg in die Familienforschung
- Nave-Herz, Rosemarie (2006), Ehe- und Familiensoziologie: eine Einführung in Geschichte, theoretische Ansätze und empirische Befunde. 2. Aufl., Weinheim: Juventa
- Huinink, Johannes / Dirk Konietzka (2007), Familiensoziologie: eine Einführung. Frankfurt am Main: Campus
- Ecarius, Jutta (Hg.) (2007), Handbuch Familie. Wiesbaden: VS

Als Einstieg in die Historische Ehe- und Familienforschung
- Sieder, Reinhard (1985), Geschichte der Familie. Frankfurt/Main: Suhrkamp
- Gillis, John R. (1997), Mythos Familie. Auf der Suche nach der eigenen Lebensform. Weinheim, Berlin: Beltz
- Coontz, Stephanie (2005), Marriage, a history: From obedience to intimacy or how love conquered marriage. New York: Viking

Zeitschriften zur Familien- und Paarforschung
- Zeitschrift für Familienforschung (erscheint seit 1989)
  Internetadresse: http://www.zeitschrift-fuer-familienforschung.de/
- Zeitschrift für Sexualforschung (erscheint seit 1988)
  Internetadresse: http://www.thieme.de/fz/sexualforschung/index.html
- Journal of Marriage and the Family (erscheint seit 1939)
  Internetadresse:
  http://www.blackwellpublishing.com/journal.asp?ref=0022-2445&site=1
- Zeitschrift für Bevölkerungswissenschaft (erscheint seit 1975)
  derzeit keine informative Internetquelle verfügbar

Als Zugang zu aktuellen demografischen Daten
- Statistisches Bundesamt
  Internetadresse: http://www.destatis.de/jetspeed/portal/cms/
- Bundesinstitut für Bevölkerungsforschung
  Internetadresse: http://www.bib-demographie.de/cln_051/DE/Home/homepage__node.html?__nnn=true

Teil II
Verlaufsphasen von Zweierbeziehungen

Persönliche Beziehungen zeichnen sich – worauf bereits hingewiesen wurde – durch eine über eine Interaktion hinausreichende Kontinuität aus. Im Unterschied zu Interaktionen sind sie nicht auf die Dauer der Anwesenheit der Akteure beschränkt, sondern Zweierbeziehungen – wie auch andere Formen der persönlichen Beziehungen – umfassen eine Vergangenheit, in der die Beziehung bestanden hat, und auch eine Zukunft, in der diese voraussichtlich bestehen wird. Oder anders formuliert: Zweierbeziehungen sind kein statisches Gebilde, sondern sie sind in der Zeitdimension Veränderungen unterworfen. Für eine Analyse von Zweierbeziehungen bedarf es einer dynamischen Perspektive, vergleichbar der, die mit dem Konzept des Familienzyklus bzw. der Familienentwicklung in der Familienforschung eingeführt wurde (vgl. Huinink/Konietzka 2007). Jedoch können aus der Familienforschung keine konkreten Anregungen entnommen werden, da in diesem Konzept – wie bereits ausgeführt wurde – die Ehebeziehung weitgehend ausgeblendet bleibt. Auf den Prozesscharakter von Beziehungen wird auch im Forschungsbereich der Personal Relationships verwiesen. Zwar ist eine konsequente Prozessualisierung in diesem Bereich unverkennbar noch in den Anfängen und Klagen über Defizite auf diesem Gebiet sind zahlreich, dennoch gibt es durchaus einige Vorschläge. Von diesen Vorschlägen sollen hier nur diejenigen interessieren und diskutiert werden, die tatsächlich auf den ganzen Entwicklungsverlauf von Beziehungen ausgerichtet sind. Ziel dieser Bestandsaufnahme ist es, zu einem brauchbaren Arbeitsmodell des Prozessverlaufs von Zweierbeziehungen zu kommen, das für die weitere Arbeit tragfähig erscheint (vgl. auch Schneewind/Wunderer 2003).

Das klassische Entwicklungsmodell ist das ABCDE-Modell von George Levinger, das dieser bereits in den 1980er Jahren entworfen hat. Zweierbeziehungen können nach Levinger fünf mögliche Phasen durchlaufen, wobei der Name des Modells aus den Anfangsbuchstaben der englischen Bezeichnungen der einzelnen Phasen gebildet ist (vgl. Levinger 1983):

- *Phase A ("acquaintance")*: Damit eine Beziehung überhaupt entsteht, muss das Paar zunächst aufeinander aufmerksam und miteinander bekannt werden.
- *Phase B ("buildup")*: In dieser Phase geht es um den Aufbau der Beziehung, wobei es erforderlich ist, das Ausmaß der wechselseitigen Anregungen und Einschränkungen, die Gebiete des gemeinsamen Vergnügens und die möglichen Probleme in einer Beziehung zu explorieren. Dabei handelt es sich nicht um vorsätzliche Anstrengungen, sondern diese Aufgaben werden eher "nebenbei" und weitgehend von den Beteiligten selbst unbemerkt vollzogen.

- *Phase C ("continuation")*: Es entwickelt sich eine wechselseitige Verpflichtung zu einer langfristigen Beziehung und die Beziehung konsolidiert sich in der relativ dauerhaften Mittelphase, die bei vielen Paaren durch die Heirat markiert wird.
- *Phase D ("deterioration")*: Es kommt zum Verfall und Rückgang der wechselseitigen Verbundenheit, was sich, zumindest einige Zeit, unbemerkt ereignen kann.
- *Phase E ("ending")*: Eine Beziehung endet entweder durch den Tod einer Person oder durch eine Trennung.

Levinger weist darauf hin, dass nur ein kleiner Teil aller Zweierbeziehungen tatsächlich alle fünf Phasen durchläuft. Die meisten Paare kommen über die erste Phase nicht hinaus. Viele, die diese Hürde nehmen, scheitern dann in der Phase B. Die wenigen Paare, die in die Phase C kommen, müssen keineswegs unausweichlich auch die Verfallsphase D durchlaufen, sondern vielen gelingt es, bis zum Tod des Partners oder der Partnerin fortzubestehen. Besonderes Augenmerk legt Levinger auf die Übergänge zwischen den einzelnen Phasen. Was führt z. B. zwei Personen dazu, von der Phase A in die Phase B fortzuschreiten, von einer zufälligen Bekanntschaft zum Aufbau einer festen Verbindung? Levinger weist darauf hin, dass diese Phasen wie auch die Übergänge zwischen diesen Phasen unterschiedliche Formen aufweisen können.

In dem ABCDE-Modell kann die Unterscheidung von Phase A und B nicht überzeugen. Vielfach dürfte das "Mit-jemandem-bekanntwerden" ein Teil des Prozesses des Aufbaus der Beziehung sein bzw. mit dieser in einer engen, unauflösbaren Verbindung stehen. Natürlich gibt es auch Fälle, in denen eine enge Beziehung zwischen zwei "Altbekannten" entstanden ist. Es erscheint aber wenig sinnvoll, deren ursprüngliches Miteinander-bekannt-werden mit der vielleicht Jahre später zustande kommenden Beziehung in einem Ablaufmodell zu verbinden. Bei Levinger dürfte die eigenständige Phase A weitgehend ein Überbleibsel aus der interpersonellen Anziehungsforschung – dazu später mehr – sein, aus der er selbst kommt. Philip Blumstein und Peter Kollock (1988) nehmen in ihrem Abschnitt über "The Natural History of Personal Relationships" auf das Modell von Levinger Bezug und lassen – m. E. zu Recht – die Bekanntschaft als eigenständige Phase weg. Die verbleibenden vier Phasen werden von Blumstein/Kollock als (1) Aufbau und Entwicklung ("buildup and development"), (2) Verpflichtung und Fortbestand ("commitment and continuation"), (3) Unverträglichkeit und Verschlechterung ("incompatibility and deterioration") sowie (4) Beendigung und Auflösung ("ending und dissolution") bezeichnet.

Zu einer ganz ähnlichen Unterteilung kommen auch John Scanzoni et al. (1989: 59): "Primary relationships must (1) always have some sort of beginning; (2) may or may not be maintained in some fashion; (3) may or may not develop or change in certain ways; but (4) eventually will end, if not by the volition of one or both partners, then surely by death". Wie schon Blumstein/Kollock kennen auch Scanzoni et al. – im Unterschied zu Levinger – keine eigenständige Bekanntschaftsphase. Anders als die Phase D bei Levinger und auch die dritte Phase bei Blumstein/Kollock, sprechen Scanzoni et al. bei dieser Phase von Entwicklung und Veränderung einer Beziehung und machen damit deutlich, dass im Anschluss an die Bestandsphase nicht nur ein negativer Verlauf möglich ist, sondern auch ein positiver. In der ausführlichen Darstellung ihres Modells der Beziehungsentwicklung verzichten Scanzoni et al. (1989: 96ff) dann auf eine weitere Unterscheidung der Punkte (2) und (3) und fassen diese als Bestands-/Veränderungsphase (maintenance/change phase) zusammen, die durch die Formations- und Auflösungsphase umrahmt wird, so dass sie im Weiteren nur noch diese drei Phasen auseinanderhalten.

Schon Levinger (1983) hat betont, dass keineswegs alle Paare alle Phasen durchlaufen. Für ihn ist jedoch nur ein vorzeitiger Abbruch der Sequenz in den Phasen A und B oder ein Überspringen der Phase D möglich. Scanzoni et al. (1989) machen eine wichtige Erweiterung, indem sie darauf hinweisen, dass diese Phasen in unterschiedlicher Reihenfolge in Erscheinung treten können. Jede Beziehung hat notwendigerweise einen Anfang und zuletzt unausweichlich ein Ende. Zwischen diesen Endpunkten gibt es aber unterschiedliche Kombinationsmöglichkeiten. Eine Beziehung kann nicht nur aus der Formationsphase unmittelbar in eine Auflösungsphase eintreten. Es ist auch möglich, dass eine Auflösungsphase durch eine Bestands- bzw. Veränderungsphase abgelöst wird, wobei ein häufiges Hin- und Herbewegen zwischen diesen beiden Phasen für Beziehungen durchaus vorstellbar ist. Auch können, nachdem eine Beziehung "aus" ist, beide Partner nach einiger Zeit erneut in eine gemeinsame Formationsphase eintreten. Phasen des Entwicklungslaufes einer Zweierbeziehung dürfen also nicht als unausweichlich aufeinanderfolgende Stufen aufgefasst werden; sie sind nicht analog zu Lebensphasen (Kindheit, Jugend usw.) zu begreifen. Vielmehr handelt es sich – wenn auch mit Ausnahmen – um variabel kombinierbare Stadien, die eine Beziehung durchläuft bzw. durchlaufen kann.

Bei dem Versuch, einen Prozessverlauf in Phasen zu gliedern, ergibt sich unausweichlich die Schwierigkeit, diese voneinander abzugrenzen und die Übergänge zwischen zwei Phasen zu bestimmen. Auf dieses Problem weist Robert A. Hinde (1979: 289f) hin, wenn er schreibt: "There is no suggestion that all stages are to be distinguished by discontinuities. The division of any continuous process into stages is likely to depend on arbitrary criteria, and has the danger of implying the occurence of sudden changes or the existence of transition periods which have no counterpart in real life". Die Form der Übergänge ist nicht im Rahmen des Phasenmodells zu entscheiden, sondern stellt eine empirische Frage dar. Ein sprunghafter Übergang scheint ebenso möglich zu sein – und kommt im Beziehungsalltag auch vor – wie eine längergestreckte Übergangsperiode. Nicht nur bestehen Unterschiede zwischen den einzelnen Übergängen, sondern auch ein und derselbe Übergang kann in verschiedenen Zweierbeziehungen eine unterschiedliche Gestalt annehmen. Zu einer Phaseneinteilung zu kommen, die keine willkürlichen Einschnitte vornimmt, sondern – vermittelt über Übergänge – Phasen mit unterschiedlichen Beziehungsqualitäten beinhaltet, ist eine Anforderung, die eine Modellbildung zu erbringen hat. Allerdings sind Phasenmodelle immer ein wissenschaftliches Konstrukt, dessen Zweck es ist, die Abläufe der Beziehungen greifbarer und damit auch verständlicher zu machen. Damit geht einher, dass es nicht auszuschließen ist, dass die Phaseneinteilung zumindest nicht vollständig deckungsgleich mit der subjektiven Strukturierung der

Beziehung durch die Beteiligten ist. Diese Unterschiede sind z. T. unvermeidbar, da ein Phasenmodell aus einem theoretischen Motiv zustande kommt und dabei Kategorien verwendet, die abstrakter sind als die Kategorien, die die Alltagshandelnden zur Beschreibung ihrer eigenen Beziehung gebrauchen. Diese Differenz kann tendenziell vermindert werden, wenn in der Phaseneinteilung versucht wird, auf die subjektiven Perspektiven der Beteiligten Bezug zu nehmen.

Alle drei vorgestellten Modelle können in den Abgrenzungen der Phasen nicht vollständig überzeugen. Es wird auf eine Plausibilität der Einteilung gesetzt, ohne diese immer auch hinreichend explizit zu machen. Gerade wenn man auf die subjektiven Perspektiven der Akteure Wert legt, wird deutlich, dass die vorgestellten Entwicklungsmodelle stillschweigend unterstellen, dass beide Personen sich immer in ein und derselben Phase befinden. Gerade an Übergängen scheint aber eine "Ungleichzeitigkeit" der Phasenzugehörigkeit durchaus möglich. So kann z. B. eine Person davon überzeugt sein, dass sie "zusammen" sind, während die andere noch unsicher ist, ob sie sich auf eine feste Beziehung einlassen soll. Allerdings dürfte eine solche "Ungleichzeitigkeit" immer nur für eine beschränkte Zeit möglich sein.

Aufbauend auf diesen Überlegungen und im Anschluss an die vorgestellten Phasenmodelle, wenn auch mit Revisionen, schlage ich für den Ablauf von Zweierbeziehungen das folgende Arbeitsmodell vor, das kurz vorgestellt werden soll. Zu einer ausführlicheren Betrachtung der einzelnen Phasen, einschließlich ihrer Übergänge, wird in den nachfolgenden Kapiteln Gelegenheit sein.

(1) Aufbauphase: Jede Zweierbeziehung muss, bevor sie als solche in Erscheinung tritt, erfolgreich eine Aufbauphase durchlaufen. Aber nicht alle Versuche sind erfolgreich und ein Scheitern kann sich unterschiedlich schnell einstellen. Sie kann nach einer Reihe von Begegnungen scheitern; in diesem Fall wären beide Seiten in die Aufbauphase involviert gewesen. Es ist aber auch möglich, dass nur eine Person in eine Aufbauphase eintritt: Dies ist dann der Fall, wenn zwar eine Beziehungsaufnahme versucht wird, aber diese Versuche von der Zielperson umgehend zurückgewiesen bzw. gar nicht erwidert werden.

(2) Bestandsphase: Eine Aufbauphase kann aber auch erfolgreich bewältigt werden, die Beziehung tritt dann in eine Bestandsphase ein. Das entscheidende Kriterium für den Übergang ist die Selbstdefinition der Beteiligten, sich als in der festen Beziehung befindlich zu sehen. Dabei erscheint es durchaus möglich, dass dies für beide Beteiligten zu unterschiedlichen Zeitpunkten der Fall ist. Diese Phase sollte nicht als eine der Stagnation gesehen werden; vielmehr ist mit einer Reihe von Transformationen zu rechnen[30].

---

30 Günter Burkart (2008) regt an, von der Bestandsphase noch eine "Bewährungsphase" abzugrenzen. "Die Bestandsphase beginnt mit einer Bewährungsphase, wenn die beiden Beteiligten sich selber und ihrer sozialen Nahwelt (Freunde, Familie, Verwandte) durch einen symbolischen Akt signalisieren, dass sie ein Paar sind. Diese Bewährungsphase endet und geht in die eigentliche Bestandsphase über, wenn das Paar längerfristig in eine gemeinsame Zukunft investieren will". Diese weitere Phasendifferenzierung ist nach Burkart nahe liegend, da sich Paare heute zwar schneller als Paar definieren, aber viele weitreichende Festlegungen (z. B. Eheschließung; Familiengründung) aufgeschoben werden. Nicht selten dauert nach Burkart diese Bewährungsphase vier bis fünf Jahre.

(3) Krisenphase: Die Bestandsphase, aber auch schon die Aufbauphase, kann durch Krisen unterbrochen werden. Eine Krisenphase ist dann gegeben, wenn eine subjektiv als belastend wahrgenommene Veränderung der Beziehung auftritt, die eine Unterbrechung in der Kontinuität des Handelns und Erlebens und eine Destabilisierung im emotionalen Bereich zur Folge hat. Eine Krisenphase kann auf eine Begegnung beschränkt sein, aber ebenso ist es möglich, dass sie den Beziehungsalltag über eine lange Zeitdauer dominiert. Wenn hier von Krise statt von Verschlechterung gesprochen wird, soll deutlich gemacht werden, dass diese Phase nicht in erster Linie eine bloße Vorphase der vierten Phase bildet, sondern die weitere Beziehungsentwicklung durchaus offen ist. Ihr muss das Ende der Zweierbeziehung nicht auf den Fuß folgen; ebenso möglich ist – und dies dürfte auch der häufigere Weg sein – eine Rückkehr in die Bestandsphase oder, wenn die beiden noch in der Aufbauphase waren, ein Fortschreiten zur Bestandsphase.

(4) Auflösungsphase: Von der Krisenphase ist die Auflösungsphase zu unterscheiden. Eine Auflösung kann durch einen Willensakt einer oder beider Person(en) zustandekommen. In diesem Fall wird ihr eine Krisenphase vorangehen und die Auflösungsphase tritt ein, wenn der Versuch gemacht wird, die wahrgenommenen Differenzen durch konkrete Schritte in Richtung einer Beendigung aufzulösen bzw. wenn diese Trennungsabsicht angekündigt wird. Aus dem Eintritt in die Auflösungsphase folgt nicht notgedrungen schon das Ende der Beziehung; ein Zurück in die Krisen- oder auch in die Bestandsphase ist keineswegs ausgeschlossen. Eine Auflösung kann aber auch durch den Tod des Partners bzw. der Partnerin verursacht werden, wodurch es unverrückbar zu einem definitiven Ende der Beziehung kommt. In beiden Fällen ist davon auszugehen, dass die Auflösungsphase weder mit dem Tod noch durch eine Trennung oder Scheidung endet, sondern für eine mehr oder minder lange Zeit darüber hinaus andauern wird.

Dieses Phasenmodell ist also nicht als starre Abfolge aufzufassen, da diese vier Phasen in einer gewissen Variabilität kombinierbar sind. Fixpunkte sind lediglich, dass eine jede Beziehung beginnen muss und spätestens mit dem Tod einer Beziehungsperson unwiderruflich endet. Für viele bestehende Beziehungen ist zu vermuten, dass die Bestandsphase mehrmals durch Krisenphasen unterbrochen wird. Bei manchen Krisen ist es durchaus möglich, dass zumindest von einer Seite eine Trennung erwogen wird oder auch Schritte in diese Richtung unternommen werden, ohne dass es dann zum Ende der Beziehung kommt. Selbst wenn eine Beziehung beendet wird, ist ein Neuanfang nicht grundsätzlich ausgeschlossen. Wenngleich ihre Zahl klein ist, gibt es sogar Paare, die nach einer Scheidung ein weiteres Mal heiraten. Es ist hier eine Ermessenssache, ob man dies als eine zeitlich gestreckte Rückkehr aus der Auflösungs- in die Bestandsphase, oder als eine Abfolge von Auflösungsphase und wiederholter Aufbauphase wertet. Im Unterschied zu Scanzoni et al. halte ich es allerdings nicht für sinnvoll, auch die Möglichkeit eines unmittelbaren Übergangs von der Aufbau- in die Auflösungsphase einzuräumen. Auflösen kann sich m. E. nur, was bestanden hat; in diesem Fall reicht es aus, von einem Scheitern der Aufbaubemühungen zu sprechen.

Diese vier Verlaufsphasen sollen in den folgenden Teilkapiteln der Reihe nach genauer betrachtet werden. Mit dem Ziel, zu einem besseren Verständnis der Veränderungsdynamik von Zweierbeziehungen beizutragen, werden vorliegende Studien und Überlegungen systematisiert und bestehende Defizite sowie weiterführende Fragestellungen aufgezeigt.

1. Aufbauphase von Zweierbeziehungen

ALLEIN IN EINER GROSSEN STADT
(TEXT: MAX COLPET; GESUNGEN: MARLENE DIETRICH)

Man lebt in einer großen Stadt und ist doch so allein.
Der Mann, nach dem man Sehnsucht hat,
scheint noch nicht da zu sein.
Man kennt ihn nicht und kennt ihn doch genau
und man hat Angst, dass er vorübergeht,
und sucht bei andern ihn und bleibt doch seine Frau,
bis man ihm plötzlich gegenübersteht.

Und da weiß man nicht, was man sagen soll
und man findet alles so banal
und man nahm doch früher gern den Mund so voll
und nun stottert man mit einem Mal.
Alles das, was man sich vorgenommen hat,
ihm sofort im ersten Augenblick zu sagen,
das vergisst man glatt,
denn es sagt sein Blick,
dass er einen längst verstanden hat.

Bis in die jüngste Vergangenheit hinein war das Forschungsinteresse an Zweierbeziehungen, soweit sie überhaupt ins Blickfeld kamen, fast ausschließlich auf die Aufbauphase fixiert. Diese Ausschließlichkeit besteht mittlerweile nicht mehr, aber weiterhin bindet die Aufbauphase ein höheres Maß an Aufmerksamkeit als die anderen Phasen. Ausgangspunkt der kritischen Bestandsaufnahme, die hier vorgenommen werden soll, bilden die beiden Forschungsschwerpunkte, die den wissenschaftlichen Diskurs über die Anfänge einer Zweierbeziehung lange prägten. Über diese Forschungsschwerpunkte hinaus erscheint es wichtig, Beziehungsanfänge als soziale Prozesse zu betrachten und auch die unterschiedlichen Wege, auf denen Zweierbeziehungen zustande kommen, in den Blick zu nehmen.

1.1 Forschungsschwerpunkte: Studien zur Partnerwahl und Anziehungsforschung

Studien zur Partnerwahl und die Anziehungsforschung stellen die beiden traditionellen Forschungsschwerpunkte dar. Diese werden hier nebeneinander gestellt, obwohl durchaus Überschneidungen vorhanden sind. Dieses Nebeneinander lässt sich rechtfertigen, da beide mit unterschiedlichen Wissenschaftsdisziplinen in Verbindung stehen. Der erste Forschungsstrang ist vor allem aus der Soziologie hervorgegangen, der zweite aus der Sozialpsychologie. In den Studien zur Partnerwahl wird der Frage nachgegangen, wer zu wem passt. In Kompatibilitäts-Modellen wird systematisiert, was auch im Alltag verbreitet ist und in Aussagen wie "Die passen gut zusammen" oder "Ihr passt einfach nicht zusammen" zum Ausdruck kommt. Für das Forschungsgebiet der interpersonalen Anziehung ist die Frage grundlegend, was Menschen für andere anziehend macht; gesucht werden jene Merkmale, durch die eine Person "interessant", "gefragt" und "begehrenswert" wird.

(1) Studien zur Partnerwahl

Fragen nach dem Aufbau von Beziehungen haben unter dem Stichwort der Partnerwahl ("mate selection") in der Familiensoziologie eine lange Tradition. Zumindest gilt dies für den angloamerikanischen Sprachraum. Im deutschsprachigen Raum findet sich erst in den letzten Jahren eine wachsende Anzahl von Publikationen, die sich mit der Partnerwahl befassen (vgl. Klein 1999b; 2001; Teckenberg 2000; Wirth 2000). Generell wird die Diskussion durch zwei Grundvarianten bestimmt: der *Ähnlichkeits-* und der *Komplementaritäts-Hypothese*. Diese beiden Modelle sind keine "Neuerfindung" der amerikanischen Familiensoziologie. Schon Ende des 19. Jahrhunderts hatte Emile Durkheim (1988: 101ff) diese beiden Modelle in die Soziologie eingeführt, wobei er sich auf die "Nikomachische Ethik" von Aristoteles stützte. Neu war lediglich ihre empirische Erforschung. Auch reicht ihre Verbreitung weit über die Wissenschaft hinaus: Hinter der Ähnlichkeits-Hypothese bzw. Komplementaritäts-Hypothese verbirgt sich, was im Volksmund "Gleich und gleich gesellt sich gern" bzw. "Gegensätze ziehen sich an" heißt.

In der sozialwissenschaftlichen Debatte kommt der Komplementaritäts-Hypothese nur noch ein geringer Stellenwert zu. Von Robert F. Winch wurde diese These in den 1950er Jahren in die wissenschaftliche Diskussion eingeführt. Nach Winch (1958: 88f) sucht jedes Individuum in der Partnerwahl "within his or her field of eligibles for that person who gives greatest promise of providing him or her with maximum need gratification". Eine maximale Bedürfnisbefriedigung ist dann gewährleistet, wenn die andere Person Bedürfnisse hat, die zu den eigenen komplementär sind. Ähnlichkeiten in sozialen Merkmalen werden von Winch nicht geleugnet, sie sind jedoch für ihn vielmehr Folgen einer Vorauswahl durch die soziale Homogenität des Netzwerks. Die Komplementaritätsthese hat eine lebhafte Diskussion ausgelöst und auch weitere empirische Studien angeregt. Dabei wurden zentrale methodische Mängel der empirischen Untersuchungen von Winch aufgezeigt und auf theoretische Schwächen hingewiesen. Vor allem aber konnten die Nachfolgestudien die Ergebnisse ganz überwiegend nicht bestätigen (als Überblick vgl. Seyfried 1977). In der empirischen Partnerwahlforschung gilt die Komplementaritätsthese seit den 1970er Jahren als falsifiziert. Anders dagegen in der Paartherapie, in der – allerdings nicht in der Variante von Winch – die Komplementarität der Partnerwahl ein fester Bestandteil ist. Sie ist zentraler Inhalt des Konzepts der Kollusion von Jürg Willi (1997; orig. 1975). Die neurotischen Dispositionen beider Partner passen bei einer Kollusion wie Schlüssel und Schloss zusammen. Aus früheren Entwicklungsphasen stammende, nicht verarbeitete Konflikte werden in der Zweierbeziehung als entgegengesetzte, sich zunächst aber ergänzende "Lösungsvarianten" ausgelebt. In einer Kollusion finden zwei Partner mit ähnlich gelagerten Liebesdefiziten zueinander. Der eine von ihnen möchte die kindlichen Sehnsüchte erfüllt haben, der andere aber sucht die Erfüllung der eigenen Sehnsüchte im Erfüllen der Sehnsüchte der anderen (Willi 2004: 202). Willi unterscheidet vier Kollusionsmuster: die orale Kollusion (als Sehnsucht nach Verwöhnung einerseits und die Gewährung von Hilfe ohne Anspruch auf Entschädigung andererseits) anal-sadistische Kollusion (die Sehnsucht nach gesicherter Abhängigkeit einerseits und Übernahme von Führung und Kontrolle andererseits), narzisstische Kollusion (die Sehnsucht nach Verschmelzung und Selbstaufgabe einerseits und der Anspruch, das Zentrum der Einheit zu sein, andererseits) und Nähe-Distanz-Kollusion (die Sehnsucht nach Nähe einerseits und die Sicherung von Distanz andererseits). Ein Nebeneinander beider Diskussionsstränge – der empirischen Partnerwahlforschung und der Paartherapie – hat bislang verhindert, dass diese Inkonsistenz zum Thema wurde.

Die aktuelle sozialwissenschaftliche Partnerwahlforschung ist auf die *Ähnlichkeits-Hypothese* zentriert, wonach bevorzugt solche Personen als Partner und Partnerin gewählt werden, die einander – bezogen auf bestimmte Merkmale – ähnlich sind. Die Ähnlichkeit kann sich auf soziale Merkmale (z. B. Schicht, Konfession) und Persönlichkeitsvariablen (z. B. Einstellungen) beziehen. Ist eine Ähnlichkeit bzw. Gleichheit bestimmter Merkmale eines Paares vorhanden, spricht man von "Homogamie" (im umgekehrten Fall von "Heterogamie"). Angestoßen vor allem durch Ernest W. Burgess und Paul Wallin (1943; 1953) gibt es eine Fülle von Arbeiten, die eine hohe Übereinstimmung bei den sozialen Merkmalen in der Partnerwahl festgestellt haben. Mittlerweile ist die Forderung verbreitet, dass sich die Forschung nicht nur auf Ehen beziehen, sondern angesichts der Pluralisierung der Beziehungsformen auch andere Formen von Zweierbeziehungen einbeziehen soll (z. B. Frenzel 1995), was aber nur zum Teil realisiert wird. In der Gegenwart wird die Frage nach der Homogamie meist vor dem Hintergrund der Frage diskutiert, ob entsprechend der Individualisierungs- bzw. Entstrukturierungsthese eine Erweiterung individueller Handlungsoptionen konstatiert werden kann oder ob Mechanismen sozialer Ungleichheiten fortdauern oder sich gar verstärkt haben.

Vor diesem thematischen Hintergrund wird der Frage in den aktuellen deutschsprachigen Arbeiten nach der *Bildungshomogamie*, also der Übereinstimmung der Bildungsabschlüsse der Partner, eine breite Aufmerksamkeit gewidmet. Von nicht geringem Gewicht ist für die Antwort der Umfang der Bildungsklassifikation. Je differenzierter die Bildungsabschlüsse erfasst werden, desto wahrscheinlicher ist die Heterogamie. Allerdings können die dann festgestellten Unterschiede sozial folgenlos sein, was Hans-Peter Blossfeld und Uwe Timm (1997) an einer "heterogamen Heirat" zwischen einer Frau mit mittlerer Reife und ohne Berufsausbildung und einem Mann mit Hauptschulabschluss ohne Berufsausbildung zu zeigen versuchen. Umgekehrt trägt eine knapper gefasste Bildungsklassifikation von vornherein zu einer höheren Homogamie bei. Das ist übrigens ein Problem, das sich bei allen sozialen Merkmalen wiederholt und hier nur stellvertretend angesprochen werden soll.

In ihrer eigenen Studie verwenden Blossfeld/Timm (1997) das Soziooekonomische Panel (Wellen 1984-94) und unterscheiden vier Bildungsniveaus (Schulabschluss ohne oder mit Berufsausbildung, Fachhochschul- und Hochschulabschluss). Betrachtet werden die jeweils in vier Jahren zusammengefassten Geburtskohorten von 1919 bis 1963, wobei die empirische Entwicklung der Aufwärts-, Abwärts- und homogamen Heiraten der hypothetischen Verteilung gegenübergestellt wird, die sich bei zufälliger Wahl ergeben hätte. Die Ergebnisse zeigen, dass der Anteil der bildungshomogenen Ehen von der Kohorte 1919-1923 von etwa 44% fast kontinuierlich auf etwas über 70% bei der Kohorte 1959-1963 angestiegen ist. Über den gesamten Zeitraum hinweg wurde "überzufällig" bildungshomogam geheiratet. In den ältesten Kohorten war allerdings der Anteil der aufwärtsheiratenden Frauen und abwärtsheiratenden Männer sehr hoch und vielfach höher als der Anteil der bildungshomogamen Verheirateten. Bei den älteren Frauen ist die empirische Neigung dem hypothetischen Unabhängigkeitsmodell sehr ähnlich. Dies deutet darauf hin, dass ihre Heirat ‚nach oben' strukturell angelegt war, also aus den damaligen Bildungsunterschieden der Geschlechter resultiert. Inzwischen haben diese traditionellen Ehen einen starken Rückgang erlebt; in der jüngsten Kohorte hat nur jeder fünfte Mann und jede fünfte Frau diese Form gewählt. Weitergehende Analysen von Blossfeld/Timm (1997) zeigen, dass für die Höherqualifizierten das Bildungssystem ein zunehmend wichtiger Heiratsmarkt geworden ist. Mit der Verweildauer im Bildungssystem steigt die Bildungshomogamie; unmittelbar nach Verlassen ist sie besonders groß.

Uwe Timm (2004) hat neben diesen westdeutschen Daten die Bildungshomogamie auch für Ostdeutschland, die Niederlande und die USA anhand ausgewählter Daten untersucht. Auch für die Niederlande und die USA zeigt sich – wie für Westdeutschland –, dass die Paare überzufällig bildungshomogam heiraten und sich dieser Trend im Kohortenvergleich verstärkt hat. Anders in Ostdeutschland: Zwar liegt auch hier die Bildungshomogamie hoch, allerdings wird weniger bildungshomogam geheiratet, als nach dem hypothetischen Unabhängigkeitsmodell erwartet wird.

Auf der Basis der Volks- und Berufszählung und des Mikrozensus sowie der Differenzierung von sechs Bildungsniveaus bestätigt Heike Wirth (2000) die hohe Bildungshomogamie. Wirth weist darauf hin, dass die soziale Schließung besonders ausgeprägt sei bei Akademiker/innen als der privilegiertesten und auch bei den Hauptschulabsolvent/innen ohne berufliche Ausbildung als der am wenigsten privilegierten Bildungsgruppe. Auch sie weist für Ostdeutschland auf Unterschiede hin, kommt aber zu dem Ergebnis, dass sich in den jüngsten Kohorten eine Angleichung vollzogen hat.

Auf der Grundlage des Familiensurveys, der vom Deutschen Jungendinstitut durchgeführt wird, kann nicht nur die Partnerwahl in Ehen betrachtet werden, sondern auch in Zweierbeziehungen, die seit mindestens einem Jahr bestehen. Möglich ist auch ein Vergleich zwischen der ersten und der aktuellen Zweierbeziehung. Ulrike Heß-Meining und Angelika Tölke (2005) verwenden im Rahmen des Gender Datenreports Daten aus der Erhebung 2000 und unterscheiden zwischen den Schulabschlüssen Hauptschule, Mittlere Reife und (Fach-)Abitur. Für Westdeutschland haben in jeder der Geburtenkohorten (1954 bis 1980, Kohorten jeweils über fünf Jahre) bildungshomogame Paarkonstellationen die höchsten Anteilswerte. Besonders hoch sind die bildungshomogamen Zweierbeziehungen bei den Frauen mit (Fach-)Abitur. Weniger eindeutig sind die Ergebnisse dagegen für Ostdeutschland. Hier findet sich die Neigung zur bildungshomogamen Paarbildung nur bei Personen mit (Fach-)Abitur. Nicht auszuschließen ist, dass der Versuch, die Bildungsabschlüsse der DDR den 'westdeutschen' Kategorien Hauptschule und Mittlere Reife zuzuordnen, diese Heterogenität mit produziert hat.

Bildung ist bereits ein zentraler Indikator für soziale Ungleichheit. Verbreiteter ist es aber auch, die *soziale Herkunft oder die Klassenlage* der Beziehungspartner zu betrachten, wobei hierfür meist ausschließlich Berufsvariablen verwendet werden (vgl. auch Teckenberg 2000). Heike Wirth (2000) lehnt sich dabei an die Goldthorpe-Klassifikation an und unterscheidet in einer Grobkategorisierung zwischen Dienstklassen, ausführende nicht-manuelle Berufe, Selbständige und Arbeiter/innen. Betrachtet wird die Klassenzugehörigkeit der Ehepaare 1970 und 1993 und aufgrund dieser Zeitpunkte beschränkt auf Westdeutschland. Auch ist für diese Fragestellung eine Beschränkung auf erwerbstätige Ehefrauen notwendig. Dies führt aber nicht – wie die Ergebnisse zeigen – zu einer Dominanz klassenübergreifender Ehen. Im Gegenteil: Auch Anfang der 1990er Jahre ist ein Überschreiten der typischen Klassengrenzen zwischen manuellen und nicht-manuellen Klassen nur in gut einem Viertel der Ehen zu beobachten. Der Ehepartner bzw. die Ehepartnerin weist überwiegend dieselbe Klassenlage auf. Besonders ausgeprägt ist dies bei den Dienstklassen und der traditionellen Arbeiterklasse. Angehörige der white-collar-Berufe heiraten ebenso wie Angehörige der blue-collar-Berufe weitgehend untereinander. Diese Zusammenhänge bleiben auch dann bestehen, wenn die Bildungsabschlüsse kontrolliert werden, wodurch sich zeigt, dass dies nicht nur indirekte Bildungseffekte sind.

Einen anderen Weg beschreiten Ulrike Heß-Meining und Angelika Tölke (2005), indem sie berufliche Karrierestufen vergleichen. Neben den beruflichen Stellungen werden hierfür Qualifikationsvoraussetzungen für den Zugang zu einer Position, Einkommenshöhe, Umfang der Verantwortlichkeit sowie Anweisungs- und Managementbefugnisse verwendet. Für westdeutsche Zweierbeziehungen sagen Männer und Frauen, dass der Mann die höhere berufliche Position habe. Für die ostdeutschen Zweierbeziehungen gilt dies nur für die älteren Kohorten (vor 1960). Bei den jüngeren sagen die Männer, aber auch die Frauen, sie haben die niedrigere berufliche Position[31]. Der Anteil der Frauen und Männer, die ihre berufliche Karrierestufe mit ihren Partner bzw. ihrer Partnerin als gleich einschätzen, schwankt zwischen 20 und 30%.

Lässt man dieses letzte Ergebnis außer Acht, das mehr die Unterschiede in den Berufschancen von Frauen und Männern zum Ausdruck bringt, dann kann festgehalten werden, dass hinsichtlich der Bildung und der Klassenlage bei Paaren ein hoher Grad an Homogamie vorhanden ist. Zwar zeigen Studien (vgl. Buchmann/Eisner 1998; Gern 1992), dass in Heiratsanzeigen soziale Merkmale wie Bildung und Beruf weitgehend verschwunden sind, dennoch dauert die soziale Strukturierung der Heirats- bzw. Beziehungsmärkte offensichtlich im hohen Maße an bzw. hat sich sogar weiter verstärkt. In aller Regel stellt sich die Homogamie hinter den Rücken der Subjekte. Die Suche ist zwar nicht auf einen bzw. eine bildungs- und statushomogame/n Partner bzw. Partnerin ausgerichtet, dennoch stellt sich die Homogamie vielfach in der Paarbildung ein. Sie stellt sich ein, weil das soziale Netzwerk – wie schon Robert

---

31 Ausdrücklich weisen die Autorinnen darauf hin, dass im Familiensurvey nicht Paare, sondern Einzelpersonen befragt wurden. Aus diesem Grunde können diese Ereignisse nicht direkt aufeinander bezogen werden.

F. Winch (1958) betonte – im hohen Maße sozial homogen ist. Die Suchenden kommen meist nur mit Personen in Kontakt, die ähnliche soziale Merkmale aufweisen wie sie selbst, und dadurch wird auch "the field of eligibles" – also das Feld der Geeigneten – für die Partnerwahl von vornherein eingeschränkt. Die Homogamie resultiert in diesem Fall aus Gelegenheitsstrukturen.

Eine Überinterpretation der Befunde zur Homogamie liegt vor, wenn damit versucht wird zu zeigen, dass die freie Partnerwahl nur eine bloße Fiktion darstelle, individuelle Handlungsoptionen in Wahrheit durch soziale Strukturen determiniert seien und die Liebe als Motiv eine subjektive Täuschung sei. Diese Tendenzen, die in Studien zur Partnerwahl immer wieder anklingen, verkennen, dass auch dann, wenn die Partnerwahl durch die Gelegenheitsstrukturen begrenzt wird, das "field of eligibles" eine große Anzahl von Personen umfasst, aus der ,der bzw. die eine' allen anderen vorgezogen wird. Auch wenn Studierende ihre/n Beziehungspartner/in ganz bevorzugt aus Studierenden wählen, ist damit noch nicht festgelegt, mit wem sie eine Paarbeziehung aufbauen. Die individuelle Wahl stellt sich weiterhin. Hinzuweisen ist auch darauf, dass Gelegenheitsstrukturen und normative Vorgaben sich nicht ausschließen. Bei Homogamie ist immer auch danach zu fragen, ob diese primär durch die soziale Homogenität des Netzwerkes und normative Vorgaben bewirkt wird. Durchaus möglich, dass Gelegenheitsstrukturen und normative Vorgaben in dieselbe Richtung wirken. In einem Siedlungsgebiet mit ausschließlich katholischer Bevölkerung ergeben sich konfessionsgleiche Beziehungen schon dadurch, dass man kaum mit anderen Personen in Kontakt kommt. Die konfessionshomogame Paarbildung kann aber – und dies war lange auch der Fall – zugleich durch kulturelle Vorgaben gefordert oder gar verpflichtend sein. Beziehungsratgeber sind eine reichhaltige Quelle für den Nachweis von Homogamie-Normen[32].

Mit dem *Alter* soll ein weiteres soziales Merkmal aufgegriffen werden, auf das sich Studien der Partnerwahl beziehen. Dieses Merkmal verdeutlicht zugleich, dass nicht immer ein Gleich-zu-Gleich hergestellt bzw. angestrebt wird und dass neben Gelegenheitsstrukturen auch normative Vorgaben relevant sein können. Das Alter scheint bei der Partnerwahl von hoher Relevanz zu sein. Nach Viola Riemann (1999) wird in 90% der Kontaktanzeigen das eigene Alter angegeben. Für die gesuchte Person liegt das Alter mit ca. 30% Nennungen hinter den gewünschten Charaktereigenschaften in der Rangliste an zweiter Stelle. In der großen Mehrzahl der Ehepaare sind die Frauen jünger als die Männer, in der Gegenwart im Schnitt um drei Jahre (vgl. Burkart 1997; Klein 2000b). Dennoch wird in der Fachdiskussion oftmals von Altershomogamie gesprochen, was damit zusammen hängt, dass größere Altersabstände noch als altershomogam aufgefasst werden. Ein extremes Beispiel dafür ist die ältere Studie von Ursula Jäckel (1980), die darunter einen Altersabstand von bis zu zehn Jahren fasste und dann – wenig überraschend – eine Altershomogamie von 80% er-

---

32 Sie können auch in Rechtsnormen festgeschrieben sein: So war z. B. in 36 amerikanischen Bundesstaaten bis in die 1960er Jahre die Eheschließung von Schwarzen und Weißen verboten (vgl. Elschenbroich 1988). Als Beispiel können auch die "Nürnberger Rassengesetze" von 1935 gelten, mit denen im NS-Staat die Ehe und auch der außereheliche Geschlechtsverkehr zwischen Juden und "Ariern" verboten wurde.

mittelte. Heß-Meining/Tölke (2005) fassen als altershomogam nur Paare mit einem Altersabstand von bis zu zwei Jahren auf. Bei der Kohorte der 1946 bis 1950 Geborenen in Westdeutschland lag ihr Anteil bei etwa 40% und ist in den jüngeren Kohorten angestiegen. Bei den ostdeutschen Frauen und Männern lag dieser Anteil schon bei dieser ältesten Kohorte höher und ist auch bei den jüngeren höher, allerdings hat der Abstand abgenommen.

Das Muster "Mann-älter-als-Frau" hat Tradition; vollends als eine feste Regel mit einem hohen Verbindlichkeitsgrad scheint es sich vor allem mit dem Aufkommen des bürgerlichen Familienideals etabliert zu haben. Vorher lässt sich zwar auch sowohl im städtischen wie auch ländlichen Raum das Phänomen der altersungleichen Paare sehr häufig finden, allerdings nicht nur im Sinne des Altersvorsprunges des Mannes. Es war gar nicht selten, dass Frauen mit weitaus jüngeren Männern verheiratet waren (vgl. Mitterauer 1989). Es hat den Anschein, dass in der vorbürgerlichen Gesellschaft die Alterszusammensetzung eines Paares bei der Partnerwahl allenfalls ein nachgeordneter Gesichtspunkt war. Dies änderte sich mit dem bürgerlichen Eheleitbild: Das Muster "Mann-älter-als-Frau" gewann eine normative Relevanz; es wurde zu einem festen Bestandteil in der aufkommenden Ratgeberliteratur und blieb bis in die Nachkriegszeit: Stellvertretend sei Pierre Dufoyer (1949) erwähnt, der sich mit seinem Ratgeber an junge Mädchen wendet und ausdrücklich vor dem Irrtum warnt, das Alter des Ehegatten sei belanglos:

> "Es wäre ratsam, einen um einige Jahre älteren Mann zu wählen. (...) Wer einen bedeutend jüngeren Bewerber heiratet, muss damit rechnen, in ihm weder jene Stütze und Entschiedenheit noch die ersehnte Selbstbeherrschung zu finden, welche die Frau in ihrem Anlehnungsbedürfnis erstrebt. Ohne besondere vernünftige Gründe wähle also keinen zu jungen Bräutigam und keinen, der jünger ist als du" (Dufoyer 1949: 163).

Der Autor fügt dann aber hinzu, dass der Partner auch nicht zu alt sein sollte; ein Altersunterschied von mehr als zehn Jahren wirke sich "normalerweise (...) nachteilig" aus. Überhaupt gewinnt man den Eindruck, dass vom 18. bis zur Mitte des 20. Jahrhunderts die ideal erachtete Altersdifferenz rückläufig ist. Ende des 18. Jahrhunderts – also etwa 150 Jahre früher – betrug die durchschnittliche Altersdifferenz im Bildungsbürgertum noch zehn Jahre (vgl. Rosenbaum 1982: 288), eine Tendenz, die sich auch in den Ratgebern zeigt.

Auch wenn das Muster "Mann-älter-als-Frau" ebenso in der Gegenwart weithin fortbesteht, erfahren allerdings inzwischen Beziehungen eine verstärkte mediale Aufmerksamkeit, in denen der Altersabstand umgekehrt ist. Ursula Richter (1989), die Paare mit einer umgekehrten Altersdifferenz – die Frauen waren fünf und mehr Jahre älter – interviewt hat, spricht dennoch von "unerwünschten Beziehungen" und zeigt auf, dass diese Beziehungskonstellationen – zumindest noch Ende der 1980er Jahre – auf eine ablehnende Reaktion im sozialen Netzwerk gestoßen sind. Diese Reaktionen zeigen gerade, wie intakt offensichtlich das "Mann-älter-als-Frau" - Muster noch immer ist. Ob die Paare, die sich bewusst dieser Regelung widersetzen, eine Vorreiterrolle innehaben und damit eine Aushöhlung dieses Musters eingeleitet ist, muss offen bleiben. Aufgrund fehlender Studien kann keine Antwort auf die Frage gegeben werden, ob in den letzten beiden Jahrzehnten die Akzeptanz des umge-

kehrten Altersabstands zugenommen hat. Feststellen lässt sich aber, dass die Altersabstände der Paare kleiner werden (vgl. Heß-Meining/Tölke 2005). Es fällt auch auf,
dass neuere Beziehungsratgeber – soweit ich es überschaue, was angesichts ihrer
Fülle einschränkend angefügt werden muss – auf eine Empfehlung hinsichtlich eines
Altersabstands verzichten (vgl. Lenz 2003c). Implizit scheint sich immer mehr eine
Regelung durchzusetzen, dass der Mann wenige Jahre älter oder dass das Paar weitgehend gleich alt sein soll, wobei ein leichter Altersvorsprung der Frau auch zulässig
erscheint. Gegen einen größeren Altersvorsprung der Frau besteht dagegen ein starker Vorbehalt, ungleich stärker als im umgekehrten Fall, obwohl auch dieser weniger
erwünscht ist als eine Altersnähe.

Eine wachsende ethnische Heterogenität der Bevölkerung bewirkt, dass binationale oder bikulturelle Ehen (bzw. Zweierbeziehungen) immer häufiger werden. Da
das deutsche Staatsbürgerrecht trotz erheblicher Widerstände in den nächsten Jahren
eine gewisse Liberalisierung erfahren hat, was die Einbürgerung erleichtert, reicht
eine Bezugnahme auf die Staatsangehörigkeit immer weniger als Kriterium aus (vgl.
Nauck 2008). Aus einer Zunahme der deutsch-türkischen Eheschließungen kann
nicht mehr gefolgert werden, dass eine Annäherung zwischen der türkischen Minderheit und der deutschen Mehrheit stattfindet. Möglicherweise handelt es sich um
ein ethnisch homogames Paar mit unterschiedlicher Staatsangehörigkeit. Wichtiger
als die Staatsangehörigkeit ist deshalb die ethnische Zugehörigkeit, worunter "die
selbstperzipierte Zugehörigkeit zu einer Herkunftsgemeinschaft" (Nauck 2008) verstanden wird. Allerdings hat dies zur Folge, dass die amtliche Statistik als Informationsquelle ausscheidet, da diese zwar die Staatsangehörigkeit von Ehepartnern bei der
Heirat erfassen, nicht aber eine ethnische Herkunft. Eine weitere Grenze der amtlichen Statistik liegt darin, dass diese nur die Eheschließungen in Deutschland erfasst,
nicht die im Ausland. Das Ausmaß bikultureller Paarbildungen hängt von der Größe
der jeweiligen Bevölkerungsgruppe ab. Dadurch ergibt sich jedoch ein doppelter
Effekt: Je größer eine Minorität, desto wahrscheinlicher wird eine Paarbildung mit
einer Person aus der Mehrheitsgesellschaft. Allerdings steigen dadurch auch die
Chancen, eine/n Partner/in aus einer eigenen ethnischen Gemeinschaft zu finden.
Interethnische Paarbildungen hängen folglich nicht nur von den Gelegenheitsstrukturen ab, sondern immer von normativen Faktoren. Bevölkerungsumfragen ausländischer Eltern zu ihrer Bereitschaft, dass ihre Söhne oder Töchter eine/n Deutschen
heiraten, zeigen, dass griechische und italienische Eltern (über 80%) damit deutlich
stärker einverstanden sind als türkische (annähernd 60%). Aber auch bei den türkischen Eltern hat sich die Akzeptanz innerhalb von 16 Jahren (von 1985 bis 2001) fast
verdoppelt (vgl. Nauck 2008; ausführlicher vgl. Straßburger 2003). Nimmt man trotz
der Einwände Bezug auf die Staatsangehörigkeit, dann zeigt sich, dass Ehen zwischen ausländischen Frauen und deutschen Männern häufiger geschlossen werden als
Ehen zwischen ausländischen Männern und deutschen Frauen. Die Ehefrauen der
deutschen Männer stammen am häufigsten aus Polen, gefolgt von Thailand und
Russland. Bei den Frauen dominieren noch stärker Partner aus der Türkei, vor Italien
und Serbien/Montenegro (vgl. Statistisches Bundesamt 2006).

Zum Abschluss sei noch darauf hingewiesen, dass der in diesem Forschungsschwerpunkt gängige Begriff der Partnerwahl nicht unproblematisch ist (vgl. Lenz 2008). Er erweckt die Vorstellung, als ob der Paarkonstitution immer eine Wahl zwischen Personen zugrunde liegen würde, vergleichbar mit einer Kaufsituation, in der zwischen den Gütern A, B, C usw. zu entscheiden ist. Aus Paargeschichten wird aber deutlich, dass in aller Regel nicht das Für und Wider potenzieller Beziehungspersonen abgewogen wird. Im Zentrum der Aufmerksamkeit steht nur eine Person und der Aufbau wird vielfach auch nicht als Entscheidung für diese Person erlebt, sondern als "etwas", was sich einfach ergeben hat (vgl. auch Kaufmann 2004). Auch ist mit diesem Begriff die Gefahr verknüpft, eine kulturelle Ausformung der Paarbildung als universale aufzufassen. Dass die Paarbildung eine exklusive Angelegenheit des Paares ist, war in der Vergangenheit keineswegs immer der Fall und die Individualisierung der Aufbauphase findet sich auch weiterhin in vielen Kulturen nicht.

(2) Anziehungsforschung

Die Anfänge des Studiums der interpersonalen Anziehung ("interpersonal attraction") in der Sozialpsychologie reichen bereits weiter zurück. Einen starken Aufschwung erlebte die Anziehungsforschung jedoch in den frühen 1960er Jahren. Sie etablierte sich als eigenständiges Forschungsgebiet und fand als ein wichtiger Gegenstand Eingang in die Lehrbücher der Sozialpsychologie (vgl. Überblick: Berscheid/Reis 1998).

Diese Etablierung hatte zugleich zur Folge, dass interpersonale Anziehung als Einstellung konzeptualisiert wurde. "In einer weitgehend akzeptierten Definition von interpersonaler Anziehung heißt es, Anziehung sei einfach das Vorhandensein positiver Einstellungen gegenüber einer anderen Person" (Forgas 1987: 192). Diese enge Verbindung von Anziehung und Einstellung begründet eine spezifische Forschungsstrategie, die lange Zeit dominant war: Vorwiegend wurden Erstkontakte von einander fremden Personen in einem Labor-Setting erforscht, indem eine Versuchsperson – in aller Regel Studenten und Studentinnen – über andere Personen bestimmte Informationen bekommt und anschließend einen Einstellungsfragebogen zu diesen Personen auszufüllen hat (vgl. als Überblick: Berscheid/Reis 1998). Eine Vielzahl von Determinanten der Anziehung wurden aufgezeigt bzw. erforscht, im Weiteren sollen nur zwei näher behandelt werden.

(1) Breiten Raum als Determinante interpersonaler Anziehung nimmt in der Forschung die körperliche Attraktivität ein (vgl. als Überblick: Hatfield/Sprecher 1986; Feingold 1992; Hassebrauck 1993). Die Ergebnisse stimmen dabei weitgehend überein, dass attraktive Personen stärker bevorzugt werden. Eine mittlerweile klassische Studie hierzu stammt von Elaine Walster et al. (1966), die auch deshalb erwähnenswert erscheint, da sie über den üblichen Laborrahmen hinausging. Das Forschungsteam lud Studenten und Studentinnen zu einem Tanzabend ein. Den Teilnehmer/innen wurde mitgeteilt, dass sie auf Grundlage von Persönlichkeits- und Intelligenztests, die sie vorher ausfüllen mussten, von einem Computer zu idealen Paaren zusammengestellt werden. In Wirklichkeit erfolgte die Zusammenstellung der Paare nach dem Zufallsprinzip. Während des Tanzabends wurde den Teilnehmer/innen

dann ein Fragebogen vorgelegt, ob ihnen ihr Partner bzw. ihre Partnerin gefiele und ob sie diese Beziehung fortsetzen möchten. Zugleich wurde ihre körperliche Attraktivität vom Forschungsteam beurteilt. Weder die Intelligenz noch die Persönlichkeit waren mit der Anziehung verbunden, sondern die Sympathie und der weitere Kontaktwunsch standen ausschließlich mit der körperlichen Attraktivität der betreffenden Person in Verbindung. Zugleich zeigt diese Studie in Übereinstimmung mit einer Reihe anderer Studien geschlechtsspezifische Unterschiede. Männer legen mehr Wert auf die Attraktivität als Frauen in der umgekehrten Richtung (vgl. Hatfield/Sprecher 1986; als eine deutsche Studie: Doermer-Tramitz 1990).

(2) Ähnlichkeit in den Einstellungen ist eine zweite Determinante der interpersonalen Anziehungen, die in der Forschung eine große Aufmerksamkeit erfahren hat (vgl. als Überblick: Berscheid/Reis 1998; Bierhoff/Grau 1999). Ein Klassiker ist die Studie von Theodore Newcomb (1961). Newcomb untersuchte den "acquaintance process" anhand einer Gruppe von männlichen Studenten, die sich noch nicht kannten und in eine Wohneinheit eines Studentenwohnheims einzogen. Die Ähnlichkeit in den Einstellungen und Wertvorstellungen, die vor dem Kennenlernen bestanden, erwies sich als guter Prädiktor für die Freundschaften, die sich allmählich bildeten. Diese Studie steht am Anfang des Aufschwungs der Anziehungsforschung und hat zu diesem auch nicht unwesentlich beigetragen. Auch wenn diese Studie nicht ohne Kritik geblieben ist (vgl. Stroebe 1981: 35ff), ist herauszustellen, dass sie ohne Labor-Design auskommt, auch wenn es vor allem um Einstellungsmessung geht. Eine Verengung auf das Labor-Setting ist hingegen kennzeichnend für die Arbeiten von Donn Byrne und Kollegen (vgl. Byrne 1973). Byrne entwickelte folgendes Verfahren, um den Zusammenhang von Ähnlichkeit und Anziehung zu erforschen: Eine Versuchsperson hatte zunächst einen Einstellungsfragebogen auszufüllen. Zu einem späteren Zeitpunkt wurde der Proband gebeten, den Einstellungsfragebogen einer anderen Person durchzulesen. Als Zweck dieses Experiments wurde angegeben, dass es darum ginge zu erforschen, wie andere Menschen unter Bedingungen begrenzter Information beurteilt werden. Diese "andere Person" gab es in Wirklichkeit gar nicht, sie war unecht ("bogus") – diese Methode wird deshalb auch als "bogus stranger method" bezeichnet. Der vorgelegte Fragebogen wurde vielmehr vom Versuchsleiter unter Maßgabe des Einstellungsfragebogens der Versuchsperson ausgefüllt. Die Übereinstimmungen dieser beiden Fragebögen wurden von Byrne und Kollegen systematisch variiert. Für das Urteil über den "unechten Fremden" wurde der Versuchsperson dann ein Fragebogen vorgelegt, worunter sich zwei Fragen zur Messung der Anziehung befanden. In einer Vielzahl von Testreihen zeigte sich, dass die Sympathie für den "bogus stranger" um so größer war, je höher die Übereinstimmungen in den Einstellungen waren.

Die Anziehungsforschung, so wie sie bislang referiert wurde, ist im Laufe der 1970er Jahre auch in den eigenen Reihen auf heftige Kritik gestoßen. "It became increasingly clear over the years that initial attraction, as typically studied, is at best of limited value for a proper understanding of the dynamics of real-life relationships" (Mikula 1984: 340). Eine Kritik, die – wie bereits erwähnt – eine wichtige Triebkraft für die Konstituierung der "personal relationships" als eigenständiges Forschungsfeld war. Nicht nur verfehlt die Anziehungsforschung die Dynamik von persönlichen Beziehungen, sie reicht auch keinesfalls aus, die Vorgänge in der Aufbauphase hinreichend zu erfassen. In der Anziehungsforschung, wie auch bei den Kompatibilitäts-Modellen wird die Aufmerksamkeit nicht auf die sich vielleicht entwickelnde Beziehung gerichtet, sondern auf einzelne Merkmale der Individuen, die dahingehend betrachtet werden, ob diese anziehend bzw. kompatibel sind. Diese Merkmale, egal ob es sich um Interessen, Einstellungen, Bedürfnisse oder um das Aussehen handelt, werden dabei als fixe, unveränderliche Ausstattung der jeweiligen Personen aufgefasst, deren Vorhandensein festzustellen für die Betroffenen offensichtlich ein Leichtes ist. Beide zeichnen ein völlig statisches Modell des Beziehungsaufbaus.

(3) Sequenzmodelle – ein erster Verbesserungsversuch
Ausgehend von den Kritiken an der Ähnlichkeits- bzw. der Komplementaritäts-Hypothese, später dann auch aus dem Kontext der Anziehungsforschung, wurden Sequenz-Modelle der Partnerwahl als Alternative vorgeschlagen. Ihre gemeinsame Grundidee ist es, "that individuals assess compatibility using different criteria over time in the courtship" (Cate/Lloyd 1988: 414). Ein erstes Sequenzmodell haben Alan C. Kerckhoff und Keith E. Davis (1962) erstellt, ein späteres, breit rezipiertes Modell stammt von Bernard J. Murstein (1986). Ausgangspunkt der "Stimulus-Value-Role-Theory" von Murstein ist ein austauschtheoretischer Ansatz und zugleich werden in diesem Modell auch Anregungen aus der Anziehungsforschung verarbeitet. Nach Murstein (1986: 131) hängt die Anziehung und Interaktion in der relativ freien Wahlsituation vom "exchange value of the assets and liabilities that each of the parties brings to the situation" ab. Murstein identifiziert vor allem drei Variablen (Stimulus, Wertvergleich und Rolle), die Einfluss auf den Verlauf des Beziehungsaufbaus ausüben. Diese Variablen sind zwar über den gesamten Verlauf wirksam, aber es wird angenommen, dass sie in verschiedenen Stadien einen maximalen Einfluss erreichen. Diese Stadien werden nach der jeweiligen Variable benannt, die dominant ist. Bei der Kontaktaufnahme, dem Stimulus-Stadium ("stimulus stage"), sind vor allem solche Merkmale entscheidend, die sichtbar sind, allen voran die körperliche Attraktivität, bzw. solche über die man Bescheid weiß (z. B. Ruf einer Person). Im anschließenden Wertvergleichs-Stadium ("value comparison stage") wird es vor allem wichtig, die Interessen, Ansichten, Bedürfnisse, Einstellungen und Wertvorstellungen des Partners bzw. der Partnerin kennen zu lernen und mit den eigenen zu vergleichen. Paare, die auch diese Phase überlebt haben, treten dann in das Rollenstadium ("role stage") ein, in dem dann die Frage in den Vordergrund tritt, ob die Erwartungen an die andere und eigene Person mit den Verhaltensweisen übereinstimmen. Murstein hat aus dieser Stimulus-Wert-Rollen-Theorie eine Reihe von Hypothesen gewonnen und diese überwiegend mit Erfolg überprüft (ausführlich vgl. Murstein 1976). Nicht überprüft wurde jedoch bislang die Phasenabfolge als das eigentliche Kernstück der Theorie. Auch bei Murstein bleibt das Erbe der Kompatibilitäts-Modelle und zusätzlich das der Anziehungsforschung unverkennbar. Auch hier erscheint das Individuum als Träger unveränderlicher Merkmale. Ausschlaggebend ist die Kompatibilität verschiedener Merkmale und Eigenschaften. Der Interaktions-

prozess wird in diesem Erklärungsmodell weitgehend auf die bloße Feststellung der Merkmale verengt, um ihre Kompatibilität beurteilen zu können.

1.2   Aufbauphase als interaktiver Prozess

Weder die Kompatiblitäts-Modelle noch die Anziehungsforschung und auch nicht die Sequenzmodelle erfassen die vorhandene Komplexität der Aufbauphase von Zweierbeziehungen. Es reicht nicht aus, die Partnerwahl auf einen festen Katalog von Merkmalen der einzelnen Person zu beschränken, vielmehr ist es erforderlich, die Vorgänge im Beziehungsaufbau selbst in den Mittelpunkt der Analyse zu stellen. Im Folgenden sollen zentrale Schwachstellen im Forschungs-Mainstream aufgezeigt werden. Zugleich sollen Arbeiten zur Überwindung dieser Schwachstellen vorgestellt sowie Ansatzpunkte zu einer genuin soziologischen Perspektive auf die Aufbauphase eingeführt werden.

(1) Von einem statischen Modell zu einer dynamischen Perspektive
Der Beziehungsaufbau ist um ein Vielfaches komplexer, als die herkömmlichen For-schungsschwerpunkte nahe legen. Im Unterschied zu Laborsituationen ist es in unse-rem Alltagsleben nicht üblich, dass Fremde – wie es Steve Duck (1986: 76) unter Anspielung auf Byrne formuliert – eine "written list of his or her attitudes" verteilen. Vielmehr müssen wir daran "arbeiten", so nochmals Duck (1986), um die andere Person kennen zu lernen. Es müssen Informationen gesammelt werden, die aus ver-balen und nonverbalen Mitteilungen der betreffenden Person, aus Verhaltensbeo-bachtungen oder auch von Dritten stammen können. In Betracht zu ziehen ist auch, dass unser Gegenüber möglicherweise versucht, Informationen zu seinen Gunsten zu färben oder aus anderen Gründen – ob gewollt oder ungewollt ist unerheblich – eine selektive Auswahl und Gewichtung vornimmt. Alle Informationen, die wir erhalten, sind prinzipiell mehrdeutig und interpretationsbedürftig. Für die Interpretation muss der Kontext einbezogen werden, in dem die Informationen eingebettet sind. Wir müssen die Informationen auf der Grundlage unseres Wissensvorrats bewerten und schließlich zu einem mehr oder minder konsistenten Bild zusammenfügen.

Das Vorhandensein von "Ähnlichkeiten" reicht dazu nicht aus. Sie müssen ent-deckt werden! Die beiden einander "ähnlichen" Personen müssen ins Gespräch kommen und eine gewisse Gesprächsdauer sichern, um diese "Entdeckung" über-haupt machen zu können (vgl. auch Lenz 2003c). Die entsprechenden "Facetten" ihrer Person sind unter Beweisstellung der Aufrichtigkeit in das Gespräch einzubrin-gen. Erforderlich ist, dass sie aus den Mitteilungen die Gemeinsamkeiten erkennen. Zudem haben die beiden Akteure einander ein ernst zu nehmendes Interesse an einer Beziehung – was immer das im konkreten Fall auch heißen mag – wechselseitig zu signalisieren und diese Signale müssen auch verstanden werden (vgl. auch Ger-hards/Schmidt 1992).

Auch sind die Bereiche, auf die sich eventuelle Gemeinsamkeiten erstrecken, keineswegs eindeutig fixiert. Wer schon einmal Tennis gespielt hat, kann im Gespräch mit einer Tennisspielerin durchaus behaupten, "er spiele mit Leidenschaft Tennis". Auch ist es in der Unterhaltung noch folgenlos, wenn die eigene Spielstärke beträchtlich angehoben wird; die absehbare Blamage folgt erst, wenn man der Einladung zum Spiel Folge leistet. Auch der Nicht-Spieler kann sich mit der Tennisspielerin intensiv über diesen Sport unterhalten und eine Gemeinsamkeit herstellen, indem er erklärt – und vielleicht stimmt es auch –, dass er sich schon so lange mit dem Gedanken trägt, mit diesem zauberhaften Sport anzufangen und er sich wahnsinnig freuen würde, wenn sie seine Trainerin wäre. Und was noch viel wichtiger ist, dies alles lässt sich nicht auf ein So-tun-als-ob einschränken, sondern der Beziehungsanfang hat das Potenzial, dass man im Miteinander vom Nicht-Spieler zum leidenschaftlichen Tenniscrack wird. Das vorhandene Wandlungspotenzial ist auch keinesfalls auf Interessensausrichtungen wie das Tennisspielen beschränkt, sondern betrifft die ganze Person. Auf Aspekte dieser im Beziehungsaufbau bestehenden Wandlungsfähigkeit der Person weist auch Peter L. Blau (1964: 83) mit einem männlichen Blick auf die Frau hin:

> "The love of a man animates a woman and makes her a more fascinating and attractive person. Going out with a man who is in love with her enhances her self-image as a captivating woman and thus probably affects her behavior to make her actually more charming and appealing. For a man's loving admiration to have pronounced effects on her self-image and conduct, however, his estimation of her must be of great significance for a woman, and the more she loves him the greater is its significance for her. A woman's love for a man who loves her, therefore, helps to make her a more charming and self-confident person, because it magnifies, as it were, the mirror that reflects and partly shapes her personality as a lover".

Anstatt einen festen Bestand an Interessen, Wertorientierungen, Vorstellungen, Eigenschaften und Bedürfnissen anzunehmen, erscheint es angemessener, von einer Mehrschichtigkeit und Wandlungsfähigkeit einer Person auszugehen. In der Aufbauphase einer Zweierbeziehung können nicht nur – wie es Willi (1991: 60) formuliert – "Möglichkeiten aus dem anderen herausgeliebt" werden, sondern es ist auch möglich, dass es zu Neubildungen im Persönlichkeitssystem und in den Handlungsorientierungen kommt.

Der Beziehungsaufbau ist ein Prozess. Darauf hat schon in den 1930er Jahren Willard W. Waller (orig. 1930) hingewiesen. Eine andere frühe Kritik an den Kompatibilitäts-Modellen stammt von Charles D. Bolton (1961). Bolton stellt die damalige "mate selection rhetoric" in Frage, in der die Partnerwahl in einzelne Variablen zerlegt wird. Stattdessen müsse die Partnerwahl studiert werden "as a process in which a relationship is built up, a process in which the transactions between individuals in certain societal contexts are determinants of turning points and commitments out of which marriage emerges" (Bolton 1961: 235). Aus dieser Perspektive stelle sich die Partnerwahl als ein problematischer Vorgang dar.

> "By 'problematic' is meant that the outcome of the contacts of the two individuals is not mechanically predetermined either by the relation of their personality characteristics or the institutional patterns providing the context for the development of the relation – though these are both certainly to be taken into account – but that the outcome is an end-product of a sequence of interactions charac-

terized by advances and retreats along the paths of available alternatives, by definitions of the situation which crystallize tentative commitments and bar withdrawals from certain positions, by the
sometimes tolerance and sometimes resolution of ambiguity, by reassessments of self and other,
and by the tension between open-endedness and closure that characterizes all human relations
which have not been reduced to ritual" (Bolton 1961: 235f).

Es lassen sich auch Versuche finden, diesen Ablauf des Beziehungsaufbaus inhaltlich
genauer zu bestimmen. Eine frühe Arbeit, die völlig zu Unrecht kaum beachtet wurde, stammt von Murray S. Davis (1973). Davis zielt auf den Gesamtverlauf von intimen Beziehungen ab, wobei allerdings auf den Beziehungsaufbau ein besonderer
Schwerpunkt gelegt wird. Er entwirft kein striktes Phasenmodell, sondern beschreibt,
ausgehend vom Kennenlernen in der ersten Begegnung, verschiedene Dimensionen,
die für das Zustandekommen von intimen Beziehungen[33] konstitutiv sind.

Diese ersten Begegnungen zwischen Fremden – Davis (1973: 3) spricht von
"Pickups" – stellen eine kritische Phase dar. Für Davis stellen sich in der Erstbegeg-
nung einige zentrale Aufgaben, die erfüllt werden müssen. Diese Aufgaben sollen im
Folgenden unter der Ausgangsannahme genannt werden, dass ein Mann eine fremde
Frau kennen lernen will. Der "initiative Mann" muss

- zunächst feststellen, ob die betreffende Frau Eigenschaften besitzt, die aus
  seiner Sicht der Mühe wert sind, die ein Anfang notwendigerweise mit sich
  bringt.
- Er muss vorwegnehmen, ob auch die betreffende Frau zu einer Kontaktaufnahme bereit ist.
- Weiterhin benötigt er eine Eröffnung, die ihre Aufmerksamkeit auf ihn lenkt,
- und es muss ein verbindendes Thema gefunden werden, damit der Begegnung eine gewisse Dauer verliehen wird.
- In dieser Begegnung muss unser Initiator sich in einer Weise darstellen, die
  die angesprochene Frau veranlasst, die Begegnung fortzusetzen und auch in
  der Zukunft zu wiederholen.
- Schließlich muss eine Fortsetzung der Begegnung in geeigneter Form vorbereitet werden.

Davis beschränkt den Beziehungsaufbau nicht auf die erste Begegnung, sondern
weist auch auf Beziehungsdimensionen hin, zu denen die beiden Personen, die sich
soeben kennen gelernt haben, fortschreiten müssen, wenn aus dieser Kontaktaufnahme eine feste Bindung entstehen soll[34]. Auch wenn sich die beiden Personen nun
nicht mehr fremd sind, ist daraus noch keine feste Beziehung entstanden. Soll aus
dieser ersten Begegnung eine feste Zweierbeziehung erwachsen, dann müssen ihre
Begegnungen zuallererst eine gewisse Regelmäßigkeit bekommen ("Let's get together")[35]. Auch wird es im Weiteren notwendig werden, dass sie sich über die ange-

---

33 Davis verwendet einen breiten Begriff der intimen Beziehungen; seine Abhandlung ist aber primär
    auf Zweierbeziehungen ausgerichtet.
34 Auf die besonderen kommunikativen Aufgaben in diesem Zusammenhang gehe ich im Teil III,
    Abschnitt 2.3 näher ein.
35 Diese wie auch die nächsten vier Anfügungen in Klammern enthalten die jeweiligen Kapitelüber-
    schriften bei Davis (1973), mit denen er in einer griffigen Weise die jeweiligen Dimensionen illust-
    riert.

strebte Qualität der Beziehung (Freundschaft oder Zweierbeziehung) verständigen und die erreichte Qualität sich selbst und auch anderen anzeigen ("Tell me you love me"). Durch die Teilhabe an gemeinsamen Aktivitäten und durch Gespräche gewinnen die beiden in wachsendem Maße Informationen voneinander. Auf dieser Grundlage konstruieren sie ein Bild vom anderen, das prinzipiell niemals abgeschlossen ist, dennoch nehmen die Modifikationen schnell ab, wenn die Beziehung fortschreitet ("Getting to know you"). Mit dem Fortschreiten der Beziehung erbringen die beiden Partner wechselseitig vielfältige Unterstützungsleistungen, die einerseits die persönliche Stabilität stützen, andererseits mit persönlicher Macht in Verbindung stehen ("Do me a favor"). Schließlich muss nach Davis noch hinzu kommen, dass die beiden nach und nach ein gemeinsames Universum ausformen. Die Komponenten ihres Selbst werden in einer gemeinsamen Identität verschmolzen, die jedoch immer auch in einer gewissen Spannung zu ihrer Individualität bleibt. Es bildet sich eine wechselseitige Verpflichtung aus, wodurch die Beziehung eine besondere Stabilität gewinnt ("Couples").

(2) Austauschprozesse in der Erstbegegnung

Fasst man die Aufbauphase als Prozess auf, dann werden die Austauschprozesse bei der Erstbegegnung zu einem wichtigen Forschungsfeld. Empirische Studien zur Erforschung von Mikroprozessen in der Kontaktaufnahme liegen vor allem aus der Humanethologie vor (als Überblick vgl. Grammer 1994). Anregend sind diese Studien, wenn sie in Form von Beobachtungsstudien zur "Entdeckung" von besonderen Verhaltensweisen verwendet wurden. So hat Monica M. Moore (1985; zusammen mit Butler 1989) Frauen in einem "natural setting", in dem Frau- Mann-Interaktionen möglich sind, über eine gewisse Zeitspanne mit dem Ziel beobachtet, zu einem Katalog von Werbesignalen zu kommen, die von Frauen verwendet werden. Insgesamt konnten in dieser Studie 52 solcher Signale identifiziert werden, die von Moore (1985) akribisch aufgelistet und kurz beschrieben werden. Am häufigsten wurde ein Lächeln als Werbesignal registriert. Häufig sind auch Blicke, wobei zwischen einem im Raum schweifenden, einem kurz zugeworfenen und dabei auf eine Person gerichteten, sowie einem fixierenden Blick, der zu einem verlängerten Augenkontakt (mehr als drei Sekunden) führt, unterschieden wird. Verbreitet als Werbesignal ist auch der "hair flip", bei dem die Haare mit der Hand nach hinten gestreift werden, sowie das "head tossing", eine ruckartige Kopfbewegung nach hinten, so dass das Gesicht kurz nach oben geneigt ist. Neben diesen Gesicht und Kopf betreffenden Formen konnten als Werbesignale weitere Ausdrucksbewegungen, wie z. B. Spielen mit Gegenständen, das Alleintanzen oder verschiedene Formen der Eigenberührungen, beobachtet werden.

Nach dieser Katalogisierung wurde in einer zweiten Studie überprüft, ob es sich bei diesen nonverbalen Verhaltensmustern tatsächlich um Werbesignale handelt, die ein Interesse an einem Mann weitergeben. Die zweite Beobachtungsstudie erstreckt sich auf verschiedene soziale Kontexte, in denen Interaktionen mit einem Mann unterschiedlich häufig vorkommen, und zwar von sehr häufig bis gar nicht. Es zeigt sich, dass in einem auf Männerkontakte angelegten Kontext, wie es eine Single-Bar ist, diese Signale ungleich häufiger verwendet werden als in der Bibliothek oder gar in einem ausschließlichen Frauentreff. Auch konnte ermittelt werden, dass Frauen, die diese Werbesignale am häufigsten gebrauchten, im Beobachtungszeitraum auch die meisten Kontakte mit Männern hatten. Dabei spielte die jeweilige Attraktivität der Signalsenderinnen keine Rolle. Unabhängig von ihrer Attraktivität hatten Frauen mit zahlreichen Werbesignalen mehr Kontaktaufnahmen als Frauen, die nur wenige zeigten (vgl. Moore/Butler 1989).

Mit einer Mikroanalyse des Flirtverhaltens hat sich auch ein Forschungsprojekt am Max-Planck-Institut für Humanethologie in Andechs befasst. In diesem Projekt wurde arrangiert, dass ein Mann und eine Frau, die sich vorher noch nicht kannten – es handelte sich um bayerische Schüler und Schülerinnen aus der Kollegstufe – für zehn Minuten allein in einem Raum zusammen waren. Dieser Erstkontakt wurde auf Video aufgezeichnet und anschließend hatten beide Personen einen kurzen Fragebogen auszufüllen, der Fragen zur Selbsteinschätzung, zur Attraktivität, zum Interesse an der anderen Person und zur Einschätzung ihres Interesses an der eigenen Person umfasste.

Als das "verblüffendste Ergebnis" stellt Doermer-Tramitz (1990: 95ff) den unterschiedlichen Zusammenhang von Selbsteinschätzung und Kontaktverhalten bei Männern und Frauen heraus: Während Frauen mit geringer Selbsteinschätzung verstärkt den Kontakt suchen, neigen die entsprechenden Männer dazu, den Blickkontakt zu meiden und erschweren ein Gespräch nachhaltig. Dieser Rückzug des Mannes ist von der betroffenen Frau kaum zu verhindern. Das Interesse der Frauen an ihrem Gegenüber wird stark durch sein Verhalten in der Situation beeinflusst, durch die Häufigkeit seiner Blickkontakte und der Fragen, die er stellt. Bei den Männern steht ihre Bereitschaft, miteinander ins Kino zu gehen (der verwendete Indikator für Interesse), mit der zugeschriebenen Attraktivität ihrer Kontaktpartnerin in Verbindung. Es zeigt sich, dass die Blickinitiative am häufigsten von der anwesenden Frau ausgeht[36].

Bei der Deutung der Verhaltensweisen in Begegnungen zeigen sich geschlechtsspezifische Unterschiede. Männer neigen – wie Antonia Abbey (1982) in einem Experiment mit durch einen Einwegspiegel von Versuchpersonen beobachteten Zufallspaaren zeigen konnte – dazu, die Austauschprozesse bei einer Kontaktaufnahme stärker als sexuell gefärbt wahrzunehmen als die Frauen und sie gehen auch davon aus, dass ihre Sicht von der beteiligten Frau geteilt wird. Die "Freundlichkeit" der Frauen wird von den Männern vielfach schnell als ein "verführerisches" Verhalten

---

36 Die Studie von Doermer-Tramitz ist eine "typische" Korrelationsstudie, die versucht, alle vorkommenden Variablen miteinander in Verbindung zu setzen, im Unterschied zum Projekt von Moore, in dem das "Entdecken" von Interaktionsmustern ein ungleich höheres Gewicht hatte. Doermer-Tramitz bietet eine Fülle von Korrelationen, wobei sie in Gefahr ist, Kausalzusammenhänge herzustellen, die auf der subjektiven Ebene überhaupt nicht vorkommen können, z. B. bei der Aussage: "Befürchtet er, sich bei der Frau einen 'Korb' zu holen (d. h. bei einer Einladung ins Kino, K. L.), so beginnt er das Gespräch meist gar nicht" (Doermer-Tramitz 1990: 99). Die mögliche Ablehnung wird hier zur "Ursache" für die ausbleibende Gesprächsinitiative erhoben, obwohl der Versuchsteilnehmer erst im Nachhinein im Fragebogen mit dieser Frage nach der Einschätzung der Reaktion auf eine Kinoeinladung konfrontiert wurde. Ihre Ergebnisse zeigen eine signifikante Korrelation zwischen beiden Variablen, aber es ist nicht zulässig, hier ein Ursache-Wirkungs-Verhältnis herzustellen.

beurteilt. Diese männliche Neigung zu Fehleinschätzungen in der Kontaktaufnahme, die in der Folgezeit durch eine Reihe weiterer Studien bestätigt wurde (vgl. z. B. Mongeau et al. 1993; Koeppel et al. 1993), hat Christiane Tramitz (1995) auf die provokante Formel "Irren ist männlich" gebracht.

(3) Aufbauphase als zeitlich strukturierter Prozess

Die humanethologischen Studien beeindrucken durch ihre detaillierten Verhaltensbeobachtungen. Ihre lange Tradition von Beobachtungsstudien kann – worauf schon Goffman (1974) hingewiesen hat – wichtige Anregungen liefern. Das Studium von Mikroprozessen in Erstbegegnungen, vor allem in einem natural setting, ist unbestritten ein lohnendes Forschungsfeld und die Ergebnisse leisten für die Analyse der Aufbauphase einen wichtigen Beitrag. Allerdings neigen die humanethologischen Studien dazu, eine kurze Interaktionssequenz bereits als Abbild des Beziehungsaufbaus aufzufassen. Diese Tendenz ergibt sich aus dem Bestreben, eine ungebrochene Kontinuität von menschlichem und tierischem Sozialverhalten herzustellen (vgl. Grammer 1994; Buss 1994; Fisher 1993). Vorhandene Modelle des Werbeverhaltens – wie z. B. das von David B. Givens (1978), auf das sich Doermer-Tramitz stützt – verzerren den Beziehungsaufbau, wenn er auf eine im Sexualakt gipfelnde Erstbegegnung eingeengt wird. Givens betont zwar die Besonderheiten des homo sapiens, wenn er das Gespräch als zentral herausstellt; die vorhandenen Unterschiede zwischen Menschen und Tieren scheint er dann aber "vergessen" zu haben, wenn er den Eindruck erweckt, als ob es bei Menschen "üblich" wäre, dass es an Ort und Stelle der Erstbegegnung bereits zur Kopulation komme. Dies mag bei Tieren der Fall sein, bei Menschen jedoch nicht. Dem steht in der Human-Gesellschaft eine fundamentale Schranke zwischen Öffentlichkeit und Privatheit entgegen. Während Erstkontakte in der Sphäre der Öffentlichkeit zustande kommen, ist der Ort des sexuellen Austausches der private Raum. Aber nicht nur dieser Ortswechsel kommt bei Menschen hinzu, es ist – auch in Zeiten einer starken sexuellen Liberalisierung – nicht der Regelfall, dass es bei der Erstbegegnung bereits zu einem sexuellen Austausch kommt. Und selbst wenn es dazu kommen sollte, ist damit eine Beziehung noch nicht aufgebaut. Der sexuelle Austausch als solcher schafft noch keine Beziehung. Nicht auszuschließen ist, dass eine zu "frühe" Sexualität – was immer das im Einzelfall heißt – eine möglicherweise entstehen könnende Beziehung sogar unmöglich macht. Die Anforderungen, die ein Beziehungsaufbau stellt, lassen sich offensichtlich nur über eine fortgesetzte Serie von Begegnungen erbringen.

Ungleich angemessener ist dagegen die Konzeptualisierung der Aufbauphase bei Davis (1973), die ich bereits weiter oben beschrieben habe. Über die Kennenlernphase, die allerdings durch Ergebnisse der Mikroanalyse der Erstbegegnungen zu erweitern wäre, hinausgehend, beschreibt Davis die Aufbauphase als einen zeitlich strukturierten Prozess, der ein Fortschreiten auf mehreren Beziehungsdimensionen notwendig macht. Davis ist kein Unikum, diese Sichtweise findet man auch in einigen austauschtheoretischen Arbeiten. Als ein Beispiel sei auf das Modell von Carl W. Backman (1981) hingewiesen, in dem mit massiven Anleihen aus der interpretativen Soziologie der Beziehungsaufbau als Prozess beschrieben wird. Es wird dabei berücksichtigt, dass der Aufbau einer Beziehung ein, in einem sozialen und kulturellen Kontext eingebettetes Interaktionsgeschehen ist. Backman unterscheidet die folgenden Phasen[37]:

- Von keinem Kontakt zu einseitiger Aufmerksamkeit,
- Prozesse der Auswahl und Einschätzung,
- Soziale Durchdringung: Die Entwicklung von Wechselseitigkeit und Rollenaushandlung.

Ein Beziehungsaufbau hängt von den gegebenen Chancen ab, überhaupt mit einer bestimmten Person in eine gemeinsame Situation zu kommen. Viele Personen scheiden von vornherein als Beziehungspartner/in aus, weil sie sich ein Leben lang nie begegnen. Andere dagegen sind durch bestehende zahlreiche Kontaktmöglichkeiten in hohem Maße potenzielle Kandidat/inn/en. Ist eine einseitige Aufmerksamkeit erfolgt, dann wird die Interaktion um so wahrscheinlicher, je mehr Merkmale diese wahrgenommene Person zeigt, die Belohnung bei niedrigen Kosten versprechen (vgl. auch Levinger/Snoek 1977: 128). Zu den Kosten zählen eine mögliche Abfuhr ebenso wie die zeitlichen und räumlichen Hindernisse, die für die Kontaktaufnahme überwunden werden müssen, sowie die alternativen Möglichkeiten, auf die dann verzichtet werden muss. Kommt eine Kontaktaufnahme zustande, wird die verfügbare Bewertungsgrundlage erweitert. Bereits die ersten Eindrücke werden nach Backman durch Prozesse der Personenwahrnehmung und Taktiken der Selbstdarstellung geformt. Wahrnehmung ist kein objektiv konstatierender Vorgang, sondern steht immer mit der Person des Wahrnehmenden in unauflösbarer Verbindung. So besteht die Tendenz, dass wir Personen, die wir mögen, positive Eigenschaften zuschreiben und denen, die wir nicht mögen, negative Eigenschaften. Auch neigen wir dazu, bei anderen Personen ähnliche Eigenschaften zu erkennen, von deren Besitz wir für uns selbst überzeugt sind. Aufgrund der Handlungen einer Person schließen wir auf zugrunde liegende Dispositionen und sehen die Handlungen anderer deshalb viel konsistenter und konstanter als diese sind (vgl. ausführlich dazu Forgas 1987: 20ff). Backman deutet damit an, dass auch in einer frühen Phase einer Beziehung ein Nutzen-Kosten-Kalkül mehr ist als ein bloßes buchhalterisches Konstatieren. Es ist immer auch schon ein Zuschreibungsprozess.

Für die volle Dynamik der Eindrucksformation ist es nach Backman zudem unerlässlich, den aktiven Charakter des Zieles der wahrgenommenen Person zu beachten. Backman (1981: 242) nennt hier "self presentation" (Goffman 1959, dt.: 1969) und "altercasting" (Weinstein/Deutschberger 1963), die als Teile des umfassenden Prozesses der Identitäts-Aushandlung ("identity bargaining") eingeführt werden. Es geht also nicht nur um Wahrnehmungsvorgänge, sondern die sich begegnenden Personen stellen sich selbst in einer bestimmten Weise dar und entwerfen dabei immer auch ein Bild des anderen. Dies ist stets ein wechselseitiger Prozess, wobei "self presenta-

---

37 Backman baut dabei auf frühere Überlegungen auf, die er zusammen mit Paul F. Secord (Secord/Backman 1976: 276ff) vorgelegt hat. Das Ablaufmodell erweist sich als eine Weiterentwicklung des Ablaufmodells von George Levinger und J. Diedrick Snoek (1972; 1977). Backman nennt noch eine 4. Phase (Prozesse der Aufrechterhaltung und Auflösung der Beziehung), die aber, da sie über die Aufbauphase hinausweist, im Weiteren außer Acht gelassen werden soll.

tion" und "altercasting" der anderen Seite immer auch in Betracht gezogen werden muss. Dieses Hin und Her hat das Ziel, zu einer zumindest vorläufigen Verständigung zu kommen, wer man selbst und wer der andere in der Beziehung zueinander ist.

Viele Beziehungen verharren auf dieser Stufe, nur wenige werden auf der nächsten fortgeführt, die Backman (1981: 248) als "soziale Durchdringung" ("social penetration") bezeichnet. Hier kommt der "Selbstenthüllung" ("self disclosure") eine zentrale Bedeutung zu. In dem Maße, wie die Beziehung fortschreitet, sind die Partner zunehmend bereit, intimere Aspekte des Selbst zu enthüllen. Der Prozess der Selbstenthüllung ist weitgehend reziprok; dadurch sammeln beide Seiten mehr und mehr Informationen über die jeweils andere Person (vgl. Huinink 1995), und zugleich schafft die Selbstenthüllung gegenseitiges Vertrauen, das wiederum weitere Enthüllungen erleichtert. Dies geht mit einer Anpassung der Interaktionsmuster einher. Es kommt zur Ausbildung von stabilen Handlungsmustern, Routinen oder Kombinationen von Verhaltensweisen, die die Alltagsaktivitäten des Paares konstituieren. Auch die Eigenschaften, Einstellungen und die für die Beziehung relevanten Teile des Selbst treten in eine Wechselbeziehung. Der Beziehungsaufbau erweist sich bei Backman als ein Prozess der Wirklichkeitskonstruktion mit besonderem Fokus auf die Identitäts-Aushandlung (ausführlich hierzu im Teil III).

Eingelagert in diese Aufbauphase als zeitlich strukturierter Prozess sind Wendepunkte (vgl. Bolton 1961), d. h. Ereignisse, die den Beziehungsaufbau voranbringen oder verunsichern[38]. Dabei müssen Wendepunkte keineswegs immer dramatisch verlaufen, häufig bestehen sie aus geringfügigen Transformationen (vgl. auch Bullis et al. 1993) Wendepunkte können unmittelbar auf die Dyade (z. B. "Sie sagte mir, dass sie sich in mich verliebt habe"), auf eine der beiden beteiligten Personen (z. B. Schulabschluss) oder auf das Netzwerk (z. B. den Eltern vorstellen) bezogen sein (vgl. Surra/Huston 1987) und bestimmen nachhaltig den beschleunigten oder den verzögerten Verlauf der Aufbauphase (vgl. auch Cate et al. 1986; Surra 1985).

1.3 Pluralität der Beziehungsanfänge

Eine gängige Annahme ist es, dass am Anfang einer Zweierbeziehung immer die Begegnung von zwei einander fremden Personen stehe und die erste Kontaktaufnahme durch Initiative einer Person zustande komme (vgl. auch Lenz 2003c; 2008). Diese Annahme findet sich bei Davis (1973) ebenso wie in der Anziehungsforschung und in den evolutionsbiologischen Studien; auch in den Studien zur Partnerwahl schwingt sie implizit mit. Trotz dieser starken Verbreitung ist sie aber dennoch eine unzulässige Verkürzung, wie im Folgenden gezeigt werden soll. Es lassen sich zumindest die folgenden sechs weiteren Beziehungsanfänge auffinden:

---

38 Auf diesem Konzept der Wendepunkte baut die amerikanische Forschungsgruppe um Rodney M. Cate, Catherine A. Surra und Ted L. Huston auf. Die Forschungsgruppe hat hierzu ein besonderes Verfahren entwickelt, das "Retrospective Interview Technique" (RIT) genannt wird.

(1) Eine Zweierbeziehung kann aus einer Bekanntschaft oder Freundschaft entstehen: Es ist durchaus möglich, dass zwei Personen vorher schon seit einem längeren Zeitraum miteinander bekannt sind, eventuell schon von Kindesbeinen an. Für Bekannte – und noch mehr im Falle einer Freundschaft – stellt sich nicht die Frage, wie sie in Kontakt kommen, im Gegenteil, sie sind – wie Goffman (1971a) gezeigt hat – sogar verpflichtet, immer dann, wenn sie sich begegnen, zumindest einen kurzen Kontakt herzustellen. Nicht die Kontaktaufnahme ist hier das Problem, sondern wie die *Transformation aus dem Bekanntschafts- oder Freundschaftsmodus* bewerkstelligt und durch welches Ereignis (Wendepunkt) diese angestoßen wird. Offenbar gibt es bestimmte Situationen, die eine Transformation erleichtern, wie z. B. Faschingsbälle oder allgemein: Situationen, die ein höheres Maß an "Ausgelassenheit" zulassen. Über die interaktive Qualität solcher Transformationsprozesse ist aber insgesamt nur wenig bekannt.

Ein filmisches Beispiel für diesen Weg ist die Geschichte von Harry und Sally aus dem Film "When Harry Met Sally" von Rob Reiner aus dem Jahr 1989. Bevor die beiden ein Paar werden, kennen sie sich schon über zehn Jahre. Ihre erste Begegnung ist eine gemeinsame Autofahrt von Chicago nach New York. Da die beiden nach New York zum Studium wollen, nimmt Sally den Freund ihrer Freundin mit. Eine zweite Begegnung findet fünf Jahre später in Flugzeug statt, auch dieses Mal ist Sally nur von ihrem Begleiter genervt. Anders nach ihrer dritten Begegnung, wieder fünf Jahre später in einer New Yorker Buchhandlung. Die beiden erzählen einander von ihren gescheiterten Beziehungen, kommen in Kontakt miteinander und beginnen, sich sympathisch zu finden. Zwischen den beiden entwickelt sich eine enge Freundschaft, die auch darin zum Ausdruck kommt, dass beide für den anderen einen geeigneten Partner suchen. Eines Abends ruft Sally Harry wegen Liebeskummer an, er kommt und tröstet sie. Sie beginnen sich zu küssen und schlafen miteinander. Daraus entwickelt sich jedoch keine Paarbeziehung, sondern die beiden gehen auf Distanz zueinander und beenden ihre enge Freundschaft. Der Film zeigt die beiden unglücklich am Silvesterabend. Harry ergreift in dieser Situation die Initiative, eilt zu einer Silvesterfeier, bei der er Sally vermutet, trifft sie an als sie gerade kurz vor Mitternacht gehen will. In Form einer Liebeserklärung, die zunächst zurückgewiesen, dann wortreich erneuert wird, setzt Harry ein erstes Beziehungszeichen.

Harry:	I've been doing a lot of thinking. And the thing is, I love you.
Sally:	What?
Harry:	I love you.
Sally:	How do you expect me to respond to this?
Harry:	How about you love me too?
Sally:	How about I'm leaving?
Harry:	Doesn't what I said mean anything to you?
Sally:	I'm sorry Harry, I know it's New Years Eve, I know you're feeling lonely, but you just can't show up here, tell me you love me and expect that to make everything alright. It doesn't work this way.
Harry:	Well how does it work?
Sally:	I don't know but not this way.
Harry:	Well how about this way. I love that you get cold when it's seventy one degrees out, I love that it takes you an hour and a half to order a sandwich, I love that you get a little crinkle above you nose when you're looking at me like I'm nuts, I love that after I spend a day with you I can still smell your perfume on my clothes and I love that

| | you are the last person I want to talk to before I go to sleep at night. And it's not be-cause I'm lonely, and it's not because it's New Years Eve. I came here tonight be-cause when you realise you want to spend the rest of your life with somebody, you want the rest of the life to start as soon as possible. |
| Sally: | You see, that is just like you Harry. You say things like that and you make it impos-sible for me to hate you. And I hate you Harry... I really hate you. I hate you. (They kiss and make up.) |

(2) Eine Kontaktaufnahme mit einer fremden Person ist auch möglich, ohne dass eine der beiden Seiten dieses Kennenlernen aktiv herbeiführt. Kontakte können sich durch ein gemeinsames Involviert-Sein in ein Handlungsfeld ergeben. Die Kontaktaufnahme beruht in diesem Fall dann nicht auf Eigeninitiative einer der beiden Personen, sondern wird durch äußere Umstände bewirkt. Neue Kontakte durch "äußere Umstände" ergeben sich, wenn man z. B. eine neue Arbeitsstelle antritt oder wenn neue Kollegen und Kolleginnen hinzustoßen. Da es das Funktionieren der allermeisten Arbeitsabläufe unvermeidbar macht, dass das Personal miteinander kommuniziert, wird dadurch ein Sich-kennen-lernen zu einen Nebenprodukt, ohne dass eine der beiden Personen in die Verlegenheit kommt, jemanden Fremden ansprechen zu müssen. Die Arbeitswelt ist reich an solchen Anlässen, seien es Arbeitsinhalte oder die "Sorge" um das Arbeitsklima, die es ermöglichen oder sogar fordern, dass man miteinander in Kontakt tritt und diesen ausbaut[39]. Neben der Arbeitswelt findet eine *nicht-intendiertes Kontaktaufnahme* vielfach auch in der Ausbildung oder im Freizeitbereich statt. Egal also, ob in Beruf, Ausbildung oder Freizeit, auch bei Beziehungsanfängen zwischen fremden Personen muss – entgegen der gängigen Annahme – nicht immer der risikoreiche Weg der Kontaktaufnahme durch ein direktes Ansprechen beschritten werden.

(3) Eine weitere Möglichkeit ergibt sich dadurch, dass Zweierbeziehungen durch die *Vermittlung Dritter* zustande kommen können. Dies ist der Fall, wenn die Heirat durch die beiden Herkunftsfamilien arrangiert wird. Dass Ehen von Eltern arrangiert werden, findet sich in vielen Kulturen und war auch lange Zeit in Mitteleuropa verbreitet (vgl. Coontz 2003). Nicht außer Acht gelassen werden darf, dass es in der deutschen Gesellschaft ethnische Milieus gibt, in denen arrangierte Ehen und Zwangsheiraten weiterhin durchaus vorkommen. Mit einer hohen Öffentlichkeitswirksamkeit hat Necla Kelek (2005) in ihrem Buch "Die fremde Braut" darauf hingewiesen, dass viele junge türkische Frauen – gegen ihren Willen – mit in Deutschland lebenden türkischen Männern verheiratet werden.

"Die typische Importbraut ist meist gerade eben 18 Jahre alt, stammt aus einem Dorf und hat in vier oder sechs Jahren notdürftig lesen und schreiben gelernt. Sie wird von ihren Eltern mit einem ihr unbekannten Mann, einem Türken aus Deutschland, verheiratet. Sie kommt nach der Hochzeit in eine deutsche Stadt, in eine türkische Familie. Sie lebt ausschließlich in der Familie, hat keinen Kontakt zu Menschen außerhalb der türkischen Gemeinde. Sie spricht kein Deutsch, kennt ihre Recht nicht, noch weiß sie, an wen sie sich wenden könnte."

Vermittlungstätigkeit im Beziehungsaufbau kann auch durch Peers zustande kommen. Dies scheint vor allem bei Jugendlichen in jungen Jahren der Fall zu sein. Da-

---

39 Es hat den Anschein, dass gerade die Arbeitswelt immer mehr an Bedeutung für die Beziehungsstiftung gewinnt (vgl. auch Burkart 1997).

bei kann das neue Paar nahezu eine "Schöpfung" der dritten Person sein. Häufiger dürfte es sich allerdings eher um einen "Botendienst" handeln, indem ein Peer beauftragt wird, das "begehrte Objekt" zu fragen, ob sie oder er mit ihm oder ihr "gehen wolle" (vgl. Lenz 1986).

Von einer Vermittlung Dritter kann auch dann gesprochen werden, wenn eine Person zwei bislang fremde Personen in einer Interaktion einander vorstellt und damit beide von der kommunikativen Aufgabe entlastet, einen ersten Schritt auf die andere Person zu unternehmen, also die Initiative für ein Pickup, wie es Davis beschrieben hat, zu ergreifen. In Spielfilmen findet man reichlich solche Situationen. Hierzu nur zwei Beispiele:

> Bridget Jones und Mark aus dem Film "Bridget Jones' Diary" (USA/GB 2000) begegnen sich als Erwachsene zum ersten Mal bei der Neujahrsfeier von Bridgets Eltern. Bridgets Mutter ist es, die die beiden einander vorstellt, mit dem Hintergedanken, dass die beiden ein ideales Paar wären. Es wird aber bis zum Ende des Filmes dauern, bis auch Bridget und Mark davon überzeugt sind.
> Hans und Uschi aus dem Film "Eine Berliner Romanze" (DDR 1956) lernen sich über Hans' Freund Lord kennen. Sie treffen sich zu dritt auf dem Rummel und Lord stellt Hans Uschi vor, die aber dieses Kennenlernen mit geringem Interesse quittiert. Hans verliebt sich sofort in Uschi und es gelingt ihm durch seine Penetranz, Uschi für sich zu gewinnen.

(4) Eine institutionalisierte Vermittlung durch Dritte findet statt, wenn ein Heiratsvermittler eingeschaltet wird, wie es z. B. Ludwig Thoma für das bäuerliche Milieu in Bayern um die Jahrhundertwende in seiner Erzählung "Hochzeit" (1901) sehr anschaulich beschrieben hat. Da der Reischlbauer sich entschloss, seinen Hof zu übergeben, brauchte sein Sohn Andrä eine "Hochzeiterin". Mit dieser Vermittlungsaufgabe wurde der Feichtl beauftragt und mit einem "Schmusergeld" für die erfolgreiche Vermittlung entlohnt. In der Tradition der Heiratsvermittler stehen die Partnervermittlungsinstitute, die es heute nahezu in jeder Stadt gibt oder die in vielen Illustrierten, meist mit Bildserien von jungen Frauen und Männern, ihre Dienste anbieten. Die große Zahl und auch der breite Werbeaufwand von Partnervermittlungsinstituten legen es nahe, von einer nicht unbedeutenden Nachfrage an Vermittlungstätigkeit durch Institute auszugehen. Im Unterschied zum Heiratsvermittler, der im ländlichen Milieu bekannt war, eventuell sogar ein entfernter Verwandter war, zeichnen sich modernere Vermittlungsinstitute durch eine hohe Anonymität aus, die bei den in Zeitschriften inserierenden Instituten so weit geht, dass überhaupt kein direkter Kontakt mehr zustande kommt, sondern Adressen auf dem Postweg versandt werden. Eines scheint sich nicht geändert zu haben: Auch die Partnerschaftsinstitute haben einen ähnlich schlechten Ruf, wie er auch schon Heiratsvermittlern vorauseilte (vgl. z. B. Elsner 1991).

Als ein spezielles Angebot von Partnervermittlungsinstituten haben sich seit Mitte der 1990er Jahre in Deutschland so genannte Blinddates etabliert. Bei einem Blinddate treffen sich eine bestimmte Anzahl von Singles zu gemeinsamen Aktivitäten, um sich kennen zu lernen. Die klassische Form ist ein Treffen zum Abendessen in einem gediegenen Restaurant; mittlerweile werden diese Treffen auch in Form von Kochkursen, Kneipentouren, Weinproben usw. angeboten. Eine Weiterentwicklung ist das Speed-Date, das in Deutschland erst allmählich sich ausbreitet. Bei einem Speed-Date treffen sich gleich viele Frauen und Männer, meist insgesamt 20-30, in einem Lokal: Jede Frau führt mit jedem Mann ein zeitlich begrenztes Gespräch und danach kreuzt jeder an, wen sie oder er gerne näher kennen lernen würde. Bei gegenseitigem Interesse geben die Organisatoren die Kontaktadressen weiter.

(5) Eine lange Tradition haben bereits die Heirats- oder Bekanntschaftsanzeigen aufzuweisen, die Woche für Woche in Tageszeitungen, Wochenzeitungen, aber auch in Stadtzeitungen erscheinen (vgl. Merten/Giegler 1996; Riemann 1999; Buchmann/Eisner 2001). Die erste entsprechende Anzeige ist im deutschsprachigen Raum 1738 in den "Frankfurter Frag- und Anzeige-Nachrichten" erschienen (vgl. Burkard 2003). Nach Berghaus (1985) lassen sich – auch das Klientel der Partnervermittlungsinstitute dürfte nicht unähnlich sein – fünf Typen von Inserenten bzw. Inserentinnen unterscheiden: (1) Beruflich Erfolgreiche, die aufgrund ihrer hohen Arbeitsbelastung, meist nach einer Trennung, auf diese Weise einen neuen Partner bzw. eine neue Partnerin suchen, (2) Alleinerziehende, fast überwiegend Frauen, die an einem Mangel an Kontaktmöglichkeiten leiden, (3) einsame junge Männer, die Probleme im Umgang mit Gleichaltrigen haben, (4) Frauen über 50, die meist nach dem Tod ihres Ehemannes einen neuen Partner suchen, sowie (5) beruflich Desintegrierte, die auch in der Partnerwahl bislang erfolglos blieben. Das Besondere einer Anzeige – wie auch einer Vermittlung durch Dritte – besteht darin, dass der Inserent bzw. die Inserentin von bestimmten anfänglichen Schritten entlastet wird, die an räumliche Anwesenheit sowie auch an eine spezifische soziale Kompetenz gebunden sind und dadurch auch zeitaufwendig werden können. Es entfällt, jemanden Fremden anzusprechen oder sich ansprechen zu lassen und das Interesse an einer Beziehung anzuzeigen bzw. gegenüber jemandem Bekannten das Interesse an einer Intensivierung zu bekunden. Auch ist es nicht erforderlich, nach Signalen Ausschau zu halten, ob der/die andere "frei" und auch bereit für einen Beziehungsaufbau ist. Auch wenn diese Schritte wegfallen, heißt das noch lange nicht, dass damit schon der Beziehungsaufbau abgeschlossen wäre, dieser steht erst bevor[40]. Es muss ein erstes Treffen arrangiert werden, Interpretationsprozesse, Prozesse der Informationskontrolle und Aushandlungsprozesse beginnen mit dem Ziel, das wechselseitige Interesse aneinander und auch die Tragfähigkeit dieser Beziehung auszuloten.

(6) Neue Möglichkeiten des Kennenlernens hat das Internet geschaffen. Als Sammelbegriff für alle Formen der Kontaktsuche via Internet hat sich *Online-Dating* eingebürgert (vgl. Bühler-Ilieva 2006; Döring 2008)[41]. Große Konkurrenz haben Zeitungsinserate inzwischen durch die Kontaktanzeigen-Portale bekommen. Zu den bekanntesten gehören FriendScout24, meetic und neu.de. FriendScout 24 wirbt damit, dass es "die größte deutschsprachige Singlebörse" mit ca. 3,3 Millionen registrierter Mitglieder ist. Bei den Kontaktanzeigen-Portalen werden die Kontaktanzeigen von den Interessierten selbst ins Netz gestellt, gelesen und bei Interesse wird der

---

40 Anders ist es bei einer Vermittlung durch Dritte, die – wie von Thoma in seiner Erzählung "Hochzeit" z. B. beschrieben – bereits auf Heirat festgelegt ist. Hier wird für einen Beziehungsaufbau als eine eigenständige Leistung kein Raum gelassen. Diese Form dürfte in der Gegenwart jedoch nahezu vollständig verschwunden sein.

41 Ausführliche Informationen hierzu findet man auf der Internetseite "Der große SinglebörsenVergleich" unter http://www.singleboersen-vergleich.de.

Kontakt auch selbst direkt aufgenommen. Um sich in dieser Datenmenge zu Recht zu finden, haben die Online-Kontaktbörsen Suchfunktionen (in aller Regel nach Geschlecht, Alter und Raum). Davon lassen sich Internet-Partnervermittlungen unterscheiden, die eine Weiterentwicklung der Dienste von Partnervermittlungsinstituten und auch eine starke Konkurrenz dazu darstellen. Im Unterschied zur klassischen Partnervermittlung erfolgt der gesamte Vermittlungsprozess online. Der Suchende hat Angaben zu seiner Person zu machen und zum Wunschpartner; zudem ist ein Persönlichkeitstest auszufüllen. Durch Matching-Verfahren werden dann passende Personen ausgewählt und vorgeschlagen. Zu bekanntesten Angeboten zählen in Deutschland Parship, ElitePartner und Lovepoint. Nach eigenen Angaben hat Parship, das zur Holtzbrinck Meidengruppe gehört, in seiner Datei europaweit 1,6 Millionen Suchende. Zum Online-Dating lassen sich schließlich auch noch Single-Chats rechnen, wie sie z. B. von FriendScout24 oder Chatlovers angeboten werden[42].

Ein besonderer Vorteil des Online-Dating ist große Anzeigenmenge. Hinzu kommt als weiterer Vorteil ein schneller und anonymisierter Rückkanal, z. T. durch E-Mail oder SMS (vgl. Döring 2003). Neben der gezielten Online-Partnersuche (Online-Dating) gibt es noch das beiläufige Kennenlernen im medialen Kontext, z. B. in Mailinglists, hobbybezogenen Newsgroups oder in geselligen Online-Umgebungen (in Form von Online-Chat-Rooms).

Das Kennenlernen via Internet schafft die Möglichkeit, dass Paare mit großer räumlicher und auch sozialer Distanz zustande kommen können. Nicole Döring (2003) weist darauf hin, dass im Netz der erste Eindruck vom Körper abgekoppelt ist. Das erste, was man über eine Person erfährt, ist meist ihr Schreibstil, die Originalität und die Korrektheit ihres schriftlichen Ausdrucks. Wörter wie "Fußball" oder "angeln" gelten als Flirtkiller. Ungleich mehr Zuspruch finden Männer, wenn sie von Kunst, Kultur oder Geborgenheit schreiben. Die schriftsprachliche Kompetenz wird im Netz zur "wichtigsten Attraktivitätsressource" (Döring 2003). Die hohe Anonymität erleichtert es, persönliche Informationen preiszugeben oder offen zu flirten. Sie schafft auch die Wahrscheinlichkeit, dass auf Kontaktangebote nur als Spaß und ohne ernsthaftes Interesse eingegangen wird. Dadurch erhöhen sich zwar die Kontaktchancen erheblich, aber für die ernsthaft Suchenden wird es auch wahrscheinlicher, dass sie enttäuscht werden. Verbreitet scheint auch die Suche nach dem kurzen sexuellen Abenteuer zu sein. Überhaupt ist das Risiko von Täuschung und Enttäuschung groß, da im Netz ohne Weiteres möglich ist, sogar das Geschlecht zu wechseln oder das Alter zu korrigieren. Allerdings wird offensichtlich ein Geschlechterwechsel eher selten praktiziert, zahlreich sind jedoch in Online-Selbstdarstellungen "attraktivitätssteigernde Korrekturen" (Döring 2003), z. B. im Alter oder auch im Einkommen und Beruf.

Für die starke Verbreitung des Online-Datings spricht, dass es mittlerweile auch bereits spezielle Ratgeber gibt, wie "how2date online. Die Dating-Strategie für Frau-

---

42 Nicht eigens aufgeführt werden sollen in diesem Zusammenhang die Formen des Adult Datings und Alternative Datings, da es bei diesen Online-Angeboten um die Vermittlung von Sexkontakten und Seitensprüngen bzw. besonderen sexuellen Praktiken geht.

en" von Marcel Heyne oder "Online-Dating. So finden Sie ihren Traumpartner" von Eric Hegmann.

1.4 Kulturelle, sozialstrukturelle Grundlagen und Eigengeschichten

Eine Sichtweise, die den interaktiven Prozess und die Pluralität der Beziehungsan-fänge betont, reicht zum Verständnis der Aufbauphase noch nicht vollständig aus. Für eine angemessene Konzeptualisierung der Aufbauphase ist es zudem erforder-lich, die kulturellen und sozialstrukturellen Rahmenbedingungen mit einzubeziehen. Zudem erscheint es wichtig, die 'realen Abläufe' der Beziehungsanfänge zu unter-scheiden von den Überlieferungen in den Paargeschichten. Auf diese Aspekte soll zum Abschluss des Teilkapitels noch kurz aufmerksam gemacht werden.

(1) Kulturelle Rahmenbedingungen

Auffällig ist die Geringschätzung der Liebe in den beiden Forschungsschwerpunkten zur Aufbauphase, die – zumindest in der Gegenwart – von den Paaren in aller Regel als ausschlaggebend aufgefasst wird (vgl. Willi 2004). Die kulturelle Leitidee der Beziehungsanfänge bildet der *romantischen Liebescode* (vgl. Burkart 1998). Damit ist mehr gemeint, als die bloße Feststellung, dass die beiden Personen, die das Paar bilden, die Entscheidungsinstanz der Partnerwahl sind. Aus der subjektiven Perspek-tive ist der Beziehungsanfang in aller Regel nicht nur – wie es die Austauschtheorie unterstellt – ein rationales Kalkül, das die beiden vereint. Ebenso wenig ist es – wie die Humanethologie nahe legt – nur ein Walten unsteuerbarer sexueller Begierde, sondern was die beiden zusammenbringt und miteinander innig verbindet, wird meist als Liebe umschrieben und erlebt. Auch wenn keinesfalls ausgeschlossen ist, dass dieses besondere emotionale Erleben mit einer unter sachlichen Gesichtspunkten "vernünftigen Wahl" korrespondiert – kurz gefasst: Liebe nicht blind macht –, auch nicht, dass sexuelles Begehren mit im Spiel ist, wäre es dennoch eine Verkürzung, die Liebe als eine bloße Fassade aufzufassen, die in der soziologischen Forschung ausgeklammert werden kann. Dies um so mehr, als die Liebe keine bloße individuel-le Erfindung ist – so sehr auch das Paar die Einmaligkeit und Einzigartigkeit seiner Liebe betont –, sondern auf einer kulturellen Codierung von Liebe aufbaut, die eine Folie vorgibt und bereitstellt, auf der "wahre" Liebe erst empfunden und in überzeu-gender Weise zum Ausdruck gebracht werden kann (vgl. Luhmann 1984). Das Lie-besideal, auf das im Beziehungsaufbau Bezug genommen wird, nimmt nachhaltig Einfluss auf den Ablauf. An dieser Stelle kann ich mich kurz fassen, da im Teil IV die kulturellen Grundlagen der Liebe und auch die Liebe als soziale Praxis ausführ-licher behandelt werden.

Kurz angesprochen werden soll an der Stelle auch die kulturelle Variabilität der Aufbauphase (ausführlich vgl. Coontz 2005). Im Europa des Mittelalters und der Frühen Neuzeit dominierten arrangierte Ehen – oder in den Worten von Stephanie Coontz (2005) – "political marriages". Nicht das angehende Paar, sondern dritte Per-sonen – seien es die Eltern, Geschwister, andere Verwandte oder der Grund- und Gutsherr – hatten die Entscheidungskompetenz über das Zustandekommen der Ehe inne. Der Extremfall einer arrangierten Ehe liegt vor, wenn schon im Kindesalter des späteren Paares die Heirat beschlossen wird. Nach dem kanonischen Recht der katholischen Kirche und nach den protestantischen Kirchenordnungen war diese Ehe aufgrund des fehlenden Konsens der Partner eigentlich nicht rechtmäßig: Trotzdem setzte sich die Tradition der arrangierten oder politischen Ehe noch lange fort. Nicht nur im Hochadel, auch in anderen gesellschaftlichen Ständen und Klassen war das Arrangieren von Ehen für erwachsene junge Männer und Frauen durch die Eltern bis weit ins 19. Jahrhundert hinein verbreitet. Nach und nach setzte ein Individualisierungsprozess der Aufbauphase ein, der das Paar von den Verpflichtungen des Familien- und Verwandtschaftssystems loslöste. Einen wichtigen Einschnitt bildete das bürgerliche Ehe- und Familienmodell. Im bürgerlichen Paarungsmuster war die Individualisierung der Aufbauphase in Form des Initiativrechts des Mannes institutionalisiert (Lenz 2003b). Nicht unwesentlich hat dazu beigetragen, dass das Heiratsalter der Männer im Bürgertum hoch war. Dieser Machtverlust betraf jedoch vorerst nur die Eltern des Mannes, noch nicht die der Frau. Der Weg des Mannes zur Ehe führte noch notwendigerweise über die Braut eltern. Der formelle Heiratsantrag des Mannes an den Vater – das Um-die-Hand-der-Tochter-Anhalten – bildete einen zentralen rituellen Akt der Paarbildung. Im 20. Jh. ist dieser Individualisierungsprozess der Aufbauphase – in enger Verbindung mit dem romantischen Liebesideal – weiter vorangeschritten. Die Paarbildung wurde zu einer exklusiven Angelegenheit des Paares; parallel dazu verloren die Eltern immer mehr ihre Beteiligungsrechte an der Paarbildung; ihre Beteiligung reduzierte sich auf ein bloßes Informationsrecht. Die Individualisierung der Aufbauphase schließt überdies eine Verschiebung der Leitkriterien der Partnerwahl ein: Im Vordergrund stehen nicht – oder zumindest sollte es so nicht sein – soziale Merkmale der Beziehungspartner wie sozialer Status, Einkommen oder Arbeitskraft, sondern einzig und allein ihre einzigartigen persönlichen Qualitäten (vgl. Lenz 2008).

(2) Sozialstrukturelle Rahmenbedingungen
Neben den kulturellen Vorgaben, die in die Aufbauphase einwirken, müssen auch die sozialstrukturellen Rahmenbedingungen in die Betrachtung einbezogen werden, auf deren Grundlage sich ein Beziehungsaufbau vollzieht. Es wurde von mir bereits darauf hingewiesen, dass der Kreis der potenziell wählbaren Personen von vornherein stark begrenzt ist (vgl. auch Klein 2000b). Viele potenzielle Beziehungspartner/innen begegnen sich nie oder die Kontakte sind viel zu flüchtig. Auch bei Kontaktmöglichkeiten werden nicht alle Gelegenheiten ergriffen oder überhaupt wahrgenommen, andere wiederum werden von der anderen Seite abgeblockt. Bestehende Kontakte werden vielfach nicht intensiviert oder fortgesetzt oder keine der beiden Seiten ergreift die Initiative, über ein bloßes Miteinander-Bekanntsein hinauszukommen. All das bringt eine Fülle hochzufälliger Selektionen mit sich, die dem Versuch, eine Beziehung aufzubauen, vorangehen.

Ein weiterer Aspekt der sozialen Rahmenbedingungen ist die Chancenungleichheit auf dem Beziehungsmarkt. Ungleiche Chancen für Männer und Frauen ergeben sich durch die Geschlechterproportion in den Altersklassen, was unter dem Stichwort des "marriage squeeze" (vgl. Klein 1995; Martin 2001) erforscht wird. In der Altersgruppe der 20- bis 45-Jährigen ist ein erheblicher Männerüberschuss vorhanden, ab dem 55. Lebensjahr ein starker Frauenüberschuss. Darüber hinaus kann bei der Chancenungleichheit auf dem Beziehungsmarkt an die Diskussion über die Kriterien bei der Partnerwahl angeschlossen werden. Diese Diskussion nimmt für die Vergangenheit breiten Raum ein und kann für die Gegenwart fortgesetzt werden, wenn man annimmt, dass die Liebe kein bloßer Zufall ist. Auch wenn die Vorauswahl hochzufällig ist, die Wahl selbst ist es nicht. Man verliebt sich nicht in irgendjemanden, sondern die Liebe geht einher – wie von der Austauschtheorie mit großem Nachdruck herausgestellt wird – mit einer aktiven Selektion. Nach Blau (1964) hängt der "Wert" einer Frau als Liebesobjekt für einen Mann von ihrer Popularität bei anderen Männern ab, wobei sich diese aus ihrer Attraktivität ergibt. Allerdings müsse eine Frau in der Erwiderung ihrer Gunstbeweise, was mit Einwilligung in Sexualität gleichgesetzt wird, zurückhaltend sein, da sie sonst ihren "Marktwert" schnell vermindern könne. Über den Marktwert von Männern auf dem Beziehungsmarkt macht Blau keine Ausführungen; sie scheinen für ihn "Kunden" zu sein, die aus einem überreichen Sortiment beliebig wählen. Wenn auch nur auf die Frauen beschränkt, macht Blau aber deutlich, dass die Chancen auf dem Beziehungsmarkt ungleich verteilt sind.

Statt von Attraktivität ziehe ich es vor von Körperkapital zu sprechen. Der Begriff des Körperkapitals schafft die Möglichkeit, nicht nur das Aussehen einzubeziehen, sondern auch die Körperkraft und Gesundheit, damit zwei Kriterien, die in einer agrarisch bestimmten Welt – noch ohne Koppelung an die romantische Liebe – zentrale Anforderungen an die Partnerwahl waren (vgl. Rosenbaum 1982; Sieder 1987). Durch diese breitere Fassung eröffnen sich neue Ansatzpunkte für historische und interkulturelle Vergleiche. Die Entwertung von Körperkraft und Gesundheit zugunsten des Aussehens macht deutlich, dass sich in der Bewertung in der historischen Zeit eine Verschiebung ereignen kann. Ebenso wäre zu vermuten, dass diese Dimensionen des Körperkapitals nicht nur in verschiedenen Kulturen, sondern auch innerhalb einer Gesellschaft – von Klasse zu Klasse oder von Milieu zu Milieu – ein unterschiedliches Gewicht für den Aufbauprozess von Zweierbeziehungen haben können.

Das Körperkapital geht als eine Ressource in die Aufbauphase ein, wobei diese in der Gegenwart für Frauen bedeutsamer zu sein scheint als für Männer. Für eine weiterführende Konzeptualisierung der Chancenungleichheit scheint es nahezuliegen, auch die drei von Bourdieu (1983) unterschiedenen Kapitalsorten (ökonomisches, kulturelles und soziales Kapitel) mit in Betracht zu ziehen. Mit dem ökonomischen Kapital ist die materielle Ausstattung einer Person im Blick; es umfasst Besitz, Vermögen und Einkommen. Das kulturelle Kapital zielt auf die erworbenen Bildungstitel und die Kompetenz im Umgang mit Kulturgütern ab. Das soziale Kapital umfasst Ressourcen, die sich aus der Verankerung einer Person in ihrem sozialen Netzwerk ergeben[43]. Diese insgesamt vier Kapitalsorten dürften die Chancen einer

---

43 Nicht nur beim Körperkapital sind Verschiebungen in der historischen Zeitabfolge möglich. So hat sich z. T. beim ökonomischen Kapital eine Gewichtsverlagerung von Vermögen und Mitgift hin zur beruflichen Stellung vollzogen. Aber nicht nur innerhalb der einzelnen Ressourcen scheinen Verän-

Person nachhaltig beeinflussen, allerdings ist hier nicht der absolute Umfang an Ressourcen entscheidend, sondern die im Vergleich zu anderen Mitbewerbern und Mitbewerberinnen bestehende Ausstattung mit Ressourcen. Möglich erscheint es, dass Defizite in einer Kapitalsorte in einem gewissen Umfang durch eine andere kompensiert werden können (z. B. Geld ersetzt Schönheit). Aber je mehr Ressourcen eine Person – relativ zu anderen Konkurrenten und Konkurrentinnen – besitzt, desto höher ist ihr "Marktwert", desto günstiger sind ihre Chancen, desto stärker hat sie die Wahlmöglichkeit. Je geringer ihre Ausstattung mit den jeweiligen Ressourcen, desto eingeschränkter sind die Aussichten, bis hin zu einer Situation, in der man "nehmen" muss, was sich "anbietet" oder gar chancenlos um Gunst wirbt. Eine besonders benachteiligte Kategorie von Bewerbern auf dem Beziehungsmarkt sind in der Gegenwart offensichtlich die Jungbauern. Zumindest sind Klagen darüber, dass Jungbauern keine Ehefrauen finden, zahlreich (vgl. Noack 2000). Ihr "ökonomisches Kapital", vor allem ihre berufliche Stellung und die damit assoziierte hohe, und vor allem ganzjährige Arbeitsbelastung, eventuell auch ihr eher geringes kulturelles Kapital scheinen für Jungbauern ein großes Handikap auf dem Beziehungsmarkt zu sein (vgl. auch Meuther 1987; Noack 2001)[44].

Keinesfalls ist mit dem Besitz dieser Kapitalsorten der Vorgang der Wahl einer Beziehungsperson festgelegt und abgeschlossen, aber es wird damit eine Ausgangsposition umschrieben, die manche mit Vorteilen, andere dagegen mit Handikaps ausstattet. Zu fragen wäre schließlich noch, ob für Frauen nach wie vor die Gefahr besteht, ihre Chancen durch sexuelle Freizügigkeit zu reduzieren oder ob im Zuge der sexuellen Liberalisierung dieser Doppelstandard – eine unterschiedliche Bewertung desselben Verhaltens bei Mann und Frau – verschwunden ist oder zumindest abgebaut wurde. Zu vermuten ist, dass dies für längerfristige Beziehungen tatsächlich der Fall ist, jedoch dürfte – mit milieuspezifischen Differenzierungen – eine Ungleichbewertung flüchtiger sexueller Abenteuer noch andauern.

(3) Beziehungsanfänge in den Eigengeschichten von Paaren
Wie bereits in Teil I, Kapitel 3 ausgeführt, stellt die Ebene der symbolischen Repräsentation eine weitere wichtige Analyseebene für Zweierbeziehungen dar. Von zentraler Bedeutung sind dabei – wie auch bereits angesprochen – die Eigengeschichte und die dadurch hergestellte und aufrecht erhaltende Paaridentität. Beziehungsanfänge haben in den Eigengeschichten einen prominenten Platz. Die Eigengeschichte von Paaren beinhaltet nicht – und kann nicht beinhalten – "wie es eigentlich" war, sondern wie ein Paar den Beziehungsanfang und -verlauf fortlaufend tradiert, wobei die Adressaten die Beziehungspersonen selbst oder Dritte sein können. Für Paargeschichten gilt, dass Genese und Geltung auseinander fallen. Alle Elemente der Paargeschichte sind immer schon Rekonstruktionen, also sekundäre Sinnzusammenhänge. Ereignisse wie das Kennenlernen gehen immer nur im Lichte der späteren Erfah-

---

derungen möglich, auch das Gewicht, das einer Kapitalsorte im Vergleich zu den anderen zukommt, scheint kulturell variabel zu sein.

44 Die 2005 auf dem Sender RTL gelaufene Doku-Soap "Bauer sucht Frau" hat diese Probleme für ein breites Publikum aufbereitet.

rungssedimentierungen in den Erinnerungsbestand ein. Paargeschichten sind eine narrative Konstruktion der Erzählenden und gewinnen Geltung immer erst dadurch, dass sie in der Erzählsituation als wahr aufgefasst werden.

Maja S. Maier (2007) hat sich im Rahmen einer empirischen Studie ausführlich mit den Beziehungsanfängen in den Eigengeschichten der Paare befasst. Im Zentrum steht das durch "die Narration erzeugte Bild des Paarseins", das als "narrative Paaridentität" (Maier 2007: 49) bezeichnet wird (vgl. auch Kraus 1996; Lucius-Höhne/Deppermann 2004). Eine Besonderheit dieser Studie liegt darin, dass nicht nur – wie in der Paarforschung üblich – heterosexuelle, sondern zugleich auch homosexuelle Paare einbezogen wurden. Die empirische Basis bilden Leitfadeninterviews mit 24 Paaren, davon 12 heterosexuelle sowie je sechs lesbische und schwule Paare. Dabei wurden in allen Fällen beide Beziehungspersonen in Form von Einzelinterviews einbezogen. Für die Erforschung der Eigengeschichte eignen sich Interviews auch besonders, da diese Methode immer schon eine sprachliche Vergegenwärtigung eines abgelaufenen Geschehens leistet. Damit macht das Interview zugänglich, worauf es bei der Erforschung der Eigengeschichten gerade ankommt. Als ein weiterer Vorteil kommt hinzu, dass die Wiedergabe der Eigengeschichte als kommunikative Praxis in den Beziehungsalltag fest integriert ist. Fragen zur Paargeschichte sind jedem Paar wohl vertraut; an diese kommunikative Form kann im Interview unmittelbar angeschlossen werden (vgl. Lenz 2002; Lenz/Maier 2004).

Als zentrales Ergebnis lassen sich fünf Typen narrativer Paaridentitäten nennen: Paarsein als biografische Selbstverständlichkeit, Paarsein als Vertrauensbeziehung, Paarsein als pragmatische Festlegung, Paarsein als Ambivalenz sowie Paarsein als interaktive Exklusivitätserzeugung. Grundlage dieser Typologie bilden Unterschiede in der temporalen und sozialen Dimension der Paaridentität. Mit der temporalen Dimension wird die Deutung des Tempos beim Kennenlernen sowie die Reihenfolge der bedeutsamen Ereignisse – insbesondere der Sexualität – innerhalb des Verlaufs erfasst, mit der sozialen Dimension die Darstellung der Zusammengehörigkeit des Paares und der Exklusivität der Beziehung.

Bei dem *Paarsein als biografische Selbstverständlichkeit* finden sich nur heterosexuelle Paare. Für diese Paare gilt das Leben in einer Paarbeziehung als selbstverständlich. Diese Selbstverständlichkeit basiert auf einem biologisch verankerten Modell von Lebensphasen und der Annahme natürlicher Geschlechterdifferenzen. Charakteristisch ist es, dass sich die Paarbildung in einer relativ kurzen Zeitspanne vollzieht. Die Beziehungserzählung ist durchweg chronologisch und geschlossen. Es besteht eine hohe subjektive Sicherheit in der Partnerwahl. Bereits bei der Partnerwahl gilt die Familiengründung als Fernziel. Im Umgang mit Sexualität kommen geschlechtsspezifische Vorstellungen und Erwartungen zum Ausdruck. Der Aufschub der Sexualität stellt eine Bewährungsprobe des männlichen Partners dar. Dieser Typ zeichnet sich auch durch eine frühe Einbindung der Herkunftsfamilie in die Paarbildung aus.

Paarsein als Vertrauensbeziehung findet sich bei heterosexuellen und lesbischen Paaren. Die Bildung von Vertrauen spielt hier eine besondere Rolle. Das Kennenlernen ist ein langsam verlaufender Prozess, in dem Vertrauen sukzessiv hergestellt wird. Vermieden wird, die Paarbildung zu forcieren oder das Interesse aneinander als ein explizit Sexuelles zum Ausdruck zu bringen. Gerade bei den lesbischen Paaren scheint die platonische Freundschaftsphase überhaupt eine Voraussetzung der Paarbildung zu sein. Die Zusammengehörigkeit des Paares stützt sich lange Zeit auf einen intensiven verbalen Austausch. Die Beziehungsarbeit gewinnt bei diesem Typus eine ganz besondere Bedeutung, die gemeinsame Sexualität ist dagegen nur randständig.

Das *Paarsein als eine pragmatische Festlegung* findet sich bei heterosexuellen und schwulen Paaren. Bei diesen Paaren ist es bereits bei der ersten Begegnung zur Sexualität gekommen. In ihren Erzählungen steht das Zustandekommen dieser ersten Begegnung und nicht der zeitliche Verlauf der Paarbildung im Mittelpunkt. Die Selbstdefinition als Paar verzögert sich. Die Entscheidung für eine Zweierbeziehung ist pragmatisch motiviert. Der positiv erlebte gemeinsame Alltag spricht für die Paarbeziehung. Das Verhältnis zur Umwelt ist vor allem durch das Streben nach Akzeptanz und Bestätigung bestimmt.

Das *Paarsein als Ambivalenz* findet sich bei heterosexuellen und schwulen Paaren. Die Beziehungserzählungen dieser Paare fallen am stärksten auseinander. Auch sind ihre Erzählungen in sich nicht geschlossen und auch nicht unmittelbar plausibel. Gleichwohl handelt es sich, wie ihre Beziehungsdauer verdeutlicht, bei den diesem Typ zugeordneten Paaren, keineswegs um besonders instabile Zweierbeziehungen. Das zentrale Merkmal ist eine von Ereignissen weitgehend unabhängige kontinuierliche Thematisierung von Ambivalenz. Sie bestimmt nicht nur die zeitliche Strukturierung des Beziehungsverlaufs, sondern auch die Institutionalisierung der Beziehung. Die Paarbildung bildet innerhalb der Eigengeschichte keinen besonderen Einschnitt und begründet damit auch nicht die Paarbeziehung.

Das *Paarsein als interaktive Exklusivitätserzeugung* findet sich sowohl bei heterosexuellen, lesbischen wie auch schwulen Paaren. Bei diesem Typ dominiert die auf die Individualität der Einzelpersonen fokussierende Beziehungserzählung. Der zeitliche Beziehungsverlauf ist entlang der individuellen Bedürfnisse strukturiert. Sexuelle Wünsche stehen am Anfang, wobei der Kennenlernprozess nicht linear verläuft. Aufwendig ausgependelt wird, in welchem Verhältnis individuelle Identität und Paaridentität zueinander stehen. Zentrale Bezugspunkte der Identitätskonstruktion ist die Freiwilligkeit der Partner, nicht die Gewohnheit oder die Selbstverständlichkeit. Die Paarbildung ergibt sich aus komplexen Aushandlungsprozessen.

Deutlich wird, dass zwischen der Gruppe der homosexuellen und der der heterosexuellen Paare keine grundlegenden Unterschiede im Hinblick auf die Konstruktion von narrativer Paaridentität existieren. Bis auf eine Ausnahme ("Paarsein als biografische Selbstverständlichkeit") kommen homosexuelle und heterosexuelle Paare bei allen Typen vor. "Paarbeziehungen, egal welcher Geschlechterkonstellation" – so schlussfolgert die Autorin – "fußen auf denselben Prinzipien" (Maier 2007: 252). Nur für diesen einen Typ ist die Geschlechterdifferenz konstitutiv für Paaridentität, für die anderen vier sei das nicht der Fall. Dass lesbische und schwule Paare jeweils nur bei zwei bzw. drei Typen vorkommen, möchte Maier nicht vorschnell als Unterschied zwischen ihnen verstanden wissen, da dies die Gefahr einer Reifizierung der Geschlechterdifferenz beinhalten würde. Als Grund wird angeführt, dass "zwischen

schwulen und lesbischen Paaren auffindbare Unterschiede sich immer nur auf einzelne Aspekte der narrativen Paaridentität beziehen" (Maier 2007: 259). Deutlich gemacht wird, dass die Identitätsentwürfe bei Lesben und Schwulen größere Gestal-
tungsfreiheiten haben als bei den Heterosexuellen; bei den Ersteren lasse sich eine
Entkoppelung von sexueller und geschlechtlicher Identität erkennen. Die Autorin
folgert daraus, dass in heterosexuellen Zweierbeziehungen die geschlechtliche und in
homosexuellen Zweierbeziehungen die sexuelle Identität festgeschrieben werde.

1.5 Zur Wiederholung und Vertiefung

Schlüsselbegriffe

Phasenmodell · Aufbauphase · Ähnlichkeits-Hypothese · Komplementaritäts-Hypothese · Sequenzmodell · Homogamie · Gelegenheitsstrukturen · Homogamie-Normen · Anziehungsforschung · Sequenzmodelle · Pickup · Flirtverhalten · Pluralität der Beziehungsanfänge · romantischer Liebescode · Individualisierung der Aufbauphase · Chancenungleichheit auf dem Beziehungsmarkt · Körperkapital · Beziehungsanfänge in Paargeschichten

Wiederholungsfragen und -aufgaben

1. Diskutieren Sie die Abgrenzung der Verlaufsphasen von Zweierbeziehungen.
2. Beschreiben Sie die Forschungsprogramme der Studien zur Partnerwahl und der Anziehungsforschung. Inwieweit werden diese der Dynamik der Beziehungsanfänge gerecht?
3. Welche kommunikativen Aufgaben müssen in einem Pickup nach Murray Davis erfüllt werden?
4. Beschreiben Sie unterschiedliche Wege der Beziehungsanfänge.
5. Bestimmen Sie kulturelle und sozialstrukturelle Rahmenbedingungen der Aufbauphase von Zweierbeziehungen.

Literatur zur Vertiefung

- Lenz, Karl (2008), Paare in der Aufbauphase. In: K. Lenz / F. Nestmann (Hg.), Handbuch Persönliche Beziehungen, Weinheim: 189-220
- Coontz, Stephanie (2005), Marriage, a history: From obedience to intimacy or how love conquered marriage. New York: Viking
- Davis, Murray S. (1973), Intimate Relations. New York: Free Press
- Klein, Thomas (Hg.) (2001), Partnerwahl und Heiratsmuster. Sozialstrukturelle Vorraussetzungen der Liebe. Opladen: Leske+Budrich

2.   Bestandsphase von Zweierbeziehungen

ALLEIN IN EINER GROSSEN STADT
(TEXT: MAX COLPET; GESUNGEN: MARLENE DIETRICH)
(Fortsetzung)

Man hat nun alles, was man will,
man könnte glücklich sein.
Die große Stadt ist plötzlich still,
man lebt für ihn allein.
Man denkt an nichts –
so schön ist diese Zeit.
Man hat nur Angst,
dass sie vorübergeht

Nicht alle Versuche, eine Zweierbeziehung herzustellen, sind erfolgreich. In einer ganzen Reihe von Fällen wird die Aufbauphase nicht überschritten, sie scheitern, bevor sie "richtig" begonnen haben. In den verbleibenden Fällen wird, nachdem eine gewisse Zeit verstrichen ist, die Aufbauphase durch die Bestandsphase abgelöst. Die Aufbauphase kann unterschiedlich lang andauern, und sie kann – ganz abgesehen von allen Unsicherheiten, die notwendige Elemente eines Beziehungsaufbaus sind – auch von Krisen durchzogen sein. Wendet man sich der Bestandsphase zu, dann drängt sich die Frage auf, wie dieser Übergang inhaltlich markiert ist. Herkömmlich wurde der Übergang mit der Heirat gleichgesetzt. Die Ehe wurde als Bestandsphase einer Zweierbeziehung aufgefasst, die voreheliche Beziehung in ihrer gesamten Erstreckung als Phase der Partnerwahl betrachtet. Die enorme Bedeutungssteigerung, die Zweierbeziehungen im Vorfeld und auch unabhängig von einer Ehe in der Gegenwart erfahren haben, hat zur Folge, dass diese "Grenzziehung" nicht mehr überzeugt.

Diese Bedeutungssteigerung macht es zwingend, ein Kriterium für den Übergang zur Bestandsphase zu formulieren, das unabhängig von der Heirat ist. Ein originelles, wenngleich nicht überzeugendes Kriterium hat Jean-Claude Kaufmann (1994: 82) mit der folgenden Frage vorgeschlagen: "Sagt mir, wo ihr eure Wäsche wascht, und ich sage euch, ob ihr ein Paar seid". Für ihn markiert die Aufgabe der individuellen Zuständigkeit für die "schmutzige Wäsche" und die Anschaffung einer gemeinsamen Waschmaschine den Übergang zur Bestandsphase. Unbestritten benennt Kaufmann damit einen wichtigen Schritt in der Konsolidierung der Paar-Gemeinschaft. Die symbolische Aussagekraft der Waschmaschine wird aber dennoch überschätzt, wenn man ihre Anschaffung zum *ausschlaggebenden* Übergangskriterium erhebt. Wie bereits zu Beginn des laufenden Hauptkapitels vorausgeschickt, schlage ich vor, als Kriterium für den Übergang zur Bestandsphase die *Selbstdefinitionen der Subjekte* zu verwenden: Die Bestandsphase ihrer Zweierbeziehung wird dann erreicht, wenn die Beteiligten in ihren subjektiven Vorstellungen selbst vom Vorhandensein einer festen Beziehung überzeugt sind. An welchen Wendepunkten die Beziehungspersonen ihre Selbstdefinitionen festmachen, ist dabei variabel: Es kann das Zusammenziehen, der erste gemeinsame Urlaub, der erste sexuelle Austausch, der Heiratsentschluss sein oder doch das Standesamt oder der Traualtar; auch die Schwangerschaft oder die Geburt eines gemeinsamen Kindes kann aus der subjektiven Perspektive als *der* zentrale Einschnitt erscheinen. Dies kann ebenso von Fall zu Fall variieren, wie die Frage, ob es für die einzelne Person überhaupt einen deutlich markierten Einschnitt gibt oder ob sich der Übergang eher nach und nach vollzogen hat und man irgendwann merkt, dass die Beziehung eine subjektive Gewissheit gewonnen hat, die sie vorher nicht hatte.

Mit diesem Kriterium der Selbstdefinition ergibt sich die Möglichkeit der Ungleichzeitigkeit des Übergangs. Die Selbstdefinitionen der beiden Hauptakteure können übereinstimmen, aber sie können zeitweise auch auseinanderfallen. Es ist möglich, dass eine der beiden Personen sich in einer festen Beziehung sieht, während die andere Person keine feste Beziehung möchte oder sich unsicher über die angestrebte Qualität ist ("Vielleicht doch lieber nur eine gute Freundschaft?"). Durchaus vorstellbar ist es, dass die zweite Person durch Täuschung die subjektive Gewissheit einer festen Beziehung bei der ersten zu fördern versucht, obwohl diese für sie nicht existent und vielleicht sogar ausgeschlossen (z. B. aufgrund unüberbrückbarer Statusunterschiede) ist. Das alte Beispiel, vielfach literarisch beschrieben und als Warnung auch in die Tugendlehre für junge Frauen eingegangen, ist der Mann, der die Illusion einer festen Beziehung schafft, um die Bereitschaft einer Frau zu sexuellen Aktivitäten zu erwecken bzw. zu erhöhen.

Das Auseinanderfallen der Beziehungs-Definitionen der beiden Seiten ist jedoch nur zeitlich begrenzt möglich. Entweder wird der/die Vorausgeeilte erkennen müssen – vielleicht mit Schrecken –, wie es für die andere Seite um die Beziehung bestellt ist, oder der/die andere zieht nach, wobei die Definition der vorausgeeilten Seite, in der festen Beziehung zu sein, dies fördern kann. Für eine gewisse Zeit ist es möglich, auf ein Nachkommen zu warten. Das Warten hat aber Grenzen, da je länger es dauert, eine massive Verschiebung der Machtbalance zuungunsten der wartenden Person einhergeht. Nach Willard Waller (1967; orig. 1930) hat diejenige Person einen Machtvorsprung, die am wenigsten an eine Beziehung gebunden ist ("Prinzip des geringsten Interesses")[45]. Dieser "Schwebezustand" beeinträchtigt die Selbstwertgefühle erheblich, so dass der Punkt unausweichlich erscheint, an dem ein weiteres Warten eine Erniedrigung darstellt, die man sich selbst nicht mehr (länger) zumuten kann und darf. Stimmen beide Seiten überein, so bedeutet das einen entscheidenden Zugewinn an Gewissheit, dass eine feste Beziehung entstanden ist; sie be- und verstärken sich gegenseitig in ihren subjektiven Bildern und machen diese als überindividuelle, "richtige" Definitionen erlebbar. Dazu tragen auch Fremddefinitionen durch Dritte bei, auf deren Basis die beiden Personen als Paar, als eine feste Einheit, behandelt werden. Mit Ausnahme von "verdeckten Nebenbeziehungen" – also Beziehungen, die eine anderweitig gebundene Person zu einer bzw. einem Geliebten unterhält und die vor dem eigenen Netzwerk verheimlicht werden – kommen Fremdde-

---

45 Die Idee für dieses Prinzip des geringsten Interesses findet sich bereits bei Georg Simmel (1985b: 183f; orig. 1907): "In jedem Liebesverhältnis hat der weniger Liebende ein Übergewicht, er kann sozusagen seine Bedingungen stellen, der andere ist ihm ausgeliefert. (...) In der Ehe pflegt, unter sonst gleichen Umständen, der zu herrschen, der das geringere Gefühl einsetzt".

finitionen als fördernde Momente für den Bestand einer Beziehung immer hinzu[46]. Jedoch reichen Fremddefinitionen ohne eine Selbstdefinition für den Übergang zur Bestandsphase niemals aus, obwohl vorschnelle Vermutungen und Gewissheiten anderer das Aufkommen von Selbstdefinitionen durchaus beschleunigen können.

2.1 Umbrüche in den Schwellen-Wendepunkten

Nichteheliche Lebensgemeinschaft und Ehe stellen nicht nur zwei nebeneinander existierende Beziehungsformen dar, denn vielfach nimmt – wie im Teil I bereits ausgeführt – eine Zweierbeziehung in der Gegenwart zunächst die Gestalt einer nichtehelichen Lebensgemeinschaft, später dann die einer Ehe an. In dieser Abfolge von nichtehelicher Lebensgemeinschaft und Ehe treten mit der Haushaltsgründung und der Heirat zwei zentrale Wendepunkte in Zweierbeziehungen zeitlich entzerrt in Erscheinung, die traditionell miteinander verbunden waren. Um zentrale Wendepunkte aus der Fülle anderer möglicher Wendepunkte im Beziehungsaufbau und darüber hinaus herauszuheben, werde ich diese im Weiteren als "Schwellen-Wendepunkte" bezeichnen. In dem bis in die jüngste Vergangenheit hinein kulturell dominanten Modell waren diese beiden Schwellen-Wendepunkte so sehr miteinander verschmolzen, dass der Eindruck entstand, als ob man es hier nicht mit zwei, sondern lediglich mit einem Einschnitt zu tun hat. Die Heirat erlaubte erst und forderte zugleich auch einen gemeinsamen Haushalt; kurz gefasst: die Heirat war Haushaltsgründung. Erst durch ihr Auseinanderfallen wird deutlich, wie perfekt diese beiden Schwellen-Wendepunkte synchronisiert waren[47].

Aber nicht nur diese beiden Schwellen-Wendepunkte waren im – wie ich es im Weiteren aus Gründen der Vereinfachung nennen werde – "alten Modell" in einer engen zeitlichen Koexistenz, sondern es lassen sich drei weitere zentrale Wendepunkte auffinden, die damit engstens verbunden waren (vgl. Nave-Herz 1997a; Lenz 2003c):

- die Aufnahme und Aufrechterhaltung einer als legitim anerkannten Sexualinteraktion,

---

46 Richardson (1988) hat gezeigt, wie sehr dieses Fehlen von Fremddefinitionen für verdeckte Beziehungen als besondere Schwierigkeit erlebt wird.

47 Nur äußere Zwänge vermochten es, dass davon abgewichen wurde: Dies war z. B. Ende des 18. und über weite Teile des 19. Jahrhunderts in vielen Gebieten Mitteleuropas der Fall, als ein limitierter Zugang zur Ehe durch Heiratsverbote und ökonomische Barrieren fortbestand, jedoch durch gesellschaftliche Umbrüche die Wirksamkeit sozialer Kontrollen abgeschwächt war, so dass ein Zusammenleben und Sexualität nicht verhindert werden konnten. Klagen über einen "sittlichen Verfall" der einfachen Bevölkerung aus dieser Zeit sind zahlreich; vor allem wird auf die vielen unehelichen Geburten und die starke Verbreitung "wilder Ehen" hingewiesen. Gleichzeitig bezeugt eine große Zahl an Heiratsgesuchen, dass die in "Unzucht" lebenden Paare gerne geheiratet hätten, wenn es ihnen nicht verwehrt gewesen wäre (vgl. Schenk 1987; Mitterauer 1983; Schneider et al. 1998). Ein Auseinanderfallen von Heirat und Haushaltsgründung konnte auch durch eine extreme Wohnungsnot erzwungen werden, wie sie in Deutschland in der Nachkriegszeit bestand (vgl. Nave-Herz 1984): Viele junge Paare mussten nach der Heirat zunächst noch in einer der beiden Herkunftsfamilien wohnen bleiben, aber so schnell es nur möglich war, wurde die selbständige Haushaltsgründung nachgeholt. In der BRD war diese Zwangssituation auf die frühen Nachkriegszeit beschränkt, in der DDR dauerte sie länger an.

- das Bilden einer Wirtschaftsgemeinschaft und
- die Gründung einer Familie.

Eheschließung koinzidierte nicht nur mit der Haushaltsgründung, sondern ging einher mit der Aufnahme einer Sexualbeziehung, die erst im Rahmen einer Ehe erlaubt war. Die Ehe bedeutete auch eine Wirtschaftsgemeinschaft, sei es, dass beide geschlechtsspezifische Aufgaben im Rahmen einer häuslichen Produktion übernahmen, oder sei es, wie es mit dem Ausbreiten des bürgerlichen Eheideals üblich wurde, dass der Ehemann erwerbstätig und die Ehefrau für den Haushalt zuständig war. Und mit der Heirat war schließlich auch die feste Erwartung verknüpft, dass aus der Ehebeziehung möglichst bald Nachwuchs hervorgeht, wobei die eheliche Sexualität weitgehend der Fortpflanzung untergeordnet war. Das Zusammenfallen aller fünf Schwellen-Wendepunkte war für das alte Modell charakteristisch. Mittlerweile jedoch hat sich dieser enge zeitliche Zusammenhang – nicht nur der von Haushaltsgründung und Heirat – weitgehend aufgelöst; alle diese Schwellen-Wendepunkte haben stark an Unabhängigkeit voneinander gewonnen. Im Weiteren werde ich den stattgefundenen Veränderungen in diesen zentralen Einschnitten einer Zweierbeziehung nachgehen, die sich – mit einer Ausnahme – in die Bestandsphase verlagert haben und die ersten Jahre nachhaltig prägen.

Solange ihre Gleichzeitigkeit unter Leitführung der Heirat bestand, so ist anzunehmen, wurde dadurch auch der Übergang von der Aufbau- zur Bestandsphase markiert, und die Selbstdefinitionen der Beteiligten waren ganz wesentlich daran orientiert. Dass heute, auch wenn geheiratet wird, die Eheschließung nicht mehr diese Markierungsfunktion hat, steht in engem Zusammenhang mit dem zeitlichen Auseinanderfallen mit den anderen Schwellen-Wendepunkten. Durch diese Entzerrung verliert der Einschnitt deutlich an Gewicht, und die Verortung der subjektiven Gewissheit einer festen Beziehung wird ungleich flüssiger.

(1) Sexualität als der erste Schwellen-Wendepunkt
Während Familiengründung, Bilden einer Wirtschaftsgemeinschaft, Heirat und vielfach auch die Haushaltsgründung zeitlich aufgeschoben werden, hat sich die Aufnahme einer regelmäßigen Sexualität in einer Zweierbeziehung deutlich nach vorne verlagert. Und nahezu an keiner anderen Stelle dürfte der kulturelle Wandel, der sich in Zweierbeziehungen ereignet hat, so offensichtlich sein wie bei der Sexualität. Im alten Modell war der einzig legitime Ort der gemeinsamen Sexualität die Ehe, die ihr vorangehende Werbephase hatte "asexuell" zu sein. Auch wenn es schon weiter zurückreicht, scheint das Sexualmonopol der Ehe mit dem Bürgertum eine besondere Ausprägung erfahren zu haben (vgl. Dülmen 1990; Bozon 2002; Eder 2002). Wollte eine junge Frau aus guter Familie ihre Heiratschancen nicht ruinieren, so musste sie von jeder vorehelichen Sexualität Abstand halten. Für "anständige" Frauen war das Gebot der vorehelichen Keuschheit verbindlich und Sexualität ein "Geheimnis", das sich erst – zumindest mit ambivalenten Gefühlen verknüpft – in der Ehe lüftete. Anders dagegen die Regelung für die jungen Männer, die trotz Sexualmonopol der Ehe, oberflächlich versteckt hinter einer "Doppelmoral" und mit Augenzwinkern unter Männern akzeptiert, durchaus Möglichkeiten und den Freiraum hatten, auch vor einer

Ehe bereits sexuell aktiv zu sein. Dafür gab es eine "andere Sorte" von Frauen, die als Ehefrauen unvorstellbar, aber für das männliche sexuelle Begehren unerlässlich waren. Männer konnten voreheliche – und auch neheneheliche – sexuelle Erfahrungen mit Prostituierten und "leichten Mädchen" erwerben, die zwar auch vom Sexualmonopol der Ehe "freigestellt" waren, allerdings um den Preis einer Stigmatisierung.

Die unterschiedliche Sexualpraxis wurde im Zuge einer wachsenden Verwissenschaftlichung mit der Natur der Geschlechter begründet (vgl. ausführlicher Eder 2002: 129ff). Die Frau, so wurde gelehrt, – aber offensichtlich nur die "anständige" – gebe sich in der Sexualität vollständig und vorbehaltlos hin, und Sexualität sei bei ihr ungleich stärker mit Gefühlen verbunden, als dies beim Mann der Fall ist. Es wurde auch vielfach herausgestellt, dass die sexuellen Bedürfnisse der beiden Geschlechter stark unterschiedlich sind (vgl. auch Gay 1985: 159ff). Im vielfach aufgelegten Standardwerk "Psychopathia Sexualis" (orig. 1886) schreibt Richard Freiherr von Krafft-Ebing (1984: 12):

> "Ohne Zweifel hat der Mann ein lebhafteres geschlechtliches Bedürfnis als das Weib. Folge leistend einem mächtigen Naturtrieb, begehrt er von einem gewissen Alter an ein Weib. (...) Anders das Weib. Ist es geistig normal entwickelt und wohlerzogen, so ist sein sinnliches Verlangen ein geringes. Wäre dem nicht so, so müsste die ganze Welt ein Bordell und Ehe und Familie undenkbar sein. Jedenfalls sind der Mann, welcher das Weib flieht, und das Weib, welches dem Geschlechtsgenuss nachgeht, abnorme Erscheinungen".

Für Krafft-Ebing ist damit auch die Vorstellung verbunden, dass die Frau wesensmäßig passiv ist, dass ihr in der Sexualität nicht der Status des aktiven Subjekts zukommen kann (ausführlich vgl. Sigusch (2008); eine Vorstellung, die auch bei Sigmund Freud fortbesteht, wonach ihr Verzicht auf sexuelle Aktivität und die Hinnahme des Objektstatus "Insignien gelungener Weiblichkeit" (Benjamin 1991) seien. Noch stärker kommt dies zum Ausdruck, wenn Sexualität als bloße Hingabe, Opfer und Erdulden seitens der Frau thematisiert wird, zu der sie aufgrund der Ansprüche des Ehemannes verpflichtet ist, auf die sie aber gut und gerne verzichten könnte (vgl. Beispiele in Gay 1985)[48].

Noch in den 1950er und 1960er Jahren war die Beschränkung der gemeinsamen Sexualität auf die Ehe zumindest als kulturelles Ideal weit verbreitet (zu Beispielen aus der Ratgeberliteratur vgl. Lenz 2003c). Die Eltern wurden in Ratgebern vor der "Anfälligkeit" der Heranwachsenden für voreheliche Sexualität gewarnt und auf sie aufmerksam gemacht. Es wurde ihnen zugleich nahe gelegt, durch ein Netz von Kontrollen wirksame Vorsorge zu treffen: Ein junger Mann und eine junge Frau sollten möglichst nicht allein gelassen werden, ein Übernachten beim Freund oder bei der Freundin war unvorstellbar und selbst Verlobte wurden – wenn sich eine Übernachtung nicht vermeiden ließ – in verschiedenen Zimmern untergebracht. Zudem war die Ratgeberliteratur, die sich an junge Menschen richtete, übervoll mit Hinweisen auf Gefahren und Folgen vorehelicher Sexualität. Eine hohe Zahl von Erstgeborenen, die innerhalb der ersten neun Monate nach der Eheschließung zur Welt ka-

---

48 Als Überblick zur Diskussion, wie Sexualität bzw. sexuelles Begehren durch soziale und kulturelle Faktoren geprägt wird, vgl. Baumeister/Tice 2001; Lautmann 2002; Regan/Berscheid 1999

men, macht jedoch deutlich, dass das Ideal nicht immer auch faktisch eingelöst wurde[49]. Die Aufnahme der Sexualität konnte – entgegen dem Ideal – vorgelagert sein,
was aber im Falle einer Schwangerschaft zur Folge hatte, dass umgehend geheiratet
werden "musste", damit das Kind schon "in die Ehe" geboren und damit die Abweichung vom geltenden Ideal möglichst nach außen verdeckt wurde. Diese "Hektik"
der Eheschließung oder auch die Stigmatisierung, wenn die werdende Mutter vom
Vater des Kindes "sitzen gelassen" wurde, zeigt, wie sehr trotz vorgezogener Sexualität das "alte Modell" als kulturelles Ideal Geltungsanspruch hatte. Dennoch dürfte
diese Abweichung in den 1950er Jahren z. T. schon ein Anzeichen für das Brüchig-
werden dieser Moralvorstellungen gewesen sein. Dies gilt vor allem für Jugendliche
aus einem bürgerlichen Sozialmilieu. Im Arbeitermilieu hatte Sexualität vor der Ehe
bereits eine längere Tradition, wie z. B. Carola Lipp (1986; 1990) für Arbeiterju-
gendliche des 19. und frühen 20. Jahrhunderts aufzeigt (vgl. auch Eder 2002: 171ff).
Allerdings lassen sich im Laufe des 20. Jh. auch in diesem Milieu Tendenzen einer
Verbürgerlichung der Moralvorstellungen beobachten (vgl. auch Sieder 1987).

Der kulturelle Umbruch, der sich mittlerweile in der Sexualität vollzogen hat,
könnte nicht tiefgreifender sein (vgl. Schmidt 2004; Lenz/Funk 2005). Das kulturelle
Ideal, dass Sexualität nur in der Ehe gestattet ist, ist nahezu völlig verschwunden
(vgl. auch Lenz 2003c; Sammet 2003). Sexualität ist nicht mehr länger auf die Ehe
begrenzt, sondern hat sich in Zweierbeziehungen weit nach vorn verlagert. Die Aufnahme einer Sexualbeziehung erfolgt meist mehr oder minder frühzeitig in der Aufbauphase, allenfalls wird sie bis zum Übergang in die Bestandsphase oder kurz danach aufgeschoben (vgl. Sprecher/Regan 2000).

Jean-Claude Kaufmann (2004) vertritt die These, dass in der Gegenwart der sexuelle Austausch zunehmend an den Anfang einer möglichen Beziehungsgeschichte
tritt. Egal, ob sie sich vorher schon kannten bzw. erst an diesem Tag kennen lernten,
markiert für eine wachsende Anzahl von Paaren das "erste Mal" den möglichen Anfang einer Beziehung. Für Kaufmann (2004: 219) zeichnet sich damit eine "radikal
neue Form des Beziehungsbeginns" ab, bei dem – so der Buchtitel – der "Morgen
danach" eine entscheidende Bedeutung zukommt. Bei einem "Morgen mit bösem
Erwachen" endet die Geschichte, bevor sie eigentlich begonnen hat, bei einem "Morgen voller Zauber" eröffnet sich die Möglichkeit einer – wie es der französische Soziologe nennt – "dauerhaften Beziehungsflugbahn". Typisch ist nach Kaufmann dabei auch, dass nicht vereinbart wird, dass man jetzt ein Paar sei. Vielmehr beginnt
eine Beziehungsflugbahn dann, wenn es zu keiner negativen Entscheidung kommt.
Verbreitet ist es bei Paaren, langfristige Projektionen zu vermeiden; es herrscht vielmehr die Einstellung vor, dass es noch genügend Zeit geben wird, um sich später
(anders) zu entscheiden. Jeder Tag, der nach dem Morgen danach vergeht, verankert
diese Paarbeziehung ein wenig fester; Schritt für Schritt vollzieht sich die Entscheidung alleine durch das Gewicht des Alltags. Kaufmann weist ausdrücklich darauf
hin, dass auch heute keineswegs alle Beziehungen auf diesem Weg beginnen. Jedoch

---

49 Dies zeigt auch die erste deutsche Repräsentativbefragung zum Sexualverhalten von Ludwig von
    Friedeburg (1953). Die Ergebnisse zeigen, dass nur 28% der Ehefrauen und 10% der Ehemänner
    ohne sexuelle Erfahrungen geheiratet haben (ausführlicher vgl. Lenz 2003c).

zeichnet sich für ihn hierin ein neues Muster der Paarbildung ab. Zweierbeziehungen bauen nicht mehr auf einem Gründungsakt auf, in dem die vorhandenen Gefühle zu der Entscheidung führen, eine Bindung einzugehen. In einer wachsenden Zahl der Fälle beginnen die Flugbahnen des Beziehungslebens heute plötzlich und unerwartet, ohne lange und langsame Vorbereitung (vgl. dazu auch Lenz 2005).

Auch wenn sexueller Austausch nicht immer gleich in Verbindung mit der ersten Begegnung steht, ist ihre Vorverlagerung enorm. Sexualität hat sich nicht nur von der Ehe entkoppelt, sondern vielfach vor die Festigung der jeweiligen Beziehung geschoben. Die Aufnahme regelmäßiger Sexualität wird mit einer völligen Selbstverständlichkeit zur ersten Stufe, die heute in einer Zweierbeziehung erreicht wird[50], und entzieht sich damit der – wie zu zeigen sein wird – ansonsten bestehenden Variabilität ihrer Reihenfolge. Überhaupt hat sich eine Pluralisierung des sexuellen Begehrens ereignet (vgl. Lautmann 2005): Ob hetero-, homo- oder bisexuell und auch welche Sexualform praktiziert wird, das ist die Entscheidung des Subjekts bzw. des Paares. Wichtig sei lediglich, dass die Sexualpraktiken im gegenseitigen Einverständnis praktiziert werden und diese das Ergebnis von Verhandlungsprozessen sind. Die Heterosexualität, lange die einzige normale Sexualität, wird zu einer Form, Sexualität zu leben, neben anderen (vgl. Lenz/Funk 2005). Damit geht eine hohe Kommerzialisierung der Sexualität einher, wie vor allem die starke Verbreitung der Pornografie zeigt (Böhnisch 2005; Cooper/Scherer/Boies/Gordon 1999; Lewandowski 2003).

Nachhaltig verändert haben sich auch die geschlechtsspezifischen Unterschiede im Sexualverhalten (vgl. Schmidt 2000; Bundeszentrale für gesundheitliche Aufklärung 2002, Dannenbeck/Stich 2002; Funk 2005). Solange die Sexualität für die "anständige" Frau an die Ehe gebunden war, machten Männer früher sexuelle Erfahrungen und traten in der Ehe sexuell erfahren einer unerfahrenen Frau gegenüber. Selbst wenn dieses Modell weniger strikt eingehalten wurde, war ein Erfahrungsvorsprung des Mannes der Regelfall. In Deutschland sind diese Unterschiede inzwischen verschwunden. Einige Studien berichten, dass die jungen Frauen inzwischen sogar über mehr sexuelle Erfahrungen als gleichaltrige Männer verfügen. Die Hamburger Wiederholungsstudie zum Sexualverhalten von Studierenden, die sich auf Befragungen in den Jahren 1966, 1981 und 1996 stützt, zeigt, dass Frauen seit den 1980er Jahren statistisch signifikant zu einem höheren Anteil Koituserfahrung haben, eine längere Dauer der Koituserfahrungen aufweisen und über höhere Koitushäufigkeit in den letzten 12 Monaten berichten als die gleichaltrigen Männer. Die Anzahl der Sexualpartner ist zwischen den Geschlechtern ausgeglichen (vgl. Schmidt/Dekker/Matthiesen 2000; zum Ost-West-Vergleich vgl. Starke/Weller 2000). Dieser Trend einer Auflösung bzw. Umkehrung der Geschlechterunterschiede findet sich auch in Skandinavien, nicht dagegen (bislang) in den südeuropäischen Ländern (vgl. Bozon/Kontula 1998; Leridon/van Zesson/Hubert 1998). Auch wenn diese Angleichung oder gar das Umkippen des Geschlechtsunterschieds zugunsten der Frauen bislang zumindest

---

50 Dies wird auch aus der Detroit-Studie von Whyte (1990) für die USA bestätigt: "Expectations that intimacy will be postponed until at least engagement, if not marriage, have fallen by the wayside in the face of a logic that says that whatever one does in an exclusive, romantic relationship must be 'all right'" (Whyte 1990: 39).

noch nicht in allen westlichen Industrieländern gleich weit fortgeschritten ist, kann insgesamt festgestellt werden, dass die größten Veränderungen im sexuellen Bereich bei den Frauen stattgefunden haben. Barbara Ehrenreich, Elisabeth Hess und Gloria Jacobs (1986) sprechen deshalb von einer "sexuellen Revolution der Frauen": Frauen sind heute nicht nur sexuell aktiver als in der Vergangenheit, "but they began to transform the notion of heterosexual sex itself: from the irreducible 'act' of intercourse to a more open-ended and varied kind of encounter. At the same time, the social meaning of sex changed too: from a condensed drama of female passivity and surrender to an interaction between potentially equal persons" (Ehrenreich et al. 1986: 5). Während die sexuelle Liberalisierung für Männer in erster Linie "mehr Sex" bedeutete, hatte diese für Frauen einen qualitativen Wandel zur Folge: Frauen "entdeckten" Sexualität für sich; was vorher "eheliche Pflicht" war, wurde zu einem weiten Feld lustvoller Erfahrungen, auf dem sie ihre eigenen Ansprüche und Wünsche nunmehr artikulieren können (kritisch dazu vgl. Jamieson 1998; 2003). Anstatt nur der männlichen Begierde untergeordnet zu sein, fand das Prinzip der Gegenseitigkeit Eingang in den Bereich der Sexualität, verknüpft mit der Forderung nach sexueller Selbstbestimmung auch für Frauen[51]. Immer mehr Frauen leben eine selbstbestimmte Sexualität, dennoch scheinen aber bislang kulturelle Leitbilder für ein weibliches Begehren noch weitgehend zu fehlen (vgl. Brückner 1990; 2001). Die kulturellen Vorstellungen von Sexualität sind anscheinend weiterhin ganz überwiegend vom männlichen Blick geformt (vgl. Jamieson 1998).

Naheliegend ist es, diesen massiven kulturellen Umbruch mit der hormonellen Kontrazeption in Verbindung zu bringen, für die in Übernahme der Wortschöpfung der "Bild-Zeitung" die Bezeichnung "Anti-Baby-Pille" oder auch nur "Pille" im öffentlichen Gebrauch üblich wurde. Am 1. Juni 1961 wurde das erste Präparat ("Anovlar") von der Schering AG, zunächst sehr zurückhaltend, auf dem deutschen Markt eingeführt (vgl. Dose 1990; Staupe/Vieth 1996). Mit der "Pille" wurde es für Frauen mit einer extrem hohen Wahrscheinlichkeit möglich, eine ungewollte Schwangerschaft zu verhindern und damit das Risiko zu bannen, das einer unbeschwerten Sexualität entgegenstand. Nach einer aktuellen Studie der Bundeszentrale für gesundheitliche Aufklärung (2008) verhüten von 20- bis 44-Jährigen, die in den letzten zwölf Monaten Geschlechtsverkehr hatten, 74%. Über die Hälfte der Frauen und Männer (55%), die verhüten, schützen sich vor einer ungewollten Schwangerschaft mit der "Pille" und 36% mit Kondom. Die Kontrazeption ist nach wie vor in erster Linie eine Aufgabe der Frau. Fast zwei Drittel der Frauen sagen, dass sie "normalerweise hauptsächlich für die Verhütung zuständig" sind. Dass sie es meist der Partnerin überlassen, bestätigen 44% der Männer; insgesamt betonen sie aber eine stärkere eigene bzw. gemeinsame Verhütungsverantwortung.

---

51 Die sexuelle Liberalisierung steht nicht immer mit dem sexuellen Selbstbestimmungsrecht von Frauen in Einklang. Es gibt Tendenzen, dass das Leitbild der asexuellen Frau lediglich abgelöst wird vom einem Bild der Frau, die immer Lust hat, was aber nur eine andere Form einer Instrumentalisierung für männliche Wünsche darstellt. Der sexuelle Zugewinn von Frauen wird auch konterkariert durch ein, sei es in der Werbung oder auch in der Pornographie, mediales Bild, das Frauen auf ein Sexualobjekt für Männer reduziert.

Allerdings sollte die Bedeutung der Pille für den Wandel in der Sexualität nicht überschätzt werden. Sie hat diese Entwicklung ebenso wenig "verursacht" wie den Geburtenrückgang Mitte der 1960er Jahre. Auch beim Geburtenrückgang war zunächst vom "Pillenknick" die Rede, wodurch ihr entscheidender Anteil daran versinnbildlicht werden sollte; eine Bezeichnung, die inzwischen fast völlig verschwunden ist. Ungleich wichtiger als die Pille erscheinen für den Wandel der Sexualität die Veränderungen im weiblichen Lebenszusammenhang: In den 1960er und auch schon in den 1950er Jahren nahm die Zahl junger Frauen stark zu, die von zu Hause auszogen und für sich alleine lebten, wozu sie durch ihre Berufsarbeit auch die finanziellen Mittel hatten. Hohe Qualifikationen und verbesserte Berufschancen machten es möglich, dass sie ihr Lebenskonzept nicht mehr ausschließlich auf die Ehe gründen mussten. Für diese wachsende Zahl von Frauen wurde Eigenständigkeit zu einer selbstverständlichen Erfahrung, die sie für sich auch auf dem Gebiet der Sexualität beanspruchten. An diese "neue Frau" wandte sich – wie Ehrenreich et al. (1986) für die USA zeigen – beginnend in den 1960er Jahren eine wachsende Zahl von Ratgebern und auch Zeitschriften, sie nahmen ihre Erfahrungen auf, bestärkten sie in ihren Lebensansprüchen und trugen dann auch ganz maßgeblich zur Verbreitung der "Pille" bei. Die Pille war ein Mittel, das verwendet wurde, um diese neue Form der Sexualität zu leben. Hätte es die Pille nicht gegeben, dann wäre die Wahl eben auf ein anderes Verhütungsmittel gefallen.

Selbst wenn die Aufnahme der Sexualinteraktion bereits in der Aufbauphase erfolgt, stellt die Sexualität auch in der Bestandsphase ein zentrales Thema dar (vgl. Sprecher/Regan 2000; Hinchliff/Gott 2004; Lenz 2005). Es hat den Anschein, als ob die Sexualität für Paare überhaupt einen hohen Bedeutungszuwachs erfahren hätte. Edward Shorter (1989: 224) stellt die "starke Sexualisierung der Verbindung zwischen Mann und Frau" als eines der zentralen Kennzeichen der "postmodernen Familie" heraus, die sich für ihn im Zuge des aktuellen radikalen Wandels des Familiensystems herausgebildet hat (vgl. auch Shorter 1977). Es findet sich, so Shorter (1989: 224), "eine zunehmende Emphase auf Sex als ein 'Lackmus-Test' der Qualität oder des Erfolgs der Beziehung". Er versucht, die starke Sexualisierung mit Zahlen über eine Häufigkeitszunahme sexueller Aktivitäten zu belegen. Eine hohe Relevanz der Sexualität für Zweierbeziehungen der Gegenwart wird auch aus den beiden Bamberger Studien sichtbar: Dass "sexuell alles stimmen muss", bezeichneten sowohl bei den verheirateten wie auch bei den zusammenlebenden Paaren etwa 4/5 der Befragten als wichtig bzw. sehr wichtig für eine "gute Ehe" bzw. eine "gute Partnerschaft" (vgl. Vaskovics et al. 1990, Tabellenteil: 19; Schneewind/Vaskovics 1989, Tabellenteil: 12). Allerdings zeigen die Ergebnisse auch, dass es eine Reihe weiterer Anforderungen gibt, die bedeutsamer eingeschätzt werden. Beide Male belegt die sexuelle Übereinstimmung unter 12 vorgegebenen Statements nur den 10. Rang und wird deutlich von Ansprüchen an die Beziehung übertroffen, wie z. B. sich aufeinander verlassen können, der Partner bzw. die Partnerin solle verständnisvoll sein, man möchte Anerkennung finden und sich über möglichst viele Dinge unterhalten können. Dies macht deutlich, dass es sicherlich verfehlt wäre, wollte man Sexualität zum einzig zentralen Moment von Zweierbeziehungen erheben. Sexualität hat eine hohe

Bedeutung, aber keineswegs in dem Sinne, dass sie – wie Shorter zu unterstellen scheint – allein oder auch nur vorrangig über Bestand oder Bruch einer Beziehung entscheide. Dennoch dürfte ihr hohes Gewicht eine neue Entwicklung sein. Indikator dafür ist der hohe Bedarf an Ratschlägen und Hilfen auf dem Gebiet der Sexualität, der anhand der Ratgeberbücher, der zahlreichen Ratgeberspalten in Zeitschriften bzw. Ratgebersendungen im Fernsehen sichtbar wird. Auch der starke Aufschwung der Sexualtherapie bzw. der hohe Stellenwert der Sexualität in der Paartherapie belegt dies eindrucksvoll. Dass die sexuellen Schwierigkeiten und auch Unsicherheiten offensichtlich zugenommen haben, ergibt sich aus den hohen Erwartungen an die Sexualität und aus dem Prinzip der Gegenseitigkeit, das zunehmend Eingang findet (vgl. Lautmann 2002). Sexualität ist nicht mehr – oder zumindest immer weniger – eine "Leistung" für den Mann, sondern das sexuelle Begehren zweier autonomer Subjekte, ihrer daran geknüpften Erwartungen, Wünsche und Ängste müssen in einer für beide Seiten akzeptablen Weise koordiniert werden. Aber gerade dies – folgt man der Studie von Karin Klees (1992) – gelingt in vielen Paarbeziehungen nicht. Die meisten Männer aus den 27 befragten Paaren möchten mehr Sexualität und die Frauen klagten dagegen über die genitalfixierte, mechanische Sexualität ihrer Männer und vermissten Emotionalität und Zärtlichkeit.

(2) Variabilität und Optionalität der weiteren Schwellen-Wendepunkte

Im Unterschied zur Aufnahme des sexuellen Austauschs haben sich die anderen vier Schwellen-Wendepunkte in die entgegengesetzte Richtung verschoben. Die Haushaltsgründung, die Heirat, die Wirtschaftsgemeinschaft und die Familiengründung werden bis in die Bestandsphase aufgeschoben, wobei dieser Aufschub unterschiedlich lange sein kann. Nicht nur geht die – im alten Modell konstitutive – nahezu perfekte Gleichzeitigkeit dieser Schwellen-Wendepunkte verloren, diese zentralen Ereignisse werden auch in der Reihenfolge in einem hohen Maße variabel miteinander kombinierbar. Die Familiengründung kann vor der Haushaltsgründung oder zumindest vor der Heirat erfolgen. Oder man kann heiraten, ohne zusammenzuziehen. Eine Familiengründung ist ohne gemeinsamen Haushalt möglich. Auch die Wirtschaftsgemeinschaft kann unterschiedlich "eingepasst" werden.

Neben dieser Variabilität ist zudem eine Optionalität der Schwellen-Wendepunkte neu hinzugekommen. Vieles, was unter den Geltungsbedingungen des alten Modells verbindlich vorgegeben war, ist mittlerweile zu biografischen Optionen geworden, für oder gegen die man sich entscheiden kann. Mit Ausnahme der Aufnahme regelmäßiger Sexualität sind diese zentralen Ereignisse in der Beziehungsbiografie für das Paar allesamt zu Wahlmöglichkeiten geworden, die einer Pro- oder Contra-Entscheidung bedürfen: Soll man zusammenziehen oder lieber zwei getrennte Wohnungen behalten? Heiraten oder lieber nicht heiraten? Kind(er) haben oder lieber kinderlos bleiben? Aus einer gemeinsamen Kasse oder getrennt wirtschaften? Dies schafft für Paare Gestaltungsspielräume. Eine Kehrseite dieser Wahlmöglichkeiten sind die Entscheidungsprobleme und vor allem Probleme der Konsensfindung, die damit vielfach einhergehen. Für Paare erscheint es in hohem Maße notwendig zu sein, dass in diesen Wahlmöglichkeiten ein Konsens gefunden wird, ansonsten dürfte zumindest auf Dauer auch das Fundament der Zweierbeziehung instabil werden.

Mit den Schwellen-Wendepunkten gehen dauerhafte Anforderungen an das Paar einher, die zugleich für eine Erforschung der Zweierbeziehung zentrale Themenfelder umschreiben. Auf diese Schwellen-Wendepunkte und diese Themenfelder werde ich im Teil III unter dem Aspekt der Wirklichkeitskonstruktion zurückkommen.

2.2 Arbeitsteilung und Macht in Zweierbeziehungen

2.2.1 Haushalt als weibliche Domäne

Die Hausarbeit stellt einen wichtigen Teilbereich der Alltagsorganisation von Paaren dar und sie hat auch im starken Maße Forschungsinteresse wecken können (vgl. Burkart 2008). Die vorliegenden Studien weisen unterschiedliche Forschungsdesigns auf. In einigen Studien wird den Befragten eine Liste häuslicher Aufgaben vorgelegt und danach gefragt, wer diese übernimmt ("Task-Participation-Index") (vgl. z. B. DJI-Familiensurvey; Bamberger Ehepaar Panel). Andere Studien erfassen den Zeitaufwand für Hausarbeiten ("Zeitbudget-Studien") (z. B. Künzler/Walter/Reichart/ Pfister 2001). Außerdem liegen inzwischen auch eine Reihe qualitativer Studien vor (z. B. Kaufmann 1994; 1999; Koppetsch/Burkart 1999; Notz 2004; Huinink/Röhler 2005).

Vielfach wird konstatiert, dass an die Stelle starrer Rollenvorgaben in Zweierbeziehungen inzwischen ein Bedarf an Aushandlungs- und Verständigungsprozessen getreten ist. Während noch über weite Teile des 20. Jahrhunderts bereits im Vorfeld für die Ehegatten fest definierte Zuständigkeitsbereiche vorhanden waren, seien nun die Paare im wachsenden Maße gezwungen, mit ihrer Haushaltsgründung gemeinsame Lösungen für die anstehenden Aufgaben ihrer Alltagsorganisation zu finden. Geschlechterrollenvorgaben haben an Geltungskraft eingebüßt; die Ausgestaltung des Binnenraumes von Zweierbeziehungen sei zu einer Angelegenheit individueller Aushandlungen zwischen den Beziehungspersonen geworden. Im starken Umfang hat das Gleichheitsideal Eingang in die Vorstellungswelten der Paare gefunden. Dennoch kommen die vorhandenen Studien übereinstimmend zu dem Ergebnis, dass bei der großen Mehrzahl der Paare die Partnerin den Hauptanteil an der Hausarbeit übernimmt. Stellvertretend sei an dieser Stelle auf Ergebnisse der Studie von Jan Künzler, Wolfgang Walter, Elisabeth Reichart und Gerd Pfister (2001) hingewiesen, in welcher der Zeitaufwand für Hausarbeiten bei ost- und westdeutschen Frauen und Männern zu drei verschiedenen Messzeitpunkten dargestellt wird.

Abb. 2: Wöchentliche Zeit für Hausarbeit in Deutschland, 1965-2000 (in Stunden)
(Quelle: Künzler et al. 2001: 82)

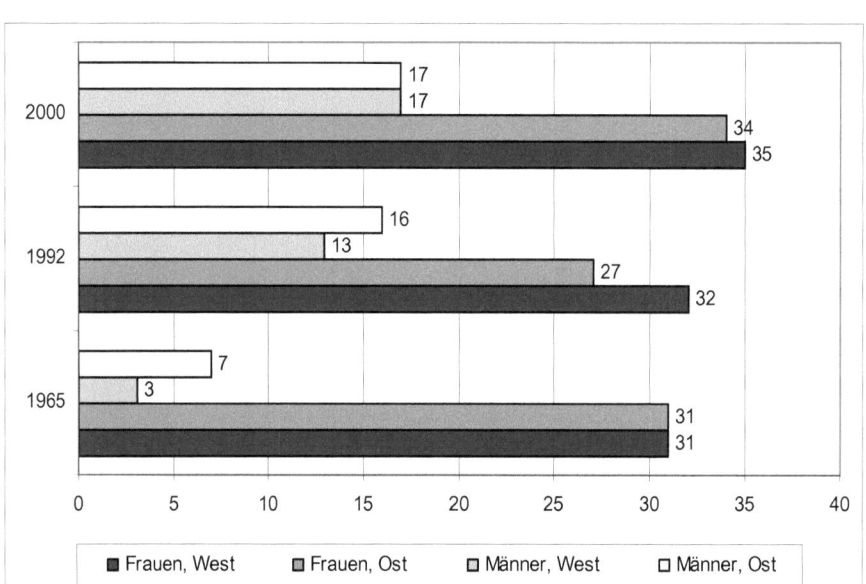

Einbezogen wurden Routine-Tätigkeiten im Haushalt wie Aufräumen/Putzen, Kochen, Tischdecken/Abwaschen, Wäsche waschen und Bügeln sowie Lebensmittel
einkaufen/Besorgungen. Deutlich wird, dass in den 35 Jahren – von 1965 bis 2000 –
bei den Männern die für Haushaltsarbeiten verwendete wöchentliche Zeit deutlich
angestiegen ist; von 3 bzw. 7 Stunden auf 17 Stunden. Dennoch leisten die Frauen
weiterhin deutlich mehr im Haushalt; sie verwenden auch in der Gegenwart noch die
doppelte Zeit im Vergleich zu den Männern. Die Abbildung zeigt auch, dass zu den
ersten beiden Messzeitpunkten die ostdeutschen Männer stärker im Haushalt engagiert waren als die westdeutschen, aber keineswegs ausreichend, um die deutlich
höhere Arbeitsmarktintegration der ostdeutschen Frauen zu kompensieren.

Betrachtet man die Aufgabenbereiche der Frauen näher, dann scheint ihre Zuständigkeit für die Wäsche und auch für alles, was beim Saubermachen der Wohnung
mit Feuchtigkeit zu tun hat, weitgehend ungebrochen fortzubestehen. Verhältnismäßig wenig Frauen können hier auch nur mit einer Mithilfe ihres Beziehungspartners
rechnen. Die anderen Aufgaben dagegen scheinen zwar überwiegend – abgesehen
von den männlichen Domänen der Reparaturen und des Autos – von der Ehefrau
erfüllt zu werden, die Ehemänner helfen aber mehr oder minder stark mit. Eine strik-
te Trennung von Männer- und Frauenbereichen wird dadurch zwar durchbrochen.
Dass Männer überhaupt nichts im Haushalt tun, wie es vor einer oder zwei Generationen noch gängig war, schwindet. Aber sie wird nicht durch eine Gleichverteilung
der Haushaltsaufgaben ersetzt, sondern Dominanz gewinnt die Form der Mithilfe.

Indem sie im Haushalt "mithelfen", versuchen Männer überwiegend, den veränderten Ansprüchen an die Ehe gerecht zu werden. Werden als Tätigkeitsvorgaben auch Aufgaben der Familienarbeit verwendet, dann zeigt sich, dass die Kinderbetreuung – nicht das Spielen mit Kindern, das gemeinsam oder abwechselnd erfolgt –, Kontakte zu Kindergarten und Schule und auch die Betreuung von alten und kranken Familienmitgliedern Leistungen sind, die – soweit diese Tätigkeiten anfallen – vor allem von der Frau erbracht werden. Auch wenn die stärkere Beteiligung der Väter an der Kinderbetreuung deutlich zugenommen hat, bedeutet das nicht unbedingt eine maßgebliche Entlastung der Mütter, da sich diese vielfach auf Spielen und Spazierengehen beschränkt, während Routinearbeiten weiterhin "ihre Sache" bleiben.

Die Asymmetrie in der häuslichen Arbeitsteilung verschwindet auch bei Doppelkarriere-Paaren nicht, also bei Paaren, bei denen beide beruflich erfolgreich sind (vgl. Behnke/Meuser 2005; Maiwald 2007a; Wimbauer/Henninger/Gottwald 2007). Bildungsniveau, Bildungsrelationen, Erwerbstätigkeit, Erwerbsrelationen, Einkommensrelationen haben – wie Florian Schulz und Hans-Peter Blossfeld (2006) zeigen – keinen nennenswerten Effekt auf die Veränderung der häuslichen Arbeitsteilung. "Unabhängig vom Ressourcenniveau und den Relationen der Ressourcen auf der Paarebene setzt sich im Eheverlauf eine Tendenz durch, welche die Chancen auf eine weitere Beteiligung der Männer an der Hausarbeit im Eheverlauf systematisch reduziert" (Schulz/Blossfeld 2006: 41).

Der Traditionalisierungsschub bei der Familiengründung ist ein inzwischen vielfach bestätigtes Ergebnis. Während zunächst nach der Ehegründung eine größere Flexibilität zu beobachten ist, auch in Verbindung mit einer gemeinsamen Übernahme häuslicher Tätigkeiten, reduziert sich das Ausmaß der Beteiligung des Ehemannes an der Hausarbeit mit der Familiengründung. Vorher vorhandene partnerschaftliche Ansätze verlieren an Boden und das traditionelle Modell der Zuständigkeiten breitet sich aus. Statt mehr Zeit zu Hause zu verbringen, erhöhen die jungen Väter ihren Zeitaufwand für die Erwerbsarbeit (vgl. Burkart 2007). Überhaupt stellt die Geburt des ersten Kindes für eine Zweierbeziehung unverkennbar den massiven Einschnitt dar, wobei das "Mutterwerden" deutlich stärkere Auswirkungen auf den ganzen Alltag hat als das "Vaterwerden" (vgl. El-Giamal 1999). Die Ergebnisse von Daniela Grunow, Florian Schulz und Hans-Peter Blossfeld (2007) deuten darauf hin, dass dieser Traditionalisierungsschub vor allem durch die Erwerbsunterbrechung der Frau bewirkt wird. Sie können zeigen, "dass Ehepaare, in denen die Frau beim Übergang zur Elternschaft ihre Erwerbstätigkeit nicht oder nur kurzzeitig unterbricht, kein größeres Traditionalisierungsrisiko bei der Hausarbeit aufweisen als kinderlose Paare. Die mit der Geburt eines Kindes einhergehende gesteigerte Traditionalisierungsneigung bei der Hausarbeit vollzieht sich offenbar als Konsequenz der normativ und institutionell vorstrukturierten Übernahme der Vollzeit-Mutter- und damit auch Vollzeit-Hausfrauenrolle bei Frauen" (Grunow/Schulz/Blossfeld 2007: 178). Deutlich wird auch, dass die Chancen auf eine stärkere Beteiligung der Männer an der Hausarbeit steigen, je später das erste Kind geboren wird.

Auffällig ist eine Diskrepanz zwischen der von den meisten Paaren vertretenen kulturellen Leitidee der Gleichheit der Geschlechter ("Partnerschaft") und der Wirklichkeit der häuslichen Arbeitsteilung. Den zentralen Grund für diese Diskrepanz sieht Jean-Claude Kaufmann (1994) im Widerstand der "Alltagsgesten" oder der "elementaren Haushaltspraktiken" und damit auf der Ebene der Alltagspraxis der Paare (vgl. auch Kaufmann 1999). Im Beziehungsalltag, in einem dichten System von scheinbar unbedeutenden Handlungen – Kaufmann verwendet hierfür den Begriff der Gesten – kommt die Gleichheitsidee unter die Räder und es schleichen sich nahezu unbemerkt typische Geschlechterdifferenzen wieder ein. "Für sich betrachtet, scheint jede einzelne Geste, der gebügelte Slip, das herumliegende Kleidungsstück, von lächerlicher Bedeutung. In jeder dieser Gesten indes, im zum sozialen Objekt geronnenen Slip oder Schlips, steckt die ganze Gesellschaft, die das Individuum determiniert" (Kaufmann 1994: 293). Indem die Partnerin damit beginnt, ein herumliegendes Kleidungsstück wegzuräumen, schafft sie "eine neue Gewohnheit, welche die Positionen der beiden Partner verschiebt und den Geschlechterkontrast reproduziert und verschärft" (Kaufmann 1994: 294). Es hat den Anschein, dass die Verschiedenheit der Verhaltensmuster und Vorstellungen der Beziehungspersonen denjenigen benachteiligt, der kompetenter und anspruchsvoller ist. Kaufmann fasst dies unter dem Begriff des "Verhaltenskapitals" zusammen und spricht davon, dass sich das Verhaltenskapital der Frauen in der Alltagspraxis der Zweierbeziehungen in ein Negativkapital verwandelt. In Haushaltsarbeiten haben die Partner die Position des Schülers inne und sie sind in aller Regel schlechte Schüler: Sie erweisen sich als wenig begabt, lernen nur sehr mühsam und vergessen das Gelernte sehr rasch wieder. Indem die Frauen ihr höheres Maß von Handlungskompetenz einbringen und ihre höheren Ansprüche im Alltag umsetzen, tappen sie in eine Falle. Eine Falle ist es nicht nur deshalb, da die Frauen trotz aller Gleichheitsideale weitgehend unverändert mehr Hausarbeit leisten, sondern sie besteht gerade darin, dass sie selbst damit ein System von Praktiken fortlaufend verstärken, das von ihnen auf der diskursiven Ebene unter Anleihe am Leitbild der Geschlechtergleichheit massiv kritisiert wird.

Auf deutliche Unterschiede zwischen dem Partnerschaftsideal und der Praxis der Arbeitsteilung sind auch Cornelia Koppetsch und Günter Burkart (1999) in ihrer Studie gestoßen. Als ein Beispiel daraus sei das Paar Brigitte und Heiko Lichtenberg vorgestellt. Für die Gestaltung ihrer Beziehung hat das Partnerschaftsideal eine hohe Zentralität. Die Berufstätigkeit der Frau, wie auch die Gleichverteilung der Haus- und Erziehungsarbeit ist für beide eine Selbstverständlichkeit. Nachdem Brigitte beim ersten Kind Erziehungsurlaub genommen hatte, verständigten sie sich darauf, dass beim zweiten Kind Heiko diese Aufgabe übernimmt. Nach Auskunft von Heiko übernimmt er das "ganze Programm der Hausarbeit". Tatsächlich ist es jedoch – wie Koppetsch und Burkart (1999) hervorheben – nur ein bestimmter und ziemlich kleiner Ausschnitt: Im Wesentlichen beschränkt sich die Tätigkeit auf die Betreuung der Kinder in der Abwesenheit seiner Frau. Bevor er aufsteht, hat seine Frau bereits das Frühstück gemacht und die Kinder für die Schule bzw. Kita vorbereitet. Am Abend und am Wochenende erledigt sie einen erheblichen Teil der Hausarbeiten. Auch ist sie es dann, die sich mit den Kindern befasst. Seit dem Rollentausch haben die beiden zudem eine Putzfrau eingestellt, die die gröbsten Putzarbeiten erledigt und gelegentlich Heikos Hemden bügelt.

Dieses Auseinanderfallen zwischen Diskursideal und Praxis ist nach Koppetsch und Burkart (1999) typisch für das individualistische Milieu, einem Milieu, in dem die Gleichheit der Geschlechter die stärkste Resonanz gefunden hat. Koppetsch und Burkart (1999) führen dies darauf zurück, dass die Idee der Gleichheit und die Haushaltspraxis auf unterschiedlichen Ebenen angesiedelt sind. "Während die Idee der Gleichheit einer (reflexiven) Diskurslogik gehorcht, beruht die Verrichtung alltäglicher Handlungen auf einer anderen, einer praktischen Logik. Diese alltäglichen Verrichtungen – und damit sind keineswegs nur die Haushaltstätigkeiten, sondern auch die Verrichtungen der Körperpflege, des Aufstehens und des Ankleidens sowie die ganz privaten Rituale des Beginnens und Beendens der Arbeit gemeint – bilden durch interne Verknüpfungen ein expandierendes System von Praktiken, die sich gegenseitig hervorrufen und stützen, und die, einmal ausgelöst eine ganze Kette weiterer Praktiken nach sich ziehen. Diese Eigendynamik ist ein Grund dafür, dass sich dieses System inkorporierter Praktiken kaum durch Diskurse beeinflussen lässt" (Koppetsch und Burkart 1999: 156). Die praktischen Vollzüge, gespeist aus unterschiedlichen Reinlichkeits- und Ordnungsvorstellungen oder auch aus dem Wunsch nach einer harmonischen Beziehung, besitzen gegenüber den Gleichheitsvorstellungen einen Vorrang.

Was sich im individualistischen Milieu findet, ist nicht einfach die Fortsetzung des traditionellen Rollenmodells, sondern durch die Verknüpfung mit dem Gleichheitsdiskurs durchaus etwas Neues. Die ungleiche Alltagspraxis geht Hand in Hand mit einer nachdrücklich aufrechterhaltenen Illusion der gerechten Aufteilung. Die häusliche Ungleichheit wird geleugnet durch plastische Entwürfe von Beziehungsmythen oder/und auch dadurch, dass sie als das Ergebnis einer freien gemeinsamen Entscheidung bzw. einer individuellen Neigung gemeinsam gedeutet wird. Hinter dem Schleier der Rhetorik der Gleichheit und über mehr oder minder explizite Aushandlungs- und Verständigungsprozesse hergestellt, breitet sich eine paarinterne Selbstverständlichkeit von Männlichkeit und Weiblichkeit aus.

2.2.2 Machtbalance in Zweierbeziehungen

Eng verknüpft mit der Arbeitsteilung im Haushalt ist die Frage nach der Machtverteilung in Zweierbeziehungen. Nun mag es für Nicht-Soziolog/innen auf den ersten Blick überraschend und befremdend sein, Macht mit Liebe in Verbindung zu bringen. Sicherlich trifft es auch zu, dass viele Paare ihre ungleiche Aufgabenverteilung nicht als ungleiche Machtverteilung ansehen. Sie können möglicherweise darauf verweisen, dass ihre Aufteilung freiwillig und auch durch Liebe gestützt sei. Für eine soziologische Analyse kann es aber nicht ausreichen, bei dieser Selbstdeutung stehen zu bleiben. Hier kann von Nutzen sein, was Norbert Elias (1978) der Soziologie ins Stammbuch geschrieben hat, dass nämlich jede Beziehung sich durch eine Machtbalance auszeichne. Das Fach hat sich diesem Thema auch schon früh gewidmet. Schon in den 1930er Jahren formulierte Waller (1930) das "Prinzip des geringsten Interesses", wonach die Person, die am wenigsten an der Aufrechterhaltung der Beziehung interessiert ist, die mächtigste sei. Noch viel stärker zur Etablierung des Themas haben Robert O. Blood und Donald M. Wolfe (1960) mit ihrem mittlerweile klassischen Werk "Husbands and Wives" beigetragen.

(1) Wie Macht in Ehen erforscht wird
Blood/Wolfe haben mit diesem Werk die empirische Erforschung von Macht in Ehen nachhaltig geprägt und mit der Ressourcentheorie zugleich eine Theorie zur Erklärung der innerehelichen Machtverhältnisse angeboten. Ehefrauen aus dem Raum Detroit wurden in dieser Studie acht Entscheidungsbereiche (Arbeit des Mannes, Autokauf, Versicherung, Hauskauf, Arbeit der Frau, Hausarzt, Urlaub und Einkauf) vorgegeben, und sie hatten anhand von Antwortvorgaben Auskunft zu geben, wer in diesen Bereichen entscheidet. Blood/Wolfe stellten einen hohen Grad gemeinsamer Entscheidungen fest, verbunden mit einem gewissen Machtvorsprung des Ehemannes. Zugleich ermittelten sie deutliche Korrelationen zwischen der Entscheidungsmacht des Mannes und seiner gesellschaftlichen Stellung, seinem Einkommen, seinem Berufsprestige und seiner Bildung. Verfügt die Ehefrau über ähnliche Statusmerkmale, verringert sich die Macht des Ehemannes. Diese Ergebnisse veranlassten Blood/Wolfe (1960) zu der Aussage, die der Kern der Ressourcentheorie ist: Je größer die externen Ressourcen, die eine Person im Vergleich zur anderen in einer Ehe besitzt, desto wahrscheinlicher verschiebt sich die Entscheidungsmacht zu ihren Gunsten (als Überblick zur Diskussion der Ressourcentheorie vgl. Held 1976; Stalb 2000).

Auch im deutschsprachigen Raum hat die Studie von Blood/Wolfe Replikationen veranlasst. An dieser Stelle sei lediglich die von Roland Eckert et al. (1989) herausgegriffen. Im Anschluss an Richard Centers et al. (1971) erweiterten sie die Entscheidungsbereiche auf vierzehn (zusätzlich: Gäste, Wohnungsgestaltung, Fernsehprogrammwahl, Speisezettel, Kleider des Mannes, Kleider der Frau). Die Ergebnisse von Eckert et al. (1989: 155) zeigen einen hohen Egalisierungsgrad in diesen Entscheidungsbereichen. In 8 der 14 Bereiche gab die Mehrzahl der Männer und Frauen an, dass sie gemeinsam entscheiden. Männliche Entscheidungsdomänen sind der eigene Beruf und die eigene Kleidung[52]; der eigene Beruf und die eigene Kleidung sind auch Entscheidungsdomänen der Ehefrau und zusätzlich der Speisezettel und der Lebensmitteleinkauf. Vor allem auf diese beiden Bereiche bezogen, fügen Eckert et al. (1989: 91) an, dass es sich dabei nicht um Vorrechte handelt, sondern eher um "belastende Zuständigkeiten", die sich aus der innerehelichen Arbeitsverteilung ergeben.

Die Autoren vermuten, dass dieses Instrument nicht die reale Machtbalance reproduziert, sondern in einem hohen Maße "gesellschaftliche Normvorstellungen". Eckert et al. (1989: 91) melden Zweifel an, ob die Entscheidungsstrukturen faktisch

---

52 Eckert et al. (1989: 90) nennen im Text auch noch die Fernsehprogrammwahl und den Autokauf als männliche Domänen. Dies stimmt aber nicht mit der dazugehörigen Tabelle auf Seite 154f überein. Aus dieser Tabelle geht hervor, dass über 60% der Ehefrauen und Ehemänner angeben, beim Autokauf gemeinsam zu entscheiden, und über die Hälfte der Ehefrauen und knapp die Hälfte der Ehemänner erklären, das Fernsehprogramm gemeinsam auszuwählen.

so egalitär sind, wie es aufgrund dieser Ergebnisse den Anschein hat. Diese berechtigte Kritik sollte sich aber nicht auf das Instrument beschränken, sondern sie hat auf der konzeptuellen Ebene anzusetzen. Eine zentrale Schwäche der Blood-Wolfe-Studie und damit auch der Ressourcentheorie ist die Beschränkung auf Ergebnisse der Entscheidungsfindung. Nun ist schon aus Gemeindestudien hinlänglich bekannt, dass Macht gerade darin bestehen kann, eine Entscheidung zu verhindern (vgl. Bachrach/Baratz 1977). Wenn jemand gegen die Anschaffung eines neuen Autos ist, dann ist er oder sie nicht nur erfolgreich, wenn die Entscheidung getroffen wird, kein Auto zu kaufen. Macht kann effektiver ausgeübt werden, wenn diese Frage überhaupt nicht auf die Tagesordnung kommt. Zu beachten ist auch, dass eine Entscheidung wenig darüber aussagt, wie diese zustande gekommen ist. Wenn die Ehefrau beim Kauf eines Anzuges findet, dass nur einer der zur Auswahl stehenden an ihrem Ehemann "wirklich chic" ist, und der Ehemann sich dann für diesen entscheidet, hat er zwar letztlich die Entscheidung getroffen, ohne aber im Vorfeld bestimmend gewesen zu sein. Oder eine Ehefrau mag zwar einen Speisezettel festlegen, aber wenn sie sich dabei primär an den Speisewünschen ihres Gatten orientiert, dann erscheint auch diese Entscheidungskompetenz in einem ganz anderen Licht. Schließlich ist bei Entscheidungen immer auch die Ausführung zu beachten. Eine Entscheidung muss nicht "gleichlautend" in die Tat umgesetzt werden. Vor allem dann, wenn diejenige Person eine Entscheidung auszuführen hat, die beim Entschluss – offen oder verdeckt – dagegen war, bestehen immer auch Chancen, diese zu modifizieren. So ist es z. B. bei der Buchung des Urlaubs möglich, diese so lange aufzuschieben, bis "garantiert" alle Plätze belegt sind, oder es ist auch möglich, Zuflucht in einer "Notlüge" ("alles voll") zu suchen, um das "ungeliebte" Urlaubsziel zu verhindern. Diese Beispiele scheinen geeignet zu veranschaulichen, dass die herkömmliche Machtforschung in der Familiensoziologie Macht nur in einem sehr begrenzten Ausschnitt erfasst. Es liegt ein statisches Bild von Macht zugrunde, es wird versäumt – worauf es gerade ankommen würde –, Macht von einer dynamischen Perspektive aus zu konzeptualisieren (vgl. Szinovacz 1987; Ernst 1996; Sprey 1999).

(2) Zur Dynamik von Macht
Für die Überwindung dieses statischen Bildes von Macht scheint es notwendig, die Analyse ehelicher Macht stärker an die allgemeine Machtdiskussion im Rahmen der Sozialwissenschaften anzubinden (vgl. Lukes 1974, Popitz 1992; Sofsky/Paris 1991). Eheliche Macht – oder allgemeiner: Macht in Zweierbeziehungen – hat nichts Einzigartiges an sich, als dass dies nicht möglich wäre. Schritte zu einer Überwindung eines statischen Bildes von Macht, auch in Verbindung mit einer stärkeren Rezeption der neueren Machtdiskussion, wurden in der amerikanischen Diskussion durchaus schon unternommen (vgl. Cromwell/Olson 1975; Scanzoni 1979; Huston 1983; Szinovacz 1987; Sprey 1999). In diesem Zusammenhang würde es zu weit führen, diese im Einzelnen vorzustellen. Stattdessen sollen zusammenfassend einige Überlegungen aufgegriffen werden, die geeignet erscheinen, als Grundlage für die Erforschung von Macht in Zweierbeziehungen zu dienen.

Ausgangspunkt muss eine Bestimmung des Machtkonzepts bilden: Aufbauend auf Max Webers klassischer Definition (1976: 28) kann Macht definiert werden als die Potenzialität, beabsichtigte Wirkungen auf das Handeln, Denken und Fühlen anderer auszuüben. Machtausübung ist nicht nur auf die Handlungsebene begrenzt, sondern reicht darüber hinaus, was hier mit Denken und Fühlen zum Ausdruck gebracht werden soll. Macht wird auch ausgeübt, indem man z. B. Vorstellungen von dem, was richtig oder was falsch ist, prägt bzw. es darauf anlegt, Schuldgefühle hervorzurufen. Macht kann eine Veränderung des Handelns, Denkens und Fühlens bewirken, aber sie kann auch gerade darin bestehen, eine Veränderung zu verhindern. Besonders wichtig ist nach John Scanzoni (1979: 301) der Ausdruck "beabsichtigt", da damit deutlich gemacht wird, dass Macht nicht von der Verfolgung von Interessen oder der Zielorientierung zu trennen ist. Auch ist Macht nicht etwas, was man besitzt, sie ist kein Persönlichkeitsmerkmal, sondern Macht ist immer auf eine Beziehung bezogen. Macht kann man immer nur in Relation zu anderen haben (vgl. auch Elias 1978; Ernst 1996). Da Beziehungen durch das Moment der Wechselseitigkeit gekennzeichnet sind, ist es – sieht man von Extremfällen ab – nicht so, dass in einer Beziehung ein Teil die Macht hat und der andere dieser ausgeliefert ist. Angemessener erscheint es, davon auszugehen, dass beide Teile zumindest über etwas Macht verfügen. Statt der Dichotomie Macht und Ohnmacht sind in den allermeisten Situationen lediglich Machtunterschiede auffindbar, die allerdings unterschiedlich stark ausgeprägt sein können. Auch kann die Machtbalance in verschiedenen Problembereichen und sogar bei verschiedenen Ereignissen im selben Bereich unterschiedlich ausfallen.

Für die weitere Konzeptualisierung kann auf die von David H. Olson und Ronald E. Cromwell (1975) eingeführte Unterteilung in *Machtgrundlagen, Machtprozesse und Machtresultate* zurückgegriffen werden (vgl. auch Brehm et al. 2002). Bislang hat sich die Familienforschung weitgehend auf *Machtresultate* konzentriert; aber auch diese kommen – wie gesehen – nur in einem sehr beschränkten Maße in das Blickfeld. Auch Nicht-Entscheidungen wie auch Einwirkungen auf das Denken und Fühlen sind als Machtresultate einzubeziehen. Zudem muss beachtet werden, dass Machtresultate von subjektiven Bewertungen geformt und überformt werden, die mit den vorhandenen Fairness-Vorstellungen, den äußeren Umständen und den vorhandenen Motivationen in Verbindung stehen. Subjektive Bewertungsvorgänge machen Redefinitionen des Ausgangs eines Machtprozesses und auch ein Auseinanderfallen der Wahrnehmung des Machtresultats durch Beteiligte möglich. Dadurch können die Nachwirkungen einer "Niederlage" oder auch eines "Sieges" gemildert werden. Diese Redefinitionsprozesse machen eine Machtforschung schwierig, da diese – zumindest im Falle der Selbstberichte der Beteiligten – auf Beschreibungen vergangener Ereignisse aufbauen, in denen Anfänge und auch der Verlauf im Licht eines neubewerteten Machtresultats rekapituliert werden. Überhaupt scheinen die Machtprozesse "das Licht zu scheuen", da sie am besten im Schutz einer verhüllenden Fassade (z. B. aus "Sorge" für die andere Seite oder aus einer Sachnotwendigkeit heraus) gedeihen. Der Ausgang eines Machtprozesses ist offen. Häufig wird es einem Handelnden nicht gelingen, im vollen Umfang zu bewirken, was er oder sie beabsichtigte. In "weiser Voraussicht" werden deshalb manchmal die Ansprüche zu Beginn überhöht, um ein

Verhandlungspotenzial zu haben. Machtausübung heißt nicht, sich voll und ganz durchsetzen zu können, sondern lediglich, einen beabsichtigten Einfluss auf die andere Person auszuüben, in welchem Umfang auch immer. Es ist aber auch möglich, dass derjenige, der etwas fordert, verliert, die beabsichtigte Beeinflussung nicht zustande kommt oder abgewehrt wird. In einigen Fällen steht am Ende ein Kompromiss, der mehr oder minder Ansprüche beider Seiten verbindet. Ob damit auch die Machtansprüche der initiativen Seite aufgegeben werden, steht auf einem anderen Blatt. Manche Kompromisse werden nur geschlossen, da es nicht möglich war, sich durchzusetzen, ohne auf die Ansprüche an sich zu verzichten. Ob ein Kompromiss eine Kristallisation von Macht ist oder ob es im Kompromiss der Gegenseite gelungen ist, den Machtanspruch abzuwehren, ist nicht verbindlich, sondern nur von Fall zu Fall beantwortbar.

Macht in Zweierbeziehungen – wie auch in anderen Kontexten – kann auf unterschiedlichen Grundlagen beruhen. Eine weiterhin brauchbare Klassifikation stammt von Bertram H. Raven et al. (1975), die dabei sechs *Machtgrundlagen* unterscheiden (zur Weiterentwicklung: vgl. Raven 1993):

- *Zwangsmacht ("coercive power")* beruht auf der Überzeugung, dass bei Nichtbefolgung mit Bestrafung zu rechnen ist.
- *Belohnungsmacht ("rewarding power")* gründet auf der Fähigkeit, Belohnungen bieten zu können.
- *Expertenmacht ("expert power")* basiert auf der Wahrnehmung, dass der andere auf einem bestimmten Gebiet ein überlegenes Wissen besitzt.
- *Legitime Macht ("legitimate power")* stützt sich auf normativ zugeschriebene Rechte, Einfluss auszuüben, und die damit verbundene Verpflichtung, diese Beeinflussung zu akzeptieren.
- *Referenzmacht ("referent power")* folgt aus der Identifikation mit der anderen Person und dem Verlangen nach einer Identifikation.
- *Informationsmacht ("informational power")* meint die Fähigkeit des Individuums, Erklärungen oder andere Überzeugungsformen zu gebrauchen, um den anderen zu beeinflussen.

Im Weiteren soll weder der Frage nachgegangen werden, ob diese Auflistung unterschiedlicher Machtgrundlagen erschöpfend ist, noch soll diese Klassifikation im Einzelnen diskutiert werden. Es soll damit nur plausibel gemacht werden, dass Macht auf unterschiedlichen Grundlagen beruhen kann. Das Einbeziehen der jeweiligen Machtgrundlagen scheint in mehrfacher Hinsicht geeignet, zu einem besseren Verständnis der Machtdynamik beizutragen. Zuallererst wird dadurch deutlich gemacht, dass Macht keineswegs nur in einer Anwendung und Androhung von physischer Gewalt besteht[53]. Auch ist physische Gewalt nur eine und auch nicht die einzige

---

53 Völlig uneinsichtig ist, warum im "Handbuch der Familienforschung und Jugendforschung" Manfred Markefka und Ilse Billen-Klingbeil (1989) in ihrem Beitrag "Machtverhältnisse in der Ehe und ihre Folgen" nach einigen einleitenden Sätzen ausschließlich Gewalt gegen Kinder und Ehefrauen behandeln. Sicherlich hat vor allem die deutschsprachige Familienforschung in der Thematisierung von Gewalt große Defizite aufzuweisen und das Thema ist unbestritten wichtig in einem Handbuch

Ausprägung von Zwangsmacht. Das Spektrum von Macht ist viel breiter und erschöpft sich auch nicht in einem negativ behafteten Bild von Macht. Macht hat verschiedene Seiten und ist keineswegs unlösbar mit Unterdrückung assoziiert. Manchmal ermöglicht die Machtausübung erst eine Entscheidung, kürzt den Aushandlungsprozess ab oder trägt dazu bei, dass die "bessere" der wählbaren Alternativen ergriffen wird.

Machtausübung kann sich in einer Situation auf unterschiedliche Grundlagen stützen und es ist auch denkbar, dass die Beteiligten in einem Machtprozess versuchen, unterschiedliche Machtgrundlagen in Anspruch zu nehmen. Diese Machtgrundlagen weisen eine Reihe von Unterschieden auf: Für eine Person mit Expertenwissen auf dem betreffenden Gebiet mag voll und ganz die Formulierung ihrer Position ausreichen, um sich durchzusetzen. Individuen dagegen, die ihre Macht auf Zwang oder Belohnung zu gründen versuchen, werden nicht immer mit Drohungen und Versprechungen auskommen, sondern werden diese – ab und zu – auch einlösen müssen. Referenzmacht schafft die umfassendste Machtgrundlage. Im Unterschied zur Experten-, Informations- und auch legitimen Macht ist diese nicht auf vorgegebene Bereiche beschränkt, sondern sie ist an die Person gebunden. Auch das Ausmaß der Einwirkung ist unterschiedlich: Informationsmacht zielt auf die Vorstellungswelt des anderen, will überzeugen und ist insofern nicht an Überwachung gebunden, was dagegen bei Zwangs- und Belohnungsmacht vielfach der Fall sein dürfte. Machtgrundlagen können auch ihre Wirkungskraft verlieren: Wer bestimmte Überredungskünste häufiger verwendet, riskiert, dass ihre Wirkung verpufft, eine Expertenschaft kann verloren gehen oder in Frage gestellt werden, und der Belohnungscharakter mancher Zuwendungen kann sich allmählich abnutzen. Dies bringt es mit sich, dass Machtgrundlagen immer wieder neu begründet, abgesichert und legitimiert werden müssen, um nicht zu einem hohlen Gebilde zu werden. Schließlich ist zu fragen, ob es unter diesen Machtgrundlagen "typisch weibliche" und "typisch männliche" oder, anders formuliert, ob es geschlechtstypische Machtstile gibt? Vermuten könnte man, dass Frauen aufgrund der ihnen häufig zugeschriebenen besseren expressiven Fähigkeiten eher auf Informationsmacht zurückgreifen, Männer dagegen auf Zwangs- oder Expertenmacht. Die vorliegenden Studien bestätigen dies jedoch nicht. Frauen und Männer scheinen sich in den direkten Formen des Aushandelns nicht zu unterscheiden. Allerdings berichten Männer mehr über indirekte Formen der Einflussnahme wie Manipulation und Betteln.

Machtprozesse wurden in der Machtforschung bislang am stärksten vernachlässigt (vgl. Scanzoni 1979). Auch wenn es sicherlich wichtig ist zu wissen, wer gewinnt, wer sich durchsetzt, gibt das noch wenig Aufschluss über den Machtprozess per se. Wie gelingt es einer Person, sich mit der eigenen Absicht durchzusetzen, Machtgrundlagen zu aktivieren, um das Handeln, Denken und Fühlen einer anderen Person zu beeinflussen? Die Beantwortung dieser Frage verweist auf die Interaktionen der Beziehungspersonen, auf Austausch- und Aushandlungsprozesse, die in den

---

und auch – wie ich noch zeigen werde – für eine Soziologie der Zweierbeziehung, aber nicht unter dem Thema der Macht.

Interaktionen eingebettet sind. Eine Machtforschung muss dabei auch stärker die Interessenschwerpunkte der Beziehungspartner berücksichtigen. Dass Bereiche, die jenseits der eigenen Interessen liegen, dem anderen überlassen werden, ist in einem hohen Maße wahrscheinlich. In einer Ehe mit traditioneller Aufgabenverteilung ist die Entscheidungskompetenz der Ehefrau in Haushaltsfragen mit einem weitreichenden Desinteresse des Mannes an diesen Fragen gekoppelt, was für ihn nicht zuletzt auch eine Form der Arbeitsentlastung ist. Für eine Machtforschung scheint es vordringlich zu sein, sich überschneidende Interessenbereiche zu identifizieren und die damit verbundenen Machtprozesse in ihren Abläufen zu untersuchen (vgl. auch Scanzoni 1979).

Auch wenn eine/r der Beteiligten in einer Situation über Vorteile in den Machtgrundlagen verfügt, müssen diese immer erst zur Geltung gebracht werden. Er oder sie muss geeignete Strategien anwenden, um das vorhandene Potenzial auszuschöpfen. Der Gebrauch von besonders effektiven Strategien kann dabei durchaus eine ungleiche Verteilung der Machtgrundlagen unter den Beteiligten ausgleichen. Cornelia Koppetsch und Günter Burkart (1999) machen anschaulich darauf aufmerksam, dass der vorgegebene männliche Machtvorsprung durch subtile Machttechniken unterlaufen werden kann: "Unsere Gesprächspartnerinnen aus dem traditionellen Milieu verfügen in der Regel über zahlreiche Strategien, auch gegen den Willen des Mannes eigene Interessen zu verfolgen. (... Dies zeigt sich bei den) innerhalb dieses Milieus so zentralen 'Geldkonflikten'. Elke Kunze (...) nutzt jede Gelegenheit, ihren Mann über den wahren Umfang ihrer Ausgaben zu täuschen. Sie führt heimlich Ferngespräche mit ihrer Schwester und täuscht Sonderangebote vor, um größere Ausgaben gegenüber dem Mann zu rechtfertigen" (Koppetsch/Burkart 1999: 81f).

Die faktische Machtbalance ist also nicht einmal festgeschrieben, sondern bildet sich als interaktiv-emergentes Phänomen im Machtprozess heraus (vgl. Szinovacz 1987). Notwendig ist es auch, die Kosten der Machtausübung in die Analyse einzubeziehen. Für diejenige Person, die Macht auszuüben versucht, sind die Kosten, die sich unmittelbar durch den Beeinflussungsversuch ergeben (z. B. Kosten der versprochenen Belohnung) oder solche, die entstehen, wenn das Unternehmen scheitert. Auch für die Gegenseite entstehen Kosten, nämlich die des Sich-Widersetzens, sei es die Zeit und Energie, die man dafür aufzuwenden hat, oder auch die spannungsgeladene Atmosphäre, die dadurch entsteht. Ebenso kann das Nachgeben Kosten herbeiführen, da attraktive Alternativen aufgegeben oder verschoben werden müssen. Selbst das Gefühl, verloren zu haben, unterlegen zu sein, kann maßgeblich die Kosten des Nachgebens erhöhen. Je nachdem, wie diese "Verlustrechnungen" subjektiv bewertet werden, wird sich die Beharrung auf der eigenen Position unterschiedlich darstellen. Eine Aufgabe der Machtstrategien ist es, diese Kostenkalkulationen zu beeinflussen. Derjenige, der Macht auszuüben versucht, wird also oftmals bemüht sein, die Kosten des Nachgebens als klein und/oder die Kosten des Widerstands als groß erscheinen zu lassen.

Ein aktueller Machtprozess in Zweierbeziehungen baut immer schon auf ein breites Fundament vorangegangener Erfahrungen auf, z. B. wer sich in der Vergangenheit in ähnlichen Situationen durchgesetzt hat, wer insgesamt der mächtigere Teil ist, wie es jemand meist schafft, sich durchzusetzen, wie der andere in solchen Situationen meist reagiert, welche alten Verletzungen noch virulent sind usw. Die Geschichte der Machtprozesse in einer Zweierbeziehung konstituiert den Kontext, in dem der aktuelle Machtprozess eingebettet ist und durch den dieser in einem wesentlichen Ausmaß an Gestalt gewinnt. Ablauf und Ausgang der Machtprozesse sind immer auf diese Vorgeschichte zu beziehen und vielfach erst dadurch verständlich. Machtprozesse in Zweierbeziehungen weisen aber nicht nur einen Vergangenheitsbezug auf, sondern stehen auch mit der Zukunft in Verbindung: Eine wichtige Grenze in einem jeden Machtprozess besteht auch darin, dass es nicht nur darum geht, sich aktuell durchzusetzen, sondern dass die möglicherweise daraus erwachsenden Auswirkungen auf die Fortdauer und Qualität der Beziehung in Betracht zu ziehen sind. Gerade unter Bedingungen einer hohen Instabilität von Zweierbeziehungen und hoher Ansprüche an ein Miteinander in Zweierbeziehungen werden diese mitgedachten Implikationen für die Beziehungszukunft immer wichtiger. Dadurch werden aber die ohne Schaden verwendbaren Machtstrategien und auch die Inanspruchnahme von Machtgrundlagen nachhaltig begrenzt. Die Existenz dieser Grenzen ist an den Glauben an die Zukunft der Beziehung gebunden; ist dieser zerstört oder erleidet die Beziehung einen tiefen Bedeutungseinbruch, dann kann Macht ungleich "ungeschminkter" auftreten.

(3) Vorgegebene Machtvorteile

So wichtig es ist, die Dynamik der Macht zu erfassen, darf dies jedoch nicht dazu führen, die strukturellen Rahmenbedingungen der Macht in Zweierbeziehungen zu negieren. Macht steht immer auch in Verbindung mit der Statusposition einer Person und ihren zugänglichen Alternativen. Steht für Frauen als einzig gesellschaftlich anerkannte Position nur die der Ehefrau offen, wie es für bürgerliche Frauen bis in das frühe 20. Jahrhundert der Fall war, besitzt ihr Ehemann aufgrund dieser Rahmenbedingungen einen deutlichen "Machtvorteil". Durch das starke Eindringen von Frauen in die Berufswelt haben sich seither hier massive Veränderungen ereignet. Frauen haben an Alternativen und Möglichkeiten hinzugewonnen, um diesen Machtvorsprung auszugleichen. Weiterhin weist aber eine nichterwerbstätige Frau ein strukturelles Handikap gegenüber ihrem im Erwerbsleben stehenden Ehemann auf, da die beiden Bereiche nicht nur unterschiedlich gesellschaftlich bewertet werden, sondern damit auch eine finanzielle Abhängigkeit sowie die fehlende Möglichkeit des Erwerbs von Berufsprestige einhergeht. Dies gezeigt zu haben, ist – trotz aller Kritik – ein bleibendes Verdienst der Ressourcentheorie. Die Ressourcenausstattung ist als Rahmenbedingung in die Analyse einzubeziehen, allerdings werden damit – entgegen ihrer Annahme – noch keineswegs die Machtverhältnisse festgeschrieben. Auch wenn eine Hausfrau in einer strukturell schwächeren Position ist, folgt daraus noch nicht eine faktische Machtunterlegenheit, sondern diese umschreibt lediglich eine Ausgangsposition, die in die Aushandlungsprozesse der Zweierbeziehung eingeht und dadurch vielfältig variierbar wird. Auch ein geringeres Interesse an der Beziehung stellt einen Machtvorteil dar (vgl. Waller 1970), der zusätzlich zugunsten

der Seite mit der besseren Ressourcenausstattung bestehen, aber auch ein Gegengewicht bilden kann.

Schließlich steht Macht in Zweierbeziehungen – wie auch anderswo – immer
auch mit kulturellen Mustern in Verbindung[54]. Kulturelle Muster definieren Interes-
sensphären der Geschlechter, entwerfen ihre verfügbaren und legitim wählbaren
Durchsetzungsstrategien und regeln, was Männer und Frauen in Zweierbeziehungen
voneinander erwarten dürfen und verlangen können (vgl. Burkart 1997; Kopp-
etsch/Burkart 1999). Ungleichheit in den kulturellen Vorgaben für Männer und Frau-
en hat eine lange Tradition, welche auch noch über weite Strecken des 20. Jahrhunderts Bestand hatte, wie Bram van Stolk und Cas Wouters (orig. 1983; dt. 1987) anhand der Analyse holländischer Eheratgeber zeigen. In den Eheratgebern von 1930
bis Mitte der 1960er Jahre dominiert noch ganz eindeutig ein "Figurationsideal harmonischer Ungleichheit"[55]. Nach diesem Beziehungsideal sind Frauen ihren Männern
untergeordnet. Diese Unterordnung wird aber zugleich "aufgefangen", "einerseits
durch gesellschaftlich anerkannte Erwartungen, die ihre Männer zu erfüllen haben,
und andererseits durch die Möglichkeit für jene Frauen, ein bestimmtes Ich-Ideal zu
verwirklichen, ein Bild ihrer selbst als ideale Ehefrau" (Wouters 1986: 512f). In diesem Beziehungsideal stehen sich männliche Schutzleistungen gegen Gewalt, Armut
und Statusverlust und weibliche Dienstleistungen der physischen, psychischen und
sexuellen Versorgungen als interdependente Größen gegenüber, wobei sich die
männliche Dominanz aus dem Angewiesensein der Frauen auf die von Männern
monopolisierten Schutzleistungen ergibt. Wenngleich dieses Beziehungsideal in der
Gegenwart stark an Geltungskraft verloren hat, ist es keineswegs völlig verschwunden (vgl. Gräßel 2003). In ihrer empirischen Studie zu einem holländischen Zu-
fluchtshaus zeigen van Stolk/Wouters, dass dieses Figurationsideal von vielen der
dort interviewten Frauen weiterhin vertreten wird. Dies bestätigt auch die Milieustu-
die von Koppetsch/Burkart (1999: 18), die im traditionellen Milieu (ländliche Arbei-
terschicht) die Fortdauer "patriarchalischer Leitvorstellungen" konstatierten, "die
eine explizit hierarchische Beziehung zwischen den Geschlechtern vorsehen".

In den modernen Ehe- bzw. Beziehungsratgebern wurde dieses alte Ideal durch –
wie Wouters (1986) aufzeigt – eine starke Betonung der Unabhängigkeit und Selbst-
ständigkeit der Frau abgelöst, die zu einer deutlichen Egalisierung im Verhältnis der
Geschlechter beiträgt. Der Anspruch einer prinzipiellen Gleichheit der Geschlechter,
der Männern wie Frauen die gleichen Rechte und Pflichten zuerkennt und im kulturellen Ideal der Partnerschaft zum Ausdruck kommt, – oder wie es Anthony Giddens
(1993) nennt: die "Demokratisierung des persönlichen Lebens" – stellt unverkennbar
das neue Leitbild für den Umgang der Geschlechter dar (vgl. auch Buchmann/Eisner
1997; 2001). Dass die Umsetzung große milieuspezifische Unterschiede aufweist,

---

54 Hier bestehen gewisse Parallelen zu dem, was Steven Lukes (1974) mit dem "third face of power"
   bezeichnet hat. Einen anderen Versuch, diese dritte Dimension von Macht zu erfassen, unternimmt
   Aafke Komter (1989), indem sie diese unsichtbar bleibende Macht über die Geschlechterdifferenzen
   in der gegenseitigen und eigenen Wertschätzung, in der Wahrnehmung und Legitimation des Alltags
   zu erfassen versucht.

55 Was die beiden Autoren aus den holländischen Eheratgebern berichten, könnte man ohne Schwierigkeiten auch in den deutschsprachigen Ratgebern aus jener Zeit wiederfinden.

dass zwischen dem Anspruch und der Wirklichkeit noch vielfach eine Lücke klafft, sollte nicht den Blick auf den massiven kulturellen Umbruch verstellen, der damit einhergeht. Für die Machtthematik erscheint es wichtig, abschließend zu betonen, dass das Eindringen dieses Ideals in den Beziehungsalltag nicht gleichbedeutend mit einem Verschwinden von Macht ist. Nicht Macht verschwindet, sondern lediglich vorgegebene Machtvorteile (vgl. auch Schwartz 1996). Die Folge ist eine Flexibilisierung, insofern als damit geschlechtsgebundene Voreinstellungen entfallen und Machtprozesse sich dann zwischen "gleichwertigen" Personen abspielen und sich als "Paar-Leistung" routinemäßig in gewisser Weise einspielen werden.

2.3   Fortdauer der Bestandsphase

Zum Abschluss der Betrachtung der Bestandsphase soll die Frage aufgegriffen werden, wie sich stabile Zweierbeziehungen längerfristig *fortentwickeln* (vgl. als Überblick: Dindia 2000; Canary/ Dainton 2006; Burkart 2008). Bleiben z. B. die Aufteilung häuslicher Arbeit (nach der Familiengründung) oder die Machtbalance auf Dauer konstant oder sind Änderungen möglich oder gar häufig? Wie entwickelt sich die gemeinsame Sexualität über lange Zeitperioden? Es ist davon auszugehen, dass sich die Wendepunkte in der Bestandsphase nicht auf die genannten zentralen Ereignisse beschränken, sondern dass eine Reihe weiterer vorkommen (können). Bei Paarbeziehungen mit Kindern ist anzunehmen, dass wichtige Veränderungsschübe mit biografischen Einschnitten bei den Kindern einhergehen. Weitere mögliche Wendepunkte können sich aus der Verbindung mit der Arbeitswelt ergeben: Arbeitslosigkeit, der berufliche Wiedereinstieg nach einer Familienpause, ein Berufswechsel, eventuell gekoppelt mit einem gemeinsamen Wohnortswechsel bzw. wochentags getrennten Haushalten oder die Pensionierung haben nahezu unvermeidlich Rückwirkungen auf den Beziehungsalltag. Ein Transformationsschub kann auch durch eine der beiden Personen ausgelöst werden. Dies kann z. B. durch die Rezeption neuer Wertideen geschehen. Paartherapeut/innen berichten, dass vielfach Veränderungen dadurch angestoßen werden, dass die Partnerin beginnt, verstärkt "Frauenliteratur" zu lesen oder an Frauenseminaren und -workshops teilzunehmen und mit dem neuen Wissen die Beziehung in neuem Licht sieht. Aber auch unvorhersehbare Ereignisse wie schwere Krankheiten oder Unfälle haben das Potenzial, eine Zweierbeziehung nachhaltig zu verändern. Mit zunehmendem Lebensalter wird die Gesundheit zu einer hochbedeutsamen Variablen für die Alltagsorganisation (vgl. Brubaker 1990; Bedfort/Blieszner 1997). Schließlich gibt es auch Wendepunkte, die unmittelbar mit der Beziehung zu tun haben. Krisen, auf die ich im nächsten Kapitel ausführlicher eingehen werde, können nicht nur eine Unterbrechung im Beziehungsverlauf sein, sondern sie können die Beziehung dauerhaft verändern. Eine Krise, auch wenn aktuell überwunden, kann eine irreparable Verschlechterung hervorrufen. Hatte eine der beiden Seiten eine längere Affäre, was anschließend herauskam, dann kann dies, auch wenn die Zeit der Vorwürfe und Auseinandersetzungen vorbei ist, die Vertrauensbasis auf Dauer beschädigen. Eine produktive Bewältigung von Krisen macht es aber auch möglich, dass es zu wesentlichen Verbesserungen kommt. Neben Krisen können auch gemeinsame Erlebnisse eine Transformation der Beziehung herbeiführen. Z. B. kann eine lange Urlaubsreise, in der man viel Zeit für gemeinsame Aktivitäten und gemeinsame Gespräche hat, nicht nur eine schöne Zeit sein, die man genießt, sondern sie kann auch nach der Rückkehr den Beziehungsalltag massiv umgestalten.

Aussagen über den Fortgang von Zweierbeziehungen lassen sich aus dem Forschungskontext der *Ehequalität und ehelichen Zufriedenheit* gewinnen[56], der in der amerikanischen Diskussion bereits seit Längerem einen breiten Raum in den "family studies" einnimmt (als Überblick vgl. Sternberg/Hojjat 1997; Cramer 1998), im deutschsprachigen Raum allerdings nur schwach rezipiert wurde (vgl. Heil 1991; Hahlweg 1991; Engl 1997). Zentrale Hypothese ist – und diese hat auch maßgeblichen Anteil an den starken Forschungsaktivitäten –, dass die Ehequalität die Hauptdeterminante für ihre Stabilität ist. Es ist hier nicht der Platz, auf die zahllosen empirischen Befunde einzugehen, mit welchen Variablen die Ehequalität in Verbindung steht. In diesem Zusammenhang interessieren nur solche Studien, die Aussagen darüber treffen, wie sich die Ehequalität über die Beziehungsdauer verändert. Es liegt eine Reihe von Arbeiten vor, die die Ehezufriedenheit über die Phasen der Familienentwicklung untersuchen. Für die Gesamtdauer existieren zwar keine Longitudinalstudien, in denen dieselben Paare über die Phasen ihrer Familienentwicklung verfolgt werden, jedoch "cross-sectional"-Studien, die sich auf den Vergleich von Paaren in verschiedenen Phasen stützen. Die Ergebnisse zeigen einen kurvilinearen Verlauf, wonach die durchschnittliche Ehezufriedenheit in den vor- und nachfamilialen Phasen größer ist als in den Familienphasen (als Überblick vgl. Cramer 1998)

Dass die Ehezufriedenheit zu Beginn hoch ist, entspricht den Erwartungen, ungleich überraschender dagegen ist ihr Wiederanstieg, nachdem die Kinder ihre Herkunftsfamilie verlassen haben (vgl. auch Treas/Bengtson 1987; Brubaker 1990). Für das hohe Niveau der Zufriedenheit in der – wie es bei Olson/McCubbin et al. heißt – "leeren Nest"-Phase und Renten-Phase lassen sich zumindest zwei mögliche Erklärungen formulieren: Zum einen ist zu berücksichtigen, dass sich in diesen späten Phasen der Familienentwicklung viele Zweierbeziehungen mit einer niedrigen Ehezufriedenheit getrennt haben, die zunächst die durchschnittliche Ehezufriedenheit nach unten drückten. Dieser Erklärungsversuch zeigt, wie wichtig hier Longitudinalstudien wären, in denen die Ehezufriedenheit derselben Paare über die verschiedenen Phasen erhoben wird. Zum anderen kann auch vermutet werden, dass dieser Anstieg in den nachelterlichen Phasen das Ergebnis einer Lockerung der Geschlechtsrollen der Eltern ist. Zumindest bei einer traditionellen Aufgabenverteilung (die Ehefrau als Hausfrau, der Ehemann als Ernährer) wird die Frau in diesen Phasen freier, eine Berufsarbeit oder andere außerhäusliche Arbeiten zu übernehmen, und der Mann wird von finanzieller Verantwortlichkeit entlastet. Dass in den Familienphasen – hier ge-

---

56 Neben "marital quality" und "marital satisfaction" werden in der amerikanischen Diskussion auch die Begriffe "marital adjustment", "marital happiness" oder auch "marital integration" verwendet. Gemeinsamer Kern dieser Konzepte ist, dass sie auf die subjektive Bewertung ihrer Zweierbeziehung durch die Ehegatten und Ehegattinnen abzielen (vgl. auch Lewis/Spanier 1979: 269).

samthaft betrachtet und den vor- und nachfamilialen Phasen gegenübergestellt – die
Ehequalität am niedrigsten ist, wird mit den Belastungen, die mit der Familiengründung einhergehen, sowie mit der starken Ausrichtung auf das Kind oder auf die Kinder in Verbindung gebracht.

Auch wenn die Ergebnisse nicht immer eindeutig sind, scheinen diese dennoch
darauf hinzudeuten, dass Frauen mit ihrer Ehe weniger zufrieden sind als ihre Ehemänner (vgl. Bernard 1972; Burgess 1981; Rhyne 1981). Als Gründe für die geringere Ehezufriedenheit von Frauen wird angeführt, dass die Ehe ihr Leben stärker verändert, von ihnen häufiger Aufgaben verlangt, die sie eigentlich ablehnen und eine
Ehe für Frauen einen Verlust der Kontrolle über ihr eigenes Leben bedeutet. Dass
eine Berufstätigkeit der Ehefrau zu einer Zunahme der ehelichen Zufriedenheit führt,
lässt sich in dieser Schlichtheit, wie es Burgess (1981) und daran anschließend auch
Argyle/Henderson (1986: 180) behaupten, nicht bestätigen. Studien, die Zusammenhänge finden, stehen andere gegenüber, die keine Zusammenhänge zwischen Berufstätigkeit der Ehefrau und der ehelichen Zufriedenheit finden konnten (vgl. Schönauer
1983). Es hat den Anschein, dass die Berufsarbeit die eheliche Zufriedenheit der
Ehefrau nur dann fördern kann, wenn die Berufstätigkeit freiwillig erfolgt, keine
Schuldgefühle wegen einer vermeintlichen Vernachlässigung der Kinder und mit
einer positiven Einstellung des Ehemannes verknüpft sind (vgl. Lewis/Spanier 1979;
Schönauer 1983).

Ergebnisse einer Longitudinalstudie von Ehen in mittleren Jahren berichtet Arlene Skolnick (1981), die auf einer umfangreichen Materialbasis aufbaut. Über den
Zeitraum einer Dekade berichten die Ehefrauen und Ehemänner keine signifikanten
Veränderungen ihrer Ehezufriedenheit, weder einen Rückgang noch eine Verbesserung. Diese Konstanz dürfte damit zusammenhängen, dass die Befragten die nachfa-
miliale Phase noch nicht erreicht hatten. Hinter diesen Durchschnittswerten verbergen sich jedoch fast bei der Hälfte der Befragten (38 von 82) markante Veränderungen. Für 16 Frauen und acht Männer hat sich die Ehezufriedenheit in diesem Zeitraum verbessert, für sechs Frauen und acht Männer verschlechtert. "Perhaps the most
striking impression from the case histories is the great potential for change in intimate relationships" (Skolnick 1981: 296). Dieses Ergebnis nährt auch die Vermutung, dass es für Zweierbeziehungen keineswegs nur ein Verlaufsmuster gibt, wie es
der kurvilineare Zusammenhang von Ehezufriedenheit und Familienphase suggeriert,
sondern mehrere, unterschiedliche Verlaufsformen, die in ihrer Vielfalt und in Verbindung mit ihren jeweiligen Rahmenbedingungen zu erforschen wären.

Die Studie zeigt auch, dass die hochzufriedenen Ehen keineswegs problemfrei
sind. Viele der unzufriedenen Ehen haben keineswegs mehr Probleme als die zufrie-
denen, aber es fehlt das emotionale Band, das einen Ausgleich schafft. "The differ-
ence between the two kinds of marriages emerges when the general nature of the
marital relationship is discussed – for satisfied spouses, the problems are minor an-
noyances overshadowed by the enjoyment of emotional attachment and communication, in many of unsatisfactory marriages, these compensating pleasures are lacking"
(Skolnick 1981: 292). Daneben fanden sich unzufriedene Paare, die nicht nur mehr
Konflikte aufwiesen, sondern durch eine Mixtur positiver und negativer Gefühle

aneinandergebunden schienen – durch eine Art negative Bindung. Man gewann den Eindruck, als ob "the person is attached to the spouse not in spite of the problems and conflicts, but because of them" (Skolnick 1981: 292).

Diese Studie macht auch offenkundig, dass es die eheliche Qualität alleine nicht sein kann, die die Stabilität von Zweierbeziehungen sichert (vgl. auch Lewis/Spanier 1979). Trotz einer hohen Akzeptanz von Beziehungsauflösungen bestehen auch weiterhin unglückliche Beziehungen fort. Umgekehrt kann auch nicht unterstellt werden, dass sich nur "hoffungslose Fälle" trennen. Es ist nicht ausgeschlossen, dass sich auch einige Paare trennen, die trotz akuten Auftretens massiver Probleme das Potenzial für eine positive Bewältigung hätten. Die Zufriedenheit reicht als Erklärung für den Bestand oder die Auflösung offensichtlich nicht aus, ganz abgesehen davon, dass es durchaus fraglich erscheint, ob sie mit Hilfe standardisierter Instrumente hinreichend erfassbar ist. Ehezufriedenheit ist keine "objektive Größe", sondern ist untrennbar mit den Erwartungen verbunden, die an die Beziehung, an die andere und eigene Person gestellt werden. Sie stellt eine Bilanz der erfüllten und unerfüllten Erwartungen dar, wobei sie viel stärker als herkömmlich angenommen von situativen Bedingungen abhängig sein dürfte. Die Ehezufriedenheit ist kein "diagnostisches Instrument", sondern eine Momentaufnahme, bei der eine Zweierbeziehung auf der Waage aktueller Erwartung gewogen wird und die durch wechselnde Umstände verhältnismäßig leicht veränderbar ist.

Wenn die Zufriedenheit als "Kausalfaktor" für Stabilität eher überschätzt wird, drängt sich die Frage nur umso mehr auf, was Zweierbeziehungen zusammenhält (vgl. Trost 1985; Willi 1991). Im Weiteren sollen drei unterschiedliche Herangehensweisen, die sich auch im Forschungsumfang erheblich unterscheiden, vorgestellt werden:

(1) Für John Gottman (1994), der sich in umfangreichen Forschungsstudien mit der Ehestabilität befasst hat, kommt der Kommunikation eine entscheidende Bedeutung zu (vgl. auch Lösel/Bender 2003; Schneewind/Wunderer 2003). Für Gottman lassen sich Kommunikationsmuster von Paaren identifizieren, die sich prospektiv als Risikofaktoren für die Beziehungsqualität und die Aufrechterhaltung einer Zweierbeziehung erweisen. Entscheidend sei, dass positive Kommunikationsereignisse in der Paarinteraktion deutlich häufiger vorkommen als negative. Zu den negativen Kommunikationsereignissen – Gottman (1994) bzw. Gottman et al. (1998) sprechen von "apokalyptischen Reitern" – zählen: (1) Kritik, (2) Verachtung und Herabwürdigung, (3) Abwehr und Verteidigung, (4) Mauern und Blockieren sowie (5) provokative Machtdemonstrationen. Gottman vertritt die These, dass der Quotient aus positiven zu negativen Kommunikationsereignissen 5:1 oder höher sein muss, um stabilisierend zu wirken. Negative Formen können also durchaus vorkommen, wichtig ist nur, dass sie deutlich von positiven Kommunikationsereignissen übertroffen werden. Auf einen negativen Vorfall müssen – so Gottman – im Schnitt fünf oder mehr positiv erlebte Ereignisse folgen bzw. vorausgehen. Positive Verhaltensweisen sind z. B. offene Kommunikation, Zuhören, positive Beziehungserfahrung im Alltag, positiver Gefühlsausdruck, gemeinsame Aktivitäten, soziale Unterstützung oder gemeinsames Lachen.

Nach Gottman (1994) stehen die Kommunikationsmuster in einem engen Zusammenhang mit physiologischen Reaktionen und mit der Wahrnehmung. Auf physiologischer Ebene werden negative Kommunikationsmuster mit fortdauernden Erregungsprozessen begleitet, was auch eine Emotionskontrolle immer schwerer macht. Bei einem deutlichen Positivitätsüberschuss wird die Beziehung von beiden Personen als zufrieden stellend wahrgenommen. Im anderen Falle richtet sich die Wahrnehmung der Paare verstärkt auf negative Reize. Unglückliche Paare übertreiben negative Aspekte ihres Paarverhaltens und unterschätzen die positiven Inhalte. Hinzu kommt, dass das negative Kommunikationsverhalten des Partners zunehmend als intendiert attribuiert wird.

Zufriedenheit und Stabilität kann bei den Paaren unterschiedlich realisiert werden. Gottman unterscheidet drei funktionale Typen von Paaren, die allesamt einen positiven Kommunikationsquotient aufweisen: (1) Lebhaft-impulsive Paare: Diese Paare zeichnen sich durch eine hohe Emotionalität aus, was aber auch häufige Konflikte einschließt. (2) Wertschätzende Paare: Diese Paare tragen Konflikte eher sachlich aus und betonen das Gemeinsame in der Beziehung. (3) Konfliktvermeidende Paare: Diese Paare sind emotional relativ unengagiert und distanziert; sie weisen eher einen eingefahrenen, stark vorhersagbaren Umgangsstil auf. Diesen drei Paartypen werden zwei weitere – dysfunktionale – Typen gegenüber gestellt, die den eigentlich erforderlichen Quotient nicht erreichen: (4) Feindselig-verstrickte Paare: Sie zeigen vielfältige Konflikte, offene Kritik und gegenseitige Abwertung. (5) Feindselig-losgelöste Paare, die sich unbeteiligt verhalten, weitgehend voneinander isoliert sind und kaum (mehr) Konflikte austragen.

In einer Replikationsstudie konnten Guy Bodenmann, Jeanette Meyer, Gabriela Binz und Liliane Brunner (2004) zeigen, dass sich diese Paartypen auch im deutschsprachigen Raum finden lassen. In dieser Studie zeigt es sich, dass die Gruppe der lebhaft-impulsiven Paare insgesamt die meisten positiven Werte besitzt und sich damit als ,günstiger' als die beiden anderen funktionalen Paartypen erweist. Nicht bestätigt konnte allerdings der von Gottman postulierte Quotient von 1:5 werden. In dieser Studie zeigen die drei funktionalen Paartypen doppelt so viel positives als negatives Kommunikationsverhalten. Bei den dysfunktionalen Paartypen kommen positive und negative Verhaltensweisen in etwa gleich häufig vor.

(2) Im Rahmen einer qualitativen Studie ist Lukas Schreiber (2003) der Frage nachgegangen, unter welchen Voraussetzungen – trotz aller Schwierigkeiten und vermeintlichen Unmöglichkeiten in der Gegenwart – ein Gelingen einer Ehe möglich ist? Da traditionell stabilisierende soziale Mechanismen an Bedeutung verloren haben, müsse die Ehestabilität durch die Beziehung selbst hervorgebracht werden. Auch unter posttraditionalen Bedingungen können Ehen – so die zentrale These –, einen positiven Erlebnis-Charakter haben und einen hohen – oder gar den zentralen – Wert ihres Lebens darstellen. Von hoher Relevanz hierfür sei es, dass die Paare viel Zeit miteinander verbringen. Dies schließt das gemeinsame Erledigen von diversen Alltagsroutinen ebenso ein wie ein Sich-füreinander-Zeit-nehmen. Stabile Ehepaare verbringen den Alltag miteinander, genießen es, beieinander zu sein und sie verschaffen sich Höhepunkte im Leben, die sie gemeinsam genießen können.

(3) Für Ralph Turner (1970) sind es *"bonds"*, die den Zusammenhalt bewirken. Auf eine, gerade in der Gegenwart hochbedeutsame Form hat Skolnick (1981) bereits hingewiesen: auf das emotionale Band. Es kommt in dem festen Glauben zum Ausdruck, sich auf den anderen verlassen zu können, im Gefühl des Geborgenseins und Wohlergehens, im Zusammensein oder im bloßen Wissen um die Existenz des anderen, in der Vorstellung, gebraucht zu werden und den Partner bzw. die Partnerin zu brauchen, oder auch in der Sehnsucht nach Zweisamkeit (vgl. auch Wallerstein/Blakeslee 1996). Eine hohe positive Emotionalität füreinander ermöglicht es einem Paar, über eine lange Dauer zusammenzubleiben und gemeinsam auch schwierige Phasen zu bewältigen. Es ist die Sicherheit, dass zwischen zwei Personen "mehr" ist als das aktuelle Problem, die entscheidend zu einer konstruktiven Lösung beiträgt. Die Studie von Skolnick macht aber deutlich, dass eine Bindung auch durch eine Mixtur positiver und negativer Gefühle bewirkt werden kann, durch eine Kombination aus Liebe und Hass, die trotz hoher Spannung und zahlreicher Konflikte nicht erlaubt, von der Beziehung loszukommen, die verhängnisvoll aneinander kettet.

Trotz der hohen Relevanz, die der emotionalen Bindung in der Gegenwart zukommt, wäre es verfehlt, hierin das einzige wirksame Band zu sehen (vgl. auch Turner 1970). Ein weiteres wichtiges Band stellt vielfach die Familiengründung dar. Auch durch das Miteinander mit Kindern, durch die gemeinsame Freude an ihnen und durch die gemeinsam getragene Sorge wird der Paar-Zusammenhalt nachhaltig gefördert. *Kinder* können zwar den Fortbestand nicht "garantieren", aber dennoch scheinen sie – zumindest bis zu einem gewissen Alter – einen starken positiven Effekt auf den Zusammenhalt auszuüben (vgl. White et al. 1986). Ein drittes Band wird durch gemeinsame Aufgaben und Aktivitäten gebildet. Ein *gemeinsames Projekt*, wie z. B. Hausbau oder -kauf, scheint einen nicht unwesentlichen Nebeneffekt auf die Stabilität der Paarbeziehung zu haben. Schließlich ist noch auf die Verankerung in einem gemeinsamen Paar-Netzwerk hinzuweisen, die eine wichtige Stütze für die Dauerhaftigkeit der Zweierbeziehung sein kann.

Neben den bestehenden "bonds" ist für den Zusammenhalt auch in Betracht zu ziehen, dass eine Zweierbeziehung unter den Bedingungen fortschreitender Individualisierung stärker als je zuvor das wichtigste *Unterstützungssystem* ist (Cutrona 1996; Cunningham/Barbee 2000). Während sexuelle Bedürfnisse noch vergleichbar leicht ausgelagert werden können – wenn auch mit hohem Aufwand, Kosten und Risiken –, gibt es für Zweierbeziehungen als Unterstützungssystem – zumindest unter gegenwärtigen Bedingungen – kein funktionales Äquivalent. Die vielfältigen Unterstützungsleistungen, die wichtige Teile des Beziehungsalltags bilden, auch wenn oftmals nebenbei erbracht, lassen sich offensichtlich nur durch Zweierbeziehungen abdecken. Ehen – dies kann auf alle längerfristigen Zweierbeziehungen ausgedehnt werden – leisten einen wesentlichen Beitrag für die Gesundheit und das Wohlbefinden einer Person (vgl. Gove et al. 1990; Argyle/Henderson 1986), wobei Männer davon offensichtlich noch stärker profitieren als Frauen. Was eine Zweierbeziehung leistet, ist durch keine andere soziale Form ersetzbar; lediglich eine andere Zweierbeziehung hat das Potenzial, Ersatz zu sein. Aber dieser Weg, die Unterstützungsleistungen einer Beziehung durch die einer neuen zu ersetzen, ist beschwerlich.

Vor allem stellen sich diese Leistungen nicht sofort ein, sondern eine Beziehung muss dazu erst eine gewisse Dauer haben und es ist auch keineswegs garantiert, dass man dasselbe Ausmaß an Unterstützung wiederfindet, das man aufgegeben hat. Oder anders formuliert, indem eine Paarbeziehung "effektiv" arbeitet und vielfältige Unterstützungsleistungen für beide Beziehungsteile bereitstellt, wird dadurch zugleich auch ein wesentlicher Beitrag zur Stabilität der Zweierbeziehung geleistet. Solange eine Person durch eine Beziehung die nachgefragte Unterstützung erfährt, ist anzunehmen, dass sie auch selbst aktiv dazu beitragen wird, dass die Beziehung Bestand hat. Allerdings macht dies auch auf eine einschränkende Bedingung aufmerksam: Je weniger Unterstützung man in einer Beziehung erfährt, desto geringer erscheint der Verlust, der mit einer Trennung verbunden ist, und desto leichter fällt es, sich in das Experiment einer neuen Beziehung einzulassen. Dies um so mehr, als die positiven Effekte von Ehen an den positiven Zustand der Ehen gebunden sind; "schlechte Ehen" haben eine stark negative Auswirkung auf die Gesundheit und das Wohlbefinden (vgl. Gove et al. 1990).

Schließlich wird der Zusammenhalt einer Zweierbeziehung auch noch nachhaltig – was nur kurz erwähnt werden soll, da es ausführlich im Teil III behandelt wird – durch die *wirklichkeitsschaffende Kraft* von Zweierbeziehungen gefördert. Ein Paar schafft sich, wie Peter L. Berger und Hansfried Kellner (1965) gezeigt haben, eine gemeinsame Welt. In den fortlaufenden Gesprächen in diesem Mikrokosmos wird maßgeblich das Bild, das man von sich selbst hat, im Austausch mit dem Bild des Partners bzw. der Partnerin geformt und gestützt. Die gemeinsamen Wirklichkeitskonstruktionen beschränken sich nicht auf die private Welt, sondern greifen auch darüber hinaus, indem sie die Netzwerkbeziehungen und Bedeutungszuschreibungen in der Außenwelt miterfassen. Die gemeinsam geschaffene Wirklichkeit durchdringt immer stärker die eigenen Vorstellungen, sie werden einander immer mehr zum Verwechseln ähnlich. Die Wirklichkeit der Zweierbeziehung wird zur eigenen, und die fortlaufenden Validierungen, dass die Welt so ist, wie wir sie sehen, bekräftigt unablässig als Nebeneffekt den Bestand der Zweierbeziehung als etwas, das zu mir gehört, wie ich zu ihr (vgl. auch Bochner/Ellis/Tillman-Healy 1997; Lenz 2002; Lenz/Maier 2004).

2.4 Zur Wiederholung und Vertiefung

Schlüsselbegriffe

Bestandsphase · Schwellen-Wendepunkte · Sexualität · Haushaltsgründung · Wirtschaftsgemeinschaft · Heirat · Familiengründung · Arbeitsteilung · Macht · Machtgrundlagen · Machtprozesse · Machtresultate · Partnerschaft als Leitbild · Ehestabilität · Ehezufriedenheit · Kommunikation

Wiederholungsfragen und -aufgaben

1. Diskutieren Sie die Fragen, ab wann ein Paar in der Bestandsphase ist und wie das nach außen hin sichtbar gemacht wird.
2. Wie hat sich die Abfolge der Schwellen-Wendepunkte in Zweierbeziehungen in den letzten Jahrzehnten verändert?
3. Beschreiben Sie wesentliche Veränderungen im Sexualverhalten von Männern und Frauen im 20. Jahrhundert.
4. Erläutern Sie, was man unter Machtgrundlagen, Machtprozessen und Machtresultaten versteht.
5. Welche Faktoren fördern die Stabilität einer Zweierbeziehung?

Literatur zur Vertiefung

Zur Einführung
- Burkart, Günter (2008), Paare in der Bestandsphase. In: K. Lenz / F. Nestmann (Hg.), Handbuch Persönliche Beziehungen. Weinheim: 221-240

Zu Haushalt und Wirtschaftsgemeinschaft
- Kaufmann, Jean-Claude (1999), Mit Leib und Seele: Theorie der Haushaltstätigkeit. Konstanz: UVK
- Koppetsch, Cornelia / Günter Burkart (1999), Die Illusion der Emanzipation. Zur Wirksamkeit latenter Geschlechtsnormen im Milieuvergleich. Konstanz: UVK
- Huinink, Johannes J. / Alexander Röhler (2005), Liebe und Arbeit in Paarbeziehungen. Zur Erklärung geschlechtstypischer Arbeitsteilung in nichtehelichen und ehelichen Lebensgemeinschaften. Würzburg: Ergon
- Solga, Heike / Christine Wimbauer (Hg.) (2005), "Wenn zwei das Gleiche tun...". Ideal und Realität sozialer (Un-)Gleichheit in Dual Career Couples. Opladen: Barbara Budrich Verlag

·   Wimbauer, Christine (2003), Geld und Liebe. Zur symbolischen Bedeu-
    tung von Geld in Paarbeziehungen. Frankfurt am Main: Campus

Zu Sexualität und Familiengründung
·   Sprecher, Susan / F. Scott Christopfer / Rodney Cate (2006), Sexuality in
    Close Relationships. In: A. L. Vangelisti / D. Perlmann (Hg.), The Cam-
    bridge Handbook of Personal Relationsphips. Cambridge: 463-482
·   Lautmann, Rüdiger (2002), Soziologie der Sexualität. Erotischer Körper,
    intimes Handeln und Sexualkultur. Weinheim: Juventa
·   Funk, Heide / Karl Lenz (Hg.) (2005), Sexualitäten. Diskurse und Hand-
    lungsmuster. Weinheim: Juventa
·   Burkart, Günter (1994), Die Entscheidung zur Elternschaft. Eine empiri-
    sche Kritik von Individualisierungs- und Rational-Choice-Theorien. Stutt-
    gart: Enke
·   Schneider, Norbert F. / Heike Matthias-Bleck (Hg.) (2002), Elternschaft
    heute. Gesellschaftliche Rahmenbedingungen und individuelle Gestal-
    tungsaufgaben. Opladen: Leske + Budrich

Zu Stabilität von Zweierbeziehungen
·   Canary, Daniel J. / Marianne Dainton (2006), Maintaining Relationships.
    In: A. L. Vangelisti / D. Perlmann (Hg.), The Cambridge Handbook of Per-
    sonal Relationsphips. Cambridge: 727-743

3.   Krisenphasen in Zweierbeziehungen

Wohl keiner länger bestehenden Zweierbeziehung bleiben Krisen erspart, die mit einer unterschiedlichen Zeitdauer und auch Intensität ihre Bestandsphase unterbricht. Zweierbeziehungen unterscheiden sich darin, wie häufig es zu Krisen kommt. Keinesfalls führt jede Krise zu einer Trennung, vielfach wird die Option einer Trennung überhaupt nicht in Erwägung gezogen. Krisen in einer Zweierbeziehung können auch schon – wie bereits vorher erwähnt – vor dem Erreichen der Bestandsphase auftreten. Im Weiteren soll zunächst genauer bestimmt werden, was unter einer Krise verstanden werden soll. Dabei wird "Krise" von den nahestehenden Konzepten des Konflikts und der Gewalt abgegrenzt.

3.1   Krisen, Konflikte und Gewalt

Das *Krisenkonzept* hat in den Sozialwissenschaften eine breite Anwendung zur Charakterisierung bestimmter makrogesellschaftlicher Problemlagen gefunden, z. B. als Krise des Sozialstaats, Wirtschaftskrisen oder Legitimationskrisen. Das hier verwendete Krisenkonzept steht in einer anderen Tradition; es lehnt sich an die Verwendungsweise in der Entwicklungspsychologie (Erikson) und der Gemeindepsychiatrie (Lindemann; Caplan) an (vgl. Ulich 1987), wobei allerdings der Fokus nicht auf die Person, sondern auf den Zustand der Beziehung gerichtet wird. *Als Krise wird eine subjektiv als belastend wahrgenommene Veränderung der Beziehung bezeichnet, die eine Unterbrechung der Kontinuität des Handelns und Erlebens und eine Destabilisierung im emotionalen Bereich zur Folge hat.*

In den Forschungsbereich der persönlichen Beziehung hat das Krisenkonzept bislang kaum Eingang gefunden[57]. Es wird zwar in Prozessmodellen auf die Notwendigkeit einer weiteren Phase – in Unterscheidung zur Auflösungsphase – hingewiesen, die Spannungen, Auseinandersetzungen oder Probleme zum Inhalt hat; für deren Benennung werden jedoch meist die Begriffe "Verschlechterung" ("deterioration", Levinger 1983) oder "Zerrüttung" ("breakdown", Duck 1981) verwendet. Beide Bezeichnungen sind aber ungeeignet, weil damit unweigerlich der Eindruck besteht – und dies trotz aller gegenteiligen Beteuerungen –, dass durch eine Verschlechterung oder Zerrüttung das Ende der Beziehung eingeläutet wird. Das Krisenkonzept ist ungleich neutraler; es verweist lediglich auf eine zeitlich mehr oder minder lange Belastungssituation, ohne den Ausgang bereits zu präjudizieren. Dass die Bewältigung der Belastungssituation auch eventuell zu einer Verbesserung der Beziehung führen kann, lässt sich mit einer "Krise" durchaus verbinden; dagegen scheint dies

---

57 Ungleich stärker hat der Krisenbegriff in Verbindung mit dem Themenkomplex Familienstress in die Familienforschung Eingang gefunden (vgl. als frühe Arbeit: Hill 1949; als Überblick: McCubbin/Figley 1983; Boss 1987). Durch die vorherrschende Harmonie-Optik der deutschsprachigen Familienforschung wurde dieser Diskussionsstrang hierzulande nur schwach rezipiert.

bei einer Zustandsbeschreibung als "Verschlechterung" oder "Zerrüttung" kaum vorstellbar zu sein[58].

Da eine Zweierbeziehung immer *zwei Perspektiven* umfasst, kann es vorkommen, dass nur für eine der beiden Personen die Beziehung in einer Krise steckt, während der Partner bzw. die Partnerin nicht einmal mitbekommt, wie es um die Beziehung aus der anderen Sicht momentan bestellt ist. Dies ist allerdings nur so lange möglich, bis die Krise zum Thema gemacht wird. Aber auch dann ist es möglich, dass die Existenz einer Krise von der einen Seite behauptet und von der anderen bestritten wird. Auseinander zu halten ist auch die *Innenansicht* und *Außenansicht*: Eine Zweierbeziehung kann von der Perspektive eines Außenstehenden durchaus als krisenhaft oder als in einer aktuellen Krise befindlich aufgefasst werden, ohne dass dieses Urteil auch von den Betroffenen geteilt wird. Dies kann zuallererst damit in Verbindung stehen, dass unterschiedliche Erwartungen und Ansprüche an eine Beziehung herangetragen werden. Möglicherweise wird nach außen aber auch nur ein Teil der Beziehung sichtbar, und gerade die einen Zusammenhalt sichernden Kräfte bleiben verdeckt. Schließlich sollten auch die verursachenden Bedingungen einer Krisenentwicklung nicht mit den *Erklärungen* der Beteiligten vermengt werden, wie es dazu hat kommen können. Auch wenn diese Erklärungen zutreffende Beschreibungen der stattgefundenen Dynamik sein können, darf dies nicht einfach vorausgesetzt werden. Jede/r der Beteiligten zeichnet sich nicht nur durch eine partielle Sicht aus; die Erklärungen sind immer auch gebrochen durch das Moment der Parteilichkeit. Es besteht das Bestreben, die eigene Person in einem möglichst guten Licht erscheinen zu lassen (vgl. Donohue/Kolt 1992). Allerdings sind diese Erklärungen keineswegs irrelevante "subjektive Trugbilder", die nicht weiter zu interessieren haben. Jede "Tiefenschau", sei diese wissenschaftlich oder therapeutisch motiviert, ist auf diese Erklärungen angewiesen, um "mehr" über die Krisenkonstellation zu erfahren. Mehr noch: Diese Erklärungen bilden für die Akteure "ihre" Wirklichkeit der Beziehung und damit auch die Grundlage ihrer Handlungen und ihrer Gefühle.

Ein *Konflikt* steht in einem engen Zusammenhang mit einer Krise. Trotzdem wird hier der Vorschlag gemacht, beides konzeptionell auseinander zu halten: Ein Konflikt kann mit einer Krise zusammenfallen, muss aber nicht. Eine Krise in der Zweierbeziehung kann nach der Beendigung eines Konflikts andauern und eine Vielzahl von Konflikten umfassen. Eine jede Krise umfasst einen oder mehrere Konflikte, aber nicht ein jeder Konflikt scheint schon eine Krise darzustellen. Jedoch kann ein Konflikt Auslöser oder gar Ursache für eine Krise sein. Die Unterschiede werden deutlich, wenn näher bestimmt wird, was ein Konflikt ist.

Konflikt kann definiert werden als "an interaction between persons expressing opposing interests, views, or opinions (…) or (…) as an interaction in which partners hold incompatible goals" (Kline/Pleasant/Whitton/Markmann 2006: 445). Egal, ob die Benotung auf entgegengesetzten Interessen, Auffassungen oder Meinungen oder auf inkompatible Ziele liegt, entscheidend für das Vorliegen eines Konflikts ist im-

---

58 Wichtige Anregungen für eine differenzierte Sicht liefert hierzu die coping-Diskussion (vgl. Monat/Lazarus 1985; Ingelhart 1988).

mer das Moment der akuten Auseinandersetzung (vgl. auch Canary/Cupach/Messman 1995).

Einige Autor/innen unterscheiden zwischen verborgenen ("covert") und offenen Konflikt ("overt conflict"). Der Begriff des verborgenen Konflikts geht über die vorgeschlagene Definition von Konflikt hinaus. Im Falle einer bloßen Latenz inkompatibler Ziele erscheint es nicht angebracht, von einem Konflikt zu sprechen. Die Unvereinbarkeit von Zielen kann Teil einer Krise sein, aber von einem Konflikt kann nur dann gesprochen werden, wenn diese Ziele in einer Interaktion aufeinander stoßen. Der Begriff des offenen Konflikts führt zu dem, was im Weiteren unter einem Konflikt in Zweierbeziehungen verstanden werden soll. Offener Konflikt ist kein bloßer Sonderfall, sondern dass die Konfrontation in einer Situation offen zu Tage kommt, ist das wesentliche Bestimmungselement eines Konflikts[59]. Bestandteil eines Konflikts sind häufig sprachliche Äußerungen, die in einer Situation aufeinanderprallen. Eine Person opponiert verbal, indem sie der anderen Person widerspricht, etwas bestreitet, die andere Person korrigiert, heruntermacht, ihr droht, sie beschuldigt, beleidigt oder auf andere Weise etwas an ihr auszusetzen hat (vgl. Vuchinich 1987; Kline/Pleasant/Whitton/Markmann 2006). Auch wenn es nahezu keinen Konflikt in Zweierbeziehungen gibt, der ohne verbale Elemente auskommt, ist ein Konflikt keineswegs darauf beschränkt. Ein Konflikt kann auch nonverbale Mittel umfassen, die von Gesten bis hin zur Anwendung physischer Gewalt reichen können. Ein Konflikt ist in eine face-to-face-Interaktion eingebettet. Er kann vor oder mit der Beendigung der Interaktion abgeschlossen werden; es ist aber auch möglich, dass ein Konflikt eine Interaktion überdauert und bei dem Wiederzusammentreffen an der Stelle, an der dieser unterbrochen wurde, wieder aufgenommen wird (vgl. auch Hocker/Wilmot 1991; Cahn 1992).

Auf ein weiteres Merkmal macht Lewis A. Coser (1968) in seiner Definition von sozialem Konflikt aufmerksam: "Social conflict may be defined as a struggle over values or claims to status, power, and scarce resources, in which the claims of the conflicting parties are not only to gain the desired values but also to neutralize, injure, or eliminate their rivals". Coser hat mit dieser Definition allgemein soziale Konflikte im Auge, nicht nur solche in Zweierbeziehungen. In der Schlusspassage dieser Definition wird auf eine Komponente aufmerksam gemacht, die zwar kein festes Element aller Konflikte ist – wie Coser zu unterstellen scheint –, aber bei Konflikten in Zweierbeziehungen besonders zahlreich in Erscheinung tritt: Ein Konflikt ist nicht nur eine inhaltliche Kontroverse, sondern ist vielfach – wenn auch unterschiedlich offensichtlich – mit einer Attacke gegen die Person des Kontrahenten verbunden. In Zweierbeziehungen scheint es selten zu gelingen, den Inhalt des Konflikts von den beteiligten Personen abzutrennen. Angriffe auf die andere Person, Verletzungen des Kontrahenten bzw. der Kontrahentin gehören ganz wesentlich zu den Konflikten in Zweierbeziehungen (vgl. auch Fücker 2008).

---

59 Dies deckt sich weitgehend – wie Gerd Nollmann (1997) aufzeigt – mit dem Konfliktbegriff bei Niklas Luhmann. Für Luhmann besteht ein Konflikt immer dann, "wenn ein Handlungsangebot mit einem Nein beantwortet wird" (Nollmann 1997: 100). Viele Ablehnungsereignisse bleiben allerdings Bagatellereignisse; anders, wenn sie Anlass zu weiteren Kommunikationen geben.

In dieser Bestimmung des Konflikts wurde bereits erwähnt, dass *Gewalt* ein Konfliktmittel ist (als Überblick zum Gewaltbegriff vgl. Trotha 1997; Lamnek/Luedtke/Ottermann 2006). In einer offenen Konfrontation ist es möglich, dass einer der Beteiligten oder beide Gewalt als Mittel der Auseinandersetzung anwenden. Gewalt ist nicht nur ein Konfliktmittel neben anderen, sondern hat eine besondere Stellung inne. Zweierbeziehungen sind in der Gegenwart durch maximale Anforderungen an die Wertschätzung der beidseitigen Individualität geprägt. Dies ist, wie später gezeigt wird, ein wesentlicher Kern der romantischen Liebe. Mit dieser Vorgabe ist – zumindest einseitige – Gewaltanwendung nicht kompatibel. Der Anspruch wechselseitiger Wertschätzung bringt die Erwartung mit sich, dass Erwachsene, die einander in so besonderer Weise zugetan sind, alle Dinge des Lebens in einer friedlichen und konstruktiven Weise miteinander – nicht unbedingt auch schon als Gleichberechtigte – regeln sollen. Gewalt in Zweierbeziehungen stellt insofern immer einen Verstoß gegen kulturell vorgegebene und weithin auch subjektiv geteilte Normalitätsstandards von Zweierbeziehungen dar[60]. Trotz alledem kommt – wie hinlänglich bekannt ist – Gewalt in Zweierbeziehungen vor und in einigen Fällen bleibt die Gewalt – auch aus der Sicht der Betroffenen – kein einmaliger Vorfall, sondern prägt als permanente oder wiederkehrende Bedrohung ganz entscheidend die Beziehung. Gewalt ist hier nicht nur Konfliktmittel, sondern kann so zu einem wesentlichen Bestandteil der Krise werden.

Nach der Einführung dieser Konzepte soll in den folgenden drei Abschnitten genauer auf Krisen, Konflikte und Gewalt in Zweierbeziehungen eingegangen werden. Dabei wird sich zeigen, dass Beziehungskrisen, also jene Einheit, die am vollständigsten diese Prozessverlaufsphase darstellt, bislang am wenigsten zum Gegenstand gemacht wurden.

3.2 Krise – Anfänge und Bewältigungsformen

Zweierbeziehungen können auf verschiedenen Wegen, in unterschiedlichen Formen, auf verschiedenen Entwicklungsstufen und auch aus unterschiedlichen Ursachen in eine Krise geraten. Bei einer Auflistung möglicher Ursachenkomplexe – um damit zu beginnen – ist vorauszuschicken, dass sie sich zwar analytisch trennen lassen, aber im Einzelfall kaum je in Reinkultur auftreten, sondern vielmehr in Form vielschichtiger und nur schwer durchdringbarer Gemengelagen. Die "Ursache" für eine Beziehungskrise wird man meist vergeblich suchen, vor allem geht es bei jeder Rekons-

---

60 Die in der amerikanischen Diskussion verbreitete Formel der "marriage license as hitting license" halte ich für wenig brauchbar, da sie geradezu zu Missverständnissen einlädt. Mit dieser Formel sollte – und dies völlig zu Recht – auf das hohe Ausmaß von Gewalt in Ehen hingewiesen werden. Sie ist aber missverständlich, da Gewalt keineswegs auf die Ehe beschränkt ist, sondern auch in nichtehelichen Formen der Zweierbeziehung vorkommt. Und vor allem suggeriert diese Formel, dass Gewalt ein legitimes Element von Zweierbeziehungen ist, was aber nicht zutrifft. Auch in Gewaltbeziehungen, und nicht nur bei einem einmaligen Vorfall, wird – in aller Regel von beiden Seiten, Opfer wie Täter – der Verstoßcharakter durchaus anerkannt und versucht, diesen durch Entschuldigungen und Rechtfertigungen zu neutralisieren.

truktion *nicht* um ein einfaches Auffinden von etwas Vorhandenem, sondern auch hier gilt, dass Sinn immer erst hergestellt werden muss. Diverse erinnerte Ereignisse, Vorgänge, Gedanken und Gefühle müssen in einer Weise geordnet und gruppiert werden, dass sich etwas Stimmiges ergibt, was "Sinn" für die eigene Person und auch für andere macht (vgl. auch Bodenmann 2005).

Eine als subjektiv belastend wahrgenommene Veränderung der Beziehung kann durch (1) reale Veränderungen der Person(en) hervorgerufen werden, sei es auch nur, dass bestehende personale Merkmale im Laufe der Fortdauer einer Beziehung deutlicher zum Vorschein kommen. Mit dem Fortgang der Beziehung kann die "Unbekümmertheit" und das "Alles-auf-die-leichte-Schulter-nehmen" des anderen, was man vielleicht zunächst bewundernd und auch etwas neidvoll wahrgenommen hat, zu etwas werden, was immer mehr Anlass zu Verärgerungen gibt, da man selbst nicht gewillt ist und nicht die Zeit hat, alles Wichtige selbst in die Hand zu nehmen. Aber Krisen sind nicht nur personen-induziert, sie können (2) auch aus der Beziehungsdynamik selbst resultieren. Die Veralltäglichung, der jede Beziehung mit ihrer Fortdauer unterworfen ist, kann für einen oder beide Partner gerade das in den Hintergrund treten lassen – sei es die viele Zeit, die man miteinander verbringt oder auch die sexuelle Unbeschwertheit – was die Beziehung "lebenswert" gemacht hat. Schließlich können (3) auch Veränderungen im Verhältnis zur Außenwelt, wie z. B. eine höhere berufliche Beanspruchung oder ein beruflich bedingter Ortswechsel, zu einer Krise führen (vgl. Hochschild 2002). Guy Bodenmann und Annette Cina (2000) haben gezeigt, dass dem Stress im Alltag bei Beziehungskrisen und Trennungen eine hohe Relevanz zukommt. Ein Haupteffekt von Stress liegt darin, dass die verfügbare Zeit eingeschränkt wird. Auch führt er zu einer Zunahme negativer Kommunikation und zu Rückzugsverhalten (vgl. auch Bodenmann 2003).

Ein Kapitel für sich sind Krisen, die im Zusammenhang mit dem *Auftauchen einer dritten Person* stehen (vgl. Buunk/Dijkstra 2006). Gegebenenfalls kann bereits ein einmaliger, nicht auf Fortsetzung angelegter "Seitensprung" für eine Beziehungskrise ausreichen. Für die "untreue" Partei gilt dies nur dann, wenn ein sehr hohes Exklusivitäts-Ideal besteht; meist ist es jedoch allenfalls mit Schuldgefühlen, die aber auch ganz fehlen können, abgetan. Für die "andere Seite" muss außerdem hinzukommen, dass der Seitensprung bekannt wird. Dazu reichen "Indizien" aus, wie z. B. in einem Aids-Fernsehspot, der damit beginnt, dass die Ehefrau im Reisegepäck ihres Mannes "verräterische Spuren" findet. Das Auftauchen einer dritten Person muss nicht eine einmalige Episode bleiben, sondern kann sich zu einer Beziehung ausweiten: zu einer – solange sie erfolgreich verheimlicht wird – "verdeckten Beziehung" oder – allgemeiner – zu einer Nebenbeziehung. Mit dieser "zeitlichen Erstreckung" wächst zugleich die Wahrscheinlichkeit einer Krise stark an. Für die Beziehungsperson, die in eine verdeckte Beziehung involviert ist, scheint eine Beziehungskrise noch am ehesten vermeidbar zu sein, sofern sie nicht schon den Ausgangspunkt der Hinwendung zu der dritten Person bildete. Dies setzt jedoch voraus, dass sie nicht zwischen beiden Beziehungen hin- und hergerissen ist, also klare Prioritäten zwischen ihnen herstellen und auch das Aufkommen von Schuldgefühlen effektiv vermeiden kann. Für die "betrogene" Partei dürfte dagegen ihr Bekanntgeben stets eine

Krise auslösen, da gegen den Exklusivitäts-Anspruch, den sie selbst verfolgt, verstoßen wird und dadurch die weitere Existenz der Zweierbeziehung massiv bedroht erscheint. Möglicherweise beginnt für sie die Krise schon vor – oder auch unabhängig von – dem Bekanntwerden der bestehenden Nebenbeziehung, da Anzeichen der Veränderung der Beziehung für den Partner bzw. die Partnerin erkennbar werden, ohne dass der "eigentliche" Grund bekannt ist. Gefühle der Kränkung, Enttäuschung, Wut und Eifersucht sind Reaktionsweisen, die damit einhergehen, wobei diese, wie auch die Exklusivitätsansprüche, zumindest in ihrem Ausmaß und auch in ihren Ausdrucksformen kulturell wie auch individuell variabel sind. In der therapeutischen Literatur ist es heute üblich geworden, "Untreue" als ein Zeichen für Probleme der Zweierbeziehung aufzufassen (vgl. z. B. Jellouschek 1990; Lusterman 1998), "Untreue" wird also nicht als "Ursache", sondern als Ausdruck einer Krise oder zumindest von Defiziten der Beziehung gesehen. Daran überzeugt, dass, je stärker und wirksamer "bindende Kräfte" sind, desto weniger wahrscheinlich eine Hinwendung zu einer dritten Person sein dürfte und um so aufwendiger auch – im Falle des Falles – die Schutzmaßnahmen (z. B. durch ein möglichst lückenloses Verheimlichen), die unternommen werden, um die Zweierbeziehung aufrechtzuerhalten. Ausgeblendet bleibt bei dieser Sichtweise jedoch, dass nicht alles was eine Beziehung belastet, "hausgemacht" ist. Verstöße gegen den Exklusivitäts-Anspruch einer Zweierbeziehung stehen stets auch in Verbindung damit, welche Attraktivität ihnen zugemessen und zugeschrieben wird, und auch welche Gestalt ihre kulturelle Bewertung annimmt. Je attraktiver sie als eine "individuelle Bereicherung" sind und je mehr eine Ächtung einer Vorstellung Platz macht, dass Affären "eigentlich unvermeidlich" sind (vgl. z. B. Finzi 1988), desto leichter wird eine Hinwendung zu einer dritten Person ohne vorangehenden "inneren Problemdruck" angestoßen.

In aller Regel dürfte – diese vorsichtige Formulierung ist erforderlich, da Krisenanfänge in Zweierbeziehungen noch weitgehend unerforscht sind – eine Krise nicht aus einem singulären Ereignis erwachsen. Um ein einzelnes abweichendes Ereignis mit dem Gesamtbild des Partners bzw. der Partnerin oder der Beziehung in Einklang zu bringen, steht ein ganzes Repertoire an Interpretationsmustern zur Verfügung, deren Grundtenor ist, außergewöhnliche Umstände verantwortlich zu machen und zugleich den "Missetäter" bzw. die "Missetäterin" zu entlasten. Auch lässt sich immer wieder feststellen, dass ein und denselben Ereignissen eine unterschiedliche Bedeutung zugeschrieben werden kann. Illustrieren kann man dies am Beispiel zweier Ehefrauen, deren Ehemänner ihre Geburtstage vergessen haben. Während die eine Ehefrau, nachdem ihr Ehemann seine Vergesslichkeit bemerkt, diese zu einer spaßigen Angelegenheit macht, ist für die zweite dasselbe Ereignis ein Zeichen des Mangels an Aufmerksamkeit, und noch Jahre nach ihrer Scheidung bezeichnet sie das Vergessen ihres Geburtstags als den ersten Beweis dafür, dass ihr Ehegatte unsensibel war und sich nicht um sie kümmerte. Es ist anzunehmen, dass auch in diesem Fall dieses eine Ereignis nicht zu einer Krise und noch viel weniger für die Trennung ausreicht. Um einen Krisenzustand hervorzubringen, scheinen in aller Regel wiederholte inkompatible Ereignisse erforderlich zu sein. Und sollte der vergessene Geburtstag tatsächlich Auftakt zu einer Krise gewesen sein, dann nur, weil für die Ehefrau diesem Vorfall eine Reihe von Ereignissen vorangegangen ist, die mit ihrer Konzeption einer "guten" Ehe unvereinbar waren, und das in der Retrospektion zentrale Ereignis hat das angesammelte "Fass" lediglich zum Überlaufen gebracht. Ein vergessener Geburtstag wird nur dann eine Krise eröffnen können, wenn dieser Vorfall in das Bild anderer, negativ attribuierter Ereignisse passt oder Anlass gibt, vergangene Ereignisse nun in einem neuen Licht zu sehen.

Die realen Veränderungen, egal welcher Art, reichen für eine Krise noch nicht aus. Eine Person, die Beziehung oder auch die Umwelt können sich ändern, ohne dass eine Krisenphase auftritt. Eine notwendige Komponente ist eine darauf aufbauende Problemdefinition, die diese Veränderung als Belastung auffasst. Selbst im Falle einer bekanntgewordenen "Untreue" ist die Problemdefinition ein notwendiges Element für eine Krise. In dieser Problemdefinition wird ein erster und im Weiteren revidierbarer und -bedürftiger Versuch unternommen zu erfassen, was vor sich geht. Eine diffuse Problemsicht mit Unbehagen und Unzufriedenheit reicht als Einstieg aus. Die Relevanz der Problemdefinition legt es nahe, dass Krisen keineswegs reale Veränderungen vorangehen müssen. Zu Krisen kann es auch kommen, wenn sich die Erwartungen und Ansprüche ändern, die an die Beziehung und den Partner bzw. die Partnerin herangetragen werden. Veränderte Erwartungen und Ansprüche können aus neuen Erfahrungen resultieren; sie können aber auch durch bloße Reflexionen über die vorhandene Beziehungsqualität entstehen.

Über diese erste Problemdefinition hinaus sind Beziehungskrisen fortlaufend Gegenstand von Deutungen und Erklärungsversuchen der Betroffenen. Diese "belastende Veränderung" bringt es unweigerlich mit sich, dass diejenige Person, die diese Belastung wahrnimmt, Überlegungen anstellt, wie es dazu gekommen ist und was die Ursachen für diese Entwicklung sind. Diese Deutungen und Erklärungsversuche bestimmen nachhaltig die "Wirklichkeit" der Beziehungskrise und die Reaktionsweisen. Eine Ehefrau, die für die Affäre ihres Gatten die "Verführungskünste" ihrer Konkurrentin verantwortlich macht, entwirft damit ein bestimmtes Bild, das die konkreten Gefahren für ihre Beziehung ebenso umschreibt wie auch die Wege aus dieser Krise. Es ist anzunehmen, dass sie vor allem bestrebt sein wird, die Attraktivität der Konkurrentin in den Augen ihres Mannes herabzusetzen und die eigene zu steigern. Ganz anders die Ehefrau, die darin einen eklatanten Verstoß gegen die unverletzlichen Abmachungen ihrer Beziehung sieht.

Eine Krise kann unterschiedlich lange dauern. Sie kann sich auf einen Zeitraum beschränken, der in Minuten und Stunden zu messen ist oder der sich über Wochen und Monate oder gar Jahre erstrecken kann. Im Extremfall kann die Krise zu einem Dauerzustand einer Zweierbeziehung werden (vgl. Cuber/Haroff 1965). Aber auch im Fall einer Dauerkrise ist eine Beziehungsauflösung keineswegs unvermeidlich. Dass es zu dieser "Dauererscheinung" kommt, dürfte vor allem mit dem Vorhandensein ambivalenter Gefühle einhergehen, mit dem, was ich weiter oben im Anschluss an Skolnick (1981) als negative Bindung bezeichnet habe; in der therapeutischen Literatur ist in diesem Zusammenhang manchmal auch von "Streitehe" die Rede (vgl. Reiter 1983). Auch in anderen Fällen können Zweierbeziehungen trotz hoher Inkompatibilitäten, aufgrund stark wirksamer anderer Bande (z. B. ökonomische Abhängigkeiten) andauern, aber vielfach "arrangiert" sich das Paar in einer Weise, dass es ein paralleles Leben führt, ohne große Gemeinsamkeiten, aber auch ohne große Auseinandersetzungen. Im Englischen hat sich hierfür der Ausdruck der "empty shell marriage" eingebürgert, was ins Deutsche vielleicht am besten mit "leere Ehe" zu übertragen ist. Es erscheint angebracht, in diesem Fall von Ehe und nicht allgemein von Zweierbeziehung zu sprechen, da aufgrund der ungleich höheren Auflösungswahrscheinlichkeit von nichtehelichen Beziehungen es kaum vorstellbar ist, dass diese unter diesen Bedingungen überhaupt fortdauern. Dies scheint ein Spezifikum von Ehen zu sein, wobei zu vermuten ist, dass mit der starken Bedeutungssteigerung der emotionalen Qualität dies auch hier immer weniger der Fall sein dürfte.

Jenseits der Extremform der Dauerkrise stellt sich die Frage, wie eine Krise überwunden werden kann. Die Frage nach *Bewältigungsformen* hat im Forschungsbereich der persönlichen Beziehungen bereits eine gewisse Aufmerksamkeit erfahren (vgl. z. B. Davis 1973; Rusbult 1987[61]; Bodenmann/Cina 2000).

(1) Als ein wesentlicher Reintegrationsmechanismus wird die *"meta-intime Kommunikation"* (Davis 1973) oder – allgemeiner formuliert: – das "Reden" (Rusbult 1987) genannt. Die Beziehungspersonen verwenden hierfür häufig Ausdrücke wie "ein ernstes Gespräch führen" oder "ernst werden". Die geführte Aussprache kann sich auf den aktuellen Zustand der Beziehung, auf wahrgenommene Fehler einer Person und den Schaden dieser Fehler für die Beziehung oder auf die Beziehung einer Person zu einer/einem Außenstehenden beziehen und soll dazu dienen, das Unbehagen und die Spannung in der Beziehung im Einvernehmen friedlich abzubauen. Die meta-intime Kommunikation kann die Inanspruchnahme von professioneller Hilfe (z. B. Eheberatung) mit einschließen. Solche Verständigungsversuche können immer auch scheitern oder mehrerer Anläufe bedürfen. Im Falle eines positiven Ausgangs muss sich die Verständigung allerdings immer noch im Beziehungsalltag bewähren.

(2) Auch der "Streit" (Davis 1973) – synonym dazu ist auch *"Konflikt"* im oben definierten Sinne verwendbar – kann zur Überwindung einer Beziehungskrise beitragen. Während in der meta-intimen Kommunikation nach Kompromissen Ausschau gehalten wird, die für beide Seiten akzeptabel sind, versucht im Konflikt jede Seite, Vorteile für sich zu sichern. Während im ersten Fall eine Beziehung zwar als reparaturbedürftig erscheint, zugleich aber auch einer Reparatur wert ist, beinhaltet der Streit häufig eine implizite Drohung, die Beziehung zu beenden. Diese Drohung wird manchmal in Form eines Ultimatums auch explizit gemacht. Ein Konflikt kann integrativ wirken, ebenso ist aber auch eine Fortdauer der Krise oder gar eine Verschärfung möglich (ausführlicher dazu im nächsten Teilkapitel). Ein Konflikt wird vor allem dann zu einer Bewältigung der Krise führen, wenn dieser jenseits aller neuen Verletzungen die wechselseitigen Abhängigkeiten der Beziehungspersonen offen gelegt hat.

---

61 Rusbult stützt sich in ihren Arbeiten lose auf Albert O. Hirschman (1970), der mit "exit", "voice" und "loyalty" drei typische Reaktionsweisen auf rückläufige Entwicklungen in Firmen, Organisationen und Staaten beschrieben hat.

(3) Als eine weitere Bewältigungsform nennt Caryl E. Rusbult (1987) im Anschluss an Hirschman (1970) *"Loyalität"*. Damit wird eine passive Reaktionsform umschrieben, die auf ein Abwarten bzw. Zeit lassen setzt und bei der das Vertrauen in die Beziehung und die Unterstützungsleistungen für die andere Beziehungsperson fortgesetzt oder gar erhöht werden. Die Krise soll überwunden werden, indem durch positives Wirken versucht wird, die Beziehung zu verbessern und den Partner bzw. die Partnerin von der Einmaligkeit und vom hohen Wert der Beziehung zu überzeugen.

Diese drei Bewältigungsformen stellen konstruktive Lösungen von Krisen dar oder können zumindest dieses Potenzial beinhalten. Andere Bewältigungsformen haben für die Zweierbeziehung – nicht unbedingt auch für die beteiligten Individuen – einen destruktiven Charakter: Dazu zählt Rusbult das *Ausscheiden* aus der Beziehung, also die Trennung, sowie die *Vernachlässigung*. Als Vernachlässigung gelten Verhaltensweisen wie den Partner/die Partnerin ignorieren, die gemeinsame Zeit verringern, die Ablehnung, Probleme zu besprechen, den Partner/die Partnerin emotional oder physisch schlecht behandeln, den Partner/die Partnerin für Dinge kritisieren, die mit dem eigentlichen Problem nichts zu tun haben, ständige Klage, ohne Lösungen für die Probleme anzubieten usw.

Da sich viele Krisen über eine längere Zeitspanne erstrecken, ist es durchaus möglich, dass sich in diesem Verlauf die Bewältigungsformen ändern. Ein Beispiel, in dem sich vier Bewältigungsformen abwechseln, gibt Rusbult (1987: 230):

> "The individual becomes aware of a problem in his or her relationship and decides to 'hang in there' for a bit and see if the problem persists or goes away. If the problem persists, the individual may move from loyalty to voice, taking action aimed at solving the problem. If such actions are unsuccessful – if the partner continues to behave in an undesirable manner or the two are unable to work out a satisfactory solution – the individual may begin to engage in neglectful actions, allowing the relationship to deteriorate out of despair or insufficient courage to exit. Finally, when it becomes apparent that the problem is a permanent and irreparable one, the individual may decide to exit the relationship" (Rusbult 1987: 230).

Diese mögliche Kombinierbarkeit der Bewältigungsformen im Verlauf einer Krise wirft die Frage auf, welche Sequenzen von Reaktionsweisen vorkommen. Einzubeziehen ist auch, dass die auf beiden Seiten zur Anwendung kommenden Bewältigungsformen keineswegs identisch sein müssen. Während A den Partner bzw. die Partnerin emotional schlecht behandelt ("Vernachlässigung"), hofft B – die Krise durchaus wahrnehmend – vielleicht, dass sich die Dinge allmählich bessern werden ("Loyalität"). Aufeinander treffen können nicht nur unterschiedliche Bewältigungsformen, sondern es sind auch unterschiedliche Sequenzen von Bewältigungsformen.

3.3 Konflikte in Zweierbeziehungen

Krise und Konflikt können zusammenfallen, Anfang und Ende eines Konflikts sind dann zugleich Anfang und Ende der Krise. Meistens dürfte jedoch eine Krisenphase einer Zweierbeziehung eine Mehrzahl von Konflikten umfassen. In diesem Fall ist die Beendigung eines Konflikts nicht gleichbedeutend mit einer Beseitigung der Beziehungskrise, sondern der Konflikt ist nur eine Episode in der Krisenphase. Nicht jede Krise, zumindest nicht unmittelbar, muss jedoch im Vorkommen von Konflikten zum Ausdruck kommen. Das Krisenerleben kann auf eine Person beschränkt sein, die dieses für sich behält. Aber auch im Falle einer beidseitigen Krisendefinition enthalten die Reaktionsformen der Loyalität, der Vernachlässigung und z. T. auch des Austritts durchaus Verhaltensweisen, die nicht zu Konflikten führen müssen. Außerdem gibt es auch diskursive Bewältigungsformen – bei Rusbult die Reaktions-form des Redens –, bei denen nach Wegen einer konstruktiven Lösung der Bezie-hungsprobleme gesucht wird. Auch wenn diese Möglichkeiten durchaus bestehen, dürften Beziehungskrisen dennoch in aller Regel auch Konflikte umfassen.

Konflikte in Zweierbeziehungen sind immerhin breiter erforscht als Krisen (vgl. Klein/Johnson 1997; Canary/Messman 2000; Kersting/Grau 2003; Kline/Pleasant/ Whitton/Markmann 2006). Dies hängt nicht zuletzt damit zusammen, dass sich Kon-flikte als zeitlich komprimierte Ereignisse in empirischen Studien besser erschließen lassen. Zu Konflikten liegen deutlich mehr Retrospektivbefragungen vor als zu Kri-senverläufen. Darüber hinaus werden Konflikte auch unter Laborbedingungen unter-sucht. Einen wichtigen Beitrag leisten sog. quasi-naturalistische Forschungsstudien, in denen ein Paar in einem Labor einen Konflikt simuliert (z. B. die anregende Studie von Harold L. Raush et al. 1974). Schließlich lassen sich einige wenige naturalisti-sche Forschungsstudien auffinden, in denen Konflikte in ihrem "natural setting" un-tersucht werden (vgl. z. B. Vuchinich 1987; Keppler 1994).

(1) Konfliktthemen und -regeln

Das hohe Ausmaß an Interdependenz, wie es in Zweierbeziehungen in einer einmali-gen Ausprägung gegeben ist, lässt Konflikte wahrscheinlich werden (vgl. Nollmann 1997; Kaufmann 2008; Fücker 2008). Zwischen Beziehungspersonen gibt es un-gleich mehr Ansatzpunkte für Konflikte als zwischen Fremden oder auch Bekannten und Freund/inn/en. Ein Paar verbringt sehr viel Zeit miteinander, seine Interaktionen erstrecken sich über eine Unzahl von Inhalten, schließen unterschiedliche Ziele und Verhaltensweisen ein, die im engen Raum der Zweierbeziehung zu koordinieren sind. Sie sind füreinander in einer besonderen Weise Zielort eines breiten Spektrums kognitiver und emotionaler Erwartungen und beeinflussen sich gegenseitig nachhal-tig. Diese Besonderheiten schaffen eine Fülle von Gelegenheiten für Auseinanderset-zungen, und diese nehmen umso mehr zu, je stärker und ausschließlicher Zweierbe-ziehungen als emotional begründetes Verhältnis beider Personen aufgefasst werden. Aufgrund ihres reichhaltigen persönlichen Wissens voneinander sind Beziehungsper-sonen zugleich gefährliche Gegner, die wie niemand anderes zahlreiche Chancen kennen, den Partner bzw. die Partnerin tief zu verletzen.

Konflikte kommen schon im Beziehungsaufbau vor. Mit der wachsenden Wech-selseitigkeit nehmen dann die Gelegenheiten für Konflikte und ihre Häufigkeit zu. Während ein gewisses Maß an Konflikten praktisch für alle Beziehungen im Aufbau üblich ist, sind die Entwicklungskonflikte und auch die Intensität nicht für alle Paare gleich. Nach den Ergebnissen von Michael Wagner und Bernd Weiß (2005) weisen

Ehen mehr Konflikte auf als nichteheliche Lebensgemeinschaften; bei Letzteren wiederum mehr als getrennt lebende Paare[62].

Konflikte in Zweierbeziehungen können sich über eine breite Palette von Themen erstrecken (vgl. Kaufmann 2008). Amerikanische Studien berichten, dass die wichtigsten Konfliktthemen vor der Eheschließung vor allem Geld, Eifersucht und Verwandte sind, nach der Eheschließung und der Familiengründung Geld, Sex und Kommunikation und noch später die Kinder (vgl. Kline/Pleasant/Whitton/Markmann 2006). Die deutsche Studie von Wagner/Weiß (2005) kommt zu dem Ergebnis, dass die Paare bei den Finanzen über eine nur geringe Konflikthäufigkeit berichten. Deutlich häufiger sind dagegen die Konflikte bei der Freizeitgestaltung und der Kindererziehung wahrgenommen worden.

Konflikte können sich auf spezielle Verhaltensweisen, auf die vorhandenen Normen und Regeln in der Beziehung und/oder auf persönliche Dispositionen beziehen. Möglich ist auch, dass ein Konflikt über einen Konflikt entsteht. Zu unterscheiden ist auch zwischen dem manifesten und latenten Inhalt eines Konflikts. Es erscheint nützlich, in Betracht zu ziehen, dass es in einem Konflikt nicht immer um das gehen muss, worum es zu gehen scheint. In einem Konflikt kann der "Streitgegenstand" nur vorgeschoben sein, stellvertretend für das "eigentliche" Thema. So kann z. B. ein Streit darüber, wer den Abwasch macht, stellvertretend dafür stehen, dass A "sauer" ist, weil B so oft unterwegs ist, was er/sie aber – aus welchen Gründen auch immer – nicht thematisieren kann oder will. Auch müssen Konflikte in der Zweierbeziehung ihre "Ursachen" nicht immer in der Beziehung selbst haben, es ist auch möglich, dass "Ärger" von außen in die Beziehung getragen wird und dort zum Ausbruch kommt. Lewis A. Coser hat hierfür den Begriff des unechten Konflikts geprägt, der im Unterschied zum echten nicht durch gegensätzliche Ziele verursacht wird, sondern "durch die Notwendigkeit der Spannungsentladung zumindest bei einem der beiden" (Coser 1965: 58). Die Enge einer Zweierbeziehung macht Konflikte nicht nur wahrscheinlicher, und Beziehungspersonen sind nicht nur wegen ihres reichhaltigen Wissens über den anderen gefährliche Kontrahenten, sie scheinen sich auch vorzüglich als "Blitzableiter" für extern erzeugte, dort aber nicht auflösbare Spannungen zu eignen. Vielfach dürften sich Konflikte aus einer Mischung extern und intern erzeugter Spannungen speisen.

Ein Paar entwickelt nach und nach wiederkehrende Muster, wie Konflikte zu vermeiden sind und wie man sich in aktuellen Konflikten zu verhalten habe (vgl. Kline/Pleasant/Whitton/Markmann 2006). Im Verlauf einer Beziehung erwerben die Beteiligten ein reichhaltiges Wissen, welche Themen und welche Verhaltensweisen "heiß" sind und wie mit diesen "konfliktträchtigen" Themen und Verhaltensweisen im Rahmen dieser Beziehung am besten umgegangen wird (vgl. Raush et al. 1974). Jede Zweierbeziehung besitzt Regeln, um diese Themen und Verhaltensweisen zu umgehen bzw. – wenn dies nicht möglich ist – diese in einer Form und zu einem

---

62 In dieser Studie wurden ca. 600 Personen befragt, darunter 228 Partner bzw. Partnerinnen. Die Befragten erstrecken sich auf drei Altersgruppen (15- bis 17-Jährige, 25- bis 27-Jährige sowie 35- bis 37-Jährige). Diese Studie wurde im Rahmen des DFG-Schwerpunktprogramms "Panel Analysis of Intimate Relationships and Family Dynamics" (kurz: PAIRFAM) durchgeführt.

geeigneten Zeitpunkt anzugehen, um Konflikte zu vermeiden oder diese in ihrer Reichweite zu begrenzen (vgl. auch Cahn 1992). Diese Regeln der Konfliktvermeidung sorgen dafür, dass das vorhandene Konfliktpotenzial nur zu einem kleineren Teil zum Ausbruch kommt. Zugleich kann dieses Regelwissen aber auch als ein Mittel für die Generierung und Eskalierung von Konflikten verwendet werden. Wer einen Konflikt sucht, kann dazu dieses vorhandene Wissen in Anspruch nehmen, er/sie kann explosive Themen und Verhaltensweisen aufgreifen, um einen Konflikt auszulösen bzw. einen vorhandenen Konflikt zu verschärfen. Schon Georg Simmel (1983) hat gezeigt, dass auch der Verlauf und die Intensität eines Konflikts durch Regeln bestimmt ist. Konflikte weisen Grenzen auf, da die Kontrahenten gerade in einer Zweierbeziehung immer auch dahingehend vorbauen müssen, dass es nach dem Konflikt wieder "irgendwie" weitergehen kann und die vorhandenen Bindungen – setzte man die Existenz der Beziehung nicht aufs Spiel – nicht irreparabel beschädigt werden (vgl. Turner 1970). Eine der wichtigsten Festlegungen ist, welche Mittel und Wissenselemente zum Einsatz kommen dürfen und wieweit man in der Verletzung der Identität des anderen gehen darf. Es ist davon auszugehen, dass sich Beziehungen in den vorhandenen Konfliktregelungen unterscheiden.

Viele Konflikte richten keinen größeren Schaden an, weil diese Regeln intakt sind und für eine Begrenzung sorgen. Aber Konflikte stehen immer auch in Gefahr, von einer Eigendynamik erfasst zu werden und auch die begrenzenden Regeln zu durchlöchern oder zum Einsturz zu bringen. Dem Konfliktgegenstand wird eine überragende Relevanz zugeschrieben, die Durchsetzung der eigenen Position erfordert außergewöhnliche Mittel oder die Auseinandersetzung gerät außer Kontrolle, so dass sich die Kontrahenten dazu hinreißen lassen, die Grenze der erlaubten und bislang allenfalls angedrohten Mittel auszuweiten. Das exklusive Wissen um die besondere Verwundbarkeit wird unter Beeinträchtigung der vorhandenen Vertrauensbasis ausgenutzt oder neue Konfliktmittel werden angedroht oder gar angewandt bzw. diese über das zugelassene Maß gesteigert. Bleibt ein solcher Verstoß ein Einzelfall, kann er – nach einer Phase der Normalisierung – geradezu zu einer Restabilisierung der Regeln beitragen (vgl. auch Coser 1965: 144ff). Wiederholen sich diese Verstöße, kann es zur Herausbildung neuer Regeln kommen. Aber es ist auch möglich, dass diese Verstöße einander übertreffen und sich alle Konfliktbegrenzungen immer mehr auflösen. Dann aber wird eine Zweierbeziehung zu einem Kampffeld mit hohen Risiken für Gesundheit und Leben.

(2) Konfliktverläufe: Anfänge, Hauptphasen und Beendigung
Im Weiteren soll der Frage nachgegangen werden, wie ein Konflikt aktuell ausgelöst wird, welchen weiteren Verlauf er nimmt und wie er schließlich wieder beendet wird (vgl. auch Donohue/Kolt 1992; Grimshaw 1990; Kline/Pleasant/Whitton/Markmann 2006; Kaufmann 2008).

Damit es überhaupt zu einem Streit kommt, braucht es immer zwei (vgl. Davis 1973; Keppler 1994). Eine Person (im Weiteren A genannt), die den Konflikt sucht, reicht nicht aus; solange der Partner bzw. die Partnerin (B) den gestellten Forderungen nachkommt, die Gesprächsinhalte entschärft oder provokante Verhaltensweisen einfach übergeht, kann es nicht zum Konflikt kommen. Da die streitsuchende Partei (A) aber weiß, wo B verletzbar ist, wird er/sie versuchen, diese Schwachstellen zu treffen, um so bei B eine Konfliktbereitschaft zu generieren. Nach Davis braucht es für einen Streit immer einen Vorwand, der aber nicht schwer zu finden oder zu schaffen sei. "Once begun over the pretext, each intimate can use the history of their relation-ship as a resource to prove that the pretext is merely a symptom of how unfair and irritating the other has become over the course of their relationship" (Davis 1973: 228). Davis fasst die *Anfänge* eines Streites in vier Schritten zusammen:

- Die Zufallskombination von A's schlechter Laune und einer besonderen Handlung von B ruft Ärger hervor.
- A provoziert B absichtlich, um aus der eigenen Sicht "gleichzuziehen".
- B ist überrascht ("Warum machte er/sie das? Ich habe doch nichts getan.") und provoziert nun selbst als Vergeltung absichtlich A.
- Der nicht erklärte Krieg von Angriffen und Vergeltungsmaßnahmen eskaliert, bis der Streit voll ausbricht.

Die Beschreibung von Davis fängt allerdings nur eine Form des Anfangs ein. Konflikte müssen keineswegs immer nur von einer Seite ausgehen; sie können auch entstehen, wenn in einer Situation inkompatible Ziele und Verhaltensweisen aufeinandertreffen[63]. Als Beispiel eine Szene, die sich im Beziehungsalltag einer Reihe von Paaren ereignen dürfte: Ein Paar geht zu Bett, der Mann möchte Sex, die Frau nicht ("Du willst immer", "Du willst nie"). Aus diesen unterschiedlichen Erwartungen kann sich ein Konflikt entwickeln, ohne dass eine der beiden Seiten nach einem Vorwand für einen Konflikt hatte suchen müssen (vgl. auch Peterson 1983).

Die bloße Unverträglichkeit von Zielen und Verhaltensweisen oder das bloße Vorhandensein von "schlechter Laune" reichen für eine Konfliktgenerierung noch nicht vollständig aus. Zumindest Konflikten in Zweierbeziehungen scheint es in vielen Fällen eigen zu sein, dass damit auch eine wahrgenommene Verletzung von Identitätsansprüchen verbunden ist. Es muss hinzukommen, dass die Vorbedingungen als bedeutsam für die eigene Person wahrgenommen werden und der andere in eine negative Verbindung zur eigenen Identität gesetzt wird. Auf diesen Aspekt hat mit Nachdruck Ralph H. Turner (1970) hingewiesen. Ein Konflikt entsteht nach Turner, wenn die negativen Implikationen der Beziehung für die Identität Überhand gegenüber den Sachaufgaben der Interaktion gewinnen (vgl. Donohue/Kolt 1992).

Nachdem ein Konflikt eröffnet ist, tritt dieser in die *Haupt- oder Kampfphase* ein. Nach Turner (1970) versuchen die Kontrahenten in dieser Phase gleichzeitig, die Identität der Gegenseite zu beschädigen und die eigene zu schützen oder zu steigern. Da bei Konflikten in Zweierbeziehungen oftmals ein Publikum, von dessen Urteil der Ausgang des Kampfes abhängt, fehlt, geht es in diesen Auseinandersetzungen darum, die Identität der anderen Person in ihren eigenen Augen zu beschädigen. Nur so las-

---

63 Der Zusammenhang von Konflikt mit Zielen bzw. Interessen macht darauf aufmerksam, dass Konflikte Teil eines Machtprozesses sein können. Allerdings muss eine Machtausübung keinesfalls – wie in Kap. 2 gezeigt – immer die Form eines Konflikts annehmen. Auch ist nicht jeder Konflikt eine Form der Machtausübung, wie sich am offensichtlichsten am Beispiel des unechten Konflikts zeigt.

sen sich "Punkte" im Kampfgeschehen erzielen. Das Fehlen eines Dritten hat zusätzlich noch eine weitere Konsequenz, nämlich die, dass die Kontrahenten gleichzeitig auch über die Einhaltung der Regeln wachen müssen. Das Innehaben dieser Doppelrolle ist ein strukturelles Defizit, das eine Zweierbeziehung anfällig dafür macht, dass hier die Konfliktregeln in Mitleidenschaft gezogen werden. Dass manchmal Konflikte zwischen Beziehungspersonen vor Publikum, seien es ihre Kinder oder auch Freunde oder Verwandte, ausgetragen werden, kann seinen Grund gerade darin haben, dass man das Einhalten gewisser Grenzen durch andere sichern möchte – ein Schutz vor sich selbst und/oder auch vor der Gegenseite.

Das umfangreiche persönliche Wissen voneinander, über seine/ihre besonderen Verwundbarkeiten, ist in einem Konflikt eine reichhaltige Quelle, die intensiv genutzt wird. Im Konfliktverlauf kommen eine Reihe von Strategien ins Spiel. Eine effektive Strategie ist es, den Kampf aus einem Bereich, in dem man schwach ist, in einen Bereich zu verlagern, in dem man Vorteile hat. In einem Konflikt sind immer defensive Strategien nötig, die darauf gerichtet sind, die eigene Identität zu schützen.

> "A frequent by-product of attacks on another's identity is simultaneous injury to one's own identity. Such injury often occurs when the attack can be construed as a violation of the norms of interaction, so that the attacker acquires the image of an antisocial person. Hence, a major part of conflict strategy is to clothe one's attack on the other in a manner that enlists the support of the rules. One such procedure is to make attacks under guise of justice and righteousness" (Turner 1970: 146).

Die *Beendigung des Konflikts* muss noch in der Kampfphase vorbereitet werden (vgl. Peterson 1983). Wenn ein Konflikt eine besondere Intensität hatte, eventuell einschließlich von Gewalthandlungen, ist es schwierig, vom offenen Konflikt zu einer friedlichen Fortsetzung des Beziehungsalltags zu kommen. Noch bevor Verhandlungen über eine Beilegung möglich werden, ist ein vermittelnder Schritt erforderlich, der gewöhnlich die Form einer Versöhnungshandlung hat. Mit einer Versöhnungshandlung wird die Absicht ausgedrückt, die negativen Gefühle zu reduzieren und die Bereitschaft zu einer Lösung zu bekunden. Nach Peterson umfassen diese Versöhnungshandlungen vor allem zwei Elemente:

- Das Problem wird als weniger wichtig als die Aufrechterhaltung der Beziehung neu gerahmt.
- Diejenige Person, die den ersten Schritt macht, übernimmt einen gewissen Teil der Verantwortung für den Konflikt.

Diesem Versöhnungsangebot müssen dann reziproke Schritte der anderen Seite folgen; sonst kann dies dem Konflikt neuen Auftrieb geben, da der/die Initiator/in das Gefühl entwickeln wird, dass diese fehlende Anerkennung des eigenen "guten Willens" ein weiterer Affront gegen die eigene Person ist. Gerade weil man eine gewisse Verantwortung für den Konflikt übernimmt und weil die Kooperationsbereitschaft des anderen nur schwer einzuschätzen ist, wird mit einer Versöhnungshandlung vorsichtig umgegangen und so lange gewartet, bis man überzeugt ist, dass das der "richtige Zeitpunkt" ist. Zu Versöhnungshandlungen kann es unmittelbar anschließend an das Konfliktgeschehen kommen oder nach einer durch Rückzug erreichten zeitlichen Unterbrechung; sie erscheinen aber für eine konstruktive Konfliktlösung unerlässlich zu sein.

Ein Konflikt kann über unterschiedlich viele Runden andauern, schließlich aber wird er zu einem Ende kommen. In extremen Fällen – worüber die Lokalteile der Tageszeitungen immer wieder zu berichten wissen – kommt es zur Tötung des Partners bzw. der Partnerin, ein Thema, das auch in der Belletristik ausgiebige Beschreibungen gefunden hat (vgl. z. B. "Berlin Alexanderplatz" von Alfred Döblin). Die überwiegende Mehrzahl von Konflikten im Alltag endet, ohne dass es zur Anwendung von Gewalt kommt oder, wenn es dazu gekommen ist, ohne (schwerere) Verletzungen. Nach Turner (1970) wird ein Konflikt beendet,

- um weitere Verletzungen durch die andere Seite zu vermeiden,
- um eine Eskalation der Verletzungen zu verhindern,
- um die Beziehung vor Schaden zu bewahren,
- weil das eigene Selbstbild beschädigt werden würde, wenn man im Konflikt fortfährt,
- oder aus einer Kombination dieser Gründe.

In der Zusammenschau lassen sich mit Kompromiss, Sieg/Niederlage, Rückzug und Unentschieden vier Formen der Konfliktbeendigung unterscheiden (vgl. Peterson 1983; Vuchinich 1987; 1990; Grimshaw 1990; Keppler 1994).

- *Kompromiss*: Beide Seiten hören mit den Angriffen auf und bringen zum Ausdruck, dass alles, was während des Konflikts geschehen ist, übertrieben war. Beide Parteien reduzieren ihre Aspirationen und verständigen sich über eine gemeinsame Lösung.
- Einige Konflikte enden mit *Sieg und Niederlage*: Eine Person führt ihre Handlungslinie aus, die zu dem persönlichen Ziel führt, die andere Person gibt auf.
- *Trennung*: Eine oder beide Personen ziehen sich aus der Interaktion zurück, ohne dass es zu einer unmittelbaren Lösung des Konflikts kommt. Dadurch wird jedoch eine weitere Eskalation des Konflikts vermieden, was unter Umständen für eine spätere Lösung nützlich sein kann.
- Bei einem *Unentschieden* (standoff) geben die Diskutanten den Konflikt ohne Lösung auf, der Konflikt ruht oder wird vertagt. (In der Studie von Samuel Vuchinich (1987) endeten die Konflikte beim Familienessen in über 60% der Fälle mit einem Unentschieden.)

Mit der Beendigung des Konflikts ist dieser, worauf Turner (1970) hinweist, im subjektiven Erleben noch keineswegs abgeschlossen. An den "Waffenstillstand" schließt sich eine *Phase der Neubewertung* an, in der die Beteiligten den Konflikt in ihrer Vorstellung wiederholen. Sie überlegen sich, wie sie sich anders hätten verhalten sollen, um den Konflikt überhaupt zu vermeiden, wie sie sich besser behaupten hätten können und auch, wie sich die andere Seite verhalten hat. Daran schließt sich eine Phase der Nachwirkungen an. Ein Konflikt ist normalerweise eine unangenehme Erfahrung, auch wenn die heftige Erregung überwunden ist, kann eine Peinlichkeit in der fortgesetzten Interaktion andauern und die Verletzungen nachwirken. Die Erinnerung an vergangene Konflikte färbt Handlungen in anderen Situationen. Gerade wenn es zu keiner Versöhnung gekommen ist, kann das Gefühl lebendig sein, noch eine Rechnung begleichen zu müssen. Auch ist es möglich, dass einer der Partner in der Neubewertungsphase zu dem Ergebnis kommt, dass er/sie vorschnell einer Beendigung zugestimmt hat. In diesem Fall fällt die Nachwirkungsphase mit einer neuen Anfangsphase des Konflikts zusammen.

(3) Folgen von Konflikten

Mehrmals schon wurde darauf hingewiesen, dass Konflikte auch positive Auswirkungen haben können. Als Bezugsquelle wird dabei immer auf die klassische Arbeit über den "Streit" von Georg Simmel (1983: vor allem 189f) verwiesen. Simmel hat keineswegs generell – wie es manchmal in der Rezeption den Anschein hat – von einer Funktionalität von Konflikten gesprochen. Er hat vielmehr die positiven Beiträge auf besondere Umstände eingeschränkt ("kein bloß negativer Faktor") bzw. darauf hingewiesen, dass Konflikte 'Schlimmeres' verhindern können. Dennoch scheinen weitere Einschränkungen notwendig zu sein. So hat Coser (1965), der den Streit-Aufsatz zur Grundlage seiner "Theorie sozialer Konflikte" gemacht hat, aufgezeigt, dass Simmel es versäumte, zwischen Konflikten, die die Basis einer Beziehung betreffen, und weniger bedeutsamen Konflikten zu unterscheiden. Coser schließt Basiskonflikte aus, stabilisierend können nur solche Konflikte wirken, "die Ziele, Werte oder Interessen betreffen, die nicht den Grundvoraussetzungen zuwiderlaufen, auf denen die Beziehung gegründet ist" (Coser 1965: 96). Coser weist weiter darauf hin, dass es Simmel versäumt hat, zwischen Konflikt und "feindseligem Gefühl" zu unterscheiden. Bei der Schilderung positiver Wirkungen hat Simmel vor allem den Ausdruck von Dissonanzen im Blick und nicht primär offene, heftige Auseinandersetzungen. Dass der Ausdruck von Dissonanzen in einem hohen Maße stabilisierende Wirkungen hat, kann nicht bestritten werden. Um so notwendiger erscheint es aber, diese von der Wirkung von Konflikten zu trennen (vgl. auch Canary/Cupach/Messman 1995).

Trotz all dieser Einschränkungen wäre es dennoch verfehlt – und so sollte Simmel auch verstanden werden – Konflikte in Zweierbeziehungen ausschließlich als dysfunktional aufzufassen. Sie können eine positive Wirkung für eine Zweierbeziehung haben: Allerdings ist diese positive Wirkung von Konflikten auf bestimmte Bedingungen begrenzt. Ein Konflikt kann für eine Zweierbeziehung funktional sein,

- wenn das Paar über kein anderes Mittel als den Konflikt verfügt, um auf auflösende Tendenzen in einer Zweierbeziehung aufmerksam zu machen, oder wenn durch den Konflikt schlimmere Formen der Eskalation vermieden werden;
- wenn durch den Konflikt eine Auflösung von Spannungen zwischen den Beziehungspersonen gelingt oder wenn dadurch die subjektive Relevanz der Beziehung über alle Dissonanzen hinweg deutlich wird.

Auch wenn Konflikte nur unter eingeschränkten Bedingungen positive Wirkungen zu haben scheinen, darf daraus nicht der Schluss gezogen werden, dass ein Fehlen ein Indikator für Stabilität ist. Wiederum ist es Simmel (1983), der darauf hingewiesen hat, dass gerade dort, wo der Fortbestand einer Beziehung unsicher ist und ein hohes Interesse vorhanden ist, die Zweierbeziehung fortdauern zu lassen, beide Beziehungspersonen in einem hohen Maße versuchen werden, es nicht zu Konflikten kommen zu lassen. Dagegen dürfte in Zweierbeziehungen, von deren Beständigkeit beide zutiefst überzeugt sind, das Auftreten von Konflikten ungleich wahrscheinlicher sein. Ebenso wäre es falsch, aus einer Konfliktarmut auf die Qualität einer Beziehung schließen zu wollen. Zwar berichten "glückliche" Paare – insgesamt gesehen – weniger Konflikte, aber eine Konfliktarmut kann auch Ausdruck davon sein, dass alle Verbindungslinien auf ein Minimum reduziert sind und es zu Konflikten schon mangels Gelegenheit kaum mehr kommen kann.

3.4   Gewalt in Zweierbeziehungen

Gewalt im privaten Kontext war lange Zeit als Thema weder in der Öffentlichkeit noch in der Wissenschaft existent. Mit Beginn der 1970er Jahre hat sich dies in den USA gundlegend geändert; zunächst wurde die Kindesmisshandlung[64], anschließend auch die Gewalt gegen Frauen als soziales Problem erkannt und bald auch zum Gegenstand der Forschung gemacht. Im deutschen Sprachraum dauerte es noch länger, bis das Thema der Gewalt in Familien aufgegriffen wurde, und auch der Abstand zwischen öffentlichem Problembewusstsein und dem Aufgreifen als Forschungsgegenstand war größer (vgl. auch Gräßel 2003). Mitte der 1970er Jahre wurde Gewalt gegen Frauen allmählich zu einem öffentlichen Thema (Haffner 1976; Pizzey 1976), und im Herbst 1976 eröffnete in Berlin das erste Frauenhaus als Zufluchtstätte für misshandelte Frauen und ihre Kinder. Die Familienforschung begann erst im Laufe der 1980er Jahre nach und nach, Gewalt als Forschungsthema aufzugreifen (als Überblick vgl. Schneewind 2002; Lamnek/Luedtke/Ottermann 2006; Brückner 2008).

(1) Gewaltdefintion und Ausmaß der Gewalt

Suzanne K. Steinmetz (1987: 729) definiert Gewalt als "an act carried out with the intention of, or an act perceived as having the intention of physically hurting another person. This 'physical hurt' can range from a slap to murder". Wichtig erscheint bei dieser Definition, die in der amerikanischen Family-Violence-Forschung weit verbreitet ist (vgl. Gelles 2002), dass es ausreicht, wenn aus der Opfer-Perspektive eine Handlung als mit einer Verletzungsabsicht verbunden wahrgenommen wird. Über diese grundlegende Definition hinaus ist es notwendig, weitere Merkmale von Gewalthandlungen in Betracht zu ziehen (vgl. auch Imbusch 2002): Sie kann eine kulturell gestattete oder geforderte, also legitime Handlung sein oder sie läuft geltenden kulturellen Normen zuwider (illegitime Gewalt). Anders als Gewalt gegen Kinder, die in gewissen Ausprägungen in manchen sozialen Milieus durchaus noch als "legitim" erscheint, hat heutzutage in unserem Kulturkreis Gewalt gegen Frauen einen illegitimen Charakter. Dies war nicht immer so. Das preußische Allgemeine Land-

---

64 Da es hier um Gewalt in Zweierbeziehungen geht, werde ich mich im Weiteren nicht mit Kindesmisshandlung befassen. Vgl. hierzu Amelang/Krüger 1995; Melzer/Lenz/Ackermann 2003.

recht, 1794 erlassen, billigte dem Ehemann noch das "Recht der mäßigen Züchtigung" seiner Ehefrau zu. Die Aufhebung dieses "Rechtes" 18 Jahre später blieb zunächst im Rechtsbewusstsein weitgehend wirkungslos, so dass dieses Züchtigungsrecht als Gesetzesnorm faktisch erst mit der Einführung des Bürgerlichen Gesetzbuches im Jahre 1900 verschwand (vgl. Honig 1988). Aber auch trotz dieses Wegfallens der gesetzlichen Basis setzte sich in weiten Teilen der Anspruch von Männern auf Gewalt als "ihr" Recht noch lange fort. Gewalthandlungen lassen sich auch dahingehend klassifizieren, ob diese als Mittel für das Erreichen bestimmter Zwecke aufgefasst werden (instrumentell), etwa um jemanden zu erziehen, oder ob Gewalthandlungen durch starke Affekte hervorgerufen werden (expressiv). Während Gewalt gegen Kinder sowohl instrumentell wie auch expressiv sein kann, hat Gewalt in der Zweierbeziehung heute fast ausschließlich expressiven Charakter.

Diese Definition von Gewalt wurde vor allem von feministischen Autorinnen kritisiert, da dieser Begriff zu eng sei (ausführlich zum Gewaltbegriff vgl. Imbusch 2002). Stattdessen wird vorgeschlagen, von einem strukturellen Gewaltkonzept auszugehen. Das Konzept der strukturellen Gewalt hat Johan Galtung (1975), wenn auch in einem anderen Kontext, in die Diskussion eingeführt. Gewalt liegt für Galtung dann vor, wenn Menschen daran gehindert werden, ihre Potenzialität voll auszuschöpfen. Mit einer so breit angelegten Definition werden alle Benachteiligungen und Beeinträchtigungen, die Frauen in den verschiedensten Lebensbereichen erfahren, zur "Gewalterfahrung", sei es das Angemacht-werden auf der Straße, die frauenfeindliche Werbung, das Nicht-Vorkommen weiblicher Formen in der Sprache oder auch Nachteile im Beruf. Indem der Gewaltbegriff derart heterogene Phänomene bezeichnet, verliert er an Kontur. Zweck dieser Ausweitung ist es, eine Gemeinsamkeit zwischen allen Frauen herzustellen, zwischen Frauen, die Misshandlungen erleiden, und allen anderen Frauen, indem alle, wenn auch in unterschiedlichen Ausprägungen, als Opfer "männlicher" Gewalt definiert werden. Kehrseite dieser Gleichsetzung aller Formen weiblicher Diskriminierung mit Gewalt ist aber eine Verharmlosung der Fälle körperlicher Misshandlungen, die dann nur noch als ein Fall unter vielen Fällen von struktureller Gewalt aufzufassen sind. Diese Ausweitung des Gewaltkonzepts ist auch auf einer konzeptuellen Ebene keineswegs notwendig, da mit "Sexismus" durchaus ein geeigneter Begriff zur Verfügung steht, der diese vielfältigen Formen weiblicher Diskriminierung bezeichnet, ohne die Unterschiede zu Gewalthandlungen zu verwischen. Im Weiteren werde ich den Gewaltbegriff der amerikanischen Family-Violence-Forschung verwenden, wobei hier durchaus anzufragen wäre, ob nicht auch Formen psychischer Gewalt einzubeziehen wären.

In den USA wurde bereits Mitte der 1970er Jahre die erste repräsentative Studie zu Gewalt in Familien durchgeführt (vgl. Gelles 2002). In dieser – und auch in Folgestudien – wurde die Verbreitung der Gewalt mit den "conflict tactics scales" von Murray A. Straus (1979) gemessen (kritisch dazu: vgl. Dobash/Dobash 2002). Bei diesem Instrument geben die Befragten an, wie häufig sie im letzten Jahr die vorgegebenen Gewalthandlungen ausgeführt haben. Fast jedes 6. amerikanische Paar gibt an, dass im Vorjahr zumindest ein gewalttätiger Zwischenfall passiert ist. Im deutschsprachigen Raum bestehen offenkundig weiterhin Vorbehalte gegen eine empirische Gewaltforschung. Nur in abgespeckter Version und eher am Rande ist dieses Messinstrument in deutschen Studien bislang zur Anwendung gekommen (vgl. Wahl et al. 1989; Wetzels et al. 1995); vergleichbare Zahlen sind daraus nicht zu entnehmen.

Inzwischen liegt eine im Auftrag des Bundesministeriums für Familien, Senioren, Frauen und Jugend durchgeführte repräsentative Untersuchung zu Gewalt gegen Frauen in Deutschland vor, der quantitative Aussagen zum Aufkommen von Gewalt entnommen werden können. Ausgehend von einem sehr weiten Gewaltbegriff kommen die Autorinnen der Studie, Ursula Müller und Monika Schröttle (2004), zu dem Ergebnis, dass jede vierte Frau mindestens einmal einen Übergriff oder Gewalt (mit und ohne Verletzungsfolgen) erlitten hat. Carol Hagemann-White (2006) kommt aufgrund der Interpretation der vorliegenden Daten zu der Aussage, dass etwa 15% der Frauen in Paarbeziehungen als misshandelt angesehen werden müssen. Darunter werden alle Frauen zusammengefasst, die wiederholt Opfer physischer und sexueller Gewalt mit Verletzungsgefahr und/oder mittlerer bis schwerer psychischer Gewalt ausgesetzt waren oder weiterhin sind.

Bei Angaben zum Ausmaß von Gewalt stellt sich die Frage, wie valide diese Ergebnisse sind. Da Gewalthandlungen in Zweierbeziehungen heute einen illegitimen Charakter haben, besteht die Gefahr, dass eine Reihe von Befragten im Sinne der sozialen Erwünschtheit antwortet: Auch wenn Gewalt vorkam, wird dies unter den Teppich der Verschwiegenheit gekehrt und so zumindest das Bild der "gewaltfreien" Beziehung aufrechterhalten. Auch wenn die vorliegenden Zahlen über das Vorkommen von Gewalt nicht das volle Ausmaß wiedergeben, so dürften sie sich zumindest als Mindestumfang von Gewalt auffassen lassen, da auszuschließen ist, dass eine Person, die sich gewaltfrei in Konfliktsituationen verhält, über sich das Gegenteil aussagt.

Gewalthandlungen kommen keineswegs nur in Ehen vor (vgl. Christopher/Lloyd 2000; Johnson 2006). In die amerikanischen Repräsentativstudien wurden auch zusammenlebende Paare einbezogen. Auf der Grundlage der Daten aus der ersten Studie haben Kersti Yllo und Murray A. Straus (1981) unverheiratete Paare mit Ehepaaren verglichen. Für die USA ergibt sich, dass zusammenlebende Paare sogar deutlich von mehr Gewalt berichten als Ehepaare. In einigen Fällen kommt es zur ersten Gewalthandlung bereits in den Anfängen einer Zweierbeziehung. In der deutschsprachigen Diskussion bisher noch unbeachtet, haben amerikanische Forscher und Forscherinnen in den 1980er Jahren "courtship violence" als soziales Problem und Forschungsgegenstand entdeckt (vgl. Johnson/Ferraro 1988). Aus Studien mit Collegestudierenden geht hervor, dass etwa jede/r fünfte Befragte bereits Erfahrungen mit einer Form von Gewalt – gemessen mit den conflict tactics scales – in Zweierbeziehungen berichtet.

(2) Situative Einbettung und retrospektive Deutungen von Gewalt
Repräsentativstudien können – wenn auch mit den gemachten Einschränkungen – Auskunft darüber geben, wie verbreitet Gewalt in Zweierbeziehungen ist und in welchen sozialen Konstellationen Gewalt vor allem vorkommt. Ausgespart bleibt

dagegen die situative Einbettung von Gewalthandlungen in die Beziehungsdynamik und deren subjektive Wahrnehmung und Verarbeitung (vgl. Johnson 2006). Um Einblick zu bekommen, wie Gewalthandlungen in Konfliktabläufe eingebettet sind, bieten sich neben Betroffenen-Berichten, hervorgegangen aus der Frauenhaus-Arbeit, vor allem qualitative Studien an, wie z. B. die von Michael-Sebastian Honig (1986). Diese Studie beruht auf Gesprächen mit 13 Paaren. In sechs der 13 Fälle wurden aktuelle massive Gewalthandlungen in der Paarbeziehung berichtet; die Gewalt wird in allen Fällen von den Männern ausgeübt, nur eine Frau schlägt zurück. In vier Ehebeziehungen kam es einmal, meist zu Beginn der Ehe, zu einer eher leichteren Form von Gewalt; in den restlichen drei Ehen kam es zu keiner Gewalthandlung zwischen den Partnern. In fünf der sieben Zweierbeziehungen, in denen Gewalt nie oder nur einmal vorkam, existiert eine ausdrückliche Regel, "dass Schläge des Ehemanns das Ende der Beziehung bedeuten würden" (Honig 1986: 147). Diese Regel wurde meist von beiden Seiten unabhängig voneinander im Interview angesprochen (als ein Beispiel vgl. Honig 1986: 328).

Nehmen wir eine Fallbeschreibung aus dem Material von Honig (1986: 172). Das Paar ist verheiratet, der Mann 29 Jahre, die Frau 30 Jahre alt, beide betreiben eine Gaststätte am Stadtrand. Der Ehemann schildert, wie es dazu kam, dass er gegen seine Ehefrau gewalttätig wurde:

> "Bei uns wars ja so, wenn i zughaut hab, dann hats was gsuffa ghabt. Und dann ists losgangen. Na hats mir den ganzen Schmarrn erzählt, wie vor zehn Jahr, wo ma uns kennenglernt haben (...). Des interessiert mi heut wirklich nimmer (...). Des hab i vor zehn Jahr gmacht und da haben wir über das gestritten und geschimpft und fang doch net mit dem Schmarrn an (...). Und dann hab i mir denkt, ja, Kruzifix, sag amal, hat's jetzt da einen gsoffen, jetzt kapiert's des schon nimmer, was i sagen will. Aber die fangt da des Plärren an und will mi dabei irgendwie blöd anmachen oder was, ja, dann hab i halt wieder hinghaut, gell. Weil i mir gsagt hab, du, weißt was, hab i gsagt, bleib herrinn', lass mir jetzt mei Ruh, bevor mir wieder die Hand ausrutscht. Und dann bin i kaum im Gang draußen gwesen, na läuft sie mir hinten nach, und weiter ist's gangen, weiter. So richtig provozierend. Ja, dann hau doch her, so quasi, Bis i halt dann gsagt hab, ja sag amal, willst du des jetzt wirklich haben, dass i dir eine schaller. Dann ists wirklich so weit gekommen, dass wieder kracht hat und dann ists losgangen. Dann hat einer den anderen angeschrien, und dann haben wir zu raufen angfangen und zughaut und da ists richtig, kriminell ists da zugangen".

Dieser Interviewausschnitt lässt deutlich erkennen, dass der Ehemann bemüht ist zu zeigen, dass "eigentlich" nicht er, sondern seine Ehefrau schuld sei, wenn es zu Gewalthandlungen kommt: Wenn sie betrunken sei, beginne sie, ihm Vorwürfe zu machen, deren Anlässe er weit zurückdatiert. Der Ehemann stellt sich als jemand dar, der nicht will, dass es so weit kommt; er fordere seine Frau auf aufzuhören, verlasse den Raum, um nicht in Versuchung zu kommen, und konfrontiere sie sogar verbal mit der Gefahr der Gewalt. Da aber die Ehefrau trotz alledem nicht klein beigibt, kommt es zur Gewalthandlung, die dann auch noch als gegenseitig ("haben wir zu raufen angefangen und zughaut") dargestellt wird. Auch wenn es in diesem Fall vorkommt, dass die Frau zurückschlägt, gewinnt man aus der Beschreibung dieses konkreten Vorfalls dennoch den Eindruck eines sehr einseitigen Verlaufs. Diese Darstellung aus der Sicht des Ehemannes macht aus dem Täter das eigentliche Opfer: Er habe zwar zugeschlagen, aber nur, weil er nicht anders gekonnt habe. Die Ehefrau –

dieses Interview wurde ausnahmsweise mit beiden zusammen geführt – hat offensichtlich im Nachhinein diese Sicht ihres Ehemannes übernommen:

> "Früher hab ich die Schuld immer bei ihm gsucht, weil von ihm krieg i ja Schläg (...). Aber heut bin i der Meinung, dass aa die Fehler bei mir sind, warum hab i ihn eigentlich so weit, dass er überhaupt zughaut hat? Er muss ja aa an Grund ghabt haben, dass er dann eben zughaut hat" (Honig 1986: 173).

Auch wenn sich die Ehefrau der Sicht ihres Ehemannes annähert, bleibt ein Unterschied bestehen: Während der Ehemann die Schuld abschiebt, übernimmt die Ehefrau nur eine Teilschuld ("dass aa die Fehler bei mir sind"). Aus ihren weiteren Aussagen wird vor allem deutlich, dass sie gelernt hat, wie sie eine Eskalation aktiv vermeiden kann. Geblieben aber sind – was ihr Ehemann abwertend als den alten "Schmarrn" bezeichnet – viele Verletzungen durch ihn, die sie nicht nur in der Vergangenheit ansiedelt: Etwa wenn er sie hinsichtlich des Haushaltsgeldes als Bittstellerin erscheinen lässt oder wenn er zu Hause so ganz anders ist als mit Freunden.

Aus diesem Fallbeispiel werden Unterschiede im subjektiven Erleben der Beteiligten nur ansatzweise sichtbar. Um mehr über die Beschaffenheit der Situation zu erfahren, wäre eine eigenständige Beschreibung des Vorfalls durch die Ehefrau notwendig gewesen. Im Vordergrund steht, was Marvin B. Scott und Stanford M. Lyman (1976) als "praktische Erklärungen" (accounts) oder Erving Goffman (1974) als "korrektive Tätigkeiten" bezeichnet haben. In dem dargebotenen empirischen Material geht es in erster Linie um Versuche, die Gewalthandlungen mit den vorhandenen Normalitätsstandards in Einklang zu bringen (vgl. auch Lamnek 2002; Woods 2001). Da Gewalt etwas ist, was in einer "guten" oder in einer "richtigen" Beziehung eigentlich nicht vorkommen soll, ist es für die Betroffenen nahezu unerlässlich, diesen Zwischenfall im Nachhinein abzumildern oder zu neutralisieren. Solcher korrektiver Tätigkeiten bedarf es nicht nur für die Interviewsituation. Gegenüber der Außenwelt können Gewalthandlungen – abgesehen bei schweren Verletzungen – zwar effektiv verborgen werden, jedoch nur unter der Voraussetzung gemeinsamer Kooperation. Für die Beziehungspersonen selbst jedoch erscheinen solche retrospektiven Deutungen unerlässlich zu sein, um anschließend zur Geordnetheit der Beziehung zurückzukehren, den "Glauben" an den Wert der Beziehung zu bewahren oder auch nur, um eine Beziehung fortzusetzen, für die das Opfer keine Alternative erkennt. Dieser "erklärende" oder "korrektive" Charakter ist ein wesentlicher Bestandteil von Schilderungen über Gewalt-Zwischenfälle, der es unmöglich macht, diese einfach als bloße Beschreibungen des subjektiven Erlebens und der Situation aufzufassen (vgl. Wood 2004).

Während erste Gewalt-Zwischenfälle scheinbar immer eine korrektive Tätigkeit erfordern, büßen diese bei fortgesetzter Gewalt nicht nur für das Opfer tendenziell an "Überzeugungskraft" ein, sondern scheinen sich auch für den Täter immer mehr zu erübrigen. Jede Gewaltanwendung scheint auch ein Stück vorhandene Hemmung und Schuldbewusstsein zu zerstören. Damit wird es möglich, wie Berichte aus der Frauenhaus-Arbeit zeigen, dass eine Rückkehr zur gewaltfreien Normalität der Zweierbeziehung überhaupt nicht mehr stattfindet. Gewalt wird zu einer permanenten Drohung und stellt gleichsam ein Grundmerkmal dieser Beziehungen dar. Für die Betroffenen, und dies sind ausschließlich Frauen, steht ihr ganzes Alltagsleben im Zeichen der Misshandlungen. Die Opfer stehen ganz im Banne, alles zu tun, um Gewaltausbrüche zu verhindern, und müssen doch immer wieder erleben, dass dies unmöglich ist. Im wachsenden Maße gelingt es ihnen nicht mehr, überhaupt einen Zusammenhang zwischen Bedingungen und Gewaltausbruch herzustellen und damit das, was ihnen passiert, für sich erklärbar zu machen. Ganz typisch für Gewaltbeziehungen scheint auch eine weitgehende mikrosoziale Isolierung zu sein (vgl. Stolk/Wouters 1987: 104ff); mit dieser Verallgegenwärtigung von Gewalt geht ein zunehmender Rückzug aus allen Außenkontakten einher.

Gerade angesichts dieser Gewaltbeziehungen stellt sich die Frage, warum die betroffenen Frauen die Beziehung nicht verlassen. Die meist ausgesprochenen Mordandrohungen im Falle einer Trennung können nicht der ausschlaggebende Grund sein, da diese Gefahren für das eigene Leben auch im Verbleiben in der Beziehung bestehen. Lenore E. Walker (1979) argumentiert mit einer "gelernten Hilflosigkeit"; die misshandelten Frauen haben im Verlauf ihrer geschlechtsspezifischen Sozialisation gelernt, keinen Einfluss auf ihre Lebenssituation zu haben und dieser auch nicht entkommen zu können. Aus einer psychoanalytischen Tradition kommend bringt Margrit Brückner (1983) dieses Verfangensein in Gewaltsituationen mit "Bildern der Weiblichkeit" in Verbindung, in denen die patriarchalen Machtverhältnisse in Form von Selbst- und Beziehungsbildern von Frauen zum Vorschein kommen. Bei den misshandelten Frauen lassen sich Selbstbilder finden, die um die Vorstellung einer grenzenlosen Mütterlichkeit, eines unerschöpflichen Gebraucht-Werdens und der Selbstlosigkeit als weiblichem Heldentum kreisen. Es wird eine geheime Faszination des Macho-Mannes sichtbar, wodurch identifikatorische Wünsche nach Macht und Stärke ausgelebt und ein Zugang zur Welt der Abenteuer erreicht werden soll, der der eigenen Initiative verschlossen ist. Zugleich besteht auch eine Sehnsucht nach dem männlichen Schutz, nach einem Ineinander-Aufgehen, wodurch es möglich wird, an einer imaginierten "Größe" des Mannes Anteil zu haben. Auch wenn es sich hierbei für Brückner (1983) um kollektiv geteilte Weiblichkeitsbilder handelt, die sich keineswegs auf misshandelte Frauen begrenzen lassen, erwachsen daraus für in Gewaltbeziehungen lebende Frauen fatale Verstrickungen, die ein Entkommen sehr schwer machen. Im Anschluss an Margrit Brückner und unter Einbeziehung von Bram van Stolk und Cas Wouters (1987) sieht Ulrike Gräßel (2003) misshandelte Frauen in einer "doppelten Gefangenschaft", einerseits von traditionellen Vorstellungen von Weiblichkeit (und Männlichkeit) und andererseits von den traditionellen Geschlechteridentitäten entsprechendem Beziehungsideal der harmonischen Ungleichheit. Diese Ausformung von Geschlechteridentität und Beziehungsideal schließt nicht immer schon Gewalt mit ein, doch sie schafft Bedingungen, die im "Störfall" Gewalt wahrscheinlich machen. Dass ein enger Zusammenhang zwischen Gewaltanwendung und ausgeprägtem Machtvorsprung des Mannes besteht, wird auch von Eugen Lupri (1990) anhand kanadischer Daten gezeigt. Ehen mit einer starken männlichen Dominanz sind mit weitem Vorsprung die gewalttätigsten (vgl. auch Jamieson 1998).

(3) Sexualisierte Gewalt

Auch eine weitere "dark side" von Zweierbeziehungen darf nicht ausgeblendet bleiben: Frauen sind nicht nur Opfer von physischer Gewalt, sondern auch von sexualisierter Gewalt (vgl. Harten 1995; Christopher/Lloyd 2000; Dobash/Dobash 2002; Lenz/Funk 2005). Unter sexualisierter Gewalt werden Vergewaltigungen und darüber hinaus auch alle anderen sexuellen Handlungen verstanden, zu denen eine Frau gegen ihren eigenen Willen gezwungen wird. Gängigen Vorstellungen zufolge werden die Gefahren der sexuellen Gewalt überwiegend mit dem fremden Mann auf der Straße in Verbindung gebracht. Studien zeigen aber, dass dieses Bild verzerrt ist: In der Studie von Diana E. H. Russell wurden 930 zufällig ausgewählte Frauen über 18 Jahre aus San Francisco befragt. 44% der Frauen berichteten, dass sie zumindest schon einmal in ihrem Leben Opfer einer Vergewaltigung oder einer versuchten Vergewaltigung waren. Von den betroffenen Frauen berichten nur 16%, dass der Täter ein Fremder war. In 10% der Fälle wurde die versuchte oder vollendete Vergewaltigung vom Ehemann oder vom Ex-Ehemann ausgeübt und gar in 28% der Fälle war es ein Verabredungspartner ("date"), ein fester Freund ("boyfriend"), ein Geliebter ("lover") oder ein Ex-Geliebter. Einschließlich der gelegentlichen Verabredungspartner (die für eine Beziehung in den frühen Anfängen stehen), ergibt sich aus dieser Studie von Russell, dass sich jede zweite Vergewaltigung in einer Zweierbeziehung ereignete (vgl. Russell 1984: 60f; ausführlicher vgl. Russell 1982). Diese Zahlen machen augenfällig – und sie lassen sich in der Tendenz durch andere Ergebnisse (vgl. Finkelhor/Yllo 1985) bestätigen –, dass sexuelle Gewalt durchaus eine reale Gefahr ist, die Frauen in Zweierbeziehungen droht.

Eine vergleichbare deutsche Studie liegt nicht vor. Studien über Frauenhäuser zeigen jedoch auf, dass viele dort zufluchtsuchende Frauen von ihrem Ehemann auch vergewaltigt wurden (vgl. Brückner 2008). Nach langer Diskussion – angestoßen durch die Frauenbewegung – wurde 1997 der ungleiche Schutz von Ehefrauen und unverheirateten Frauen vor sexueller Gewalt in Deutschland beseitigt. Bislang konnte – ähnlich war die Regelung in der Ex-DDR – sexuelle Gewalt durch den Ehemann lediglich als Nötigung, gegebenenfalls auch als Körperverletzung oder Beleidigung bestraft werden, während eine Vergewaltigung rechtlich auf außereheliche Fälle begrenzt war. Die alte Fassung des § 177 war ein Relikt einer lange Zeit dominanten Vorstellung, wonach die Befriedigung sexueller Bedürfnisse des Ehegatten Pflicht der Ehefrau ist und mit der Heirat eine uneingeschränkte Verpflichtung zum Sexualverkehr einhergeht (vgl. Limbach/Willutzki 2002).

3.5 Zur Wiederholung und Vertiefung

Schlüsselbegriffe

Krisenphase · Krise · Ursachen von Krisen· Bewältigungsformen von Krisen · korrektive Tätigkeit · Konflikt · Konfliktthemen · Konfliktregel · Konfliktverlauf · Folgen von Konflikten · Gewalt: physische Gewalt · psychische Gewalt · strukturelle Gewalt · sexualisierte Gewalt

Wiederholungsfragen und -aufgaben

1. Diskutieren Sie mögliche Ursachen für eine Krise in einer Zweierbeziehung. Wie können Krisen bewältigt werden?
2. Beschreiben Sie einen typischen Konfliktverlauf in Zweierbeziehungen. Zeigen Sie auch auf, wie es zu Gewalthandlungen kommen kann.
3. Welche Folgen haben Konflikte für Zweierbeziehungen?
4. Diskutieren Sie, welche Handlungen von Beziehungspersonen Gewalthandlungen sind und wie Gewalt in Zweierbeziehungen empirisch erfasst werden kann.
5. Warum schaffen es viele betroffenen Frauen nicht, aus Gewaltbeziehungen auszubrechen?

Literatur zur Vertiefung

Zu Krise und Konflikt
- Kline, Galena H. / Nicole D. Pleasant / Sarah W. Whitton / Howard J. Markman (2006), Understanding Couple Conflict. In: A. L. Vangelisti / D. Perlmann (Hg.), The Cambridge Handbook of Personal Relationships. Cambridge: 443-462
- Kaufmann, Jean-Claude (2008), Was sich liebt, das nervt sich. Konstanz: UVK (orig. 2007)

Zu Gewalt
- Brückner, Margrit (2008), Gewalt in Paarbeziehungen. In: K. Lenz / F. Nestmann (Hg.), Handbuch Persönliche Beziehungen. Weinheim: 793-814
- Johnson, Michael P. (2006), Violence and Abuse in Personal Relationships: Conflict, Terror, and Resistance in Intimate Partnerships. In: A. L. Vangelisti / D. Perlmann (Hg.), The Cambridge Handbook of Personal Relationships. Cambridge: 557-576

4. Auflösungsphase von Zweierbeziehungen

ALLEIN IN EINER GROSSEN STADT
(TEXT: MAX COLPET; GESUNGEN: MARLENE DIETRICH)
(Fortsetzung)

und denkt ganz leise heimlich an den ersten Streit,
bis man ihm plötzlich gegenübersteht.

Und da weiß man nicht, was man sagen soll,
und man findet alles so banal
und er nahm doch früher nie den Mund so voll
und nun schreit er so mit einem Mal.
Und man schweigt und fühlt genau, jetzt ist es Schluss,
und es lohnt nicht einmal mehr, ein Wort zu sagen.
Jetzt ist alles aus, eine Welt stürzt ein,
man ist wieder einmal so allein.

Jede Zweierbeziehung endet, spätestens mit dem Tod einer der beiden Beziehungspersonen. Wenn aber von einer Auflösung einer Zweierbeziehung die Rede ist, dann
ist im Regelfall – und so auch hier im Weiteren – nicht das "natürliche" Ende im
Blick, sondern eine Beendigung durch Willensakt[65]. Stark angestiegene Scheidungs-
zahlen – in Deutschland wird "mehr als jede dritte Ehe" (Emmerling 2002; Sar-
don/Robertson 2004), in den USA gar jede zweite wieder geschieden – haben dazu
beigetragen, dass Scheidungen verstärkt ins Zentrum wissenschaftlicher Aufmerksamkeit gerückt sind. Die Anzahl von Forschungsprojekten, Büchern und Artikeln zu
diesem Thema in Fachzeitschriften ist sprunghaft angestiegen.

Die expandierende Scheidungsforschung ist auf zwei Themenbereiche konzentriert: auf Scheidungsursachen und Scheidungskonsequenzen (vgl. auch Herzer 1998).

(1) In den soziologischen Beiträgen zur *Ursachenforschung* wird überwiegend
die Scheidungshäufigkeit mit sozialdemografischen Merkmalen in Verbindung gesetzt. Auf der Grundlage meist von Aggregatsdaten werden Zusammenhänge zwischen Scheidungen und Heiratsalter, Ehedauer, Kinderzahl, Einkommen usw. hergestellt (vgl. Wagner 1997; Klein/Kopp 1999; Wagner/Weiß 2003). Obwohl der Eindruck erweckt wird, es ginge um Scheidungsursachen, ist dies gerade nicht der Fall.
Aus den aufgezeigten Zusammenhängen kann nicht gefolgert werden, dass damit
bereits wesentliche Determinanten für die Scheidung entdeckt wurden. Der komplexe
Prozess, der zu einer Scheidung führt, wird in dieser Forschungstradition auf einige
sozialdemografische Variablen reduziert. In der psychologischen Forschung auf diesem Gebiet, die einen immer breiteren Raum einnimmt, wird vor allem der Frage
nachgegangen, ob es Prädiktoren gibt, die bereits früh im Beziehungsverlauf das

---

65 Diese Beschränkung habe ich gewählt, da – trotz bestehender Gemeinsamkeiten – es nicht möglich
erscheint, beide Beendigungsformen parallel darzustellen. Eine Beendigung durch einen Willensakt
ist im wesentlichen eine Reaktion auf einen subjektiv wahrgenommenen Zustand der Beziehung,
während der Tod – die Fälle der Tötung durch den Beziehungspartner bzw. die Beziehungspartnerin
ausgenommen – ein von außen auf die Beziehung zukommender "Schicksalsschlag" ist. Zur Verwitwung vgl. als Überblick: Bojanovsky 1986; Shamgar-Handelman 1989; Worden 1987; Harvey/
Hansen 2000.

Scheitern vorherzusagen erlauben (als Überblick vgl. Bodenmann 2008). Mit der psychischen Labilität (Neurotizismus) und Kompetenzdefiziten (insbesondere in der Kommunikation, Problemlösung und Stressbewältigung) wurden zwei Hauptfaktoren identifiziert, die das Scheidungsrisiko erhöhen. Dieses Wissen wird zugleich für die Paarberatung und -therapie bzw. für die Entwicklung von Präventionsprogrammen für Paare genutzt.

(2) Der zweite große Zweig der Scheidungsforschung befasst sich mit *Scheidungskonsequenzen*, wobei vor allem die Folgen für die Kinder im Zentrum stehen (vgl. Wallerstein/Lewis/Blakeslee 2002; Hetherington/Kelly 2003; Walper/Krey 2008), ein Themenschwerpunkt, dessen Relevanz nicht bestritten werden soll, der aber zugleich in das Bild einer Vernachlässigung der Ehe zugunsten der Familie hineinpasst.

Während diese beiden Forschungsschwerpunkte fest etabliert sind, bleibt in der Scheidungsforschung – trotz der Anregungen von Willard W. Waller (1930) und William J. Goode (1956) – die "Ehescheidung als sozialer Prozess" (Herzer 1998) stark unterbeleuchtet. "Although divorce is eventful, it is not a discrete event. Divorce is a process that often begins long before and continues long after the legal decree ending a marriage is filed, especially if the divorcing couple has children. Rather than occurring in an orderly sequential manner, the process of divorce is typically experienced as a disorganized and seemingly random unfolding of events, at least until motives are assigned by divorcing individuals" (Coleman/Ganong/Leon 2006: 258). Weithin wird es in der Scheidungsforschung versäumt, deutlich zwischen Scheidung und Trennung zu differenzieren. Scheidung ist lediglich ein staatlich verordneter Akt, der im Regelfall eine bereits vollzogene Beziehungsauflösung besiegelt[66]. Sie ist ein singuläres Ereignis in einem länger gestreckten Trennungsprozess. Viele Folgen sind nicht kausal mit der Scheidung, sondern mit der Beziehungsauflösung verknüpft. Um den Fokus zu weiten, wäre es angemessener, diesen Forschungszweig nicht als Scheidungsforschung, sondern als *Trennungsforschung* zu bezeichnen.

Dafür spricht auch, dass nicht jede Ehe, die in die Brüche geht, geschieden wird. Es kommt auch weiterhin vor, dass ein Ehepaar nicht nur für eine gewisse Zeitspanne – was zumindest seit Einführung des Zerrüttungsprinzips (in Westdeutschland seit 1977) vor einer Scheidung die Regel ist – sondern dauerhaft getrennt lebt[67]. Überdies kann sich nur scheiden lassen, wer vorher geheiratet hat; Beziehungsauflösungen kommen jedoch auch in nichtehelichen Zweierbeziehungen vor. Nichteheliche Lebensgemeinschaften weisen sogar ein deutlich höheres Auflösungsrisiko auf als

---

66 An dieser Stelle ist es nicht möglich, auf die Grundlagen des aktuellen Scheidungsrechts, auf deren Geschichte sowie die möglichen Gestaltungsprinzipien eines Scheidungsrechts (Verschuldungsprinzip, Zerrüttungsprinzip, einverständliche Scheidung) einzugehen. Als Einstieg vgl. Schwab 2007.

67 Neben Scheidung und räumlicher Trennung wird gelegentlich noch eine weitere vorgelagerte Aufkündigungsform unterschieden, die Trennung von "Tisch und Bett", die Aufkündigung der ehelichen Lebensgemeinschaft (vgl. Nave-Herz et al. 1990: 45f): Das Ehepaar lebt zwar weiterhin in einem Haushalt und bleibt verheiratet, aber die beiden Personen leben ein paralleles und voneinander unabhängiges Leben. Ich werde im Weiteren diese Form nicht als Beziehungsauflösung mit einbeziehen, da es m. E. ausreicht, hier von einer "leeren Ehe" zu sprechen.

Ehen. Auf der Grundlage von Längsschnittdaten kommt Marina Rupp (1996) zu dem Ergebnis, dass die Trennungsanfälligkeit von nichtehelichen Lebensgemeinschaften innerhalb der ersten sechs Jahre etwa dreimal so hoch ist wie die von Ehen. Eine Phase eines unverheirateten Zusammenlebens erhöht nicht die Wahrscheinlichkeit der Ehestabilität. Im Gegenteil, deutsche Studien bestätigen amerikanische Forschungsergebnisse, wonach Paare, die vorehelich zusammenlebten, ein höheres Scheidungsrisiko aufweisen (vgl. Hall 1997; Brüderl/Diekmann/Engelhardt 1997; Klein 1999b).

Norbert Schneider (1990) hat in einer kleineren Studie die Trennungswahrscheinlichkeit von Zweierbeziehungen ohne gemeinsame Wohnung, nichtehelichen Lebensgemeinschaften, Ehen ohne Kinder und Ehen mit Kindern untersucht. Seine Ergebnisse zeigen, dass je mehr Schwellen-Wendepunkte eine Zweierbeziehung absolviert hat, desto größer muss offensichtlich das Belastungspotenzial sein, dass es zu einer Auflösung der Beziehung kommt, und desto mehr Trennungsgründe werden genannt: Getrennte oder Geschiedene aus Ehen mit Kindern nannten signifikant mehr Trennungsgründe und auch die höchste Problembelastung, die der Trennung vorausging. Die wenigsten Gründe und auch die geringste Belastung berichten dagegen Personen, deren Trennungserfahrung aus einer Zweierbeziehung ohne gemeinsame Wohnung stammt. Kinderlose Ehen und nichteheliche Lebensgemeinschaften liegen dazwischen. Die Studie macht deutlich, dass es nicht schon die Heirat ist, die einer Auflösung den stärksten Widerstand entgegensetzt, sondern ganz entscheidend die Familiengründung[68]. Ehen mit Kindern werden nur aufgelöst, wenn eine hohe Problembelastung besteht, und es scheint auch lange zu dauern, bis dieser Schritt letztendlich vollzogen wird. Das Belastungsniveau, bei dem kinderlose Ehen aufgelöst werden, scheint dagegen weitgehend dem der unverheiratet zusammenlebenden Paare zu entsprechen.

Trotz dieser vorhandenen Unterschiede in der Belastungssituation, die in Ehen mit oder ohne Kindern, nichtehelichen Lebensgemeinschaften und auch Living-apart-together-Beziehungen einer Beziehungsauflösung vorangehen, ist davon auszugehen, dass in allen Zweierbeziehungen, die über eine gewisse Zeit bestanden haben, der Ablauf einer Auflösungsphase eine Reihe von Gemeinsamkeiten aufweist (vgl. auch Newcomb/Bentler 1982), die es aufzuzeigen gilt. Eine Scheidung, eine Auflösung eines gemeinsamen Haushalts oder das "Schluss-machen" ist dabei immer nur eine Episode in einer längergestreckten Trennungsphase. Für eine Soziologie der Zweierbeziehung geht es nicht primär um dieses Ereignis, sondern um die Verlaufsstrukturen der Auflösungsphase.

Eine wichtige Frage, die vorab zu beantworten ist, ist die nach der Abgrenzung der Auflösungsphase von der vorangehenden Phase: Eine Zweierbeziehung ist dann in der Auflösungsphase, wenn eine/r der beiden Beteiligten die *Trennung als reale Option* in Betracht zieht. Es ist durchaus möglich, dass Krisen- und Auflösungsphase weitgehend zusammenfallen. Dies ist der Fall, wenn beim Auftreten einer Bezie-

---

68 Zu untersuchen wäre auch, ob die Familiengründung auch in nichtehelichen Lebensgemeinschaften eine stabilisierende Wirkung hat.

hungskrise gleich oder sehr bald eine Trennung in Erwägung gezogen wird, wie es gehäuft in Zweierbeziehungen ohne gemeinsamen Haushalt vorkommen dürfte. Eine Auflösungsphase kann aber auch erst nach einer zeitlich langgestreckten Krisenphase und einer Vielzahl von Bewältigungsversuchen auftreten, was wohl ausgeprägt bei Ehen mit Kindern der Fall sein dürfte. Der Eintritt in die Auflösungsphase muss nicht notwendigerweise und unmittelbar das Ende der Beziehung herbeiführen. Die Trennungsabsicht kann sich als erfolgreiches Mittel zur Beseitigung der vorhandenen Unzufriedenheit erweisen und neue und erfolgreichere Grundlagen für eine Fortsetzung der Beziehung anstoßen. Möglich ist auch ein mehrmaliges Hin- und Herschwanken zwischen Konflikt- und Auflösungsphase, eventuell auch zwischen diesen und der Bestandsphase.

4.1 Ein Grundmodell der Auflösungsphase

Aus großen Teilen der gängigen Scheidungsforschung lassen sich für die anstehende Aufgabe einer Beschreibung der Auflösungsphase kaum Anregungen gewinnen. Weiterführend und anregend sind hierfür Arbeiten aus einer austauschtheoretischen Perspektive, entstanden z. T. innerhalb der Familienforschung, zu einem größeren Teil im neuen Forschungsbereich der persönlichen Beziehung (vgl. Becker/Landes/ Michael 1977; Lewis/Spanier 1979; Levinger 1979; Rusbult 1980; Johnson 1982; Bodenmann 2008).

In dieser Theorieperspektive hat die Auflösungsphase seit einiger Zeit ein erhebliches Interesse gefunden (vgl. ausführlicher hierzu: Wagner 1997; Wagner/Weiss 2003; kritisch: Burkart 1997; Herzer 1998). Eine besondere Aufmerksamkeit hat das von Hartmut Esser (2003) im Rahmen der Mannheimer Scheidungsstudie entworfene Modell der Frame-Selektion gefunden. Dieser Ansatz basiert zwar auf austauschtheoretischen Grundlagen, ist aber auch bestrebt, andere, eher kulturalistische Ansätze (wie z. B. Berger/Kellner 1965; Nave-Herz et al. 1990) einzubeziehen. Dem Modell liegt die Annahme zugrunde, dass Scheidungen das aggregierte Ergebnis des Handelns der Partner darstellen. Dabei werden "die Anreize und die Opportunitäten im Rahmen (zweck-)rationaler Überlegungen und Entscheidungen der Akteure wirksam, die Loyalitäten, die Werte und die symbolischen Sinnwelten im Rahmen von Konzepten des normativen bzw. kulturell gesteuerten Handelns" (Esser 2003: 32). Mit Hilfe des Frame-Konzepts sollen die über das austauchtheoretische Grundmodell hinausragenden Bestimmungsgründe eingefangen werden. "Frames sind die in einem Kollektiv verbreiteten und geteilten Muster gedanklicher kultureller Modelle und 'kollektiver Repräsentationen'. Es sind vorgefertigte Orientierungen, 'Codes' und 'Einstellungen', in denen das Wissen (…) über die Oberziele festgelegt ist, um die es in einer Situation geht" (Esser 2003: 34)[69]. Ein Frame ist im individuellen Gedächtnis verankert; er wird ausgelöst, wenn in einer bestimmten Situation das entsprechende

---

69 Aus dieser Definition wird die Anlehnung an Goffmans Rahmen-Konzept deutlich (vgl. Hettlage 1991).

signifikante Symbol auftritt und auch sonst keine Störungen auftreten. Nicht die 'kalkulierende Rationalität' der Akteure, sondern "der Match von gedanklichen Modellen und symbolischer Repräsentation in einer Situation" (Esser 2003: 59) ist der alles steuernde Mechanismus. Es wird davon ausgegangen, dass am Anfang die Rahmung der Beziehung als "guter Ehe" steht. Eine Auflösungsphase beginnt, wenn dieses Framing durch alternative Rahmungen abgeschwächt wird. Entscheidend ist, wie groß die Wahrscheinlichkeit geschätzt wird, durch weitere Anstrengungen herauszufinden, ob das Modell 'gute Ehe' immer noch gilt oder ob das alternative Modell zutrifft und wie hoch die damit verbundenen Suchkosten nach einer Alternative sind. Wenn die Wahrscheinlichkeit gering geschätzt wird und die Suchkosten hoch sind, dann wird über die Stabilität der Ehe auch bei großen Problemen nicht lange nachgedacht. "Zu einer (rationalen) Reflexion über den Fortbestand der Ehe kommt es also (nur) dann, wenn der Match (…) nicht (mehr) perfekt ist, wenn – unter dieser Bedingung! – der Ehegewinn absinkt bzw. es attraktive Alternativen gibt, wenn die Suchkosten nicht zu hoch und – insbesondere – wenn es Möglichkeiten gibt, die (nun: bessere) Alternative durch eigene Aktivitäten doch noch mit einiger Aussicht zu finden" (Esser 2003: 39).

Im Folgenden soll jedoch das Ablösungs-Phasenmodell von Steve Duck (1982) ausführlicher dargestellt werden, das ebenfalls austauschtheoretische Überlegungen aufnimmt, jedoch stärker die Prozessperspektive akzentuiert. Eine Prozessperspektive ist nach Duck (1982: 2) für die Beschreibung der Auflösungsphase unerlässlich: "The most important observation for research is that we must avoid the risk of seeing relationship dissolution as an event. On the contrary, it is a process, and an extended one with many facets: affective, behavioural, cognitive, intra-individual, dyadic and social". Duck verbindet damit zugleich eine Kritik an der gängigen Forschungspraxis, in der noch vielfach eine Konzeptualisierung der Auflösung als bloßes Ereignis und einfache Erklärungsmodelle (fehlende Kompatibilität, Fehlverhalten usw.) dominant sind. Nach Duck (1982) sollte auch nicht vorab unterstellt werden, dass die Verhaltensweisen, die zur Beziehungsauflösung führen, notwendigerweise bewusst gesteuert sind. "It is undesirable to assume that disengagement is necessarily orderly, predictable and certain. Most often it is messy, uncontrolled and uncertain" (Duck 1982: 3). Damit bestreitet Duck keineswegs, dass sich im Auflösungsprozess – aus wissenschaftlicher Perspektive – Regelmäßigkeiten feststellen lassen (vgl. auch Lee 1984), vielmehr zielt er auf die Eigendynamik ab, die die Auflösungsphase für die Betroffenen beinhaltet. So ist es durchaus möglich, dass diejenige Person, die die Auflösung als erste wollte, die Initiative verliert und verlassen wird. Beziehungsauflösungen sollten nicht als bloße Verlängerungen individueller Pläne oder Verhaltensweisen aufgefasst werden. Vielmehr umfasst auch die Auflösungsphase – mehr oder minder offen – die Teilhabe beider Seiten, die wechselseitig aufeinander bezogen handeln und sich vielfältig gegenseitig beeinflussen. Durch dieses "Aufeinanderbezogensein" wird eine Dynamik ausgelöst, auf deren Hintergrund die individuellen Pläne und Verhaltensweisen erst zustande kommen – auf deren Hintergrund sie auch erst verständlich werden – und durch die die Handlungen in ihrem realen Verlauf wie auch in ihrer zugeschriebenen Bedeutung fortlaufend modifiziert werden.

Duck (1982) kritisiert in diesem Zusammenhang auch eine in der Scheidungsforschung vorherrschende Tendenz, rationale Urteile, die die Individuen machen, überzubetonen, eine Tendenz, die vor allem mit austauschtheoretischen Modellen in Verbindung steht. Stattdessen geht Duck (1982: 9) von der Annahme aus, "that persons are strongly driven by emotions and feelings – or, at the very least, that their decisions create emotions and feelings". Dieses Voranstellen rationaler Urteile gehe vielfach auch einher mit einer Vernachlässigung von äußeren Zwängen. Nach Duck sollte nicht angenommen werden, dass eine Beziehungsauflösung eine Wahl darstelle, die frei sei von Zwängen wie sozialem Druck der Herkunftsfamilien, der Einflussnahme von Peers oder auch den Anforderungen, das Gesicht zu wahren. Bloße intra-psychische und bloße dyadische Modelle der Beziehungsauflösung sind unzulässig vereinfachte Erklärungsmodelle, da die vorliegenden normativen sozialen und kulturellen Zwänge auf das Beziehungsverhalten außer Acht gelassen werden.

Auf diesem Hintergrund entwirft Duck (1982) ein umfassendes Prozessmodell der Auflösung, das in der Abb. 2 zusammengefasst ist und im Folgenden beschrieben werden soll. Ausgangspunkt bildet die Zerrüttung ("breakdown") oder – wie ich es bislang bezeichnet habe – eine Krisenphase: Eine der beiden Seiten ist mit der Beziehung unzufrieden. Nach Duck lassen sich im Auflösungsprozess vier Phasen unterscheiden. In jeder dieser vier Phasen ist die Aufmerksamkeit der Betroffenen auf andere Probleme ausgerichtet, sie sind mit verschiedenen verhaltensrelevanten Fragen konfrontiert, müssen unterschiedliche Entscheidungen treffen und auch unterschiedliche Verhaltensweisen zeigen. Die Zwänge, mit denen die Individuen konfrontiert sind, stellen sich für Duck als Probleme des sozialen Managements dar:

> "Thus once one decides that one's partner is no longer liked, one is faced with the social management problem of telling them so; once one wishes to withdraw from the relationship, one is faced with the social management problem of negotiating disengagement; once one has reached a satisfactory stage in the negotiation, one is faced with the social management problem of letting the social network know that one of its constituent pairings is dissolved; once it is dissolved one must face up to explaining what happened" (Duck 1982: 13).

Der Auflösungsprozess beginnt mit einer *intrapsychischen Phase*[70], in der sich für die unzufriedene Person die Grundhaltung zu einem "Ich halte es nicht mehr aus" verdichtet: In dieser Anfangsphase behält die Person mit Trennungsabsicht ihre Unzufriedenheit noch für sich. Diese Phase weist einen starken evaluativen Fokus auf den Partner bzw. die Partnerin auf.

Der Fokus wird benutzt, um eine Erklärung für die Gefühle der Unzufriedenheit, für den inneren Rückzug oder sogar für das Verlassen zu finden. Gesucht werden Erklärungen, die die Person selbst befriedigen und die als Basis für die folgende Auseinandersetzung mit dem Partner bzw. der Partnerin geeignet erscheinen. Von Bedeutung sind in dieser Phase nach Duck Überlegungen, wie sie von austauschtheoretischen Modellen beschrieben werden: Nutzen und Kosten der Beziehung werden

---

70 Diese und die folgende Phase von Duck stimmen weitgehend mit den ersten beiden Stadien überein, die Constanze Ahrons und Roy H. Rodgers (1987) unterscheiden. Sie unterteilen den Prozess, vor allem mit Blick auf die Familie, in insgesamt fünf Stadien: "individual cognition", "family metacognition", "systemic separation", "systemic reorganisation" und "family redefinition".

erwogen und der Blick ist auf alternative Beziehungen gerichtet. Im Unterschied zu den austauschtheoretischen Modellen stehen für Duck diese Kosten-Nutzen-Kalküle immer auch in Verbindung mit anderen psychischen Prozessen (z. B. Selbstzweifel oder auch der Unfähigkeit, es dem bzw. der anderen mitzuteilen). Auch sei zu berücksichtigen, dass es sich dabei keineswegs immer um so nüchterne und korrekte Kalkulationen der Austauscherträge handelt, wie es von diesem Theorieansatz unterstellt wird: Irrtümer und Missverständnisse spielen eine nicht zu unterschätzende Rolle. Typischerweise sei für diese Phase vielfach ein hohes Maß an Ambivalenz zu finden: Zuerst ist sich die Person mit Trennungsabsicht unsicher, ob der Weg der Trennung wirklich der richtige ist oder ob man es nicht doch (noch einmal) miteinander versuchen solle. Auch wenn sie eine relative Gewissheit erlangt hat, dass die Trennung unvermeidlich ist, verschwindet die Ambivalenz nicht: Nun steht die Frage an, ob man, und wenn ja, wie und wann man dem Partner bzw. der Partnerin die Trennungsabsicht mitteilen soll; eine Entscheidung, die auf der Grundlage, wie der/die andere wahrscheinlich darauf reagieren wird, getroffen wird.

Abb. 3: Auflösungs-Phasenmodell nach Steve Duck (1982: 16)

1. Schwelle: Ich halte es nicht mehr aus!

INTRA-PSYCHISCHE PHASE

Persönlicher Fokus auf das Verhalten des Partners/der Partnerin
Einschätzung der Angemessenheit des Rollenverhaltens des Partners/der Partnerin
Herausstellen und Bewerten negativer Aspekte der Beziehung
Analyse der Rückzugskosten
Abschätzen der positiven Aspekte einer anderen Beziehung
Ausdrucks-/Unterdrückungs-Dilemma

2. Schwelle: Ich ziehe mich mit gutem Recht zurück!

DYADISCHE PHASE

Konfrontations-/Vermeidungs-Dilemma
Konfrontieren des Partners/der Partnerin
Aushandeln in Beziehungsgesprächen
Reparatur- und Versöhnungsversuche?
Abschätzen der gemeinsamen Kosten von Rückzug und reduzierter Intimität

3. Schwelle: Es ist mir ernst!

SOZIALE PHASE

Aushandeln des Nach-Trennungs-Status mit dem Partner/der Partnerin
Initiierung von Klatschgesprächen im sozialen Netzwerk
Erfindung öffentlicher Gesichtswahrungs-/Schuldzuweisungs-Darstellungen
Erwägung der Netzwerkeffekte
Beratungsstellen zu Rate ziehen

4. Schwelle: Es ist nun unvermeidbar!

GRABPFLEGE-PHASE

Überwindungs-Aktivitäten
Rückblick; nachträgliche Zuschreibung
Verbreitung der eigenen Version der Auflösungs-Geschichte

Mit der relativen Gewissheit, die Beziehung habe keine Zukunft, und mit dem Versuch, den Partner bzw. die Partnerin damit zu konfrontieren, beginnt für Duck die *dyadische Phase*. Das Konfrontieren kann in unterschiedlicher Form erfolgen: direkt durch eine verbale Mitteilung oder indirekt z. B. durch Veränderung eingespielter Routinen oder durch Gereiztheit. Ist die andere Seite in Kenntnis gesetzt, dann muss der Initiator/die Initiatorin Gründe für den Entschluss geben, er/sie muss "Beispiele" aufführen, die nicht nur den Ansprüchen der eigenen Person genügen, sondern auch im Urteil der anderen Seite bestehen. Im Unterschied zur intrapsychischen Phase muss man nun auch auf alternative Erklärungen des gleichen Vorfalls eingestellt sein, muss die eigene "Sicht der Dinge" dagegen behaupten können. Die Reaktionen können extremer oder anders als erwartet ausfallen. Es ist nicht ausgeschlossen, dass die mit der Trennung verbundenen Kosten höher ausfallen als anfänglich erwartet. Es ist möglich, dass die Absicht, die Beziehung aufzulösen, (zeitlich) aufgeschoben wird. Es kann so weitergemacht werden wie bisher oder der Versuch gemacht werden, die Beziehung zu verändern. Wenn der Weg der Trennung eingeschlagen wird, bedarf es einer "öffentlichen Geschichte" über die Ursachen der Trennung und den Verlauf der Beziehung.

Damit ist auch der Übergang zur dritten Phase, *der sozialen Phase*, bereits vorbereitet, in der der Kreis der Eingeweihten ausgeweitet wird. Nachdem die beiden die Trennung als Realität akzeptiert haben, geht es in dieser Phase um die Aufarbeitung der sozialen und öffentlichen Konsequenzen der Ausführung und der Veröffentlichung der Entscheidung. Dieser Schritt nach außen kann das Paar vom Vollzug abhalten oder diesen zumindest verzögern. Der Druck des Netzwerks, die Sanktionsmacht sozialer Gruppen, der mit der Trennung verbundene Statusverlust oder auch die legale Macht sozialer Institutionen sind Barrieren-Zwänge ("barrier forces"), die eine emotional zerfallende Beziehung zusammenhalten oder sie zumindest von einer schnellen Auflösung abhalten können. Die Beziehungsauflösung hat auch unmittelbare Auswirkungen auf das Netzwerk. Die Netzwerkmitglieder werden mit der Frage konfrontiert, auf welcher Seite sie stehen. Bleiben die Kontakte mit beiden aufrecht, dann stehen sie vor Loyalitätskonflikten. Längerfristig hat eine Trennung meist auch eine Reorganisation des Netzwerks zur Konsequenz.

Nachdem die Hauptarbeit der Auflösung der Beziehung geleistet wurde, bleibt das Problem, wie mit den Erinnerungen an die Beziehung umgegangen werden soll. "The processes here remind me of grave-dressing: the attempt to neaten up the last resting place of the corpse and to erect public statements of its form, contribution, and importance" (Duck 1982: 27). Duck spricht wegen dieser Assoziation von der Schlussphase als *Grabpflege-Phase* ("grave dressing phase"). Diese Phase umfasst Bewältigungsaktivitäten, Erklärungen aus der Rückschau, z. B. wie es überhaupt dazu kommen konnte, dass man sich auf diese Beziehung eingelassen hat, und die Verbreitung der eigenen Geschichte.

Das Auflösungs-Prozessmodell von Duck (1982) stellt eine wichtige Grundlage für eine Neuorientierung der Trennungsforschung dar, eine Grundlage, auf die sich einige neuere Forschungsarbeiten – wie sich noch zeigen wird – auch explizit beziehen. Im Weiteren werde ich an verschiedenen Stellen auf dieses Modell zurückkommen, und dabei werden sich einige Kritikpunkte ergeben. Ein Kritikpunkt sei vorweggenommen: Das Modell von Duck erweckt den Eindruck, dass die erste Phase abgeschlossen ist, wenn die zweite beginnt, die zweite, wenn die dritte beginnt usw. Für die Grabpflege-Phase als der letzten mag dies zutreffen, auch wenn die "abschließenden" Erklärungen immer schon auf die vorangehenden aufbauen. Die anderen Phasen dagegen überschneiden sich und dauern noch an, wenn die nächste Phase eröffnet wird. Eine Person, die sich trennen möchte, wird sich z. B. mit den positiven und negativen Aspekten der Zweierbeziehung auch dann noch befassen, wenn sie den Partner bzw. die Partnerin (dyadische Phase) oder Dritte (soziale Phase) in diese Absicht eingeweiht hat. Keineswegs muss die soziale Phase bis zu dem Zeitpunkt aufgeschoben werden, zu dem die Trennung von beiden Seiten bereits eine "beschlossene Sache" ist. Schon die Unzufriedenheit kann von Netzwerkmitgliedern beeinflusst oder beschleunigt werden, und auch in der intrapsychischen Phase dürften vielfach Erwägungen über die Auswirkungen auf das Netzwerk und über mögliche Reaktionen einzelner Netzwerkmitglieder eine nicht zu vernachlässigende Bedeutung haben. In einer Reihe von Fällen wird die Unzufriedenheit schon vor der Kundgabe des Trennungswunsches an den Partner bzw. die Partnerin in einer mehr oder minder offenen Form gegenüber Dritten angesprochen; gegenüber einer Person, der man vertraut und von der man Unterstützung erwartet (vgl. Vaughan 1988). Netzwerk-Erwägungen können überdies im Aushandlungsprozess in der dyadischen Phase eine Rolle spielen, und vielfach werden Netzwerkmitglieder in diese Phase, jetzt auch vom Partner bzw. von der Partnerin, als Unterstützung, als Ratgebende und auch als Trost konsultiert.

4.2   Rollendifferenzierung und Erklärungsbedarf

(1) Sich-Trennende und Verlassene
Das Prozessmodell der Beziehungsauflösung von Duck macht deutlich, dass der Trennungsprozess viel früher einsetzt als das Ereignis der Trennung oder auch der Scheidung[71]. Trennung und auch Scheidung sind nur Episoden in einem mehr oder minder langen Prozess der Beziehungsauflösung. Unterschwellig führt das Modell eine Unterscheidung von zwei Rollen ein, die für ein angemessenes Verständnis des Auflösungsprozesses von zentraler Bedeutung sind. Für Duck beginnt der Auflösungsprozess mit einer intrapsychischen Phase, in der einer der beiden Partner mit der potenziellen Trennung als Ausweg aus der empfundenen Unzufriedenheit befasst ist, während die andere Person erst in der folgenden Phase ins Spiel kommt. Diese Unterscheidung wird auch durch empirische Studien nahegelegt: So kommen Hill et

---

71 Duck versäumt es zwar, räumliche Trennung und Scheidung unmittelbar in sein Modell einzuordnen, aus der "Modelllogik" kann aber gefolgert werden, dass sie in die soziale Phase fallen. Gesetzliche Regelungen, die eine Scheidung an eine bestimmte Trennungsdauer binden – im deutschen Scheidungsrecht bis zu drei bzw. fünf Jahren und in Ausnahmefällen sogar noch länger –, können bewirken, dass eine Scheidung verzögert und solange aufgeschoben wird, bis die Grabpflege-Phase bereits begonnen hat.

al. (1976: 158) in einer Longitudinalstudie über nichtverheiratete Paare und deren Trennung zum Ergebnis: "Thus in the large majority of cases there are two distinct roles: 'break-upper' (to be more literary about it, the rejecting lover) and 'broken-up-with' (the rejected lover). Identifying these roles is crucial to understanding anything else about a breakup – its underlying reasons, the termination process itself, or its aftermath". Die Unterscheidung dieser beiden Rollen erwies sich auch in den Studien von Diane Vaughan (1988) wie auch von Jörg Eckardt (1993) als zentral[72]. Nach Vaughan (1988) ist die Auflösung einer Beziehung das Resultat von zwei Übergangsprozessen, die in aller Regel zeitlich versetzt sind:

> "In den allermeisten Fällen möchte ein Partner die Beziehung beenden, während der andere sie fortführen will. Obgleich beide Partner, um sich voneinander zu lösen, die gleichen Stadien (...) (des) Übergangsprozesses durchmachen müssen, beginnt und endet dieser Prozess bei beiden zu unterschiedlichen Zeitpunkten. Wenn sich der dem anderen noch zugewandte Partner der Tatsache bewusst wird, dass sich die Beziehung in einer ernsten Krise befindet, ist dieser andere in vielfacher Hinsicht bereits gar nicht mehr da" (Vaughan 1988: 14)[73].

Die Rolle, die man einnimmt, entscheidet nachhaltig darüber, wie man die Trennung verkraftet. "Unabhängig von Geschlecht, Alter, Beruf und Einkommen und unabhängig von der Schichtzugehörigkeit, der Dauer der Beziehung, der sozialen Einbettung oder anderen (...) Faktoren (...) – der Initiator ist grundsätzlich im Vorteil" (Vaughan 1988: 191). Daraus folgt für Vaughan nicht, dass der bzw. die Sich-Trennende – oder, wie es bei ihr heißt, Initiator bzw. Initiatorin – keine Trauer um die Beziehung empfindet. Nur findet diese Trauer früher statt. Der/die Sich-Trennende beginnt mit der Trauerarbeit ab dem Zeitpunkt, wo er/sie sich zum ersten Mal eingesteht, die Beziehung sei möglicherweise nicht mehr zu retten. Wer von sich aus die Trennung will, hat vorangehend, solange die Unzufriedenheit noch als Geheimnis behandelt wird, Zeit zur Verfügung, die eigenen Gefühle auszuloten[74]. Dieses Sich-Beschäftigen mit der eigenen Gefühlswelt ist ein notwendiger Schritt, um überhaupt für sich den Trennungsentschluss treffen zu können. Erste Unmutsäußerungen stellen oft auch Rettungsversuche für die Beziehung dar. Noch bevor die Trennung zum Beziehungsthema und von der unzufriedenen Seite mehr oder weniger bewusst wahrge-

---

72 Vaughan führte offene Interviews mit 103 Personen durch, die eine Trennung hinter sich hatten. Auswahlkriterium war, dass sie eine Zeit lang zusammenlebten, sexuelle Erfahrungen miteinander hatten und als Paar galten. Der gesetzliche Status der Beziehung spielte für die Auswahl keine Rolle; es wurden verheiratete und unverheiratete Paare einbezogen. Unter den Befragten befinden sich auch einige, die über die Auflösung einer gleichgeschlechtlichen Beziehung berichten. Nach Vaughan bestehen keine Unterschiede in der Grundstruktur des Auflösungsprozesses bei heterosexuellen und homosexuellen Paaren. Eckardt (1993) führte "narrativ-orientierte Interviews" mit 16 geschiedenen Männern durch.

73 In der deutschen Übersetzung von Vaughan wurde auf die Verwendung der weiblichen Form verzichtet, so dass immer nur vom "Partner" die Rede ist. Was inhaltlich ausgesagt wird, trifft aber auch für die Partnerin zu. In diesem Zitat wie in den folgenden müssen die entsprechenden weiblichen Formen immer gedanklich hinzugefügt werden.

74 Schwierigkeiten habe ich bei Vaughan (1988), ob dieses Ausloten der eigenen Gefühle, was mit dem Aktualisieren des Trennungswunsches einhergeht, zutreffend mit Trauerarbeit beschrieben werden kann. Vielfach dürfte bei der sich-trennenden Seite Wut, Resignation oder auch Langeweile sehr viel stärker im Vordergrund stehen als Trauer. Hier scheint die Autorin die Ähnlichkeit der zeitlich versetzten Übergangsprozesse zu überzeichnen. Kritik an den Versuchen, den Verlust des Partners bzw. der Partnerin durch Tod mit einer Trennung gleichzusetzen, äußert auch Herzer 1998.

nommen wird, lassen sich nach Vaughan (1988) Versuche erkennen, die Person des Partners bzw. der Partnerin, die Beziehung oder/und die Regeln des Zusammenlebens zu ändern. Bleiben diese Veränderungsversuche ohne Erfolg und bleibt die Unzufriedenheit bestehen, beginnt die Suche nach Möglichkeiten jenseits der Beziehung. Es kann sein, dass mehr Energie in Aktivitäten gesteckt, neue Interessen entdeckt werden oder auch eine Hinwendung zu anderen Personen stattfindet. Auch dies trägt – oder beinhaltet zumindest ein entsprechendes Potenzial dafür – entscheidend zum Vorteil der/des Sich-Trennenden bei, da er/sie dadurch die Chance hat, vorab ein "Leben" jenseits der Beziehung aufzubauen. Diese erfolglosen Anstrengungen, die Beziehung zu retten, dienen zugleich als Legitimation für die eigene Person: "man habe alles mögliche versucht, um die Beziehung aufrechtzuerhalten". Damit schafft man für sich – und auch für andere – eine Rechtfertigung, dass man, auch wenn man derjenige/diejenige sei, der/die die Trennung wollte, nicht am Zerbrechen schuld sei. Einer "moralischen" Entlastung kann auch durch eine verstärkte Hinwendung zu kulturellen Orientierungsmustern vorgebaut werden, die die absolute Priorität des Individuums gegenüber allen kollektiven Bindungen betonen. Je deutlicher sich abzeichnet, dass die Beziehung keine Zukunft mehr hat, desto stärker wird alles vermieden, was die Gemeinschaft festigen könnte, und alle Nischen werden genutzt, um den Aufbau einer neuen, einer erneuerten Identität vorzubereiten. Zugleich treten die negativen Aspekte der Beziehung immer stärker in den Fokus der Aufmerksamkeit. Die trennungswillige Seite entwirft ein negatives Bild der Beziehung und schmiedet an einer negativen Version ihrer gemeinsamen Geschichte (vgl. auch Eckardt 1993; Jäckel 1997). Dieses Betonen der negativen Aspekte trägt dazu bei, die Bindung an die Person Stück für Stück abzubauen. Auch hier besitzt der bzw. die Sich-Trennende wiederum einen Vorsprung. Die Person, die die Trennung aktiv betreibt, wird erst dann das Geheimnis lüften, wenn sie von den Vorteilen einer Trennung überzeugt ist. Auch wenn der bzw. die Sich-Trennende einen Vorsprung hat, muss das nicht heißen, dass dieser ein Teil eines bewussten Kalküls ist. Vielfach dürfte diese Vorbereitungsphase zu einem Gutteil in einen Abschnitt fallen, in dem das Unbehagen noch viel zu diffus ist, um es überhaupt artikulieren zu können.

Ganz anders ist die Situation für die Beziehungsperson, die verlassen wird. Häufig wurde in den Interviews berichtet, ihnen sei nicht oder nur vage bewusst gewesen, dass die Beziehung in einer ernsthaften Krise steckt. Besonders Männer scheinen in Gefahr zu stehen, von der Trennungsabsicht ihrer Partnerin "kalt erwischt" zu werden. Im Nachhinein werden dann vielfach Signale entdeckt, die darauf hindeuteten, aber anders interpretiert wurden: als "normale" Probleme, die in einer Beziehung vorkommen, als berufliche Belastungen oder dergleichen. Der, der verlassen wird, ist mit der Androhung eines Verlustes konfrontiert, ohne dass ein Ersatz in Aussicht steht. Im Unterschied zum/zur Sich-Trennenden hat er bzw. sie keine Zeit, sich allmählich ein eigenständiges Leben aufzubauen. Mit dem drohenden Verlust der Partnerrolle gerät die Welt aus den Fugen. Als erste Reaktion liegt nahe zu versuchen, die angedrohte oder auch vollzogene Trennung abzuwenden oder wieder rückgängig zu machen. Rettungsversuche werden unternommen, man wird auch – bis zu bestimmten Grenzen – bereit sein, alles zu tun, um die Beziehung aufrechtzuerhalten.

Vaughan (1988: 206) nennt dieses Festhalten an der Beziehung "eine natürliche und notwendige Phase des Übergangsprozesses", den die verlassenwerdende Seite vollziehen muss. Sie beginnt erst jetzt, alles das nachzuholen, wozu der bzw. die Sich-Trennende schon vorab Zeit hatte: die emotionale Bewältigung, die Reorganisation des Alltags und die Umformung der Identität. Hinzu kommt ein spezifisches Problem für den bzw. die Verlassenwerdene/n: Er/sie ist die Person, die nicht mehr geliebt wird, was immer auch mit einer (drohenden) Entwertung als Person einhergeht. Damit ist ein Gesichtsverlust verbunden, der sich in dieser Form nur für diese Seite stellt. Um diese Aufgaben zu bewältigen, muss sie die Erinnerungen an die Beziehung neu ordnen, um Erklärungen zu finden. Nach Vaughan (1988: 232) muss der/die Verlassene es fertig bringen, "für den Initiator und die Beziehung eine negative Deutung (zu) finden, um so das Ende rechtfertigen zu können". Beide Seiten beginnen den Übergangsprozess nicht nur zu unterschiedlichen Zeitpunkten, sondern werden ihn auch unterschiedlich früh – oder spät – beenden. Gerade für die verlassene Seite kann dies noch lange nach der räumlichen Trennung und auch Scheidung andauern.

Auch wenn man diese Rollendifferenzierung als zentral für den Ablauf der Auflösung anerkennt, folgt daraus nicht, dass sich diese beiden Rollen in jedem Auflösungsprozess in einer maximalen Ausprägung wiederfinden lassen. Es ist möglich, dass sich die Entwürfe der trennungswilligen Seite nicht erfüllen lassen, wie überhaupt mit der Veröffentlichung des Trennungswunsches die Belastungen durch die Auflösung für sie noch keineswegs "aus und vorbei" sind. Der Vollzug der Trennung kann sehr viel schwerer fallen als erwartet. Es ist auch möglich, dass sich die Vorbereitungen zu einem Leben jenseits der Beziehung im Ernstfall nicht als tragfähig erweisen. Hinzu kommt auch die Belastung durch die Konfrontationen mit dem Partner bzw. der Partnerin. Möglicherweise wird der bzw. die Sich-Trennende durch die Reaktionen und die Rettungsversuche des anderen wieder verunsichert. Es kann auch zu einer langen Phase aus Konfrontationen und Versöhnungen kommen, die für beide Seiten sehr belastend sein kann. Dieses langgestreckte Hin und Her schafft zugleich zwar für die trennungsunwillige Seite die Chance, sich besser auf einen doch nicht auszuschließenden Bruch einzustellen. Ob allerdings diese Chance auch produktiv genutzt wird, ist fraglich, da ein mehrfaches Sich-Wiederversöhnen gerade auch die Illusion schaffen kann, alles werde sich wieder zum Guten wenden. Die Unterschiede zwischen beiden Seiten können sich auch verkleinern, wenn der Partner bzw. die Partnerin nicht unvorbereitet war, wenn er bzw. sie die Signale durchaus schon richtig verstanden hat oder gar selbst schon zu dem Schluss gekommen ist, die Beziehung habe keine Zukunft. In diesem Fall ergibt sich die Möglichkeit einer weitgehend einvernehmlichen Trennung; dies kann auch nachhaltig die mit der Beziehungsauflösung verbundenen Belastungen reduzieren. Möglich ist sogar, dass eine Person im Auflösungsprozess nicht immer die gleiche Rolle innehaben muss: Wer die Rolle des/der Sich-Trennenden, wer die Rolle des/der Verlassenen innehat, kann im Verlauf einer Auflösung – einmal oder gar mehrmals – wechseln.

Nicht außer Acht gelassen werden darf ein möglicher strategischer Gebrauch dieser Rollen: Eine der Beziehungspersonen kann durch eine Häufung von Verstößen,

Erniedrigungen und Demütigungen den Versuch unternehmen, die andere Seite zu veranlassen, die Rolle des/der Sich-Trennenden zu übernehmen. Damit erspart sich die eigentlich initiative Seite den Begründungsaufwand und entgeht auch der moralischen Verantwortung für den Bruch oder mildert diese zumindest ab.

Je nachdem, wie ausgeprägt diese Rollendifferenzierung im Auflösungsprozess ist, wird sich dies – so ist zu vermuten – auch in den Auswirkungen einer Auflösung niederschlagen: Je ausschließlicher jemand in der Rolle des/der Verlassenen verbleibt, desto gravierender und langfristiger sind die Belastungen der Auflösung für die betroffene Person. Wer dagegen im Auflösungsprozess dauerhaft die Rolle des Sich-Trennenden innehat, ist von der Auflösung deutlich weniger betroffen, und sie kann sogar in Teilen den Charakter einer Befreiung haben. Je häufiger zwischen beiden Rollen gewechselt wird oder je verwaschener ihre Konturen, desto ähnlicher werden die Belastungen beider Personen sein.

(2) "Wie konnte es dazu kommen?"
Das Phasenmodell von Duck wie auch empirische Studien machen darauf aufmerksam, dass sich eine Beziehungsauflösung durch einen hohen Bedarf an Rechtfertigungen ("justifications"), Erklärungen ("explanations", "accounts") oder Reinterpretationen der Paargeschichte auszeichnet (vgl. auch Bodenmann/Bradbury/Madarasz 2002). Es bedarf einer Antwort auf die Frage, wie trotz aller ganz anders gelagerten Vorsätze und Erwartungen, die am Anfang der Zweierbeziehung standen und diese auch über weite Strecken begleitet haben, es zu diesem Ende kommen konnte. Gefragt und gefordert sind komplexe Sinndeutungsmuster, die es erlauben, die gesamte oder große Teile der Beziehung in einer neuen Sicht zu sehen[75].

Wie keine andere Phase zeichnet sich die Auflösungsphase durch einen hohen Bedarf an Erklärungen aus, wie es dazu hat kommen können, und damit ist auch eine Reinterpretation der Beziehungsgeschichte im Lichte dieser neuen Entwicklung verbunden (vgl. auch Herzer 1998). Robert S. Weiss (1980: 136) spricht von einem "zwanghaften Zurückschauen" als notwendigem Schritt der Bewältigung. Die Betroffenen beschäftigen sich – Weiss' Blick ist auf die Zeit nach der Trennung gerichtet, aber ihre Beschäftigung setzt schon (wie das Prozessmodell von Duck zeigt) vor dem Zustandekommen der Trennung ein – mit den Ereignissen, die zum Zusammenbruch geführt haben.

> "Wieder und wieder gehen sie in Gedanken durch, was schiefgegangen ist, rechtfertigen oder bedauern ihr Verhalten, wägen immer wieder ihre eigenen Worte und die des Ehepartners gegeneinander ab. Endlos wiederholen sie in ihrer Vorstellung tatsächliche Szenen oder stellen sich Szenen vor, die nicht stattgefunden haben, aber hätten stattfinden können, wenn sie etwas anderes gesagt

---

75 Dieser Problemkomplex ist mit der Frage nach den Gründen einer Scheidung, die in der Scheidungsforschung im Anschluss an das Pionierwerk von William J. Goode (1956) manchmal aufgeworfen wird (im deutschsprachigen Raum vgl. Schneider 1990; Nave-Herz et al. 1990), nicht erschöpft. Die ermittelten Gründe werden in dieser Forschungstradition als "Fakten" aufgefasst. Sie werden nicht auf die Trennungsdynamik bezogen und auch nicht in ihrer Relevanz für das Zustandekommen und für die Bewältigung der Trennung gesehen. Insgesamt vermögen es diese Studien nicht, einen Einblick in die hohen Anforderungen an überzeugende Erklärungen zu vermitteln, die in der Auflösungsphase bestehen, und in den mühsamen Prozess, in dem diese nach und nach ausformuliert und ausgebaut werden.

oder ein anderes Verhalten gezeigt hätten, so dass die Trennung entweder vermieden oder aber der Ehepartner ein für allemal fortgejagt worden wäre. Ganz allmählich kommen sie dann mit den Ereignissen ihrer Ehe ins Reine. Sie entwerfen eine *Interpretation*, den Werdegang ihrer gescheiterten Ehe, eine Geschichte davon, was der Ehepartner tat, was sie selbst taten und was sich daraus entwickelte" (Weiss 1980: 38f).

Der Entwurf einer relativ stabilen Erklärung scheint eine notwendige Voraussetzung für die Bewältigung zu sein. Erst wenn man die Ereignisse verstanden zu haben glaubt, kann man auch mit ihnen fertig werden.

Adressat dieser Erklärungen sind dabei keineswegs immer "andere", Erklärungen sind nicht selten Darstellungen, deren einziges Publikum man selber ist (vgl. Harvey et al. 1986). Erklärungen werden keineswegs ein für allemal gegeben; sie werden wiederholt (zu verschiedenen Anlässen gegenüber derselben Person) und sie unterscheiden sich sowohl in Form als auch Inhalt, je nachdem, an wen sie sich richten (vgl. McCall 1982). Je nach Vertrautheit oder auch je nach antizipierter Reaktion des anderen werden die Erklärungen anders ausfallen. Die angebotenen Erklärungen ändern sich auch im Verlauf der Auflösungsphase. Wie lange man sich mit den Ereignissen befasst hat, wie viele Informationen man gesammelt hat, die Anzahl der Stimmen, die man vernommen hat, oder auch wie frisch die geschlagenen Wunden noch sind, all das hat Einfluss auf die Erklärungen. John H. Harvey et al. (1986: 193) vermuten, "that an individual develops an account much as if he or she is searching for hypotheses to fit the data. The best fitting story will 'explain' it all, and will become the (current) True Story".

Dies hat wichtige methodische Implikationen, die in der Forschung noch viel zu wenig berücksichtigt werden: Befragt man getrennte Personen nach ihrem Beziehungsanfang, so erfährt man nicht, wie sie den Anfang erlebten, sondern die Rekonstruktion dieser Zeit aus der Sicht einer getrennten Person. Die nicht selten anzutreffenden Aussagen, der Niedergang habe sich schon am Anfang der Beziehung abgezeichnet (vgl. Hagestad/Smyer 1982; Bernhardt/Heldt 1998), ist als Teil einer Erklärung der aufgelösten oder in Auflösung befindlichen Beziehung aufzufassen. Auch erscheint es unerlässlich, in die Forschungsstudie die Geschichten der Interviewten auf die jeweilige Trennungsphase rückzubinden. Da die Empirie weitgehend auf Fälle bereits vollzogener Trennungen beschränkt ist, heißt das, dass die Erklärungen dahingehend zu unterscheiden wären, ob der/die Interviewte aus der Perspektive einer noch unbewältigten oder einer abgeschlossenen Trennung Rückschau hält.

Dass die Erklärungen der beiden Beteiligten nicht übereinstimmen, erscheint naheliegend. Aus der Studie von Hill et al. (1976), die zu den ganz wenigen gehört, in der die Auflösung nicht nur aus der Retrospektive erforscht wurde, und auch zu den wenigen, in denen beide Partner einbezogen wurden, geht hervor, dass in vielen Fällen nicht einmal Übereinstimmung dahingehend besteht, von welcher Seite die Trennung ausging. Die Antworten auf diese Frage zeichnen sich durch einen deutlichen Selbst-Bias aus. Beide Seiten sagen deutlich häufiger, dass die Trennung von ihnen ausging, und nur relativ selten, dass es der Partner bzw. die Partnerin war: Dabei erscheint die Trennungsinitiative noch ein relativ "objektiver Sachverhalt" zu sein; je mehr die Erklärungen sich auf Interpretationen des Beziehungsgeschehens beziehen, desto größer dürften die Unterschiede auch werden. Für die Forschung ergibt sich daraus die Konsequenz, dass es für ein besseres Verständnis der Trennungsdynamik darauf ankommen würde, beide Perspektiven einzubeziehen – eine Forderung, deren Einlösung in der Forschungspraxis oftmals auf große Schwierigkeiten stößt.

Erklärungen, die im Laufe des Auflösungsprozesses produziert werden, sind kein Abbild der "Trennungsrealität", sondern Versuche, diese für sich fassbar zu machen mit der Vorgabe, dass man selbst nicht allzu schlecht wegkommt. Es ist grundsätzlich nicht möglich, diese als bloße subjektive Vorstellungen von einem "objektiven Trennungsverlauf" abzutrennen. Auch wenn diese Erklärungen nicht "die" Wirklichkeit abbilden, sind sie Bestandteil der Wirklichkeit und haben auch einen aktiven Anteil an der Hervorbringung der Wirklichkeit, auch wenn Erklärungen immer – um eine Anleihe bei Garfinkel (1967) zu nehmen – "unheilbar" perspektivisch sind. Erklärungen kommen aus der Perspektive einer Person zustande, die in das Trennungsgeschehen mit all ihren eigenen Erfahrungen, Vorstellungen, Hoffnungen, Wünschen und Ängsten involviert ist. Erklärungen sind Versuche, aus Ereignissen, Vorgängen und Empfindungen einen Sinn zu bilden, Antworten zu finden auf Fragen wie "was geht hier vor", "was ist los mit mir", "was ist los mit meiner Partnerin/meinem Partner". Erklärungen sind Versuche, Ereignisse, Vorgänge und Empfindungen subjektiv verständlich zu machen, und zwar in einer Form, die auch gesellschaftlich akzeptabel erscheint. Dabei handelt es sich nicht nur um eine Verstehensleistung, sondern dadurch wird immer auch Wirklichkeit geschaffen; sie wird geschaffen, wenn diese Erklärungen als "wahr" und "richtig" aufgefasst, als Grundlage für Entwürfe und Handlungen verwendet, und von anderen als zutreffende Beschreibungen akzeptiert werden.

Auch Erklärungen von außen sind immer perspektivisch, sie sind nur anders perspektivisch als die der Betroffenen. Hier kann ihre besondere Chance liegen, da eigene Interessen, die die Wahrnehmung lenken, Verletzungen, aber auch permanente Versuche, sein Gesicht als Betroffene/r zu wahren, wegfallen. Aber auch ihre Grenzen sind offensichtlich: Sie sind auf Zugangsbedingungen angewiesen, die gewährt werden. Auch werden sie durch die eigene Erfahrungswelt gebrochen und durch vorhandene Loyalität verzerrt. Immer aber bleiben auch die Erklärungen von Außenstehenden an kulturell verfügbare und zulässige Interpretationsschemata gebunden, die aus stereotypem Alltagswissen bestehen können, z. B. "schuld ist immer der Mann", oder auch aus hochmodernem Fachwissen.

4.3   Plurale Verlaufsmuster in der Auflösungsphase

Dem Prozessmodell von Duck liegt die Annahme zugrunde, dass es einen mehr oder minder einheitlichen Verlauf von Auflösungen gibt. Als Reaktion auf Kritik erkennt Duck in einer seiner späteren Arbeiten (1986: 101) zwar an, dass es nicht in allen Beziehungsauflösungen zu einer dyadischen Phase kommt. Damit stellt er in Rechnung, dass es Fälle gibt, in denen eine Beziehungsperson einfach verschwindet, ohne vorab irgendetwas zu sagen. Jedoch ist dieses Zugeständnis für Duck kein Anlass zu einer prinzipiellen Korrektur an seinem Prozessmodell. Dieselbe Annahme wie bei Duck findet sich auch bei Vaughan (1988), die trotz aller Variationen im Detail dennoch bestrebt ist, einen einheitlichen Verlauf des Trennungsprozesses zu rekonstruieren. Die bisherige Darstellung dürfte an dieser Annahme bereits erste Zweifel geweckt haben, und diese lassen sich auch durch empirische Ergebnisse erhärten (vgl. auch Kressel et al. 1980; Hagestad/Smyer 1982; Lee 1984).

Ausführlicher soll an dieser Stelle auf das Flussdiagramm von Leslie A. Baxter (1984) eingegangen werden, in dem auf empirischer Grundlage versucht wird, die vorhandene Pluralität im Auflösungsprozess sichtbar zu machen. Baxter hat sich in zehn, meist kleineren Studien mit Hilfe von retrospektiven Befragungen, hypothetischen Szenarien und fortlaufenden Tagebuch-Aufzeichnungen ausführlich mit dem Auflösungsprozess befasst (als Überblick vgl. Baxter 1985). Der Fokus dieser Forschungsarbeiten liegt dabei auf der Dynamik der dyadischen Phase im Modell von Duck. In diesem Diagramm sind Input- oder Output-Punkte als Rechtecke, Entscheidungspunkte mit "Ja"- oder "Nein"-Zweigen als Rauten und Endpunkte als grau unterlegte, gerundete Rechtecke angezeigt.

Abb. 4: Flussdiagramm der Auflösung von Leslie A. Baxter (1984: 35)

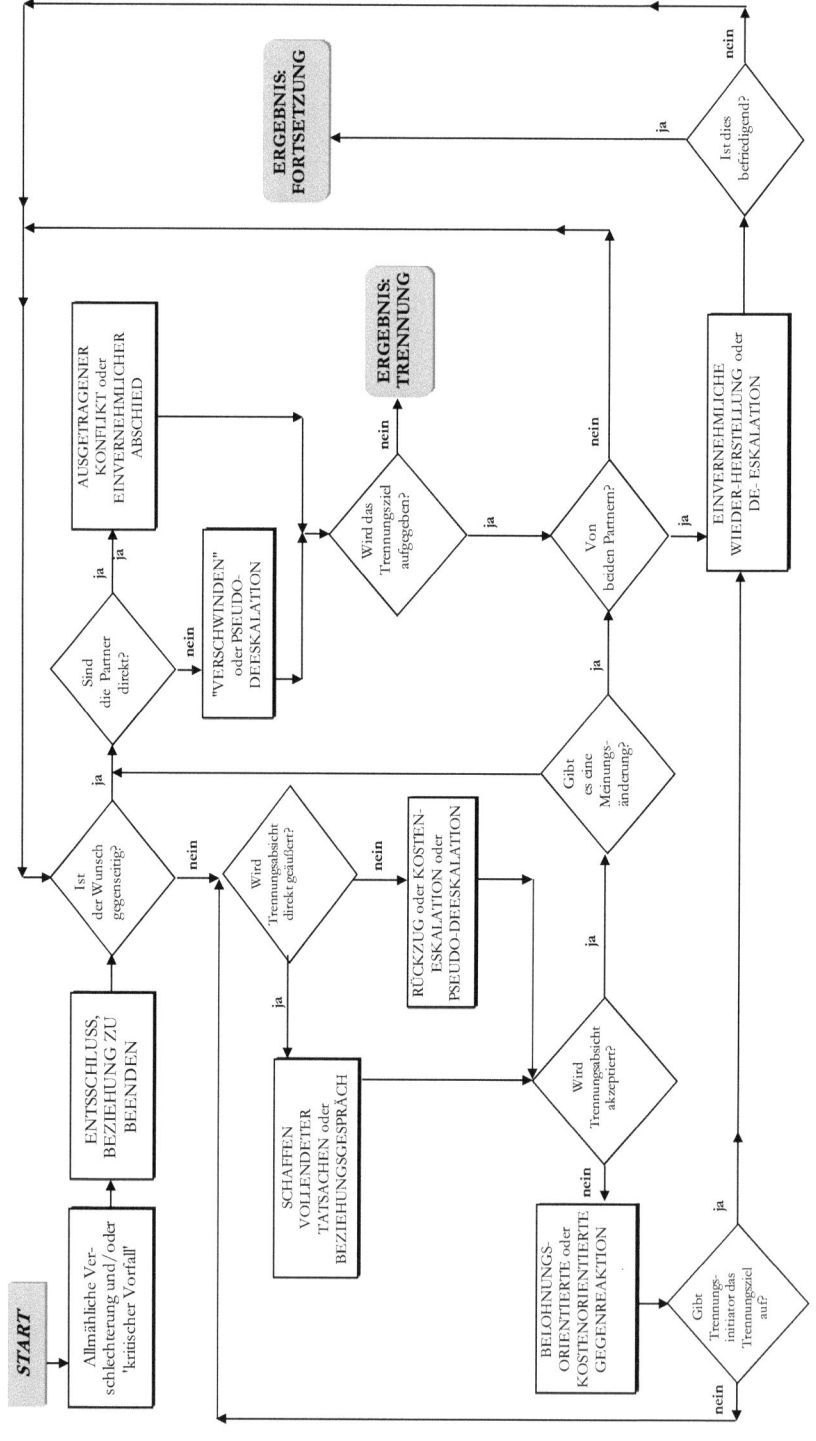

Das Flussdiagramm von Baxter fängt sechs Merkmale ein, durch die sich Auflösungsprozesse unterscheiden können:

- der allmähliche vs. plötzliche Beginn von Beziehungsproblemen,
- der einseitige vs. beidseitige Wunsch, die Beziehung zu verlassen,
- der Gebrauch von direkten vs. indirekten Handlungen, die Auflösung zu erreichen,
- der schnelle vs. verlängerte Ablauf der Auflösungs-Aushandlung,
- das Vorhandensein vs. Fehlen von Reparaturversuchen und
- das Schlussergebnis, die Beendigung vs. Fortdauer (in veränderter oder erneuerter Form).

Die sich daraus ergebende Pluralität des Auflösungsprozesses lässt sich in sieben Schritten beschreiben: Der *erste Schritt* ist das Aufkommen der Beziehungsprobleme, wobei zwei Formen unterschieden werden: Es kann sich um ein *allmähliches Kumulieren* oder um einen *kritischen Zwischenfall* handeln. Ein kritischer Zwischenfallscheint seltener am Anfang zu stehen, in Baxters Studie nur in jedem 4. Fall. Der *zweite Schritt* ist die Entscheidung zumindest einer Seite, die Beziehung zu verlassen und damit – nach der eingangs von mir gemachten Abgrenzung – der eigentliche Beginn der Auflösungsphase. Unterschiede ergeben sich dadurch – und damit ist der erste Entscheidungspunkt erreicht –, ob dieser Wunsch *einseitig* oder *beidseitig* ist. In 2/3 der von Baxter untersuchten Fälle war dieser Wunsch einseitig, ein Ergebnis, das als ein weiterer Beleg für die Wichtigkeit der Unterscheidung zwischen der Rolle des/der Sich-Trennenden und der des/der Verlassenen aufzufassen ist.

Im Weiteren soll zunächst der Verlauf bei diesem *einseitigen Beendigungswunsch* verfolgt werden (Schritte 3 bis 5), dann erst der Verlauf bei einem beidseitigen Trennungswunsch. Nachdem die Beziehungsauflösung für die eine Seite eine "beschlossene Sache" ist, folgt im *nächsten Schritt* die kommunikative Aufgabe, den Partner bzw. die Partnerin davon zu informieren und zu überzeugen. Nach Baxter stellt sich hier ein zweiter Entscheidungspunkt, ob diese Aufgabe in einer direkten Form erfolgt oder nicht: Nur in etwa 25% der Fälle einer einseitigen Beendigung wurde ein *direkter Weg* beschritten. Dabei unterscheidet Baxter zwei Formen der Direktheit: "fait accompli", eine ausdrückliche Erklärung, dass die Beziehung "aus" ist, und das Gespräch über den Zustand der Beziehung, in dem die Unzufriedenheit und der Trennungswunsch ausgesprochen wird und beide Seiten über die Beziehungsprobleme ausführlich miteinander sprechen. In 3/4 der Fälle einer einseitigen Beendigung wählte in der Studie von Baxter die unzufriedene Seite einen *indirekten Weg*. Indirektheit ist in drei verschiedenen Formen möglich: als Rückzug, als Pseudo-Deeskalation und als Kosten-Eskalation. Beim Rückzug reduziert die trennungswillige Seite die Intimität und/oder die Häufigkeit des Kontakts. Als Pseudo-Deeskalation bezeichnet Baxter eine falsche Deklaration des Wunsches nach einer veränderten Beziehung mit reduzierter Enge, die in Wirklichkeit eine Beendigung meint. Eine Kosten-Eskalation umschreibt solche Verhaltensweisen, die dazu dienen, für den anderen Partner bzw. die andere Partnerin die Beziehungskosten zu erhöhen. Hier versucht die trennungswillige Seite durch eine Kumulation negativer

Erfahrungen, die andere Seite zu veranlassen, die Beziehung von sich aus zu beenden. Diese Form entspricht dem, was weiter oben als strategischer Gebrauch der
Rollen im Trennungsgeschehen angesprochen wurde.

Der *vierte Schritt* ist die Antwort des Partners bzw. der Partnerin; das Modell beinhaltet hier eine weitere Entscheidungskreuzung: Es ist möglich, dass die Unaus-
weichlichkeit der Beziehungsauflösung anerkannt wird; möglich ist aber auch, dass
sie keine Zustimmung findet. Die Ergebnisse zeigen, dass die *Zustimmungsbereit-
schaft* bei direkten Kommunikationsstrategien, vor allem bei "fait accompli", deutlich höher ist als bei indirekten; am geringsten ist diese bei der Pseudo-Deeskalation.
Diese Diskrepanz zwischen Inhalt und Bedeutung scheint im besonderen Maße Anlass für Missverständnisse zu sein; die andere Seite erkennt nicht, dass es "eigentlich" um eine Trennung geht. Diese Form bietet aber auch die Chance, etwas missverstehen zu wollen: So zu tun, als ob man nicht merkt, um was es "eigentlich" geht.
Im Falle einer Zustimmung mündet der weitere Verlauf in den Weg einer beidseitigen Auflösung ein (dazu später mehr). Am häufigsten ist insgesamt der *Widerstand*
gegen die Trennungsabsicht. Dieser Widerstand kann belohnungs-orientiert sein, der
Partner bzw. die Partnerin versucht, die Trennung durch das Versprechen oder das
Ausüben von Verhaltensweisen aufzuhalten, die der/die Sich-Trennende positiv findet. Ein Widerstand kann aber auch kosten-orientiert sein, es werden Sanktionen
angedroht oder auch ausgeübt.

Der *fünfte Schritt* bezieht sich auf das weitere Handeln des Initiators bzw. der Initiatorin. In den Fällen mit Widerstand stellt sich als ein weiterer Entscheidungspunkt
die Frage, ob er bzw. sie als Gegenreaktion die Trennungsabsicht aufgibt. Wenn
nicht, dann wird er/sie die Trennungsabsicht erneuern, wobei wieder indirekte oder
direkte Formen zur Verfügung stehen, und der bereits beschriebene Verlauf wiederholt sich (ab Schritt 3). Es ist aber auch möglich, dass die Trennungsabsicht aufgegeben wird und die Beziehung wiederhergestellt (ausgehandelte Reparatur) oder verändert (ausgehandelte Deeskalation) wird. Erweist sich dies als zufriedenstellend, endet
das Flussdiagramm in einer Fortsetzung der Beziehung; wenn nicht, dann entsteht
von neuem Unzufriedenheit und die Auflösungsdynamik ist wieder am Anfang.

Aus Baxters Studie geht auch hervor, dass im Falle einer Zustimmung des/der Part-
ners/Partnerin zur Trennung dies nicht unausweichlich zu einer Auflösung führen
muss. Es ist im Weiteren möglich, dass der Initiator bzw. die Initiatorin nun selbst
die Trennungsabsicht aufgibt, was zu einem Rollenwechsel im Auflösungsprozess
führt, wenn die Gegenseite ihre Zustimmung nicht zurückzieht und nun als eigene
Trennungsabsicht fortsetzt. Im Flussdiagramm von Baxter steht das Paar in diesem
Fall wieder am Anfang. Wird die Zustimmung zurückgenommen, dann wird das Paar
– wie schon beschrieben – Reparaturversuche unternehmen. Reparaturversuche fand
Baxter insgesamt in acht Fällen, die gleich auf Fälle mit Widerstand und auf solche
mit Zustimmung verteilt waren. Dies deutet darauf hin, dass die anfängliche Reaktion der anderen Seite für das Auftreten von Reparaturversuchen keine wesentliche
Bedeutung hat.

Aber kommen wir zu den Fällen einer *beidseitig gewollten Auflösung*, in deren
Verlaufsbahn – im Modell von Baxter – auch die anderen Fälle irgendwann, nach-

dem sie mehr oder weniger lange die anderen Stationen durchlaufen haben, eintreten müssen, sofern die Zweierbeziehung in einer Auflösung endet. Auch bei einer beidseitigen Trennungsabsicht – als *Schritt 6* – tritt der Entscheidungspunkt auf, ob direkte Kommunikationsstrategien benutzt werden. Hier stehen zwei Formen zur Verfügung: Beim Zuschreibungskonflikt wird darüber gestritten, wer die Schuld trägt; beim versöhnlichen Abschied endet die Beziehung in einem ausführlichen Gespräch, frei von Feindseligkeit und Streit. Daneben gibt es auch zwei indirekte Kommunikationsstrategien: ein Verschwinden (fading away), beide Seiten "wissen", dass es aus ist, und eine Pseudo-Deeskalation, bei der beide Seiten so tun, als ob sie es nochmals miteinander versuchen wollen. Bleibt diese Trennungsabsicht auch darüber hinaus bei beiden Seiten (*7. Schritt*) bestehen, so endet die Beziehung. Kommt es dagegen auf einer Seite zu einem Verwerfen der Trennungsabsicht, dann mündet die Beziehung (wieder) in die Verlaufsbahn einer unilateralen Trennung ein.

Dass eine jede Auflösung letztlich mit beidseitiger Zustimmung erfolgt, ist ein Ansatzpunkt einer möglichen Kritik an diesem Modell. Baxter kommt zu diesem Ergebnis, da sie als Zustimmung auch die "Einsicht" auffasst, dass der bzw. die Sich-Trennende nicht aufzuhalten ist. Hier von Zustimmung zu sprechen, scheint überzogen und aus einer solchen Konzeption fallen diejenigen Fälle völlig heraus, in denen der/die Sich-Trennende zur Überraschung des/der Verlassenen abrupt verschwindet. Auch fällt auf, dass Baxter lediglich die "erste Runde" im Auflösungsgeschehen beschreibt; bei Fällen, die länger andauern, unterstellt sie lediglich, die beschriebene Dynamik und Variationsmöglichkeiten der ersten Runde werden sich wiederholen. Es erscheint aber nicht ausgeschlossen, dass ein weiteres Verbleiben in der Auflösungsphase neue Formen generiert und das Wissen um vorangegangene "Runden" die gewählten Verhaltensstrategien beeinflusst. Ohne Zweifel ist dieses Modell noch ausbaufähig. Darauf gibt Baxter (1984) selbst Hinweise: So wäre es möglich, die Kommunikationsstrategien auch dahingehend zu differenzieren, ob eine Partner-Orientierung oder eine Selbst-Orientierung vorliegt. Bei einer Partner-Orientierung ist der/die Sich-Trennende bestrebt, die Gegenseite möglichst nicht zu verletzen und Chancen zu bieten, damit sie das eigene Gesicht wahren kann. Bei der Selbst-Orientierung steht die Nützlichkeit für die eigene Person auf Kosten der anderen Seite im Vordergrund. Doch auch ohne diese Erweiterung scheint dieses Modell bestens geeignet, Einblick in die Pluralität und Dynamik des Trennungsgeschehens zu geben.

Zum Abschluss verdichtet Baxter (1985) anhand der anfangs erwähnten kritischen Merkmale des Flussdiagramms den Durchgang durch das Modell zu Verlaufskurven. Wenn man das erste Merkmal (allmählicher vs. plötzlicher Beginn) außer Acht lässt, dann gibt es – kombinatorisch – 16 Auflösungsverläufe, von denen die Autorin acht – zumindest mit einer gewissen Häufigkeit – in ihrem empirischen Material entdecken konnte.

4.4 *"Es ist Schluss" – die Zeit danach*

Das Beziehungsende stellt für die Betroffenen ein kritisches Lebensereignis dar, das nahezu alle Bereiche des Lebens erfasst und eine Vielzahl von Bewältigungsformen erfordert (vgl. Eckardt 1993; Herzer 1998; Coleman/Ganong/Leon 2006). Es stellen sich zwei getrennte, wenn auch sich überlappende Bewältigungsaufgaben: die Anpassung an die Auflösung der Zweierbeziehung und der Aufbau eines neuen Lebensstils. Diese doppelte Aufgabenstellung ist mit einer Reorganisation des Alltags, hohen emotionalen Belastungen und mit massiven Veränderungen der eigenen Identität verknüpft und bringt meist auch deutlich erkennbare Verschiebungen im sozialen Netzwerk mit sich. Während die beiden letztgenannten Auswirkungen im Teil III behandelt werden, möchte ich mich hier auf Veränderungen im Lebensalltag und emotionale Folgewirkungen beschränken (vgl. Beelmann/Schmidt-Denter 2003).

(1) Emotionale Belastungen und Reorganisation des Alltags

Trennungen sind in aller Regel mit einer erheblichen emotionalen Belastung verbunden (vgl. Kahlenberg 1993; A. Lenz 1996). Trennungen können ein Spektrum von Emotionen hervorrufen: Trauer, Schmerz, Wut, Bitterkeit, Selbstzweifel, Selbstmitleid, aber auch Schuldgefühle, Schamgefühle und Selbstverachtung. Trennungen können auch Gefühle des Versagthabens, des Misserfolgs, der Sinnlosigkeit des Lebens und der Einsamkeit auslösen, aber auch Euphorie, ein Gefühl des Befreit-Seins. Auch wenn diese Emotionen auf beiden Seiten vorkommen können, stehen die Rolle des/der Sich-Trennenden und die Rolle des/der Verlassenen jeweils mit bestimmten Gefühlen in einer engeren Beziehung.

Mit Trennungsschmerz ist vor allem die Seite belastet, die verlassen wurde. Der Trennungsschmerz ist, nach Weiss (1980: 81), "eine Reaktion auf die nicht zu ertragende Nicht-Verfügbarkeit der Bindungsfigur". Das Andauern des Trennungsschmerzes zeigt an, dass die emotionale Bindung an die andere Person noch andauert. Sie erweist sich oftmals als erstaunlich standhaft und wird auch durch die Trennung und durch die vielen Verletzungen, die damit eng verbunden sind, anfänglich kaum und erst allmählich aufgelöst. Anzeichen der Fortdauer der Bindung sind oft ambivalente Gefühle: Wut und Zuneigung liegen zunächst noch eng beisammen. Aber selbst für die Person, die von sich aus und durchgängig die Auflösung betreibt, ist ein Trennungsschmerz nicht ausgeschlossen. Sie ist zwar in der strategisch vorteilhaften Position, die Möglichkeit eines Trennungsschmerzes vorab – solange eine Trennungsabsicht noch geheim gehalten wird – abzuwägen und auch aktiv Schritte zu einer erfolgreichen Bewältigung zu unternehmen (z. B. negative Sicht des Partners/der Partnerin; Aufbau neuer Beziehungen). Das frühere Befasstsein mit der Trennung ist immer auch ein Zeitvorsprung im Überwinden der Bindung. Dennoch gibt es Fälle, in denen für den/die Sich-Trennende/n der Trennungsschmerz eine erhebliche Belastung ist. Dies ist – wie es Eva-Maria Sagstetter (1989) nennt – bei einer "ambivalenten Trennung" der Fall, bei der eine Trennung wegen negativer Auswirkungen betrieben wird, obwohl sich die Person stark gebunden fühlt. Als Beispiel führt Sagstetter eine Frau an, die sich von ihrem Ehemann wegen seiner

Spielsucht trennt und die für sich, obwohl sie sehr an ihrem Mann hing, nur noch den Ausweg der Trennung sah. Es ist aber möglich, dass das Ausmaß der weiterhin vorhandenen emotionalen Bindung falsch eingeschätzt wurde und ein Weg zurück, aus welchen Gründen auch immer, versperrt ist.

Die Trennung ist für die verlassene Seite stets eine traumatische Zurückweisung. Sie fühlt sich nicht nur vom Partner bzw. von der Partnerin, sondern gleichsam von der ganzen Welt verletzt. Verlassene glauben vielfach, alle anderen, die davon erfahren, werden ihnen die Achtung entziehen. Sie verlieren ihre Selbstachtung und zweifeln an ihrer Fähigkeit, die Liebe eines anderen Menschen zu erhalten. Manche übernehmen auch die Vorwürfe des Partners bzw. der Partnerin, "dumm", "nicht attraktiv", "ein Versager" usw. zu sein (vgl. Weiss 1980; Vaughan 1988). Gerade diese starken Selbstzweifel erschweren es, den Absprung zu finden und das Leben neu zu organisieren.

Gefühle der Euphorie dürften für den/die Verlassene/n meist nur von kurzer Dauer sein, auf Momente bezogen, in denen er/sie das Gefühl hat, auch alleine zurecht kommen zu können. Für den/die Sich-Trennende/n ist es dagegen viel wahrscheinlicher, dass die Euphorie einer Grundstimmung entspricht, insbesondere dann, wenn es lange gedauert hat, bis er/sie sich – aus seiner/ihrer Perspektive – endlich zu diesem Schritt der Trennung durchringen und diesen auch durchstehen konnte. Im Unterschied zum/zur Verlassenen können Sich-Trennende die Zukunft als reiches Potenzial für Wachstum, Entwicklung und Aufbau eines neuen Lebens sehen. Diese Euphorie ist aber immer auch in Gefahr einzubrechen, wenn die Trennung sich an den alltäglichen Routinen und im Lebensalltag zu bewähren hat. Noch typischer ist aber für die Rolle des/der Sich-Trennende/n ein Schuldgefühl, den anderen alleine zurückgelassen und das – implizit oder explizit – gegebene Versprechen der Dauerhaftigkeit gebrochen zu haben.

Neben der Bewältigung der hohen emotionalen Belastungen, die mit dem Beziehungsende verknüpft sind, stellt sich auch eine Fülle von Anforderungen an eine Reorganisation des Alltags. Für den Umfang der Zeit, die man täglich mit dem Partner bzw. der Partnerin zusammen verbracht hat, müssen nach der vollzogenen Trennung neue Nutzungsformen und -gewohnheiten gefunden werden. Sehr viele Routinen und Selbstverständlichkeiten, die nicht geplant werden mussten, die sich automatisch ergeben haben, müssen jetzt durch neue Abläufe ersetzt werden, die Planung und Organisation voraussetzen und damit sehr viel mehr an Energien absorbieren. Dies muss keineswegs unabdingbar als Belastung empfunden werden. Wurde die Beziehung vor allem als einengend erlebt, dann wird dieser Wegfall in erster Linie als Freiheitsgewinn aufgefasst, der neue Möglichkeiten und Gestaltungsräume erschließt. Aber auch für den/die Sich-Trennende/n kann die neue Nutzung der verbleibenden Zeit zum Problem werden, zu einer überschüssigen, nicht nutzbaren Zeit.

Lebte das Paar in einer gemeinsamen Wohnung, dann führt die Beziehungsauflösung – abgesehen von Einzelfällen – zum Auszug zumindest einer der beiden Personen. Die Wohnungssuche nimmt oft einige Zeit in Anspruch, als Übergangslösung werden die Wohnung der Eltern, von Freund/inn/en oder auch Hotels gewählt. Stehen keine Übergangslösungen zur Verfügung oder werden diese, aus welchen Grün-

den auch immer, nicht genutzt, dann dürfte die Zeit, die zwischen Trennungsentschluss und räumlicher Trennung verstreicht, für beide Seiten sehr belastend sein
(vgl. z. B. Bernhardt/Heldt 1998). Da dem Auszug aus der gemeinsamen Wohnung
keineswegs immer eine beidseitige Verständigung über eine Trennung vorausgeht,
wird der/die nicht-einverstandene Verlassene vielfach versuchen, den Auszug in
letzter Minute doch noch zu verhindern. Frauen, die von sich aus die Trennung wollten, berichten nicht selten, dass sie aus Angst vor Gewalttätigkeiten in Abwesenheit
ihres Mannes ausgezogen sind (vgl. z. B. Sagstetter 1989).

Für den/die Ausziehende/n hat der Auszug meist eine Verschlechterung der
Wohnbedingungen zur Folge. Vaughan (1988: 200) kommt zu dem Ergebnis, dass
der/die Sich-Trennende die Wohnung "meist mit leichtem Gepäck" verlässt. Er/sie
nimmt nur persönliche Sachen, ein paar neutrale praktische Dinge mit, aber nichts
von den Erinnerungsstücken an die Beziehung. Wer in der vorher gemeinsamen
Wohnung verbleibt, steht vor dem Problem, die entstandene Leere auszufüllen.
Der/die Sich-Trennende wird die Wohnung schnell zur eigenen machen, alles was an
die andere Person erinnert, wird entfernt. Dagegen wird der/die Verlassene alles
möglichst so belassen, wie es war, und auch die Leere fortbestehen lassen. Erst mit
der Bewältigung der Trennung wird er/sie dann auch allmählich beginnen, die Wohnung zu verändern (vgl. Vaughan 1988: 252ff).

Ein gemeinsamer Haushalt ist in aller Regel mit eingespielten Mustern einer Arbeitsteilung verbunden, die durch die räumliche Separierung zerbrechen. Nach Weiss
(1980) erweisen sich Befürchtungen, die vor der Trennung oft anzutreffen sind, man
sei zur Übernahme bestimmter Aufgaben unfähig, fast immer als übertrieben. Das
Kochen ist viel einfacher als erwartet und leichtere Reparaturen lassen sich auch
ohne "Handwerker im Haus" bewerkstelligen. Manchmal kommt es offensichtlich
auch vor, dass Teile der eingespielten Arbeitsteilung auch eine räumliche Trennung
überdauern. So berichten z. B. Eva Kahlenberg und Ilse Ruppert (1987: 89) von einer
Frau, die 2 1/2 Jahre nach der Trennung noch an ihrer "Rolle als haushaltender Ehefrau" festhält: Sie "wäscht, bügelt und näht für ihren Mann, obwohl er sich von ihr
getrennt hat und ihr zu verstehen gibt, dass er 'etwas Idealeres' gefunden hat".
Bildete die aufgelöste Beziehung eine Wirtschaftsgemeinschaft, dann stellt sich das
Problem der Aufteilung des gemeinsamen Besitzes. Wie Weiss (1980) aufzeigt, kann
durch die Besitzaufteilung keine Seite etwas gewinnen – es sei denn, das alleinige
Nutzungsrecht von dem, was vorher beiden gehörte – aber beide können eine Menge
verlieren. Manchmal verlieren sie nicht nur, was sie dem anderen abtreten müssen,
sondern beide verlieren gleichzeitig, z. B. wenn ein noch mit Schulden belastetes
Haus unter dem realen Wert verkauft werden muss. Manchmal kommt es vor, dass
der/die Sich-Trennende von vornherein bereit ist zu verzichten, um das eigene
Schuldgefühl zu besänftigen oder auch, da die Besitztümer zu sehr mit dieser Beziehung in Verbindung stehen. Häufiger aber scheint es so zu sein, dass die Verhandlungen von beiden Seiten mit einer großen Härte geführt werden, die anzeigt, dass
der Partner bzw. die Partnerin von einst jedes Anrecht auf ein Wohlwollen verspielt
hat (vgl. Sagstetter 1989).

Die materiellen Probleme, die sich ergeben, verstärken sich noch erheblich, wenn das Paar nur über eine Einkommensquelle verfügte und neben den anderen Aufgaben der Alltagsreorganisation auch der Unterhalt für die nicht-berufstätige Person, fast ausnahmslos nach wie vor die Frau, geregelt werden muss (vgl. Andreß/Bargloh/Güllner/Wilking 2003). Selbst bei Gutverdienenden stellt eine Trennung in diesem Fall eine hohe finanzielle Belastung dar. Getrennte Haushaltsführungen sind mit erheblichen Mehrkosten verbunden, so dass für beide Teile der Lebensstandard sinkt. Gerade wenn auch noch – was meist der Fall ist – Unterhaltszahlungen für gemeinsame Kinder hinzukommen, kann das verbleibende Einkommen für den Berufstätigen sogar bis unter die Sozialhilfegrenze fallen, was z. T. durch Mehrarbeit aufgefangen wird. Auch wenn Männer durch die Trennung in schwierige Lebensbedingungen kommen können, sind es aber weiterhin die Frauen, die die größeren finanziellen Einbußen erleiden (vgl. Rottleuthner-Lutter 1989). Nicht wenige Männer entziehen sich den Unterhaltsverpflichtungen, zahlen weniger und/oder unregelmäßig (vgl. Rottleuthner-Lutter 1989). Für viele geschiedene Frauen – vor allem für Frauen mit mehreren kleineren Kindern – heißt dies, dass sie durch Scheidung zu Sozialhilfeempfängerinnen werden, mit den bescheidenen Sozialhilfesätzen auskommen und eine – reale oder auch vermutete – Stigmatisierung verarbeiten müssen. Jede fünfte alleinerziehende geschiedene Frau bezieht in der Bundesrepublik Deutschland Sozialhilfe. Unterhaltszahlungen können aber auch als ein Machtmittel missbraucht werden, um die finanzielle Abhängigkeit spüren zu lassen. Von Frauen wird berichtet, dass sie zum Monatsanfang ständig in der Ungewissheit leben, ob und wann das Geld kommt, oder auch, dass die Zahlungen als "Belohnung" für ihr Wohlverhalten behandelt werden. Um sich diese andauernde Erfahrung der Abhängigkeit zu ersparen, sind manche Frauen auch bereit, unter Inkaufnahme finanzieller Nachteile, auf Unterhaltszahlungen generell oder auf Teile für sich zu verzichten.

Im Falle einer Familie stehen bei einer Scheidung auch die Regelungen in Bezug auf noch unmündige Kinder an (vgl. Walper/Krey 2008). Bei der räumlichen Trennung ist zunächst zu klären, bei welchem Elternteil die Kinder wohnen sollen. Bei einem gemeinsamen Sorgerecht, das mit der Kindschaftsrechtsreform von 1998 zum Regelfall wurde und von dem nur noch auf begründeten Antrag abgewichen werden kann, muss weiterhin das Besuchsrecht geregelt werden (vgl. Schwab 2007). Trotz veränderter Rechtsnormen bleibt die große Mehrzahl der Kinder bei der Mutter. Ein gemeinsames Sorgerecht macht es erforderlich, dass die Eltern die Paar- und Eltern-Ebene – wie auch von der Scheidungsberatung angeregt – trennen können. Für das Wohlergehen der Kinder ist der Zugang zu beiden Elternteilen bedeutsam und eine Reorganisation des Familiensystems in zwei verschiedenen Haushalten, als "binuclear family system" (Ahrons/Rodgers 1987) wünschenswert. Die Gefahr ist aber groß, dass beide Seiten versuchen, die Kinder als Bündnispartner zu gewinnen und damit auch als "Plausibilitätsstruktur" ihrer Erklärung, warum diese Beziehung scheiterte.

(2) Wann endet die Auflösungsphase?

Mit dem festen Trennungsentschluss, der erfolgten räumlichen Trennung und der Scheidung – alles Anzeichen für das faktische Ende einer Beziehung – ist die Auflösungsphase keineswegs abgeschlossen. Die Längsschnittstudie von Judith Wallerstein, die sich mittlerweile auf einen Zeitraum von 25 Jahren erstreckt, zeigt, dass die Auswirkungen einer Scheidung sehr langfristig sein können (Wallerstein/Blakeslee 1988; Wallerstein/Lewis/Blakeslee 2002). Bei vielen der von einer Scheidung Betroffenen spielt dieses Lebensereignis über viele Jahre eine zentrale Rolle in ihrem psychischen und emotionalen Haushalt. Diese emotionale Bindung, die einmal entstanden ist, wieder aufzulösen, vor allem dann, wenn man es nicht selbst war, der die Zweierbeziehung aufkündigte, erweist sich als ein äußerst schwieriges Unterfangen (vgl. Weiss 1980). Dies wird auch von Eva Jaeggi und Walter Hollstein (1989) bestätigt, die sich sehr ausführlich mit den Beziehungsverläufen von 12 Paaren – übrigens aus beiden Sichtweisen – befasst haben:

> "Ob ein Paar es 'gut' oder 'schlecht' miteinander hat, ob beide ihre Leben sehr stark aufeinander beziehen oder nicht: Nach einigen Jahren ernstgemeinten Zusammenlebens ist der Partner in gewissem Maß Teil des eigenen Ichs und nicht mehr wegzudenken aus dem eigenen Leben. Eine Trennung ändert daran vorerst gar nichts – die 'innere Verweildauer' (der merkwürdige, aber passende Ausdruck eines Geschiedenen) des anderen ist sehr lang und es fragt sich, ob sie je ganz zu Ende sein kann" (Jaeggi/Hollstein 1989: 274).

Nach Vaughan (1988) ist ein notwendiger Schritt zur Überwindung der Bindung, dass eine negative Version der Beziehung und auch des Partners/der Partnerin entwickelt wird. Der/die Sich-Trennende beginnt damit bereits, wenn er/sie sich die Unzufriedenheit bewusst macht. Aber auch der/die Verlassene hat für Vaughan eine negative Version zu entwickeln, um die Bindung lösen zu können. Beendet ist der Lösungsprozess, "wenn beide Partner sich als voneinander getrennt und unabhängig definieren und auch von ihrem Umfeld so definiert werden" (Vaughan 1988: 14). Dies kann sich unterschiedlich lang hinziehen. Erst wenn sie sich wirklich gelöst haben, sind sie in der Lage, die positiven und negativen Aspekte des Partners bzw. der Partnerin und der Beziehung zu erkennen (vgl. Vaughan 1988).

Der Aufbau einer neuen Zweierbeziehung scheint ein wichtiger Schritt für die Lösung der noch bestehenden Bindung zu sein (vgl. Coleman/Ganong/Leon 2006). Eine neue Beziehung erweist sich für die verlassene Seite als wichtig für das Aufrichten des Selbstwerts, der Selbsteinschätzung, des Selbstvertrauens und auch als Rückversicherung, dass man einen sozialen, intimen und sexuellen "Wert" habe – alles Bereiche, die durch den Trennungsprozess vielfach "angeknackst" werden. Eine neue feste Beziehung des/der Ex-Partners/Ex-Partnerin kann auch nachhaltig dazu beitragen, dass man die Hoffnung, alles könne wieder gut werden, aufgibt und beginnt, ein eigenes Leben aufzubauen.

Auch bei einer längeren Trennung – und selbst nach einer Scheidung – ist die Möglichkeit einer Versöhnung nie gänzlich auszuschließen. Jaeggi/Hollstein (1989: 300ff) schildern insgesamt drei Versöhnungen, davon war ein Paar zwei Jahre nach einer 17jährigen Ehe, ein anderes vier Jahre nach einer 10jährigen Ehe getrennt. In keinem dieser Fälle war es die "große Liebe", die die Versöhnung ermöglichte. Als wichtige Voraussetzungen nennen Jaeggi/Hollstein (1989) eine klare Abgrenzung zwischen beiden Seiten, ein Wissen, wer man ist und was man will, die Andersartigkeit der anderen Person zu sehen und anzuerkennen, sowie eine gemeinsame Analyse (Version), was die Beziehung zum Scheitern gebracht hat. Ein zentrales Problem auf dem Wege einer Versöhnung ist die Wiederherstellung des Vertrauens in die andere Person und in die Beziehung (vgl. Weiss 1980: 205). Dies ist nur dann möglich, wenn sich Verletzungen in der Auflösungsphase in Grenzen gehalten haben. Je tiefer die Verletzungen, die einander zugefügt wurden, und auch je weiter der Auflösungsprozess, desto geringer die Aussichten für eine Versöhnungsfeier. Auch kann eine Versöhnung – selbstverständlich, möchte man hinzufügen – keine Garantie bieten, dass sie auf Dauer ist.

Zur Auflösungsphase gehört auch die Frage, wie man es weiter miteinander halten will (vgl. Ahrons/Wallisch 1987). Der/die Sich-Trennende mache, so Weiss (1980: 192), häufig den Versuch, eine freundschaftliche "Nach-Zweierbeziehung" herzustellen. Dies scheint häufiger auch zu gelingen, so zumindest die Ergebnisse von Hill et al. (1976), wenn der Mann der Initiator ist oder wenn die Trennung eine gemeinsame Angelegenheit ist. Nicht selten dürfte dieses "Bleiben wir doch Freunde" nur ein Euphemismus für Bekanntschaft sein (vgl. Davis 1973), die eventuell aufgrund der Einbettung in ein gemeinsames soziales Netz gar nicht vermeidbar ist. In anderen Fällen besteht der Wunsch, die andere Person nicht mehr zu sehen und von ihr auch nichts mehr zu hören. Dies setzt einen Rückzug aus dem gemeinsamen sozialen Netzwerk voraus und ist meist nur durch einen Ortswechsel möglich. Im Falle gemeinsamer Kinder würde dieser völlige Bruch auch voraussetzen, dass die Elternrolle aufgegeben wird. Dem stehen aber gesetzlich abgesicherte Unterhaltspflichten und – vor allem – auch Bindungen gegenüber den eigenen Kindern entgegen, dennoch kommt es vor. Zwischen "Gute-Freunde-bleiben" und völliger Kontaktstille gibt es viele graduelle Abstufungen; einige davon dürften, gerade bei einer kurzen Dauer der vorangegangenen Beziehung, nach und nach – und ohne konkretes Dazutun – in einem "Sich-aus-den-Augen-verlieren" enden.

Zentrales Ergebnis der Studie von Wallerstein ist, dass es in Scheidungsfällen meist "Gewinner" und "Verlierer" gibt. In 2/3 der Fälle hat eine der beiden Seiten eindeutig von der Auflösung der Ehe profitiert. Sie haben ihre Lebensqualität verbessert, leben in erfüllenden neuen Zweierbeziehungen, haben ein soziales Netz aufgebaut und keine Symptome eines gestörten Gefühlslebens, dagegen ist der bzw. die Ex-Partner/in schlechter dran als in der Ehe. Nur in zehn Prozent der Fälle haben sich beide Partner verbessert, in den restlichen 26 Prozent geht es beiden heute schlechter als in der Ehe. Gewinner bei Scheidungen sind – und dieses Ergebnis weist noch einmal auf die Rollendifferenzierung hin – meist diejenigen, die die Scheidung aktiv betrieben haben (vgl. Wallerstein/Blakeslee 1988).

4.5   Zur Wiederholung und Vertiefung

Schlüsselbegriffe

Auflösungsphase · Scheidung · Trennung · Scheidungsursachen · Scheidungskonsequenzen · Phasenmodell der Auflösung · intrapsychische Phase · dyadische Phase ·
soziale Phase · Grabpflege-Phase · Sich-Trennende · Verlassene · plurale Verlaufsmuster · emotionale Belastung · Reorganisation des Alltags

Wiederholungsfragen und -aufgaben

1. Unterscheiden Sie die Begriffe Scheidung und Trennung und erläutern Sie
    die Grundzüge des aktuellen Scheidungsrechts in Deutschland.
2. Beschreiben Sie das Phasenmodell der Auflösung von Steve Duck. Was
    sind wesentliche Kritikpunkte an diesem Modell?
3. Welche Unterschiede im Erleben der Auflösungsphase bestehen zwischen
    dem bzw. der Sich-Trennenden dem bzw. der Verlassenen?
4. Zeigen Sie einige Auswirkungen einer Trennung auf die Alltagsorganisati-
    on eines Paares auf.
5. Wann endet die Auflösungsphase und was sind wichtige Schritte für ihre
    Beendigung?

Literatur zur Vertiefung

·   Coleman, Fincham Marilyn / Lawrence Ganong / Kim Leon (2006), Di-
    vorce and Postdivorce Relationships. In: A. L. Vangelisti / D. Perlmann
    (Hg.), The Cambridge Handbook of Personal Relationships. Cambridge:
    157-173
·   Vaughan, Diane (1988), Wenn Liebe keine Zukunft mehr hat. Reinbek:
    Rowohlt (orig. 1986)
·   Klein, Thomas / Johannes Kopp (Hg.) (1999), Scheidungsursachen aus so-
    ziologischer Sicht. Würzburg: Ergon
·   Walper, Sabine / Mari Krey (2008), Familienbeziehungen nach Trennungen.
    In: K. Lenz / F. Nestmann (Hg.), Handbuch Persönliche Beziehung. Wein-
    heim: 715-746

Teil III
Zweierbeziehungen und Konstruktion von Wirklichkeit

Bereits mehrmals habe ich betont, dass Zweierbeziehungen mit dem Aufbau und der Aufrechterhaltung einer gemeinsamen Wirklichkeit einhergehen. In dieser Aussage wird auf die – im Teil I eingeführte – frühe Arbeit "Die Ehe und die Konstruktion der Wirklichkeit" von Peter L. Berger und Hansfried Kellner (1965) Bezug genommen. Bei Berger und Kellner bildet die eigene Identität den zentralen Aspekt der Wirklichkeitskonstruktion in Ehen. Bevor aufgezeigt wird, dass dieser Fokus zu eng gesteckt ist, soll zunächst der Blick auf den Prozess der Wirklichkeitskonstruktion gelenkt werden.

1. Wirklichkeitskonstruktion – Grenzen und Möglichkeiten

Der Aufbau einer gemeinsamen Wirklichkeit stößt an eine Reihe von Grenzen und Schwierigkeiten (vgl. Hahn 1983). Diese ergeben sich aus den Problemen des Fremdverstehens. Nach Alfred Schütz (1974) ist der "gemeinte Sinn", den der Akteur B mit seinen Handlungen und auch mit seinen Worten verbindet, immer nur annäherungsweise erfassbar. Mehr als eine Annäherung ist nicht möglich, da dies eine Identität der Erlebnisströme von A und B zur Bedingung hätte, die es aufgrund ihrer unterschiedlichen Biografien nicht geben kann. Die Erlebnisse von alter sind ego nicht in gleicher Weise zugänglich wie die eigenen. Sie sind dem ego immer nur in diskontinuierlichen Segmenten vorgegeben und bleiben dadurch unvermeidlich unvollständig erfassbar. Auch in einer Wir-Beziehung oder – mit Goffman gesprochen – Interaktion, hat A keinen direkten Zugang zum "gemeinten Sinn", den B mit seinen Handlungen verbindet. In einer Wir-Beziehung ist zwar der Leib der anderen Person als Ausdrucksfeld zugänglich, und damit ist ein Maximum an Symptomfülle gegeben. Durch die raumzeitliche Koexistenz wird es auch möglich, den Aufbau der Handlungsabläufe in ihrer Schrittfolge und in ihren einzelnen Schritten mit zu verfolgen. Dennoch kann auch hier alle Erfahrung vom fremden Erleben nur vermittelt gewonnen werden, d. h. "indem ich seine Bewegungen, seinen Ausdruck, seine Mitteilungen als Anzeichen von subjektiv sinnvollen Erfahrungen eines fremden Ichs auslege" (Schütz/Luckmann 1975: 77).

Jedes (echte) Fremdverstehen ist durch Akte der Selbstauslegung fundiert. Die Deutung des subjektiven Sinnes erfolgt auf der Grundlage des eigenen Erfahrungsvorrats und unter Maßgabe der eigenen Relevanzen (vgl. auch Notz 2004). Für die Sinndeutung kommt nicht der gesamte Erfahrungsvorrat ins Spiel, sondern nur Teilausschnitte, die für die Deutung relevant erscheinen. Im vorrätigen Ausschnitt sind enthalten

- ein Geflecht von Typisierungen von Menschen im Allgemeinen, ihre typischen Motive, Handlungsmuster usw.,
- die Kenntnis von Ausdrucks- und Auslegungsschemata,
- Vorwissen über Ausdrucksformen, Motive und Verhaltensweisen bestimmter Typen von Menschen (z. B. Männer und Frauen) und
- schließlich – und das erscheint für bestehende Zweierbeziehungen wichtig – das persönliche Wissen über diese Person.

Auf dieser Grundlage eines reichhaltigen persönlichen Wissens wird es in Zweierbeziehungen möglich, winzige Ausdrucksformen "zutreffend" zu verstehen, ohne dass dies aufwendiger Auslegungsvorgänge bedürfte. Dennoch bleibt auch hier gültig, dass "der gemeinte Sinn (...) notwendig ein Limesbegriff" (Schütz 1974: 42) ist und auch bei einem Optimum adäquater Deutung nie vollständig mit dem fremderfassten Sinn zur Deckung gebracht werden kann. Auch bei einem hohen Grad an Vertrautheit bleibt der gemeinte Sinn ein Limesbegriff und das schon aus dem Grund, da eine jede Sinndeutung auf einen Erfahrungsvorrat verweist, der neben dem persönlichen Wissen immer Erfahrungsbestandteile beinhaltet, die nicht personengebunden sind. Auch ist jeder Wissenserwerb über eine bestimmte Person – wie die umfangreiche therapeutische Literatur zu Paaren (vgl. als Überblick Ebbecke-Nohlen 2008; Sautter/Sautter 2007) ausführlich zeigt – an die Basis eines vorgegebenen Erfahrungsvorrats gebunden. Erfahrungen aus vorangegangenen Beziehungen oder auch Vorstellungen darüber, wie eine Beziehung sein soll, bilden eine "Brille", durch die die neue Beziehung und der Partner bzw. die Partnerin wahrgenommen werden. Sicherlich eröffnen neue Erfahrungen in Zweierbeziehungen reichhaltige Möglichkeiten für Revisionen, ohne jedoch diesen mitgebrachten Erfahrungsschatz aufzulösen.

Nach Schütz (1974) ist in der Alltagswelt der Aufmerksamkeitsgrad der reflexiven Zuwendung pragmatisch bedingt. Die Auslegung der Ereignisse wird so weit fortschreiten, wie es aufgrund der subjektiven Relevanzen – aufgezwungen oder freiwillig – in der Situation nötig erscheint. Als "fraglos gegeben" ist nach Schütz (1974: 99) jeweils diejenige Tiefenschicht, "welche sich in einem bestimmten Jetzt und So der reflexiven Blickzuwendung (infolge deren pragmatischer Bedingtheit) als nicht weiter auflösungsbedürftig darbietet". Für einen unpolitischen Partner wird es weitgehend belanglos sein, was seine Partnerin mit ihrer Bemerkung zu einem aktuellen politischen Geschehen gemeint hat. Es reicht vollkommen aus, wenn diese Äußerung unter das vorrätige Schema "politisches Interesse" subsumiert werden kann. Durch eine Veränderung der Relevanzen ist es aber möglich, dass sich bei demselben Ereignis ein anderes Mal die Auslegungstiefe verschiebt. Dies dürfte z. B. der Fall sein, wenn der Eindruck entsteht, dass dieses "Nicht-über-Politik reden-können" zunehmend zu einer Belastung für die Beziehung wird.

Vielfach wird darauf hingewiesen, dass es bei heterosexuellen Paaren an die Geschlechtszugehörigkeit der Beziehungspersonen gebundene Verständigungsprobleme gibt (vgl. z. B. Tannen 1997; 1998)[76]. Schon aus den 1970er Jahren stammt die Bemerkung der amerikanischen Familienforscherin Jessie Bernard (1972), dass eine jede Ehe aus zwei Ehen besteht, aus der des Mannes und der der Frau. Bei dieser These der geschlechtsspezifischen Unterschiede handelt es sich, allgemein gesprochen, um Unterschiede in den verfügbaren Erfahrungsvorräten und in den vorhandenen Relevanzen, die zwischen Männern und Frauen bestehen (vgl. Impen/Peplau 2006). Diese Verschiedenheit der Erfahrungsvorräte und der Relevanzen werden differenzierungstheoretisch, d. h. durch unterschiedliche Integration in die Arbeitswelt (vgl. Nunner-Winkler 1989; als frühes Beispiel: Simmel 1985a), sozialisationstheoretisch, d. h. durch unterschiedliche Konstellationen in der Subjektgenese (vgl. Chodorow 1985) oder durch aus dem Reproduktionsvermögen der Frauen resultierende Besonderheiten erklärt. Auch wenn es unverzichtbar ist, den Blick dafür zu öffnen, dass über die geschlechtsdifferente Besetzung einer Zweierbeziehung geschlechtsgebundene Unterschiede der Erfahrungsvorräte und Relevanzen auftreten (können), erscheint es unzulässig, diese Differenzen in Formen kategorialer Gegensätze zu fassen. Frauen sind nicht einfach ganzheitliche Wesen und Männer spezialisierte. Frauen machen nicht nur die Grunderfahrung der Verbundenheit und Männer die der Getrenntheit. Versuche der Bestimmung der Geschlechterdifferenz können zumindest unter modernen Bedingungen immer nur graduelle Unterschiede, jedoch keine polaren Erscheinungsweisen beschreiben. Mehr noch, dass Frauen diese und Männer andere Erfahrungen häufiger machen, ist lediglich eine Aussage mit einer mehr oder minder hohen Wahrscheinlichkeit. Aussagen zur Geschlechterdifferenz können immer nur heißen, dass eine bestimmte Wahrscheinlichkeit besteht, dass Frauen häufiger z. B. einer Ethik der Fürsorglichkeit und Verantwortung folgen als Männer[77].

Schwierigkeiten und Grenzen ergeben sich auch aus der Komplexität der Wirklichkeit. Eine wichtige Dimension dieser Komplexität ist die prinzipielle Mehrdeutigkeit von Handlungen und Äußerungen (vgl. als anschauliche Beispiele das Überqueren einer Kreuzung bei Rot und das Erteilen eines Lobes bei Goffman 1974: 147f bzw. 1977: 491f). Im Alltag erscheint uns im Normalfall zwar der Sinn einer Handlung oder einer Äußerung meist hinreichend evident zu sein. Wendet man ihr aber eine größere Aufmerksamkeit zu, dann zeigt sich sehr schnell, dass auch eine Handlung in einem vorgegebenen Kontext – ganz abgesehen davon, dass auch über den Kontext immer nur mehr oder minder Klarheit besteht – weiterhin Unterschiedliches bedeuten kann. Mehrdeutigkeit ist keineswegs nur auf die Ebene der Handlungen beschränkt. Auch die Regeln, die unserem Handeln zugrunde liegen, sind ausle-

---

76 Die Diskussion zur Geschlechterdifferenz hat inzwischen die Beziehungsratgeber erreicht. Als ein Beispiel kann auf die Beziehungsratgeber von John Gray verwiesen werden, die alle das gleiche Strickmuster aufweisen, das er in seinem Erstling "Männer sind anders. Frauen auch" eingeführt hat: Männer stammen – so seine planetarische Verortung der Geschlechter – vom Mars, Frauen von der Venus. Die dadurch grundgelegte Andersartigkeit von Mann und Frau muss in den Zweierbeziehungen unbedingt beachtet werden. "Die Probleme, mit denen Mann und Frau häufig konfrontiert sind, nehmen ihren Anfang, sobald sie vergessen, dass sie in ihrem Wesen verschieden sind. (…) Ohne ein klares Bewusstsein für unsere Andersartigkeit können wir uns niemals dafür öffnen, einander zu verstehen und zu respektieren" (Gray 1998: 28).

77 Ausführlich wird die Geschlechtstypik persönlicher Beziehung in Lenz 2003a erörtert.

gungsbedürftig und stehen oftmals in einem Konkurrenzverhältnis zueinander. Jemandem in die Augen schauen, kann in manchen Situationen ein für die körperliche Unversehrtheit der betroffenen Person höchst bedrohlicher Regelverstoß sein, in einer anderen dagegen ein legitimes und effektives Mittel, um eine Bekanntschaft zu machen. In vielen Situationen ist bis zu einem gewissen Grad offen, welche Regel Geltung beanspruchen kann und was diese geltende Regel fordert. Die Mehrdeutigkeit setzt sich schließlich auch im Bezug von Handlung und Regel fort: Eine Handlung kann den Erfordernissen einer Regel entsprechen, oder es kann nur der Eindruck erweckt werden, dass dies der Fall ist. Eine besondere Schwierigkeit ergibt sich daraus, dass es bei dieser Beurteilung ganz wesentlich auf die innere Einstellung des Akteurs ankommt. Auch wenn eine Handlung als Regelverstoß erscheint, ist es immer noch möglich, "klärende Informationen" zu geben, die die Handlung in einem anderen Licht erscheinen lassen oder zumindest geeignet erscheinen, die Verantwortung voll oder teilweise abzuschieben.

Neben der prinzipiellen Mehrdeutigkeit trägt zur Komplexität der Wirklichkeit auch bei, dass der "Stoff", der in die Realitätskonstruktion der Beziehungspersonen eingeht, einen unterschiedlichen Wirklichkeitsstatus hat. Realitätskonstruktionen stützen sich nicht nur auf gemeinsame Erfahrungen in vis-à-vis-Situationen; es gehen auch Ereignisse ein, die jenseits der Reichweite von einer der beiden Personen liegen. Dies trifft für alle biografischen Erfahrungen zu, die aus der Zeit vor dem Kennenlernen stammen, und auch für alle mitweltlichen Erfahrungen, worunter alle Erfahrungen verstanden werden sollen, die zwar während der Dauer der Beziehung gemacht wurden, aber aus Lebensbereichen stammen, in denen der Beziehungspartner bzw. die Beziehungspartnerin nicht anwesend war. Die Gesamtheit der biografischen Vorerfahrungen und alle mitweltlichen Erfahrungen von A sind B aber nur durch Mitteilungen zugänglich. Diese Mitteilungen können von A selbst oder von einer dritten Person stammen. Alles das, was nicht mitgeteilt wird, ist für B so, als ob es nicht gewesen sei. Alles was berichtet wird, ist unvermeidlich immer nur eine beschränkte Auswahl aus dem, was sich ereignet hat.

Ein berichtetes Ereignis ist niemals deckungsgleich mit dem realen Ereignis. Es ergibt sich eine Reihe von Besonderheiten, die das Ereignis in der Mitteilung modifizieren, und dies auch dann, wenn der bzw. die Informant/in "wahrheitsgetreu" zu berichten versucht und nicht absichtlich den Bericht verfälscht. Meist ist es unerlässlich, das berichtete Erlebnis in der Mitteilung in einer zeitlich knappen und zugespitzten Form zu präsentieren. Vieles von dem, was sich ereignet hat, muss weggelassen werden. Mitteilungen haben eine Übersetzungsarbeit zu leisten. Die erinnerten Erfahrungen müssen in einer Weise "verpackt" und aufbereitet werden, dass sie für den anderen verständlich sind; es ist auch Sorge zu tragen, dass sie für den anderen interessant sind. Um verständlich zu sein, muss eine gewisse Anschlussfähigkeit an den Erfahrungsvorrat des anderen gewährleistet sein, vor allem an das angenommene Wissen über die Person, die im Zentrum der Mitteilungen steht, und vielleicht auch über alle anderen vorkommenden Personen. Als "interessant" erscheint eine Mitteilung dann, wenn es gelingt, die in der Situation vorhandenen oder aktivierbaren Relevanzen des anderen zu erreichen. Um das Interesse wecken und halten zu können, müssen Mitteilungen nach dramaturgischen Gesichtspunkten entworfen werden (vgl. Goffman 1977: 539ff). Ein erinnertes Ereignis wird in der Mitteilung auch dadurch modifiziert, da damit der Versuch verbunden ist, ein bestimmtes Bild von einer oder den Hauptfigur/en entstehen zu lassen. Dies ist besonders dann der Fall, wenn eine der Hauptfiguren der Erzähler oder die Erzählerin ist. Aufgrund besonderer Loyalitätsverpflichtungen gegenüber der Hauptfigur kann dies gegebenenfalls auch bei Mitteilungen über unbeteiligte Dritte der Fall sein, wenngleich meist weniger ausgeprägt. Jeder Mitteilung kommt schließlich noch die schwierige Aufgabe zu, davon zu überzeugen, dass das, was mitgeteilt wird, keine Erfindung ist, sondern sich haargenau so wie erzählt und nicht anders ereignet hat (vgl. Goffman 1977: 545f).

Ein weiterer sehr wichtiger, aber auch sehr eigenwilliger "Stoff", aus dem Realitätskonstruktionen gebaut sind, ist das innere Erleben der Beziehungspersonen (vgl. Simmel 1983). Zum inneren Erleben ist der Gedankenfluss ebenso zu rechnen wie die Stimmungslagen. Auch hier besteht weitgehend nur Zugang über Mitteilungen. Diese Mitteilungen stammen in aller Regel vom Subjekt des inneren Erlebens selbst; Dritte fallen – im Unterschied zu den biografischen Vorerfahrungen und mitweltlichen Erfahrungen – (weitgehend) als mögliche Informationsträger aus. Jede Person besitzt einen privilegierten Zugang zu der eigenen Innenwelt und ist dadurch in einem besonderen Maße in der Lage, Informationskontrolle auszuüben. Gedanken und Stimmungen, die nicht durch das Subjekt selbst versprachlicht werden, bleiben – mit einer Einschränkung, auf die ich noch zurückkommen werde – sein Geheimnis. Jedoch ist zu beachten, dass das innere Erleben für das Subjekt selbst keineswegs ein aufgeschlagenes Buch ist, in dem es beliebig lesen kann. Es ist durchaus möglich, dass ich nicht weiß, was mit mir los ist, oder dass mir Teile meines Erlebens fremd vorkommen. Wie Simmel (1983: 259) sehr anschaulich beschrieben hat, zeichnet sich das innere Erleben durch ein hohes Maß an Ungeordnetheit aus. Auch den inneren Vorgängen ist die Bedeutung nicht inhärent, sondern muss erst durch Deutungsakte konstituiert werden. Gedankenbilder und Stimmungen müssen fixiert, miteinander verbunden und auf ihre "eigentlichen" Inhalte befragt werden. Ihre Bedeutung ist nicht "an sich" vorgegeben, sondern muss durch eine zuwendende Aufmerksamkeit erschlossen werden.

Für den Beziehungspartner oder die Beziehungspartnerin werden diese gedeuteten Inhalte des eigenen Erlebens erst über Veröffentlichungen zugänglich. Aufgrund der Ungeordnetheit des inneren Erlebensstroms ist eine Eins-zu-Eins-Mitteilung ausgeschlossen, ein solcher Versuch würde uns, so die Vermutung von Simmel (1983: 259), unvermeidbar "ins Irrenhaus bringen". Mitteilungen, zumindest soweit damit eine kommunikative Absicht einhergeht, sind auf den eigenerfassten Teil des inneren Erlebens beschränkt. Was sich dem eigenen reflexiven Zugriff entzieht, kann nicht kommuniziert werden. Aber auch das eigenerfasste innere Erleben bleibt in Teilen unveröffentlicht, und nicht nur, weil nicht alles wegen Zeitrestriktionen mitteilbar ist. Manches wird nicht mitgeteilt, da es sich für das Subjekt durch einen so hohen Grad an Selbstverständlichkeit auszeichnet, dass die Möglichkeit der Thematisierung überhaupt nicht ins Blickfeld kommt. Andere Elemente von dem, was ich denke und fühle, halte ich für zu trivial, als dass ich eine Mitteilung davon mache, oder es bestehen "gute Gründe", es nicht zur Sprache zu bringen. So kann es z. B. sein, dass ich vermute, dass das, was ich denke oder fühle, konträr wäre zu dem Bild, das der andere von mir hat und das ich gerne aufrechterhalten würde, oder dass es zu meinem eigenen Nachteil wäre oder den anderen zutiefst verletzen müsste. Alles das sind Schranken, die das innere Erleben der Erfahrbarkeit durch eine andere Person entziehen. Für die Veröffentlichung des inneren Erlebens ergeben sich darüber hinaus noch die Modifikationen, die bereits für die Vorerfahrungen und mitweltlichen Erfahrungen beschrieben wurden, wenn sie in eine Mitteilung transformiert werden. Auch das innere Erleben muss in einer Form dargeboten werden, die verständlich, interessant, überzeugend ist und im Einklang mit dem angestrebten Fremdbild steht. Die Möglichkeiten, dem eigenen Erleben einen sprachlichen Ausdruck zu geben, scheinen vielfach noch ungleich beschränkter zu sein als bei der Vermittlung äußerer Handlungsabläufe.

Vor allem für Mitteilungen über das innere Erleben kommt als eine wichtige Informationsquelle der Leib als Ausdrucksfeld hinzu (ausführlicher dazu vgl. Gugutzer 2002). Wenn wir jemanden in Tränen aufgelöst antreffen oder wenn jemand bei einer Äußerung errötet, dann "erfahren" wir etwas über die inneren Vorgänge dieser Person, auch ohne dass eine direkte Mitteilungsabsicht vorliegt. Bei Vertrauten können schon winzige Anzeichen ausreichen, um zu "wissen", was im anderen vorgeht. Diese Beispiele machen deutlich, dass der Leib in kulturell standardisierter oder individuell gebundener Weise ein wichtiges Ausdrucksfeld ist.

Durch diese leibgebundenen "Zusatzinformationen", durch "vorgelagertes" Wissen über eine Person sowie durch die stärker typisierten Bestandteile unseres Erfahrungsvorrats ist es aber möglich, dass wir aus Mitteilungen einer Person mehr erfahren, als diese selbst glaubt mitzuteilen. Die Diskretion gebietet zwar, dass man sich – wie Simmel (1983) aufgezeigt hat – von der Kenntnis all dessen fernzuhalten hat, was die andere Person nicht von sich aus offenbart. Diese Grenzziehung ist aber je nach Vertrautheitsgrad unterschiedlich weit gefasst und ist im Falle der Zweierbeziehung besonders eng gezogen. Dennoch gehört es zum festen Bestandteil unseres Alltagslebens, wie Simmel (1983: 267) ergänzend feststellt, "dass jeder vom anderen etwas mehr weiß, als dieser ihm willentlich offenbart, und vielfach solches, dessen Erkanntwerden durch den anderen, wenn jener es wüsste, ihm unerwünscht wäre (...). Im Allgemeinen spricht der Mensch sich das Recht zu, alles das zu wissen, was er, ohne Anwendung äußerer illegaler Mittel, rein durch psychologische Beobachtung und Nachdenken ergründen kann".

Die Komplexität der Wirklichkeit wird schließlich auch noch gesteigert, da die Mitteilungen einer Person selbst keineswegs generell zutreffend sein müssen. Immer ist es auch möglich, dass die berichtende Person selbst einem Irrtum unterliegt bzw. bemüht ist, mit Absicht eine falsche Vorstellung zu erzeugen, also zu täuschen (ausführlich dazu vgl. Goffman 1977). Diese Möglichkeiten sind in Betracht zu ziehen und im Zweifelsfall ist nach Indikatoren Ausschau zu halten, die Aufschluss über den Wahrheitsgehalt der Mitteilung geben können. Diese Möglichkeit der Fehlinformation schafft für alle Mitteilungen das Erfordernis, sie in einer Weise zu präsentieren, die Zweifel am Wahrheitsgehalt nicht aufkommen lässt bzw. die geeignet ist, auftauchende Zweifel zu entkräften. Auch wer die "Wahrheit" spricht, ist gezwungen, Überzeugungsarbeit zu leisten. Dies wird um so schwieriger, da, wer eine Täuschung beabsichtigt, es gerade darauf anlegen wird, möglichst überzeugend zu wirken. Wer täuscht, ist deshalb in einem gewissen strategischen Vorteil gegenüber der Person, die voll und ganz gebannt ist vom Wahrheitsgehalt der eigenen Mitteilung und deshalb die Überzeugungsarbeit unbeachtet lässt. Diese "Vorteile" sind aber dennoch begrenzt, da es offensichtlich sehr schwer ist, alle notwendigen Elemente stimmig zu manipulieren (vgl. Ekman 1989).

Die aufgezeigte Komplexität der Wirklichkeit und die beschriebenen Probleme des Fremdverstehens haben weitreichende Konsequenzen für die Möglichkeit einer Übereinstimmung. Kurz gefasst: Es kann immer nur einen vorläufigen Konsens, einen "Arbeitskonsens" (Goffman 1969: 13) geben. Eine endgültige Gewissheit, dass zwei Personen übereinstimmen, kann es nicht geben. Was wir erzielen können, ist lediglich eine für unsere praktischen Zwecke hinreichende Gewissheit, dass wir "einer Meinung" sind und dass wir in unseren "Sichtweisen übereinstimmen". Eine jede Realitätskonstruktion hat Unsicherheitsgrade, die nur durch den aufrechterhaltenen und bestätigten Glauben an die Richtigkeit der Realitätskonstruktion überbrückt werden können. Im Alltagsleben kommen diese unaufhebbaren Unsicherheitsgrade nicht in den Blick, da auf der Grundlage der Annahme der Gemeinsamkeit des Erlebens und Urteilens miteinander interagiert wird. Auch wenn ein Konsens immer nur ein Arbeitskonsens sein kann, ist diese Unterstellung für alle praktischen Zwecke unverzichtbar, da dadurch die Handlungsfähigkeit im Alltag sichergestellt wird (vgl. Lenz 2002).

Das Vorhandensein unüberwindbarer Schwierigkeiten, die sich auch für die Realitätskonstruktionen in Zweierbeziehungen stellen, bedeutet jedoch nicht, dass es nur ein bloßes Nebeneinander egologischer Entwürfe geben kann und ein prinzipielles Nicht-Verstehen- Können die daraus folgende Konsequenz sei. Dass ein Fremdverstehen immer nur eine Annäherung an den gemeinten Sinn ist, ist nicht gleichbedeutend mit der Aussage, dass Fremdverstehen generell unmöglich ist. Auch wenn es die Komplexität der Wirklichkeit mit sich bringt, dass sie immer nur in Teilen zugänglich ist, bedeutet das nicht, dass sie sich überhaupt der Mitteilbarkeit und Erfahrbarkeit entzieht. Auch wenn es sich für die soziologische Analyse als notwendig erweist, den vorläufigen Charakter der Konsensbildung zum Gegenstand der wissenschaftlichen Reflexion zu machen, darf nicht außer Betracht bleiben, dass es den Alltagshandelnden immer wieder gelingt, ein für ihre praktischen Zwecke hinreichendes Maß an Gemeinsamkeiten und Übereinstimmungen herzustellen. Dies alles ist möglich, da es in vielen Fällen – auch in Zweierbeziehungen – völlig ausreicht, sich auf den "objektiven Sinn" (Schütz 1974) einer Handlung oder Äußerung zu beziehen. Darüber hinaus ist das um so mehr möglich, je häufiger und ausgiebiger in wiederholten Begegnungen eine beidseitige Wissensakkumulation stattfindet. Und hier kommt, worauf Berger/Kellner (1965) zu Recht hingewiesen haben, dem Gespräch eine herausragende Bedeutung zu. Je häufiger und intensiver zwei Personen Gelegenheit haben, sich kennen zu lernen und Mitteilungen auszutauschen, desto größer wird das Wissen voneinander und dadurch – trotz aller Schwierigkeiten – wird auch die Chance erhöht, zutreffend zu verstehen, was die andere Beziehungsperson "meint". Es steigert sich dadurch auch die Chance, zu tragfähigen Gemeinsamkeiten und Übereinstimmungen zu kommen[78]. Zweierbeziehungen der Gegenwart bieten aufgrund der Enge der Beziehung und dem hohen Maß der gemeinsamen Zeit hierzu sicherlich besonders günstige Voraussetzungen. Bedingung ist jedoch, dass das Medium des Gesprächs in der Weise genutzt wird, dass ein reichhaltiges Wissen voneinander gewonnen wird und dieses dauerhaft erweiterbar ist. Allerdings ändert das alles nichts daran, dass die erreichbaren Gemeinsamkeiten und Übereinstimmungen unüberwindbar an die Grenzen des Möglichen gebunden sind. Das "funktionsgerechte" Gespräch in Zweierbeziehungen, das geeignet ist, Wissen voneinander zu akkumulieren, ist kein Garant einer gemeinsamen Welt und kann es auch nicht sein, sondern schafft lediglich das Potenzial, aus dem wesentlich ein Mehr an Gemeinsamkeit und Übereinstimmung gewonnen werden kann (vgl. Burleson/Metts/Kirch 2000; Dindia/Duck 2000).

Die Kommunikation hat für die Zweierbeziehung eine herausragende Bedeutung inne. Dies hat mittlerweile in einem breiten Umfang in die professionellen Hilfsangebote bei Beziehungsproblemen Eingang gefunden, für die unverkennbar die Kommunikation zwischen den Beziehungspersonen das große Thema ist (vgl. Schröder/Hahlweg 1996). Als ein Beispiel sei hier nur die Technik des erotischen Zwiegesprächs von Lukas Michael Moeller (1998) genannt. Gefordert wird eine intensive Selbstthematisierung, die für das Wissen voneinander unerlässlich erscheint und vor allem dazu dienen soll, eine Erstarrung der "Liebe" zu verhindern bzw. wieder abzubauen (vgl. auch Beck/Beck-Gernsheim 2005). Ausgeblendet bleibt in dieser professionellen Sicht jedoch weitgehend, dass eine intensive Selbstthematisierung auch ihre Haken hat. Es wird ein hohes Niveau der Verbalisierbarkeit vorausgesetzt, das in dieser Anspruchshöhe in Gefahr steht, die Beziehungspersonen zu überfordern. Einfach unterstellt wird ein hohes Interesse füreinander, das unverzichtbar ist, um für die Mitteilungen der anderen Person empfänglich zu sein. Vor allem jedoch bleibt bei dieser Hochschätzung der Kommunikation in der Ratgeberliteratur ausgespart, dass die Kommunikation in Zweierbeziehungen nicht nur "Konsens" stiften kann, sondern auch dazu geeignet ist, "Dissens" hervorzubringen. Durch die intensive Selbstthematisierung nimmt nämlich auch die Wahrscheinlichkeit zu, dass unüberbrückbar erscheinende Gegensätze erkennbar werden. Die Intensivierung der Kommunikation in Zweierbeziehungen ist insofern immer auch ein riskantes Unternehmen.

---

78 Eine Bestätigung findet dies auch in der Longitudinalstudie von Howard S. Markman et al. (1987), die zeigen kann, dass ein unzureichendes Kommunikationsverhalten vielfach dem Auftreten von Eheproblemen vorausgeht.

2.   Identität und Identitätsarbeit

Mit der Wirklichkeitskonstruktion in Ehen haben Berger und Kellner (1965) den Ausbau und die Aufrechterhaltung der eigenen Identität im Blick. Bevor die in Zweierbeziehungen eingebettete Identitätsproblematik zum Gegenstand gemacht werden kann, ist es zunächst erforderlich, das Identitätskonzept in einigen zentralen Aspekten – jedoch immer schon mit Bezugnahme auf Zweierbeziehungen und nur insoweit es für diesen Gegenstand notwendig ist – näher zu betrachten.

Der Gebrauch dieses Konzepts ist trotz einer langen Begriffsgeschichte, die in den Sozialwissenschaften auf William James (orig. 1890) und Charles H. Cooley (orig. 1902) zurückreicht, alles andere als eindeutig (vgl. Keupp 1999; Hettlage/Vogt 2000; Abels 2006). Die Schwierigkeiten mit dem Konzept der Identität beginnen bereits bei der Frage, ob Identität auf die Innen- oder Außenperspektive oder auf beide Perspektiven festgelegt werden soll. Soll mit dem Begriff bezeichnet werden, wie sich eine Person selbst identifiziert oder gerade die Identifikation dieser Person durch andere? Hans-Peter Frey und Karl Haußer (1988) plädieren in ihrer Einleitung zu dem von ihnen herausgegebenen Sammelband für die erste Variante. "Identität", so Frey/Haußer (1988: 4), soll hier "als selbstreflexiver Prozess eines Individuums verstanden" werden. Konträr dazu ist die Verwendung des Identitätskonzepts bei Erving Goffman, der die beiden Begriffe der sozialen und persönlichen Identität – was in der Rezeption vielfach übersehen wird – zwei Formen der Fremddefinition auffasst (vgl. Lenz 1991). Ich folge im Weiteren weder der einen noch der anderen Position, sondern schließe mich einer dritten an, die Identität auf die Innen- und Fremdperspektive bezieht.

2.1   Facetten der Identität

Die Frage der Identität verweist auf das grundlegende Problem der Identifikation, die in einer jeden Situation von uns auf der Grundlage unseres mitgebrachten Erfahrungsvorrats zu leisten ist. Mit allem Nachdruck hat der Symbolische Interaktionismus betont, dass Menschen "Dingen" gegenüber auf der Grundlage der Bedeutungen handeln, die diese für sie besitzen (vgl. Blumer 1973; Weigert et al. 1986). Jedes Ding, das uns begegnet, muss identifiziert werden; es muss bestimmt und benannt werden, welche Bedeutung dieses konkrete Ding in dieser Situation für uns hat. Allgemein gesprochen bedeutet Identifizierung eine Einordnung des Dinges in ein Kategoriensystem als Teil unseres Erfahrungsvorrats (vgl. Strauss 1974; McCall /Simmons 1974). Erst wenn dies erfolgreich stattgefunden hat, sind wir in der Lage, in unseren Handlungsabläufen fortzufahren. In vielen Alltagssituationen verschwindet diese Aufgabe nahezu völlig hinter den Selbstverständlichkeiten: Ein kurzer Blick reicht völlig aus, um die uns umgebenden wohlvertrauten Objekte mit einer ausreichenden Bestimmtheit zu identifizieren. Anders dagegen in problematischen Situationen, mit denen die mitgebrachten Deutungsschemata nicht in Deckung gebracht werden können und Auslegungsvorgänge erforderlich werden. Wer im Dun-

keln, um ein Beispiel von Anselm L. Strauss (1974) zu paraphrasieren, nach einem
Glas Milch greift, wird sich nicht mit einem Akt der Identifikation aufhalten, wenn er
den wohlvertrauten Geschmack von Milch wahrnimmt. Wenn aber anstelle des vertrauten ein eigenartiger Geschmack wahrgenommen wird, dann unterbricht die Person ihre geplante Handlung und wendet ihre Aufmerksamkeit dem Inhalt zu, und sei
es auch nur, indem sie Licht macht, um die Milch oder was immer sich im Glas befindet, in Augenschein zu nehmen. Eine jede Identifikation oder Klassifikation erfolgt, wie Strauss (1974) sehr anschaulich zeigt, unter einer bestimmten Perspektive
und stellt damit eine Selektion von Bedeutungen dar, die das Objekt auch haben
könnte. Mit der Benennung sind Bewertungen seitens des Benennenden verbunden,
werden Erwartungen geweckt, die an das Objekt gestellt werden, und wird die Richtung des Handelns festgelegt.

Die Akte der Identifikation sind keineswegs auf physikalische Objekte beschränkt, sondern erstrecken sich auch auf die in einer Situation anwesenden Personen. Nach George J. McCall und Jerry L. Simmons (1974: 84f) ist "das erste 'Ding',
das in jeder Situation identifiziert werden muss, (...) die Person selbst. Für jeden
Handelnden gibt es ein 'Schlüsselding', dessen Identität und Bedeutung vor allem
anderen mit allgemeiner Zustimmung hergestellt werden muss – und zwar er selbst.
'Wer bin ich in dieser Situation? Welche Implikationen habe ich für die aktiven und
latenten Handlungspläne meiner selbst und der anderen?'". McCall/Simmons (1974)
sind zu ergänzen: Nicht nur die Frage nach der eigenen Person stellt sich, sondern in
einer Situation mit anderen Personen muss immer auch geklärt werden, wer mein
Gegenüber ist. Wie viel ich von der anderen Person zu wissen beabsichtige, hängt
von der konkreten Handlungssituation ab: Manchmal reicht es aus, wenn ich mich
vergewissere, dass von dieser Person keine Gefahr für mich ausgeht (vgl. Goffman
1974: 318ff). In anderen Fällen ist für die Identifikationsarbeit eine einfache Kategorisierung ("Ein typischer Beamter") ausreichend, aber unser 'Wissensdurst' kann sich
auch auf die gesamte Lebensgeschichte erstrecken.

In vielen Alltagssituationen wird hinreichend "gewusst", wer man selbst ist und
wer die andere Person in dieser Situation ist, so dass man sich nicht mit einer wechselseitigen Identifikation aufhalten muss. Ein Ehemann, der wie nach jedem Arbeits-
tag von seiner Frau an der Wohnungstür mit einem Küsschen begrüßt wird, ein paar
kurze Bemerkungen macht, um dann vor dem Fernseher zu verschwinden, während
seine Frau fortfährt, das Abendessen vorzubereiten – auch dieses Beispiel stammt
von Strauss –, wird sich weder mit Fragen nach seiner Identität noch nach der seiner
Frau quälen und dasselbe dürfte auch für seine Frau zutreffen. Beide wissen hinreichend über ihre Identität in dieser schon oft gespielten und erprobten Situation Bescheid.

Anders dagegen in Situationen, die nicht ausreichend vordefiniert sind. Dies kann
sein, wenn die andere Person in einer nicht antizipierbaren Weise erlebt wird (z. B.
"kalte" Begrüßung des Ehemannes an der Wohnungstür) oder aber, wenn von ihr
noch zu wenig gewusst wird im Vergleich zu dem, was für die Bewältigung der Situation erforderlich erscheint. Vielfach reicht in diesen problematischen Situationen
eine kurze Aufmerksamkeitszuwendung zu einer hinreichenden Identifikation aus

(vgl. auch Sillars/Vangelisti 2006). Daneben gibt es aber auch fremde Personen, die unser Interesse fesseln können. Diese Situationen sind in aller Regel im Blickfeld, wenn der Zusammenhang von Identität und Interaktion untersucht wird. Für die Analyse von Zweierbeziehungen sind diese Studien vor allem in Hinblick auf die Kennenlernphase von hohem Belang. Im Gegensatz zu den vielen spontanen Begegnungen im Alltag, reicht im Kontext einer entstehenden Beziehung eine oberflächliche, nur auf soziale Kategorien abzielende Identifizierung nicht aus.

Zwei Personen, die sich in einer Situation treffen, werden in der Einschätzung dieser Situation nur mehr oder minder übereinstimmen. Es ist auch anzunehmen, dass sie sich nicht nur in ihren Vorerfahrungen, sondern auch in ihren Erwartungen an die Situation und an ihrem Gegenüber unterscheiden (vgl. Krappmann 2000). Während die eine Seite glaubt, gerade der "Traumfrau" begegnet zu sein und sich selbst als äußerst charmant und unwiderstehlich empfindet, kann die andere vor allem damit beschäftigt sein, wie sie diesen "nervigen Kerl" möglichst schnell wieder los wird. Dass unter diesen Divergenzen diese Begegnung bald ein Ende finden dürfte, scheint nahe liegend, da hier für den notwendigen Schritt einer Annäherung der Erwartungen geringe Chancen bestehen. Für eine Fortdauer einer Begegnung ist es unerlässlich, dass zumindest eine gewisse Kompatibilität der Erwartungen erreicht wird. Das heißt nicht und kann aufgrund der vorangegangenen Ausführungen nicht heißen, dass eine Übereinstimmung in den Definitionen der Personen und der Situation Bedingung wäre. In diesen Anfängen ist die Vorläufigkeit der reziproken Definitionen jedoch noch offenkundig und findet ihren subjektiven Niederschlag in der Unsicherheit der Beteiligten. Je weniger eine Situation vordefiniert ist, desto stärker ist es möglich, dass die Erwartungen auseinander klaffen. Je mehr eine Situation für die Beteiligten vorstrukturiert ist, um so eher können sie die wechselseitigen Erwartungen an die Situation allgemein und auch an die eigene Person abschätzen. Wer sich auf einem "Ball der einsamen Herzen" trifft oder sich aufgrund einer Heiratsannonce in einem Lokal verabredet, kann mit "guten Gründen" davon ausgehen, dass beide auf der Suche nach einer festen Beziehung sind (vgl. auch Lenz 2003c). Damit ist noch nicht gesagt, dass sie bei dieser Begegnung die gesuchte Person auch "finden" werden. Aber ihre aneinander gerichteten Erwartungen sind ungleich stärker "sichtbar", als wenn sich die beiden zufällig an einer Bushaltestelle begegnen und miteinander ins Gespräch kommen.

Selbst wenn die Situation Vorinformationen über die Erwartungen gibt, bleibt es unerlässlich zu erkunden, wer der/die andere ist und wer man selber in dieser Beziehung sein kann. Dieser Frage wird um so mehr Gewicht zukommen, wenn es sich dabei nicht um "irgendeinen Kontakt" handelt, sondern – zumindest möglicherweise – um den Aufbau einer Zweierbeziehung und damit auch – eventuell – um eine lebenslange und weitgehende Festschreibung der Identitäten (vgl. auch Schmidt 2006). Sicherlich gibt es auch in Beziehungen Anschlussstellen für Transformationsprozesse der Identitäten, sie dürften sogar für den Fortbestand der Beziehung unerlässlich sein. Aber immer haben diese auf der Grundlage der ersten Festschreibung zu erfolgen und auf diese kann auch als Messlatte zurückgegriffen werden ("Als wir uns kennen lernten, warst du ganz anders"). Auch ist anzunehmen, dass die einmal festgelegte

Identität nicht für beliebig andere Bilder anschlussfähig ist. Wer einmal als "nachdenklich" und "ernst" abgestempelt ist, wird sich schwer tun, plötzlich als "Spaßvogel" zu gelten. Aber nicht nur auf Dauer gesehen, diese Fremd- und Selbstidentifikation bestimmt auch unmittelbar, ob die "Aufbauarbeiten" fortgesetzt und mit welcher Energie sie betrieben werden.

(1) Selbstdarstellung als Informationsquelle

Bei unserem Versuch, uns ein Bild vom anderen zu machen, müssen wir uns im Wesentlichen auf die Informationen durch eben diese Person stützen. Wir sind also in erster Linie auf ihre Selbstdarstellung (vgl. Goffman 1969)[79] angewiesen (vgl. auch Lenz 2008d). Zunächst erscheint es plausibel, hierin aufgrund einer hohen Parteilichkeit eine wenig zuverlässige Informationsquelle zu vermuten. Doch so dürftig wie man meinen könnte, ist sie nicht. Sie es nicht, da sich beide Seiten auf Selbstdarstellungen als Informationsquelle über die andere Person stützen müssen. Nicht nur ich bin auf die Selbstdarstellung der anderen Person angewiesen, sie ist es ebenso auf meine. Diese Reziprozität schafft einerseits Bedingungen für eine Kooperation, andererseits stattet sie uns mit einem Wissen aus, das zu einer kritischen Bewertung befähigt. Wir wissen, dass wir nicht alles wortwörtlich nehmen dürfen, sondern "hinter" die gesprochenen Wörter zu schauen haben, um zu erfassen, was gemeint ist. Auch steht uns – zumindest in kontinuierlichen Sozialbeziehungen – ein längerer Beobachtungszeitraum zur Verfügung und damit ist die verbreitete Annahme verbunden, dass, wenn sich schon nicht die Wahrheit, dann zumindest die Unwahrheit selbst verraten wird: Lügen, lehrt uns ein Sprichwort, haben kurze Beine und Paul Ekman (1989) kann zeigen, dass das Sprichwort durchaus einen realen Kern hat. Außerdem ist die Selbstdarstellung nicht nur auf die sprachlichen Äußerungen beschränkt, sondern umfasst auch den Leib als Ausdrucksfeld (vgl. Gugutzer, 2002) und diesem zweiten Kanal, zu dem das ganze Spektrum der nonverbalen Kommunikation gehört, wird im Allgemeinen eine höhere Glaubwürdigkeit zugemessen. In dieser höheren Glaubwürdigkeit des nonverbalen Informationskanals verbinden sich zwei Aspekte: Ausdrucksbewegungen, insbesondere die Körperhaltung und Stimmlage, weniger dagegen die Mimik, entziehen sich in einem hohen Maße der bewussten Kontrolle (vgl. Ekman et al. 1976; mit ethnologischen Materialien vgl. auch Eibl-Eibesfeldt 1984). Zugleich besteht eine – wie es Goffman (1969: 10) genannt hat – "fundamentale Asymmetrie des Kommunikationsprozesses": Nur die beobachtende Person, nicht die sprechende Person selbst, kann in einer Situation gleichzeitig beide Informationskanäle wahrnehmen. Ein nicht zu unterschätzender Vorteil!

---

79 Ausgehend von Goffmans erstem Buch "The Presentation of Self in Everyday Life" (orig. 1959) hat sich mittlerweile der Selbstdarstellungs-Ansatz oder auch Impression-Management-Ansatz innerhalb der Sozialpsychologie als eigener Forschungsbereich etabliert (als Überblick vgl. Mummendey 1995). Wenngleich die genuin soziologische Perspektive Goffmans in diesem Forschungsbereich nur bedingt fortbesteht, lassen sich aus diesen Arbeiten dennoch wichtige Anregungen für eine soziologische Analyse der Selbstdarstellung gewinnen.

Goffman hat die wichtige Unterscheidung zwischen dem *Selbst als Darsteller (Person)*[80] und dem *dargestellten Selbst* eingeführt (vgl. Lenz 1991). Die Person ist nicht einfach mit dem Bild, das sie von sich zu erzeugen versucht, gleichzusetzen. Eine jede Person versuche zwar zu überzeugen, dass sie so sei, wie sie erscheine, dies aber auch als Prämisse im wissenschaftlichen Diskurs fortzuschreiben, sei – so Goffman (1969: 231) – "eine schlechte Analyse der Darstellung". Unablässig ist eine jede Person nach Goffman mit der Aufgabe konfrontiert, dem anderen ein Bild von sich nahe zu bringen.

Dass sich die Person selbst darstellt, ist eine von außen an sie herangetragene Erwartung. Diese Erwartung besteht, da ein Informationsbedarf für die Eigenorientierung der Akteure vorhanden ist. Das Bild, das sich B von A macht, stützt sich auf das Bild, das A von sich entwirft. Was aber nicht heißt – und nicht heißen kann –, dass dieses einfach übernommen wird. "Stützen" heißt lediglich, dass die Selbstdarstellung die *primäre Informationsquelle* ist. Wir brauchen Informationen über die andere Person, um in unseren Handlungsprojekten fortfahren und diese aufeinander ausrichten zu können. Die Selbstdarstellung ist aber nicht nur eine gegenseitige Serviceleistung, die wir füreinander erbringen, sondern erwächst auch aus dem Interesse des Individuums selbst, auf die Verhaltensweisen der anderen, insbesondere auf die der Anwesenden, Einfluss auszuüben. Dies geschieht, indem sich A in einer Art und Weise zu erkennen gibt, die geeignet erscheint, B's Definition der Situation – die Antwort auf die Frage: Was geht hier vor? – zu modellieren und dadurch B zu bestimmten Handlungen zu veranlassen. Indem ich mich als hilfsbedürftig darstelle, versuche ich, auf eine andere Person einzuwirken, mich in der Situation als jemanden wahrzunehmen, der Unterstützung braucht. Dadurch "bescheinige" ich dieser Person zugleich die Kompetenz zur Hilfeleistung und eröffne ihm die Chance, sich selbst als jemanden darzustellen, der hilfsbereit ist, mit dem Ziel, dass mir in der gewünschten Weise unter die Arme gegriffen wird (vgl. auch Metts 1997). Sicherlich hat ein solcher Versuch keine Erfolgsgarantie; dennoch stellt die Selbstdarstellung ein wichtiges Instrument dar, das Handeln der anderen zu beeinflussen.

Die Notwendigkeit der Selbstdarstellung ergibt sich noch aus einem weiteren Grund: Dass es *Täuschungen* und *Missverständnisse* gibt, gehört zu unser aller Grunderfahrung (vgl. Lenz 2003e; Knapp 2006). Für den sozialen Verkehr hat dies weitreichende Konsequenzen: Wir sind gezwungen, darauf zu achten, was unser Tun in den Augen der anderen implizieren könnte. Es reicht nicht aus, aufrichtig zu sein, sondern wir müssen immer auch Sorge tragen, dass wir auch aufrichtig *wirken*. Soll eine Darstellung erfolgreich sein, so ist es notwendig, die Zuschauer von der Aufrichtigkeit zu überzeugen. Diese zu leistende Überzeugungsarbeit ist ein integraler Bestandteil der Selbstdarstellung (vgl. Goffman 1969: 65ff). Sie ist notwendig, um zu verhindern, als unehrlich wahrgenommen zu werden und zu sichern, dass andere einen als ehrlich sehen. Als besonders effektiv erscheint eine Selbstdarstellung, die sich selbst nicht zu erkennen gibt, die den Eindruck erweckt, "ohne Absicht" und

---

80 Goffman verwendet in seinem Erstlingswerk den Ausdruck "Darsteller", in "Rahmen-Analyse" (1977: 297) dann "Person". Im Weiteren werde ich mich der späteren Sprachregelung anschließen.

"spontan" zu sein. Das Paradox "sei spontan" (Watzlawick et al. 1972) findet hierin eine reale Basis.

Im Unterschied zu dem sozialpsychologischen Ansatz wird von einer soziologischen Analyse im Anschluss an Goffman (1969) der Zusammenhang von *Selbstdarstellung und Situation* herausgestellt. Das dargestellte Selbst werde uns, so Goffman (1969: 231), zwar durch die Bemühungen der Person nahe gebracht, aber dieses Selbst entspringt "nicht seinem Besitzer, sondern der Gesamtszene seiner Handlungen, und wird von den Merkmalen lokaler Ereignisse erzeugt, die sie für Beobachter interpretierbar machen". Damit wird eine Sichtweise zurückgewiesen, die den Eindruck, den eine Person macht, nur als eine Hervorbringung eben dieser Person versteht; vielmehr gelte es, die Selbstdarstellung als ein Produkt der Interaktion aufzufassen. Dies bedeutet nicht, das Subjekt zu negieren, sondern nur, eine ihm unterstellte Allmacht zu korrigieren.

Ebenso wichtig erscheint es für eine genuin soziologische Analyse, die *kulturelle Codierung der Selbstdarstellung* in den Blick zu nehmen. Auch hier hat Goffman mit dem Konzept der Fassade eine Vorarbeit geleistet. Als Fassade wird das standardisierte Ausdrucksrepertoire verstanden, von dem ein Individuum in der Selbstdarstellung Gebrauch macht. Er unterteilt Fassade in "Bühnenbild" (setting) und "persönliche Fassade". Das Bühnenbild umfasst die szenischen Komponenten, also die Requisiten und Kulissen, vor, zwischen und auf denen sich die Handlungen abspielen. Unter persönlicher Fassade werden die Ausdrucksmittel verstanden, die unmittelbar mit der Person verbunden sind, wie Kleidung, Gestik, aber auch Geschlecht, Alter usw. In diesem Zusammenhang gibt Goffman den Hinweis, dass eine Person, wenn sie eine soziale Rolle übernimmt, "im Allgemeinen feststellen (wird), dass es bereits eine bestimmte Fassade für diese Rolle gibt" (Goffman 1969: 28). Damit macht er auf die kulturelle Codierung aufmerksam, die in einer Selbstdarstellung zum Tragen kommt. Eine jede situativ bezogene Selbstdarstellung kommt zustande unter Rückgriff auf kulturelle Vorgaben, die entlastend und einengend zugleich sind, die jedoch die sich stellende Aufgabe der Selbstdarstellung nicht ersetzen können. Auf der Grundlage eines vordefinierten Ausdrucksrepertoires muss sich das Individuum als Person zu erkennen geben, wobei die kulturelle Codierung nicht nur seinen Selbstentwurf anleitet, sondern zugleich auch Beurteilungsmaßstab ist bzw. sein kann.

Eine Person erwartet, dass das von ihr dargestellte Selbst von anderen ernst genommen wird, und solange sie den Bogen nicht überspannt, kann sie damit auch rechnen. Einen bestimmten Eindruck zu erwecken oder aufrecht zu erhalten, ist nicht mit einer Täuschungsabsicht gleichzusetzen. Goffman (1969: 19ff) stellt zwei Extreme gegenüber: die eine Person, die vollständig vom eigenen Spiel gefangengenommen ist, und die, die von der eigenen Darstellung überhaupt nicht überzeugt ist. Zwischen diesen beiden Extremen des "aufrichtigen" und "zynischen Darstellers" bewegt sich jede Selbstdarstellung. In jedem Fall scheint mit der Selbstdarstellung eine Tendenz zur eigenen Idealisierung verbunden. Es geht also nicht um irgendein Bild, das von sich selbst entworfen werden soll, sondern die Person ist meist bestrebt, sich in einem möglichst günstigen Licht erscheinen zu lassen. Dies kann manchmal auch über Umwege erreicht werden: So kann man z. B. "tiefstapeln", um so zu erwirken, dass die anderen einem tausendfach bestätigen, um wie viel besser man sei. Oder das "Tiefstapeln" kann dazu dienen, für möglich erscheinende Misserfolge "vorzubauen". In manchen Fällen bleibt einem Individuum nichts anderes mehr übrig, als sein bedrohtes oder beschädigtes Selbstbild zu verteidigen, was als "defensive Selbstdarstellung" bezeichnet wird (vgl. Tedeschi/Norman 1985; Schütz 1990), aber sich immer noch als eine positive Idealisierung erweist. Es gibt auch – wenngleich weniger zahlreich – Fälle negativer Idealisierung (vgl. Goffman 1969: 37ff): Neben der Darstellung als unfähig und hilflos, um Mitleid zu erregen, dürften gerade Frauen, die mit ihren Fähigkeiten zurückhalten, um so die "Größe" des Mannes an ihrer Seite zum Leuchten zu bringen, das klassische Beispiel sein[81]. Bei jeder Form der Idealisierung müssen diejenigen Handlungen, Sachverhalte und Motive, die mit dem dargestellten Selbst unvereinbar sind, verborgen oder zumindest abgeschwächt werden. Vor allem bei dem Versuch, sich in einem günstigen Licht erscheinen zu lassen, existieren immer auch von außen gesetzte Grenzen. Das Bild, das man von sich entwirft, ist nicht nur danach geformt, wie man selbst gerne erscheinen möchte, sondern stellt einen Kompromiss dar mit dem, was man anderen als glaubwürdig zumuten kann.

Allerdings sind die Akteure nicht immer im gleichen Ausmaß "besorgt" um den Eindruck, den sie auf andere machen. Eine besondere Aufmerksamkeit wird der Selbstdarstellung nach Barry R. Schlenker (1984) dann zuteil, wenn eine hohe Motivation und auch eine positive Erfolgserwartung vorhanden sind. Vor allem dann, wenn ein Individuum das Ziel hat, einen gewünschten Eindruck zu erwecken oder eine gewünschte Reaktion bei der anderen Person hervorzurufen, und zugleich annimmt, dass es dies auch erreichen kann, wird die Selbstdarstellung zu einer zentralen Aufgabe in einer Situation. Im Ablauf von Zweierbeziehungen ist anzunehmen, dass dies besonders ausgeprägt in der Aufbauphase der Fall ist und zwar, wenn A nicht nur Interesse an B hat, sondern entweder glaubt, Anzeichen für eine Erwiderung auf der anderen Seite bemerkt zu haben, oder aufgrund der eigenen Selbsteinschätzung fest vom Erfolg überzeugt ist.

Wenngleich Individuen in verschiedenen Situationen in unterschiedlichem Ausmaß mit dem Eindruck, den sie machen, befasst sind, heißt das keineswegs, dass die Selbstdarstellung auf diese Momente beschränkt wäre. Die Selbstdarstellung ist für ein Individuum eine *unvermeidliche Daueranforderung und -leistung,* auch dann, wenn sie in einem so hohen Maße routiniert ist, dass sie als solche nicht mehr in Erscheinung tritt (vgl. auch Mummendey 1995). Sie kann jedoch – und darauf macht die Rede vom unterschiedlichen Besorgtsein um den eigenen Eindruck aufmerksam – auch zum Gegenstand *strategischen Handelns* werden. Selbstdarstellung als strategisches Handeln ist nicht gleichbedeutend mit Zynismus. Auch wenn man sich aktiv bemüht, ein bestimmtes Bild zu erzeugen, muss das nicht mit dem Versuch einer Täuschung zusammenfallen. Genauso gut ist es möglich, dass man lediglich bestrebt ist, einen möglichst "getreuen" Eindruck von dem zu vermitteln, wie man sich selbst

---

81 Ausführlich befasst sich der sozialpsychologische Selbstdarstellungsansatz mit Taxonomien des Selbstdarstellungsverhaltens. Die verbreiteten Taxonomien stammen weiterhin von Jones/Pittman 1982 und Tedeschi/Norman (1985), die hier jedoch nicht im Detail von Interesse sind.

sieht. Gleichwohl ist anzunehmen, dass eine Selbstdarstellung als strategisches Handeln in einem besonderen Maße zur Idealisierung der eigenen Person neigen wird. Auch dann, wenn man sich möglichst authentisch darzustellen versucht, wird man in erster Linie bemüht sein, die positiv bewerteten Eigenschaften herauszustellen. Mit dem Versuch, sich selbst in einem möglichst günstigen Licht erscheinen zu lassen, geht zugleich eine hohe Beeinflussbarkeit durch andere einher, da das strategische Handeln gezwungen ist, sich nicht nur am Wünschenswerten, sondern auch am Glaubwürdigen zu orientieren. Wer bestrebt ist, ein möglichst positives Bild von sich selbst zu entwerfen, der kommt nicht umhin zu beachten, was anderen "noch" als glaubwürdig präsentiert werden kann, und in einer auf Kontinuität angelegten Beziehung darf die Aufrechterhaltbarkeit der Glaubwürdigkeit nicht auf den Moment begrenzt sein, sondern muss auch am nächsten Morgen noch Bestand haben können (vgl. auch Kaufmann 2004). "Überdreht" man die Darstellung, dann hat man nicht nur das eigene Ziel verfehlt, sondern steht am Ende als "Schwindler", "Lügner" oder "Hochstapler" da und muss mühsam versuchen (vgl. Knapp 2006), wie man sich mit dem lädierten Eindruck, den man hinterlässt, aus einer Szenerie voller Peinlichkeiten "rettet" (vgl. hierzu die anregenden Betrachtungen von Dreitzel 1983).

(2) Fremdbild und Selbstbild

Wenn Menschen sich begegnen, sind sie gezwungen, sich wechselseitig zu identifizieren. Dies um so mehr, wenn es nicht bei einer Begegnung bleiben soll, sondern wenn daraus eine persönliche Beziehung entsteht oder zumindest entstehen kann. Basis für die Ausformung eines Fremdbildes ist – wie bereits aufgezeigt – die Selbstdarstellung dieser Person. Im Fremdbild wird das dargestellte Selbst nicht einfach übernommen und dies nicht nur wegen der beschriebenen Probleme des Fremdverstehens. Vielfach besitzt A durch Mitteilungen Dritter – etwa durch Klatsch (vgl. Bergmann 1987) – eine weitere Informationsquelle über die Person B, aus der die Inhalte entnommen sind, aus denen das Fremdbild konstruiert wird. Aber auch ohne diese weitere Informationsquelle wird das dargestellte Selbst im Fremdbild durch den mitgebrachten Erfahrungsvorrat gebrochen, der die Personenwahrnehmung lenkt, das Wahrgenommene als Einheit bündelt und erst zu sinnhaften Elementen macht. Ein wichtiger Bestandteil des Erfahrungsvorrats ist ein Geflecht von Typisierungen von Menschen im Allgemeinen und ein Vorwissen über bestimmte Typen von Menschen, ihre Ausdrucksformen, Motive und Verhaltensweisen, was eine erste Typisierung des anderen möglich macht. Ohne dass wir miteinander ein Wort gewechselt haben, "wissen" wir über die Identität der anderen Person schon eine Menge. Allem voran findet eine Identifikation des Geschlechts der Person statt. Indem wir eine Person in einer bestimmten Situation oder auch als eine bestimmte Rolle innehabend wahrnehmen, bilden wir uns einen ersten Eindruck von ihr. Mehrere Männer, die auf einer Parkbank sitzen und eine billige Flasche Rotwein kreisen lassen, nehmen wir als "Stadtstreicher" wahr, einen jungen Mann und eine junge Frau auf der nächsten Bank, die sich umarmen und küssen, als ein "jungverliebtes Paar". In beiden Fällen ist das möglich, da wir über Vorwissen verfügen, das es uns möglich macht, auf die wesentlichen Hinweise zu sehen, diese aus dem Gesamten der Informationen auszuwählen und zu verdichten.

Kommt es zu einem verbalen Austausch zwischen den Personen, dann geht das entworfene Fremdbild rasch über diese erste Typisierung hinaus. Die bloße Kategorisierung wird gefüllt und modifiziert durch ein generiertes personenbezogenes Wissen, das sich darauf stützt, wie sich diese Person gibt und was sie von sich erzählt. Aber auch das auf einer breiteren Basis entworfene Fremdbild wird auf einer Folie mitgebrachten Wissens geformt, das die Wahrnehmung und Interpretation der zugänglich gemachten Informationen bestimmt und auch erst die Zuschreibung einer Individualität möglich macht. Was eine Person besonders auszeichnet, wird erst erkennbar vor dem Hintergrund dessen, was man über sich und andere weiß. So sehr Fremdbilder auch durch personenbezogenes Wissen getränkt und erweitert sind und so weit sie sich von den ersten Grobentwürfen entfernen, sie bleiben dennoch weiterhin – worauf schon Simmel (1983: 24) in seinen soziologischen Aprioris hinwies – Typisierungen:

> "Wir stellen (uns) jeden Menschen (...) als den Typus Mensch vor, zu dem seine Individualität ihn gehören lässt, wir denken ihn, neben all seiner Singularität, unter einer allgemeinen Kategorie, die ihn freilich nicht völlig deckt und die er nicht völlig deckt (...). Selbst wenn diese Umwandlung so unmerklich ist, dass wir sie unmittelbar nicht mehr erkennen können (...) – innerlich benennen wir den Menschen doch nach einem wortlosen Typus, mit dem sein reines Fürsichsein nicht zusammenfällt".

In einer Interaktion kann das Fremdbild auch Gegenstand eines *Aushandlungsprozesses* werden. Der Fremdbild-Entwurf ist auch beeinflussbar durch neue Selbstdarstellungsangebote der betreffenden Person. Voraussetzung ist dabei, dass A eine Vorstellung hat, wie er bzw. sie von B gesehen wird. Auf der Grundlage dieser Vorstellung kann versucht werden, dieses Bild zu beeinflussen, indem signalisiert wird, dass man andere Eigenschaften, Qualitäten oder Interessen hat, als bislang in den Fremdbild-Entwurf eingegangen sind. So kann z. B. ein Mann das bei einer Frau, die er vor kurzem kennen gelernt hat, entstandene Bild, er sei einer, der nur auf ein kurzes Abenteuer aus sei, versuchen zu korrigieren, indem er zeigt, dass sein Interesse an ihr "ganz anderer Natur" ist und er sich nach einer Dauerhaftigkeit der Beziehung sehnt. Wie in jedem Aushandlungsprozess ist es auch hier möglich, dass B das neue Angebot annimmt, aber es kann auch zurückgewiesen oder modifiziert und daraufhin die Aushandlungsspirale durch neue Angebote und Gegenangebote fortgeführt werden. Da es in einer Begegnung nicht nur um ein Fremdbild geht, sondern immer um beide Fremdbilder – also um B's Bild von A und A's Bild von B –, erwächst in diesem Aushandlungsprozess die Chance einer Kooperation: B wird die neuen Selbstdarstellungsangebote von A um so bereitwilliger in seinen Fremdbild-Entwurf einbeziehen, wenn auch A so verfährt.

Dass eine Person in wechselnden Begegnungen und Beziehungen mit unterschiedlichen Fremdbildern ausgestattet wird, darauf hat bereits William James (1968) hingewiesen. Diese *Multiplizität* ist jedoch nicht nur auf die *Fremdbilder* beschränkt, sondern setzt sich für die *Selbstbilder* fort, also in den Vorstellungen, die A von sich selbst in unterschiedlichen Begegnungen und Beziehungen hat. Die Multiplizität der

Selbstbilder hat bislang weit weniger Beachtung und Anerkennung gefunden – aus einem Grund, auf den ich noch zurückkommen werde – als die der Fremdbilder (vgl. Bilden 1997): A ist nicht nur Ehemann und hat nicht nur als Ehemann eine bestimmte Vorstellung von sich, er hat auch einen Beruf und dort mit Vorgesetzten, Untergeordneten oder Kunden zu tun und diese Rollen sind jeweils mit Selbstbildern verbunden. A ist auch Mann und hat als solcher von sich selbst bestimmte Vorstellungen als Mann. Auch seine Rolle als Ehemann umfasst eine Fülle von Teil-Rollen (Wirtschaftspartner, Sexualpartner, Freizeitpartner, Arbeitspartner im Haushalt, Gesprächspartner, Ratgeber usw.), die ebenfalls mit bestimmten Vorstellungen von sich selbst verknüpft sind (vgl. das Konzept der Rollen-Identität bei McCall/Simmons 1974; McCall 1987).

Diese Selbstbilder bestehen nicht einfach getrennt nebeneinander, sondern sind in einer komplexen Struktur organisiert und beeinflussen sich dadurch wechselseitig. Das hat aber nicht als notwendige Konsequenz, dass die verschiedenen Selbstbilder miteinander voll und ganz vereinbar sein müssten. Die verschiedenen Selbstbilder können – zumindest bis zu einem gewissen Grad – widersprüchlich sein. Für sie gilt, was Schütz/Luckmann (1975) allgemein für Wissenselemente aufgezeigt haben, dass widersprüchliche Elemente erst dann zum Problem werden, wenn sie miteinander in Verbindung treten.

Wenn die Selbstdarstellung nicht als bloße Hervorbringung der Person aufgefasst wird, sondern als Bestandteil der Situation, dann ergibt sich zwingend, dass das Selbstbild nicht einfach mit dem dargestellten Selbst gleichgesetzt werden darf, auch wenn die aktualisierten Selbstbilder immer auch auf die Selbstdarstellung einwirken. Zu fragen bleibt aber, aus welchen Quellen sich die Selbstbilder speisen. An prominenter Stelle kommt hier Cooleys Konzept des looking-glass-self (orig. 1902) ins Spiel, wonach wir uns selbst im Spiegel der anderen sehen (vgl. Cooley 1968). Auch wenn die soziale Rückmeldung unbestritten eine maßgebliche Quelle für das Selbstbild darstellt, hat die Spiegel-Metapher dennoch einen gravierenden Mangel: Das Selbstbild kann – schon aufgrund der Probleme des Fremdverstehens – nie ein bloßes "Spiegelbild", ein bloßes "Abbild" eines oder mehrerer Fremdbilder sein. Eine weitere wichtige Quelle, aus der sich die Selbstbilder speisen, sind kulturelle Vorgaben, die Anweisungen geben, wie sich die eine bestimmte Rolle innehabende Person selbst sehen soll.

(3) Identität und Perspektiven

Als Identität einer Person wurden bislang zwei Formen der Identifizierung angesprochen: die Identifizierung durch die Person selbst (Selbstbild) und ihre Identifizierung durch eine andere Person (Fremdbild). In einer jeden Wechselwirkung sind die Anwesenden "Objekt" dieser doppelten Identifizierung: Nicht nur ich, auch mein Gegenüber besitzt eine Vorstellung davon, wer er ist, und wird von mir – wie auch ich von ihm – als eine bestimmte Person identifiziert. Mit Selbst- und Fremdbild ist jedoch erst die "direkte Perspektive" bezeichnet, die – wie Ronald D. Laing, H. Phillipson und A. Russell Lee (1971) gezeigt haben – zu ergänzen ist. Mein Erfahrungsfeld ist nicht nur von dem direkten Bild von mir und dem, das ich von meiner bzw.

meinem Beziehungspartner/in habe, ausgefüllt. Menschen denken nicht nur über sich und über andere nach, sondern auch darüber, was andere über sie denken und was andere denken, was man über sich und andere wohl denkt. Es ist deshalb notwendig, neben der direkten Perspektive verschiedene Ebenen von Meta-Perspektiven zu unterscheiden. Eine erste Ebene der Meta-Perspektiven, oder auch nur "Meta-Perspektive" genannt, ist das Bild vom Bild. Auf dieser Ebene geht es z. B. um meine Vorstellung darüber, wie mein/e Beziehungspartner/in mich sieht ("Meta-Fremdbild"). Eine zweite Ebene ("Meta-Meta-Perspektive") ist das Bild vom Bild des Bildes. Es geht hier z. B. um meine Vorstellung von dem, was mein/e Beziehungspartner/in darüber denkt, wie ich mich selbst sehe ("Meta-Meta-Selbstbild"). Laing et al. (1971) weisen darauf hin, dass es zu jeder Ebene eine weitere gibt und dass man über diese genannte zweite Ebene der Meta-Perspektive zu einer dritten, vierten usw. voranschreiten kann. Kostproben für die dabei erreichbare Komplexität finden sich zahlreich in dem Gedichtband "Knoten" von Ronald D. Laing (1972), aus dem ein kurzes Beispiel geboten werden soll (Laing 1972: 81):

> Jill
>   kann sehen, dass er sie nicht versteht
> und kann sehen, dass er nicht sehen kann, dass er sie nicht versteht:
> und sie kann sehen
>   dass er nicht sehen kann, dass er nicht sehen kann, dass
>   sie sieht, dass er nicht sehen kann, dass er sie nicht versteht.
> Warum ist sie dennoch verwirrt?
> Sie kann nicht verstehen, warum er nicht sehen kann, dass
> sie sieht, dass er nicht sehen kann, dass er nicht versteht.

Ohne von Perspektiven zu sprechen, bin ich bereits oben auf diese Problematik gestoßen, als darauf hingewiesen wurde, dass in das Selbstbild von A nicht B's Bild von A (Fremdbild von A) unmittelbar eingeht, sondern über die Vorstellung, die sich A von diesem Fremdbild macht, vermittelt also über das Meta-Fremdbild (vgl. Laing et al. 1971). In das Selbstbild von A – wie nun zu ergänzen ist – geht nicht nur ein, wie A glaubt, das B ihn sieht (Meta-Fremdbild), sondern auch die Fülle von Bildern, die sich auf den weiteren Ebenen der Meta-Perspektiven ergeben. Doch damit ist die Interdependenz im Interaktionsgeschehen, die Laing et al. aufzeigen, noch nicht ausgeschöpft. Was A denkt, was B von ihm hält, beeinflusst nicht nur sein Selbstbild, sondern wird sich auch in seinem Bild von B (Fremdbild von B) niederschlagen. Wenn er der Auffassung ist, sie sehe ihn als selbstsüchtig an, er jedoch von sich mit voller Überzeugung behauptet, mehr als großzügig zu sein, dann hat das sicherlich auch Auswirkungen auf sein Fremdbild von seiner Partnerin. Er wird sie, so lässt sich vermuten, als habsüchtig sehen, als jemanden, die, egal wie viel man ihr gibt, mit nichts zufrieden ist. Das von ihm entworfene Fremdbild wird im Weiteren auf sein eigenes Selbstbild zurückwirken. Ihre grenzenlose Habgier kann ihn dazu veranlassen, verstärkt auf die eigenen Vorteile zu schauen, was dazu führen kann, dass er immer mehr dem entspricht, wie er von ihr gesehen wird, und seine Partnerin wird sich dadurch in ihrem Eindruck von A voll und ganz bestätigt sehen. Diese Interdependenzketten lassen sich unter Einbezug weiterer Ebenen der Meta-Perspektiven leicht ausbauen.

2.2 Kontinuität, Individualität und Ritualität

Während bislang die Hervorbringung und Zuschreibung von Identität vor allem im Kontext von Interaktionen betrachtet wurde, soll im Weiteren auf Dimensionen der Identität hingewiesen werden, die darüber hinaus reichen. Dabei werden die Vorstellung der Kontinuität, der Anspruch auf Individualität und die rituellen Anforderungen an die Identität betrachtet.

(1) Identität und Kontinuität

Zum festen Gepäck des Identitätskonzepts gehört im Anschluss an Erik H. Erikson (1966a, b) die Kontinuitätsvorstellung (vgl. Abels 2006). Die zentrale Anforderung der Adoleszenz ist für Erikson der Aufbau einer stabilen Ich-Identität. Durch eine erfolgreiche Bewältigung der Adoleszenz "gewinnt der junge Erwachsene das sichere Gefühl innerer und sozialer Kontinuität, das die Brücke bildet zwischen dem, was er als Kind war, und dem, was er nunmehr im Begriff ist zu werden; eine Brücke, die zugleich das Bild, in dem er sich selber wahrnimmt, mit dem Bilde verbindet, unter dem er von seiner Gruppe, seiner Sozietät erkannt wird" (Erikson 1966b: 138).

Die Kritik an Eriksons Identitätskonzept mehrt sich, es habe mittlerweile seine Passform verloren. Das Konzept sei zu starr, um den vielschichtigen, divergenten und veränderten Anforderungen, die an eine Person gestellt werden, gerecht zu werden. Heiner Keupp (1997; 1999) hat in Absetzung von Erikson den Begriff der "Patchwork-Identität" geprägt, mit dem er die Identitätsbildung unter den Bedingungen von fragmentierten und widersprüchlichen Alltagserfahrungen zu fassen versucht. Von einem "sicheren Gefühl innerer und sozialer Kontinuität" (Erikson) könne unter diesen Bedingungen nicht mehr die Rede sein. Es stellt sich also die Aufgabe, die Dynamisierung und Pluralisierung des Identitätskonzepts mit der Kontinuitätsvorstellung zu verbinden. Dies ist möglich, wenn die Kontinuität oder Kohärenz nicht in die Identität verlagert, sondern als Teil der zu erbringenden Identitätsarbeit aufgefasst wird, als ein kreativer Prozess der Selbstorganisation (vgl. auch Gergen 1996; Abels 2006). Die Kontinuität ist eine beständige Hervorbringung der Person und dies – entgegen der gängigen Position vieler Zeitdiagnosen – nicht erst in der Gegenwart. Die Notwendigkeit ihrer Herstellung mit der Faktizität von Kontinuität verwechselt zu haben, ist ein "Geburtsfehler" des Identitätskonzepts von Erikson.

In seiner Identitätsarbeit muss das Individuum sich und andere laufend davon überzeugen, dass es nach wie vor die Person ist, die es war und auch in Zukunft sein wird. In diesem Aspekt ihrer Identitätsarbeit ist die Person unweigerlich auf die Unterstützung von und Kooperation mit anderen angewiesen, die ihre hervorgebrachte und aufrechterhaltene Kontinuität bestätigen und dadurch diese letztlich erst ermöglichen. Das Gefühl der Kontinuität kann dabei auch über tiefe Einschnitte im Lebenslauf hinaus aufrechterhalten bzw. im Nachhinein wieder hergestellt werden, indem die Vergangenheit im Lichte der Gegenwart neu interpretiert wird. Ausführlich hat sich William B. Swann (1982; 1985) mit den Prozessen befasst, mit denen es möglich ist, die Stabilität der eigenen Selbstbilder sicherzustellen. Swann führt hierzu den Begriff "self verification" ein und fasst darunter Strategien, mit denen eine soziale Wirklichkeit geschaffen wird, mit der die eigenen Selbstbilder bestätigt und bekräftigt werden. Selbst-Bestätigung kann zum einen dadurch gewonnen werden, dass man es (1) schafft, die soziale Mitwelt dazu zu bringen, Unterstützung für die eigenen Selbstbilder zu gewähren. Selbst-Bestätigung kann (2) auch dadurch gewonnen werden, indem vorrangig selbstbestätigende Evidenz wahrgenommen wird.

Diese Strategien dienen dazu, die Kontinuität der eigenen Identität immer wieder sicherzustellen, und zwar in Situationen, die dies nicht von sich aus schon leisten. Vielfach bedarf es dieser Strategien jedoch nicht, da A mit Personen interagiert, die A hinreichend kennen und wissen, wie A erwartet, gesehen und behandelt zu werden. Die Kontinuität und Kohärenz der Identität ist in diesen Fällen Ausfluss stabiler Lebenssituationen (vgl. Gergen 1996). Dazu gehören alle auf Dauer gestellten persönlichen Beziehungen, Beziehungen zu Arbeitskollegen und -kolleginnen, Freunden und Freundinnen, die Beziehungen zu Eltern, Geschwistern, Verwandten und auch zu den eigenen Kindern. Eine herausragende Bedeutung unter all diesen persönlichen Beziehungen für die Aufrechterhaltung der Kontinuität kommt der Zweierbeziehung zu, zumindest dann, wenn sie schon über eine längere Dauer besteht. Gerade dadurch, dass man "weiß", wie der andere ist, und man "weiß", dass der andere "weiß" usw., wird die betreffende Person entscheidend davon entlastet, durch die Verwendung von Selbst-Bestätigungs-Strategien die Kontinuität der eigenen Identität anzuzeigen und aufrechtzuerhalten.

(2) Identität und Individualität

Engstens verknüpft mit Identität ist auch der Anspruch auf Individualität. Unter Individualität wird das Bestreben einer Person nach Besonderheit, Einmaligkeit und Unverwechselbarkeit verstanden (vgl. Nunner-Winkler 1985; Schmidt 2006). Entsprechend der Kontinuität scheint auch die Individualität ein wesentlicher Bestandteil der vom Subjekt zu leistenden Identitätsarbeit zu sein. Die Herstellung von Individualität hatten Stanley Cohen und Laurie Taylor (1977) explizit im Sinn, als sie den Begriff der Identitätsarbeit einführten. Aufgabe der Identitätsarbeit, so Cohen/Taylor (1977: 23), sei es, sich "als unverwechselbares Individuum dar(zu)stellen".

Die Individualität ist also – wie die Kontinuität – nicht einfach als fester Bestandteil der Selbstbilder aufzufassen, die zustande kommen auf der Grundlage wahrgenommener Fremdbilder, kultureller Vorgaben, durch Vergleichsprozesse und Selbstwahrnehmungsakte, sondern als eine aktive Leistung der Person, als eine Konstruktion, die sie zu erbringen hat. Auch wenn es aus der Innenperspektive den Anschein haben kann, als ob Identität und Individualität weitgehend zusammenfallen würden, ist es für die wissenschaftliche Analyse notwendig, beides auseinanderzuhalten, da mit dem Selbstentwurf noch nicht zwingend der Anspruch und die Sicherung der eigenen Einmaligkeit einhergeht, sondern diese sich als zusätzliche Anforderung stellt, die es einzulösen gilt.

Die individuelle Suche nach einem einmaligen, unverwechselbaren Selbst verweist auf gesellschaftliche Makroprozesse, durch die erst die Rahmenbedingungen für Individualität geschaffen werden. Nach Durkheim (1988; orig. 1893) ist die Individualität Resultat einer sich ausbreitenden Arbeitsteilung, oder anders formuliert: der fortschreitenden sozialen Differenzierung. Erst auf dem Stand einer bestimmten gesellschaftlichen Entwicklung wird die Entfaltung von Individualität möglich. In der Moderne erfährt dieser Individualisierungsprozess – auch wenn dieser Prozess weiter zurückreicht – eine bedeutsame Beschleunigung (vgl. Abels 2006). Mit den Rahmenbedingungen eröffnet sich die Chance, die jedoch zunächst nur eine "Leerstelle" ist, die das Individuum erst durch die eigene Besonderheit, Einmaligkeit und Unverwechselbarkeit auszufüllen hat. Das Ausfüllen ist durch die bloße Möglichkeit noch lange nicht geleistet. Trotzdem die Individualität erst auf einem bestimmten Niveau der sozialen Differenzierung möglich wird und somit die Gesellschaft erst die Entfaltung der Individualität möglich macht, wird diese vor allem "gegen" die Gesellschaft gewonnen und behauptet. Auf dieses Paradox, das für die Moderne charakteristisch erscheint, hat mit allem Nachdruck Goffman hingewiesen: Auch wenn unsere Selbstbilder ganz wesentlich durch die Mitgliedschaft in sozialen Einheiten bestimmt werden, hat sich die Individualität gerade durch die kleinen Schritte zu bewähren, "durch die wir deren Sog widerstehen. Unser Status wird durch das solide Bauwerk unseres Milieus getragen, doch unser Gefühl der persönlichen Identität steckt häufig gerade in den Brüchen" (Goffman 1972: 304).

Kontinuität und Individualität stellen wesentliche Aufgaben der Identitätsarbeit dar, mit denen ein jedes Individuum konfrontiert ist. Beide scheinen aber in einem unterschiedlichen Zusammenhang mit dem Bestand von Zweierbeziehungen zu stehen. Während die Kontinuität in der stabilen Beziehung eine wesentliche Stütze vorfindet, befindet sich diese Stabilität zumindest tendenziell in einem prekären Verhältnis zur Aufgabe der Erlangung der Individualität. Nicht ausgeschlossen ist, dass die Zweierbeziehung – ab einem bestimmten Punkt der Dauer – in Widerspruch zu dem Versuch gerät, sich als besonderes, einmaliges und unverwechselbares Selbst zu erweisen, und die Beziehung zu dem Gefängnis wird, von dem man, in welcher Weise auch immer, sich zu distanzieren gezwungen ist.

(3) Ritualität

Schon in seinem frühen Hauptwerk (orig. 1893) hat Durkheim aufgezeigt, dass der moralische Individualismus, der sich erst in arbeitsteilig organisierten Gesellschaften entfaltet, eine starke Aufwertung des Eigenwertes des Individuums beinhaltet. Noch deutlicher wird Durkheim an einer anderen Stelle (orig. 1906), wenn er die Persönlichkeit mit dem Begriff des Heiligen vergleicht. "Die Persönlichkeit des Menschen ist etwas Heiliges; man wagt nicht, sie zu verletzen, man hält sich fern von ihrem Umkreis, während gleichzeitig die Gemeinschaft mit dem Mitmenschen das Gute par excellence darstellt" (Durkheim 1967: 86). Im Original ist es noch stärker formuliert, es ist nicht nur von "etwas Heiligem" die Rede, sondern die menschliche Persönlichkeit wird als "geheiligtes Objekt", "chose sacrée", bezeichnet. Dieses Thema nimmt Goffman wieder auf und löst dabei die Vorstellung des Individuums als geheiligtes Objekt aus dem makrosoziologischen Problemzusammenhang. Er wirft die Frage auf, wie "so aufgewertete" Individuen miteinander umgehen. Zentrales Anliegen von Goffman ist, jene Vielfalt an Verhaltensregeln aufzuzeigen, die von den Teilnehmer/innen in face-to-face-Interaktionen in einer wechselseitigen Anerkennung ihrer Ansprüche als geheiligte Objekte befolgt werden (vgl. auch Lenz 1991). In seiner unveröffentlichten Dissertation, in der er sein Forschungsprogramm grundgelegt hat, bezeichnet Goffman seine Perspektive auf Interaktionsprozesse als "ritual model of social interaction".

> "For the actor, others may come to be seen as sacred objects. The social attributes of recipients must be constantly honored; where these attributes have been dishonored, propitiation must follow. The actor must be on his guard almost all the time and carefully poised in his action. He must conduct himself with great ritual care, threading his way through one situation, avoiding another, counteracting a third, lest he unintentionally and unwittingly conveys a judgment of those present that is offensive to them. Even more than being a game of informational management, conversational interaction is a problem in ritual management" (Goffman 1953: 103).

Der Zwang zu einer angemessenen rituellen Sorgfalt im Verhältnis zueinander ist allerdings keineswegs auf Interaktionen beschränkt, sondern erstreckt sich ebenfalls auf die Ebene der persönlichen Beziehungen, die hier in Form der Zweierbeziehung von Interesse ist (vgl. Metts 1997: Burkart 2008). Zumindest bei den Inhalten der rituellen Ordnung ist es dabei nicht einfach möglich, diese von der Interaktion auf eine Beziehung zu übertragen. Darauf hat bereits Norman K. Denzin (1974) hingewiesen, indem er aufzeigt, dass eine Reihe von rituellen Geboten, die Goffman (1971a) für Interaktionen beschreibt, z. B. die Körpersprache (body idioms), in Zweierbeziehungen fortlaufend verletzt werden, ohne dass dies als ein korrekturbedürftiger Verstoß aufgefasst wird.

> "Enduring social relationships not only sanction the violation of situational rules of civil propriety, but in fact these relationships are built on a deliberate violation of such rules. This of course is not meant to suggest that marriage represents flagrant violations of all rules of conduct – this is not so – and in fact as representative of one class of relationships, marriages are built on a unique order of moral and civil rules – that which is not allowable in polite society is now sanctioned" (Denzin 1974: 65).

Oder anders formuliert: Auch für Zweierbeziehungen bestehen Anforderungen an ein wechselseitiges rituelles Management – durchaus mit Unterschieden in verschiedenen sozialen Milieus – aber diese unterscheiden sich von dem, was für Interaktionen zwischen (weitgehend) Fremden in der Öffentlichkeit gilt. So ist z. B. in Interaktionen zwischen Fremden der Anspruch auf die persönlichen Territorien sehr viel weiter gefasst. Eine leichte Berührung bedarf schon eines korrektiven Austausches. Die Grenzen des persönlichen Territoriums in Zweierbeziehungen sind viel enger gesteckt, was aber nicht heißt, dass es sie nicht gibt. Während Berührungen in Interaktionen meist Verstoßcharakter haben, sind sie in Zweierbeziehungen nicht nur selbstverständlich – wenn auch nicht immer und orts- und körperbezogen überall –, sondern ihre Unterlassung oder Zurückweisung kann hier zu einer Zuwiderhandlung werden (vgl. Metts 1997).

Weiterhin gilt – was schon Denzin (1974) festgestellt hat – dass die rituelle Ordnung von Zweierbeziehungen bislang noch kaum systematisch untersucht wurde. Als ein erster Schritt in die Richtung ihrer systematischen Erforschung hat Denzin drei Dimensionen genannt:

(1) Die rituelle Ordnung umfasst Regeln, die die Handlungen der Ehrerbietung und des Benehmens der Beziehungspersonen anleiten (vgl. Goffman 1971b). Als Ehrerbietung (deference) wird die Würdigung bezeichnet, die ein Individuum dem Partner bzw. der Partnerin durch Wahrung von Distanz und Schutz der "ideellen Sphäre" (Simmel 1983: 265) einer Person (Vermeidungsrituale) erweist, oder durch aktive Bekundungsformen, wie z. B. Begrüßungen, Komplimente, Geschenke oder kleinere Hilfsdienste (Zuvorkommensrituale). Im Unterschied zur Ehrerbietung ist das Benehmen (demeanor) auf die eigene Person ausgerichtet. Durch das Benehmen wird dem Gegenüber zum Ausdruck gebracht, dass man ein Mensch mit bestimmten Eigenschaften ist. Das Benehmen ist ein fester Bestandteil der Selbstdarstellung, aber ein besonderer Teil, der zu erkennen gibt, wie man als einmaliges Individuum gesehen und angesprochen werden will.

(2) Zur rituellen Ordnung gehören auch Mechanismen zur Regelung des personenbezogenen Wissens, der Geheimnisse und der internen Probleme der Beziehung. Durch die Nähe einer Zweierbeziehung entstehen große Wissensbestände über die andere Person und voneinander, die nicht an Außenstehende weitergegeben werden sollen oder zumindest nicht im Beisein des Partners bzw. der Partnerin. Z. T. scheinen manche dieser Wissenselemente so stark tabuisiert zu sein, dass es legitimerweise nicht einmal in gemeinsamen Gesprächen gestattet ist, dieses Wissen zur Sprache zu bringen.

(3) Die rituelle Ordnung erstreckt sich schließlich auch auf die eigenen Verhaltensweisen außerhalb der aktuellen Reichweite des Partners bzw. der Partnerin. Dies kommt nicht nur darin zum Ausdruck, dass der Beziehungsstatus – sei es durch den Ehering bei Ehepaaren oder durch scheinbar zufällige Erwähnung ("meine Frau", "mein Lebensgefährte", "mein Freund" usw.) – angezeigt und dadurch sichergestellt wird, dass man entsprechend behandelt werden kann, sondern gerade auch dadurch, dass das Verhalten oftmals in einer Weise gestaltet wird, als ob der Beziehungspartner bzw. die Partnerin anwesend wäre.

2.3 Identitätsarbeit in Zweierbeziehungen

Mehrmals bereits war in vorangegangenen Ausführungen von "Identitätsarbeit" die Rede, ohne dass dieser Begriff definiert wurde. Dies soll nun nachgeholt werden. Dieser Begriff soll im Weiteren in einer breiten Fassung, weiter als bei Cohen/Taylor (1977), verwendet werden. Unter Identitätsarbeit sollen alle auf die Identität bezogenen Aktivitäten eines Subjekts verstanden werden. Identitätsarbeit umfasst folglich sowohl die Formung, Darstellung und Aushandlung von Selbst- und Fremdbildern auf den verschiedenen Perspektiven-Ebenen, wie auch die Aufgaben der Sicherung von Kontinuität, der Gewinnung von Individualität und der Beachtung ritueller Verpflichtungen.

Ein zentrales Kennzeichen der Moderne – in der zweiten Moderne nochmals gesteigert – ist es, dass die Anforderungen an die individuell zu leistende Identitätsarbeit stark zugenommen haben (vgl. Keupp 1997; Straus/Höfer 1997). Die Ausdifferenzierung in gesellschaftliche Teilbereiche mit ihren Eigengesetzlichkeiten, die Erosion traditioneller sozialer Milieus, eine hohe vertikale und horizontale Mobilität und der Wegfall verbindlicher Glaubenssysteme haben dazu geführt, dass früher vorhandene Definitionsvorgaben und -krücken verloren gegangen sind oder zumindest einen hohen Verbindlichkeitsverlust erfahren haben. Die Suche nach Identität hat damit einen neuen und einmaligen Stellenwert bekommen. "Wer bin ich?", "Wer bist du?", "Wie werde ich von anderen gesehen?", "Kann ich hier der sein, der ich sein will?", "Werde ich von anderen anerkannt?" – diese und ähnliche Fragen gewinnen einen drängenden Charakter, werden immer wieder von Neuem aktuell, verlangen nach Antworten und die Antworten nach Bestätigungen. Die (zweite) Moderne bewirkt jedoch nicht nur, dass die Identitätssuche schwieriger wird, sie hat zugleich eine Verschiebung ihrer "Basis" zur Folge. Traditionelle Bindungen verlieren an Gewicht und persönliche Beziehungen, allen voran die Zweierbeziehung, gewinnen für die Identität immer mehr an Bedeutsamkeit (vgl. Schmidt 2006). Elisabeth Beck-Gernsheim (1986) prägt in diesem Zusammenhang die Formel der "Entstehung einer personenbezogenen Stabilität": "Je mehr die traditionellen Bindungen an Bedeutung verlieren, desto mehr werden die unmittelbar nahen Personen wichtig für das Bewusstsein und Selbstbewusstsein des Menschen, für seinen inneren Platz in der Welt" (Beck-Gernsheim 1986: 213). Angesichts der zunehmenden Fragmentierung der sozialen Bezüge könne das Individuum, so Berger/Berger (1984: 200f), eine umfassende Identitätsaffirmation fast nur noch von einer stabilen Zweierbeziehung erwarten, die dadurch zum Garanten der eigenen Kontinuität wird. Diese wenigen Federstriche sollen genügen, um die Dramatik der Identitätsarbeit in Zweierbeziehungen unter den modernen Bedingungen anzudeuten.

Es ist davon auszugehen, dass sich die Identitätsarbeit über die verschiedenen möglichen Phasen einer Zweierbeziehung verändert. Die Identitätsarbeit hat zu Beginn einer Beziehung andere Inhalte und Problemlagen als in der Bestandsphase; Identitätsarbeit in diesen beiden Phasen unterscheidet sich wiederum von der in der Krisen- und auch der Auflösungsphase. Dies kann hier nur exemplarisch angedeutet werden.

(1) Identitätsarbeit in den Anfängen einer Zweierbeziehung
Aspekte der Identitätsarbeit in der Aufbauphase habe ich bereits im Teil II – vor allem im Anschluss an Davis (1973) und Backman (1981) – angesprochen. Allgemein formuliert stehen – hier nur auf die direkte und Meta-Perspektive bezogen – für die Person A in der Anfangsphase die Fragen im Vordergrund,

- wer die andere Person (= B) ist (Fremdbild von B),
- wie sie selbst von B gesehen wird (B's Fremdbild von A),

- wie sie sich selbst in dieser Konstellation sieht (Selbstbild von A),
- welche Vorstellung sich B von A's eigenem Selbstbild macht (B's Meta-Selbstbild von A),
- wie B sich selbst sieht (Selbstbild B) und
- wie B glaubt, dass er/sie von A gesehen wird (Meta-Fremdbild von B).

Diesen Bildern, die hier nur von der Person A aus aufgelistet wurden, stehen die entsprechenden Bilder aus der Sicht von B gegenüber. Dadurch ergibt sich auf beiden Seiten ein hoher Informationsbedarf.

Die ersten Informationen werden bereits vor der *Kontaktaufnahme* gewonnen (vgl. auch Lenz 2003c; 2008) Es muss geklärt werden, auch wenn dies keineswegs immer ein bewusst kalkulierter Vorgang sein muss, ob die Person B zuschreibbare Qualitäten besitzt (vgl. Davis 1973), die es Wert machen, ihr eine besondere Beachtung zu schenken und das oftmals aufwendige und riskante Unternehmen der Kontaktaufnahme einzuleiten. Soweit es sich um einen Erstkontakt handelt und auch keine Information durch eine dritte Person erfolgt ist, ist diese Feststellung zwangsläufig auf sichtbare Aspekte der Person (Statussymbole, Körperkapital) beschränkt (vgl. Hatfield/Sprecher 1986). In Betracht gezogen wird darüber hinaus auch, ob die Person B Anzeichen einer Offenheit für eine Kontaktaufnahme zeigt (vgl. Moore/Butler 1989). Allgemein lässt sich feststellen, dass eine Person in Begleitung anderer – insbesondere in einer heterosexuellen Konstellation – kaum als offen für eine Begegnung wahrgenommen wird. Umgekehrt gibt es "offene Regionen" (Goffman 1971a), z. B. die Theke in einem Lokal, Diskotheken, Rockkonzerte, Faschingsbälle oder private Geselligkeiten, in denen die bloße Anwesenheit eine hohe Bereitschaft für eine Kontaktaufnahme signalisiert. Die Klärung der Frage nach der Offenheit für eine Kontaktaufnahme ist eine Anforderung, die sich aus der rituellen Ordnung ergibt. Angesprochen zu werden, ohne dass man angesprochen werden will, ist ein Verstoß gegen die rituelle Sorgfalt, die einem jeden Individuum zusteht. Es ist ein Eindringen in das "Gesprächsreservat" (Goffman 1974: 69) einer Person, das – wenn dieses Recht vorher nicht ausdrücklich zugebilligt wurde – als "Entweihung" der eigenen Person aufgefasst wird. Zur Beachtung dieser rituellen Sorgfaltspflicht trägt auch bei, dass eine Zurückweisung ein Gesichtsverlust ist, der zu vermeiden gesucht wird (vgl. Metts 1997). Das Prüfen der Offenheit ist insofern zugleich immer auch eine Art Selbstschutz, um die eigene Integrität in der Situation zu bewahren. Die Klagen von Frauen über Anmache lassen erkennen, dass diese rituelle Norm eine geschlechtsspezifische Variation aufweist (vgl. auch Goffman 1994b): Frauen sind gezwungen, ihre Offenheit stärker zu kontrollieren als Männer und sie müssen zugleich aber auch häufiger Verstöße dagegen hinnehmen.

Wird Offenheit für eine Kontaktaufnahme perzipiert, muss als Nächstes eine geeignete *Eröffnung* ausgewählt werden (vgl. Gerhards/Schmidt 1992). Der Eröffnung kommt eine hohe Bedeutung für den weiteren Verlauf und die Entwicklungschancen zu (vgl. Lenz 2003d), dies vor allem deshalb, da die Eröffnung maßgeblich in die Ausformung eines ersten Eindrucks einfließt. Die Eröffnung wird als eine aktive Leistung der Person wahrgenommen, aus der Hinweise zu entnehmen sind, wie sie ist. Dabei scheinen jedoch die verfügbaren Eröffnungsstrategien in Form und Inhalt in einem hohen Maße vorstrukturiert zu sein und kaum Raum für Individualität zu lassen, was aber allem Anschein nach ihrer Prägekraft für den ersten Eindruck keinen Abbruch tut.

Die Identitätsarbeit setzt sich fort, wenn es zu einer Kontaktaufnahme kommt. Für die Person, die die Eröffnungsposition innehat, ist es weiterhin wichtig, danach Ausschau zu halten, ob die angesprochene Person Qualitäten besitzt, die eine Fortsetzung und Intensivierung des Kontakts anstrebenswert machen. Es ist auch erforderlich, "Indizien" zu suchen, ob und inwieweit die andere Person ihrerseits dazu bereit ist. Und schließlich muss er oder sie sich als eine Person darstellen, die man gerne näher kennen lernen möchte. Der Informationsbedarf wie auch die Unsicherheit wird dabei um so höher sein, je stärker eine Person bestrebt ist, die Aufmerksamkeit einer anderen Person zu gewinnen und in Richtung einer Intensivierung des Kontakts zu beeinflussen. In aller Regel steht am Anfang ein Austausch über soziale Merkmale der Personen, der Name ("Wie heißt du?"), der Beruf oder die Schule ("Was machst du?") oder der Wohnort ("Bist du auch aus Dresden?"). Daneben bieten sich insbesondere Fragen an, die mit der jeweiligen Situation in Verbindung stehen In einem Lokal wird bevorzugt die Frage gestellt, ob man in diesem Lokal öfter ist, und es lässt sich leicht ein Gespräch über dieses oder andere Lokale anschließen.

So allgemein diese anfänglichen Themen auch sind, sie werden dazu benutzt, um daraus Rückschlüsse auf Einstellungen und Eigenschaften der anderen Personen zu gewinnen. Sie werden verwendet, um ein erstes Bild vom anderen zu zimmern, auf dessen Grundlage entschieden wird, ob die Begegnung fortgesetzt, wie viel Energie für ihre Fortsetzung aufgewandt und ob eine Intensivierung angestrebt werden soll. Alles das erfolgt stets mit Blick auf die andere Person. Es wird in Betracht gezogen, inwieweit er oder sie in das Gespräch involviert ist, sich in Beschlag nehmen lässt und welches Maß an Interesse an der eigenen Person bekundet wird. Wichtiger als die Inhalte der Mitteilungen sind hierfür vielfach die Ausdrucksbewegungen. Dies entspricht der These von Paul Watzlawick et al. (1969: 61ff), dass die – wie sie es nennen – analoge Kommunikation vor allem für den Beziehungsaspekt zuständig ist. Für die Anfänge einer Erstbegegnung scheint dies in einer noch gesteigerten Weise zu gelten. Wenn B als der oder die Angesprochene den Blick – insbesondere während A selbst spricht – im Raum kreisen lässt, kann dies als ein sicheres Zeichen eines schwachen Interesses aufgefasst werden. Neben dem Blickverhalten ist auch die Körperhaltung aussagekräftig. Durch einen zugewandten Körper kommt Offenheit für das laufende Gespräch zum Ausdruck, bei einem wechselseitigen Interesse kommt es – wie die Mikroanalyse von Interaktionen zeigt – zu einer hohen Synchronisation der Körperbewegungen (vgl. Hassebrauck/Küpper 2005). Vor allem Frauen scheinen ihre Sympathie für eine andere Person zudem durch Lächeln zu unterstreichen.

Für die Sättigung des Informationsbedarfs und zur Reduktion der Unsicherheit ist es zuallererst notwendig, das begonnene Gespräch am Laufen zu halten (vgl. auch Sillars/Vangelisti 2006). Nur so ist es möglich, sich selbst darzustellen und die Selbstdarstellung der anderen Person als Informationsquelle zu benutzen. Dabei ist stets eine gewisse Kooperationsbereitschaft der anderen Seite Voraussetzung. Diese muss bereits vorhanden sein oder durch die Eröffnung initiiert werden. Nur so kann ein vorschnelles Ende vermieden werden. Ist diese Kooperationsbereitschaft vorhanden, dann wird das Gespräch durch *"small talk"* am Laufen gehalten (vgl. Knapp 1978). Auch wenn es scheinbar vielfach ein kultureller Standard ist, sich selbst gegen ein "oberflächliches Geplaudere", wie es der small talk nun mal ist, zu verwahren, erfüllt dieser dennoch wesentliche, unverzichtbare Funktionen im sozialen Umgang miteinander. Goffman hat in seiner Dissertation (1953: 206ff) small talk als eine wichtige Form des sicheren Vorrats ("safe supplies") für Kommunikationsinhalte beschrieben, als eine verlässliche Quelle für tragbare Inhalte. Der small talk ermöglicht ein Gespräch auch dann, wenn sich keine anderen Inhalte aufdrängen. Dies ist aber bei einer Erstbegegnung unvermeidlich der Fall. Durch den small talk wird ein informales, nicht durch einen vordefinierten Zweck aufgedrängtes Gespräch zwischen Fremden möglich. Der so gerne gescholtene small talk ist geradezu *das* Mittel einer Ausweitung des sozialen Netzwerks. Er ermöglicht nicht nur dort ein Gespräch, wo es unter strengen Bedingungen nichts zu reden gibt, sondern ist zugleich ein ganz wesentliches Mittel, den anfänglichen Informationsbedarf zu befriedigen und die bestehende Unsicherheit zu reduzieren. Das Reden über Belanglosigkeiten schafft einen Raum – ohne dass man sich schon zu mehr verpflichten müsste –, einfließen zu lassen, wie man eigentlich ist und wie uns die andere Person besser kennen lernen kann. Schon indem der small talk die Zeitdauer der Begegnung verlängert, wird es auch möglich, die andere Person besser einschätzen zu können. Der small talk erzeugt die Vorstellung von Gemeinsamkeiten, indem Ähnlichkeiten und Übereinstimmungen zwischen den beiden Personen entdeckt werden. Auch erscheint es auf diesem unverfänglichen Terrain des Gesprächs unbedenklich, Ähnlichkeiten und Übereinstimmungen überzubetonen. Zudem dient der small talk dazu, verbindende Themen aufzuspüren und Wege für eine Intensivierung aufzuzeigen.

Die Herstellung eines gemeinsamen Bezugsystems – darauf weist auch Irenäus Eibl-Eibesfeld (1984: 302ff) hin – scheint in der Kontaktaufnahme von zentraler Bedeutung zu sein. Dazu scheint der small talk ebenso zu dienen wie zu einer positiven Selbstdarstellung, d. h. sich selbst als jemand erscheinen zu lassen, der besondere Eigenschaften hat. Eibl-Eibesfeld (1984) schreibt diese positive Selbstdarstellung dem Mann als Aufgabe zu. Dass das in vielen Kulturen so der Fall ist, ist kaum zu bestreiten. Genauer zu prüfen wäre aber, ob sich ihm diese Aufgabe deshalb stellt, da primär er es ist, der die Kontaktaufnahme vornimmt. Zu vermuten wäre dann, dass diese positive Selbstdarstellung – bei Eibl-Eibesfeld auch Werbeimponieren – nicht an das Geschlecht, sondern an die Eröffnungsposition gebunden ist. Die positive Selbstdarstellung könnte dann als eine Art Verpflichtung aufgefasst werden, die besteht, um das Eindringen in das persönliche Gesprächsreservat zu rechtfertigen. Indem man sich als besonderes, einmaliges Individuum zu erkennen gibt, soll der Verstoß suspendiert und ein Interesse an der eigenen Person geweckt werden.

Ein Beziehungsaufbau ereignet sich – wie bereits im Teil II dargestellt – keineswegs immer zwischen einander fremden Personen. Einer Zweierbeziehung kann – um nur diese Variante anzusprechen – eine mehr oder minder lange Bekanntschaft vorausgehen. In diesem Fall ist zu dem Zeitpunkt, an dem die Aufbauphase allmählich ins Laufen kommt, bereits ein personengebundenes Wissen vorhanden. Dem Beziehungsaufbau ist damit ein Bild von B vorgelagert und Vermutungen darüber, welches Bild diese Person von A hat. Natürlich heißt das nicht, dass damit die erforderliche Identitätsarbeit schon geleistet wäre, nicht einmal, was die Fremd- und Meta-Selbstbilder betrifft. Dennoch unterscheidet sich diese Ausgangslage grundlegend von den Aufgaben, die sich zwischen Fremden stellen. Gerade bei einer langjährigen Bekanntschaft dürfte es schwerfallen, von einer Bekanntschaft den Übergang zu einer Zweierbeziehung zu finden. Erforderlich ist, sich als jemand darzustellen, der mehr sein will als Bekannte/r oder Freund/in (im weiten Sinne des Wortes). Die Person, die die Intimität erhöhen will, muss dabei laufend testen, ob die andere Person dazu bereit ist oder wie sie dazu zu bringen ist. Dieser Versuch birgt ein hohes Risiko, da ein zu schnelles und unzureichend rückgekoppeltes Voranschreiten eine Ablehnung herausfordert, was einen Gesichtsverlust bedeutet und zugleich auch einen Abbruch der bisher bestehenden persönlichen Beziehung zur Konsequenz haben kann.

Mit dem Fortschreiten im Beziehungsaufbau nehmen die Informationen voneinander zu, und es reduziert sich die Unsicherheit im Verhältnis zueinander. Die ersten oberflächlichen Informationen werden zunehmend durch personengebundenes Wissen aufgefüllt und ersetzt. Ein Anfang wird gemacht, indem die physische Erscheinung und auch die sozialen Merkmale, deren Informationsgehalt meist nicht in der ersten Begegnung erschöpft ist, verwendet werden, um erste Rückschlüsse auf "verborgene Qualitäten" zu ziehen. Mit der Fortdauer der Kontakte werden die Informationen immer dichter und die verschiedenen Bilder voneinander immer umfassender. Die Beziehungspersonen werden mit dem identitätsrelevanten Verhaltensrepertoire der anderen Person vertraut:

> "They learn such general behavioral features as, for instance, each other's self-saving techniques (how he defends himself when someone disagrees with him or when he makes a mistake), other-saving techniques (how he supports the selves of others), other-attacking techniques (how he assaults the selves of others), interaction competence (whether he always has a ready reply to raillery or suffers it in embarrassed silence), and interactional commitment (proportion of playful behaviors to serious behaviors)" (Davis 1973: 95).

Davis vermutet, dass vor allem Grenzsituationen und Krisen eine in besonderem Maße reichhaltige Informationsquelle darstellen.

Für die (angehenden) Beziehungspersonen ist es offensichtlich von hoher Relevanz, ihre Biografien kennen zu lernen. Biografische Erzählungen nehmen in den Anfängen einer Beziehung einen breiten Raum ein (vgl. Bochner/Ellis/Tillman-Healy 1997; Lenz 2002). Nach Tilman Allert (1998: 222) wird "ohne das zur Geltung Bringen der eigenen Geschichte der Besonderung (...) ein Strukturmerkmal der Zweierbeziehung verletzt". Durch Schilderungen der eigenen Biografie wird deutlich gemacht, wie man zu der Person wurde, die man ist. Den biografischen Erzählungen kommt die Aufgabe zu, Individualität zum Ausdruck zu bringen und erkennbar zu machen. Der Beziehungsanfang stellt – in den Worten von Alois Hahn (1987) – einen "institutionellen Kontext" für die biografische Erzählung dar, der ihre "Selektionsmuster" festlegt. Es wird nicht einfach – was auch nicht möglich ist – das Vergangene einer Person reproduziert, sondern es wird zum Thema in einem für den Beziehungsaufbau relevanten Zuschnitt.

Dass man bei fortgesetztem Kontakt miteinander vertraut wird, ist unvermeidbar. Eine Selbstdarstellung ist als solche nicht optional, sondern nur ihre Inhalte und bei jeder Anwesenheit wird diese als Informationsquelle genutzt bzw. ist nutzbar. Bei fortgesetzten Kontakten ist es möglich zu vergleichen, wie sich die betreffende Person in dieser und einer anderen Situation verhalten hat. Es ist auch möglich, über einen Zeitraum hinweg, das, was sie erzählt, mit dem, wie sie sich verhält, zu vergleichen. Ein längerer Zeitraum bringt es auch mit sich, dass – spätestens dann – Dritte als Informationslieferanten hinzukommen, und sei es auch nur, dass sie ihren ersten Eindruck von B schildern. Auch damit erwächst eine weitere Vergleichsmöglichkeit, die einen wichtigen Beitrag zur Unsicherheitsreduktion leistet. Alles zusammen bewirkt, dass bei fortgesetztem Kontakt die Bilder voneinander sehr viel strengeren Prüfkriterien unterworfen werden können, als dies in einer Begegnung möglich ist. Dass man miteinander vertraut wird, ist nicht nur eine unvermeidliche Folge der fortgesetzten Begegnung, sondern durchaus von den Betroffenen so gewollt. Als Gründe nennt Davis (1973) neben einer bloßen Neugierde, dass das Auffüllen der Leerstellen die Interaktion entscheidend erleichtert. Dadurch wird eine zuverlässige Basis für die Beurteilung der ersten Vermutungen geschaffen, ob die andere Person des Kontaktes überhaupt wert sei. Auch scheint die Überzeugung tief verwurzelt zu sein, dass der Beziehungspartner bzw. die Beziehungspartnerin die eigene Person besser verstehen kann, wenn er bzw. sie "bestimmte Sachen" weiß.

Mit zunehmender Dauer erwächst in einer Zweierbeziehung eine subjektive Gewissheit, wie die andere Person und man selbst in Relation zu ihr ist. Die verschiedenen Bilder voneinander gewinnen eine relativ feste Gestalt. Es verdichtet sich die Vorstellung, dass die Beziehungsperson so ist, wie man ihn bzw. sie sieht, und auch, dass man selbst so gesehen wird, wie man eben ist. Unterstellt wird eine weitgehende Korrespondenz der Fremdbilder mit den Meta-Selbstbildern und Meta-Meta-Fremdbildern und auch der Selbstbilder mit den Meta-Fremdbildern und Meta-Meta-Selbstbildern. Es entsteht also – wie es in Anlehnung an Barney G. Glaser und Anselm Strauss (1974) genannt werden soll – ein *dichter Bewusstseinskontext der Fremd- und Selbstbilder*. Die Herstellung eines dichten Bewusstseinskontexts entlastet die Beziehungspersonen in einem hohen Maße von Identitätsarbeit und setzt Energien frei für andere Aktivitäten. Ein dichter Bewusstseinskontext besteht fortan bis auf Widerruf, d. h. bis Anlässe auftauchen, die Zweifel an der Richtigkeit dieser Annahmen wecken.

(2) Kontinuitäts-, Individualitäts- und rituelle Probleme in Zweierbeziehungen
Neben der Freisetzung für andere Aktivitäten ist ein dichter Bewusstseinskontext zugleich eine wichtige Basis für die *Kontinuität der eigenen Person*. Am Anfang einer Beziehung wird die Sicherung der Kontinuität zu einem schwierigen Unterfangen, da sie geleistet werden muss, ohne sich auf die Stabilität der eigenen Lebenssituation stützen zu können. Natürlich heißt das nicht, dass in dieser biografischen Phase der Rückhalt in stabilen Verhältnissen völlig fehlen würde. Die Verankerung

in das bestehende soziale Netzwerk wirkt fort, aber die Gewissheit, wer ich bin, die von der Zweierbeziehung ausgeht, fehlt und damit aber eine – zumindest unter den Bedingungen einer fortschreitenden Individualisierung – zentrale Stütze. Schwierigkeiten ergeben sich dabei nicht nur aus der Unsicherheit, die anfangs besteht. Indem man mit einer neuen Person in einen intensiven Austausch tritt, verändert man sich unweigerlich (vgl. auch Willi 2004) und diese Veränderungen müssen in der Aufrechterhaltung der eigenen Kontinuität verarbeitet werden. Die neuen Rückmeldungen, die man bekommt, und auch die neuen Vergleichsmöglichkeiten, die sich ergeben, haben Auswirkungen auf die eigene Person. Die Enge einer Beziehung und das Interesse an ihrer Intensivierung und Aufrechterhaltung bringt eine Reihe von Anpassungsleistungen mit sich. Man übernimmt Eigenschaften, Gewohnheiten, Vorlieben und Interessen vom Partner bzw. von der Partnerin und gewinnt Gefallen an neuen Aktivitäten. Alles das muss verbunden werden mit der Person, die man ist und war.

Dabei gibt es durchaus Strategien, die diese Aufgabe erleichtern. An erster Stelle ist hierbei die Partnerwahl selbst zu nennen. Indem versucht wird, einen Partner bzw. eine Partnerin zu finden, die der eigenen Person möglichst ähnlich ist, leistet man gleichzeitig einen Beitrag zur Sicherstellung der eigenen Kontinuität. Aber auch die biografischen Erzählungen leisten einen wichtigen Beitrag. Sie dienen nicht nur dazu – wie bereits erwähnt –, die eigene Individualität zum Ausdruck zu bringen, sondern auch dazu, die eigene Kontinuität zu bestätigen und für die andere Person die Möglichkeit zu schaffen, diese zu erkennen. Durch die biografischen Erzählungen erhält der Partner bzw. die Partnerin Informationen über die eigene Person und wird beeinflusst, diese Person so zu sehen, wie man sich selbst sieht. Auch soll dadurch Vertrauen in die eigene Berechenbarkeit in der Zukunft gestiftet werden und so für den Glauben an die Dauerhaftigkeit der eigenen Kontinuität vorgesorgt werden. Beides, Partnerwahl und biografische Erzählungen, können als Sonderfälle der von Swann (1982; 1985) beschriebenen Formen der Selbst-Bestätigungs-Strategie gesehen werden, die durch die Einwirkung auf die Mitwelt Stabilität zu gewinnen versucht.

Was zunächst für die Kontinuität eine hohe Belastung ist, wird dann, wenn die Zweierbeziehung gefestigt ist, zu einem wichtigen *Garanten der Kontinuität*. Mit Berger/Luckmann (1977) gesprochen wird die Zweierbeziehung zu einer zentralen Plausibilitätsstruktur, an die die Aufrechterhaltung der subjektiven Gewissheit der eigenen Identität gebunden ist. Die Stabilität der Zweierbeziehung scheint ein Fundament zu sein, auf dem es möglich ist, den unterschiedlichen Anforderungen in verschiedenen Lebensbereichen, die an eine Person herangetragen werden, nachzukommen, ohne das Gefühl der Kontinuität zu verlieren. Die Zweierbeziehung bietet Sicherheit und auch Unterstützung bei Anfechtungen der eigenen Identitätsansprüche, denen man in einer anonymen, konkurrenzorientierten Außenwelt immer wieder ausgesetzt ist. So unverzichtbar diese Leistungen auch sind, nicht übersehen werden darf, dass damit auch ganz besondere Problemlagen verbunden sein können.

Ein dichter Bewusstseinskontext kann nämlich dazu führen, dass das Gefühl entsteht, dass die Beziehung für die eigene *Individualität* keinen Platz mehr lässt, dass sich der Versuch, die eigene Individualität zu bewahren, gegen die einengende Beziehung zu wenden habe. Das Streben nach Individualität kann so zum Sprengsatz der Zweierbeziehung werden. Folge eines dichten Bewusstseinskontexts kann auch sein, dass die Offenheit für den bzw. die andere/n und auch die Rücksichtnahme aufeinander weitgehend verloren geht. Die Gewissheit der Beziehung und auch die Selbstverständlichkeit der eigenen und fremden Identität in dieser Beziehung können taub machen für Bedürfnisse, Probleme und Veränderungen bei der anderen Person und scheinen es zu erlauben, sich in einer Weise zu präsentieren, die keine Rücksicht (mehr) nimmt.

> "A common complaint heard by most marriage counselors is, 'My spouse is taking me for granted'. The spouse does not appear to notice what the neglected party is doing or wearing, does not listen to what he or she is saying, and no longer seems to care about his or her opinions or preferences. Concomitantly, the offenders allow their own appearances and actions to depart dramatically from what they once were, when they were on their best behavior trying to establish a good impression during the early stages of the relationship" (Schlenker 1984: 88f).

Ergänzend kann auch auf die Studie von Patricia Noller (1984) verwiesen werden, die zu dem Ergebnis kommt, dass in unglücklichen Ehen die Beziehungspersonen die nonverbalen Mitteilungen voneinander schlechter verstehen als die von Fremden. Es zeigt sich, dass es diesen Paaren dabei gar nicht bewusst ist, dass sie einander in so hohem Maße missverstehen. Sie scheinen so sehr davon überzeugt zu sein, dass sie sich kennen und miteinander vertraut sind, und scheinen auch ihre Aufmerksamkeit füreinander auf ein Minimum reduziert zu haben, dass sie diese massiven Dekodierungsschwierigkeiten gar nicht bemerken (vgl. auch Fitzpatrik 1990).

Eine Veralltäglichung der Beziehung bringt die Gefahr mit sich, die *rituellen Anforderungen zu vernachlässigen*. Der rituellen Ordnung in der Bestandsphase Aufmerksamkeit zu widmen, scheint ein besonders lohnendes Studienobjekt einer Soziologie der Zweierbeziehung zu sein. Der Beziehungsalltag, besonders wie es gelingen kann, über eine lange Zeitspanne in Harmonie zu leben, ohne zermürbende Krisen und Konflikte, ist nicht zu verstehen, ohne dass zum Thema gemacht wird, wie die rituelle Ordnung aufrechterhalten wird. Es sind in erster Linie Verstöße gegen die rituelle Ordnung in Zweierbeziehungen, durch die die "Wunden" zustande kommen, die nicht heilen. Mit dem Bestand einer Beziehung etabliert sich ein System ritueller Verpflichtungen und Anforderungen (vgl. auch Metts 1997). Diese rituelle Ordnung wird durch das jeweilige Paar geschaffen. Dennoch bestehen paarübergreifende Regelmäßigkeiten, da diese gemeinsame Hervorbringung auf der Grundlage kultureller Codierungen zustande kommt.

Im öffentlichen Diskurs treten diese kulturellen Codierungen als Rechte und Pflichten auf, die Mann und Frau in einer gemeinschaftlichen Beziehung zueinander haben. Zu einem Teil sind diese Rechte und Pflichten Gegenstand von Setzungen durch das Rechtssystem. Allerdings dürften informelle Kulturmuster für die rituelle Ordnung noch wichtiger sein, wodurch die Rechtsbestimmungen, die vor allem Grenzziehungen sind, inhaltlich gefüllt und z. T. auch umgebogen werden. Eine wesentliche Grundlage für die informellen Vorgaben stellen die vorhandenen Maskulinitäts- und Feminitätsbilder dar, die vordefinieren, wie ein "Mann" und eine "Frau" ist, welche Ansprüche sie aneinander haben und wie man sich als Mann oder Frau "richtig" verhält. Schon die Formulierung Rechte und Pflichten für Mann und Frau legt die Vermutung nahe, dass die rituelle Ordnung geschlechtsspezifische Differenzen einschließt. Sowohl in den Anforderungen der Ehrerbietung wie auch in denen des Benehmens bestehen zahlreiche Unterschiede zwischen den Geschlechtern. Anstandsbücher sind hierfür eine reichhaltige Fundgrube (vgl. z. B. Krumrey 1984).

Rituelle Anforderungen in Form der Ehrerbietung und des Benehmens lassen sich nicht auf Ausdrucksformen der Höflichkeit beschränken, auch wenn diese einen wichtigen Teil bilden (vgl. auch Goffman 1994b). Hierzu ist auch zu rechnen, welche Konfliktmittel im Falle eines Streites als legitim erachtet werden und welche ausgeschlossen sind. Ehrerbietung heißt hier besonders, inwieweit eine körperliche Unverletzbarkeit in der Zweierbeziehung etabliert ist. Es geht hier in aller Regel um das Ausschalten der Anwendung von physischer Gewalt durch den Mann, was aufgrund seiner meist vorhandenen physischen Überlegenheit erst eine Chancengleichheit schafft. Dass es in einer Beziehung keine körperliche Gewalt geben sollte, ist heute ein weit verbreiteter Grundsatz. Die große Anzahl von Zweierbeziehungen, in denen – wie in Teil II bereits ausgeführt – Gewalt dennoch vorkommt, lehrt aber, dass es offenkundig viele Situationen gibt, in denen sich Zuwiderhandlungen gegen die eigenen Beziehungsideale ereignen. Ein weiteres Beispiel für einen Wandel der rituellen Ordnung ist das sexuelle Selbstbestimmungsrecht der Frau, das heute in einem wachsenden Maße für Beziehungen Geltung gewinnt und eine ältere Auffassung ablöst, die die sexuelle Bereitwilligkeit der Frau als "eheliche Pflicht" definierte.

Eingeschlossen in den Beziehungsverlauf ist ein problembeladener Übergang von der Vorder- zur Hinterbühne (Goffman 1969). Die angehenden Beziehungspersonen agieren zunächst miteinander auf der Vorderbühne. Ihre Darstellungen bereiten zunächst beide auf Hinterbühnen vor, von denen sie gegenseitig ausgeschlossen sind. Diese Aussperrung verschwindet allmählich, sicherlich dann, wenn ein gemeinsamer Haushalt gegründet wird. B ist dann zugegen, wenn sich A für Solo- oder gemeinsame Auftritte auf irgendeiner Vorderbühne vorbereitet. Wie Goffman gezeigt hat, sind auf der Hinterbühne eine informelle Sprache und auch informelle Verhaltensweisen gestattet. Dass bei alleiniger Anwesenheit des Beziehungspartners bzw. der Beziehungspartnerin vieles erlaubt ist, was in allen anderen Konstellationen unvorstellbar ist, hängt mit dem Hinterbühnen-Charakter zusammen, der zusätzlich noch dadurch eine besondere Gestalt gewinnt, dass die eigene Wohnung die zentrale Stätte der individuellen Regenerierung ist. Für das zusammenlebende Paar ist nun die eigene Wohnung zwar Hinterbühne gegenüber der Außenwelt, aber nicht an sich schon im Verhältnis der Beziehungspersonen zueinander. Hier ist sie an sich Hinter- und Vorderbühne zugleich. Dieses "Beides-zugleich-sein" erzeugt die Gefahr, dass der Vorderbühnen-Charakter hinter dem Hinterbühnen-Charakter verschwindet. Die Anforderungen der rituellen Sorgfalt machen es aber notwendig, dass derselbe Raum, der im Außenverhältnis eindeutig Hinterbühne ist, im Verhältnis zueinander weiterhin auch als Vorderbühne genutzt wird. Nur indem die gemeinsam benutzten Räume weiterhin auch Vorderbühne sein können, wird den Anforderungen an Ehrerbietung und Benehmen als zentrale Elemente der rituellen Ordnung Genüge getan.

Als einen weiteren wesentlichen Bestandteil der rituellen Ordnung habe ich im Anschluss an Denzin (1974) den *Umgang mit dem personenbezogenen Wissen*, den Geheimnissen und den internen Problemen der Beziehung bezeichnet. Beziehungspersonen erwerben bzw. besitzen einen breiten Fundus persönlichen Wissens. Sie wissen, was sonst niemand weiß oder nur ganz wenige wissen, und auch die in aller Regel nicht in diesem Detailliertheitsgrad. Aufgrund der besonderen Nähe, die zwischen Beziehungspersonen besteht, erfolgt dieser Wissenserwerb nahezu automatisch, und alles, was voreinander verborgen werden soll, bedarf eines hohen Aufwands an Geheimhaltung. Die Nähe bringt es nahezu automatisch mit sich, dass man weiß, was der bzw. die andere macht, und dass man auch Einblicke in sein bzw. ihr Denken und Fühlen gewinnt. In Beziehungen besteht aber auch eine große Spannbreite von dem, was als mitteilungswert erachtet wird. Das Wissen vermehrt sich insbesondere, wenn die Maxime vorhanden ist und auch befolgt wird, dass in einer "guten Beziehung" eine Offenheit bestehen sollte, dass alles, was einen bewegt, dem Partner bzw. der Partnerin veröffentlicht werden soll. Davis (1973) hat darauf aufmerksam gemacht, dass im Unterschied zu anderen Formen persönlicher Beziehungen, in denen das Mitteilungswerte aus einem Mittelbereich stammt, in Zweierbeziehungen das "besonders Wichtige" ebenso in den Informationsfluss eingeht wie "triviale Sachen" (vgl. auch Luhmann 1982). Während man in anderen Formen der persönlichen Beziehungen auf Gelegenheiten wartet, um Veränderungen zu enthüllen, müssen diese in Zweierbeziehungen so schnell wie möglich mitgeteilt werden. Es besteht die Verpflichtung, sich gegenseitig auf dem Laufenden zu halten. Eine verzögerte Mitteilung kann durchaus zu einer "Verstimmung" führen, als eine Geringschätzung oder als Ausdruck fehlenden Vertrauens aufgefasst werden; sie schafft zumindest einen Rechtfertigungsdruck.

Das "Anvertrauen" eigener Schwächen, Sorgen, Ängste u.ä. trägt auch ganz entscheidend dazu bei, dass sich die andere Person dadurch, dass ihr dies zuteil wird, geehrt fühlt. Oder anders formuliert, das Sich-Anvertrauen ist zugleich eine Form der rituellen Ehrerbietung, da dadurch die andere Person als vertrauenswürdig geadelt wird und eine besondere Nähe zum Ausdruck kommt, worauf von dieser ihrerseits in aller Regel mit einem Sich-nah-fühlen geantwortet wird. Hier wird eine besondere Reziprozitätsverpflichtung sichtbar: Wer Geheimnisse offenbart, erwirbt dadurch auch ein Anrecht, Empfänger/in von Geheimnissen zu sein. Ein ritueller Verstoß liegt dann vor, wenn dieses Anrecht nicht eingelöst wird. Die betroffene Person wird dann unweigerlich das Gefühl haben, sich selbst "entblößt" zu haben, ohne der "Nacktheit" der anderen Person ansichtig geworden zu sein. Eine Zuwiderhandlung kann es jedoch auch sein, wenn zu viel und zu schnell Geheimnisse enthüllt werden. Aufgrund der Reziprozitätsverpflichtung sieht sich die andere Seite dann zu einer Offenheit gezwungen, die aus der eigenen Sicht der Dinge (noch) nicht angemessen erscheint.

Reichhaltige Probleme ergeben sich auch bei der Verwahrung dieses intimen Wissensfundes. Dieses Wissen kann – vor allem in der Krisen- und Auflösungsphase – dazu verwendet werden, um die andere Person an ihren Schwachstellen zu treffen. In diesen beiden Phasen stattet dieses Wissen voneinander die Kontrahenten mit vorzüglichen Waffen aus, die genau dort treffen, wo es besonders schmerzt. Aber auch schon in der Aufbau- und Bestandsphase kann dieses Wissen für "Nörgeleien" und "Sticheleien" dienen, mit denen oftmals diffuse Unzufriedenheiten "zurückgezahlt" werden (vgl. auch Kaufmann 1994). Diese Verletzungen werden die betroffene Seite vielfach – unmittelbar oder zeitlich versetzt – veranlassen, sich in gleicher Weise zu revanchieren. Das angesammelte Wissen voneinander "garantiert" eine reichhaltige Auswahl. Eine andere Form des rituellen Missbrauchs des intimen Wissensfundus ist die unbefugte Weitergabe an Dritte.

(3) Identitätsarbeit am Ende der Zweierbeziehung
Mit der Ritualität und Individualität sind die zwei wesentlichen Aspekte der Identitätsthematik genannt, die trotz der hohen Relevanz einer stabilen Zweierbeziehung für die Kontinuität der Identität einer Person, einer Beziehung zum Verhängnis werden können (vgl. Schmidt 2006). Ein Verstoß gegen die rituelle Ordnung ist zwar prinzipiell korrigierbar, aber dennoch können "Narben" bleiben. Im Kontext von Zweierbeziehungen erscheint es auch nicht ausgeschlossen, dass anschließende Korrekturen ausbleiben, da entweder aufgrund einer alles überdeckenden Selbstverständlichkeit, die die Beziehung gewonnen hat, der Verstoß gar nicht wahrgenommen wird oder die Attacke mit Absicht geführt wurde. Die Verletzungen häufen sich auf diese Weise und werden immer häufiger durch eigene Verstöße gegen die rituelle Ordnung beantwortet. Was vielleicht noch relativ harmlos begonnen hat, schaukelt sich nach und nach immer mehr hoch. Eine negative Spirale wird ausgelöst, die dann, wenn die Spannungen zum Thema werden, von den Beteiligten meist mit einer unterschiedlichen "Interpunktion von Ereignisfolgen" (Watzlawick et al. 1969) verbunden wird: Beide Seiten sind davon überzeugt, dass sie ja "nur" auf die "Gemeinheiten" der anderen Seite reagiert haben. Auch wenn es zunehmend schwerer wird, ist nicht ausgeschlossen, dass diesem Auflösungsprozess noch Einhalt geboten werden kann. Dies erscheint möglich, wenn es gelingt, sich wieder auf die Gemeinsamkeiten zu besinnen und es zu einer erfolgreichen Wiedergutmachung der Schuld kommt, was Davis (1973: 235ff) im Anschluss an Durkheim (1984) als "Reintegrations-Zeremonien" beschreibt. Dies wird jedoch tendenziell immer schwieriger und irgendwann ist der Punkt erreicht, an dem es aus eigener Kraft nicht mehr möglich ist und allenfalls fremde Hilfe noch weiterhelfen kann.

Dass die Individualität der Beziehung zum Verhängnis wird, kann ihren Ausgangspunkt sowohl innerhalb als auch außerhalb der Zweierbeziehung haben. Es können neue Erfahrungen in der Außenwelt sein, die eine Person erkennen lassen, dass die Person, die sie "eigentlich" ist oder sein möchte, nicht (mehr) oder immer weniger mit der Person übereinstimmt, die sie in der Beziehung nur sein kann. Am Anfang kann aber auch die Wahrnehmung stehen, wie eingeengt man inzwischen in der Beziehung ist. Der Beziehungsalltag wird immer mehr als Einschränkung erlebt, die Veralltäglichung und Routinisierung lassen die Gewissheit entstehen, dass die bestehende Beziehung es nicht zulässt, so zu sein, wie man ist oder auch sein möchte. Es kann sein, dass die stattgefundenen Anpassungsprozesse als ein Verlust an der eigenen Individualität erscheinen oder dass das Gefühl überdominant wird, in der

Beziehung immer mehr sich selbst fremd zu werden. In all diesen Fällen zerbricht vor allem der dichte Bewusstseinskontext der Selbstbilder. Immer weniger entspricht das Bild, wie man sich selbst sieht, der Vorstellung, wie man glaubt, von der anderen Person gesehen zu werden, und wie man annimmt, dass sie denkt, wie man sich selber sieht. Dieses Meta-Fremdbild und das Meta-Meta-Selbstbild werden immer mehr zu einer Bedrohung, unter der das eigene Gefühl der Individualität zu ersticken droht. Was hier als "innen" und "außen" bezeichnet wird, stellt keineswegs exklusive Alternativen dar, sondern geht in aller Regel ein Vermischungsverhältnis ein, in dem die eine oder andere Seite überwiegt. Der Suche nach Individualität folgt das Beziehungsende nicht auf dem Fuße. Immer ist es noch möglich, dass es in einer gemeinsamen Anstrengung gelingt, die neuen Individualitätsansprüche zu reintegrieren, indem es zu einer Revision der Identitätsdefinitionen kommt, der individuelle Spielraum erweitert wird oder aber auch, indem es dem Partner bzw. der Partnerin gelingt, den Wert der durch die Beziehung bewirkten Kontinuität gegenüber aller Individualitätssuche übermächtig erscheinen zu lassen. Diese Revisionsversuche können von beiden Seiten unternommen werden und sind zu einem gewissen Teil auch erfolgreich. In anderen Fällen dagegen hat die Dauer der Beziehung diese zu einem zu behäbigen "Vehikel" werden lassen, was es unmöglich macht, die neuen Herausforderungen zu meistern; oder die Sehnsucht nach Individualität ist stärker als die Überzeugungskraft und Glaubwürdigkeit aller Verhandlungsangebote.

Ist die Uhr einer Zweierbeziehung abgelaufen – eine Gewissheit, die sich meist erst in der Retrospektive einstellt, da eine Restabilisierung auch in der Auflösungsphase noch nicht ausgeschlossen ist –, dann stellen sich für beide Seiten Identitätsprobleme in neuer Form (vgl. Kahlenberg 1993). Eine jede Trennung, zumindest dann, wenn eine Beziehung eine gewisse Beständigkeit erreicht hatte, hat weitreichende Implikationen für die Identität der Beteiligten, da ihre Inhalte – wie gesehen – in hohem Maße auf die Zweierbeziehung bezogen sind. Nicht nur die Selbstbilder sind durch die Beziehung maßgeblich beeinflusst, der Schritt der Trennung ist auch eine Entscheidung *gegen* bestehende Plausibilitätsstrukturen, die vorher – eventuell schon über eine lange Zeit – wesentlich zum Kontinuitätsgefühl beigetragen haben. In der Auflösungsphase stellen sich vor allem zwei Identitätsaufgaben: (1) der Umgang mit der eigenen und fremden Identität in der akuten Abwicklung der Trennung und (2) die Identitätssuche und Stabilisierung nach der erfolgten Trennung als notwendiger Schritt der Beendigung der Auflösungsphase.

Die Identitätsarbeit weist für die beiden Rollen in der Auflösungsphase (Sich-Trennende/r und Verlassene/r) markante Unterschiede auf. Für die Partei, die (zunächst) die Rolle des bzw. der *Sich-Trennenden* innehat, wird das Identitätsangebot der Beziehung als erstes zum Problem. Entweder, da es zunehmend als unvereinbar mit der eigenen Individualität wahrgenommen wird oder da man sich durch eine Häufung ritueller Verstöße wie der "letzte Dreck" behandelt fühlt und nicht bzw. nicht länger bereit ist, dies hinzunehmen. Beide Male kommt es zu einem Spalt zwischen dem Selbstbild und dem, wie man glaubt, gesehen zu werden. Gleichzeitig treten immer mehr die negativen Eigenschaften der anderen Person – gewissermaßen als eine Art Umkehrung des Anfangs – ins Blickfeld. Immer weniger ist man bereit, die "günstige" Sicht, die die andere Person von sich selbst hat, zu stützen.

Für die *verlassen werdende Person* steht nicht – zumindest nicht notwendigerweise – ein Unbehagen an dem Identitätsangebot der Beziehung am Anfang. Je ungebrochener sie in den geformten Identitätsbildern der Zweierbeziehung aufgeht, je mehr das eigene Kontinuitätsgefühl sich aus dieser Quelle speist, desto dramatischer wird der Zusammenbruch erfahren. Äußerungen wie "das Gefühl haben, den Boden zu verlieren" oder "eine Welt bricht zusammen", die sich nahezu stereotyp in Trennungsgeschichten wieder finden lassen, machen deutlich, wie stark das eigene Identitätsgefühl an den Bestand der Beziehung gebunden und wie tief der Absturz ist, wenn das Ende angekündigt und erlebt wird. Der oder die Verlassene verliert, eventuell abrupt und völlig unvorbereitet, eine wesentliche Stütze seiner oder ihrer Identität. Die verlassene Person erfährt, dass sie in der Zweierbeziehung seit längerer Zeit anders gesehen wurde, als von ihr bislang "naiv" angenommen. Zugleich ist damit die Entdeckung verbunden, dass die andere Seite seit Längerem nur so getan hat, als sei sie unverändert die Person, als die sie in diesem Kontext "gekannt" wurde. Dem bzw. der Betroffenen scheint es oftmals schwer zu fallen, zu einem modifizierten Fremdbild zu kommen, zu erkennen und zu akzeptieren, dass die andere Person nicht mehr die ist, die sie in den glücklicheren Zeiten der Beziehung war.

Eine Trennung stellt für diese Seite einen aufgezwungenen Verlust der eigenen Kontinuität dar, die erst allmählich wieder gewonnen werden muss. Oftmals bleibt ihr im Anfangsstadium der Veröffentlichung gar keine andere Möglichkeit, die eigene Kontinuität aufrechtzuerhalten, als durch den festen Glauben, dass alles nur "ein böser Traum sei", der vorübergeht, dass sich alles wieder zum Guten wenden wird, dass der/die Sich-Trennende nach einer gewissen Zeit "sicher" erkennen wird, was er bzw. sie durch diesen Schritt alles verliert. Auch wiederholte Reparaturversuche, die es erlauben, zeitweise wieder in eine Bestandsphase zurückzukehren, können als gemeinsame Anstrengungen aufgefasst werden, die Kontinuitätsbedrohung zu vermindern. Jedoch kann eine wiederholte Erfahrung, dass eine Ankündigung nicht ernst gemeint war, auch zu einer Illusion führen, es schon wieder zu meistern, was dann im tatsächlichen Trennungsfall den Absturz umso tiefer werden lässt.

Die Identitätsprobleme in einer Beziehungsauflösung sind nicht nur auf die Aufrechterhaltung der eigenen Kontinuität, auf die Notwendigkeit, die eigene Identität ohne die beziehungs- und personengebundenen Anteile zu restaurieren, beschränkt, sondern haben für den/die Verlassene/n tiefgreifende rituelle Auswirkungen. Die Aufkündigung einer Beziehung und damit – in der Gegenwart zumindest – die offene Aberkennung des Ranges, Hauptfigur im Leben des bzw. der anderen zu sein, stellt eine tiefe, niederschmetternde Ehrverletzung dar. Verlassenwerden ist eine traumatische Zurückweisung. Dieser "Liebesentzug" scheint vielfach für den bzw. die Betroffene/n eine gewisse Tendenz zu einer Generalisierung zu besitzen: Wenn man von dieser Person, mit der man so viel Gemeinsames hat, nicht mehr "geliebt" wird, dann werden Zweifel an der eigenen Kompetenz wachgerufen, ob man überhaupt noch eine tiefe Zuneigung einer anderen Person an sich binden kann. Der eigene Glaube, liebenswert zu sein, verliert an Überzeugungskraft. In vielen Fällen wird auch die

Befürchtung hervorgerufen, dass infolge dessen auch andere Mitglieder des eigenen Netzwerkes ihre Achtung für die eigene Person unweigerlich entziehen werden. Man fühlt sich als Versager/in, und der/die Sich-Trennende ist die Person, die diese unendliche Schmach bereitet hat.

Hinzu kommt, dass gerade in der Auflösungsphase häufig Auseinandersetzungen stattfinden, in denen rituelle "Tiefschläge" an der Tagesordnung sind. Für den/die Sich-Trennende/n nehmen diese Konflikte oftmals den Charakter einer Abrechnung an. All der Ärger und all die Unzufriedenheit, die sich in der Beziehung angesammelt haben, werden in einer offenen und ungeschminkten Weise zum Vorwurf gemacht. Nicht selten wird der oder die Sich-Trennende die Grenzen, die durch die Anforderungen der Ehrerbietung im Umgang von Miteinander-Vertrauten eigentlich vorhanden sind, weit überschreiten und zwar nicht nur in der Hitze des Gefechtes, sondern auch, weil man das tiefe Unbehagen und die unermessliche Abscheu "spüren lassen will", die diesem Schritt vorausgegangen sind. Das reichhaltige Wissen voneinander und die genaue Kenntnis der Schwachstellen des/der anderen schaffen für diese Auseinandersetzungen einen breiten Fundus, um "verletzend" zu treffen. Hierin zeigt sich ein deutlicher Unterschied zu rituellen Verstößen in der Bestandsphase. Während in dieser Phase rituelle Verstöße meist – ausgenommen sind hier Paare, die in einem negativen Zirkel verfangen sind – aus Unachtsamkeit erfolgen oder aus einer "Verselbstverständlichung" der Beziehung erwachsen, bei der die Notwendigkeit der "Pflege" der Beziehung aus dem Blickfeld verschwunden ist, sind die rituellen Verstöße in der Auflösungsphase – und auch schon in der Krisenphase – vielfach strategisches Ziel. Diese rituellen Tiefschläge sind ein Mittel zu beweisen, wie ernst man es meint. Sie sind auch ein Angriff auf das vermutete Fremdbild. Sie sollen dieses Bild zerstören, indem sie offenkundig machen, dass man nicht mehr die Person ist, die man war und als die man gesehen wurde. Dadurch soll bewirkt werden, dass die Bindungen des Partners bzw. der Partnerin zumindest einen ersten Riss bekommen. Schließlich können die rituellen Verletzungen auch als funktionale Äquivalente für eine direkte Mitteilung einer Trennungsabsicht benutzt werden. Der/die Trennungswillige kann versuchen, indem er oder sie fortgesetzt gegen die Regeln der Ehrerbietung und des Benehmens, gegen die Anforderungen im Umgang mit dem personenbezogenen Wissen oder der Außendarstellung der Beziehung verstößt, das andere Beziehungsmitglied geradezu zu zwingen, von sich aus den ersten Schritt in Richtung einer Auflösung zu machen (vgl. Vaughan 1988: 236ff).

Dass die trennungswillige Person gegen die rituelle Ordnung verstößt, erscheint unvermeidlich, wenn auch die Schwere stark variieren kann. Dennoch ist er/sie keineswegs vollkommen freigestellt von rituellen Verpflichtungen. Sogar in den allermeisten Auseinandersetzungen in einer Auflösungsphase dürfte sich vielfach etwas ereignen, was Goffman in einem seiner ganz frühen Aufsätze "cooling out the mark" (1952) genannt hat. Zwar ist schon die Mitteilung, sich trennen zu wollen, zumindest soweit dies nicht gegenseitig der Fall ist, ein vehementer Angriff auf die "heiligen Rechte" der Person, ganz abgesehen von allen anderen Attacken. Trotz alledem scheinen weiterhin Verpflichtungen wirksam zu sein, die darin zum Vorschein kommen, dass man sich sorgt, wie es der/die Partner/in aufnimmt, dass man versucht, diese Aufnahme zu erleichtern, und auch bereit ist, für eine gewisse Zeit diesen Übergang unterstützend zu begleiten, z. B. indem man immer wieder bereit ist, miteinander die Gründe zu erörtern, und auch die Illusion mitträgt, es könnte wieder alles gut werden. Nach Davis (1973) hat der/die Sich-Trennende im Auflösungsprozess oftmals eine Doppelrolle, einerseits als Ankläger/in, andererseits als Beistand. "In the one role, he must disregard the latter's tears and entreaties while continuing to compel him to see that his present conception of himself und their relationship is untenable. In the other role, he must console the latter in order to help him reconstruct his self conception" (Davis 1973: 263).

Neben diesem Beistand ist es auch Teil der rituellen Verpflichtungen des/der Sich-Trennenden, deutlich zu machen, dass er bzw. sie für diesen Schritt "gute Gründe" hat und er bzw. sie es sich nicht leicht gemacht hat. Dies muss gegenüber der verlassenen Person gezeigt, aber auch gegenüber den Mitgliedern des eigenen sozialen Netzwerks offenbart werden. Erklärungen haben – wie bereits in Teil II gezeigt – im Auflösungsprozess eine hohe Bedeutung, die – wie jetzt hinzuzufügen ist – aus den vorhandenen rituellen Verpflichtungen erwächst. Um vor sich und den anderen das Gesicht zu wahren, scheint es erforderlich zu sein, überzeugend darzustellen, dass man die Beziehung nicht leichtfertig zerstört hat, sondern dass Gründe vorlagen, bei denen andere Personen genauso gehandelt hätten oder die zumindest nachvollziehbar sind. Auch für den/die Verlassene/n ist es erforderlich, um sich von der Beziehung zu lösen und vor allem die erlittenen rituellen Verletzungen zu überwinden, zu einer Neubewertung der Beziehung zu kommen und so eine eigene Erklärung für den Niedergang zu finden. Ganz wesentlich geht es in diesen Erklärungen – zumindest latent – darum, wer die Schuld am Zusammenbruch hat (vgl. auch Reich 1986). Eine jede Person scheint bestrebt zu sein, sich möglichst von dieser Verantwortung zu entlasten. Es scheint zwar möglich zu sein, den formalen Vorgang der Scheidung vor dem Gericht vom Schuldprinzip zu lösen, nicht dagegen den Diskurs über eine Trennung im privaten Raum. Sowohl für die Betroffenen wie auch für Netzwerkmitglieder scheint die Schuldfrage von einem primären Interesse zu sein.

Unabhängig davon, wie lange es dauert und wie schwer es fällt, zu einem Abschluss der Auflösungsphase zu kommen, ist davon auszugehen, dass zumindest in längerfristigen Zweierbeziehungen "Spuren" überdauern werden (vgl. Vaughan 1988). Es ist zwar möglich – mit mehr oder minder großem Aufwand – Begegnungen mit dem Ex-Partner bzw. der Ex-Partnerin zu vermeiden, eine länger andauernde Beziehung lässt sich aber, so sehr man es auch bedauern mag, nicht aus der eigenen Biografie löschen. Schon dadurch, dass die Beziehung ein mehr oder minder langes Stück des eigenen Lebens gebunden hat, bleibt sie unlösbar Teil des eigenen biografischen Wissens und auch von dem unserer Netzwerkangehörigen. Auch ist anzunehmen, dass aus einer Zweierbeziehung von längerer Dauer Interaktionsmuster, Gewohnheiten und Lebensstile entstehen, die sich nicht einfach abschütteln lassen. Sind aus der aufgelösten Beziehung gemeinsame Kinder vorhanden, dann kommt hinzu – unter der Bedingung, dass die Beziehungen zu den eigenen Kindern nicht abgebrochen werden –, dass durch die Kinder weiterhin ein Forum für Begegnungen, ein gemeinsamer Handlungsbedarf oder zumindest eine Informationsquelle fortbe-

steht. Aber auch ohne Kinder ist es möglich, dass man sich nicht aus den Augen verliert, dass die Zweierbeziehung in eine Bekanntschaft oder auch gar "gute Freundschaft" transformiert wird. In jedem Fall wird die Fortdauer des Kontakts mit massiven Verschiebungen in den Identitätszuschreibungen verbunden sein, in denen die
veränderte "Beziehungsqualität" und auch die Erinnerung an die verblichene Beziehung ihren Niederschlag finden werden.

3.   Beziehungsarbeit in Zweierbeziehungen

Berger/Kellner (1965) haben die Wirklichkeitskonstruktion in der Ehe weitgehend auf die Identitätsarbeit begrenzt. Dies stellt – wie in diesem Teilkapitel deutlich gemacht werden soll – jedoch einen zu engen Fokus dar. Die Wirklichkeitskonstruktion in Ehen bzw. Zweierbeziehungen reicht darüber hinaus. Komplementär zum Begriff der Identitätsarbeit wird im Weiteren der Begriff der *Beziehungsarbeit* verwendet, der alle auf die Paargemeinschaft und auf die Außenbeziehungen ausgerichteten Aktivitäten der Subjekte umfasst, die – wie die Identitätsarbeit, aber über die Fremd- und Selbstbilder hinausgehend – wirklichkeitsschaffend wirken.

3.1   Realitätskonstruktion im Beziehungsverlauf

Um die weite Spannbreite der Realitätskonstruktionen in Zweierbeziehungen jenseits der Identitätsarbeit aufzuzeigen, kann zunächst auf die in Teil II eingeführten fünf Schwellen-Wendepunkte Bezug genommen werden. Als Schwellen-Wendepunkte von Zweierbeziehungen wurden dort die Aufnahme einer Sexualinteraktion, die Gründung eines gemeinsamen Haushalts, die Heirat, das Bilden einer Wirtschafts- gemeinschaft und die Familiengründung genannt. In diesem Zusammenhang wurde bereits aufgezeigt, dass diese fünf zentralen Ereignisse in der Gegenwart Ausdruck eines tiefgreifenden Wandels sind, da in einer Vielzahl von Fällen diese Stufen heute zeitlich auseinanderfallen und – mit einer Ausnahme – variabel verknüpfbar sowie optional geworden sind. Im Weiteren gilt mein Interesse nicht diesen Wandlungsten- denzen, sondern dem "Umstand", dass mit diesen Ereignissen in einem umfangrei- chen Maß die Hervorbringung und der Ausbau gemeinsamer Verhaltensregelmäßig- keiten verbunden ist bzw. – anders formuliert – Institutionalisierungsprozesse ange- stoßen werden (vgl. Kaufmann 1994; Hondrich 1997: Lenz 2002; 2003b). Mit der Aufnahme einer Sexualbeziehung, der Haushaltsgründung usw. gehen Aufgaben, Anforderungen und Erwartungen einher, mit denen das Paar sich gegenseitig konf- rontiert und auch von außen konfrontiert wird, die es in seinen Beziehungsalltag zu integrieren hat, für die es, wenn auch auf der Grundlage kultureller Vorgaben, eigene Lösungen finden muss. Die Schwellen-Wendepunkte sind mit einem sprunghaften Aufbau neuer und einer Verdichtung vorhandener Wirklichkeitskonstruktionen ver- bunden. Im Folgenden sollen zunächst die im Zusammenhang mit diesen Ereignissen anstehenden Aufgaben, Anforderungen und Erwartungen skizziert werden und an- schließend die zu leistende Beziehungsarbeit näher betrachtet werden.

(1) Schwellen-Wendepunkte als Beziehungsarbeit
Durch ihr Auseinanderfallen in der Gegenwart wird erst voll erkennbar, dass in den Beziehungsablauf eine Reihe von Ereignissen mit unterschiedlichen Anforderungen eingebaut ist, die sich nicht nur auf die Eheschließung – wie es noch bei Ber- ger/Kellner (1965) den Anschein hat – beschränken lassen. Indem das Paar mit die- sen jeweiligen Anforderungen konfrontiert wird und diese produktiv bewältigt, schaffen die Beziehungspersonen in wachsendem Umfang eine gemeinsame Wirk-

lichkeit. Zugleich erfährt ihre Beziehung dadurch einen "Objektivitätszuwachs", da ihnen ihr Miteinander zunehmend als eine bestehende und "vollbepackte" Wirklichkeit entgegentritt (vgl. auch Kaufmann 1994; Lenz 2002)[82].

Die Aufnahme einer auf Wiederholbarkeit angelegten *Sexualität* hat sich in der Gegenwart als erste Stufe von Zweierbeziehungen fest etabliert. Auf dieser Stufe hat das Paar bereits reichlich Beziehungsarbeit zu leisten, die hier stichwortartig angedeutet werden soll (vgl. Gerhards/Schmidt 1992; Früchtel/Stahl 1996; Lautmann 2002; Lenz 2005): Das (angehende) Paar steht vor der Aufgabe, Sexualität als wiederkehrendes Ereignis in den Beziehungsablauf einzubauen (vgl. Christopher/Sprecher 2000; Sprecher/Regan 2000). Es hat darüber zu befinden, welcher Stellenwert der Sexualität in der Beziehung zugemessen werden soll. Die individuellen Bedürfnisse der beiden Personen sind aufeinander abzustimmen und werden dadurch modifiziert. Die Inhalte und Grenzen der erlaubten und erwartbaren Sexualität bedürfen einer Festlegung und Wege für eine für beide Seiten erfüllte Sexualität müssen gesucht werden, was um so wichtiger erscheint, als die Sexualität in der Gegenwart vielfach als ein wichtiger Indikator für die Qualität der Beziehung aufgefasst wird. Es muss eine "Sprache" gefunden werden, um sexuelles Begehren zum Ausdruck bringen zu können. Die Beziehungspersonen sind auch mit der Frage konfrontiert, ob eine Konzeption beabsichtigt, "riskiert" oder vermieden werden soll. Darüber hinaus ist das Feld der Sexualität von einem feingewirkten Geflecht ritueller Anforderungen der gegenseitigen Ehrerbietung und des erwarteten Benehmens überzogen, wodurch sowohl Verstöße wie auch daraus resultierende Verletzungen besonders leicht auftreten können. Auch hier besteht ein Regelungsbedarf innerhalb der Zweierbeziehung, es müssen die beziehungsinternen Standards des Benehmens und der Ehrerbietung gesetzt werden, die den Umgang miteinander anleiten und zugleich eine "Messlatte" für angemessenes Verhalten darstellen. Allgemein ist darauf hinzuweisen, dass Frauen wie auch Männer von rituellen Verstößen betroffen sein können, aber insbesondere für Frauen kommt noch die Gefahr einer Vermengung von Sexualität und Gewalt hinzu, die immer physische und rituelle Verletzung zugleich ist.

Mit der *Gründung eines gemeinsamen Haushalts* als einer weiteren Stufe der Institutionalisierung ergibt sich eine Fülle von Aufgaben der Alltagsorganisation (ausführlich hierzu vgl. Kaufmann 1994; 1999). Ein Paar hat sich in einer gemeinsamen Wohnung über die geltenden Ordnungs- und Sauberkeitsstandards zu verständigen. Für die anfallenden Aufgaben, die ein Haushalt mit sich bringt, sind Regelungen zu treffen und, soweit diese nicht ausgelagert, d. h. an Dritte delegiert werden – z. B. "wir stellen uns eine Putzfrau an" – müssen die Zuständigkeiten definiert werden. Trotz der Ausbreitung von Partnerschaftsidealen und trotz der Zunahme der weiblichen Erwerbstätigkeit ist der Haushalt weiterhin eine Domäne der Frauen und dies nicht nur in Ehen (als Überblick vgl. Burkart 2008). Mit der Haushaltsgründung

---

82 Maja S. Maier (2006) kommt in ihrer Studie zu dem Ergebnis, dass die Verstetigung homosexueller Zweierbeziehungen im Unterschied zu heterosexuellen nicht entlang der Schwellen-Wendepunkte verläuft. Die Institutionalisierung stütze sich bei lesbischen und schwulen Paaren "nicht auf vorgegebene bedeutungsvolle Ereignisse, sondern zuvorderst auf gemeinsame Aushandlungen" (Maier 2006: 267).

nimmt in aller Regel die gemeinsam verbrachte Zeit zu. Es wird dadurch die Frage aufgeworfen, wie mit der gemeinsam in der Wohnung verbrachten Zeit umgegangen wird, die sich jetzt schon daraus ergibt, dass diese eine Wohnung für beide der "räumliche Stützpunkt", Ort der Regeneration und Depot persönlicher Sachen ist. Mit dem gemeinsam geteilten Zeitbudget vermehren sich auch die potenziellen Anlässe für Divergenzen und Konflikte (vgl. Huinink/Röhler 2005). Um diese beherrschen zu können, bedarf es Formen der Konfliktvermeidung, Konfliktaustragung und Konfliktbewältigung. Der gemeinsame Haushalt potenziert die gegenseitige Kontrolle, da die Verhaltensweisen beider Seiten ein hohes Maß an Sichtbarkeit gewinnen.

Durch die *Heirat* erfolgt – in der Gegenwart – eine rechtliche Legitimation der Zweierbeziehung durch den Staat. Mit der Heirat ist eine Reihe von rechtlichen Festlegungen sowie rechtlichen Ansprüchen und Pflichten verknüpft, die das Paar nunmehr einander gegenüber hat (vgl. Lenz/Böhnisch 1999; Limbach/Willutzki 2002). Mit der Ehe gehen nach deutschem Recht z. B. Vorgaben zu den vermögensrechtlichen Beziehungen zwischen den Eheleuten einher. Sofern keine anderen Vereinbarungen (Gütergemeinschaft oder Gütertrennung) getroffen werden, tritt der gesetzliche Güterstand der Zugewinngemeinschaft ein. Durch die Heirat wird ein Erbanspruch begründet. Eine Ehe kann dann und nur dann geschieden werden, wenn sie gescheitert ist. Aber nicht nur durch die Faktizität dieser Auflagen, sondern auch dadurch, dass die Eheschließenden sich vor anderen verpflichten und wissen, dass andere sie nun als einander verpflichtet wahrnehmen sowie durch den Symbolgehalt, den die Eheschließung für das Paar besitzt, gewinnt ihre Beziehung für sie selbst durch die Heirat in aller Regel ein höheres Maß an Verbindlichkeit.

Das *Bilden einer Wirtschaftsgemeinschaft* verweist auf die Probleme des Erwerbs und der Verwendung der ökonomischen Ressourcen (vgl. Allmendinger/Ludwig-Mayerhofer/Stebut/Wimbauer 2001; Wimbauer 2003). In einer ausgeprägten Geldwirtschaft handelt es sich bei den ökonomischen Ressourcen überwiegend um Geldeinkommen, das vor allem durch Erwerbsarbeit erzielt wird. Erste Anfänge einer Wirtschaftsgemeinschaft sind schon mit der Gründung eines gemeinsamen Haushalts verbunden. Von einer Zweierbeziehung als Wirtschaftsgemeinschaft im vollen Sinne lässt sich erst dann sprechen, wenn das erwirtschaftete Einkommen (von einem/einer oder zwei Verdienenden) in einen gemeinsamen Topf kommt, aus dem dann die gemeinsamen und persönlichen Ausgaben bestritten werden (vgl. Ludwig-Mayerhofer 2006). Damit ist aber eine ganze Reihe von aufeinander abgestimmten Vereinbarungen erforderlich: Wer ist für die Verwaltung der Finanzen zuständig? Was wird als täglicher Bedarf definiert? Wie kommt die Definition zustande, was über die alltäglichen Dinge hinaus "Bedarf" ist? Wer hat dabei auf welchem Feld ein Definitionsmonopol bzw. einen Definitionsvorsprung? Wie werden die Entscheidungen über größere Ausgaben getroffen (einstimmig, nach einer ausgiebigen Diskussion, von einer Person, ohne Rücksprache oder nach Beratung)? Wer hat auf welchen Feldern eine Entscheidungskompetenz bzw. zumindest einen Entscheidungskompetenzvorsprung? Bis zu welcher Summe bzw. bei welcher Art von Anschaffungen ist keine vorausgehende Abstimmung miteinander erforderlich? usw.

Mit der *Geburt eines Kindes* als dem letzten, hier zu nennenden Schwellen-Wendepunkt – auch wenn dieser keineswegs immer am Ende dieser Kette stehen muss – kommt als neue Aufgabe die Verantwortung für den Nachwuchs hinzu und es ergeben sich hohe Anforderungen an Betreuungsaufgaben (vgl. Schneider/Matthias-Bleck 2002; Fthenakis/Kalicki/Peitz 2002; Ebert 2005). Die Eltern müssen lernen, die kindlichen Bedürfnisse zu deuten und angemessen auf diese zu reagieren. Die beiden Personen stehen einander nicht nur als Mann und Frau, sondern auch als Vater und Mutter des eigenen Kindes gegenüber. Diese Rollenübernahme ist schwierig, da auf die Mutter- und Vaterrolle vorab kaum vorbereitet wird und auch die Schwangerschaft und die vorangehende Zeit des Kinderwunsches als antizipatorische Sozialisation nicht auszureichen scheint. Diese Rollenübernahme ist in der Gegenwart unverkennbar schwieriger geworden (vgl. auch Schülein 1987), da traditionelle Vorgaben brüchig geworden und zugleich die Anforderungen an die Eltern (für die Mutter vgl. Schütze 1986) gestiegen sind. Durch die Familiengründung ergeben sich massive Veränderungen in der Alltagsorganisation der Zweierbeziehung. Die frei verfügbare und als gestaltbar erfahrene Zeit wird in einer drastischen Weise zu einem knappen Gut. Eingebettet in einen kleiner gewordenen Zeitrahmen stehen die Interaktionen zwischen den Beziehungspersonen vielfach in Gefahr, an Intensität zu verlieren. Auch haben viele gemeinsame Gespräche das Kind zum Inhalt, wodurch sich die Sensibilität füreinander verdünnen kann. Mit der Geburt des ersten Kindes wird eine bislang bestehende Dyade zur Triade erweitert und damit ereignet sich eine – wie Georg Simmel (1983) schon aufzeigte – folgenreiche Erweiterung (vgl. auch Fischer 2001): Nicht nur umfasst eine Triade drei persönliche Beziehungen, es tritt auch die Möglichkeit einer Koalitionsbildung neu hinzu. Eine starke Hinwendung der Mutter zum Kind kann so z. B. dazu führen, dass der Vater sich ausgeschlossen fühlt oder auch ist.

Diese in den Ablauf von Zweierbeziehungen eingebetteten Schwellen-Wendepunkte sind für das Paar mit dem "Zwang" verbunden, eine gemeinsame Wirklichkeit zu schaffen und die vorhandene Paar-Wirklichkeit Stück für Stück auszubauen. Auch wenn diese Beziehungsarbeit in Zweierbeziehungen keineswegs eine neue Errungenschaft ist, die erst der kulturelle Wandel der letzten Jahrzehnte mit sich gebracht hat, haben sich die gemeinsam zu erbringenden Leistungen erheblich vermehrt. Die Aufgaben sind umfangreicher geworden, da die kulturellen Vorgaben an Verbindlichkeit tendenziell verloren haben. Wenn die Hausarbeit als "natürliche" Pflicht der Frau in eine Zweierbeziehung importiert wird, dann fällt die Notwendigkeit weg, auf einem gemeinsamen Verhandlungsweg zu einer Regelung der Zuständigkeiten zu kommen. Diese kulturellen Vorgaben "ersparen" Beziehungsarbeit, erübrigen diese jedoch nicht vollständig. Auch eine von außen als Leitbild mitgebrachte Aufgabenverteilung muss erst in dem tagtäglichen Ablauf innerhalb der Zweierbeziehung übersetzt und in diesem "verlebendigt" werden. Der Umfang der zu leistenden Beziehungsarbeit erweitert sich jedoch, wenn fix vordefinierte Beziehungsmuster an Verbindlichkeit verlieren, "verhandlungsbedürftig" werden, die Gestaltungsspielräume größer werden sowie konkurrierende Modelle in Erscheinung treten.

(2) Institutionalisierung des Beziehungsalltags

In einer Fokusverlagerung soll im Weiteren der Blick auf die "Qualität" der Beziehungsarbeit im Beziehungskontext gerichtet werden. Für die Beziehungsmitglieder stellt sich der Aufbau einer gemeinsamen Wirklichkeit als ein Vorgang dar, in dem Handlungsunsicherheiten nach und nach zurückgeschoben werden und durch eine hohe Voraussagbarkeit und breite Gewissheit der Handlungsabläufe im Gefüge der Zweierbeziehung ersetzt werden (vgl. Burleson/Metts/Kirch 2000; Lenz 2003a). Zunächst ist es – gerade wenn verbindliche kulturelle Vorgaben fehlen – unerlässlich, sich über vieles zu verständigen und in einen gemeinsamen Aushandlungsprozess einzutreten. Diese Verständigungs- und Aushandlungsprozesse werden sich dabei in unterschiedlichem Umfang auf Verbalisierungen gründen. Die Sprache ist zwar ein besonders geschmeidiges Instrument für Positionsbestimmungen, aber die anstehenden Problemlösungen von Paaren sind keineswegs immer das Resultat von expliziten und langwierigen Diskussionsprozessen. Vielfach sind sie eher ein Nebenprodukt des Beziehungsalltags. "Die Paare sprechen zwar miteinander", so Jean-Claude Kaufmann (1994: 223), "aber sie sprechen sehr wenig über Themen, die wirklich ein Problem darstellen". Viele Gewohnheiten eines Paares und Zuständigkeitsregelungen kommen nicht durch offene Aussprachen zustande, sondern schleichen sich – nochmals Kaufmann (1994: 227) – "vor allem über die Tricks des Geredes und die non-verbale Kommunikation ein". Aber unabhängig davon, wie die Verständigungen und Aushandlungen zustande kommen, in nächtelangen Diskussionen oder im unmittelbaren Handlungsvollzug, ergibt sich als allmähliches Ergebnis eine weitgehende Routinisierung und damit Institutionalisierung des Beziehungsalltags (vgl. auch Werner/Altman/Brown/Ginat 1993). Diese Institutionalisierungsprozesse werden im Besonderen an jenen "Einschnitten" im Beziehungsverlauf, die als Schwellen-Wendepunkte bezeichnet wurden, deutlich, aber sie reichen auch darüber hinaus. Die Unbestimmtheit der gemeinsamen Situation verschwindet immer mehr und macht eingeschliffenen Handlungsabläufen Platz. Man weiß, wer welche Tätigkeiten verrichtet und welche Entscheidungen fällt. In wachsendem Maße weiß man Bescheid über den Ablauf gemeinsamer Freizeitaktivitäten, wie sich Konflikte ankündigen, wie man sie vermeiden kann und wie sie verlaufen werden oder wie der Wunsch nach sexuellem Austausch im Beziehungsalltag eingebettet wird. Man kennt das Repertoire von Ausreden, das vom Partner bzw. von der Partnerin gebraucht wird, um "lästige" Aufgaben abzuwälzen, lernt die Signale für bestimmte "Stimmungen" lesen und erwirbt ein Wissen, wie man sich bei diesen "Stimmungen" am besten verhält. Dies und vieles mehr werden zu einem festen Wissensbestand in Zweierbeziehungen. Wenn hier von Wissen die Rede ist, heißt das nicht, dass die Beziehungspersonen all diese Standardisierungen auch zu verbalisieren vermögen. Hier kann auf die von Anthony Giddens (1984) eingeführte Unterscheidung von reflexivem und praktischem Bewusstsein zurückgegriffen werden. Es hat den Anschein, dass die Wirklichkeitskonstruktionen in einem hohen Umfang, der von Beziehung zu Beziehung jedoch variieren kann, in Form des praktischen Bewusstseins präsent sind. Als Handelnde wissen sie stillschweigend darüber Bescheid, wie sie im Kontext ihrer

Beziehung zu verfahren haben, "ohne dass sie in der Lage sein müssten, all dem einen direkten diskursiven Ausdruck zu verleihen" (Giddens 1984: 36).

Eine Routinisierung des Beziehungsalltags steht in Gefahr, dass eine Zweierbeziehung in einer völligen Monotonie erstarrt, die ihr Ende einläuten oder zu einer "empty shell marriage", einem bloßen formalen Fortbestand der Beziehung führen kann. In der immer umfangreicher werdenden Beziehungsratgeberliteratur nehmen "Rezepte" gegen ein Überhandnehmen von Routinen einen breiten Raum ein. Dies sollte aber nicht dazu verleiten, die "Gewinnbilanz" der Routinebildung außer Acht zu lassen: Routinen erlauben eine Freisetzung von Handlungspotenzialen, machen eine Aufmerksamkeitsfokussierung auf andere Aufgaben und Probleme möglich. Diese müssen keineswegs ausschließlich jenseits der Zweierbeziehung – klassisch etwa: die volle Energie in den Beruf stecken – liegen, sondern diese Freisetzungsprozesse können durchaus auch wiederum der Beziehung selbst zugute kommen. Durch den repetitiven Charakter wird eine Berechenbarkeit und Voraussagbarkeit von Handlungen ermöglicht, was die Chancen zu Kooperation in längeren und komplexeren Handlungsketten erst eröffnet. Nicht zuletzt scheinen Routinisierungen auch notwendig zu sein, um das Gefühl der Sicherheit und des Vertrauens zu schaffen und aufrechtzuerhalten, das für das psychische Wohlergehen des Individuums unerlässlich erscheint. Ohne es hier vertiefen zu wollen, scheint der Beziehungsalltag ein Balanceakt zu sein, in dem es sowohl zu viel wie auch zu wenig Routinen zu vermeiden gilt.

(3) Konzepte der Institutionalisierung: Rahmen und Skript

Mit Skript und Rahmen sollen im Weiteren zwei Konzepte eingeführt werden, die geeignet sind, genauer zu bestimmen, was bislang als Institutionalisierung des Beziehungsalltags bezeichnet wurde. Das Konzept des Skripts wurde von den beiden Soziologen John H. Gagnon und William Simon (2001; orig. 1973) zunächst auf dem Gebiet der Sexualforschung verwendet, um wiederkehrende Ablaufmuster zu bezeichnen (vgl. Lautmann 2002). Während dieses Konzept in der Soziologie wenig Resonanz gefunden hat (eine Ausnahme: Cohen/Taylor 1977), hat es mittlerweile – im Gefolge der "kognitiven Wende" – in verschiedene Teilgebiete der Psychologie Eingang erhalten. Cohen/Taylor (1977: 52) bezeichnen Skripts als "Drehbücher des Alltags"[83]. Skripts sind, so Ginsburg (1988: 29), "hypothesized cognitive and performative structures which organize a person's comprehension of situated events and guide a person's performance of a situated set of actions". Ein Skript umschreibt eine zusammenhängende Folge von Ereignissen und ermöglicht es, quasi automatisch zu erkennen, was in einer Situation vor sich geht, wie man selbst zu handeln hat und andere mit hoher Wahrscheinlichkeit handeln werden. Das Rahmen-Konzept geht vor allem auf Gregory Bateson (1985; orig. 1955) zurück und hat einen erheblichen Aus- und Umbau durch Erving Goffman (1977) erfahren (ausführlich hierzu vgl.

---

83 Skripts geben vor, so die beiden Autoren, wie wir in einem bestimmten Augenblick "handeln und fühlen sollen, sie teilen uns Einzelheiten über andere mit, denen wir in der Situation begegnen, und legen jeweils den nächsten Schritt der Spielhandlung, die nächste Wendung des Dramas fest" (Cohen/Taylor 1977: 52).

Willems 1997). Rahmen sind für Goffman Erfahrungs- und Handlungsschemata, mit deren Hilfe es den Akteuren in einer Situation gelingt, diese zu identifizieren, und die sie anleiten, in der Situation angemessen zu handeln. Rahmen verweisen auf einen impliziten Wissensbestand, der in die jeweilige Situation mitgebracht wird, ein Wissen, was man wann und wo zu tun und zu lassen hat (vgl. auch Lenz 2005b).

Wenn ich trotz der hohen Gemeinsamkeit – beide fungieren zugleich als Deutungsschema und Handlungsszenarium – im Weiteren dem Rahmen-Konzept den Vorzug gebe, dann hängt das damit zusammen, dass Goffman dieses Konzept zum Ausgangspunkt für eine umfangreiche Analyse gemacht hat, die aufzeigt, wie vielschichtig und komplex das ist, was herkömmlich als "wirklich" bezeichnet wird (vgl. Hettlage 1991). Dieser weite Bogen fehlt dagegen für das Skript-Konzept. Dennoch kann es wichtige Dienste leisten, gerade bei der Klärung von dem, was bei Goffman "primärer Rahmen" heißt und aufgrund seines breiter angelegten Programms vergleichsweise knapp gehalten ist. Goffman fasst den primären Rahmen als die erste und grundlegende Sinnschicht auf, die das Material für anschließende Transformationen abgibt und die für die alltäglichen Verstehensprozesse von elementarer Bedeutung ist. Ausdrücklich weist Goffman auch darauf hin, dass primäre Rahmen nicht nur als Interpretationsschemata dienen, sondern zugleich das Handeln anleiten. Sie schaffen nicht nur Sinn, sondern durch den primären Rahmen wird auch die erforderliche Anteilnahme in der Situation grundgelegt: "Bei jeder Aktivität machen sich die Beteiligten gewöhnlich nicht nur ein Bild davon, was vor sich geht, sondern sie werden (bis zu einem gewissen Grade) auch spontan gefangen genommen, in Bann geschlagen" (Goffman 1977: 376).

Für eine weitergehende Bestimmung des Konzepts des primären Rahmens lassen sich Anregungen neben dem Skript-Konzept auch von Goffman selbst gewinnen. Wie Robert Hettlage (1991) ausführlich gezeigt hat, lässt sich die "Idee" des Rahmens schon in seinen früheren Arbeiten finden, auch wenn der Begriff als solcher noch nicht verwendet wird. Einen wichtigen Beitrag für eine Klärung des primären Rahmens leistet vor allem der Rekurs auf das von Goffman in seinen Werken häufig gebrauchte Konzept des "sozialen Anlasses" (social occasion), das Goffman bereits in seiner unveröffentlichten Dissertation (1953) eingeführt hat. Dieses Konzept mache es möglich, "to talk about the context or setting in which social interaction occurs in terms that are not completely undefined" (Goffman 1953: 135). In diesem Zusammenhang benennt Goffman auch eine Reihe von Merkmalen, durch die sich soziale Anlässe auszeichnen: (1) Sie zeichnen sich durch die Festlegung des Anfangs und des Endes aus oder – wie er es später bezeichnet hat – durch zeitliche Klammern. (2) Soziale Anlässe regeln das erforderliche Maß der Anteilnahme, das während des Ablaufs Variationen durchmachen kann. (3) Es existieren Vorgaben, wer berechtigt ist, an dem sozialen Anlass teilzunehmen, und in welcher Eigenschaft die Teilnahme zu erfolgen hat. (4) Soziale Anlässe beinhalten eine Definition der geforderten Hauptaktivitäten und auch Festlegungen, welche und in welchem Umfang untergeordnete Handlungen während ihrer Dauer gestattet sind. (5) Schließlich kann auch festgelegt sein, wer für den Ablauf Verantwortung trägt.

Als Beispiel soll die Situation des Frühstücks gewählt werden, für das ein zusam-menlebendes Paar auf der Grundlage individuell mitgebrachter Gewohnheiten, be-stimmter Vorstellungen von einem gemeinsamen Frühstück und der dafür zur Verfü-gung stehenden und gestellten Zeit schon bald einen fest eingespielten Ablauf aus-bilden wird. Mit der Gründung eines gemeinsamen Haushalts wird sich, egal ob es sich um ein gemeinsames oder ein zeitlich versetztes, getrenntes Frühstück handelt, eine relativ feste Routine einstellen, die zwar veränderbar ist, z. B. durch die Fami-liengründung oder auch durch neue Arbeitszeiten, aber doch nur, um durch eine neue Routine ersetzt zu werden. Durch die Ausbildung des Frühstücks-Rahmens wird eine Reihe von Handlungen beider Partner koordiniert, ohne dass es immer wieder einer Verständigung darüber bedürfte, wer was machen soll und wie es zu machen sei. Für keine der beiden Personen wird sich – solange der eingespielte Ablauf eingehalten wird – die Frage stellen, was in dieser Situation vor sich geht. Sie wissen es, weil sie das Vorliegen eines klaren Rahmens unterstellen und sich selbst an diesem orientie-ren. Dadurch sind die Handlungen des Partners bzw. der Partnerin auch unmittelbar evident, so vieldeutig sie als solche losgelöst aus dem Kontext auch sein können. So selbstverständlich der Ablauf auch erscheint, er ist es nur auf der Grundlage einer Fülle impliziter Vereinbarungen.

Goffmans frühes Konzept des sozialen Anlasses verweist darauf, dass diese feste Routine des gemeinsamen Frühstückens eine Festlegung darüber enthält, welche Verhaltensweisen in diesem Zusammenhang gefordert werden und als angemessen erscheinen. Zugleich ist damit eine Ausgrenzung anderer Verhaltensweisen verbun-den, die innerhalb dieses Rahmens keinen "legitimen" Platz haben, deren Auftreten als Störung erlebt wird. Welche Verhaltensweisen als angemessen aufgefasst werden, kann von Paar zu Paar variieren. Auch wenn es naheliegend erscheint, muss keines-wegs in jedem Fall die Nahrungsaufnahme *Hauptaktivität* im Frühstücks-Rahmen sein, dem die anderen zugelassenen Aktivitäten untergeordnet sind. Es können auch kommunikative Belange im Vordergrund stehen und das gleichzeitige Essen und Trinken zu Neben-Handlungen werden. Für ein Paar, das gewohnt ist, schweigend zu frühstücken, kann es einer Störung gleichkommen, wenn eine/r der beiden zu reden beginnt. Während für ein "gesprächiges" Frühstückspaar das Schweigen ein unmiss-verständlicher Hinweis sein kann, dass heute nicht ein Tag wie jeder andere ist. Das Zeitungslesen kann am Frühstückstisch als eine "unerträgliche" Beeinträchtigung einer morgendlichen Kommunikation oder gar als ritueller Verstoß gegen den Ehrer-bietungs- und Benehmens-Kodex streng verboten sein. Möglich ist aber auch, dass die Zeitungslektüre und ein sich daraus entwickelnder Austausch über Neuigkeiten zum wesentlichen Inhalt des Rahmens erhoben werden. Neben der Festlegung der Hauptaktivität und dem Ausschluss anderer Verhaltensweisen enthält die Routine des gemeinsamen Frühstücks auch Vereinbarungen, welche untergeordneten Tätigkeiten neben der Hauptaktivität erlaubt sind. So kann z. B. ein Blick in den "Organizer", um einen Überblick über die an diesem Tag anstehenden Termine zu bekommen, wäh-rend des Frühstücksgesprächs gestattet sein oder auch das "Überfliegen" der Schlag-zeilen – um die Zeitung in einer dritten Variante einzubauen – eine zugelassene un-tergeordnete Tätigkeit sein. Mit diesem Phänomen, dass neben dem gerahmten Verhaltensstrom auch "am gleichen Ort gleichzeitig andere Verhaltensarten und -ströme (...) laufen (können), die nichts mit dem offiziell Vorherrschenden zu tun haben und, sofern von ihnen überhaupt Notiz genommen wird, als etwas Nebensächliches behandelt werden", hat sich Goffman (1977: 224ff) in Rahmen-Analyse als "Verhalten außerhalb des Rahmens" ausführlich befasst.

Die Alltagsroutine des Frühstücks umfasst auch eine *Verteilung von Zuständigkeiten*. Wem obliegt die Verantwortung für die Vorbereitung des Frühstücks? Diese kann einer Person übertragen oder detailliert auf beide Personen aufgeteilt sein. Dabei reicht die Aufgabenverteilung über die aktuelle Frühstückssituation hinaus, da dabei in vielen Fällen zum Gutteil auf Produkte aus der Vorratshaltung des Haushalts zurückgegriffen wird. Das gemeinsame Frühstück wird durch *Grenzzeichen* von dem umgebenden Fluss der Ereignisse abgehoben. Der Anfang kann – um zwei wichtige Möglichkeiten zu nennen – durch die verbale Aufforderung "Komm', das Frühstück ist fertig" wie durch den fertig gedeckten Tisch markiert werden. Auch das Ende kann unterschiedlich angezeigt werden, durch ein wortloses Aufstehen ebenso wie mit dem Blick auf die Uhr und der anschließenden Äußerung "Schon so spät, ich muss aufbrechen". Zugleich wird deutlich, dass das gemeinsame Frühstück mit Vor- und Nach-Aktivitäten untrennbar verbunden ist. Das Frühstück bedarf der Vorbereitung, und anschließend muss der Frühstückstisch "entsorgt" werden. Für diese engere und weitere Spannbreite verbundener Aktivitäten verwendet Goffman (1977: 289ff) im Anschluss an Kenneth L. Pike die Begriffe von "Spiel" und "Spektakulum". Relativ einfach scheint für Zweierbeziehungen die Frage zu sein, wer in einem gemeinsamen Rahmen *teilnahmeberechtigt* ist. So sind zum gemeinsamen Frühstück in aller Regel nur die beiden Beziehungspersonen – und im Falle einer Familie: ihre Kinder – zugelassen. Sie sind zugelassen in ihrer Eigenschaft als gemeinsame Haushaltsmitglieder. Alle anderen Personen sind in aller Regel von der Teilnahme ausgeschlossen bzw. bedarf ihre Zulassung einer besonderen Einladung. Während sich die exklusive Regelung über weite Teile des Alltagslebens erstreckt, fällt diese weg, wenn dieselben Aktivitäten in den öffentlichen Raum verlagert werden. Wenn das Paar, anstatt in den eigenen vier Wänden zu frühstücken, einen Brunch in einem Lokal bevorzugt, wird es die Anwesenheit weiterer Personen in Kauf nehmen müssen und nicht länger bestimmen können, wer mit ihnen anwesend ist.

Durch Anleihen beim Skript-Konzept ist es vor allem möglich, mehr über die *innere Variabilität* von Rahmen auszusagen. Auch wenn es die "Leistung" eines Skripts oder Rahmens ist, bestimmte Aktivitäten als zusammengehörig von anderen abzugrenzen und es dadurch einem Individuum möglich ist, oftmals mit einem minimalen Aufwand zu erkennen, was vor sich geht, sind Skripts oder Rahmen keineswegs als starre Abfolgeschemata aufzufassen, die die Handelnden zu Puppen an Fäden degradieren. Im Gegenteil, sie sind in aller Regel unvollständig; sie bestimmen weder jede Einzelhandlung, noch ist ihre Reihenfolge in jedem Fall vorab festgeschrieben. Skripts lassen durchaus eine Reihe von Variationen zu; sie sind vielfach für äquifinale Handlungen offen. In einem bestimmten Skript können unterschiedliche Handlungen zu demselben Ergebnis führen. Beim 'Restaurant-Skript' ist es durchaus möglich, eine Bestellung zu machen, indem man dem Kellner den Namen des gewünschten Gerichts sagt oder nur mit dem Finger auf die entsprechende Stelle der Speisekarte zeigt. In Zweierbeziehungen kann der Rahmen eines gemeinsam verbrachten Abends sowohl aus Gesprächen, Spielen, Fernsehen oder auch aus einer Kombination dessen bestehen. Das gemeinsame Sexualskript kann nicht nur unterschiedliche Sexualpraktiken umfassen, sondern kann eingeleitet werden durch tastende Annäherungsversuche im Bett, durch den verbalisierten Wunsch in der Situation oder durch das einvernehmliche Öffnen einer Flasche Champagner, das im beidseitigen Wissen als Einleitung zu einem sexuellen Austausch aufgefasst wird. Auch die Reihenfolge der Schritte innerhalb eines Skripts lässt Variationen zu. Allerdings bestehen von Skript zu Skript deutliche Unterschiede in der möglichen Variationsbreite. So scheint die Abfolge der Schritte, die notwendig erscheinen, um die gemeinsame Wohnung wieder "in Ordnung" zu bringen – was immer das für das jeweilige Paar heißt – ungleich stärker frei kombinierbar zu sein, als die Schrittabfolge bei einer Einladung eines befreundeten Paares. Die mögliche Variationsbreite wird auch, und meist vor allem dadurch begrenzt, welche Gestaltungsspielräume ein Paar für den jeweiligen Rahmen selbst zulässt.

Im Zusammenhang mit dem Skript-Konzept wird auch darauf verwiesen, dass zu Skripts vielfach das Vorhandensein von verschiedenen Varianten gehört. Ein Restaurant-Skript weist Unterschiede auf, je nachdem ob man sich für ein Schnellimbiss-Lokal oder ein Feinschmecker-Lokal entscheidet. Dennoch handle es sich in beiden Fällen um dasselbe Skript, wenngleich in unterschiedlichen Varianten. Skript-Varianten können sich hinsichtlich eingebauter Handlungen wie auch in der Abfolge dieser Handlungen unterscheiden. Auf das weiter oben breiter behandelte Beispiel eines gemeinsamen Frühstücks bezogen, erscheint die Vermutung naheliegend, dass ein Paar hierfür Varianten zur Auswahl hat: Das Frühstück während der Woche dürfte sich bei vielen Paaren vom Frühstück am Wochenende unterscheiden, ebenso das Frühstück, wenn man es aus irgendeinem Grund besonders eilig hat oder wenn Gäste am Frühstückstisch sitzen. Trotz dieser Variationen wird das Paar dennoch keine Schwierigkeiten haben, hierin seine allmorgendlich wiederkehrende Routinesituation zu erkennen und sich in seinen Handlungen an dieser Gewissheit zu orientieren.

Neben diesen Variationen in den Routineabläufen ist es immer auch möglich, dass sich unvorhersehbare *Interferenzen* während ihres Ablaufs ereignen und dadurch die gewohnte Fortsetzung zumindest unterbrochen wird. Störungen in der Ausführung lassen sich in "Hindernisse" und "Fehler" klassifizieren. Durch ein "Hindernis" werden notwendige Vorbedingungen für den weiteren Verlauf beseitigt. Gehört es zum Sexualskript eines Paares, dass man das "Außenrum völlig vergisst" und die Aufmerksamkeit voll aufeinander fokussiert, dann kann jede Form von Lärm, sei es das Läuten des Telefons oder auch die laute Musik von nebenan, die "aufgebaute" Stimmung zum Zusammenbruch bringen. Im folgenden Dialogausschnitt aus Woody Allens Film "Der Stadtneurotiker" ist das "Hindernis" eine Sirene (zit. nach dem deutschsprachigen Drehbuch, 1977: 46):

"Dunkel. Robin und Alvy im Bett. Man hört eine Sirene.
Robin (undeutlich): Nicht zum Aushalten!
Alvy: Komm, reg dich nicht auf!
Robin: Aber ich war grade fast soweit.
Robin knipst die Bettbeleuchtung an. Sie liegt auf der Seite, hinter ihr gestikuliert Alvy.
Alvy: Himmelnochmal, gestern wars irgendeiner, der gehupt hat, hör zu, man kann die Stadt nicht einfach deshalb dichtmachen. Hör mal, was ... sollen sie jetzt auch noch den Flugplatz zumachen? Keine Flüge mehr – damit wir hier unseren Sex heimkriegen?"

Ein "Fehler" dagegen liegt vor, wenn in der gewohnten Abfolge eine Handlung auftritt, die mit diesem Rahmen nicht vereinbar ist bzw. nicht an dieser Stelle. Ein eingespieltes Muster der Konfliktaustragung kann so z. B. unterbrochen werden, wenn eine der beiden Seiten ganz überraschenderweise von sich aus bereit ist, die "Schuld" zu übernehmen oder nicht den ihr in diesem Rahmen zustehenden Part in der Verschärfung des Konflikts spielt. Im wohl vertrauten Rahmen scheinen vielfach Korrekturen zur Verfügung zu stehen, die es erlauben, trotz der Störung mit dem eingeschliffenen Muster fortzufahren. Die Schuldübernahme kann als "bloße Ablenkung", "durchschaute Hinterlist" oder schlicht als "unehrlich" zurückgewiesen werden. Die Störung im Sexual-Skript kann überwunden werden, indem die Lärmquelle beseitigt oder der Aufenthaltsort gewechselt und anschließend ein neuer Anlauf unternommen wird. Nicht ausgeschlossen aber ist, dass eine Störung den völligen Abbruch bewirkt. Durch die Unterbrechung des Sexualskripts kann die "Stimmung" unwiederbringlich vorbei sein – dies ist im "Stadtneurotiker" der Fall – wie auch die Schuldübernahme einen Ausstieg aus dem Konflikt-Rahmen bedeuten kann.

An dieser Stelle gehen die Überlegungen im Zusammenhang mit dem Skript-Konzept wiederum nahtlos in die breiter angelegte Rahmen-Analyse über: Diese Störung im gewohnten Ablaufmuster hat Goffman (1977: 376ff) als "Ausbrechen aus dem Rahmen" bezeichnet.

"Wenn also von dem auf einen Vorgang angewandten Rahmen erwartet wird, er müsse uns befähigen, mit allen Ereignissen in diesem Zusammenhang zu Rande zu kommen (...), so ist verständlich, dass auch etwas Unbewältigbares geschehen kann, etwas, das nicht durch Ignorieren aus der Welt zu schaffen ist, auf das aber auch der Rahmen nicht anwendbar ist, so dass sich bei den Beteiligten Verwirrung und Verdruss einstellt. Kurz, die Anwendbarkeit, die Leitfunktion des Rahmens kann einen Bruch erfahren" (Goffman 1977: 378).

Störungen, so ist diesen Ausführungen von Goffman zu entnehmen, müssen nicht automatisch zu einem Bruch führen, sondern nur dann, wenn diese die Schwelle des Nicht-mehr-Ignorierbaren – die je nach Rahmen sehr unterschiedlich früh erreicht wird – übersteigen. Ein gebrochener Rahmen wird begleitet von emotionalen Reaktionen ("Verwirrung", "Verdruss") als unmittelbare Folge der Unterbrechung der Selbstverständlichkeit der eingespielten Alltagsroutine. Die Rahmen-Analyse scheint auch geeignet, die Frage zu vertiefen, wie Rahmenbrüche bewältigt werden können. Eine wichtige Möglichkeit scheinen Korrekturen zu sein, die eine Fortsetzung des oder eine Rückkehr in den "gestörten" Rahmen gestatten, wobei dies durch eine Integration oder Beseitigung der Störquelle geschehen kann. Goffman (1977: 381) macht darauf aufmerksam, dass ein kurzzeitiges Ausbrechen aus dem Rahmen z. T. als "legitime" Handlung gestattet sein kann. Er illustriert das am Beispiel eines Redners, der für einen Augenblick innehält, um einen Schluck Wasser zu trinken (vgl.

auch Goffman 1977: 414f). Auch für die eingespielten Muster in einer Zweierbeziehung scheinen sich hierzu zahlreiche Beispiele finden zu lassen. So können z. B. ein
Telefonanruf oder "schnell mal Zigaretten holen" – natürlich nur sofern man wieder-
kommt – legitim erscheinende Unterbrechungen des Feierabend-Rahmens sein,
ebenso wie es für den Rahmen eines gemeinsamen Gesprächs eine gestattete Unterbrechung sein kann, wenn man dieses für die "Tagesthemen" verlässt.

Nicht immer ist eine Fortsetzung des ursprünglichen Rahmens möglich. Ist dies
nicht möglich, so kann es nahezu übergangslos zu einem Wechsel von einem in einen
anderen Rahmen kommen. Dies ist z. B. dann der Fall, wenn der durch Lärm "gestörte" Sexual-Rahmen zum Gegenstand und Auslöser einer Auseinandersetzung zwischen den Beziehungspersonen wird. Goffman äußert die Vermutung, dass es sich
dabei vielfach nicht einfach um einen Wechsel von Rahmen zu Rahmen handelt,
sondern dass Momente, die schon vorher vorhanden waren, durch die Störung dominant werden. Für das vorliegende Beispiel erscheint dies naheliegend zu sein: Zu
einem Konflikt wird es vor allem dann kommen, wenn eine Störung des Se-
xual-Rahmens an eine vorhandene Unzufriedenheit mit der gemeinsamen Sexualität
anschließt und diese verstärkt. Aber nicht jeder Rahmenbruch wird durch einen (bereits angelegten) Rahmenwechsel aufgefangen. Die Beteiligten sind dann gezwungen, sich – zumindest für eine kurze Zeit – intensiv mit der Bestimmung der jeweiligen Situation zu befassen. Die Frage, was geht hier eigentlich vor, wird aktuell. Man
wird sich mit den Motiven für den Rahmenbruch befassen und es scheint auch ein
hoher Bedarf an Erklärungen zu bestehen, wie es dazu hat kommen können. Alles
das sind Versuche, die durch den Rahmenbruch erzeugte "negative Erfahrung"
(Goffman 1977) – negativ, da sie dadurch bestimmt wird, was sie nicht ist – aktiv zu
bewältigen. Die Neubestimmung der Situation, Motivsuche und Erklärungsangebote
erfolgt auf der Grundlage des Repertoires des vorhandenen Erfahrungsvorrats. Es
wird versucht, das Unbestimmte durch Rückgriff auf vertraute Kategorien neu zu
rahmen und so neue Gewissheit für das Verständnis der Situation und für das Handeln in ihr zu gewinnen.

Aus der Rahmen-Analyse von Goffman lässt sich darüber hinaus noch eine Reihe
weiterer Gesichtspunkte für die Analyse der Realitätskonstruktion in Zweierbeziehungen gewinnen. Rahmen sind, wie von Goffman (1977) ausführlich behandelt, in
starkem Umfang Transformationen zugänglich. Dabei unterscheidet er zwischen
"Modulation" und "Täuschung". Um eine Modulation handelt es sich z. B., wenn ein
Paar nur für die eigenen Eltern oder andere Netzwerkmitglieder so tut, als ob es noch
ein glückliches Paar wäre, obwohl beide wissen, dass das schon längst nicht mehr
zutrifft. Von einer Täuschung wird gesprochen, wenn eine Seite versucht, bei der
anderen eine falsche Vorstellung von dem zu erzeugen, was vor sich geht. Falsche
Liebesschwüre, die zu einem ganz anderen Zweck unternommen werden, sind ebenso Täuschungen wie die Simulation eines Orgasmus.

Neben dem bereits behandelten Rahmenbruch können sich weitere Schwierigkeiten bei den Rahmungen auch dadurch ergeben, dass in einer Situation mehrere Rahmen nebeneinander stehen. Diese Mehrdeutigkeiten können sich auf Transformationen ("Meint sie es ernst mit ihren Liebesschwüren oder will sie mich nur überreden,

in den Skiurlaub zu fahren?") oder auch auf primäre Rahmen beziehen. Verteilen sich die unterschiedlichen Rahmen auf die Beteiligten, so hat man es mit Rahmenstreitigkeiten zu tun. Während die Person A sich und seine Partnerin in den gewohnten Feierabend-Rahmen eingebunden sieht, handelt es sich möglicherweise für seine Partnerin um die Anfänge einer Aussprache über den Zustand ihrer Beziehung, in der sie endlich alles thematisieren möchte, was in ihrer Beziehung schief läuft. Rahmenstreitigkeiten kommen offenbar überwiegend durch Rahmungsirrtümer zustande, die eine oder beide Seiten – wie es Goffman (1977: 352) nennt – "gutgläubig" begehen, indem einfach nicht erkannt wird, um was es der anderen Seite in dieser Situation eigentlich geht. Aber egal, ob es sich um einen Rahmenbruch, Mehrdeutigkeit oder um Rahmungsstreitigkeiten handelt, immer scheinen die Beteiligten bestrebt zu sein, möglichst rasch zu einer Klärung des Rahmens zu kommen, was gewöhnlich auch gelingt. Ein "klarer Rahmen" liegt nach Goffman (1977) dann vor, wenn beide Beteiligte eine "richtige" Vorstellung von dem haben, was eigentlich vor sich geht. Es ist zu vermuten, dass gerade in dem privaten Raum der Zweierbeziehung, in dem sehr viel Zeit verbracht wird und der emotional hoch besetzt ist, ein besonders ausgeprägtes Bedürfnis nach klaren Rahmen besteht, dass hier noch deutlich weniger als in anderen Lebensbereichen Unsicherheit in dem, was vor sich geht, ertragen wird. Grundsätzlich bleibt eine jede Klärung der Rahmen in den bestehenden Problemen des Fremdverstehens verfangen.

(4) Rahmen als interpersonelle Leistung und kulturelle Codierung
In einer Zweierbeziehung lässt sich eine Vielzahl von Rahmen finden, die sich auf so unterschiedliche Erfahrungsfelder wie Sexualität, Arbeitsteilung, gemeinsame Freizeitgestaltung, Konfliktverhalten, Nahrungsaufnahme und -vorbereitung, Kinderbetreuung und -erziehung, Umgang mit den materiellen Ressourcen, aber auch auf Besuche bei oder von Netzwerkmitgliedern, gemeinsame Gespräche, Feste usw. beziehen. Z. T. handelt es sich um tagtäglich wiederkehrende Routinen, andere treten mit viel größeren Zeitabständen auf, wie z. B. Urlaubsreisen oder Geburtstags- und Weihnachtsfeiern. In diesen und anderen Erfahrungsfeldern hat das Paar für sich eingespielte Ablaufmuster auszubilden. Mit dem Schlafen und dem Schlafengehen von Paaren hat sich Paul C. Rosenblatt (2006) in seiner Studie "Two in a Bed. The System of Couple Bed Sharing" ausgiebig befasst. Die 42 interviewten Paare im Alter von 21 bis 77 Jahren berichten über ihre Bettroutine und auch, wie diese sich im Laufe ihrer Beziehung verändert hat. Die individuellen Schlafgewohnheiten aufeinander abzustimmen, erweist sich als schwierige Aufgabe. Paare entwickeln aber nach und nach feste Abläufe. Das Bett stellt einen wichtigen Ort für Paargespräche dar. Während anfangs Sex und intensiver Körperkontakt eine hohe Relevanz haben, setzen sich nach und nach pragmatische Muster stärker durch. Junge Paare gehen meistens gemeinsam ins Bett, ältere Paare oftmals zeitversetzt. Obwohl viele, insbesondere Frauen, meinen, dass sie alleine besser schlafen, kommen für die meisten getrennte Betten nicht in Frage. Frauen erweisen sich als rücksichtsvoller: Sie bleiben länger wach, um ihren Partner Gesellschaft zu leisten, und vielfach vermeiden sie es, ihn zu wecken, wenn er schnarcht (vgl. Venn 2007).

Durch das Vorliegen eines bestimmten Rahmens wird der Situation und dem Geschehen in dieser quasi automatisch Bedeutung verliehen, die Beteiligten "wissen" Bescheid, wie sie sich zu verhalten haben und auch, welche Erwartungen und Anforderungen an die eigene und die andere Person gestellt werden. Seine Geltung ermöglicht ein "nahtloses" Koordinieren von individuellen Handlungsvollzügen, entlastet von ständig neuem Aushandeln, reduziert die situativ erforderliche Aufmerksamkeitsspannung und leistet durch diesen "Gewohnheitscharakter" einen maßgeblichen Beitrag für das Aufrechterhalten der Vorstellung von der Geordnetheit der Welt (vgl. auch Ginsburg 1988).

Rahmen in Zweierbeziehungen sind ein gemeinsam bewirkter Bestand des Paares, in deren Aufbau die individuell vorgegebenen Vorstellungen, Erwartungen, Interessen, Wünsche und Ängste einfließen, die aus eigenen Erfahrungen in anderen Zweierbeziehungen und anderen persönlichen Beziehungen, aus ihren Beobachtungen und Mitteilungen von Dritten oder aus medialer Vermittlung (z. B. Filme, Bücher) stammen. Dennoch sind die Rahmen nicht einfach eine Verlängerung des individuell vorgegebenen Erfahrungsvorrats. Dies kann nicht sein, da zwei Individuen mit unterschiedlichen Vorstellungen, Erwartungen, Interessen, Wünschen und Ängsten beteiligt sind, die in der Routinisierung des Beziehungsalltags "irgendwie" zusammengebracht werden müssen. Das muss nicht heißen, dass es beiden gelingt, gleichermaßen Anteil an den "Erzeugnissen" ihrer Beziehungsarbeit zu haben. Unterschiede, die keineswegs ausschließlich in eine Richtung weisen müssen, dürften durchaus zahlreich sein und verweisen auf die bestehende Machtbalance des Paares. In der Zweierbeziehung ist es auf der Grundlage des eigenen Erfahrungsvorrats erforderlich, die eigenen Handlungsentwürfe und -abläufe auf die andere Person zu beziehen und sie mit ihren Handlungsentwürfen und -abläufen zu koordinieren und aufeinander abzustimmen. Vorgänge, die sich in jeder Interaktion ereignen, werden in einer Zweierbeziehung auf (zumindest relative) Dauer gestellt und gewinnen dadurch einen von der unmittelbaren Begegnung ablösbaren, eigenständigen, die Verhaltensweisen anleitenden und die eigenen Vorstellungswelten und auch die eigene Person selbst verändernden Wirklichkeitscharakter. Durch das wiederkehrend aufeinander bezogene, gemeinsame Handeln entsteht etwas Neues, das sich in Rahmen verfestigt, die über den Erfahrungsvorrat der beteiligten Individuen hinausreichen, diesen verändern und erweitern.

Rahmen sind nicht ein für allemal vorhanden; sie haben nur dann Bestand, wenn sie von beiden Seiten als selbstverständliche Handlungs- und Deutungsunterstellungen im Wiederholungsfall fortgesetzt Bestätigung erfahren. Eine längere Dauer von Zweierbeziehungen kann es aber auch mit sich bringen, dass alte Rahmen umgestaltet bzw. gar durch neue ersetzt werden müssen. Diese "Notwendigkeit" stellt sich z. B. bei Paaren mit Kindern unvermeidlich mit dem wachsenden Alter der Kinder ein. Die gemeinsame Freizeitgestaltung, die mit der Familiengründung stark auf die Kinder abgestellt ist, bedarf einer Neu- und Umgestaltung, wenn die Kinder beginnen, ihre eigenen Wege zu gehen. Aber auch das Lebensalter der Beziehungsmitglieder gibt vielfach Anstoß zur Umstrukturierung in den eingespielten Ablaufmustern.

Eine wichtige Quelle stellt die Verankerung der Zweierbeziehung in der Außenwelt dar. So wird z. B. der berufliche Wiedereinstieg der Ehefrau nach einer längeren Unterbrechung oder auch das Erreichen des Rentenalters eine Revision von Alltagsroutinen mit sich bringen. Auch eine erfolgreiche, bestandssichernde Bewältigung von Krisen bedarf solcher Umbauten. Oder anders formuliert: Nicht nur Institutionalisierungsprozesse, auch Deinstitutionalisierungsprozesse gehören zum festen Bestand einer dauerhaften Zweierbeziehung. Finden diese Deinstitutionalisierungsprozesse nicht statt oder bleiben sie ohne Erfolg, dann ist die Fortdauer der Zweierbeziehung in hohem Maß gefährdet.

Die Institutionalisierung seines Beziehungsalltags hat jedes Paar für sich zu leisten, ohne jedoch dabei auf sich allein gestellt zu sein. Diese Aufgabe wird auf der Grundlage eines breiten Repertoires von kulturellen Mustern geleistet, die in ihren in die Beziehung mitgebrachten Erfahrungsvorrat Eingang gefunden haben. Das Paar muss die hergestellte Wirklichkeit nicht erst "erfinden", sondern diese wird zusammengefügt aus z. T. fertiggefügten Modellen, z. T. Einzelelementen, die im gesellschaftlichen Wissensvorrat (Schütz/Luckmann 1975) oder in der objektiven Kultur (Simmel 1989) vorhanden sind und auf die Akteure in der Bewältigung ihrer Lebenssituation zurückgreifen können. Wer Schach spielt, entwickelt eigene Spielgewohnheiten. Er oder sie muss aber keineswegs erst das Spiel erfinden, noch muss das Spiel vor jeder Partie von neuem erfunden werden. Dasselbe trifft auch für Rahmen in Zweierbeziehungen zu. Obwohl sie als ein "menschliches Produkt" erst hervorgebracht werden müssen, um verwendbar zu sein, treten sie dem Individuum als vorhandene kulturelle Modelle und Elemente entgegen. Rahmen als gemeinsam bewirkter Bestand kommen auf der Grundlage kultureller Codierungen zustande, wodurch Möglichkeiten der Gestaltung vorgezeichnet und auch Grenzen ihrer Gestaltbarkeit gesteckt sind (vgl. auch Lenz 2003b).

Diese Auffassung bedeutet keineswegs, das Individuum als aktives Subjekt zu negieren. Eine Eigenaktivität ist aufgrund der inneren Variabilität, aufgrund der Transformationsmöglichkeiten der Rahmen und für eine Bewältigung von Rahmungsschwierigkeiten immer schon vorausgesetzt. Ein Rückgriff auf kulturelle Vorgaben wirkt nicht determinierend, da diese für die konkreten Anwendungsfälle zu abstrakt und allgemein sind und erst immer noch einer Ausgestaltung in der Übernahme bedürfen. Simon/Gagnon (1986: 98f) weisen darauf hin, dass "even in the seemingly most traditional social settings, cultural scenarios are rarely entirely predictive of actual behavior. Cultural scenarios, in order to serve their very function, must be too abstractly generic to be consistently applicable in all circumstances". Was Simon/Gagnon (1986) hier für traditionelle Gesellschaften feststellen, trifft nicht nur auch, sondern um ein Mehrfaches gesteigert für moderne Gesellschaften zu. Hier kommt hinzu, dass in modernen Gesellschaften mehrere konkurrierende kulturelle Muster zur Auswahl stehen, die als eigener Rahmen übernommen werden können oder als einzelne Bestandteile erst zu einem Ganzen zusammengefügt werden müssen. Mit der breiteren Auswahlpalette kultureller Muster und auch mit größer werdenden Gestaltungsspielräumen schwindet jedoch keineswegs die kulturelle Codierung. Auch hat dies keine individuelle Beliebigkeit zur Folge – dies wäre ebenso eine Überzeichnung, wie Zweierbeziehungen im Kontext traditioneller Gesellschaften als vollständig kulturell determiniert aufzufassen.

Cohen/Taylor (1977) weisen den Medien, egal ob in Form von Romanen, Filmen, Schlagertexten, Comicstrips u. a., eine hohe Bedeutung für die Bereitstellung von kulturellen Modellen zu (vgl. Iványi/Reichertz 2002; Iványi 2003). "Familien versuchen, sich wie die Waltons zu benehmen, Ehen entwickeln sich wie in Wer hat Angst vor Virginia Woolf?, eine ganze Generation von Heranwachsenden strebt Holden Caulfield aus Fänger im Roggen nach, manche Frauen werfen sich in Posen, die deutlich an Anna Karenina, Madame Bovary oder Hedda Gabler erinnern" (Cohen/Taylor 1977: 58). Im Sinne von Ginsburg (1988) könnte man bei diesen Figuren und Beziehungsmustern auch von "Prototypen" sprechen, also von "besten Beispielen", die aus dem Medienstoff übernommen werden und an denen sich die Gestaltung der eigenen Beziehung orientiert. Sicherlich sind die Ideengeber dieser Stoffe nicht einfach als "Erfinder" anzusehen, auch sie bauen schon auf vorfindbaren Materialien auf, die sie verdichten und konkretisieren. Dennoch scheint der medialen Aufbereitung eine exponierte Stellung für die Verbreitung und Popularisierung von Handlungsmodellen zuzukommen.

Der kulturelle Bestand an Orientierungsmustern seinerseits ist nicht ein für allemal vorhanden, sondern durchaus veränderbar und durch neue Formen ergänzbar oder ersetzbar. Jedoch sind Neuschöpfungen und auch Veränderungen als Resultate gesellschaftlicher Prozesse aufzufassen. Es ist nicht das Individuum, das kulturbildend wirkt, so unerlässlich es für ihre Hervorbringung auch ist. Neuschöpfungen und Veränderungen werden hervorgebracht durch ein vielschichtiges Miteinander- und Gegeneinanderhandeln unzähliger Einzelpersonen, ausgestattet mit einer Vielzahl von Handlungsmotiven und engagiert in teils ähnlichen, teils unterschiedlichen oder gar konträren Handlungsabläufen. Kulturelle Muster entstehen und verändern sich durch ein Zusammenwirken zahlreicher Handlungen. Sie übersteigen die individuellen Handlungsmotive und entziehen sich als kollektive Produkte einer individuell benennbaren Autorenschaft.

Der hier skizzierte Versuch, weiteren Aufschluss über Wirklichkeitskonstruktionen in Zweierbeziehungen über das Rahmen- und Skript-Konzept zu gewinnen, muss notgedrungen weitgehend auf einer konzeptuellen Ebene verbleiben. Es fehlen die entsprechenden dichten Beschreibungen des Beziehungsalltags, die darauf abheben, die eingespielten Routinen mit ihrer Variationsbreite und ihren Störanfälligkeiten sichtbar zu machen. Eine besondere Schwierigkeit, die der empirischen Erfassung entgegensteht, ist, dass die Routinisierung des Beziehungsalltags weitgehend Teil des praktischen Bewusstseins ist. Die Fülle eingespielter Routinen wird mit einem Maximum an Selbstverständlichkeit vollzogen und nahezu intuitiv verstanden, ohne dass sie auf eine Ebene der Reflexion gehoben werden – sicherlich die effektivste Form, eine Wirklichkeit als Wirklichkeit abzustützen, ungleich wirksamer als jede Stützung durch Legitimationen (vgl. Berger/Luckmann 1977). Abgesehen von einer Versozialwissenschaftlichung des Alltags, die den eigenen Alltag dem sozialwissenschaftlichen Blick freigibt, kommen die interpersonellen Rahmen meist erst dann zum Vorschein, wenn man dabei ist, aus der "erdrückenden Enge" der bestehenden Routinen auszubrechen. Zumindest lassen sich hierfür in "Trennungsgeschichten" viele Hinweise finden. Hier die "Anklage" von Johan aus dem Theaterstück "Szenen einer Ehe" von Ingmar Bergman (1975: 86), der seiner Ehefrau in dieser Situation gerade mitgeteilt hat, dass er sie verlassen wird:

> "Das einzige, was mich interessiert, ist, dass ich den Schritt endlich vollziehen und aus allem rauskommen kann. Weißt du, was ich am meisten satt habe? Dieses ekelhafte Gequatsche über das, was wir machen müssen, was wir machen wollen, welche Rücksichten wir nehmen müssen. Was deine Mutter meint. Was die Kinder denken. Wie wir zweckmäßigerweise dieses und jenes Essen arrangieren sollen und ob wir nicht wenigstens meinen Vater einladen sollten. Dass wir nach Falkenberg fahren sollten. Dass wir nach Are reisen sollten. Dass wir nach St. Moritz fahren sollten. Dass wir Weihnachten, Ostern, Pfingsten, Geburtstage, Namenstage, diesen ganzen verdammten Haufen von Feiertagen feiern sollen".

3.2 Ausdrucksformen der Paar-Identität

Meist vollkommen leise und unbemerkt ereignet sich in Zweierbeziehungen ein weitreichender Übergang: Aus einem eigenständigen "Du" und "Ich" wird ein gemeinsames "Wir": Aus einem "Ich möchte morgen..., was machst Du?" wird ein "Wir könnten morgen...". Der Verwendungsbereich der ersten Person Plural ist zwar weiter und keineswegs auf ein Paar beschränkt, aber hier gewinnt das Wir eine besondere Qualität. Anstelle eines ad-hoc-Gebrauchs, in dem der/die Sprechende sich und die anderen Anwesenden meint, bezieht sich das Beziehungs-Wir auf zwei festumschriebene Personen, wobei die Anwesenheit des Partners bzw. der Partnerin durchaus verzichtbar ist. Auf eine Frage einer dritten Person "Was machst Du am Wochenende", kann ich – auch wenn ich alleine mit dieser Person spreche – darauf antworten: "Wir werden ins Theater gehen" und werde aller Voraussicht nach in der Weise verstanden, dass ich beabsichtige, mit meiner Frau/Lebensgefährtin/Freundin dorthin zu gehen. Nachfragen sind selbst dann nicht notwendig, wenn mein Gegenüber keinen Einblick in mein "Beziehungsverhältnis" hat. Nicht nur im Außenverhältnis auch im Binnenverhältnis gewinnt dieses Wir eine hohe Selbstverständlichkeit, indem es ermöglicht, das Ich und Du – in einem hohen Maße – zu verschmelzen. Das "ich möchte" oder "mache" wird im Wir mit dem Du in einer Weise vereint, als ob es sich nicht um zwei Personen handeln würde, sondern um eine in sich geschlossene Einheit, die anstatt der beiden "möchte" oder "macht". Sicherlich lassen sich Spuren dieses situationsübergreifenden "Wir-als-Einheit" in allen persönlichen Beziehungen finden, dennoch scheint es in Zweierbeziehungen eine besondere Ausprägung anzunehmen (vgl. Schmidt 2006: Maier 2007).

Dieses Wir ist keine bloße Illusion, die sich die Beziehungspersonen in einer Verkennung ihrer unaufhebbaren Eigenständigkeit machen, sondern hat durchaus einen realen Gehalt. Es verweist auf die Transformationsprozesse, die eine jede der beiden Personen, einschließlich ihrer Vergangenheit und Zukunft, durch die Beziehung durchmacht. Und es verweist darauf, dass durch die Beziehung etwas Neues entsteht, das nur in der Beziehung erfahr- und erlebbar ist und jenseits einer Beziehung allenfalls als Erinnerung an die Beziehung fortbestehen kann. Das Wir steht

stellvertretend für das Paar als Einheit, die durch die Beziehungsarbeit in Zweierbeziehungen in Erscheinung tritt. Im Weiteren sollen mit der Beziehungsgeschichte,
dem Beziehungskalender, den Beziehungssymbolen, dem Privatcode, dem Beziehungsthema und dem Weltbild einige Kristallisationsformen dieser Paar-Identität
behandelt werden.

(1) Beziehungsgeschichte, Beziehungskalender und Beziehungssymbole
Einen zentralen Kristallisationspunkt der Paar-Identität stellt die Beziehungsgeschichte oder – wie ich an anderer Stelle (vgl. Lenz 2002; Maier 2007) vorgeschlagen habe – "die Eigengeschichte"[84] des Paares dar. Sie beinhaltet nicht, "wie es eigentlich" war – als solches schon ein Limesbegriff –, sondern wie die vergangenen
Ereignisse von den beiden Beziehungspersonen und vor allem zwischen ihnen tradiert werden: "Ihre" Geschichte der Beziehung, wie sie sich über die zahlreichen
Wiederholungen in Gesprächen und in solitären Erinnerungen fortsetzt und gerade
dadurch immer mehr an "Wirklichkeitsgewissheit" gewinnt: Wie sie sich kennen
gelernt haben, wie sie "zusammengekommen" sind, was die Eltern oder Freunde
bzw. Freundinnen dazu sagten, wie es dann weiterging usw. Ein gemeinsamer
Kernbestand in der Beziehungsretrospektive ergibt sich, da die Vergangenheit immer
wieder besprochen wird. Das wiederholte Gespräch schafft "Gemeinsamkeiten" und
auch ein Konsensdruck trägt dazu bei, "Gemeinsamkeiten" hervorzubringen. Eine in
wichtigen Teilen gemeinsam getragene Beziehungsgeschichte bildet eine wesentliche
Stütze für den Fortbestand einer Zweierbeziehung, da sie mehr, als Worte es je können, Vertrauen und Zuversicht in eine gemeinsam gestaltbare Zukunft schafft. Zugleich ist die Beziehungsgeschichte eine Quelle, aus der sich das Gefühl der Einzigartigkeit und Unverwechselbarkeit der Zweierbeziehung im Kontrast zu allen anderen Zweierbeziehungen speist.

Von Interesse ist die Frage, wie die Beziehungsgeschichte im Beziehungskontext
aktualisiert wird. Im Anschluss an Jörg R. Bergmann (1987: 45) ist zu vermuten,
dass – wie es vielfach im Alltag der Fall ist – Episoden der Beziehungsgeschichte in
Formen thematisiert werden, "die nicht das voll ausgebaute Format einer Erzählung
haben". Sie werden nicht an einem Stück erzählt, sondern sie werden meist in Frag-
menten aktualisiert (vgl. Keppler 1994; Lenz 2002). Das Andeuten von Anekdoten,
kommentierende Wiederaufnahmen bekannter Sachverhalte oder ein gemeinsames
Erinnern im Gespräch scheinen vielfach im Vordergrund zu stehen. Hier zeigt sich
ein deutlicher Unterschied zu den biografischen Erzählungen am Beziehungsanfang,
die ein Vielfaches an Geschlossenheit aufweisen (vgl. auch Kaufmann 1994).

"Ihre" Version der Entwicklung der Beziehung ist – zumindest solange diese Beziehung fortdauert – immer auch offen für Überarbeitungen und Akzentverschiebun-
gen. Revisionen werden schon durch den Alterungsprozess des Paares angestoßen,
der so manches, was einmal für den Bestand der Beziehung als lebenswichtig angesehen wurde, in den Hintergrund treten lässt und neue Prioritäten setzt. Aber auch

---

84 Das Konzept der Eigengeschichte lehnt sich an Karl-Siegbert Rehbergs Ausführungen zur Institu-
   tionentheorie an (1998) und bezieht Maurice Halbwachs' Überlegungen (1966) zum Familiengedächtnis ein. Zum Familiengedächtnis ausführlich vgl. Coenen-Huther 2002.

markante Ereignisse in der Zweierbeziehung, z. B. ein heftiger Streit, die Entdeckung oder das Geständnis eines "Verhältnisses" mit einer anderen Frau oder einem anderen Mann, ebenso wie etwa die Geburt eines gemeinsamen Kindes, geben zu mehr oder minder weitreichenden Revisionen der Beziehungsgeschichte Anlass. Auch eine Beziehungsauflösung hat kräftige Korrektur im Gepäck, jedoch mit dem wesentlichen Unterschied zu den anderen genannten Formen, dass damit überhaupt der gemeinsam erzählbaren Beziehungsgeschichte der Boden entzogen wird und es zu einer Aufspaltung in divergente Versionen kommt.

Einzelne Teile einer Beziehungsgeschichte können "Beziehungsmythen"[85] sein. Als Mythen werden solche Elemente der Beziehungsgeschichte bezeichnet, die – von außen deutlich erkennbar – bestimmte Gegebenheiten der Beziehung verzerrend oder verschleiernd wiedergeben und dadurch einen aktiven Beitrag leisten, Spannungen in der Zweierbeziehung abzubauen. Für das Paar selbst unterscheiden sich Beziehungsmythen nicht von anderen Teilstücken ihrer Beziehungsgeschichte, ihre Verzerrung und Verschleierung entzieht sich ihrem Wahrnehmungsvermögen. Ein anschauliches Beispiel für einen solchen Mythos findet sich bei Arlie R. Hochschild und Anne Machung (1990): Das Ehepaar Holt, beide berufstätig, hatte lange heftige Auseinandersetzungen über die Verteilung der Hausarbeit, um die Zuständigkeit für die – wie es die Autorinnen nennen – "zweite Schicht". Sie konnten ihre Spannungen abbauen, indem sie sich auf die Formel verständigten, dass Nancy für die obere und Evan für die untere Etage zuständig ist. Die untere Etage des Hauses der Holts umfasste lediglich die Garage, die als Abstell- und Hobbyraum benutzt wurde; die obere Etage alle anderen Räume. Für die Holts stellte diese Regelung eine faire und in etwa ausgewogene Arbeitsteilung dar. "Um den Konflikt um die zweite Schicht beizulegen, hatten die Holts (...) den Aufgabenbereich Garage moralisch und praktisch soweit aufgewertet, dass es den gesamten übrigen Haushalt aufwog" (Hochschild/Machung 1990: 70). Durch diesen Beziehungsmythos konnte sich Nancy "weiterhin als eine Frau fühlen, die von ihrem Mann nicht ausgenutzt wurde (...) und sie konnte der harten Wahrheit aus dem Weg gehen, dass Evan sich durch Gleichmut und Passivität der Mitarbeit im Haushalt entzogen hatte" (Hochschild/Machung 1990: 71).

Aus der Beziehungsgeschichte erwächst für das Paar ein "Beziehungskalender" (vgl. auch McCall 1988), der Tage der Wiedererinnerung an besondere Ereignisse im Beziehungsverlauf zum Inhalt hat, die oftmals Anlass für Feiern sind. Zum Standardrepertoire eines Beziehungskalenders gehören der Hochzeitstag und die Geburtstage der Kinder. Im Beziehungskalender können aber auch die Tage vermerkt sein, als man sich kennen lernte, zusammenzog oder auch der Tag, als man zum ersten Mal miteinander Sex hatte. In welcher Weise diese und andere wiedererinnerten Tage "gefeiert" werden, dahingehend bestehen erhebliche Unterschiede, wobei Feiern hier in einem breiten Sinne verstanden werden sollte und auch ein Sich-Daran-Erinnern miteinschließt. Für das Feiern entwickelt ein Paar bestimmte eingespielte Muster (Rahmen) und hierin zeigt sich eine Verbindungsstelle von Routinisierungsprozessen

---

85 Dieser Begriff lehnt sich an den Begriff des Familienmythos von Antonio J. Ferreira (1980) an.

und den Kristallisationsformen der Paar-Einheit. Der jeweilige Feier-Rahmen lässt zwar Varianten zu, aber definiert auch, was eine zu geringe Form der Anteilnahme ist und dadurch als ritueller Verstoß aufgefasst werden kann. So kann es sich einge-spielt haben, dass der Ehemann am Hochzeitstag seiner Ehefrau ein Geschenk macht. Was er ihr schenkt, kann variieren. Vergisst er jedoch das Geschenk und sogar das Datum, dann kann dies von der Ehefrau als eine mangelnde Ehrerbietung aufgefasst werden. Neben dieser rituellen Qualität hat das Feiern besonderer Ereignisse im Be-ziehungskalender die wichtige Funktion, den Fortbestand der Zweierbeziehung anzu-zeigen und die Paar-Einheit zu bekräftigen.

Darüber hinaus lassen sich auch Beziehungssymbole in Zweierbeziehungen auf-spüren (vgl. auch Baxter 1987). Darunter sollen kulturelle Artefakte und physische Objekte, aber auch bestimmte Verhaltensweisen verstanden werden, die für das Paar – und z. T. auch für Dritte – ihre Zusammengehörigkeit anzeigen. Das "klassische" Beziehungssymbol ist sicherlich der Ehering. Aber auch z. B. andere Geschenke, das Bild der Ehefrau/des Ehemannes in seiner Brieftasche oder ein besonderes Lied ("un-ser Lied") können diese Anzeigefunktion übernehmen. Hierzu lassen sich auch nichtverbale Bekundungen, wie z. B. das Händehalten, rechnen, durch die das Mitein-ander sichtbar wird (vgl. Goffman 1974).

(2) Paarsprache

Paare bekunden ihr Miteinander darüber hinaus durch Sprachhandlungen (vgl. Burle-son/Metts/Kirch 2000). Zwar können in der Paarsprache auch morphologische und syntaktische Besonderheiten vorkommen, dennoch liegt ihr Schwergewicht in erster Linie auf der lexikalischen Ebene (vgl. Leisi 1990). In Zweierbeziehungen werden manche Wörter oder ganze Wortkombinationen mit einer gegenüber der Normal-sprache veränderten Bedeutung ausgestattet; z. T. sind Paare auch wortschöpferisch tätig. Am auffälligsten an ihrer Privatsprache sind die Namen, mit denen sich die Beziehungspersonen gegenseitig anreden. Dies können neue Namen sein, die den Gebrauch des Vornamens voll und ganz ersetzen. Ein eindrucksvolles Beispiel hier-für findet sich in der Oper "Die Walküre" von Richard Wagner. Dort sucht und findet Sieglinde einen neuen Namen für ihren Geliebten und Bruder, der sich vorher in Gegenwart ihres Ehemannes als "Wehwalt" vorgestellt hat. Sieglinde beginnt mit der Frage:

> "Wehwalt heißt du fürwahr?
> Nicht heiß ich so,
> seit du mich liebst:
> nun walt ich der hehrsten Wonnen!
> Und Friedmund darfst du
> froh dich nicht nennen?
> Heiße mich du,
> wie du liebst, dass ich heiße:
> den Namen nehm ich von dir."
> Und nachdem beide kurz auf seine Herkunft Ausschau halten,
> findet Sieglinde den neuen, passenden Namen:
> So lass mich dich heißen,
> wie ich dich liebe:
> Siegmund – so nenn ich dich."

Und dieser Name wird sogleich von dem Sogenannten bestätigt:

> "Siegmund heiß ich
> und Siegmund bin ich!"

Dass ein neuer Name dem Partner bzw. der Partnerin verliehen wird, kommt nicht nur in der Welt der Kunst vor. Auch im Alltagsleben finden sich Fälle, in denen in einer neuen Zweierbeziehung z. B. aus einer Maria die "Putzi" wird. Der neue Name muss nicht immer den vorgegebenen Namen voll und ganz ersetzen, häufiger noch dürfte es sein, dass dieser neben der Anrede durch den Vornamen gebraucht wird (vgl. auch Wyss 2000). Dies trifft in aller Regel für Ausdrücke einer besonderen Wertschätzung (z. B. "Liebling", "Schatz") zu. Eine besondere Namensgebung kann auf die Situation des Miteinander-Alleinseins beschränkt sein; es kommt jedoch auch vor, dass sie in Anwesenheit von Dritten verwendet wird. In einigen Fällen können auch dritte Personen das Recht bekommen, den neuen Namen zur Anrede der betreffenden Person zu gebrauchen. Dies ist eine Auszeichnung und zeigt, dass diese dritte Person zu den engen Freund/inn/en zählt.

In vielen Fällen handelt es sich bei den Namen, die in der Zweierbeziehung gebraucht werden, nicht um Eigenschöpfungen, sondern um Anleihen. Viele dieser möglichen neuen Namen sind weit verbreitet und alles andere als originell (z. B. "Mäuschen", "Kater", "Goldstern"). Dennoch eignen sie sich als Namen für den Partner oder die Partnerin, da sie mit einer ganz besonderen Bedeutung ausgestattet werden oder zumindest mit diesem Anspruch Verwendung finden. Daneben lassen sich auch originellere Formen finden, die aus Wortspielen oder formalen Veränderungen entstehen: Z. B. wenn aus dem "süßen Liebling" ein "lieber Süßling" wird oder – das Beispiel stammt von Leisi (1990: 20) – aus dem traditionellen "Schnuckiputz" ein "Schnugi", "Schnügel" oder "Butz" hervorgeht. Leisi (1990), der bei Schweizer Studierenden Namen für den Partner oder die Partnerin gesammelt hat, konnte aber auch ungestützte Neuschöpfungen ausfindig machen, also solche, die sich nicht aus einem anderen Wort ableiten lassen: so z. B. Schadibu, Ladli oder Mimeli. Aufgrund dieser Ergebnisse kommt Leisi (1990: 22) zu der Schlussfolgerung, dass "die Paarsprache (...) kreativer (ist) als die gewöhnliche Sprache, und zwar nicht nur graduell, sondern in einer grundsätzlich anderen Weise – mindestens in dem kleinen, aber wichtigen Bezirk der Namensgebung. Diese Kreativität ist (wahrscheinlich) nicht auf bestimmte (Bildungs-)Schichten beschränkt. Es entspricht ihr, so viel wir sehen können, außerhalb der Paarbeziehung nichts". Unabhängig von der Frage der Originalität hat sich Leisi (1990) auch mit den verwendeten Wortformen befasst. Es zeigt sich, dass es bei den Namen in Zweierbeziehungen von Diminutiven nur so wimmelt. Der Diminutiv wird gebraucht, um ein affektives Verhältnis zu versinnbildlichen. Mehr als die Hälfte seiner gesammelten Namen erweisen sich als Metaphern, also Übertragungen aus einem anderen Bereich. Einer besonderen Beliebtheit erfreuen sich dabei – worauf die obigen Beispiele bereits hindeuten – Tiernamen.

Die Privatsprache einer Zweierbeziehung reicht über die Namensgebung hinaus. Ein weiteres wichtiges Gebiet der Paarsprache stellt die Sexualität dar (vgl. Cameron/Kulick 2003; Hoberg 2001). Das ist nicht verwunderlich, da in der Standardsprache für die männlichen und weiblichen Genitalien ebenso wie auch für sexuelle Aktivitäten eine angemessene Begrifflichkeit weitgehend fehlt. Verena Stefan (1975) hat in ihrem vielgelesenen Buch "Häutungen" aus dem Fehlen einer aus der Perspektive von Frauen akzeptablen Sprache deshalb die Konsequenz gezogen, nur medizinisch gebräuchliche Ausdrücke zur Bezeichnung der Genitalien und sexuellen Aktivitäten zu verwenden. Deutlich wird dadurch, dass jenseits der Standardsprache, die auch nur medizinische Ausdrücke kennt, die Sprache über Sexualität weitgehend eine Sache der Männer ist, die zwar ein breites Vokabular hervorgebracht haben, jedoch mit einer eher aggressiven, mechanischen und nicht selten frauenverachtenden Komponente (vgl. Bornemann 1990).

Je diskursfähiger und vielleicht auch diskursbedürftiger Sexualität in Paarbeziehungen aber wird, desto drängender wird der Bedarf nach einer gemeinsamen Sprache, die sexuelles Begehren und Erleben mitteilbar macht. Sicherlich kann die Eröffnung sexueller Aktivitäten z. T. ohne Sprache auskommen und mit Fortdauer einer Beziehung bilden sich Sexual-Rahmen aus, aber dennoch ist eine Sprache nicht verzichtbar. Sie ist erforderlich für das Aufeinanderabstimmen sexueller Bedürfnisse und Wünsche; hinzu kommt, dass Sprache auch ein wichtiges Mittel erotischer Stimulation ist. Der Bedarf ist also groß, nicht aber – zumindest nicht im notwendigen Umfang – die sprachlichen Mittel. Da das medizinische Vokabular mit dem "weißen" Charme einer Klinik ausgestattet ist, ist es zumindest in sexuellen Interaktionen weitgehend unbrauchbar. Nimmt man die Gegenwartsliteratur wie z. B. den Roman "Relax" von Alexa Hennig von Lange (1997) als Bezugspunkt, dann lassen sich Hinweise finden, dass die bislang männlich geprägte Sexualsprache verstärkt auch von Frauen angeeignet und als Ausdrucksform des eigenen sexuellen Begehrens gebraucht wird. Schließlich kann die Paarsprache für den Bereich der Sexualität auch Eigenschöpfungen oder originelle Anleihen aufweisen. Ein schönes Beispiel stammt aus "In Swanns Welt", dem ersten Teil von Marcel Prousts "Auf der Suche nach der verlorenen Zeit" (1982: 308ff): Durch einen Zwischenfall bei einer gemeinsamen Kutschenfahrt verrutschen die Cattleyablüten, die Odette als Kleiderschmuck trägt, in ihren Ausschnitt. Swann bittet um Erlaubnis, sie wieder zurechtzurücken. Die erteilte Erlaubnis führt zur ersten Berührung und in Fortsetzung davon zum ersten sexuellen Austausch.

> "Die Metapher 'Cattleya spielen' (war bald) eine schlichte Vokabel geworden, die sie schließlich ganz gedankenlos zur Bezeichnung des physischen Besitzens benutzten – bei dem man übrigens nichts besitzt" (Proust 1982: 311).

Dass Neuschöpfungen bzw. originelle Ausdrücke auch im Alltagsleben vorkommen, auch wenn ihnen die Eleganz von Proust fehlen mag, bestätigt die Studie von Robert Hopper et al. (1981): Sie verwiesen auf Beispiele von Paaren, die vom Sexualakt als "boogie-woogie" sprechen oder den Wunsch nach Sexualität mit "Let's go home and watch some TV" anzeigen.

Neben der Namensgebung und der Sexualität dürfte die Terminologie für Gefühle ein weiterer wichtiger Anwendungsbereich der Paarsprache sein. Zwar spielen bei

Gefühlen nichtsprachliche Kanäle eine bedeutende Rolle, dennoch ist auch hier der sprachliche Ausdruck nicht völlig ersetzbar. Gerade für den Gefühlsausdruck dürften Neuschöpfungen bzw. semantische Verschiebungen besonders gefordert sein. Wenn "ich liebe dich" als verbraucht, als Allerweltsjargon erscheint, dann braucht man Wörter, die das "Unvergleichliche", das man fühlt, mitteilbar machen. Das eigentlich interessante Phänomen ist allerdings nicht die Suche nach dem besonderen Ausdruck. Erstaunlich ist vielmehr, dass trotz ihrer hohen Verbreitung kulturelle Standardformeln scheinbar nahezu unverwüstlich geeignet sind, die Einzigartigkeit und das ganz Besondere der Gefühle anzuzeigen.

(3) Beziehungsthema und gemeinsames Weltbild

Nach Robert D. Hess und Gerald Handel (1975) lässt sich bei den meisten Paaren ein zentrales Beziehungsthema ausmachen. Das Thema durchzieht – wie es Eva Jaeggi und Walter Hollstein (1989: 238) formulieren – "leitmotivisch die Struktur des Alltags". Und an anderer Stelle: "Das 'Thema' ist (...) derjenige Inhalt einer Beziehung, der allem vorangeht und viele Kräfte im positiven wie im negativen Sinne bindet" (Jaeggi/Hollstein 1989: 239). Oftmals, ohne dass es den Beteiligten klar wäre, bestimmt das zentrale Thema viele ihrer Interaktionen und ist auch ein Nährboden für Konflikte. Was das zentrale Thema ist, kann von Zweierbeziehung zu Zweierbeziehung variieren. Jaeggi/Hollstein (1989) schildern ausführlich ein Fallbeispiel, in dem es das Geld ist. Das Sparen, sei es für das Auto oder das Haus, verbindet das Paar. Beide freuen sich über Sonderangebote und auch darüber, wie viel man spart, wenn man den Urlaub auf dem Campingplatz statt im Hotel verbringt. In anderen Fallgeschichten kreisen die Gedanken der Beteiligten unermüdlich um das Thema der Liebe.

Geld und Liebe sind nicht die einzig möglichen Themen, andere können z. B. sein: Sex, Beruf und Karriere oder auch die Kinder oder der Kinderwunsch. Wie sehr der Kinderwunsch ein Paar, insbesondere wenn man diesbezüglich uneins oder unsicher ist, in Beschlag nehmen kann, hat Günter Grass anschaulich in "Kopfgeburten" dargestellt. Mit Kindern bzw. dem Kinderwunsch als Thema ist implizit auch schon angedeutet, dass sich das Thema einer Zweierbeziehung im Laufe ihrer Dauer ändern kann (vgl. auch Willi 1991). Dies trifft aber prinzipiell auch für andere Themen zu. So wird sich z. B. die Karriere vor allem dann als Thema aufdrängen, solange daran noch gearbeitet wird. Ist dagegen der Karrierezug endgültig abgefahren oder konnten die Ambitionen eingelöst werden, dann wird die Karriere als Thema in den Hintergrund treten und Platz machen für ein neues. Manche dieser Themen werden von außen aufgedrängt (z. B. Arbeitslosigkeit), andere selbst eingeführt (z. B. Hauskauf). Einige Themen besitzen klare Anfangs- und Endbegrenzungen (z. B. Prüfungen), in anderen Fällen können solche fehlen (z. B. Geld).

Weiter noch als das Thema ist eine weitere Kristallisationsform der Paar-Einheit gefasst, die man als Ausformen eines gemeinsamen Weltbildes bezeichnen kann. Gemeint ist damit die Ausbildung gemeinsamer Vorstellungen und Ansichten über – ganz allgemein gesprochen – die Welt. Zu dieser "Welt" gehören Ereignisse und Vorgänge im Nahbereich, dass z. B. die Nachbarin "offensichtlich" schon wieder einen neuen Freund hat oder dass ein Arbeitskollege ein Alkoholproblem hat und immer häufiger krank macht. Dazu gehören auch die nationalen oder weltpolitischen Ereignisse, über die in gemeinsamen Gesprächen eine bestimmte Meinung ausgebildet wird. Dazu zählen aber auch Werthaltungen: seien es religiöse Überzeugungen, moralische Grundhaltungen oder auch, was man vom eigenen Leben (noch) erwartet. Auch wenn heute etwa in Fragen der Politik und Religion der Spielraum für Dissens in Zweierbeziehungen größer geworden zu sein scheint, sollten die Übernahmen und Beeinflussungen, die – wenn auch in den bereits ausführlich behandelten Grenzen – in Richtung gemeinsamer Auffassungen und Sichtweisen wirken, und ihre hohe Relevanz für die Zweierbeziehung nicht aus dem Auge verloren werden. Weithin unerlässlich scheint es zu sein, dass die Ansichten der jeweils anderen Seite als ernst zu nehmende, "ehrenvolle" Ansichten anerkannt werden, auch wenn man diese nicht teilt. Hierbei handelt es sich um eine rituelle Grenze, die zu überschreiten sich nicht nur gegen diese Ansichten richtet, sondern einen offenen Angriff auf die Person darstellt, die sie vertritt. Eine gewisse Kompatibilität der Grundüberzeugungen bzw. der feste Glaube an ihr Vorhandensein ist im hohen Maße ein beziehungssicherndes und -stabilisierendes Element, an das umso höhere Ansprüche gestellt werden, je wichtiger ihre Inhalte für das Paar sind. Überhaupt stehen Paare vor der Notwendigkeit, ein gewisses Maß an Gemeinsamkeit herzustellen, was "richtig" und "falsch", "gerecht" und "ungerecht", "moralisch" und "unmoralisch", "legitim" und "illegitim" usw. ist, sowohl mit Blick auf die eigenen wie auch auf fremde Verhaltensweisen.

3.3 Paar-Netzwerk als Beziehungsarbeit

Schließlich ist auch der Aufbau, die Aufrechterhaltung und der Umbau der Außenbeziehungen eines Paares Teil ihrer zu leistenden Beziehungsarbeit oder – allgemeiner formuliert – der Institutionalisierungsprozesse in Zweierbeziehungen (vgl. auch Lenz 2003b). Die Außenbeziehungen eines Paares werden im Folgenden unter Verwendung des Netzwerkkonzepts behandelt, das zunächst auf das Paar als Grundeinheit bezogen werden muss.

(1) Netzwerkkonzept und Netzwerkforschung
Der Netzwerkbegriff wird mittlerweile sehr breit verwendet (vgl. Hollstein 2006; Lenz/Nestmann 2008b). In diesem Zusammenhang geht es um egozentrische bzw. persönliche Netzwerke entsprechend der klassischen, aus der Sozialanthropologie stammenden Definition, nach der ein Netzwerk als "a specific set of linkages among a defined set of persons" zu verstehen ist (Mitchell 1969: 2). Es wird dabei angenommen, dass die Personen netzartig miteinander verknüpft sind. Ausgehend von einer fokalen Person, dem Ego, umfasst das egozentrische oder persönliche Netzwerk jene Beziehungen, die Ego mit anderen Menschen ("Alteri") unterhält, einschließlich deren Verbindungen untereinander (vgl. Jansen 2003; Keupp 1987). Erfasst werden damit persönliche Beziehungen, die durch unterschiedliche Verbindungsformen

(Familienbeziehung, Freundschaft, Bekanntschaft usw.) zustande kommen. Verbreitet ist es, das Netzwerk in Sektoren einzuteilen (Familie, Freunde usw.).

Vielfach sind die Netzwerkbeziehungen multiplex, d. h., die Mitglieder sind über mehrere Beziehungsformen miteinander verbunden. So kann z. B. ein Nachbar zugleich ein Verwandter oder ein Arbeitskollege sein. In den personalen Netzwerken können Subgruppen (in der Netzwerkforschung als Cluster oder Cliquen) vorhanden sein, die sich vor allem durch eine höhere Kontaktfrequenz und eine höhere Dichte der Interaktionen auszeichnen (z. B. Familie, Freundeskreis). Darüber hinaus unterscheidet die Netzwerkforschung eine Reihe von morphologischen (z. B. Größe, Erreichbarkeit) und relationalen Merkmalen (z. B. Intensität, Kontakthäufigkeit) (als Überblick vgl. Laireiter 2008; Nestmann 1997).

Betrachtet werden die Funktionen von sozialen Netzwerken. Eine exorbitante Aufmerksamkeit hat in diesem Zusammenhang die "soziale Unterstützung" erfahren (vgl. Cunningham/Barbee 2000; Sarason/Sarason 2006). Die Netzwerke werden vor allem in Hinblick auf diese Funktion erforscht. Für die Erfassung der Unterstützungsleistungen werden unterschiedliche Klassifikationsmodelle vorgeschlagen (als Überblick vgl. Nestmann 1988), die von einer groben Unterteilung in "emotionale" und "instrumentelle Unterstützung" bis hin zu umfangreichen Aufschlüsselungen (materieller Hilfe, Verhaltensbeistand, intimer Interaktion, Anleitung, Feedback und positiver sozialer Interaktion) reichen. Die Netzwerkforschung zeigt, dass je nach Problemstellung unterschiedliche Netzwerkkonstellationen als besonders unterstützend erlebt werden können: Ein kleines und dichtes Netzwerk z. B. scheint besonders geeignet für die emotionale Unterstützung in der Phase der Trauerarbeit nach dem Tod des Beziehungspartners bzw. der Beziehungspartnerin. Wird dagegen gerade der Versuch unternommen, einen neuen Lebensplan zu entwerfen und umzusetzen, dann sind Informationen und auch praktische Hilfe wohl viel eher von einem Netzwerk mit den entgegengesetzten Merkmalsausprägungen (groß, geringe Dichte) zu erwarten.

Mit Unterstützungsleistungen sind die Funktionen eines sozialen Netzwerkes nicht erschöpft. Das soziale Netzwerk ist zugleich auch eine zentrale Agentur sozialer Kontrolle – oftmals sogar die einzige unmittelbar erlebte –, die das Spektrum angemessener Verhaltensweisen, Erscheinungsformen und Vorstellungen festschreibt und Verstöße durch Sanktionen ahndet. Auch wenn diese Normierung vielfach nicht Eigenschöpfungen des jeweiligen Netzwerkes sind, sondern aus dem kulturell verfügbaren Bestand von Vorgaben übernommen werden, ist es doch das soziale Netzwerk, das diese Vorgaben tradiert, vermittelt, reaktiviert und ihren Bestand durch Sanktionen als verbindlich erklärt.

Unterstützung und Kontrolle sollten übrigens nicht als die "gute" und "schlechte" Seite von sozialen Netzwerken auseinanderdividiert werden; angemessener erscheint es vielmehr, sie als "Hand in Hand gehend" aufzufassen. Oder anders formuliert: Wer Unterstützung in Anspruch nimmt oder zumindest den Anspruch auf diese aufrechterhalten will, nimmt damit immer auch schon die Wirksamkeit von Kontrolle in Kauf.

Übereinstimmend zeigen die vorliegenden Studien zur Zusammensetzung sozialer Netzwerke die hohe Bedeutung, die darin den Familien- und Verwandtschaftsbeziehungen zukommt (vgl. Diewald 1991; Nestmann 1997). Sie weisen einen deutlichen Bedeutungsvorsprung vor Freunden und Freundinnen auf. Es sind vor allem Personen aus der engen Familie, die als verlässliche Helfer/innen genannt werden und auf deren Unterstützung in Problemsituationen gebaut wird. Vor den eigenen Eltern und auch vor eigenen Kindern ist der Ehemann (allgemeiner: Beziehungspartner) bzw. die Ehefrau (allgemeiner: Beziehungspartnerin) mit weitem Vorsprung die wichtigste Bezugsperson und die erste Adresse für alle Formen von Unterstützungsleistungen. Martin Diewald (1993) hat gezeigt, dass hinsichtlich der Unterstützungserwartungen an den Beziehungspartner bzw. die Beziehungspartnerin zwischen Ehen und nichtehelichen Lebensgemeinschaften keine Unterschiede bestehen. Dagegen wird bei Paaren ohne gemeinsamen Haushalt – in unterschiedlichen Hilfsbereichen – die jeweilige Beziehungsperson deutlich seltener als potenzielle/r Helfer/in an erster Stelle genannt. Bei den Besuchskontakten zu den Herkunftsfamilien gibt es zwischen diesen drei Beziehungsformen nahezu keine Differenzen. Eine Intensivierung der Kontakte zur Herkunftsfamilie dürfte, wie über Diewald hinausgehend anzunehmen ist, erst die Folge einer Familiengründung sein. Deutliche Unterschiede konnte Diewald (1993) zwischen den Beziehungsformen bei den Freundschaftsbeziehungen feststellen (vgl. auch Stiehler 2008): Befragte aus einer Zweierbeziehung ohne gemeinsamen Haushalt haben mehr enge Freunde und auch häufigere Kontakte zu ihnen. Am schwächsten sind die Freundschaftsbeziehungen bei Ehepaaren, die nichtehelichen Lebensgemeinschaften nehmen eine Mittelstellung ein. Mit dem Überschreiten von Schwellen-Wendepunkten verliert das Freundschaftsnetz jedoch nicht nur an Bedeutung, sondern es gibt auch Hinweise auf Verschiebungen: Für eine Fortdauer von Freundschaften ist offensichtlich entscheidend, dass sich der Freund oder die Freundin in "ähnlichen Lebensumständen" befindet. Nicht nur, um als Ratgeber/in zu fungieren, sondern vielfach auch, um überhaupt weiterhin als "befreundet" gelten zu können (vgl. A. Lenz 1990). Mit der Verfestigung einer Zweierbeziehung scheint oftmals eine Verlagerung von Freundschaften zu Personen einherzugehen, die ebenfalls in "gefestigten Beziehungen" leben und sich so auch zu Paar-Begegnungen eignen. Am ausgeprägtesten dürften die Verschiebungen bei der Familiengründung sein, die vielfach mit einem Verblassen von Freundschaften zu Kinderlosen und einer verstärkten Hinwendung zu Paaren mit Kind verbunden sind. Auch das Alter der Kinder ist offensichtlich ein wichtiges Selektionskriterium für Freundschaften: Gesucht werden Paare, die Kinder im gleichen Alter haben.

Überhaupt scheinen in Paar-Konstellationen Freundschaften eine Domäne von Frauen zu sein. Nicht selten kommt es vor, dass Ehemänner keine individuelle Freundschaft haben. Die Ehefrauen haben dagegen vielfach eine oder sogar mehrere Freundinnen. Es wird auch berichtet, dass sie mit diesen über sehr persönliche Probleme (z. B. Beziehungsprobleme) reden können, die mit Verwandten anzusprechen – trotz ihres hohen Stellenwertes, der auch in diesen Studien Bestätigung fand – eher vermieden wird. Auch die Paar-Freundschaften werden vor allem von Frauen aufrechterhalten (vgl. auch Cunningham/Barbee 2000). Julia T. Woods (1997) bezeichnet die Frauen überhaupt als "relationship specialists".

(2) Aufbau eines Paar-Netzwerkes
In der Netzwerkforschung steht in aller Regel das Netzwerk einer Person im Zentrum. Damit bricht die Soziologie der Zweierbeziehung, da im Rahmen der Beziehungsarbeit eines Paares das Augenmerk auf all jene Personen gelegt wird, mit denen eine der beiden Personen in einem auf Kontinuität angelegten Kontakt steht. Das Interesse richtet sich also auf das *Paar-Netzwerk*. Die beiden individuellen Netzwerke können in unterschiedlichen Formen mit dem Paar-Netzwerk verbunden sein:

- Die beiden individuellen Netzwerke von A und B können sich voll und ganz decken. Die beiden Beziehungspersonen haben in diesem Fall zu denselben Personen fortgesetzten Kontakt, was jedoch nicht ausschließt, dass die Qualität ihrer Beziehungen zu den Netzwerkangehörigen Unterschiede aufweist.
- Das individuelle Netzwerk einer Person kann vollständig in dem breiteren Netzwerk des Partners oder der Partnerin aufgehen. Technisch gesprochen bildet in diesem Fall das Netzwerk von A eine Teilmenge des Netzwerkes von B. In diesem Fall sind alle Netzwerkmitglieder von A auch Netzwerkmitglieder von B, aber B steht darüber hinaus noch zu anderen Personen in Beziehung, die nicht zum individuellen Netzwerk von A gehören.
- Auch ist es möglich, dass beide Seiten neben gemeinsamen auch jeweils eigene Netzwerkmitglieder besitzen. Welchen Anteil die Schnittmenge – also die gemeinsamen Netzwerkangehörigen – am Paar-Netzwerk einnimmt, kann dabei erheblich variieren. Nicht unwesentlich ist in dieser Variante die Frage, ob die Eigensegmente des Paar-Netzwerkes auf randständige Kontakte begrenzt sind – was z. B. in der Mehrzahl der Arbeitskolleg/inn/en zutrifft – oder ob sie auch wichtige Bezugspersonen mit umfassen.
- Zumindest vorstellbar ist schließlich noch, dass die Schnittmenge beider individuellen Netzwerke leer ist, dass ein Paar keine gemeinsamen Netzwerkmitglieder hat. Auch wenn die Schnittmenge der beiden individuellen Netzwerke relativ klein sein kann, kommt diese Variante für bestehende Zweierbeziehungen jedoch nahezu nicht vor. Eine Ausnahme stellen lediglich verdeckte Nebenbeziehungen dar, also eine Beziehung zu einer bzw. einem heimlichen Geliebten. Für die weitere Betrachtung werde ich diese Sondersituation außer Acht lassen.

Man könnte sich auch vorstellen, von einem Paar-Netzwerk nur bezogen auf die Schnittmenge der beiden individuellen Netzwerke zu sprechen. Wenn hier eine breitere Definition gewählt wird, dann deshalb, weil anzunehmen ist, dass auch von Personen, die nur mit einer Seite in regelmäßigem Kontakt stehen, Einflüsse auf die Zweierbeziehung ausgehen, dass sie Gesprächsstoff in der Zweierbeziehung sind und die Kontakte zu ihnen von der Zweierbeziehung beeinflusst werden. Um zu einer Begriffsklarheit beizutragen, werde ich, wenn das soziale Netzwerk einer Beziehungsperson gemeint ist, von einem individuellen Netzwerk sprechen, den Überlappungsbereich im Paar-Netzwerk bezeichne ich – in Abhebung vom gesamten – als "gemeinsames Paar-Netzwerk".

Der Aufbau eines Paar-Netzwerkes kann von zwei unterschiedlichen Konstellationen ausgehen. In der Aufbauphase können (1) die beiden Personen völlig unterschiedliche individuelle Netzwerke aufweisen. Möglich ist es (2) aber auch, dass die angehenden Beziehungspersonen sich vorher schon seit Längerem kannten, also füreinander Mitglieder des eigenen Netzwerkes waren.

Zunächst zum erstgenannten Fall: Aus der Sicht eines Netzwerkes stellt sich dann das Problem, eine neue Person zu integrieren, und zwar nicht irgendeine, sondern eine, die – wenn sich die Beziehung festigt – eine zentrale Position einnehmen wird. Diese damit verbundenen Veränderungen werden vor allem dann groß sein, wenn diese Position vorher nicht oder zumindest für eine längere Zeit nicht besetzt war. Dass die neue Person dann als "Eindringling" erscheint, dürfte nahezu unvermeidlich sein. Deutlich kommt dies in dem Fallbeispiel von Rebecca und Michael in der Studie von Jaeggi/Hollstein (1989) zum Ausdruck. Dazu Rebecca:

> "Er hatte mir viel von seinen geliebten und bewunderten Jugendfreunden erzählt. Diese waren für ihn offenbar äußerst wichtige Begleiter auf seinem Weg in das künstlerische Leben gewesen; (...) und ich war bereit, sie alle nett und interessant zu finden. Welche Enttäuschung! und: wie wenig durchschaubar gestaltete sich für mich die Situation! Gerade Michaels beste Freunde empfanden mir gegenüber offenbar die gleichen zwiespältigen Gefühle von Attraktion, Abwehr und Misstrauen, wie man sie einem Nebenbuhler entgegenbringt – und sie agierten sie dementsprechend aus" (zit. nach Jaeggi/Hollstein 1989: 90f).

Eine Spannung, wie hier beschrieben, erscheint naheliegend, stehen doch die "alten" Netzwerkangehörigen mit ihrem Vorsprung im persönlichen Wissen und in den gemeinsamen Erfahrungen der "neuen" Person gegenüber, die ihren Ansprüchen an die gemeinsame Bezugsperson eigene Ansprüche entgegenstellt, die verfügbare Zeit vermindert und eine exklusive persönliche Nähe für sich in Anspruch zu nehmen versucht. Diese Konkurrenz wird um so stärker sein, je enger die vorangegangenen Freundschaften waren.

In einigen Fällen wird diese Integrationsarbeit insofern reduziert, als eine Seite mit der Aufnahme einer neuen Beziehung bzw. im Zuge ihrer Verfestigung ihre "alten" Freundschaftsbeziehungen ganz aufgibt. Nicht selten scheinen es die Frauen zu sein, die ihre Freunde und Freundinnen in Verbindung mit einer neuen Zweierbeziehung völlig aufgeben bzw. die Intimität der Beziehungen stark vermindern (vgl. Schöningh 1996). Auf den ersten Blick mag es unvereinbar erscheinen, dass Frauen häufiger ihre Freundschaftsbeziehungen aufgeben, während doch weiter oben festgestellt wurde, dass es in Ehen häufiger Frauen sind, die eigene Freundschaften besitzen. Dies muss jedoch kein Widerspruch sein, da nur ein Teil der Frauen mit einer festen Beziehung ihre früheren Kontakte aufgibt. Es ist also möglich, dass hier von zwei verschiedenen "Gruppen" von Frauen gesprochen wird. Doch scheint dies nicht die einzige mögliche Erklärung zu sein: Es kommt offensichtlich auch vor, dass Frauen zu Beginn der Beziehung ihre Freundschaftskontakte weitgehend aufgeben und zu einem späteren Zeitpunkt dennoch wieder eine oder gar mehrere "eigene" Freundinnen aufweisen. Dies scheint darauf hinzudeuten, dass Frauen vielfach im

Aufbau neuer Freundschaften kompetenter sind als Männer (vgl. auch Nestmann/Schmerl 1990) und es trotz Verlust vermögen, im (fremden) sozialen Umfeld wieder neue Freundschaftsbeziehungen herzustellen. Zu beachten ist, dass dieses Aufgeben des individuellen Netzwerkes nur die nicht-verwandten Teile betrifft. Die Verwandtschaftsbeziehungen scheinen beim Aufbau eines Paar-Netzwerkes nicht zur Disposition zu stehen. Die Integrationsarbeit verringert sich also insofern immer nur; für das Verwandtschaftsnetz der Beziehungspartnerin bleibt diese auch dann in aller Regel bestehen.

Durch eine Zweierbeziehung wird das individuelle Netzwerk nicht nur um eine Person größer, sondern ihre Integration hat in massivem Umfang eine *Umstrukturierung des individuellen Netzwerkes* zur Folge (vgl. Milardo/Allen 1997). Diese Umstrukturierung ergibt sich, da die beiden individuellen Netzwerke nicht einfach aneinander addiert werden können, sondern neue "Akzentsetzungen" erforderlich sind. Zu diesen Umstrukturierungsprozessen kommt es auch dann, wenn eine Person in das "alte" Netzwerk des Partners – oder der Partnerin – aufgenommen wird. Diese neuen Gewichtungen ergeben sich durch den anstehenden Aufbau eines gemeinsamen Paar-Netzwerkes. Die wichtigsten Bezugspersonen aus der Zeit vorher werden nicht einfach als gemeinsame übernommen, sondern es findet eine Neubewertung statt. Besonders kennzeichnend dürfte dabei eine verstärkte Hinwendung des Paares zu anderen Paaren sein. Da die Beziehungsarbeit im Netzwerk vielfach Sache der Partnerin ist, scheinen Frauen einen nicht unerheblichen Gestaltungsspielraum im Aufbau des Paar-Netzwerkes zu besitzen.

Wie bereits oben erwähnt, ist es auch möglich, dass beide Personen schon lange, bevor sich eine feste Beziehung anbahnt, füreinander Angehörige ihres individuellen Netzwerkes waren; und es ist dann weiter anzunehmen, dass ihre beiden individuellen Netzwerke von vornherein eine Reihe von Überschneidungen aufweisen. In diesem Fall muss – aus der Sicht des Netzwerkes – keine neue Person integriert werden. Aber auch dann werden sich starke Verschiebungen in ihren Netzwerkbeziehungen ergeben. Selbst wenn ihr Paar-Netzwerk aus dem "alten" Bestand rekrutiert wird, müssen die Netzwerkbeziehungen neu gewichtet und neu definiert werden. Egal ob es sich in der Ausgangslage um zwei divergente oder sich überschneidende Netzwerke handelt, eine Paarbildung bedingt jeweils eine massive Umstrukturierung der individuellen Netzwerke. Dabei erscheint die These von Berger/Kellner (1965), wonach sich in der Ehe – oder allgemeiner gesprochen: in einer Zweierbeziehung – das Bild eines Freundes oder einer Freundin (C) verändert, indem man lernt, ihn oder sie aus der "anderen" Sicht zu sehen, als noch zu eng gefasst. Was hier vor sich geht, bezieht sich nicht nur auf das bloße Fremdbild von C, sondern zum Gegenstand wird, welche Position C im Paar-Netzwerk zugewiesen werden soll. Es wird festgelegt, wer zum gemeinsamen Netzwerk gehören soll, wer weiterhin (nahezu) ausschließlich einem individuellen Netzwerk angehört und wer mehr und mehr aus dem Paar-Netzwerk ausscheidet. Natürlich darf man sich das nicht so vorstellen, als ob sich das Paar mit einer Namensliste hinsetzt und jedes Netzwerkmitglied einer der drei genannten Kategorien zuordnet. Die Umstrukturierung des Netzwerkes ergibt sich vielmehr als eine Art Nebenprodukt aus den oftmals nebensächlich anmutenden

Gesprächen und Bemerkungen über Netzwerkangehörige oder aus Nachbetrachtungen gemeinsamer Begegnungen, die immer auch beinhalten, wie man diese Person sieht und wie man den Kontakt schätzt. Sympathie oder Antipathie braucht oftmals nicht einmal die Sprache, sondern lässt sich auch durch ein breites Repertoire an Verhaltensweisen zum Ausdruck bringen. Lassen wir nochmals Rebecca zu Wort kommen:

> "Gegen einige von Michaels Freunden entwickelte ich denn auch bald eine nie ganz ausgesprochene, aber doch deutliche Abwehr. Wollte Michael sie einladen, hatte ich oft 'keine Zeit', oder ich fühlte mich schon zu Beginn des Abends so müde, dass ich kaum die Augen offenhalten konnte. Einige dieser Beziehungen erkalteten denn auch langsam" (zit. nach Jaeggi/Hollstein 1989: 91).

Am ausgeprägtesten betreffen diese Umstrukturierungen sicherlich die nicht-verwandten Teile des Netzwerkes; sie machen aber auch vor den Verwandtschaftsbeziehungen nicht Halt. Ganz abgesehen davon, dass die Verwandtschaftsbeziehungen in den Beziehungsanfängen sowieso noch nicht die Bedeutung haben dürften, die sie später – für einen Teil der Paare zumindest – in Verbindung mit bestimmten Schwellen-Wendepunkten erlangen können, ist auch für das Verwandtschaftsnetz eine große Spannbreite in der Intensität der Beziehung gegeben, die von bloß formalen bis hin zu täglichen Kontakten reichen kann.

Die Neugewichtungen, die in den Anfängen einer Zweierbeziehung anstehen, betreffen nicht nur den Aufbau eines gemeinsamen Netzwerkes, sondern grundsätzlich das gesamte Paar-Netzwerk. Das Paar hat an vorderster Stelle für sich eine "Lösung" zu finden, ob und inwieweit das Paar-Netzwerk über die gemeinsamen Teile hinausreichen darf. Sind über die gemeinsamen hinaus auch noch individuelle Netzwerkangehörige gestattet? Wie intensiv dürfen diese Beziehungen sein und wie viel Zeit beanspruchen? Dass ein Paar-Netzwerk nur aus gemeinsamen Kontakten besteht, ist als Grenzfall zu betrachten, der eher unwahrscheinlich ist. Aber in einer Vielzahl der Fälle sind diese nicht-gemeinsamen Teile nur marginale Kontakte, die sich über den Beruf oder durch die Integration in andere Handlungsfelder (z. B. Sportverein) ergeben, während die Kernzonen des Paar-Netzwerkes gemeinsame Kontakte sind. In anderen Paar-Netzwerken unterhalten eine oder beide Personen zusätzlich auch eigene "wichtige" Beziehungen. Nicht selten scheinen diese individuellen signifikanten Beziehungen auf gleichgeschlechtliche Kontakte beschränkt zu sein (vgl. Schöningh 1996). Gegengeschlechtliche Kontakte werden offenbar schneller als Konkurrenz aufgefasst und weniger geduldet. Der Umfang und die Intensität der signifikanten Beziehungen außerhalb des gemeinsamen Paar-Netzwerkes sind Ausdruck des Freiraums, den die Zweierbeziehung den Beteiligten zugesteht.

(3) Grenzbildung als Beziehungsarbeit
Die Beziehungsarbeit, die ein Paar in seinem Verhältnis zur Außenwelt zu erbringen hat, erstreckt sich nicht nur auf die Schaffung und Aufrechterhaltung eines Paar-Netzwerks, sondern betrifft zugleich auch die Grenzziehung zwischen sich und dem Netzwerk (vgl. Kantor/Lehr 1975). Gerade in den Anfängen einer Zweierbeziehung kann dies für ein Paar eine schwierige Aufgabe sein. Eine sich stabilisierende

Paarbeziehung hat sich in zwei Richtungen abzugrenzen: Eine Grenze muss zu den beiden Herkunftsfamilien, als dem wichtigsten Teil des Verwandtschaftsnetzes gezogen werden. Vor allem dann, wenn ein oder gar beide Partner bislang noch stark in ihre Herkunftsfamilie integriert waren oder auch, wenn die Herkunftsfamilie einen starken Anspruch auf ihren Sohn oder ihre Tochter erhebt, kann dies ein schwieriges Unternehmen sein (vgl. auch Willi 1991: 286ff). Die Neolokalität der Haushaltsgründung, die zum Regelfall geworden ist, erleichtert diese Aufgabe, da über die räumliche Distanz eine Einflussnahme erschwert, wenn auch keineswegs generell verhindert wird. Dies wird aus dem Fallbeispiel von Watzlawick et al. (1972) von einem jungen Ehepaar deutlich, bei dem die Eltern des Mannes mehrmals im Jahr zu einem längeren Besuch kamen und sofort die gesamte Haushaltsführung übernahmen.

> "Die junge Frau wird aus der Küche verbannt, während die Schwiegermutter alle Mahlzeiten zubereitet und dazu Berge von Lebensmitteln einkauft; sie wäscht alles Waschbare und stellt die Möbel um, während der Vater die beiden Wagen wäscht und überholt, Laub zusammenrecht, das Gras mäht, Bäume beschneidet, pflanzt und jätet" (Watzlawick et al. 1972: 143).

Auch zu den Peers hat ein Paar eine Grenze zu ziehen, eine Aufgabe, die allerdings in aller Regel leichter fallen dürfte als gegenüber der Herkunftsfamilie. Probleme bei dieser Grenzziehung können sich gegebenenfalls ergeben, wenn die beiden Beziehungspersonen aus dem gleichen Peer-Kontext stammen und diesem schon lange angehören. Die alten Freunde bzw. Freundinnen können zunächst das 'Mehr-miteinander-alleine-machen-wollen' und das 'Alleine-sein-wollen' ignorieren. In diesem Fall wird es notwendig sein, den Anspruch der Exklusivität der Zweierbeziehung gegen die gewachsenen Ansprüche herauszustellen und alte Loyalitäten aufzukündigen. Ein sich stabilisierendes Paar wird sich zunehmend aus dem Alltagsleben seiner Clique zurückziehen, Ansprüche Dritter zurückweisen und seine Autonomie betonen. Das Problem der Grenzziehung – und dies in beiden Richtungen – wird erschwert, da ein Paar in seinem Konstitutionsprozess zwar eine gewisse Eigenständigkeit und Unabhängigkeit gewinnen soll, dies jedoch nicht auf Kosten einer sozialen Isolierung. Die Etablierung und Aufrechterhaltung einer Grenze ist als ein wesentliches Moment seiner Selbsterhaltung anzusehen (vgl. Simmel 1983). Das Paar soll sich von seiner sozialen Umwelt abgrenzen, dabei aber dennoch eine gewisse Durchlässigkeit seiner Grenzen bewahren.

Paare müssen ihr Territorium schaffen und aufrechterhalten, um die eigene Autonomie anzuzeigen und unter Beweis zu stellen. Einen wichtigen Dienst für die Markierung ihres Anspruchs auf das eigene Territorium leisten die bereits eingeführten Beziehungszeichen (vgl. Goffman 1974). Auf den Haushalt bezogen, wird die Aufrechterhaltung des Binnenraums dadurch erleichtert, dass sein Schutz ein stark kulturgedecktes, überdies rechtlich gestütztes Privileg ist. Sich nach innen abzuschließen, den Zugang zu kontrollieren und externe Interventionsversuche abzuwehren, wird dem Paar als sein besonderes Recht zugestanden. Das Paar hat den über die Grenzen ihres Territoriums hereinkommenden und hinausgehenden "Verkehr" zu regulieren. Dieser Verkehr umfasst nach David Kantor und William Lehr (1975) nicht nur Bewegungen von Personen, sondern auch den Umgang mit Objekten, Ereignissen und Ideen. Im physikalischen Raum wird es am sichtbarsten, wie eine Zweierbeziehung bestrebt ist, den Verkehr über die Grenzen seines Territoriums zu regulieren: Tore, Wege, Türen und Gänge dienen dazu, eine Kontrolle auszuüben, welche Personen oder Objekte hinein- oder hinauskommen. Analog wird versucht, auch den Eintritt von Ereignissen und Ideen zu regulieren. Das Paar definiert, welche Inhalte in sein Territorium eindringen dürfen und spezifiziert die jeweiligen Bedingungen. Die Grenzziehung wirkt als Filter, der eine Selektion aus einer Fülle von Inhalten vornimmt und so das Paar vor einer "Reizüberflutung" schützt (vgl. Siegert 1977; Tyrell 1982). Durch diese Abgrenzung von der Außenwelt wird zugleich ein Gefühl der Sicherheit bewirkt. Dies schließt nicht aus, dass sich dieses Gefühl als trügerisch erweisen kann, dass die Filterwirkung phasenweise angesichts des enormen Außendrucks gleichsam außer Betrieb gesetzt wird, wie auch eine überzogene Abschottung nach außen zu einer völlig verzerrten Realitätswahrnehmung führen kann.

(4) Netzwerkbeziehungen als Beziehungsarbeit am Ende der Zweierbeziehung
Eine besondere Aufmerksamkeit verdient das Paar-Netzwerk nicht nur in den Anfangs- und Bestandsphasen, sondern auch, wenn das Ende einer Zweierbeziehung zu kommen droht. Bei Beziehungsproblemen ist die Tendenz stark verbreitet, diese – zumindest zunächst – als eine exklusive Angelegenheit des Paares zu betrachten (vgl. das Auflösungsmodell von Duck, dargestellt im Teil II). Die Veröffentlichungsbereitschaft und die Netzwerkorientierung bei Beziehungsproblemen sind gering (vgl. A. Lenz 1990). Länger als bei anderen Problemen wird bei Beziehungsproblemen der Versuch unternommen, sie nach außen zu verbergen. Allenfalls gegenüber einer sehr engen Bezugsperson werden die Schwierigkeiten thematisiert und eventuell auch ihre Hilfe und Unterstützung in Anspruch genommen. Überwiegend jedoch wird das Paar-Netzwerk erst in Kenntnis gesetzt, wenn eine Trennung bereits beschlossene Sache ist und wenn die Beziehungskrise so offenkundig geworden ist, dass alle Verheimlichungsstrategien nutzlos sind (vgl. Vaughan 1988). In der Veröffentlichungsbereitschaft und Netzwerkorientierung bestehen jedoch deutliche Unterschiede zwischen Frauen und Männern. Frauen verfügen nicht nur häufiger über Netzwerkangehörige, die sich in dieser heiklen Angelegenheit als Vertrauensperson eignen, sie scheinen vielfach auch offener zu sein als ihre jeweiligen Beziehungspartner (vgl. Nestmann 1988; Nestmann/Schmerl 1990). Eigene Probleme anzusprechen, Hilfsbedürftigkeit und Gefühle der Schwäche zu zeigen, ist Frauen im Allgemeinen viel eher möglich und auch erlaubt als Männern, deren Anspruch auf Stärke hier zur eigenen Barriere wird.

Den Verwandten gegenüber scheint es im Allgemeinen schwerer zu fallen, das Ende der Zweierbeziehung mitzuteilen, als anderen Netzwerkangehörigen (vgl. Weiss 1980; Kahlenberg 1993). Es wird meist eine besondere Gelegenheit für die Mitteilung gesucht. Zugleich wird versucht, möglichst alle relevanten Verwandten gleichzeitig zu informieren, um sicherzustellen, dass sie diese Information aus "erster Hand" bekommen. Die Beziehungsauflösung Verwandten mitzuteilen, ist nicht zuletzt deshalb eine unangenehme Aufgabe, da Verwandte viel häufiger das Recht zu Bewertungen beanspruchen als Freunde und Freundinnen. Sie nehmen, ohne dass es einer Aufforderung bedarf, Stellung zu der Trennung, kritisieren sie, billigen und missbilligen sie und schreiben "Schuld" zu, nicht selten auch, indem sie sich selbst als jemanden hinstellen, der es "schon immer" gesagt oder gewusst hat. Freunde und Freundinnen dagegen sind in aller Regel mit Bewertungen vorsichtiger. Dennoch erwarten aber auch sie für eine Beziehungsauflösung eine Erklärung, um sich selbst plausibel zu machen, wie es dazu gekommen ist und wie es dazu hat kommen können. Sie stoßen dabei bei den Betroffenen auch auf eine hohe Bereitschaft, da – wie schon im Teil II gezeigt – eine Trennung für die betroffene Person selbst in hohem Maße erklärungsbedürftig ist. Über eine Trennung müssen übrigens nicht nur enge Netzwerkmitglieder informiert werden, sondern auch Personen, die an der Peripherie stehen. Auch gegenüber bloßen Bekannten oder Arbeitskolleg/inn/en, zu denen kein privater Kontakt vorhanden ist, besteht offensichtlich Informationspflicht. Jedoch genügen hier knappe Informationen, ausführliche Enthüllungen wären sogar eher deplaziert (vgl. auch Vaughan 1988).

In der Beziehungsauflösung kann das Netzwerk ein wichtiger Rückhalt sein (vgl. Kahlenberg 1993). Allerdings scheinen Unterschiede in den Formen der Netzwerke zu bestehen. Brian Wilcox (1990) hat die Netzwerkveränderungen von geschiedenen Frauen untersucht. Es zeigte sich, dass die mit der Beziehungsauflösung besser zurechtkommenden Frauen nach der Scheidung – vor der Scheidung bestanden diese Unterschiede noch nicht – größere und weniger dichte Netzwerke aufweisen als die Gruppe der Frauen, die stärker darunter litten. Ausgedehnte und weniger dichte Netzwerke scheinen für die Bewältigung der Scheidung, so folgert Wilcox (1990), von Vorteil zu sein, da sie offener für Veränderungen sind, die Verschiedenheit der Kontaktpersonen das eigene Coping-Repertoire erweitern kann und da sie auch mehr Gelegenheiten bieten, geeignete Personen für diese neue Lebenssituation zu finden. Diese Studie macht aber auch auf Unterschiede in der Ausstattung der Netzwerke aufmerksam, die schon vor der Scheidung bestanden. Zum Netzwerk der Frauen mit größeren Anpassungsschwierigkeiten gehörten mehr Verwandte und auch in einem deutlich höheren Umfang gemeinsame Netzwerkangehörige. Je mehr also das Paar-Netzwerk aus Verwandten und aus gemeinsamen Freunden bzw. Freundinnen zusammengesetzt ist, desto weniger – so legen diese Ergebnisse nahe – darf man im Falle einer Beziehungsauflösung auf hilfreiche Unterstützung durch das Netzwerk hoffen (vgl. auch Argyle/Henderson 1986; Schöningh 1996; Kahlenberg 1993). Für die Trennungsberatung ist das Bewusstmachen sowie der Anstoß zu einem Ausbau und einer Inanspruchnahme von Netzwerkbeziehungen ein wichtiges Instrument der professionellen Hilfe für die Betroffenen (vgl. Lenz 2000).

Mit der Trennung stellt sich die Aufgabe, das entstandene Paar-Netzwerk wieder aufzulösen, wobei diese Netzwerkveränderung infolge der Beziehungsauflösung schon für sich ein stark belastendes Ereignis sein kann (vgl. A. Lenz 1996). Die Netzwerkangehörigen haben sich in aller Regel zu "erklären", auf welcher Seite sie stehen. Bei den verwandtschaftlich gebundenen Mitgliedern steht dies bis auf ganz wenige Ausnahmen nicht zur Debatte. Auch Freunde und Freundinnen, die vor allem mit einer Seite in Verbindung standen, werden sich in aller Regel für diese Seite entscheiden. Nicht selten jedoch scheint es vorzukommen, dass die vorhandenen Loyalitäten vorher verdeckt waren, so dass es durchaus Überraschungen geben kann, wenn eine Person, die man als eigenen Freund oder eigene Freundin gesehen hat, plötzlich auf der Gegenseite steht. Am schwierigsten ist die Neugestaltung des Verhältnisses zu denjenigen Personen, die zu beiden Beziehungspersonen einen engen Kontakt hatten, also zu den gemeinsamen Freunden und Freundinnen. Hier kann es zwischen dem getrennten Paar zu einem regelrechten Tauziehen kommen, zu einem Wetteifern um die Gunst (vgl. Vaughan 1988). Schwierig ist diese Situation nicht nur für das Paar, sondern auch für die zwischen den beiden stehenden Netzwerkangehörigen. Es scheint kaum möglich zu sein, den Kontakt mit den getrennten Einzelpersonen ebenso fortzuführen wie mit dem Paar. Netzwerkangehörige sehen sich deshalb vor eine aufgezwungene Wahl gestellt, in der sie, egal wie sie sich entscheiden, immer einen Freund oder eine Freundin verlieren werden. Nicht selten sehen sich die gemeinsamen Freunde/Freundinnen auch dem Versuch ausgesetzt, als Bundesgenoss/inn/en instrumentalisiert zu werden. Sie sollen die "Trennungsgeschichte" einer Seite bestätigen, oftmals um den Preis, die andere Person zu "verraten". Ein möglicher Ausweg aus dieser Zwickmühle ist die Kontaktmeidung mit beiden Parteien. Dieser Weg dürfte dann fast notgedrungen eingeschlagen werden, wenn der Loyalitätskonflikt groß ist und keine Seite ein besonderes Anrecht auf Unterstützung für sich beanspruchen kann.

Als besondere Schwierigkeit kommt hinzu, dass es sich bei dem gemeinsamen Freundeskreis meist um Freundschaften mit Paaren handelt. Auch wenn diese Kontakte anfangs noch bestehen, scheint ihre Intensität nach und nach deutlich abzunehmen. Nach Robert S. Weiss (1980) passt eine einzelne Person nur schwer in das Netzwerk fester Paare. Sie kann zwar zu einer Paarhälfte weiterhin in einem regelmäßigen und intensiven Kontakt stehen, aber für gemeinsame Aktivitäten scheidet sie dennoch zumeist zunehmend aus. Paul K. Rasmussen und Kathleen J. Ferraro (1979) versuchen das mit einer "Dominotheorie" zu erklären: Paare ziehen sich zurück, da eine Beziehungsauflösung in ihrem Nahfeld auch das Gebäude der eigenen Zweierbeziehung zum Einsturz zu bringen droht. Auch wenn nicht auszuschließen ist, dass das in manchen Fällen der Fall sein kann, ist dies als ein genereller Erklärungsversuch überzogen. Häufiger dürften dafür Integrationsprobleme, die Einzelpersonen in einem Netzwerk fester Paare bereiten, verantwortlich sein. Es scheint die Gefahr zu bestehen, dass eine alleinstehende Person entweder zu viel oder – vor allem beim Zusammensein mehrerer Paare – zu wenig Beachtung bekommt, und diesen Problemen einer unangemessenen Aufmerksamkeitszuwendung wird durch Verdünnung oder durch abrupten Abbruch der Kontakte aus dem Weg gegangen. Dieser Rückzug kann schließlich auch von der Einzelperson selbst maßgeblich betrieben werden. Nach einer Beziehungsauflösung lässt sich vielfach, und nicht nur bei jüngeren Personen, eine verstärkte Hinwendung zu anderen alleinstehenden Personen finden, wohingegen Kontakte mit Paaren deutlich weniger attraktiv zu sein scheinen (vgl. Kahlenberg 1993). Zudem ergibt sich durch das Getrenntleben auch ein neuer Lebensstil, durch den die vorher verbindenden Gemeinsamkeiten mehr und mehr wegfallen können.

4. Zur Wiederholung und Vertiefung

Schlüsselbegriffe

Wirklichkeitskonstruktion · Fremdverstehen · Identität · Identitätsarbeit · Selbstdarstellung · Fremdbild · Selbstbild · Kontinuität · Individualität · Ritualität · rituelle Ordnung · Beziehungsarbeit · Institutionalisierung · Schwellen-Wendepunkte · Skript · Rahmen · Paar-Identität · Eigengeschichte · Beziehungsmythen · Beziehungsgeschichte · Beziehungskalender · Beziehungssymbole · Paarsprache · Beziehungsthema · soziales Netzwerk · Paar-Netzwerk · soziale Unterstützung · soziale Kontrolle · Grenzbildung

Wiederholungsfragen und -aufgaben

1. Beschreiben Sie Probleme und Grenzen des Fremdverstehens in Zweierbeziehungen.
2. Stellen Sie dar, wie in Paar-Interaktionen Selbst- und Fremdbilder geformt, dargestellt und ausgehandelt werden.
3. Welche rituellen Anforderungen stellen sich in Zweierbeziehungen? Worin unterscheiden sich diese von denen in öffentlichen Interaktionen?
4. Welche Aufgaben der Identitätsarbeit stehen am Anfang einer Zweierbeziehung, welche am Beziehungsende?
5. Nennen Sie zumindest drei Schwellen-Wendepunkte und zeigen Sie auf, welche Wirklichkeitskonstruktionen daran gebunden sind.
6. Stellen Sie anhand eines Beispiels dar, welche impliziten Vereinbarungen Alltagsroutinen in Zweierbeziehungen enthalten.
7. Zeigen Sie auf, was unter Paar-Identität verstanden und wie diese zum Ausdruck gebracht wird. Suchen Sie nach Beispielen aus Ihrem eigenen Lebenszusammenhang.
8. Welche Auswirkungen ergeben sich aus einer Paarbildung auf das soziale Netzwerk der Beziehungspersonen?

Literatur zur Vertiefung

Als Klassiker
- Berger, Peter L. / Hansfried Kellner (1965), Die Ehe und die Konstruktion der Wirklichkeit. Eine Abhandlung zur Mikrosoziologie des Wissens. In: Soziale Welt 16: 220-235

Zu Wirklichkeitskonstruktion und Haushalt
- Kaufmann, Jean-Claude (1994), Schmutzige Wäsche. Zur ehelichen Konstruktion von Alltag. Konstanz: UVK
- Kaufmann, Jean-Claude (1999), Mit Leib und Seele. Theorie der Haushaltstätigkeit. Konstanz: UVK
- Koppetsch, Cornelia / Günter Burkart (1999), Die Illusion der Emanzipation. Zur Wirksamkeit latenter Geschlechtsnormen im Milieuvergleich. Konstanz: UVK

Zu Wirklichkeitskonstruktion und Sexualität
- Lenz, Karl (2005), Wie Paare sexuell werden. Wandlungsmuster und Geschlechterunterschiede. In: H. Funk / K. Lenz (Hg.), Sexualitäten. Diskurse und Handlungsmuster. Weinheim: 113-150

Zu Wirklichkeitskonstruktion und Wirtschaftsgemeinschaft
- Wimbauer, Christine (2003), Geld und Liebe. Zur symbolischen Bedeutung von Geld in Paarbeziehungen. Frankfurt/Main: Campus

Zu Wirklichkeitskonstruktion und Familiengründung
- Schülein, Johann August (2003), Die Geburt der Eltern. Gießen: Psychosozial-Verlag

Zu Paar-Identitäten und Eigengeschichten von Paaren
- Maier, Maja S. (2007), Paaridentitäten. Biografische Rekonstruktionen homosexueller und heterosexueller Paarbeziehungen. Weinheim: Juventa

Teil IV
Emotionen in Zweierbeziehungen

Dass Zweierbeziehungen viel mit Emotionen zu tun haben, ist eine Alltagserfahrung. Eine soziologische Analyse der Zweierbeziehung kann nicht auf das Handeln der Beteiligten und ihre aufeinander bezogenen Wissensbestände und Wirklichkeitskonstruktionen beschränkt werden, sondern hat auch ihre Gefühle füreinander zum Gegenstand zu machen. Für die Zweierbeziehung gilt allemal, was Tamotsu Shibutani (1961) für das Studium interpersoneller Beziehungen allgemein gefordert hat, dass die Gefühle eine Grundeinheit der Analyse sein müssen. Bereits an mehreren Stellen der Einführung ist das Thema der Emotionen kurz aufgetaucht, im Folgenden soll es nun systematischer behandelt werden.

In Zweierbeziehungen der Gegenwart entstehen emotionale Bindungen mit einer Stärke, die alle anderen Bindungen, auch die zu den eigenen Eltern und Geschwistern, übersteigen. Niemandem – ausgenommen den eigenen Kindern als Ausdruck und Fortsetzung dieses emotionalen Bandes – scheint man sich näher zu fühlen als der Beziehungspartnerin oder dem Beziehungspartner. Die Zweierbeziehung – und die Eigenfamilie – stellt die primäre Gefühlsgemeinschaft dar, die Priorität vor allen Vergemeinschaftungsformen besitzt. Kein anderes Handlungsfeld scheint so reich an Emotionen zu sein wie die Zweierbeziehung (vgl. Duncombe/Marsden 1993; Maier/Koppetsch/Burkart 1996; Planalp/Fitness/Fehr 2006). Die Norm der affektiven Neutralität, die über viele Lebensbereiche ausgebreitet ist, erhebt für Zweierbeziehungen keine Geltungsansprüche. Nirgends scheint die Palette vorkommender Emotionen so breit zu sein wie in Zweierbeziehungen. Um nur einige zu nennen: Glück, Freude und Zufriedenheit können in Beziehungen ebenso vorkommen wie Gefühle des Hasses, der Enttäuschung, des Ärgers und der Angst. Auch Gefühle der Verlegenheit, der Schuld und der Scham treten auf. Bereits an früherer Stelle habe ich die Trauer erwähnt, die eine zurückbleibende Person über den Verlust des Partners oder der Partnerin durch Tod oder auch Trennung empfindet und die sie versuchen muss zu bewältigen. Die Eifersucht scheint in Zweierbeziehungen einen besonderen Ort zu haben, auch wenn sie nicht nur dort vorkommen kann. Aber kein anderes Gefühl scheint so eng mit Paarbeziehungen assoziiert zu sein wie die Liebe. Dies hat manche dazu angeregt, an Stelle von Zweierbeziehungen – wie im Teil I erwähnt – "Liebesbeziehungen" als Sammelkategorie vorzuschlagen. Dieser Vorschlag bekundet eindrucksvoll den herausragenden Stellenwert, der der Liebe in Zweierbeziehungen beigemessen wird. Durch die Liebe wird das – eingangs erwähnte – weitgehend einmalige emotionale Band zwischen den Beziehungspersonen geschaffen, und die Liebe formt maßgeblich den besonderen "Gehalt" dieser Form von persönlichen Beziehungen (vgl. Alberoni 1998).

Dieser besondere Stellenwert der Liebe für Zweierbeziehungen hat mich veranlasst, die folgenden Ausführungen auf diese Emotion zu konzentrieren. Wichtig erscheint mir jedoch, ausdrücklich darauf hinzuweisen, dass Liebe keineswegs die einzige Emotion ist, auf die eine Soziologie der Zweierbeziehung ihr Augenmerk richten sollte. Alle in Paarbeziehungen vorkommenden Emotionen stellen gleichermaßen "legitime" Forschungsgegenstände dar. Meine Beschränkung ist lediglich pragmatisch begründet; sie macht es möglich, mich ausgiebiger mit Liebe zu befassen. Bevor das Thema der Liebe vertieft wird, sollen vorab in aller Kürze einige Grundlagen eines soziologischen Forschungsprogramms der Emotionen skizziert werden.

1.   Emotionen aus soziologischer Perspektive

Dass Emotionen ein legitimer Gegenstand der Soziologie sind, kann auch heute noch nicht einfach vorausgesetzt werden, wenngleich die soziologische Erforschung und Thematisierung von Emotionen seit den 1980er Jahren einen erheblichen Aufschwung erlebt hat (als Überblick vgl. Gerhards 1988; Flam 2002), Weiterhin scheint jedoch in der Disziplin selbst – und noch stärker außerhalb – eine Auffassung vorhanden zu sein, der zufolge Emotionen, die oftmals eine physiologische Erregung einschließen und durch Körperbewegungen ausgedrückt werden, zu privat und "psychologisch" seien, als dass sie für eine soziologische Analyse zugänglich sein könnten. Sogar die Mikrosoziologie, von der zu vermuten wäre, dass sie Emotionen gar nicht ausklammern kann, betonte lange Zeit – und dies trotz früher Hinweise von Shibutani u. a. – fast ausschließlich behaviorale und kognitive Aspekte der Interaktion und widmete den Emotionen kaum Aufmerksamkeit (vgl. Gordon 1981; 1985). Ohne Begründungsaufwand wurde dieser Gegenstand der Psychologie überlassen.

Jedoch lehrt ein Blick in die Psychologie sehr rasch, dass auch dort Emotionen als Forschungsgegenstand keineswegs zum festen Inventar gehören. Auf der Jahrestagung der Deutschen Gesellschaft für Psychologie in Zürich plädierte Klaus R. Scherer (1981) dafür, mit der Vernachlässigung der Emotionen in der Psychologie endlich aufzuhören. Und geht man noch etwas weiter zurück, gab es durchaus ernsthafte Bestrebungen in der Psychologie (z. B. Elizabeth Duffy), auf "Emotion" als wissenschaftlichen Begriff völlig zu verzichten (vgl. Ulich/Maying 2003). In dem Teilband "Psychologie der Emotionen" der voluminösen Enzyklopädie Psychologie nennt der Herausgeber die Emotionspsychologie "einen noch weitgehend unterentwickelten, aber durchaus entwicklungsfähigen Arbeitsbereich der Psychologie" (Scherer 1990b: 22). Solange der behavioristische Reduktionismus das Fach dominierte und nur das "Beobachtbare" und "Objektivierbare" der Wissenschaft als zugänglich und erforschenswert galt, konnten Emotionen nur ein randständiges Thema sein. Aber auch die "kognitive Wende" der Psychologie mit ihrer starken Zuwendung zu kognitiven Prozessen schuf für die Erforschung von Emotionen – zumindest anfänglich – kein "günstiges Klima" (vgl. auch Ulich/Maying 2003). Erst in den 1980er

Jahren lässt sich eine deutlich stärkere Hinwendung der Psychologie zu den Emotionen erkennen.

Dass sich nicht nur die Soziologie, sondern auch die Psychologie mit Emotionen schwer tut, gründet im "Image" der Emotionen, die vielfach mit Merkmalen der Unbeständigkeit, Unberechenbarkeit und Widersprüchlichkeit assoziiert werden (vgl. Averill/Nunley 1993). Beide Disziplinen sind stark am Leitbild eines rationalen Akteurs orientiert, wodurch Phänomene mit solchen Merkmalen fast notgedrungen an den Rand gedrängt werden. Sie erscheinen mit den "hausüblichen" rationalen Kategorien nicht erklärbar. Sie lassen sich lediglich für einen nicht aufklärungsfähigen Rest heranziehen. Als Forschungsgegenstand müssen sie aus diesen Disziplinen aber weitgehend ausgelagert werden, da sie der wissenschaftlichen Erforschung lediglich als bloße Körpervorgänge zugänglich erscheinen.

Einer solchen Sichtweise liegt eine Dichotomie von Gefühl und Verstand zugrunde, die in der Philosophiegeschichte eine lange Tradition hat und sich bis in die griechische Philosophie zurückverfolgen lässt (vgl. Schmädelbach 1989; Henckmann 1973). Auch in unsere Alltagsvorstellungen reicht diese Dichotomie hinein; sie kommt zum Vorschein, wenn Emotionen mit Irrationalität gleichgesetzt werden. Die Kritik, "emotional" zu handeln – häufiger wohl an die Adresse von Frauen als an Männer gerichtet (vgl. Bilden 1991) – beinhaltet meist nichts anderes als die Abqualifikation dieses Handelns als "unvernünftig", wider einer wie auch immer gearteten Vernunft. Ohne einer bloßen Umkehrung das Wort zu reden – wie sie in Blaise Pascals bekannter Formel der "Logik des Herzens" Eingang gefunden hat, die ebenfalls auf eine beachtliche Ahnengalerie in der Philosophiegeschichte verweisen kann – ist es angebracht, von einer globalen Sichtweise der "irrationalen" Emotionen Abschied zu nehmen (vgl. auch Hochschild 1990a: 158ff; Lutz/White 1986).

Die Unangemessenheit dieser Sichtweise hat schon der amerikanische Pragmatist William James (1884) mit dem folgenden Beispiel deutlich gemacht: Wenn wir im Wald spazieren gehen und uns plötzlich ein Bär gegenübertritt, erscheint es abwegig, die Furcht, die wir empfinden, als "irrational" zu bezeichnen. Vielmehr mag sie ganz entscheidenden Anteil daran haben, dass es uns in dieser Gefahrensituation gelingt, unser Leben zu retten. Die "Funktionalität" von Emotionen ist aber nicht – wie von manchem Emotionsforscher (z. B. Plutchik 1980) behauptet – auf Überlebenssicherung beschränkbar. Emotionen tragen auch entscheidend dazu bei, Planungsprozesse in Handlungsentwürfen abzukürzen und ermöglichen es, als "Selektionsmechanismus" bei einer Überfülle wichtiger Informationen, die es "eigentlich" zu berücksichtigen gilt, überhaupt zu Entscheidungen zu kommen. Und nicht zuletzt können Emotionen Bindungen schaffen, die ungleich stärker und dauerhafter sind, als sie es auf der Basis eines "rationalen" Kalküls von Vor- und Nachteilen oder auch durch das Sanktionspotential von Normen jemals sein könnten (vgl. auch Alberoni 1998).

Für eine Soziologie der Emotionen ist es nicht nur angesagt, mit dieser Dichotomie von Verstand und Gefühl zu brechen. Ihr steht auch eine weitere – wenngleich verwandte – Sichtweise entgegen, die Emotionen dem bloßen Körper-Sein des Menschen zuordnet und sie als genetisch vorprogrammierte, biophysiologische Vorgänge auffasst (vgl. auch Harré 1986). Diese Sichtweise, die man als "Organismus-Modell" bezeichnen kann, stand am Anfang der Emotionsforschung (z. B. bei Charles Darwin) und wirkt auch heute noch fort. In diesem Modell werden

- Gefühle als biologisch bestimmt gesehen, wodurch sich eine hohe Ähnlichkeit des Gefühlslebens bei allen Menschen ergibt.
- Es wird davon ausgegangen, dass Gefühle vor jeglicher Inspektion und unabhängig davon existieren und
- einen unwandelbaren Charakter besitzen.
- Sozialen Faktoren kommt in diesem Modell nur eine Auslöserfunktion für unabhängig davon feststehende Reaktionsabläufe zu.

Die Soziologie der Emotionen leugnet dabei keineswegs, dass Emotionen mit physiologischen Vorgängen verbunden sind oder sein können (vgl. Vincent 1992). Dies wird ebenso wenig bestritten wie bei Denkprozessen und Handlungsabläufen. Dass insbesondere starke Gefühle mit gewissen Prozessen im Viszeralbereich (z. B. Herzklopfen, bestimmtes Gefühl im Magen) verbunden sein können, dass sie zum Erröten oder zu Schweißausbrüchen führen können, dass sich manchmal der Spannungszustand der Muskulatur erhöht und man zu zittern beginnt, bestreitet niemand, und dies kann man auch schwer bestreiten, da es aus dem eigenen Erleben hinlänglich vertraut ist. Grundlegend für eine soziologische Perspektive ist jedoch, dass sich Gefühle nicht in diesen oder anderen physiologischen Vorgängen erschöpfen, sondern eine "Qualität" besitzen, die darüber hinaus reicht und sie als soziokulturelle Phänomene ausweist (vgl. Rosenberg 1990; Averill/Nunley 1993). Unterstützt wird diese Sichtweise durch kulturanthropologische und sozialhistorische Studien, die die Variabilität von Emotionen in unterschiedlichen Kulturen und zu unterschiedlichen Zeiten eindrucksvoll aufgezeigt haben (vgl. als Überblick: Lutz/White 1986; Lutz/Abu-Lughod 1990; Stearns/Stearns 1985; Benthien/Fleig/Kasten 2000).

Eine brauchbare Grundlage für die Erforschung von Emotionen in Zweierbeziehungen stellt die konstruktivistische Emotionssoziologie dar (vgl. Flam 2002), die sich in der amerikanischen Diskussion auf diesem Gebiet zur dominanten Theorieperspektive entwickelt hat[86]. Die konstruktivistische Emotionssoziologie nimmt Abschied von dem Organismus-Modell und fasst Emotionen konsequent als soziokulturelle Phänomene auf. Emotionen, so wird argumentiert, lassen sich nicht losgelöst und unabhängig von den erkennenden und handelnden Subjekten betrachten. Gefühle, die große Mehrzahl zumindest, "originate in social relationships, not in the nature of the human organism. Most of the experiences that we usually attribute to human emotional nature are socially constructed" (Gordon 1981: 563). Es reiche nicht aus, die sozialen Faktoren auf die bloße Aktivierung bereits fixierter emotionaler Einheiten zu beschränken, sondern Emotionen seien unlösbar verwoben in den sozialen Kontext. Emotionen werden in sozialen Wechselwirkungsprozessen generiert und modelliert und erlangen erst dadurch ihre spezifische Bedeutung.

---

86 Auf die austauschtheoretische Theorietradition in der Emotionssoziologie, und hier vor allem auf die "social interactionist theory" von Theodore D. Kemper (1978) sei hier nur hingewiesen. Da diese für das Projekt einer Soziologie der Zweierbeziehung weniger geeignet ist, wird auf eine Darstellung verzichtet.

"It is that feature of human feeling and emotion that is sociology's special interest: emotions are social constructs; they are fabricated by human beings cojointly. (...) A sociology of emotions cannot proceed, nor its subject matter be identified, until the sociologist explicates the particular cultural and ideational contexts in which human emotions are identified, constituted, and differentiated" (McCarthy 1989: 67).

Für James Averill (1980), der seine eigenen Arbeiten als "konstruktivistische Sicht der Emotionen" bezeichnet, hat "konstruktivistisch" eine doppelte Bedeutung: "First, it means that the emotions are social constructions, not biological givens. Second, it means that the emotions are improvisations, based on an individual's interpretation of the situation" (Averill 1980: 305; vgl. auch Averill/Nunley 1993).

Aus dieser Perspektive ergeben sich für eine Soziologie der Emotionen zwei Hauptarbeitsfelder, die im Weiteren näher betrachtet werden sollen: Die Erforschung (1) von Emotionen als soziale Praxis und (2) des kulturellen Programms von Emotionen.

1.1 Emotionen als soziale Praxis

Eine anregende Forschungsstudie hierzu ist "The Managed Heart" von Hochschild (orig. 1983; dt. 1990a)[87]. Kernstück dieser Arbeit ist eine Untersuchung über berufliche Anforderungen an Stewardessen (vor allem bei Delta-Airlines). Hochschilds Studie hat eine hohe Aufmerksamkeit gefunden. Nicht nur aufgrund ihrer empirischen Ergebnisse, sondern vor allem auch aufgrund der Konzepte, die Hochschild in diesem Buch – und vorab (1979) bereits in einem Aufsatz im "American Journal of Sociology" – in die Diskussion eingeführt hat. Im aktiven Umgang mit Emotionen unterscheidet Hochschild (1979: 558) zwischen "surface-acting" (Oberflächen-Handeln) und "deep-acting" (Tiefen-Handeln). Beim Oberflächen-Handeln wird der im Widerspruch zur eigenen Befindlichkeit stehenden Anforderung der Situation Genüge getan, indem man lediglich den Gefühlsausdruck beeinflusst. Auch wenn die eigene Stimmung eine andere ist, versuchen z. B. die Anwesenden bei einem Begräbnis, Trauer zu zeigen. Gordon (1981) spricht hier im Anschluss an Hochschild von "expression management" und Rosenberg (1990) von "emotional display"; im Deutschen bieten sich hierfür m.E. die Begriffe der Ausdrucksarbeit oder des Ausdrucksmanagements an. Dagegen bezieht sich das Tiefen-Handeln – und das hat Hochschild mit ihrem zentralen Begriff "Emotionsarbeit" oder "Emotionsmanagement" im Blick – auf eine den situativen Anforderungen entsprechende Veränderung des Gefühls selbst. "Der Handelnde versucht nicht bloß, glücklich oder traurig zu erscheinen; es geht ihm vielmehr darum, ein selbstinduziertes wirkliches Gefühl spontan zu zeigen" (Hochschild 1990a: 53). Hochschild hat sich hier stark von der Schauspiel-Schule von Konstantin Stanislawski anregen lassen, demzufolge ein/e Schauspieler/in nicht

---

87 Die deutsche Ausgabe ist eine gekürzte Version der Originalausgabe. Vollständig weggelassen wurden drei der vier Anhänge und das neunte Kapitel, stark gekürzt sind das zweite, vierte und sechste Kapitel. Im Weiteren verwende ich vor allem die deutsche Ausgabe, schließe mich aber den Übersetzungen einiger Schlüsselbegriffe nicht an.

nur Gefühle vorspielen solle, sondern bei der eigenen Vorstellungswelt anzusetzen
habe, um in sich das entsprechende Gefühl hervorzurufen.

In ihrer Studie gibt Hochschild für Emotionsarbeit eine Reihe von Beispielen aus
dem Privatleben: Sie schildert einen Mann, der versucht, seine frühere Frau nicht
mehr zu lieben, den Versuch, die eigenen Liebesgefühle zu kontrollieren, um den
Partner nicht durch eine zu enge Bindung zu verlieren, die Anstrengungen, jemanden
zu lieben oder sich selbst von der Liebe zu überzeugen, um den Wunsch nach Sexualität zu rechtfertigen. Und Hochschild beschreibt ausführlich Emotionsarbeit als Teil
der Berufsarbeit: Die Ausbildung von Stewardessen hat zum Inhalt, dass sie lernen,
bei Belästigungen, Unfreundlichkeiten und Befehlsgebaren der Fluggäste keinen
Ärger aufkommen zu lassen und unbeeindruckt davon weiterhin freundlich zu sein.

Emotionsarbeit kann nach Hochschild (1979) das "Evozieren" oder "Unterdrü-
cken" eines Gefühls beinhalten. Im ersten Fall ist die Emotionsarbeit auf ein er-
wünschtes, anfänglich aber nicht vorhandenes, im zweiten Fall auf ein vorhandenes,
aber unerwünschtes Gefühl ausgerichtet. Da in unserer Kultur die Norm der affektiven Neutralität für weite Bereiche gilt, ist anzunehmen, dass die Unterdrückung als
die häufigste Form der Emotionsarbeit vorkommt (vgl. auch Fiehler 1990: 91). Ausgangspunkt von Emotionsarbeit ist immer eine Diskrepanz zwischen dem, was man
fühlt bzw. nicht fühlt und dem, was man glaubt, fühlen zu sollen (vgl. auch Thoits
1990). Diese Anforderungen und auch unsere Erwartungen, die wir an uns und an
andere richten, beziehen sich auf vorhandene Gefühlsregeln (feeling rules). "The
social guidelines that direct how we want to try to feel may be describable as a set of
socially shared, albeit often latent (...) rules" (Hochschild 1979: 563). Emotionsarbeit
nimmt also Bezug auf Gefühlsregeln und versucht, eine auftretende Abweichung von
der geltenden Gefühlsregel zu korrigieren. Gefühlsregeln sind aber umgekehrt nicht
auf die Fälle der Emotionsarbeit begrenzt; sie leiten das emotionale Erleben auch
dann an, wenn es keines Tiefen-Handelns bedarf. Nur bleiben sie unter diesen Wirk-
bedingungen hinter dem Schleier des Selbstverständlichen und Natürlichen ungleich
verborgener. Gefühlsregeln beziehen sich auf das, was man in der sozialen Situation
als Inhaber einer bestimmten Position empfinden soll. Spuren von Gefühlsregeln
lassen sich in unseren Alltagsgesprächen finden, wenn wir über Rechte und Pflichten
bezüglich bestimmter Gefühle sprechen (z. B. "Du hast kein Recht, eifersüchtig zu
sein"; "Du solltest Dich schämen"). Gefühlsregeln zeigen an, welches Gefühl von
uns in dieser Situation erwartet wird, aber auch die erforderliche Intensität und Dauer
des Gefühlserlebens (vgl. auch Fiehler 1990). Von Gefühlsregeln lassen sich – um
einen Begriff von Paul Ekman (1988) zu gebrauchen – Darbietungsregeln unterscheiden, die den Ausdruck von Gefühlen in einer bestimmten Situation anleiten.

Mit dem Konzept der Gefühlsregeln – wie auch durch das Konzept der Darbietungsregeln – wird ein Bezug auf die Analyseebene der Kultur hergestellt. Die Gefühlsregeln bestehen als kulturelle Vorgaben unabhängig vom Individuum und sind
kulturell variabel. Über vielschichtige Sozialisationsprozesse eignet sich ein Individuum die Gefühlsregeln – wie auch die Darbietungsregeln – an. Wir lernen sie über
die Art und Weise kennen, wie andere Menschen auf unsere Gefühle reagieren, durch
ihre Mahnungen, die uns auffordern, unsere Gefühle zu rechtfertigen, durch die An-

sprüche auf die "richtigen" Gefühle, die sie stellen, durch ihre Ermutigungen, aber auch durch eine Vielzahl von Sanktionen, die von leichtem Spott bis hin zu harten Strafen reichen, mit denen unsere "unpassenden" Gefühle quittiert werden. Es ist anzunehmen, dass Gefühlsregeln – wie auch Darbietungsregeln – weitgehend jenseits des reflexiven Bewusstseins eines Individuums anzusiedeln sind. Ohne als solche auch benennbar zu sein, bilden sie eine wesentliche Grundlage unseres Alltagshandelns. Auf der Ebene des Individuums sind Gefühls- und Darbietungsregeln Bestandteil der "emotionalen Prototypen" (Schwartz/Shaver 1987) oder "Schemata" (Ulich/Kapfhammer 1991), die im Prozess der emotionalen Sozialisation erworben und ausgeformt werden, in den individuellen Erfahrungsvorrat Eingang finden und das emotionale Erleben anleiten.

1.2 Emotionen als kulturelles Programm

Die Konzepte der Gefühlsregeln und Darbietungsregeln machen deutlich, dass sich die beiden Arbeitsfelder "Emotionen als soziale Praxis" und "Emotionen als kulturelles Programm" nicht eindeutig voneinander differenzieren lassen. Aber mit den Gefühls- und Darbietungsregeln ist das kulturelle Programm der Emotionen noch längst nicht erschöpft. Das kulturelle Programm oder – wie es in Anlehnung an die Semiotik auch bezeichnet wird – der kulturelle Code umfasst das Insgesamt der gemeinsamen Vorstellungen und Annahmen, die von einem Kollektiv (einer ganzen Gesellschaft oder von Teilen) mit einer bestimmten Emotion verbunden werden. Das kulturelle Programm begrenzt das Spektrum möglicher emotionaler Erfahrungen, indem es Vorgaben über Formen des Erlebens und des Ausdrucks, über die situative Angemessenheit einer Emotion macht und auch darüber, welches "Image" eine Emotion hat. Einzelne Emotionen können in einer Gesellschaft sozial geächtet sein (z. B. die "Wut" bei den Utku-Eskimos oder auch die "Eifersucht" in bestimmten Kreisen unserer Gesellschaft – zumindest in den 1970er Jahren). Kulturelle Codierungen beinhalten die Dramaturgien für das emotionale Erleben, die die Bedingungen angeben, unter denen eine bestimmte Emotion akut wird. Sie umfassen Schablonen über den Verlauf und zu den Bewältigungsformen von emotionalen Erfahrungen. Dadurch wird ebenfalls vorgeprägt, welche Handlungs- und Ausdrucksformen "natürlich", "angemessen", "verständlich" erscheinen oder zumindest – wenn auch mit Aufwand – noch zu rechtfertigen sind. Im kulturellen Programm sind auch Vorstellungen darüber enthalten, wie Emotionen miteinander verbunden sind. Ein Gefühl kann als Vorbedingung für ein anderes aufgefasst werden (z. B. "Eifersucht ist der Beweis für wahre Liebe"), Gefühle können aber auch im Verhältnis von Substituten oder Gegensätzen (z. B. "Wahre Liebe kennt keine Eifersucht") einander zugeordnet sein. Einen wichtigen Teil des kulturellen Codes bilden auch – über die Gefühls- und Ausdrucksregeln hinausgehend – die Vorstellungen über Steuerbarkeit und Kontrollierbarkeit von Gefühlen und Ausdruck. Dass sich hierzu erhebliche Unterschiede finden, zeigt Gerhard Vowinckel anhand seiner Analyse von deutschsprachigen Anstands- und

Tugendbüchern aus mehreren Jahrhunderten: "Während ritterliche Tugendlehrer des dreizehnten Jahrhunderts freundlichen Ausdruck ohne freundliche Gesinnungen als verwerflich ansahen, erklärten politische Klugheitslehrer des siebzehnten Jahrhunderts das 'Stellen' und 'Verstellen' zur 'Kunst der Könige', was ihnen von den bürgerlichen Tugendlehrern am Ende des achtzehnten Jahrhunderts sehr übel genommen wurde, die eine Diskrepanz zwischen innerer und äußerer Gesinnung unter keinen Umständen zulassen mochten" (Vowinckel 1989: 363).

Der kulturelle Code einer Emotion kann von Kollektiv zu Kollektiv Unterschiede aufweisen, und es ist auch möglich, dass er sich in einer Gesellschaft wandelt. Zu Letzterem liefert eine Studie von Gordon Clanton (1989) ein anschauliches Beispiel. Diese Studie sei hier herausgegriffen, da sie mit der kulturellen Codierung von Eifersucht eine für Zweierbeziehungen hochrelevante Emotion zum Gegenstand hat (vgl. auch Buunk/Dijkstra 2006).

Anhand von Zeitschriftenartikeln hat Clanton untersucht, wie sich der kulturelle Code der Eifersucht in Amerika von 1948-1985 verändert hat. Zur Auswahl diente ihm der "Reader's Guide to Periodical Literature", in dem Artikel aus fast zweihundert populären Zeitschriften nach Stichwörtern verzeichnet sind. Schon die bloßen Zahlen sind aufschlussreich: Von 1945 bis Ende der 1950er Jahre ist jährlich etwa ein Artikel erschienen und in den frühen 1960er Jahren waren es zwei. Von 1966 bis 1972 – in der Zeit des starken kulturellen Umbruchs – gibt es nahezu keinen Artikel, der Eifersucht zwischen Erwachsenen behandelt. In den nachfolgenden Jahren sind es zunächst zwei und seit 1978 fünf pro Jahr. In diesem Zeitraum hat sich eine Bedeutungsverschiebung von Eifersucht ereignet: Zunächst wurde unter Eifersucht auch die Rivalität zwischen Geschwistern gefasst. Erst seit den 1970er Jahren hat Eifersucht fast ausschließlich mit Zweierbeziehungen zu tun. Ein weiterer Bedeutungswandel wird erkennbar: Vor 1966 beinhalteten die meisten Artikel über Eifersucht unter Erwachsenen relativ harmlose Flirts (z. B. ein Gespräch des Ehemanns mit einer anderen Frau), seit den 1970er Jahren steht Eifersucht vor allem mit sexuellen Abenteuern und Affären in Verbindung.

Verändert haben sich, wie Clanton (1989) zeigt, seit Ende der 1940er Jahre auch die Leitvorgaben zur Eifersucht: Bis Mitte der 1960er Jahre wurde ein bestimmtes Maß an Eifersucht als natürlich und positiv für die Ehe aufgefasst. Vermeiden sollte man zwar "übermäßige" Eifersucht, die durch Misstrauen, Feindseligkeit, Beschuldigungen und Drohungen gekennzeichnet ist. Frauen wurde der Rat erteilt, möglichst alle Situationen zu umgehen, die ihren Ehemann eifersüchtig machen könnten, aber seine Eifersucht sollten sie als Evidenz seiner Liebe sehen. In den 1970er Jahren erscheint dann ein neues Bild der Eifersucht. Die Angemessenheit von Eifersucht wird in Frage gestellt. Eifersucht steht nicht für Liebe, sondern man wird eher angehalten, Schuldgefühle aufgrund von Eifersucht zu entwickeln. Anstatt ein Beweis der Liebe zu sein, ist Eifersucht nun ein Zeichen persönlicher Defizite, eines niedrigen Selbstbewusstseins und eines Mangels an Vertrauen mit negativer Wirkung auf die Beziehung. Eifersucht verliert ihre Natürlichkeit und wird als erlernt aufgefasst. Man könne und solle jede Spur von Eifersucht, die man verspürt, bekämpfen, wofür Therapien und eine Fülle von Ratschlägen angeboten werden.

Der kulturelle Code einer Emotion stellt ein überindividuelles Zeichensystem dar, das auf der individuellen Ebene nicht einfach dupliziert wird. Emotionen sind – wie bereits kurz erwähnt – in Form von "Prototypen" (Schwartz/Shaver 1987) oder "Schemata" (Ulich/Kapfhammer 1991) im individuellen Erfahrungsvorrat enthalten, als Verdichtungen von dem, was für eine Emotion als spezifisch erfahren und erlernt wurde. Die emotionalen Prototypen und Schemata werden zwar auf der Grundlage der kulturellen Vorgaben gebildet und sie werden dadurch auch inhaltlich nachhaltig geprägt. Dennoch stellen diese nicht einfach einen "Abklatsch" des kulturellen Codes dar. Vielmehr werden diese Vorgaben durch die besonderen emotionalen Erfahrungen des Individuums gebrochen. Emotionale Prototypen und Schemata sind nicht nur kulturell bestimmt, sondern immer auch "ein Kondensat vergangener Erlebnisse und Verarbeitungen der Person" (Ulich/Kapfhammer 1991: 557). Dies abschließend zu betonen erscheint wichtig, da das kulturelle Programm der Emotion nicht mit dem emotionalen Erleben gleichgesetzt werden darf, auch wenn es daran einen bedeutsamen Anteil hat.

Aufbauend auf diese Grundlegung einer Soziologie der Emotionen werde ich mich im Weiteren der "Liebe" zuwenden (vgl. Burkart 1998), die – zumindest im amerikanisch-europäischen Kulturkreis der Gegenwart – so eng wie kein anderes Gefühl mit der Zweierbeziehung verbunden ist. Sichtet man die vorliegende Literatur, dann fällt sogleich auf, dass Liebe in der Soziologie schon lange vor dem Aufkommen der Emotionssoziologie ein Thema war. Nicht nur auf Simmels frühe Beschäftigung mit der Liebe (1983; 1985b) kann hier verwiesen werden (vgl. auch Corsten 1993; Flam 2002). Liebe ist in der amerikanischen Familiensoziologie schon seit den 1920er Jahren ein Topos (vgl. Leupold 2003), wobei zunächst die romantische Liebe für die ansteigende Instabilität von Ehen verantwortlich gemacht wurde (z. B. bei Burgess 1926). Schließlich sei erwähnt, dass Liebe in der Gegenwartsdiskussion aus der Perspektive der soziologischen Theorie hohe Aufmerksamkeit gefunden hat: Niklas Luhmann (1984) hat sich mit Liebe als einem symbolisch generalisierten Kommunikationsmedium ausführlich befasst und dadurch die Liebe in den Theorierahmen seiner Systemtheorie integriert. Günter Dux (1994) hat eine aus der philosophischen Anthropologie inspirierte Analyse der Frage "warum wir lieben", eingebettet in eine gattungsgeschichtliche Rekonstruktion des Geschlechterverhältnisses, unternommen.

Nur kurz angesprochen werden soll, dass eine soziologische Analyse von Liebe auch ihre sozialstrukturelle Einbettung nicht außer Acht lassen darf. Darauf aufmerksam gemacht zu haben, ist das besondere Verdienst der Studie "Der Konsum der Romantik" der israelischen Soziologin Eva Illouz[88]. Beschrieben wird, wie Kapitalismus in die Praktiken romantischer Liebe eingegangen ist. In parallelen Prozessen

---

88 Bedauerlicherweise hat die deutsche Übersetzung – neben weiteren Kürzungen – ein Kapitel des Originals ("Consuming the romantic utopia" 1997) weggelassen, in dem es um die Repräsentation der Liebe in Frauenzeitschriften geht. Die Darstellung von Liebe in diesen Zeitschriften trägt nicht nur dazu bei, die Frauen in einer benachteiligten Position zu halten, sondern dadurch werden – so Illouz – zugleich auch kapitalistische Werte – wie das eigene Leben unter Kontrolle zu meistern oder zu wissen, was man will – vermittelt.

wurde romantische Liebe verdinglicht und eine breite Warenpalette zum Ausdruck der "wahren Liebe" romantisiert. Romantische Liebe liegt somit keineswegs "jenseits" von kapitalistischen Verwertungsprozessen, sondern sie ist längst ein Teil davon geworden[89].

Im Folgenden soll nicht weiter verfolgt werden, wie Liebe in der Soziologie bislang thematisiert wurde, sondern vorliegende Arbeiten interessieren nur insofern, als sie einen Beitrag für den Zusammenhang von Liebe und Zweierbeziehung leisten. Entsprechend den beiden aufgezeigten Hauptarbeitsfeldern einer konstruktivistischen Emotionssoziologie soll zunächst das kulturelle Programm der Liebe und abschließend dann die "gelebte" Liebe im Kontext von Zweierbeziehungen behandelt werden.

---

89 Fortgeführt hat Illouz dieses Thema in Ihren Adorno-Vorlesungen, die unter dem Titel "Gefühle in Zeiten des Kapitalismus" (2006) publiziert wurden. Illouz zeigt, dass der Kapitalismus eine intensive emotionale Kultur ausgebildet hat. Die Ökonomie werde immer stärker durch Gefühle bestimmt, zugleich sind die Gefühle jedoch mehr und mehr durch eine Ökonomisierung geprägt.

2. Liebe als kulturelles Programm

Hinter dem Etikett "Liebe" steckt in der Wissenschaft – und auch im Alltag – nicht immer eine Beschäftigung mit Liebe als einem Gefühl. Stattdessen kann sich dahinter ein Synonym für die Anfänge einer Zweierbeziehung verbergen (als "klassische" Beispiele vgl. Reiss 1960; Goode 1959). Dass Liebe für den Beziehungsanfang steht, ist historisch gesehen eine relativ neue Verwendungsform, die erst auf der Grundlage einer spezifischen kulturellen Formung des Liebescodes möglich wurde. In einer ungleich älteren Verwendungsform steht Liebe stellvertretend für Sexualität (vgl. auch Flandrin 1986). Dass "amor" in den Texten des Frühmittelalters nicht mit Liebe in unserem heutigen Verständnis zu übersetzen ist, sondern schlichtweg sexuelles Verlangen meint, hat Peter Dinzelbacher (1989) ausführlich gezeigt. Diese Verwendungsweise reicht auch in die Gegenwart hinein, wenn der Sexualakt als "Liebe machen", als "make love" umschrieben wird. Für eine Rekonstruktion der Variabilität des kulturellen Codes der Liebe scheint es aber wichtig zu sein, Gefühl und Sexualität als eigenständige – wenn auch verbundene – Phänomene zu behandeln.

Liebe ist – und hierin liegt eine weitere Schwierigkeit des Themas – kein Spezifikum von Zweierbeziehungen, sondern kommt in einer Vielfalt von Facetten vor. Simmel (1985b) unterscheidet neben der erotischen Liebe die allgemeine Menschenliebe und christliche Nächstenliebe. Auf verschiedene Formen der persönlichen Beziehungen bezogen kann darüber hinaus auch noch von der Mutterliebe, Kinderliebe, Elternliebe, Geschwisterliebe oder Freundesliebe gesprochen werden (vgl. auch Fromm 1990, orig. 1956; Siebel 1984a, b).

Liebe reicht also weit über den Bereich der Zweierbeziehung hinaus, auch wurde sie keineswegs zunächst in dieser Konstellation erfunden. Im Weiteren ist kein Abriss der Diskursgeschichte der Liebe beabsichtigt, auch nicht auf die Zweierbeziehung beschränkt. Die Betrachtung wird überhaupt erst mit der romantischen Liebe einsetzen, die in der Diskursgeschichte der Liebe in Zweierbeziehungen eine exponierte Stellung innehat (vgl. auch Luhmann 1984; Dux 1994) und in die Gegenwart fortwirkt. Ältere kulturelle Vorgaben, wie z. B. die höfische Liebe (vgl. Bumke 1986; Schnell 1985; Liebertz-Grün 1977; Göller 2005) bleiben ausgeklammert und auch bei der romantischen Liebe wird nicht die Genese erörtert, sondern es werden lediglich zentrale Aspekte dieser "Leitidee" aufgezeigt und die Umsetzung in Beziehungsnormen verfolgt.

2.1 Merkmale der romantischen Liebe

Der kulturelle Code der romantischen Liebe hat im bürgerlichen Roman in England Gestalt angenommen, allen voran in den Werken von Samuel Richardson (1689-1761). Richardson, von Beruf Verleger, hat mit "Pamela" (orig. 1740) und "Clarissa" (orig. 1747/48) zwei Romane verfasst, die riesige Publikumserfolge wurden und vor allem bei Leserinnen eine hohe Resonanz fanden (vgl. Watt 1974). In der Form des Briefromans schuf Richardson einen bis dahin unbekannten dichten Einblick in das Gefühlsleben[90].

Seinen vollsten Ausdruck fand dieser neue Liebescode gegen Ende des 18. Jahrhunderts in der deutschen Romantik (vgl. Kluckhohn 1966). Die deutsche Romantik ist mit Namen – um nur einige zu nennen – wie Friedrich und August Wilhelm Schlegel, Friedrich von Schleiermacher, Novalis, Ludwig Tieck, Karoline von Günderode, Achim von Arnim, Bettina und Clemens Brentano verbunden. In ihren literarischen und auch theoretischen Arbeiten – Letztere vor allem von Friedrich Schlegel und Friedrich von Schleiermacher – entwarfen diese Autoren und Autorinnen ein neues Ideal der Liebe, das bis in die Gegenwart fortwirkt. Zugleich haben sie auch den Versuch unternommen, dieses neue Ideal zu leben. Im Weiteren werde ich nicht versuchen nachzuzeichnen, wie dieser neue Liebescode nach und nach mehr an Konturen gewonnen hat (vgl. Kapl-Blume 2005), sondern mich auf die deutsche Romantik als den Höhepunkt seiner Entfaltung konzentrieren. Die romantische Liebe soll in einigen ihrer Hauptgrundzüge gekennzeichnet und zugleich illustriert werden, was ich anhand des damals skandalumwitterten Romans "Lucinde" (orig. 1799) von Friedrich Schlegel machen werde, in dem die neue Liebesidee geradezu paradigmatisch entfaltet wird.

"Lucinde" ist ein Roman mit stark autobiografischen Zügen, was zu seiner Entstehungszeit ein Stein des Anstoßes war. Im Mittelpunkt des Romans steht ein junger Mann namens Julius. Nach "Lehrjahren der Männlichkeit", in denen Julius, getrieben von einer unbestimmten Sehnsucht, Erfahrungen in unterschiedlichen Beziehungen gesammelt hatte, begegnet er Lucinde. Lucinde ist eine selbständige Frau und auch sie hatte ihrerseits bereits Liebeserfahrungen gesammelt. Gegenüber Lucinde, die "mit kühner Entschlossenheit alle Rücksichten und alle Bande zerrissen" hatte und "völlig frei und unabhängig" lebte, empfindet Julius eine "wunderbare Gleichheit" (71)[91] und diese einmalige Gleichheit wird auch von Lucinde gefühlt. In dieser Liebe ist alles vereint, was Julius vorher immer nur als Bruchstück kennen gelernt hat:

> "Ja! ich würde es für ein Märchen gehalten haben, dass es solche Freude gebe und solche Liebe, wie ich nun fühle, und eine solche Frau, die mir zugleich die zärtlichste Geliebte und die beste Gesellschaft wäre und auch eine vollkommene Freundin" (12).

(1) Die romantische Liebe ist gekennzeichnet durch die *Einheit von sexueller Leidenschaft und affektiver Zuneigung* oder – wie es Paul Kluckhohn (1966: 607) formuliert – "von körperlichem und sinnlichem Liebeserleben". Diese Einbeziehung der Sexualität in die Liebessemantik hat Luhmann (1982) zu Recht als eine zentrale Veränderung im 18. Jahrhundert und damit der romantischen Liebe bezeichnet. In der roman-

---

90 Aber nicht nur ein breites Publikum fand Gefallen an seinen Romanen. Auch wenn sein Name heute nur noch wenigen bekannt sein dürfte – im deutschen Buchhandel ist derzeit keines seiner Bücher im Sortiment –, hatte Richardson eine starke Wirkung auf den damaligen Literaturbetrieb. Im Europa des 18. Jahrhunderts hatte Richardson einen Ruf, der durchaus mit dem Goethes und Rousseaus vergleichbar war (vgl. Kluckhohn 1966). Die beiden Genannten haben sich von ihm auch zu einem Briefroman anregen lassen ("Die Leiden des jungen Werthers", orig. 1774; "Nouvelle Heloise", orig. 1761). Zu kulturellen Unterschieden im Liebescode, vgl. Grutzpalk (2000).

91 Ich zitiere aus der Reclamausgabe von "Lucinde" aus dem Jahre 1988 und werde – wie hier – im Weiteren immer nur die Seitenzahl angeben.

tischen Liebe ist der im Vorfeld vorhandene Gegensatz zwischen der Leidenschaft des reinen Gefühls und der bloßen Befriedigung sexueller Lust versöhnt. Die Sexualität wird zu einem gleichrangigen Thema aufgewertet, das an die Liebe untrennbar gebunden ist. Ausdrücklich wendet sich Schlegel gegen eine "bloße Sinnlichkeit ohne Liebe". Liebe ist das "stille Verlangen nach dem Unendlichen" und der "heilige Genuss einer schönen Gegenwart" (80), "geistige Wollust" und "sinnliche Seligkeit" (7) zugleich.

> "Wenn man sich so liebt wie wir, kehrt auch die Natur im Menschen zu ihrer ursprünglichen Göttlichkeit zurück. Die Wollust wird in der einsamen Umarmung der Liebenden wieder, was sie im großen Ganzen ist – das heiligste Wunder der Natur; und was für andre nur etwas ist, dessen sie sich mit Recht schämen müssen, wird für uns wieder, was es an und für sich ist, das reine Feuer der edelsten Lebenskraft" (89).

(2) Von nicht geringerem Gewicht ist eine zweite Verschiebung, die mit dem romantischen Liebescode einhergeht: Waren bislang in den kulturellen Vorgaben Liebe und Ehe getrennte Wirklichkeiten oder zumindest das Verhältnis von Liebe und Ehe weitgehend offen, beinhaltet der neue Liebescode das *Postulat der Einheit von Liebe und Ehe*. Dass Liebe, und nur sie, erst eine "wahre Ehe" begründet und ihr konstitutives Moment sei, bringt Schlegel mit großem Pathos zum Ausdruck:

> "Ich kann nicht mehr sagen, meine Liebe oder deine Liebe; beide sind sich gleich und vollkommen Eins, so viel Liebe als Gegenliebe. Es ist Ehe, ewige Einheit und Verbindung unsrer Geister" (13).

Die Liebe wird zur einzig legitimen Begründung einer Ehe und es wird gefordert, dass die Liebe auch in der Ehe ihren Fortbestand hat. Mit diesem neuen Postulat ist eine vehemente Kritik an den Durchschnittsehen verbunden, die dieser Forderung nicht genügen.

(3) Das romantische Liebesideal postuliert nicht nur das Eins-Sein von Liebe und Sexualität und die Einheit von Liebe und Ehe, sie integriert auch die *Elternschaft*. Durch Elternschaft erfahre die durch Liebe begründete und durch sie getragene Ehe ihre letzte Vollendung. Durch das Kind wird die Beziehung auf die höchste erreichbare Stufe gestellt. Durch das Kind "hat das Heiligtum der Ehe", so Julius in einem Brief an Lucinde (83), "mir das Bürgerrecht im Stande der Natur gegeben". Das Kind wird zudem "Liebespfand" und hier ist die zentrale Schaltstelle, an der die Emotionalisierung der Ehebeziehung in eine Emotionalisierung der Eltern-Kind-Beziehung nahtlos übergeht (vgl. auch Rosenbaum 1982: 263ff).

(4) Im romantischen Liebescode wird ein hoher Wert auf die Aufrichtigkeit des liebenden Gefühls gelegt. Alle Taktiken in der Anbahnung und in der Erhaltung einer Liebesbeziehung gelten als verwerflich. Die romantisch Liebenden bauen auf *Dauerhaftigkeit ihrer Liebe* und Treue. Liebe ist für Schlegel kein Strohfeuer, das nur am Anfang einer Zweierbeziehung lichterhell lodert und dann bald erlischt. Eine wahre Liebe sei von sich aus naturgemäß und ohne dass es Stabilisatoren brauche, zeitlich unbegrenzt. "Deine Liebe", versichert Julius, "kann nicht ewiger sein als die meinige" (85). Und in Schlegels Notizheften findet sich die Bemerkung: "Freundschaft ist eine Verbindung für die Erde und Liebe für die Ewigkeit" (zit. in Kluckhohn 1966:

375). Auch die Treue ergibt sich unmittelbar aus dem Wesen der Liebe: "Für mich ist das Glück gewiss und die Liebe Eins mit der Treue" (43).

(5) Die romantische Liebe ist weiterhin gekennzeichnet durch die Einbeziehung – wie Luhmann (1982) mit Nachdruck hervorhebt – einer *"grenzenlos steigerbaren Individualität"* der einander Liebenden. Dieser hohe Individualitätsanspruch, den die romantisch Liebenden aneinander stellen, ist die Quelle, aus der sich Julius' Kritik an der Durchschnittsehe speist:

> "Da liebt der Mann in der Frau nur die Gattung, die Frau im Mann nur den Grad seiner natürlichen Qualitäten und seiner bürgerlichen Existenz, und beide in den Kindern nur ihr Machwerk und ihr Eigentum. Da ist die Treue ein Verdienst und eine Tugend; und da ist auch die Eifersucht an ihrer Stelle. Denn darin fühlen sie ungemein richtig, dass sie stillschweigend glauben, es gäbe ihres Gleichen viele, und einer sei als Mensch ungefähr so viel wert wie der andre, und alle zusammen nicht eben sonderlich viel" (43).

Für die durch romantische Liebe Verbundenen dagegen ist die Treue selbstverständlich und Eifersucht überflüssig, da ein jeder und eine jede für sich einmalig, prinzipiell unersetzbar und sie füreinander zu einem Zentralerlebnis ihres Lebens werden, von dem aus ihr Leben erst Sinn und Bedeutung gewinnt (vgl. auch Dux 1994). Auf dieses zentrale Moment der Individualität hebt bereits Simmel (1985b: 242ff)[92] in seiner Gegenüberstellung von zwei Liebespaaren aus dem Werk Goethes ab: Faust und Gretchen entsprechen nicht dem Ideal der – wie es bei Simmel heißt – "absoluten Liebe". Gretchen hat keine Vorstellung von der Einzigartigkeit des Charakters von Faust, sie sieht ihn lediglich als einen Mann, zu dem sie aufblickt. Für Faust ist ihre Begegnung lediglich ein Abenteuer, eine Station auf seiner Reise. Dabei ist es für ihn einerlei, ob es sich um Gretchen oder um eine andere Frau handelt. Beide "lieben" – wie es Simmel ausdrückt (1985b: 243) – "an dem Individuellsten des anderen vorbei". Diesem Paar stellt Simmel als ein Beispiel für die absolute oder – wie ich es bezeichne – die romantische Liebe Eduard und Ottilie aus den "Wahlverwandtschaften" gegenüber. Bei ihnen wird alles Gattungsmäßige ausgeschaltet, und ihre "Leidenschaft (ist) ganz und gar durch das Faktum der Individualität bestimmt" (Simmel 1985b: 244).

Die romantische Liebe ist auf ein einzigartiges Individuum ausgerichtet, und durch die Verbindung zweier einzigartiger Individuen gewinnt die Beziehung ihre Einmaligkeit. Es können nicht länger einzelne Qualitäten einer Person sein, die sie mehr oder minder auch mit allen anderen teilt, die diese Verbindung begründen, sondern dies kann nur noch die Person als Ganzes. Wie Guy Oakes (1989) im Anschluss an Simmel aufzeigt, entzieht sich die Frage "warum liebst du mich" auf der Grundlage des romantischen Liebescodes einer Beantwortbarkeit. Diese Frage "commits a category mistake. It erroneously assumes that love is something that can be explained or justified, rather than something that itself provides an explanation or justification by forming the basis of the lover's existence" (Oakes 1989: 236). Der romantischen

---

92 Simmel (1985b; orig. 1921) fasst die Individualität noch allgemein als ein Kennzeichen der erotischen Liebe (vgl. auch Oakes 1989); ihre historische Variabilität bleibt noch weitgehend außer Betracht. Stark an Wert gewinnt diese Arbeit, wenn diese als Deskription des um die Jahrhundertwende dominanten Liedescodes, also der romantischen Liebe, gelesen wird.

Liebessemantik ist eigen, wie auch Luhmann (1982: 174) herausstellt, dass die Anlehnung "an vorgegebene Eigenschaften aufgegeben, und Liebe (...) auf ihre eigene Faktizität gegründet werden (muss)". Diese starke Betonung der Individualität mündet – um Luhmanns Formel zu gebrauchen – in der "Reflexivität des Liebens": Der Grund der Liebe kann nur in der Liebe selbst liegen.

(6) Angesichts dieser Wertschätzung der Individualität verleiht – oder verheißt – die romantische Liebe dem Individuum auch eine einmalige Chance – die Chance, in seiner Einzigartigkeit anerkannt und bestätigt zu werden. Durch diese in Aussicht gestellte Chance bindet die romantische Liebe in einem hohen Maße die Glückserwartungen der Individuen und erhebt die Liebe zu der wichtigsten Angelegenheit im Leben. Im Verhältnis zur Liebe verblasst alles andere und lässt es klein und nichtig erscheinen (vgl. Tyrell 1987; Dux 1994). Die romantische Liebe nimmt die Person total in Anspruch und *entwertet die Umweltbezüge*. Um noch einmal aus "Lucinde" zu zitieren:

> Du "liebst (...) mich auch ganz und überlässt keinen Teil von mir etwa dem Staate, der Nachwelt oder den männlichen Freunden" (12).

(7) Im romantischen Liebescode wird erst die erwiderte Liebe zur eigentlichen Liebe. Die Frau wird nicht mehr nur verehrt und idealisiert, wie es sehr ausgeprägt in der höfischen Liebe der Fall war, sondern nun werden ihre Gefühle ebenso wichtig wie die des liebenden Mannes. In der romantischen Liebe geht es immer um die Gefühle und damit um das Glück beider Personen. Die Frau wird in der Romanliteratur des 18. Jahrhunderts als ein autonomes Gefühlssubjekt entworfen, dem das Recht auf das "Nein" in Liebesangelegenheiten zuerkannt wird (vgl. Tyrell 1987: 582f). Anders als Luhmann unterstellt, geht die romantische Liebe nicht mit einer Fortdauer der "Asymmetrie der Geschlechter" einher, sondern diese Aufwertung der Frau – zumindest dort, wo dieser Liebescode seinen vollen Ausdruck erhält – ist mit einem Bruch mit der Vorstellung einer Hierarchie der Geschlechter verbunden, der einem *androgynen Idealbild* nahe kommt (vgl. auch Kraiker 1987).

> "Eine unter allen (Situationen der Freunde) ist die witzigste und die schönste: wenn wir die Rollen vertauschen und mit kindischer Lust wetteifern, wer den andern täuschender nachäffen kann, ob dir die schonende Heftigkeit des Mannes besser gelingt oder mir die anziehende Hingebung des Weibes. Aber weißt du wohl, dass dieses süße Spiel für mich noch ganz andre Reize hat als seine eignen? Es ist auch nicht bloß die Wollust der Ermattung oder das Vorgefühl der Rache. Ich sehe hier eine wunderbare sinnreich bedeutende Allegorie auf die Vollendung des Männlichen und Weiblichen zur vollen ganzen Menschheit. Es liegt viel darin, und was darin liegt, steht gewiss nicht so schnell auf wie ich, wenn ich dir unterliege" (14f).

Luhmann (1982: 172) übergeht diese Tendenzen. Seine Sichtweise des romantischen Liebescodes nimmt den zeitgleichen Entwicklungstrend der "Polarisierung der Geschlechtscharaktere" (Hausen 1976) auf, der deutlich vernehmbar aus den Romanen von Richardson spricht. Ian Watt (1974: 188ff) hat darauf hingewiesen, dass sich bei Richardson "eine vollständigere und umfassendere Trennung zwischen der männlichen und der weiblichen Rolle" finden lasse, als man sie vorher finden konnte. Dieser Unterschied beider Rollen zeige sich "fast in jedem Aspekt der Rede und des

Benehmens". Watt illustriert dies an der sprachlichen Empfindlichkeit von Pamela, was in der damaligen Zeit ein recht neues Phänomen gewesen sei. So wichtig die Romane von Richardson für das Aufkommen des romantischen Liebesideals auch sind, es darf nicht außer Betracht bleiben, dass diese erst am Anfang der Entstehung des neuen Codes stehen und diesen noch nicht vollständig enthalten. So fehlt – um ein unbestrittenes Element des romantischen Liebescodes zu nennen – in seinen Romanen noch die Verbindung von Liebe und Sexualität. Ebenso kann das Werk auch nicht zur Beweisführung für die Asymmetrie der Geschlechter herangezogen werden. Zumindest dort, wo der romantische Liebescode seinen vollsten Ausdruck erhält, wie bei Lucinde, zeichnen sich deutliche Tendenzen zu ihrer Überwindung ab. Strikt auseinander zu halten ist auch diese literarische – und theoretische – Fassung von ihrer Umsetzung als verbreitete Kulturidee, die – wie noch ausführlicher gezeigt werden soll – nur zögerlich der literarischen Idealkonzeption nachfolgte.

2.2 Ausbreitung der romantischen Liebe

Die romantische Liebe ist mehr als ein bloßes Ideal. Mehr zu sein als ein Ideal, dazu ist die romantische Liebe prädestiniert, da Sexualität, Ehe und Elternschaft in ihr kulturelles Programm integriert sind. Ihre Ausdehnung bleibt nicht auf das kleine Segment des Entstehungsmilieus beschränkt, sondern aus literarischen Zirkeln kommend breitet sich dieser neue Liebescode nach und nach über die Gesellschaft aus[93]. Träger des romantischen Liebescodes ist zunächst das sich herausbildende Bürgertum. Eine veränderte Auffassung von Liebe bildet das Kernstück seines neuen Ehe- und Familienleitbildes, mit dem sich das Bürgertum zugleich von dem als "dekadent" diskreditierten Adel distanziert und sich über das als "Pöbel" abqualifizierte "einfache Volk" stellt (vgl. Rosenbaum 1982: 251ff). Später löst sich das romantische Liebesideal zunehmend vom Bürgertum und gewinnt Stück für Stück eine milieuübergreifende kulturelle Dominanz. Tyrell (1987: 591) spricht von einem "ungeheuren Kulturerfolg" der romantischen Liebe seit dem 19. Jahrhundert. Mit den Worten von Luhmann (1982: 175) lässt sich von einer "Demokratisierung der Liebe im Sinne einer für alle gleichermaßen bereitgehaltenen Möglichkeit" sprechen: Im Prinzip solle jede Frau ihren einzigartigen Mann und jeder Mann seine einzigartige Frau finden.

Diese These, dass die romantische Liebe als kultureller Code bereits zu dieser frühen Zeit zum Durchbruch gekommen sei, ist allerdings umstritten. Regina Mahlmann (1991) wendet dagegen ein, dass bis weit in das 20. Jahrhundert hinein vom Vorhandensein eines romantischen Liebescodes keine Rede sein könne. Mahlmann stützt sich auf die Analyse von 29 viel gelesenen, nicht-konfessionellen Eheratgebern

---

93 "Liebe unglückliche Auguste, Sie können nicht ahnen, was Sie angerichtet haben, Sie und eine Handvoll ihrer Zeitgenossinnen und Zeitgenossen", schreibt Hans Magnus Enzensberger (1988: 228f) im Nachwort zu seiner Dokumentation der kurzen, aber heftigen Liebesbeziehung zwischen Auguste Bußmann und Clemens Brentano. "Was Sie noch viel weniger für möglich halten werden, Auguste: Ihre Geschichte ist alltäglich geworden, platt, trivial, auf den Hund gekommen in millionenfacher Wiederholung, aber auch zur Quelle millionenfachen Leidens".

aus dem 18., 19. und 20. Jahrhundert. Bis in die Nachkriegszeit hinein werde die geliebte Person nicht in ihrer Einzigartigkeit begriffen, sondern vorrangig bleibt eine Orientierung an den Geschlechtscharakteren. Es steht "nicht die individuelle Person im Zentrum, sondern die Person in ihrer Gattungsqualität als Mann oder Frau und speziell als Gatte und Gattin" (Mahlmann 1991: 291).

Wenngleich beide Positionen einander widersprechen, haben beide dennoch einen zutreffenden Kern. Der Kulturerfolg der romantischen Liebe reicht weiter zurück als Mahlmann vermutet, dennoch fehlte – wie Mahlmann aufzeigt – bis weit in das 20. Jahrhundert eine von der Geschlechtszugehörigkeit abgetrennte Einlösung des Individualitätsanspruchs und damit ein wichtiges Element des neuen Liebescodes. Um die Ausbreitung des romantischen Liebescodes angemessen nachzeichnen zu können, ist es erforderlich, eine begriffliche Unterscheidung einzuführen: zwischen dem literarischen Diskurs über romantische Liebe und die darin entwickelte Ideal-konzeption (kurz: der *Diskursebene*) einerseits und der Umsetzung und dem Wirk-samwerden in Leitvorstellungen und normativen Vorgaben für Zweierbeziehungen (kurz: der *Beziehungsnormen*) andererseits. Mit der Einführung der Unterscheidung zwischen der Diskursebene und der Ebene der Beziehungsnormen (vgl. auch Burkart 1997) wird deutlich, dass die literarisch entwickelte Konzeption von romantischer Liebe erst nach und nach und vor allem in wachsenden Teilen ihren Niederschlag in beziehungsbezogenen Liebesleitvorstellungen gefunden hat. Die Diskursebene des literarischen Programms der romantischen Liebe wird sukzessive in fortschreitenden Realisierungsstufen auf der Ebene der Beziehungsnormen in beziehungsrelevante Orientierungsvorgaben für Paare umgesetzt. Ich schlage vor, hier von fortschreiten-den Realisierungsstufen zu sprechen, nicht – wie es manchmal mit ähnlicher Blick-richtung der Fall ist – von einer "Trivialisierung" oder "Verflachung" der romanti-schen Liebe. Mit Trivialisierung oder Verflachung kommt zwar zum Ausdruck, dass das literarische Ideal nur in Teilaspekten umgesetzt wurde. Es bleibt aber außer Be-tracht, dass sich im Laufe des 19. und 20. Jahrhunderts diese Teilaspekte vermehrt haben und sich das Beziehungsideal immer mehr dem literarischen Vorbild angenä-hert hat (vgl. auch Burmann 2000).

Das in der literarischen Fassung der romantische Liebe vorhandene Merkmal der Androgynie ist ein Aspekt, der lange Zeit keinen Eingang in die Beziehungsnormen der romantischen Liebe gefunden hat. Entgegen den in der Romantik vorhandenen androgynen Tendenzen hatte sich die romantische Liebe auf der Ebene der Bezie-hungsnormen bis weit in das 20. Jahrhundert mit der Konzeption der polaren Ge-schlechtscharaktere verbunden. Mit den Anklängen eines androgynen Ideals eilte die Romantik ihrer Zeit voraus, akzentuierte einen Aspekt, der unter den sozioökonomi-schen und soziokulturellen Rahmenbedingungen der gelebten Zweierbeziehungen lange Zeit nicht realisierbar war. In diesem Aspekt verharrte die romantische Liebe auf einer Realisierungsstufe, die der aus geschlechtshierarchischer Arbeitsteilung gespeisten und durch die kulturell dominanten Männlichkeits- und Weiblichkeitsbil-der gestützten Geschlechterpolarität Raum lässt.

Die Verfasser und Verfasserinnen von Eheratgebern sind – wie Mahlmanns Analyse zeigt – "beseelt" von einem Verantwortungsgefühl, nicht das literarische Ideal in seiner vollen Blüte darzubieten, sondern Handlungsmaximen zu formulieren, die für die Ratsuchenden umsetzbar erscheinen. Diese Selektion scheint für die Ausbreitung der romantischen Liebe unvermeidlich zu sein, da der romantische Code in seiner vollsten Ausprägung – noch für eine lange Zeit – nur eine literarische Fiktion oder ein Privileg von Gefühlsvirtuosen sein konnte, nicht aber Massenware. Der große Kulturerfolg der romantischen Liebe ist nur in einer "entschärften" Fassung möglich, die erst Schritt für Schritt dann wieder "verschärft" wird. Das literarische Ideal der romantischen Liebe trifft keine Vorsorge für den Beziehungsalltag und nimmt in seiner Maßlosigkeit wenig Rücksicht auf praktische, existenzsichernde Notwendigkeiten des Lebens. Die Beziehungsnormen haben aber immer sozialstrukturelle Gegebenheiten und korrespondierende Kulturmuster zur Voraussetzung, die für die literarische Idealkonzeption lange erst im Ansatz existierten und sich erst allmählich – und für verschiedene Gesellschaftsklassen und soziale Milieus zu verschiedenen Zeiten – ausbreiteten. Das Fehlen dieser unerlässlichen Voraussetzungen verzögerte die Durchsetzung und bewirkte zugleich maßgeblich die Abschwächung des kulturell dominant werdenden Beziehungsideals.

Einen ersten Niederschlag fand das romantische Beziehungsideal in der *Norm der Liebesheirat* (vgl. Habermas 2001). Beginnend im ausgehenden 18. und im 19. Jahrhundert wurde die Liebesheirat zum kulturellen Leitbild des Bürgertums (vgl. Rosenbaum 1982: 285ff). Adolf Freiherr von Knigge (orig. 1788), der wohl bis heute bekannteste Verfasser eines Manierenbuchs, war sich noch unsicher, er wägt ab, kommt aber noch zu keiner eindeutigen Empfehlung. Er kann sich weder gegen die Vernunft- noch für die Liebesehe, weder gegen die Auswahl durch die Eltern noch für die Selbstwahl entscheiden (vgl. Knigge 1991: 124ff). Für Theodor Gottlieb von Hippel (orig. 1793) dagegen ist die "Sache" schon entschieden: Er spricht sich uneingeschränkt für die Liebesheirat aus. Sein Plädoyer stützt sich auf zwei Argumente: Die von den Eltern arrangierten Ehen zerbrechen leichter; in nicht oktroyierten Ehen entfaltet sich mehr Emotionalität und wohne unbekümmertere Freude (vgl. Mahlmann 1991: 80ff). Liebe avancierte – verbreitet durch Herz-Schmerz-Romane und rührselige Theaterstücke – nach und nach auch über das Bürgertum hinausgehend zum legitimen Grund der Partnerwahl schlechthin. Die Norm der Liebesheirat löst die lange dominierenden sachlichen Kriterien der Partnerwahl ab. Mit Liebe war auch die Formel gefunden, mit der es für die nachwachsende Generation möglich war, die Eltern aus der "Eheanbahnung" hinauszudrängen.

So revolutionär diese Norm der Liebesheirat auch für die alte Familienordnung war, so beinhaltet sie dennoch eine zeitliche "Zähmung" der Leidenschaft der Gefühle, da diese sie auf die Zeit der "Werbephase" beschränkt. Während bei Schlegel Liebe und Ehe gleichgesetzt wird, die Dauer der Ehe nur durch die Dauer der Liebe begründbar ist, wird im 19. und 20. Jahrhundert die Liebe zu einem Phänomen der Ehevorbereitung. Oder wie es Luhmann (1982: 159) in einer pointiert-nüchternen Weise formuliert: "Liebe ist dann jene eigentümliche Erregung, die man erfährt, wenn man merkt, dass man sich entschlossen hat zu heiraten". Eine Formulierung, die zugleich einen Hinweis auf die Emotionsarbeit gibt, die die Individuen, "beseelt" von der Norm der Liebesheirat, in ihrem Bemühen, ihr zu entsprechen, leisten müssen. Wie sehr die romantische Liebe im Gefolge auf die Partnerwahl reduziert wurde, belegt in Überfülle die Unterhaltungsindustrie, die in Romanen und – im 20. Jahrhundert dann – auch in Filmen als feststehendes Finale der dargestellten Liebe die Eheschließung bzw. das gegenseitige Eheversprechen setzt.

"Angepasst" wird das Liebesideal im Zuge seiner Durchsetzung auch in dem Aspekt, dass die *erste Liebe zu der wahren* geadelt wird – zumindest für die Frauen. Die Romantik kennt diese Gleichsetzung nicht; im Gegenteil, für sie ist die wahre Liebe an Beziehungserfahrungen gebunden, und dies durchaus für beide Geschlechter. Friedrich Schleiermacher hatte die erste Liebe in "Vertraute Briefe über Friedrich Schlegels Lucinde" (orig. 1800) als ein "Hirngespinst" verworfen:

> "Soll etwa sie (die Liebe), die das Höchste im Menschen ist, gleich beim ersten Versuch von den leisesten Regungen bis zur bestimmtesten Vollendung in einer einzigen Tat gedeihen können? (...) Auch in der Liebe muss es vorläufige Versuche geben, aus denen nichts Bleibendes entsteht, von denen aber jeder etwas beiträgt, um das Gefühl bestimmter und die Aussicht auf die Liebe größer und herrlicher zu machen" (zit. in Kluckhohn 1966: 445).

Dass Frauen diese Freiheit zu "vorläufigen Versuchen" zugebilligt wird, dafür schien der Boden noch lange nicht bereitet zu sein. Vielmehr liierte sich auf einer frühen Realisierungsstufe das neue Ideal der romantischen Liebe mit einer ungleich stärkeren Kontrolle, der die Frauen einer langen Tradition folgend ausgesetzt waren. Das Anschlussstück war die polare Geschlechtscharakter-Konstruktion, die es möglich machte, der einen Partei etwas zu gestatten, was der anderen Partei nicht gestattet wurde, ohne dass es als willkürliche Ungleichbehandlung offenkundig wurde. Die stärkere Einschränkung des Verhaltensspielraums der Frau im Vergleich zum Mann erwuchs nun "naturgemäß" aus den Wesensunterschieden der Geschlechter. Nach Knigge (orig. 1788) ist "die Unkeuschheit einer Frau weit strafbarer als die eines Mannes" (1991: 145). Diese ungleiche Gewichtung des Ehebruchs findet sich auch bei Johann G. Fichte (1960: 323ff; orig. 1796) Für Wilhelm Heinrich Riehl (1855: 89) ist die "geschlechtliche Unsittlichkeit" der Frau gar "eines der wenigen Staatsverbrechen, welche die Frau begehen kann". Zwar bestand auch vorher für ledige Frauen keineswegs eine sexuelle Freizügigkeit (vgl. Dülmen 1990: 184ff), dennoch scheinen sich die Anforderungen an die Frau in Verbindung mit der Liebesehe noch erhöht zu haben. Das neue Ideal verpflichtete junge Frauen des Bürgertums, darauf zu warten, bis der "richtige" Mann kam, der die erste und einzige Liebe sein sollte. Ihre Chancen auf dem Heiratsmarkt waren sehr stark an die Bewahrung ihrer "sexuellen Unschuld" gebunden[94]. Die sexuelle Unschuld wird gleichsam zum Beweis

---

94 Dies machte es sogar möglich, dass eine Frau, die sich vor der Ehe mit einem Mann "einließ", für diesen nicht mehr als Ehefrau in Frage kam, wie Heinrich Mann in seinem Roman "Der Untertan" (orig. 1918) an zwei Stellen vorführt: Zunächst antwortet Diederich Heßling, der Untertan, dem Vater seiner Geliebten Agnes: "Wenn Sie es durchaus hören wollen: Mein moralisches Empfinden verbietet mir, ein Mädchen zu heiraten, das mir seine Reinheit nicht mit in die Ehe bringt" (Mann 1980: 75). An einer späteren Stelle ist es der Untertan selbst, der diese Worte aus dem Mund eines

der ersten und wahren Liebe. Was sich im 19. und zu großen Teilen auch im 20. Jahrhundert im abgeschwächten Liebescode durchsetzt, bildete bereits das zentrale Motiv in den großen Liebesromanen von Richardson: Pamela, die junge Häuslerstochter und Kammerjungfer, wehrt alle Nachstellungen des jungen Mr. B., in dessen Diensten sie steht, ab und gewinnt ihn durch ihre Standhaftigkeit zum Ehemann. "Virtue Rewarded" – belohnte Tugend – ist der programmatische Untertitel des Romans. Clarissa, die zweite große Frauengestalt von Richardson, geht wegen des Verlustes ihrer "Unschuld" – sie wird von ihrem Bräutigam vergewaltigt – in den Tod. Auf der frühen Realisierungsstufe des romantischen Liebescodes stellten Pamela als erfolgreiche und Clarissa als gescheiterte Frau kulturelle Leitfiguren dar, ungleich stärker als Lucinde, die für die volle Ausprägung des neuen Ideals steht. Für die Männer sah die Norm der Liebesheirat keineswegs dieselbe Tugendhaftigkeit vor. Dass sich die Männer zunächst "die Hörner abstoßen" sollten, war durchaus eine gängige und voll kompatible Vorstellung (vgl. auch Teil II).

In der literarischen Fassung bezieht sich die romantische Liebe auf beide Geschlechter. Julius oder auch der junge Werther, der in einer unglücklichen Liebe zu Lotte entbrannt ist und den Freitod wählt, sind Männer, die als ekstatisch Liebende auftreten. Aber nicht diese empfindsamen Männerfiguren obsiegen als männliches Leitbild, sondern eine Konstruktion, die sich mit aller Deutlichkeit bei Fichte (1960: 299ff; orig. 1796) findet, die Liebe zur "Natur" der Frau erklärt und dem Mann die Fähigkeit zu lieben überhaupt abspricht[95]. Diesen Vorgaben folgend wird die Liebe in ihrer Ausbreitung zunächst auf eine "Herzensangelegenheit" der Frauen reduziert. Den zahlreichen romantisch verklärt liebenden Frauen stehen vergleichsweise nüchtern wirkende Männer gegenüber, eine Szene, die in Liebesfilmen immer wieder bis in die Gegenwart wiederholt wird. Ein Phänomen, das nicht erst mit der Filmindustrie auftritt, sondern den Kulturerfolg des neuen Liebescodes von Anfang an begleitet. Das literarische Ideal wird in diesem Zusammenhang durch die "Kulturidee" der polaren Geschlechtscharaktere überformt, in der die weibliche Emotionalität der männlichen Rationalität entgegengestellt ist. Die Frau wird zum emotionalen Wesen, das in der wahren und ersten Liebe voll und ganz aufgeht und gleichsam für den Mann "mitliebt".

Selbst in dieser "entschärften" Form als Norm der Liebesheirat ist die romantische Liebe nur zögerlich zum Durchbruch gekommen. Die Eheschließung wurde nicht einfach für die romantische Liebe freigegeben und von sachlichen Überlegungen entkoppelt. Im Bürgertum des ausgehenden 18. und 19. Jahrhunderts wird einerseits die Liebe als Eheschließungsmotiv betont und verklärt, aber andererseits zugleich vor einer stürmischen, leidenschaftlichen und blinden Liebe gewarnt. Das

---

Leutnants hören muss, den er als Familienvorstand zur Übernahme seiner "Verantwortung", sprich Heirat, gegenüber seiner Schwester auffordern wollte (vgl. Mann 1980: 304f).

95 An dieser Stelle zeigt sich ein deutlicher Kontrast in den Vorstellungen von Fichte einerseits und Schlegel und auch Schleiermacher andererseits. Fichte nimmt die im 18. Jahrhundert üppig sprießende Geschlechterpolarität voll auf und vertritt die Ungleichheit der Geschlechter in einer maximalen Gestalt (vgl. Kluckhohn 1966: 326f; Gerhard 1981: 193ff). Wenn es um die Ehe als personal begründete Einheit und die Zurückweisung aller staatlichen Eingriffe geht, dann decken sich die Vorstellungen beider Parteien jedoch weitgehend.

Bürgertum des 18. und 19. Jahrhunderts verlässt sich bei der Eheschließung nicht auf den Zufall der Gefühle, sondern favorisiert eine "vernünftige Liebe", die die Gefühle betont, aber zumindest auch offen bleibt für ein genaues Abwägen der materiellen Vor- und Nachteile der Verbindung (vgl. auch Borscheid 1983). Es waren durchaus reale Notwendigkeiten, die dieses Offenhalten für ein pragmatisches Kalkül bewirkten (vgl. auch Lenz 2003c). Für Frauen des Bürgertums stellte – vom Kloster abgesehen – Ehe und Familie die einzige Möglichkeit der Verselbständigung von ihrer Herkunftsfamilie dar; vom Erwerbsprozess waren sie bis in das beginnende 20. Jahrhundert ausgeschlossen. Eine standesgemäße Heirat, die Aussicht auf eine angemessene und verlässliche Lebensgrundlage für sie selbst und ihre Kinder bot, lag in ihrem eigenen und auch im Interesse ihrer Familie. Da Gefühle bekanntlich nicht satt machen, war ein Blick auf die ökonomischen Verhältnisse und die moralische Integrität der Person des potentiellen Ehegatten nahe liegend. Aber auch der bürgerliche Mann war auf den Ehestand angewiesen. Für ihn war eine standesgemäße Heirat ein Ausdruck seines beruflich erworbenen Status und für seine Stellung in der bürgerlichen Gesellschaft unerlässlich. Eine stattliche Mitgift der Ehefrau war nicht nur für Beamte, die zwar ein gesichertes, aber meist nur bescheidenes Salär hatten, begehrenswert. Dies trifft – wie z. B. Thomas Mann in "Buddenbrooks", der "Verfallsgeschichte" einer Lübecker Kaufmannsfamilie, an mehreren Beispielen vorführt – vollends auch für das Besitzbürgertum zu.

Diese wirtschaftlichen Bedingungen der Ehe im Bürgertum des 18. und 19. Jahrhunderts standen einer umfassenderen Übernahme der Norm der Liebesheirat entgegen, was auf der Ebene der Beziehungsnormen in Form der modifizierten Leitvorstellung der vernünftigen Liebe ihren Niederschlag fand. Zugleich lässt sich auf dieser Grundlage auch fragen, wie die Bedingungen aussehen mussten, die die Realisierungschancen für eine Liebesheirat erhöhen: Je weniger wichtig der Besitz für eine Ehe ist, sei es als Erwerbsquelle oder Mitgift, je stärker der Lebensunterhalt aus unselbständiger Arbeit bestritten wird und je mehr sich die Berufswelt – zumindest als Alternative – auch für die Frauen öffnet, desto mehr Raum kann den Gefühlen der Beteiligten zugestanden werden. Dies alles waren Bedingungen, die für die sich im Zuge der Industrialisierung herausbildende Arbeiterschaft vorhanden waren. Aber ihre schlechte wirtschaftliche Lage und damit einhergehend ein geringerer Grad an Individualisierung scheinen im 19. und frühen 20. Jahrhundert einer Übernahme des kulturellen Ideals der Liebesheirat entgegengewirkt zu haben (vgl. auch Mahlmann 1991). Für die Arbeiterjugendlichen war eine frühe Aufnahme sexueller Beziehungen typisch. Ehen wurden – soweit dieser Bevölkerungsteil nicht von staatlicher Seite an einer Eheschließung gehindert wurde, was in manchen Gebieten bis Mitte des 19. Jahrhunderts der Fall war (vgl. Schenk 1987) – vielfach aufgrund einer Schwangerschaft geschlossen (vgl. Lipp 1986; Sieder 1987). Erst mit der allmählichen Verbesserung der Lebens- und Arbeitsbedingungen und mit dem "Erfolg" von moralisch-ideologischen Kampagnen, deren Adressat/innen vor allem die proletarischen Frauen waren, konnte die Norm der Liebesheirat auch verstärkt im Arbeitermilieu Fuß fassen.

Auch wenn die Verbreitungskanäle der romantischen Liebe noch stark im Dunkeln liegen, ist zu vermuten, dass es in erster Linie die Besitzlosen in guten materiellen Verhältnissen waren, die die Norm der Liebesheirat zur Grundlage ihrer Partnerwahl gemacht haben. Hier konnte die Liebesheirat ungebrochen als soziale Erwartung institutionalisiert werden und sich der – wie es Andrea Leupold (2003) nennt – "Umkehrschluss" etablieren, "dass man die Ehe nicht verweigern kann, wenn man liebt". Je umfangreicher diese Sozialgruppe wurde und zahlenmäßig gesellschaftliche Dominanz gewann, desto verbreiteter wurde auch die Norm der Liebesheirat, die somit erst im 20. Jahrhundert ihre Blüte erlangt haben dürfte.

2.3 Auf dem Weg zu einem neuen Liebesideal?

Hat der romantische Liebescode in der Gegenwart noch Bestand? Es mehren sich die Stimmen, die auf das Ende oder auf den Niedergang der romantischen Liebe verweisen. Bevor diese Debatte aufgenommen wird, soll zunächst eine Bestandsaufnahme zentraler Veränderungstendenzen in den Beziehungsnormen vorgenommen werden.

(1) Bestandsaufnahme von Veränderungstendenzen
Es lassen sich mit der Dominanz des Selbstverwirklichungsmotivs, dem weitgehenden Verschwinden der Geschlechtsspezifik und der Auswertung der Kommunikation drei zentrale Veränderungstendenzen in den Beziehungsnormen erkennen, die kurz dargestellt werden sollen.

Dominanz des Selbstverwirklichungsmotivs
Der Anspruch auf Selbstverwirklichung und das Streben nach persönlichem Wachstum ist in den aktuellen Beziehungsratgebern zu einem zentralen Motivkomplex aufgestiegen. So heißt es z. B. in einem Eheratgeber, der "Grundrechte und Grundpflichten" für eine vernünftige Regelung der ehelichen Gemeinschaft formuliert:

> "1. Jeder Partner hat das Recht zur persönlichen Weiterentwicklung. Niemand kann gezwungen werden, immer derselbe/dieselbe zu bleiben. 2. Jeder Partner hat auch die Pflicht zur persönlichen Weiterentwicklung" (Partner 1984: 116).

Durch diese starke Betonung von Selbstverwirklichung und persönlichem Wachstum kann der Individualitätsanspruch leicht mit den Verpflichtungen und Bindungen, die mit einer festen Beziehung einhergehen, in Konflikt geraten (vgl. Swidler 1980; Leupold 2003). In der "romantischen Liebe" – genauer in ihrer Fassung, die für eine längere Zeit dominant war – wurde die Wahl des richtigen Partners bzw. der richtigen Partnerin als einmalige und lebenslang bindende Entscheidung gedacht. Dadurch war es möglich, Individualität und Verpflichtung miteinander zu verbinden. Allerdings wohnt einer derart langfristigen Entscheidung ein hohes Risiko inne, das nur durch eine besondere Sorgfalt der Entscheidung ("Drum prüfe, wer sich ewig bindet") gemildert werden konnte. Die Vorstellung, dass es nur "den einen" bzw. "die eine" gibt, für den bzw. die man bestimmt ist, den bzw. die es zu suchen, finden und dann festzuhalten gilt – diese Vorstellung ist passé. Das Gelingen ist kein Glücksfall, der sich dann einstellt, wenn man den bzw. die Richtige/n gefunden hat. Es hat vor allem zur Voraussetzung, eine "autonome Person" zu sein, sein "wahres Selbst" zu finden und zu behaupten sowie zu lernen, miteinander zu kommunizieren und die eigenen Gefühle auszudrücken, und hierzu können Trennungserfahrungen durchaus positiv beitragen. Aufgrund dieser Gewichtung sprechen Robert N. Bellah et al. (1987) von einem "therapeutischen Liebesideal", das sich in der Gegenwart herauskristallisiert.

Unvereinbar mit dieser Selbstverwirklichungsmaxime ist eine Selbstaufopferung. Damit wird mit der Vorstellung gebrochen, dass die Aufopferung für die andere Person der höchste Beweis für die wahre Liebe sei. Für die Liebe – metaphorisch gemeint – "stirbt" man nicht mehr, stattdessen ist die Rede von einer "tiefen" oder "lebendigen" Liebe, ein Sprachwandel, der auf den Umbau des Liebescodes hinweist. Eine Aufopferung wird nun suspekt und als Problem wahrgenommen. Es werden Frauen (und auch Männer) entdeckt, die "zu sehr lieben" (Norwood 1986) und die vor diesen Umbruchstendenzen durchaus als Musterbeispiele für eine "wahre Liebe" hätten gelten können. Die Verpflichtung, sich zumindest gegebenenfalls zu opfern, wird ersetzt durch die Pflicht, die Eigenständigkeit der Person zu wahren und auch die des Partners oder der Partnerin anzuerkennen.

Verschwinden der Geschlechtsspezifik

In den neueren Ratgebern verschwinden die Unterschiede zwischen Männern und Frauen in dem, was sie tun sollen, müssen oder dürfen bzw. werden diese zumindest deutlich in den Hintergrund geschoben (vgl. Mahlmann 1991). Das hat vor allem für die Frauen einen hohen Freiheitsgewinn zur Folge, da sie zuvor ungleich stärker als die Männer eingeschränkt und auf bestimmte Verhaltensweisen festgelegt wurden. Stellvertretend sei nur an das hohe Ausmaß an Wutkontrolle verwiesen, auf die Frauen parallel zum Aufkommen der romantischen Liebe verpflichtet wurden (vgl. Stearns/Stearns 1985; Cancian/Gordon 1988). Frauen waren – und das zeigen gleichermaßen auch deutschsprachige Ratgeber – auf "Sanftmut", "Verständnis", "Rücksichtnahme", "Zurückhaltung" und "ausnahmsloses Verzeihen" festgelegt. Dies hat weitgehend ein Ende gefunden. Wenn Wutkontrolle, dann wird diese beiden Seiten abverlangt. An die Stelle dieser Ungleichbehandlung der Geschlechter tritt nun eine wachsende Verpflichtung auf gleiche Rechte und Pflichten von Mann und Frau (vgl. auch Koppetsch 1998).

Francesca M. Cancian (1987) bezeichnet das neue Liebesideal als "androgyne Liebe" und kontrastiert diese mit der "feminisierten Liebe" als der Ausprägung, in der sich die romantische Liebe im 19. Jahrhundert entfaltet hat. Mit "feminisierter Liebe" möchte Cancian nicht nur zum Ausdruck bringen, dass in diesem Liebescode die Frauen für die Liebe zuständig sind, sondern dass im Zuge der Polarisierung der Geschlechtscharaktere die Liebe eine ausgesprochen feminine Qualität angenommen hat. "Feminized love was defined as what women did in the home; it had nothing to do with how men related to each other at work. Love became a private feeling, disassociated from public life, economic production, and practical action to help others" (Cancian 1987: 24). Als Liebe wurde Zärtlichkeit, der emotionale Ausdruck und das Reden über Gefühle verstanden, wogegen die praktische Seite, wie Hilfe gegeben wird, und gemeinsame Aktivitäten weitgehend aus dem, was Liebe ist, ausgeklammert wurden. In der Gegenwart wird diese feminisierte Liebe zunehmend durch die androgyne Liebe als neuem Code abgelöst. Grundlegend für den Wandel sind für Cancian die Veränderungen im Lebenszusammenhang von Frauen, die verstärkt das männliche Ideal der Unabhängigkeit übernehmen und immer weniger bereit sind, sich auf den Privatbereich zu beschränken. Das neue androgyne Ideal versucht, männliche Autonomie mit der weiblichen Affektivität zu verbinden.

Aufwertung der Kommunikation

Unlösbar verbunden mit dem Verschwinden der Geschlechtsspezifik und der Dominanz des Selbstverwirklichungsmotivs ist eine starke Aufwertung der Kommunikation zwischen den Beziehungspersonen. Da die geschlechtsspezifischen Vorgaben an Orientierungsfunktion verlieren und das Selbstverwirklichungsstreben unvermeidlich eine Dynamik in den Beziehungsalltag importiert, wird das Gespräch zum kardinalen Medium, durch das die Grundlagen des Zusammenlebens ausgehandelt, festgeschrieben, bestätigt und auch wieder revidiert werden. Die Individuen werden auf ein hohes Maß an Kommunikationsbereitschaft und -fähigkeit verpflichtet, woran sich die Qualität der Zweierbeziehung immer wieder erweisen muss. Nahezu alles, was einer von beiden erlebt, denkt oder fühlt, wird für den anderen relevant. Aber nicht einfach der Gesprächsstoff nimmt zu, sondern die Offenheit wird zur Pflicht, wodurch der Partner bzw. die Partnerin ein Recht erwirbt, alles zu erfahren, was man selbst denkt, fühlt und außerhalb der gemeinsamen Reichweite macht. Jedes Verschweigen ist eine Unaufrichtigkeit, die mit dem Beziehungsideal in Konflikt gerät. Mit der Offenheit wird zugleich auch die Erwartung geweckt, in seiner vollen Individualität verstanden zu werden und den Partner bzw. die Partnerin verstehen zu lernen. Nach Bellah et al. (1987: 130) wird die Therapie zum "Modell für eine gute Beziehung. (...) Beide Beziehungspartner werden im wechselseitigen Austausch Therapeuten füreinander. Jeder von beiden ist bereit zuzuhören, zu verstehen und die Schwächen des anderen zu akzeptieren und umgekehrt seine eigenen Ängste und Befürchtungen mitzuteilen".

Die kommunikative Aufladung der Beziehung bringt es auch mit sich, dass Abschied von der Konfliktvermeidung genommen wird. Die Offenheit und Ehrlichkeit gebieten es, dass die vorhandenen Konflikte thematisiert und auch ausgetragen werden. "Streiten bindet" (Bach/Wyden 1995) heißt die Devise. Konflikte werden als unvermeidlich aufgefasst, aber nicht nur das, auch ihre konstruktive Qualität wird entdeckt. Der Konflikt wird zur Chance, genährt von dem "nahezu utopischen Glauben an die lösende Kraft von Kommunikation" (Leupold 2003: 320).

(2) Ausbreitung der neuen Gehalte im Liebescode

Auch wenn die beschriebenen Veränderungstendenzen in der Gegenwart an Gewicht gewonnen haben, erscheint es überzogen anzunehmen, dass dadurch die älteren Vorstellungen von Liebe – die als Kontrastfolie dienten – bereits völlig verdrängt worden wären. Vielmehr erscheint es angemessen, von einer "Gleichzeitigkeit des Ungleichzeitigen" auszugehen, also von einem Nebeneinander wie auch von Vermischungen. Kulturelle Leitbilder werden nicht wie Autoreifen ausgetauscht und ersetzt, sondern breiten sich in verschiedenen sozialen Milieus unterschiedlich schnell aus (vgl. auch Maier/Koppetsch/Burkart 1996; Maier 1998; Burkart 2000); auch kann die Ausbreitung Rückschläge und Wellenbewegungen aufweisen. Aufschlussreiche Ergebnisse hierzu lassen sich aus einer amerikanischen Studie (Cancian 1987: 41ff; Cancian/Gordon 1988) entnehmen, in der eine Zufallsauswahl von Ratgeberartikeln aus vielgelesenen Frauenzeitschriften über acht Jahrzehnte (1900-1979) untersucht wurde. Neben einer qualitativen Analyse, in der die Wandlungstendenzen anschaulich gemacht werden, umfasst die Studie auch eine quantitative Auswertung. In diesem Analyseabschnitt wurden die Ratgeberartikel anhand von Dimensionen codiert, wovon in diesem Zusammenhang drei relevant sind:

- Wird Liebe als Selbstopferung und Kompromiss oder als Selbstverwirklichung und Individualität thematisiert?
- Wird eine Konfliktvermeidung und das Aufrechterhalten einer Fassade nahegelegt oder Offenheit in der Kommunikation und das Zulassen von Konflikten?
- Ist die weibliche Geschlechtsrolle starr festgelegt oder erscheint sie flexibel?

Der erste Pol dieser drei Dimensionen steht – wie es Cancian/Gordon (1988) nennen – für die traditionelle Form der Liebe, der zweite für die moderne. Die Abbildung 5 zeigt den Prozentanteil der modernen Themen über acht Jahrzehnte:

Das Schaubild deutet auf einen diskontinuierlichen Verlauf der Ausbreitung der modernen Gehalte des Liebescodes. Die moderne Form hatte einen ersten Höhepunkt in den 1920er Jahren, der dann wieder abflaute und weitgehend über drei Jahrzehnte stagnierte. Erst in den 1960er und in den 1970er Jahren erlebten die modernen Themen dann wieder einen starken Aufwind. Dennoch verschwinden auch in diesem Zeitraum die traditionellen Themen – wie der Prozentsatz von 64% der modernen Themen zeigt – keineswegs gänzlich. Allerdings äußern Cancian/Gordon (1988: 329) die Vermutung, dass dieses Ergebnis das Ausmaß des Wandels im 20. Jahrhundert unterschätzt. Die einbezogenen Zeitschriften haben in den 1960er und 1970er Jahren Leserinnen an neue, stärker liberal ausgerichtete Zeitschriften verloren, so dass ihr Publikum in diesem Zeitraum eher als konservativ einzustufen ist. Dagegen waren dieselben Zeitschriften zu Beginn des Jahrhunderts an vorderster Linie des Zeitgeistes.

Abb. 5: Ratgeberartikel mit modernen Themen (Quelle: Cancian/Gordon 1988: 327)

Dass in den 1920er Jahren bereits ein erster Aufbruch zu erkennen ist, dafür lassen sich auch aus der damaligen Diskussion neuer Beziehungskonzepte Anhaltspunkte gewinnen. Am bekanntesten wurde das Beziehungskonzept der "companionate marriage" von Ben B. Lindsey und Wainwright Evans (1927) – das gleichnamige Buch ist zwei Jahre später auch in deutscher Übersetzung erschienen –, in dem in Teilen Gedanken der "offenen Ehe" (O'Neill/O'Neill 1972) vorweggenommen wurden. Lindsey, ein amerikanischer Jugendrichter, wollte – zusammen mit seinem Koautor – mit der "companionate marriage" neben der Familienehe eine zweite Form von Ehe anstoßen, die dem veränderten Sexualverhalten der Jugendlichen Rechnung trägt. In dieser Ehe sollte die Frau berufstätig bleiben, die Geburtenkontrolle freigegeben und auch die Scheidung erleichtert sein. Zugleich wurde großer Wert auf die Offenheit und Verständigung der Ehegatten gelegt. In Deutschland hatte die Kameradschafts-ehe eine ihrer engagiertesten Fürsprecherinnen in Helene Stöcker, der wohl profilier-testen Vertreterin des radikalen Flügels der ersten Frauenbewegung, gefunden (vgl. Soden 1986). In den 1920er Jahren wurden – und dieses Buch ist nur ein Beleg – bereits Themen aufgegriffen, die dann wieder weitgehend zum Erliegen gekommen sind. Die 1920er Jahre bilden offensichtlich einen wichtigen Einschnitt, jedoch nicht im Sinne eines kontinuierlich sich fortsetzenden Wandels. Der begonnene Umbau des Liebescodes in den 1920er Jahren bricht ab und findet erst Jahrzehnte später eine Fortsetzung.

Dieser späte Umbruch wird für den deutschen Sprachraum auch – wie bereits er-wähnt – durch die Analyse von Mahlmann (1991) bestätigt. Auf den ersten Umbruch in den 1920er Jahren gibt Mahlmann keine Hinweise. Dafür wäre auch eine genauere Analyse der Themen der Ratgeber erforderlich gewesen, da die damaligen Verände-rungstendenzen – unterstellt man: sie lassen sich finden – ungleich schwächer sind als in den 1960er und 1970er Jahren. Dass es solche Tendenzen auch im deutschen Raum gab, scheint auf dem Hintergrund dessen, was man über die Auf- und Umbruchsstimmung der Weimarer Republik weiß, die in dicsem Zusammenhang mit den Schlagwörtern der "neuen Frau" und der "neuen Sexualmoral" festzumachen ist (vgl. Peukert 1987; Schenk 1987; Soden/Schmidt 1988), durchaus plausibel.

(3) Deutungsversuche dieser Veränderungstendenzen

Es herrscht weithin Einigkeit, dass der Liebescode der Gegenwart massiven Veränderungstendenzen unterworfen ist. Umstritten ist allerdings die Deutung dieser Veränderungstendenzen im Hinblick auf das kulturelle Programm der Liebe. Ist die romantische Liebe ein Auslaufmodell? Oder ereignet sich gar eine Bedeutungssteigerung der Liebe?

Für Luhmann (1982) sind wir Zeitzeugen des Niedergangs der romantischen Liebe. Für ihn stellt die gegenwärtige Entwicklung der Liebessemantik das Ende der "Liebe als Passion" dar. Seine Diagnose lautet kurz gefasst: "Skepsis gegenüber Hochstimmungen jeder Art verbindet sich mit anspruchsvollen, hochindividualisierten Erwartungshaltungen" (Luhmann 1982: 197). Es falle schwer, so Luhmann (1982: 197) weiter, eine neue Leitformel zu bestimmen. Letztlich findet er diese andeutungsweise in der Problemorientierung: Im Vordergrund stehe nun das Problem, einen Partner oder eine Partnerin zu finden und zu binden. Was aber, bezogen auf den Anfang, durch die Radikalisierung der Differenz der persönlichen und unpersönlichen Beziehungen in der Gegenwartsgesellschaft immer schwieriger werde, da man in Situationen, "die primär durch unpersönliche Erwartungen geordnet sind, ein Interesse am Persönlichen sehen und zum Ausdruck bringen muss" (Luhmann 1982: 205), ohne dass dafür gesellschaftlich geprägte Anlaufformen zur Verfügung stehen würden. Diese Aussage wirkt unverständlich, wenn man bedenkt, dass Jugendliche und junge Erwachsene heute biografisch früher feste Beziehungen eingehen, Erfahrungen aus mehreren Beziehungen besitzen und auch stärker in einen verschiedengeschlechtlichen Peer-Kontext integriert sind. Allenfalls dürfte sich dieses Problem des Findens und Bindens in einem fortschreitenden Erwachsenenalter einstellen, in dem sich die zahlreichen Gelegenheiten der Jugendlichen und jungen Erwachsenen zu einem "zwanglosen" Sich-Kennen-lernen massiv ausdünnen.

Im Sinne der Niedergangsthese argumentiert auch Ann Swidler (1980), wenn sie darauf verweist, dass sich im romantischen Liebescode Verschiebungen ereignet haben. Dem romantischen Liebesideal ist nach Ann Swidler (1980) eine Balance zwischen der Betonung von Individualität und der Übernahme von Verpflichtungen eigen. "In the traditional love myth, individuals rebelled against society (family, convention, tradition), but in loving they simultaneously sought new commitments and found their own place in social world" (Swidler 1980: 125). Die starke Betonung der Individualität, wie sie in der Norm der Liebesheirat als Forderung nach der Eigenzuständigkeit der Partnerwahl und der Abwehr gegen Fremdeinflüsse in diesem Entscheidungsprozess zum Ausdruck kommt, wird durch einen starken institutionellen Gegenpol aufgefangen, der durch die Dauerhaftigkeit der Ehe und ihre Einmündung in die Elternschaft repräsentiert ist. Diese Balance kippe in der Gegenwart zur Seite der Individualität, zugunsten von "impulse" statt "institution" (Turner 1976) oder – wie sie auch schreibt – zugunsten der "jugendlichen" Seite. Außer Acht lässt Swidler, dass diese "Balance" von Anfang an instabil sein musste, da sie eine starke Ungleichbehandlung der Geschlechter implizierte.

Andere Deutungsversuche versuchen die Veränderungsprozesse in die Gestalt eines neuen Liebesideals zu fassen (vgl. auch Giddens 1993). Wie bereits angeführt, sprechen Bellah et al. (1987) vom "therapeutischen Liebesideal" und Cancian (1987) von "androgyner Liebe". Allerdings scheinen diese Begriffsvorschläge in Gefahr zu stehen, einige Tendenzen auf Kosten der anderen zu stark zu akzentuieren: Die androgyne Liebe bezieht sich auf das Verblassen der Geschlechterpolarität und den sich ausbreitenden Anspruch auf Gleichheit der Rechte und Pflichten (kritisch dazu vgl. Jamieson 2003). Der Begriff des therapeutischen Liebesideals wirft Licht vor allem auf das Selbstverwirklichungspostulat und den hohen Kommunikationsbedarf. Alle Tendenzen, die vorhanden sind, die aber nicht nur für sich, sondern zusammen gesehen werden sollten.

Die Rede vom therapeutischen Liebesideal macht auch darauf aufmerksam, dass die Psychotherapie und die Psychologie einen maßgeblichen Einfluss auf die Formulierung des kulturellen Programms der Liebe gewonnen haben. Während die Eheratgeber lange aus der Seelsorge und Lebenserfahrung legitimiert wurden, ist es nun vor allem der Rückgriff auf psychotherapeutisches oder psychologisches Wissen (vgl. auch Lasch 1987). Mahlmann (1991) spricht in diesem Sinne von einer Verwissenschaftlichung des Diskurses, die sich deutlich in ihren Materialien seit Ende der 1960er Jahre abzeichnet. Cancian/Gordon (1988) konnten in amerikanischen Frauenzeitschriften bereits für die 1950er Jahre einen deutlichen Anstieg der Ratschläge von psychologisch geschulten Experten und Expertinnen feststellen und eine weitere deutliche Steigerung seit den ausgehenden 1960er Jahren. Auch wenn dieser sprunghaft gestiegene Einfluss der Psychotherapie und Psychologie eine markante Erscheinung darstellt, ist dennoch die Bezeichnung als therapeutisches Liebesideal nicht angemessen, da damit suggeriert wird, diese Veränderungstendenzen wären erst durch diesen Einfluss produziert worden (besonders ausgeprägt bei Lasch 1987). Dies stellt jedoch eine Verkürzung dar, da eine Wissenschaft nicht von sich aus eine Übernahme der Expertenrolle bewirken kann. Vielmehr geht dem eine wachsende Nachfrage nach Wissen voraus, das zu befriedigen die Psychologie und Psychotherapie offensichtlich in der Lage ist. Dies schließt jedoch nicht aus, dass, je stärker sich eine fachgebundene Expertenschaft etabliert hat, diese auch die Weiterentwicklung der Beziehungsideale beeinflussen kann.

Eine pointierte Gegenposition zur Niedergangsthese vertritt Ulrich Beck (2005b). Die Leidenschaft als kulturelles Ideal verschwindet nicht, sondern erfährt eine extreme Bedeutungssteigerung: Der Liebe werde – so Beck – der Rang einer "irdischen Religion" zuerkannt. Je stärker die Individualisierung voranschreitet, desto überwältigender wird die Relevanz der Liebe. Sie gewinnt im Relevanzsystem der Individuen eine Bedeutung, die bislang nur die Religion für sich in Anspruch nehmen konnte. Beck (2005b: 231) macht – von Max Weber (1972) bereits angedacht – auf die bestehenden Parallelen von Religion und Liebe aufmerksam: "Religion und Liebe beinhalten das Schema einer analog gebauten Utopie. Sie sind jede für sich ein Schlüssel aus dem Käfig der Normalität. Sie öffnen die Normalität auf einen anderen Zustand hin. Die Bedeutungspanzer der Welt werden aufgebrochen, Wirklichkeiten anders und neu erstürmt". Der moderne Liebesglaube ist die Kraft, die es ermöglichen und auch erzwingen kann, das bisherige Leben aufzugeben und den ungesicherten Weg zu neuen Ufern zu beschreiten, die den Ausbruch aus festgefügten Strukturen zum höchsten Gebot erheben kann. Und Liebe soll nun jene Sinnstiftung bieten, die zu leisten die Religion für viele nicht mehr in der Lage ist. Sie gewinnt zudem ein "Monopol auf erlebbare Sozietät" (Beck) in einer Welt, die zunehmend abstrakter wird, die die Möglichkeiten individueller Wahrnehmbarkeit und Steuerbarkeit um ein Vielfaches übersteigt und zugleich immer mehr durch Katastrophen und Gefahrenpoten7iale geprägt erscheint.

Der moderne Liebesglaube, so Beck (2005b: 251), "ist die Liebe der Vereinzelten, aus Traditionen von Klasse und Stand Herausgelösten, für die an die Stelle vorgegebener Gemeinsamkeiten selbstentworfene und kontrollierte Gemeinsamkeitsbilder treten". Im gegenwärtigen Individualisierungsschub, der eine Freisetzung aus den Geschlechtervorgaben mit sich bringt, hat die Liebe Hochkonjunktur; Liebesfragen werden für alle zu existentiellen Fragen. Es setzt eine massenhafte Suche nach einer einzigartigen Liebe ein, die nach Enttäuschungen nicht aufgegeben, sondern mit noch mehr Anstrengungen fortgesetzt wird. Die Liebe gewinnt eine alles überragende Relevanz aus der fortschreitenden Individualisierung und sie ist zugleich die "passgerechte Gegenideologie der Individualisierung" (Beck 2005b: 239).

> "Liebe wird zum Inbegriff der gesellschaftlichen Individualisierung und zugleich zum Versprechen, die vereinzelten Individuen vor deren anomischer Kehrseite zu retten. Liebe meint damit *Gegeneinsamkeit*. Sie ist die Antwort, die Wunschantwort auf das historische Zerbrechen der Gemeinsamkeiten und Verbindlichkeiten. Sie ist die *Gegen*individualisierung, genauer: die *Utopie* der Gegenindividualisierung, die *mit* der Individualisierung *für* diese und *gegen* diese ihr Versprechen auf eine sinnliche, sinnvolle Zweisamkeit, auf Überwindung der Weltferne und -entfremdung, auf *gemeinsame* Selbstentfaltung, auf Überwindung des 'gezeichneten Ichs' entfaltet" (Beck 2005b: 253).

Diese These der Bedeutungssteigerung der Liebe stemmt sich der Niedergangsthese entgegen, aber sie wird m.E. den gegenwärtigen Veränderungsprozessen der Liebe in der Gegenwart ebenfalls nicht gerecht. Sie begnügt sich damit, auf den Bedeutungszuwachs aufmerksam zu machen, blendet aber die Inhalte des vorhandenen Liebesideals aus. Die Liebesvorstellungen der Gegenwart – so meine Position, die ich an anderer Stelle ausführlicher dargelegt habe (vgl. Lenz 2005) – sind das Resultat zweier widersprüchlicher Tendenzen: Sie sind im Sinne einer weiter fortgeschrittenen Realisierung dem Diskursideal der romantischen Liebe einerseits ein beachtliches Stück näher gerückt, andererseits haben sie sich von diesem Ideal auch entfernt. Die normative Verankerung der Liebe in der Zweierbeziehung zeichnet sich sowohl durch Tendenzen der Steigerung der romantischen Sinngehalte als auch durch Tendenzen des Verlustes dieser Sinngehalte aus. Die verankerten Liebesleitbilder sind zugleich romantisch gesteigert wie auch entromantisiert.

Als Tendenzen der romantischen Steigerung, durch die der Code als eine fortgeschrittene Realisierungsstufe dem literarischen Diskursideal der Romantik weiter
näher gerückt ist, lassen sich folgende nennen:

(1) Die im romantischen Liebesideal angelegte starke Betonung der Individualität
hat erst in der Gegenwart ihre volle Blüte erlangt. Dazu hat zum einen das Verschwinden der Geschlechtsspezifik, aber zum anderen auch die Dominanz des
Selbstverwirklichungsmotivs und die Aufwertung der Kommunikation in Zweierbeziehungen maßgeblich beigetragen. Im Gepäck dieser Veränderungen lässt sich auch
eine gesteigerte Akzentuierung der Aufrichtigkeit und Offenheit in den heutigen
Liebesleitvorstellungen beobachten.

(2) Das Eins-Sein von seelischer und sinnlicher Liebe ist ein wesentlicher Programmpunkt in der literarischen Fassung des romantischen Liebescodes, aber erst
durch die Neubestimmung von Sexualität in den 1920er Jahren, dann vor allem im
Anschluss an die späten 1960er Jahre, hat dieses Eins-Sein in die Beziehungsnormen
Eingang gefunden. Die Aufklärungswelle hat Sexualität enttabuisiert und sie damit
auch zu einem lustvollen gemeinsamen Erfahrungsbereich für Männer und Frauen
gemacht. Cas Wouters (1997) spricht in diesem Zusammenhang von einer "Wand-
lung der Lustbalance" im Sinne einer Balance zwischen der Sehnsucht nach Sex und
der Sehnsucht nach Liebe.

(3) Aus Liebe folgt heute – wie es Hartmann Tyrell (1988) treffend formuliert hat
– nicht mehr bindend und motivational zwingend eine Ehe. Dass dieser Verweisungszusammenhang brüchig wurde, ist unbestreitbar. Diese Entkoppelung von Liebe und Ehe ist aber keine Abkehr vom literarischen Ideal der Romantik, sondern
steht ebenfalls für eine höhere Realisierungsstufe dieses Ideals in den Beziehungsnormen. Die Romantik verband zwar Liebe und Ehe, aber sie machte dies, indem der
Ehebegriff verändert wurde. "Liebe ist (für die Romantik) Ehe, auch ohne Trauung
und bürgerliche (kirchliche) Zeremonien. Ehe bedeutet das Einswerden (Seelenver-
einigung) von Mann und Frau in der Liebe" (Schwab 1975: 286).

Daneben gibt es auch Tendenzen des Verlusts romantischer Sinngehalte. Einige
in diesem Liebesideal eingebaute Spannungen und Paradoxien sind nunmehr in aller
Deutlichkeit aufgebrochen und einige im literarischen Diskurs vorhandene Elemente
weggebrochen:

(1) Die eingebaute Spannung zwischen der Höchstbewertung von Individualität
und dem Versprechen auf Dauerhaftigkeit (vgl. Burkart 1997) bricht auf. Das voll
entfaltete romantische Ideal macht die Liebe zum einzig möglichen und legitimen
Fundament einer Zweierbeziehung, nicht nur für den Beziehungsanfang. Nur so kann
der hohe Individualitätsanspruch im vollen Umfang eingelöst werden. Nur die Liebe
kann die Beziehung stiften und diese aufrechterhalten. Wo sie verblasst, zerbricht die
Beziehung. Es gibt keine Kraft außer der Liebe, die Dauer sichert. Wenn die Liebe
schwindet, wird die versprochene Ewigkeit zu einem leeren Versprechen.

(2) Sichtbar wird nun auch die eingebaute Paradoxie des Individualitätsanspruchs. Die Liebe gewinnt einen herausragenden Stellenwert für die Bestätigung der
eigenen Individualität und macht es auch möglich, eine andere Individualität in einer
einmaligen Weise zu erfahren. Liebe wird zum Versprechen, die Fremdheit zweier

Personen vollständig zum Verschwinden bringen zu können, und sie trägt auch in einmaliger Weise dazu bei, Fremdheit abzubauen. Gleichzeitig schafft die romantische Liebe dadurch auch schon ihre eigene Enttäuschung, da die geforderte Einheit des Selbstbezugs und des Fremdbezugs, die vollkommene Überwindung der Fremdheit – wie schon Simmel (1985b: 273f) deutlich gemacht hat – scheitern muss.

(3) Weggebrochen ist die enge Koppelung von Liebe und Elternschaft. Im literarischen Ideal der romantischen Liebe war die Fusionierung von Liebe und Elternschaft ein wesentlicher Bestandteil. Im gemeinsamen Kind vollende sich die wahre Liebe. In der Gegenwart scheint das aber immer weniger zu gelten. Liebe ist möglich mit und ohne Kinderwunsch. Kinder werden zu einer möglichen Option in der individuellen Lebensplanung, die auf der Grundlage des eigenen Selbstverwirklichungsstrebens entworfen und fortgeschrieben wird. Kinder sind nicht länger unverzichtbar zur Vervollkommnung des gemeinsamen Glückes einer auf Liebe gegründeten Beziehung, sondern es ist möglich, sich freiwillig gegen Kinder zu entscheiden, ohne dass damit die emotionale Bindung als instabil attestiert werden würde.

(4) Eine andere wesentliche Abweichung vom literarischen Diskursideal der romantischen Liebe erfolgt in der Neudefinition der Relation zur Umwelt. Der devaluative Bezug der Liebenden zur Umwelt ist im Verschwinden (vgl. Leupold 2003). Während im literarischen Ideal der Romantik und auch in den Beziehungsnormen auf den früheren Realisierungsstufen die Liebe auf Zweisamkeit pur angelegt war und die Außenwelt nur als lauerndes Potenzial von Störungen thematisiert wurde, entspannt sich nun dieses Verhältnis erheblich (vgl. Leupold 2003; auch Trotha 1990). Dass es jenseits der Zweierbeziehung noch andere wichtige Bezugspersonen gibt, stört das Liebesglück nicht.

(4) Liebe und Dauer – Gegensatz in der Gegenwart?
Sind aufgrund dieser beschriebenen Veränderungsdynamik überhaupt noch dauerhafte Zweierbeziehungen möglich? Muss nicht früher oder später die angelegte Spannung zwischen Individualität und Dauer irgendwann im Laufe einer Zweierbeziehung aufbrechen? Sind die dauerhaften Beziehungen der Gegenwart vielleicht lediglich "verspätet" insofern, als dass sie sich diesen modernen Gehalt des Liebescodes noch nicht voll zu Eigen gemacht haben? Ist, wie es Herrad Schenk (1987) zum Ausdruck bringt, von einer "allmählichen Auflösung der Ehe durch die Liebe" auszugehen? Schenk hat dabei die Ehe als Institution im Blick, die sich immer weniger mit der "Liebe als Basis" vereinbaren lasse, aber die mit den Ansprüchen der Liebe einhergehende Instabilisierung betrifft ebenso alle nichtehelichen Formen. Die Skepsis jedenfalls, dass dieser veränderte Liebescode keine dauerhafte Zweierbeziehung zulasse, ist weit verbreitet (vgl. Bauman 2003). Der veränderte Liebescode, so wird betont, zielt nur noch auf die individuellen Bedürfnisse und Wünsche ab und mache langfristige Verpflichtungen unmöglich (vgl. Bellah et al. 1987). Deutlicher noch fällt die Kritik von Christopher Lasch (1981) aus, für den die Selbstverwirklichungsmaxime zu einer Zerstörung aller Familienbande und aller engen Beziehungen beiträgt. Er sieht ein Herannahen einer Gesellschaft der vereinzelten Individuen.

Auch wenn es Gefahren in dieser Richtung durchaus gibt, erscheint dies als Gesamtbild dennoch überzeichnet zu sein. Zu Recht hat Cancian (1987) kritisiert, dass vielfach lediglich die negativen Aspekte der gegenwärtigen Entwicklung ins Blickfeld
kommen. Die Kritiker/innen dieser Entwicklung "link the search for self-fulfillment
with extreme independence and self-indulgence, and do not seem to understand how
self-development can foster love and the mutual dependence" (Cancian 1987: 105).
Sie bestreitet nicht, dass es die vielfach beklagte Tendenz zu einer Auflösung dauerhafter Beziehungen durch einen stark gesteigerten Individualitätsanspruch gibt, aber
dies stelle nur eine Variante dar, die durch die Veränderungen des kulturellen Programms möglich geworden ist. Cancian (1987) bezeichnet diese Variante als *"independence blueprint" (Unabhängigkeits-Entwurf)* und stellt dieser als Alternative den
"interdependence blueprint" (Gegenseitigkeits-Entwurf) gegenüber.

> "In the independent image of love a person first develops an independent self and then love fol-
> lows. Developing one's self consists mainly in expressing one's needs and feelings. This perspective
> easily leads to the 'me first', 'I do my thing, you do yours' orientation that has received so much at-
> tention from the mass media. In the interdependent image, self-development and committed love
> occur together, and mutual support is emphasized" (Cancian 1987: 8f).

Auch im Gegenseitigkeits-Entwurf ist ein Fortbestand der Zweierbeziehung nach
Erlöschen der Liebe nicht möglich. Und es erscheint auch hier unverzichtbar, dass
beiden Personen genügend Raum für die Selbstverwirklichung gewährt wird und
dass ihre Ansprüche auf ein gerechtes Geben und Nehmen und auf eine kommunikative Offenheit erfüllt werden. Jedoch trägt dieser Entwurf nicht nur oder nur vorrangig den Ansprüchen der eigenen Individualität Rechnung, sondern es wird auch erkannt, dass Individualität – unter den Bedingungen der forcierten Individualisierung
mehr denn je – aus der Verbundenheit mit dieser besonderen anderen Person erwächst und durch sie gestützt wird. Selbstverwirklichung und persönliches Wachstum erscheint nicht als eine einsame Sache, an der eine jede Person für sich zu arbeiten hat und die prinzipiell rücksichtslos sein muss. Selbstverwirklichung ist nicht
nur gegeneinander möglich, sondern sie kann in einem Miteinander in Form wechselseitiger Unterstützung und Förderung entscheidend vorangebracht werden. Anstatt
ein Kampfplatz konkurrierender Individualinteressen zu sein, tritt im Gegenseitigkeits-Entwurf die gegenseitige Unterstützung und die Idee des Aneinander-Wachsens
in den Vordergrund. Durch die wiederholte Erfahrung des Aufeinander-angewiesen-
Seins trägt die Beziehung maßgeblich zu ihrer eigenen Fortdauer bei. Der Gegenseitigkeits-Entwurf erhöht die Chance auf Dauer einer Zweierbeziehung nachhaltig,
auch wenn dieser keine Garantie auf Dauer bieten kann. Die Spannungen im romantisch gesteigerten Liebescode bestehen auch in dieser Variante fort, aber es wird
Vorsorge getroffen, dass die Wahrscheinlichkeit ihres Aufbrechens relativ gering
bleibt.

Diese beiden Entwürfe, die auf der Grundlage des veränderten Liebescodes möglich erscheinen, lassen sich auch in aktuellen psychotherapeutischen Konzepten wiederfinden. Der Unabhängigkeits-Entwurf kommt nahezu paradigmatisch in dem viel-
zitierten "Gebet" der Gestalttherapie von Frederick S. Perls (1974: 13) zum Ausdruck:

"Ich tu', was ich tu; und du tust, was du tust.
Ich bin nicht auf dieser Welt, um nach deinen Erwartungen zu leben.
Und du bist nicht auf dieser Welt, um nach den meinen zu leben.
Du bist du, und ich bin ich.
Und wenn wir uns zufällig finden – wunderbar.
Wenn nicht, kann man auch nichts machen."

Demgegenüber kommt das Konzept der Ko-Evolution, wie es von dem Schweizer Paartherapeuten Jürg Willi (1985; 1991) gebraucht wird, dem Gegenseitig-keits-Entwurf sehr nahe. An die Stelle einer rein individuellen Selbstverwirklichung tritt eine aufeinander bezogene, ein gemeinsames Wachsen der Beziehungspersonen. Es wird von den vielfältigen Interdependenzen, die in Zweierbeziehungen bestehen, und den starken wechselseitigen Beeinflussungen der Beziehungspersonen ausge-gangen, die es in beiderseitigen Anstrengungen für eine gemeinsame Weiterentwick-lung positiv zu nutzen gilt. Ko-Evolution fordert die "gegenseitige Respektierung der Selbstbestimmung und Eigenverantwortlichkeit" (Willi 1991: 326). Sich aufzugeben, sich zu opfern oder sich zu fusionieren, ist damit unvereinbar.

"Gemeinsames Wachstum heißt ein dauerndes Ringen miteinander, heißt dauernde gegenseitige Herausforderung und gegenseitigen Widerstand. (...) Entscheidend ist, dass dieses Ringen mit dem Partner nicht zum Selbstzweck wird, sondern zentriert ist auf die Erfüllung der Ziele und Aufgaben des gemeinsamen Prozesses" (Willi 1985: 145).

Es hat den Anschein, dass diese beiden Entwürfe in enger Verbindung stehen mit zwei Formen des Individualismus, auf die Hans Bertram (1997) im Anschluss an Emile Durkheim hingewiesen hat: Der Unabhängigkeits-Entwurf mit dem "utilitaris-tischen Individualismus", in dem das Individuum ohne Rücksicht auf andere den eigenen Nutzen zur zentralen Handlungsmaxime erhebt und der Gegenseitigkeits-Entwurf mit dem "kooperativen Individualismus", in dem das Individuum zwar auf der Grundlage eigener Vorstellungen handelt, aber immer auch das Miteinander ein-bezieht.

Das romantisch gesteigerte und zugleich auch entromantisierte Programm der Liebe, wie es sich in der Gegenwart herauskristallisiert, scheint – entgegen mancher Krisenszenarien – nicht notgedrungen in einer völligen Instabilität aller Zweierbezie-hungen münden zu müssen. Dieses neue kulturelle Programm lässt unterschiedliche Leitbilder zu und der Gegenseitigkeits-Entwurf dürfte durchaus geeignet sein, unter den veränderten Anforderungen und Erwartungen ein solides Fundament für stabile Zweierbeziehungen zu schaffen. Mit der Gegenüberstellung von Unabhängigkeits- und Gegenseitigkeits-Entwurf wird zugleich deutlich, dass dem veränderten Liebes-code ein Gestaltungsspielraum eigen ist, was auch nicht überraschen kann, da eine Offenheit für unterschiedliche Ausgestaltung geradezu ein Kennzeichen der Moderne ist; nur in der Analyse gerät dies leider so manchmal in Vergessenheit.

3. Liebe als soziale Praxis

Entsprechend dem zweiten Hauptarbeitsfeld einer Soziologie der Emotionen soll abschließend der Frage nachgegangen werden, wie Liebe als soziale Praxis in Zweierbeziehungen eingebettet ist. Im Anschluss an die konstruktivistische Grundlegung richtet sich das Interesse vor allem auf die vorhandenen Gefühls- und Ausdrucksregeln sowie auf die von den Beziehungspersonen geleistete Emotions- und Ausdrucksarbeit. Da sich eine konstruktivistisch inspirierte Emotionssoziologie bislang noch kaum mit Liebe in Zweierbeziehungen befasst hat (vgl. Burkart 1998; Burkart/Koppetsch 2001; Swidler 2003), muss ich mich weitgehend mit dem Aufzeigen von einigen Forschungsfeldern begnügen. Darüber hinaus soll im Folgenden auch danach Ausschau gehalten werden, was bislang überhaupt zu diesem Thema geforscht wurde. Zunächst aber soll gezeigt werden, dass eine Eins-zu-eins-Deckung zwischen der kulturellen Codierung der Liebe und Liebe als Bestandteil einer konkreten Zweierbeziehung nicht besteht und nicht bestehen kann.

3.1 Kulturelle Codierung und "gelebte" Liebe

Die Liebe zwischen zwei Personen ist nicht einfach nur eine Umsetzung dessen, was die Kultur ihnen als Liebe vorgibt. Die kulturelle Codierung prägt zwar maßgeblich ihre Vorstellungen von Liebe und ihre Erwartungen an die Liebe. Sie gestaltet eine angemessen erscheinende Sprache und stellt Themen sowie geeignete Symbole und Verhaltensweisen bereit, die die Liebe ausdrücken können. Und die kulturellen Vorgaben machen mit Interpretationsangeboten für Liebeszeichen vertraut und dadurch die Differenz zwischen Liebe und Nicht-Liebe erfahrbar. Dennoch ist dadurch nicht festgeschrieben, welche Gestalt Liebe im jeweiligen Ereignisfall annimmt (vgl. Averill 1985). Schon aufgrund einer Reihe von "Unzulänglichkeiten" des Codes kann es keinen kulturellen Determinismus geben:

(1) Die im Zuge der fortschreitenden Realisierungsstufen des romantischen Liebesideals sich herauskristallisierenden kulturellen Leitbilder der Liebe bleiben, zumindest für eine gewisse Zeit, auch dann noch bestehen, wenn eine neue Stufe erreicht wurde. So kommt es zu einem Nebeneinander von "ungleichzeitigen" kulturellen Vorstellungen von Liebe, die z. T. friedlich nebeneinander koexistieren können, da sie an unterschiedliche soziale Milieus gebunden sind (vgl. Maier 1998; Burkart 2000). Jedoch ist es dadurch auch möglich, dass zwei Personen in einer Beziehung zusammenkommen, die an "ungleichzeitigen" kulturellen Vorstellungen orientiert sind. Soweit diese Ausgangslage überhaupt für eine relativ dauerhafte Zweierbeziehung tragfähig ist und die Differenz nicht durch eine Konversion einer Partei außer Kraft gesetzt wird, ist die Vermittlung der ungleichen Vorstellungen eine von den beiden eigenständig zu erbringende Leistung, die nur durch eine mehr oder minder weit reichende, oftmals vor sich selbst mittels Hilfskonstruktionen verborgene "Umbiegung" gewisser Elemente ihres Liebesideals (z. B. in Gestalt von Beziehungsmy-

then) möglich ist. Dieser Zwiespalt kann auch *in* eine Person verlagert sein, die dann hin- und hergerissen ist zwischen "alten" und "neuen" Vorstellungen der Liebe. Sie ist dann gezwungen, für sich selbst einen gangbaren Kompromiss zu finden und "Unvereinbares" vereinbar zu machen.

(2) Ein Nebeneinander unterschiedlicher kultureller Leitbilder ergibt sich nicht nur durch unterschiedliche Realisierungsstufen, sondern kann sich auch, wie der Unabhängigkeits- und Gegenseitigkeits-Entwurf nahe legen, im Zusammenhang mit den aktuellen Veränderungen des Liebescodes ergeben. Dadurch potenziert sich die Möglichkeit, dass in einer Zweierbeziehung unterschiedliche Vorstellungen von "wahrer" Liebe aufeinanderstoßen oder auch, dass eine Person selbst schwankt. Diese bestehende Konkurrenz kultureller Leitbilder, sei es zwischen den Personen oder in den Personen, macht es von sich aus schon unmöglich, dass Liebe nach einem kulturellen Drehbuch abläuft. Sie provoziert vielmehr die Improvisationsfähigkeiten der miteinander in Wechselwirkung stehenden Individuen. Diese sind auch durch die in der Gegenwart in vollem Umfang aufbrechenden Spannungen und Paradoxien im romantischen Liebescode gefordert, die den romantisch Liebenden die Suche nach einer "Lösung" für bestehende Defizite in den kulturellen Vorgaben aufbürden.

(3) Aber auch wenn die beiden Beziehungspersonen an ähnlichen Vorstellungen von "richtiger Liebe" orientiert sind, erwächst daraus nicht die Gestalt, die Liebe in dieser Zweierbeziehung annimmt. Kulturelle Leitbilder zeichnen sich generell durch einen hohen Grad an "unheilbarer Vagheit" aus. Sie machen gewisse Vorgaben und lassen gleichzeitig und – dies ist insbesondere zu betonen – notwendigerweise vieles offen. Im modernen Liebescode ist Liebe – neben anderen Kennzeichen, wie gezeigt – an ein hohes Maß an Offenheit gebunden. Die durch Liebe Verbundenen, so wird proklamiert, können voneinander ein hohes Maß an Offenheit erwarten. Eine "echte" Liebe zeige sich in dieser großen Offenheit. Damit lassen sich jedoch durchaus unterschiedliche Inhalte von Offenheit verbinden. Soll die Offenheit "grenzenlos" sein, soll sie sich auf das "Füreinander-Wesentliche" konzentrieren oder reicht auch weniger aus, um diesen Anspruch einzulösen? Aber selbst dann, wenn die Antwort schlichtweg "alles" heißt, bedarf es – zumindest impliziter – Anschlussregelungen: Da die Kommunikation keine Eins-zu-eins-Übertragung des inneren Erlebens und der Handlungsabläufe außerhalb der Reichweite der anderen Person möglich macht, ist eine "grenzenlose Offenheit" immer schon an Selektionskriterien gebunden, die aufzustellen und immer auch auszudeuten sind. Es kommt hinzu, dass Umdefinitionen eine gängige Praxis sind, wodurch das, was "eigentlich" – d. h. auf der Grundlage eingespielter Definitionen – zur Offenheit gehört, so aufgefasst und ausgedeutet wird, dass es mit "guten Gründen" ausgespart werden kann. Was hier für den Anspruch der Offenheit skizziert wurde, gilt auch für die anderen Merkmale des Liebescodes. Dies alles trägt dazu bei, dass auf der Ebene der Zweierbeziehung eine Gestaltungsvielfalt geschaffen wird, die die kulturellen Vorgaben häufig bricht.

(4) Liebe in Zweierbeziehungen und ihre kulturelle Codierung fallen des Weiteren auseinander, da das kulturelle Programm auf eine Idealkonstellation bezogen ist, die unter den alltäglichen Lebensbedingungen eines Paares immer wieder als nicht

erreichbar erfahren wird. Hieraus resultieren eine Fülle von Enttäuschungen, die das Paar geneigt ist, individuell – sich oder der anderen Scite – zuzuschreiben, die jedoch eigentlich nur beweisen, dass das Leben kein Roman ist. Liebe als kulturelles Ideal nimmt nicht Notiz von den zahlreichen Banalitäten, mit denen der Beziehungsalltag eines Paares durchsetzt ist, und auch nicht von Routinisierungsprozessen, die ganz wesentlich zur Entlastung und dadurch zum Funktionieren einer Zweierbeziehung beitragen. Dem romantischen Liebescode ist eine Illusion eigen, als ob jede Begegnung in der Zweierbeziehung von einer einzigartigen Qualität sei und wie selbstverständlich darauf angelegt, die volle Aufmerksamkeit der Beziehungspersonen für die Belange der Liebe zu mobilisieren. Die Vielzahl anderer Verpflichtungen, die jenseits der Zweierbeziehung für eine jede Person bestehen und die unablässig ihren Tribut fordern, bleibt außer Acht. Hier können die aktuellen Veränderungen im Liebescode im Sinne der starken Öffnung nach außen zwar einerseits als eine Wende zu mehr Realismus aufgefasst werden. Ein Zugewinn, der aber andererseits gleichzeitig wieder verloren geht, da die Liebe nicht nur für einen Abschnitt, sondern für die Gesamtdauer der Beziehung eingefordert wird und ihre Ansprüche insgesamt stark angestiegen sind. So ist der moderne Liebescode auch weiterhin darauf angelegt, mehr zu fordern als die Individuen, verwoben in das Netz ihrer alltäglichen Lebenszusammenhänge, zu leisten im Stande sind. Mit starrem Blick auf das hohe Ideal sind sie gezwungen, mit ihren bescheidenen Möglichkeiten ihre Version einer "lebbaren" Liebe zu basteln.

(5) Schließlich erscheint die Liebe für Virtuosen und Virtuosinnen gemacht; sie nimmt keine Rücksicht auf die individuell vorhandenen Kompetenzen. Das romantische Liebesideal setzt ein Höchstmaß an sozialer Kompetenz als Bedingung voraus. Vorausgesetzt wird ein Maximum an Verbalisierungsfähigkeit, durch die prinzipiell eine jede Stimmung und alle Eindrücke in Mitteilungen übersetzt werden können, eine perfekte Selbstüberwachung und auch eine optimale Sensibilität für die andere Person. Solche Kompetenzen können nicht als "Allgemeingut" aufgefasst werden, sondern lassen sich in unterschiedlichen Ausprägungen finden und bleiben – aus einer Vielzahl von Gründen – meist hinter dem zurück, was als "ideal" und "wünschenswert" im Lichte der Codierung eingestuft wird. Liebe in Zweierbeziehungen muss mit dem Baustoff der verfügbaren Kompetenzen auskommen und kann nur bestrebt sein, das individuell Mögliche auszuschöpfen – ein weiterer Grund, der bewirkt, dass Liebe im Alltag nicht mit dem Programm gleichzusetzen ist.

Nur in aller Kürze soll darauf hingewiesen werden, dass das Auftreten von Liebe in Zweierbeziehungen nicht unabdingbar an ihre kulturelle Codierung gebunden ist. Es hat den Anschein, dass es auch schon vor dem Auftreten der romantischen Liebe zwischen Mann und Frau als kulturellem Programm Liebespaare gab. Ein sehr frühes Liebespaar, das seither den Stoff für eine Reihe von literarischen Bearbeitungen lieferte, sind Heloise und Abaelard, die sich im Jahre 1117 begegneten und verliebten. Abaelard, ein renommierter, wenn auch von kirchlicher Seite umstrittener Theologieprofessor, war damals knapp 40 Jahre alt; Heloise, sechzehn, Nichte eines Domherrn von Notre-Dame, war eine wissbegierige Schülerin des Gelehrten (vgl.

Fumagalli 1986)[96]. Es würde hier zu weit führen zu untersuchen, inwieweit ihre Liebe bereits Elemente eingeschlossen hat, die einem modernen Verständnis von Liebe nahe kommen. Dennoch machen Heloise und Abaelard deutlich – und die beiden stellvertretend für andere Liebespaare –, dass Liebe in Zweierbeziehungen älter ist als ihre kulturelle Codierung. In diesen Fällen konnte Liebe nur eine genuin individuelle Hervorbringung sein, angereichert durch diverse kulturell vorgegebene Versatzstücke, aber ohne ein Stützkorsett eines Liebescodes, das ihrer Liebe hätte Gestalt verleihen können. Liebe konnte unter diesen Bedingungen nur eine Ausnahme sein, nichts, was man voneinander erwarten konnte und was andere von einem Paar erwarteten. Im Gegenteil, Liebe stellte eine anmaßende Abweichung von der Norm dar, musste als eine Art Verrücktheit erscheinen, als "Liebeswahn" oder "Liebesraserei"[97] – Begriffe, die für die Vergangenheit auf ein Vorhandensein von Liebe zu verweisen scheinen, die ohne "kulturelle Rückendeckung" auskam.

3.2 Liebe – messbar gemacht

Nicht die Vergangenheit, sondern die Gegenwart soll im Weiteren im Mittelpunkt stehen. Es soll Ausschau gehalten werden, welche Gestalt und welchen Ablauf Liebe in Zweierbeziehungen unter der Dominanz des romantischen Liebescodes annimmt. Der Liebe in Zweierbeziehungen wird bislang vor allem in Forschungsarbeiten nachgegangen, die versuchen, die Liebe zum Partner bzw. zur Partnerin mit Hilfe von Skalen zu erfassen (als Überblick vgl. Bierhoff/Grau 1999: Bierhoff/Rohrmann 2005). Erste Versuche der Konstruktion von Liebesskalen reichen bis in die 1940er Jahre zurück (vgl. Gross 1944), aber erst Zick Rubin (1970) hat die von ihm geschaffene Liebesskala als Messinstrument auf eine bestimmte Person bezogen. Ausgehend von einem Itempool hat Rubin für seine Liebesskala durch Faktorenanalysen 13 Items gewonnen, die drei Komponenten umschreiben: (1) Bedürfnis nach der geliebten Person (z. B. "If I could never be with X, I would feel miserable"); (2) Fürsorge für die andere Person (z. B. "I would do almost anything for X") und (3) Ausschließlichkeit und völlige Inanspruchnahme (z. B. "I feel very possessive toward X").

Die Liebesskala von Rubin ist unvermindert weit verbreitet, auch wenn die Konkurrenz in den 1980er Jahren stark zugenommen hat. Die neueren Liebesskalen ma-

---

96 Beide lehnten aus unterschiedlichen Gründen eine Ehe ab und heirateten schließlich nach der Geburt eines gemeinsamen Kindes dennoch, wenn auch heimlich. Diese geheime Eheschließung löste einen Racheakt der Familie von Heloise aus, Abaelard wurde überfallen und entmannt. Von da an blieben Heloise und Abaelard getrennt und zogen sich ins Klosterleben zurück. In den dreißiger Jahren verfasste Abaelard seine Autobiografie und aus dieser Zeit stammt auch ihr Briefwechsel, was die wichtigsten Quellen zu ihrer Geschichte sind. Es gibt einen Streit um die Authentizität dieser Briefe. Mittlerweile ist man sich aber weitgehend einig, dass sie nicht von einer dritten Person stammen, sondern von den beiden Hauptfiguren. Allerdings scheinen die Briefe ein von ihnen zusammengestelltes Dossier zu sein oder – so eine zweite Vermutung – keine wirklichen, sondern offene Briefe im Sinne von Seneca (dazu mit ausführlichen Literaturhinweisen vgl. Fumagalli 1986).

97 Diese Sichtweise hat Abaelard später selbst übernommen, wenn er ihre gemeinsame Liebesvergangenheit zur bloßen Unzucht abwertet, zur Krankheit, von der er durch Gott eine gewaltsame Heilung erfuhr.

chen verstärkt den Versuch, der Formenvielfalt von Liebe gerecht zu werden. Dies gilt z. B. für die Skala von Robert J. Sternberg, die auf seiner "triangular theory of love" (vgl. Sternberg 1987) aufbaut (in dt. Übersetzung von Amelang 1991). Die stärkste Aufmerksamkeit von den neuen Skalenkonstruktionen hat die von Clyde und Susan Hendrick (1986; 1992; in dt. Übersetzung von Bierhoff 1991) gefunden, die auf "The Colors of Love" von John A. Lee (1973) aufbauen. Unterschieden werden drei primäre Typen der Liebe: "eros", d. h. die romantische oder leidenschaftliche Liebe, "ludus" (eine spielerische Liebe, die auf Verführung und sexuelle Abenteuer aus ist) sowie "storge" (eine freundschaftliche Liebe). Wie Farben können sich auch diese Liebesstile mischen und daraus entstehen weitere Stile. Während Lee noch sechs sekundäre Typen unterscheidet, sind in der Folge für die Skalenkonstruktion nur drei davon relevant geworden: "mania" als Kombination von eros und ludus steht für eine besitzergreifende Liebe, "pragma" als Kombination aus ludus und storge für die Dominanz des rationalen Kalküls und "agape" als Kombination von eros und storge für eine altruistische Liebe.

Obwohl diese neueren Arbeiten von unterschiedlichen Erscheinungsformen der Liebe ausgehen, verharren sie in einer ahistorischen Konzeptualisierung von Liebe. Ohne auf den kulturellen Kontext zu achten, werden aus den verschiedenen Zeiten Anleihen genommen und diese miteinander vermischt, um damit "Liebe" so, wie sie nun einmal sei und d. h. immer schon und überall, zu erfassen. Die Skalen sind von der impliziten Annahme getragen, es gäbe ein oder mehrere "Wesen" der Liebe, die über die Zeiten und Kulturen konstant vorfindbar sind. Unverhüllt wird dies von Elaine Hatfield und Richard L. Rapson (1987: 135) zum Ausdruck gebracht, wenn sie schlussfolgern, "that passionate love is a 'universal' phenomenon. It appears across cultures, ages, and genders". Dabei fällt es nicht schwer zu zeigen, dass sich trotz dieser Universalitäts-Annahme selbst in den Skalenkonstruktionen von ihren Anfängen bis heute die impliziten Vorstellungen von Liebe verändert haben. So ist z. B. in der Skala von Gross (1944) ein Item vorhanden, dass ein Partner bzw. eine Partnerin ohne Eifersucht nicht wünschenswert ist. Wie bereits an anderer Stelle ausgeführt, hat Clanton (1989) gezeigt, dass die Vorstellung, Eifersucht sei ein Beweis der Liebe, in den 1940er Jahren bis Mitte der 1960er Jahre verbreitet war. Mittlerweile ist diese Vorstellung verschwunden, eine Veränderung, die zumindest alle hier kurz vorgestellten Skalen mitvollzogen haben. In keiner dieser Instrumente ist dieses oder ein ähnlich formuliertes Item vorhanden.

Es würde die Brauchbarkeit dieser Skalen stark erhöhen, wenn sie gezielt auf der Grundlage vorhandener kultureller Programme der Liebe formuliert würden. Aber auch mit dieser wesentlichen Verbesserung bleiben Liebesskalen für ein konstruktivistisches Forschungsprogramm von einer begrenzten Brauchbarkeit. Mit auf Liebescodes bezogenen Skalen könnten zwar die Verbreitung und Zustimmungsgrade zu diesen verschiedenen Aspekten dieser kulturellen Programme systematisch untersucht werden, ausgespart bleibt aber die aus dieser Perspektive zentrale Frage, wie unter den Alltagsbedingungen und auf Dauer mit den Erwartungen und Anforderungen, die an diese kulturelle Fassung geknüpft sind, aktiv umgegangen wird und welche Regelmäßigkeiten sich im Ablauf von Liebe feststellen lassen. Auf diese Fragen können Liebesskalen keine Antwort geben. Sie erweisen sich als zu grobfaserig, um Einblick in die Dynamik der Liebe in Zweierbeziehungen zu gewinnen.

3.3 Arbeitsfelder aus konstruktivistischer Perspektive

Bislang wurde jedoch das Feld der Liebe in Zweierbeziehungen fast ausschließlich diesen quantitativen Studien überlassen. In der konstruktivistischen Emotionssoziologie fehlen Studien, die Liebe als Teil von Zweierbeziehungen systematisch erforschen (vgl. auch Flam 2002). Dass Liebe hier ungleich stärker als kulturelles Programm zum Gegenstand der Forschung gemacht wurde, hängt für vergangene Zeitepochen sicherlich maßgeblich mit den verfügbaren Materialien zusammen. Es stehen reichhaltige Quellen zur Verfügung, die Auskunft über die kulturellen Vorstellungen von Liebe geben können. Dagegen sind die Hinweise darauf, wie diese Vorgaben im Kontext von Zweierbeziehungen umgesetzt wurden, nur spärlich vorhanden. Eine systematische Forschung wurde nicht betrieben, und so ist man für diese Fragestellung auf Materialien angewiesen, in denen Liebe zu privaten Zwecken aufgezeichnet wurde, wie es z. B. in Briefen und Tagebüchern der Fall ist. Für die Gegenwart kann die Materialgrundlage nicht als Argument dienen, da es hier lediglich darauf ankäme, Liebe als Bestandteil von Zweierbeziehungen verstärkt zum Forschungsthema zu machen. Hier stößt man allerdings auf einen anderen "Hinderungsgrund": Die Anfänge der Emotionssoziologie stehen – wie bereits erwähnt – stark in einer Tradition der Mikrosoziologie, die auf Interaktion als Grundeinheit bezogen ist, ein Fokus, der für eine angemessene Erforschung von Liebe viel zu eng ist.

Eine Ausnahme ist die Studie "Love and Commitment" von Gary Schwartz und Don Merton (1980), in der die Liebes- und Beziehungserfahrungen einer jungen Frau namens Cheryl rekonstruiert wurden. Materialgrundlage bilden über 50 Interviews, die über die Zeitdauer von sechs Jahren von 1964 bis 1969 durchgeführt wurden. Schwartz/Merton (1980) gehen von der kulturellen Codierung von Liebe aus, die sie vor allem über die Massenmedien vermittelt sehen. Den Individuen bietet die Kultur verschiedene Vorstellungen davon, wie Liebe "wirklich" ist, und weckt dadurch Erwartungen, wie man sich in einer Beziehung fühlen solle. Die Kultur bietet auch Erklärungen an, wenn es in der Beziehung nicht so "läuft" wie erhofft. Dennoch legen die kulturellen Bilder die Liebe in der konkreten Zweierbeziehung nicht einfach fest. Schwartz/Merton (1980) stellen die Vermutung an, dass die Rolle einer bzw. eines Liebenden stärker variabel ist als etwa die Schüler/innen- oder Lehrer/innen-Rolle. Mit ihrer Fallgeschichte wollen Schwartz/Merton (1980: 17) vor allem zwei Fragestellungen nachgehen: "How does a person infuse an intimate relationship with the gratifying mood or pleasurable aura which envelops these images of love, and how does she create an intimate relationship that sustains and preserves these feelings?"

Eine weitere, zudem aktuelle Ausnahme ist die Forschungsstudie von Nathalie Iványi und Jo Reichertz (2002), die die Praktiken der medialen (Re)Präsentation von

Liebe in Fernsehshows wie "Traumhochzeit" und "Nur die Liebe zählt" untersucht haben. Diese Studie ist mehr als eine bloße "Medienstudic"; vielmehr gibt diese Studie – und das ist ein zentrales Anliegen des Autorenteams – Einblick in das Alltagsrepertoire der Darstellung von Liebe. Auch im Alltag muss die Liebe als ein innerer Zustand für die andere Person dargestellt werden. Die in diesen Sendungen vor der Kamera agierenden Personen greifen die vorhandenen kulturellen Praktiken auf und setzen diese in Szene. Diese Fernsehshows ermöglichen es dadurch, "die Praktiken der Liebesdarstellung und des Vollzuges von Beziehungspassagen, wie sie von Alltagsakteuren gebraucht werden, unproblematisch in ihrem Vollzug (zu) beobachten und (zu) untersuchen" (Iványi/Reichertz 2002: 10). Iványi/Reichertz verlieren dazu nicht aus dem Blick, dass der durch das Medium Fernsehen gegebene besondere Öffentlichkeitscharakter des Liebesausdruckes immer auch Modifikationen hervorruft. Sie fassen dies begrifflich als eine Inszenierung einer Inszenierung, oder kürzer: als Theatralisierung der Liebesdarstellung (vgl. auch Hahn 1998; Stengel 2007).

Zum Abschluss sollen noch drei zentrale Forschungsfelder angesprochen werden, die sich im Zusammenhang mit der Liebe in Zweierbeziehungen stellen.

(1) Über den Vorgang des Sich-Verliebens

Aus einer soziologischen Perspektive stellt sich die Frage, welche sozialen Regelmäßigkeiten sich im Prozess des Sich-Verliebens erkennen lassen. Wie es dazu kommt, dass man sich verliebt, ist eine Frage, die auch auf der Ebene des Alltagshandelns auftritt, so z. B. in dem Tagebuch der 16jährigen Karin Q. (Projektgruppe Jugendbüro 1978: 30):

> "Und morgen, morgen vor einer Woche hat alles angefangen. Was war wohl schuld? Unser Spiel, die Musik, oder war es etwas Höheres? Auch gleich, was oder wer schuld war, eigentlich ist es doch Glück, nicht Schuld. Es sollte wohl so sein, es ist Schicksal. Nein, nein Schicksal hört sich so nach etwas Schlechtem, nach Not an. Es ist etwas Anderes, wofür mir kein Wort einfällt".

Das Verlieben als ein plötzliches Ereignis, das ohne eigenes Dazutun passiert, als ein Gefühl, von dem man willkürlich, unkontrollierbar und zufällig überwältigt wird – wie hier bei Karin – ist eine verbreitete Vorstellung (vgl. Alberoni 1998). Noch ungleich stärker als im Deutschen kommt dies bereits in der Wortwahl im englischsprachigen "falling in love" zum Ausdruck. Lange Zeit hat die Vorstellung, dass das Verlieben ein plötzliches Ereignis, gleichsam ein "Naturereignis" ist, zum festen Bestandteil des romantischen Liebescodes gehört (vgl. auch Averill 1985). Mittlerweile scheint sich dies abgeschwächt zu haben. Empirisch sind dieser Frage James R. Averill und Phyllis Boothroyd (1977) in einer kleinen Studie mit 85 Versuchspersonen nachgegangen. Sie haben den Versuchspersonen eine kurze Zeitungsnotiz über den Fall einer Liebe auf den ersten Blick vorgelegt und sie aufgefordert, auf einer zehnstufigen Skala einzuschätzen, wie nahe ihre bislang intensivste Form des Verliebens dem Beispiel kommt. Weniger als 10% gaben an, dass eine hohe Übereinstimmung bestehe. Auch wenn Liebe als ein plötzliches Ereignis vorkommt, scheint sie doch eher eine Ausnahme als die Regel zu sein. Ungleich häufiger als Liebe auf den ersten Blick scheint sich das Verliebtsein erst allmählich einzustellen. Noch völlig im Dunkeln bleibt, welche Gefühlsregeln dem Verlieben zugrunde liegen und auch welche Emotionsarbeit geleistet wird, um das eigene Fühlen mit dem in Einklang zu bringen, was erwartet wird.

Trotz des romantischen Liebescodes als kultureller Vorgabe wäre es verfehlt, anzunehmen, dass jede Zweierbeziehung aus Liebe entsteht. Liebe "verschwindet" nicht nur mit der Fortdauer aus manch einer Paarbeziehung (vgl. Kaufmann 1994; Koppetsch/Burkart 1999), Liebe steht keineswegs – auch nicht in der Gegenwart – immer am Anfang einer Zweierbeziehung. Liebe kann eine Zweierbeziehung stiften, aber Liebe dient auch als ein "Legitimationsmuster" (Matthias-Bleck 1997), das gebraucht werden kann, den Übergang von der Ein- in die Zweisamkeit in einer sozial respektierlichen Weise zu rechtfertigen (vgl. auch Lenz 2003c).

(2) Ausdrucksformen der Liebe
Robert Musil hat in "Der Mann ohne Eigenschaften" (1989: 1219) die Liebe als "das gesprächigste aller Gefühle" bezeichnet und angefügt, sie "besteht zum großen Teil ganz aus Gesprächigkeit". Folgt man dem, so müsste das Ausdrucksformen der Liebe ein reichhaltiges Forschungsfeld sein. Trotz der Gesprächigkeit der Liebe erstreckt sich die Darstellung von Liebe allerdings keinesfalls auf die verbale Dimension, sondern sie schließt das ganze nonverbale Ausdrucksrepertoire mit ein.

Die bereits erwähnte Studie von Nathalie Iványi und Jo Reichertz (2002) eröffnet einen reichhaltigen Einblick in das Ausdrucksformen der Liebe. Aufgezeigt wird in dieser Studie z. B. die kommunikative Prozessstruktur von Heiratsanträgen, die ein zentrales Element in der Sendung Traumhochzeit bilden. Die inszenierten Heiratsanträge weisen – so Iványi und Reichertz (2002) – eine vierphasige Struktur auf: Der Antragssteller bzw. die Antragsstellerin eröffnet die Interaktion mit einer Anrede bzw. Grußformel (z. B. "Hör mal Spatz"). Es folgt dann der sog. Vorbau des Antrages, der in die Bitte mündet und schließlich durch die Reaktion der zweiten Person abgeschlossen wird. Ein fester Bestandteil des Vorbaus ist eine Liebeserklärung (z. B. "Es gibt nichts auf der Welt, was ich so liebe wie dich"), die vielfach durch metakommunikative Hinweise auf die aktuelle Tätigkeit der anderen Person, mit gemeinsamen Zukunftswünschen oder durch eine Referenz auf die Vergangenheit des Paares ergänzt wird. Die Zukunfts- und Vergangenheitsverweise scheinen der Legitimation des Heiratswunsches zu dienen und sollen die Überzeugungskraft der dargestellten Liebe gleichsam unter Beweis stellen.

Im Anschluss an diese Studie wäre zu fragen, ob diese Bestandteile sich auch in den Heiratsanträgen im Alltag wiederholen. Der Ausdruck von Liebe ist natürlich nicht auf Heiratsanträge beschränkt, sondern es ist davon auszugehen, dass dies gerade in den Beziehungsanfängen zahlreich vorkommt. Das Zeigen des eigenen Verliebtseins kann dabei auch ein Mittel sein, mit dem versucht wird, die andere Person in die Liebe hineinzuziehen.

(3) Woran erkennt man Liebe?

Die Ausdrucksformen von Liebe aus der Perspektive der anderen Person betrachtet wirft die Frage auf, woran man selbst erkennt, dass man geliebt wird. Mit dem Erkennen des Geliebt-Werdens hat sich Judith Katz (1976) in einem kleinen, sehr anregenden Artikel beschäftigt, der bis heute kaum Beachtung gefunden hat. Wie bereits im Zusammenhang mit dem Fremdverstehen allgemein gezeigt, bleibt dem oder der Fragenden (S) nichts anderes übrig, als auf die Liebe des Partners bzw. der Partnerin (O) aus seinem bzw. ihrem Ausdrucksverhalten zu schließen. Dies wäre ein leichtes Unterfangen, wenn das Ausdrucksverhalten feste Bedeutungen hätte, was es aber – wie ich an verschiedenen Stellen bereits betont habe – nicht haben kann.

Nach Katz (1976) lassen sich drei Bedingungen aufzeigen, die notwendig sind, damit bestimmte Verhaltensweisen als Indikatoren der Liebe gesehen werden können. Als erste Bedingung muss die Verhaltensweise als eine gesehen werden, die von dem Partner bzw. der Partnerin selbständig initiiert wurde. Ein Geburtstagsgeschenk, das O erhält, wird nur dann als Liebeszeichen gesehen, wenn sich S von sich aus an diesen Tag erinnert hat. Das Geschenk wird nicht als Ausdruck der Liebe aufgefasst, wenn z. B. der Ehemann erst durch seine Ehefrau selbst oder durch eine dritte Person (z. B. Sekretärin) auf den Termin hingewiesen werden musste. Für die Evidenz, geliebt zu werden, ist es – als zweite Bedingung – unverzichtbar, dass das gewählte Ausdrucksverhalten von S ein gegenwärtiges Bedürfnis von O erfüllt. Es reicht nicht aus, dass S von sich aus auf diese Idee kommt, sondern die gewählte Verhaltensweise muss zeitlich und inhaltlich korrekt auf die Bedürfnislage von O Bezug nehmen. Daraus ergeben sich zwei Haupttypen von Fehlern: Fehler der Zeit und Fehler der Wahl. Schließlich muss noch hinzukommen, dass das Ausdrucksverhalten ausschließlich durch den Wunsch motiviert ist, Gefallen zu erregen. Wenn der eigene Nutzen im Vordergrund steht oder wenn man etwas macht, was beide in etwa gleich mögen, dann handelt es sich nicht um eine Verhaltensweise, die als Liebesbeweis aufgefasst wird. Gefordert ist vielmehr, dass man etwas für die andere Person macht, ein Opfer bringt, um ihr oder ihm einen Gefallen zu tun.

Diese drei genannten Bedingungen sind, wie Katz (1976) ausdrücklich betont, notwendig für die Wahrnehmung von S, dass sie oder er von O geliebt wird. "The conditions are, however, not sufficient for the label to be applied. S must not only perceive conditions I, II and III but must see them as related in a meaningful way. S must attend to the variables under discussion and test the hypotheses 'O loves me'" (Katz 1976: 21). Oder anders formuliert: das Vorliegen der Bedingungen wird immer nur dann Liebe anzeigen, wenn eine Person (S) auch bestrebt ist, sich nach Belegen für die Liebe von O umzusehen. Diese frühe Arbeit von Katz (1976) zeigt Regeln auf, die erfüllt sein müssen, um sich als geliebt wahrnehmen zu können, und greift damit einen wesentlichen Programmpunkt für eine Soziologie der Emotionen auf. Darauf aufbauend könnte man zum einen Ausschau halten nach weiteren eventuell bestehenden Regeln, zum anderen wäre auch dem Hinweis von Katz auf die Kulturspezifität nachzugehen und zu untersuchen, welche Unterschiede zwischen verschiedenen Kulturen bestehen. Möglicherweise divergieren diese Regeln für das Einschätzen des Geliebt-Werdens auch je nach Realisierungsstufe des romantischen Codes.

Für alle genannten Bereiche, für die Anfänge der Liebe, die Ausdrucksformen der Liebe und die Anzeichen des Geliebt-Werdens ist darüber hinaus danach zu fragen, ob es Unterschiede zwischen den Geschlechtern gibt. Hochschild (1990a) kommt zu dem Ergebnis, dass Frauen mehr Emotionsarbeit leisten. In einer ihrer Teilstudien beschreiben fast doppelt so viele Frauen wie Männer ihre Gefühle spontan mit Begriffen der Emotionsarbeit. In einer Reihe dieser Fälle besteht ein Bezug zur Liebe, indem angegeben wird, dass versucht wurde, zu lieben oder nicht (mehr) zu lieben. Dies könnte gerade in Verbindung mit den Ergebnissen aus den quantitativen Studien ein Hinweis auf vorhandene Geschlechterunterschiede im emotionalen Erleben sein.

4. Zur Wiederholung und Vertiefung

Schlüsselbegriffe

Emotion · Liebe als kulturelles Programm · Ausdrucksarbeit · Emotionsarbeit · Gefühlsregeln · Darbietungsregeln · Eifersucht · romantische Liebe · Beziehungsnormen · Unabhängigkeits-Entwurf · Gegenseitigkeits-Entwurf · Liebe als soziale Praxis · Liebesskala · Sich-Verlieben · Ausdrucksformen der Liebe

Wiederholungsfragen und -aufgaben

1. Skizzieren Sie Grundlagen eines soziologischen Forschungsprogramms der Emotionen.
2. Wodurch zeichnet sich das Beziehungsideal der romantischen Liebe aus und welchen Einfluss hatte es auf die Beziehungsnormen für Zweierbeziehungen?
3. Ist die romantische Liebe in unserer Gesellschaft ein Auslaufmodell?
4. Sind mit dem gesteigerten Individualitätsanspruch der Gegenwart dauerhafte Zweierbeziehungen noch möglich?
5. Wie kann Liebe als soziale Praxis erforscht werden? Welche zentralen Forschungsfelder zu Liebe in Zweierbeziehungen lassen sich nennen?

Literatur zur Vertiefung

- Simmel, Georg (1985), Fragment über die Liebe. In: G. Simmel, Schriften zur Philosophie und Soziologie der Geschlechter. hg. von H.-J. Dahme / K. C. Köhnke, Frankfurt am Main: 224-281 (aus dem Nachlass, 1. Veröffentlichung: 1921/22)
- Luhmann, Niklas (1982), Liebe als Passion. Zur Codierung von Intimität. Frankfurt am Main: Suhrkamp
- Hahn, Kornelia / Günter Burkart (Hg.) (1998), Liebe am Ende des 20. Jahrhunderts. Studien zur Soziologie intimer Beziehungen. Opladen: Leske+Budrich
- Illouz, Eva (2003), Der Konsum der Romantik. Liebe und die kulturellen Widersprüche des Kapitalismus. Frankfurt/Main: Campus (orig. 1997)
- Iványi, Nathalie / Jo Reichertz (2002), Liebe (wie) im Fernsehen. Eine wissenssoziologische Analyse. Opladen: Leske+Budrich
- Beck, Ulrich (2005), Die irdische Religion der Liebe. In: U. Beck / E. Beck-Gernsheim, Das ganz normale Chaos der Liebe. Frankfurt am Main: 222-266

Bibliografie

Abbey, Antonia (1982), Sex differences in attributions for friendly behavior: Do males misperceive females' friendliness? In: Journal of Personality and Social Psychology: 830-838

Abels, Heinz (2006), Identität. Wiesbaden: VS

Abelson, Robert F. (1981), Psychological status of the script concept. In: American Psychologist 36: 715-729

Ade-Ridder, Linda / Timothy M. Brubaker (1983), The quality of long-term marriages. In: T. M. Brubaker (Hg.) (1983): Family Relationships in Later Life. Beverly Hills: 21-30

Adler, Marina (2003), Afroamerikanische Paare: Zwischen Tradition und Überlebensstrategie. In: K. Lenz (Hg.), Frauen und Männer. Zur Geschlechtstypik persönlicher Beziehungen. Weinheim / München: 229-249

Ahrons, Constance R. / Lynn S. Wallisch (1987), The relationship between former spouses. In: D. Perlman / S. W. Duck (Hg.), Intimate Relationships. Development, Dynamics and Deterioration. Newbury Park: 269-296

Ahrons, Constance R. / Roy H. Rodgers (1987), Divorced Families. A Multidisciplinary Developmental View. New York: Norton

Alberoni, Francesco (1998), Liebe. Das Höchste der Gefühle. München: Heyme (orig. 1996)

Allert, Tilman (1998), Die Familie: Fallstudien zur Unverwüstlichkeit einer Lebensform. Berlin / New York: de Gruyter

Allmendinger, Jutta / Wolfgang Ludwig-Mayerhofer / Janina von Stebut / Christine Wimbauer (2001), Gemeinsam leben, getrennt wirtschaften? Chancen und Grenzen der Individualisierung in Paarbeziehungen. In: U. Beck / W. Bonß (Hg.) (2001), Die Modernisierung der Moderne. Frankfurt am Main: 203-215

Amelang, Manfred (1991), Einstellungen zu Liebe und Partnerschaft: Konzepte, Skalen und Korrelate. In: M. Amelang et al. (Hg.), Attraktion und Liebe. Göttingen: 153-196

Amelang, Manfred / Claudia Krüger (1995), Misshandlung von Kindern. Gewalt in einem sensiblen Bereich. Darmstadt: Wissenschaftliche Buchgesellschaft

Andreß, Hans-Jürgen / Barbara Borgloh / Miriam Güllner / Katja Wilking (2003), Wenn aus Liebe rote Zahlen werden. Wiesbaden: Westdeutscher Verlag

Argyle, Michael (1979), Körpersprache und Kommunikation. Paderborn: Junfermann (orig. 1976)

Argyle, Michael / Monica Henderson (1986), Die Anatomie menschlicher Beziehungen. Spielregeln des Zusammenlebens. Paderborn: Junfermann (orig. 1985)

Ariés, Philippe (1985), Die unauflösliche Ehe. In: P. Ariés, Die Masken des Begehrens und die Metamorphosen der Sinnlichkeit. Frankfurt am Main: Suhrkamp

Arränz Becker, Oliver / Kirsten Rüssmann / Paul B. Hill (2005), Wahrnehmung und Bewältigung von Konflikten und die Stabilität von Partnerschaften. In: Zeitschrift für Familienforschung 3: 251-278

Asendorpf, Jens / Rainer Banse (2000), Psychologie der Beziehung. Bern: Huber

Auhagen, Ann Elisabeth (1993), Freundschaft unter Erwachsenen. In: A. E. Auhagen / M. v. Salisch (Hg.), Zwischenmenschliche Beziehungen. Göttingen: 215-233

Averill, James R. (1980), A constructivist view of emotion. In: R. Plutchik / H. Kellerman (Hg.), Theories of Emotion. New York: 305-339

Averill, James R. (1985), The social construction of emotions: With special reference to love. In: K. J. Gergen / K. E. Davis (Hg.), The Social Construction of the Person. New York: 89-109

Averill, James R. / Elma P. Nunley (1993), Die Entdeckung der Gefühle. Ursprung und Entwicklung. Hamburg: Kabel

Averill, James R. / Phyllis Boothroyd (1977), On falling in love in conformance with the romantic ideal. In: Motivation and Emotion 1: 235-247

Bach, George R. / Peter Wyden (1995), Streiten verbindet. Formeln für eine faire Partnerschaft in Liebe und Ehe. Frankfurt am Main: Fischer

Bachrach, Peter / Morton S. Baratz (1977), Macht und Armut. Eine theoretisch-empirische Untersuchung. Frankfurt am Main: Suhrkamp

Backman, Carl W. (1981), Attraction in interpersonal relationships. In: M. Rosenberg / R. H. Turner (Hg.), Social Psychology. Sociological Perspectives. New York: 235-268

Badinter, Elisabeth (1984), Die Mutterliebe. Geschichte eines Gefühls vom 17. Jahrhundert bis heute. München: dtv (orig. 1980)

Bamler, Vera (2008), Persönliche Beziehungen im Alter. In: K. Lenz / F. Nestmann (Hg.), Handbuch Persönliche Beziehungen. Weinheim: 527-544

Banse, Rainer (2003), Partnerschaftsdiagnostik. In: I. Grau / H.W. Bierhoff (Hg.), Sozialpsychologie der Partnerschaft. Berlin: 13-42

Barabas, Friedrich K. / Michael Erler (1994), Die Familie: Einführung in Soziologie und Recht. Weinheim: Juventa

Bateson, Gregory (1985), Eine Theorie des Spiels und der Phantasie. In: G. Bateson, Ökologie des Geistes, Frankfurt am Main: 241-261 (orig. 1955)

Bauman, Zygmunt (2003), Liquid Love. On the Frailty of Human Bonds. Cambridge: Polity Press

Baumeister, Roy F. (1982), A self-presentational view of social phenomena. In: Psychological Bulletin 91: 3-26

Baumeister, Roy F. / Dianne Tice (2001), The Social Dimension of Sex. Boston: Allyn and Bacon

Baxter, Leslie A. (1984), Trajectories of relationship disengagement. In: Journal of Social and Personal Relationships 1: 29-48

Baxter, Leslie A. (1985), Accomplishing relationship disengagement. In: S. Duck / D. Perlman (Hg.), Understanding Personal Relationships. London: 243-266

Baxter, Leslie A. (1987), Symbols of relationship identity in relationship cultures. In: Journal of Social and Personal Relationships 4: 261-280

Baxter, Leslie A. (1988), A dialectional perspective on communication strategies in relationship development. In: S. Duck (Hg.), A Handbook of Personal Relationships. Chicester: 257-273

Baxter, Leslie A. / William W. Wilmot (1984), "Secrets tests". Social strategies for acquiring information about the state of the relationship. In: Human Communication Research 11: 171-201

Bayer, Hiltrud / Renate Baurreis (1995), Alleinstehend und Alleinlebend: Die "Singles" in der amtlichen Statistik. In: H. Bertram (Hg.), Das Individuum und seine Familie. Lebensformen, Familienbeziehungen und Lebensereignisse im Erwachsenenalter. Opladen: 35-59

Beck, Ulrich (2005a), Freiheit und Liebe. Vom Ohne-, Mit- und Gegeneinander der Geschlechter innerhalb und außerhalb der Familie. In: U. Beck / E. Beck-Gernsheim, Das ganz normale Chaos der Liebe. Frankfurt am Main: 20-64 (orig. 1990)

Beck, Ulrich (2005b), Die irdische Religion der Liebe. In: U. Beck / E. Beck-Gernsheim, Das ganz normale Chaos der Liebe. Frankfurt am Main: 222-266 (orig. 1990)

Beck, Ulrich / Elisabeth Beck-Gernsheim (2005), Einleitung. Riskante Chancen – Gesellschaftliche Individualisierung und soziale Lebens- und Liebesformen. In: U. Beck / E. Beck-Gernsheim, Das ganz normale Chaos der Liebe. Frankfurt am Main: 7-19 (orig. 1990)

Becker, Gary S. / Elizabeth M. Landes / Robert T. Michael (1977), An economic analysis of marital instability. In: Journal of Political Economy 85: 1141-1187

Becker, Howard / Ruth H. Useem (1942), Sociological analysis of the dyad. In: American Sociological Review 7: 13-26

Beck-Gernsheim, Elisabeth (1986), Von der Liebe zur Beziehung? Veränderungen im Verhältnis von Mann und Frau in der individualisierten Gesellschaft. In: J. Berger (Hg.), Die Moderne – Kontinuitäten und Zäsuren. Göttingen: 209-233 (leicht erweiterte Fassung auch in Beck / Beck-Gernsheim 2005)

Beck-Gernsheim, Elisabeth (1994), Individualisierungstheorie: Veränderungen des Lebenslauf in der Moderne. In: H. Keupp (Hg.), Zugänge zum Subjekt. Frankfurt am Main: 125-146

Beck-Gernsheim, Elisabeth (2005), Die Kinderfrage heute. Über Frauenleben, Kinderwunsch und Geburtenrückgang. München: Beck

Bedford, Victoria H. / Rosemary Blieszner (1997), Personal relationships in later-life families. In: S. Duck (Hg.), Handbook of Personal Relationships. 2. Aufl., Chicester: 523-539

Behnke, Cornelia / Michael Meuser (2005), Vereinbarkeitsmanagement. Zuständigkeiten und Karriere-chancen bei Doppelkarrierepaaren. In: H. Solga / C. Wimbauer (Hg.), "Wenn zwei das Gleiche tun...". Ideal und Realität sozialer (Un-)Gleichheit in Dual Career Couples. Opladen: 123-139

Bellah, Robert N. / William M. Madson / William M. Sullivan / Ann Swidler / Steven M. Tipton (1987), Gewohnheiten des Herzens. Individualismus und Gemeinsinn in der amerikanischen Gesellschaft. Köln: Bund (orig. 1985)

Benjamin, Jessica (1991), Fesseln der Liebe. Basel: Stroemfeld / Roter Stern

Benthien, Claudia / Anne Fleig / Ingrid Kasten (Hg.) (2000), Emotionalität. Zur Geschichte der Gefüh-le. Köln, Weimar, Wien: Böhlau

Bergdoll, Karin / Christel Namgalies-Treichler (1987), Frauenhaus im ländlichen Raum. Schriftenreihe des Bundesministeriums für Jugend, Familie und Gesundheit Bd. 198. Stuttgart: Kohlhammer

Berger, Brigitte / Peter L. Berger (1984), In Verteidigung der bürgerlichen Familie. Frankfurt am Main: Fischer (orig. 1983)

Berger, Charles R. (1988), Uncertainty and information exchange in developing relationships. In: S. Duck (Hg.), A Handbook of Personal Relationships. Chicester: 239-255

Berger, Peter L. (1969), Einladung zur Soziologie. Eine humanistische Perspektive. Freiburg: Olten

Berger, Peter L. / Hansfried Kellner (1965), Die Ehe und die Konstruktion der Wirklichkeit. Eine Ab-handlung zur Mikrosoziologie des Wissens. In: Soziale Welt 16: 220-235

Berger, Peter L. / Hansfried Kellner / Brigitte Berger (1987), Das Unbehagen in der Modernität. Frank-furt am Main: Campus (orig. 1973)

Berger, Peter L. / Thomas Luckmann (1977), Die gesellschaftliche Konstruktion der Wirklichkeit. Eine Theorie der Wissenssoziologie. Frankfurt am Main: Fischer (orig. 1966)

Berghaus, Margot (1985), Partnersuche – angezeigt. Zur Soziologie persönlicher Beziehungen. Frank-furt am Main: Ullstein

Bergmann, Jörg. R. (1987), Klatsch. Zur Sozialform der diskreten Indiskretion. Berlin: de Gruyter

Bernard, Jessie (1972), The Future of Marriage. New York: Times Mirror

Bernhardt, Heike / Melanie Heldt (1998), Trennungsprozesse geschiedener Paare. Eine qualitative Studie. Dresden: Diplomarbeit

Berscheid, Ellen (1985), Interpersonal attraction. In: G. Lindzay / E. Aronson (Hg.), Handbook of Soci-al Psychology, 5. Aufl., New York: 413-484

Berscheid, Ellen / Harry. T. Reis (1998), Attraction and close relationships. In: D. T. Gilbert / S. T. Fiske / G. Lindzey (Hg.), The Handbook of Social Psychology. (4th edition). New York: 193-281

Bertram, Hans (1995), Die Sicherheit privater Beziehungen. In: H. Bertram (Hg.), Das Individuum und seine Familie. Lebensformen, Familienbeziehungen und Lebensereignisse im Erwachsenenalter. Opladen: Leske + Budrich

Bertram, Hans (1997), Die drei Revolutionen. Zum Wandel der privaten Lebensführung im Übergang zur postindustriellen Gesellschaft. In: S. Hradil (Hg.), Differenz und Integration. Die Zukunft mo-derner Gesellschaften. Verhandlungen des 28. Kongresses der DGS in Dresden 1996. Frankfurt am Main: 309-323

Berscheid, Ellen / Harry T. Reis (1998), Attraction and close relationships. In: D. T. Gilbert / S. T. Fiske / G. Lindzey (Hg.), The handbook of social psychology. (4th edition). New York: 193-281

Bien, Walter / Donald Bender (1995), Was sind Singles? Ein alltagstheoretischer Zugang zur Problema-tik. In: H. Bertram (Hg.), Das Individuum und seine Familie. Lebensformen, Familienbeziehungen und Lebensereignisse im Erwachsenenalter. Opladen: 61-89

Bierhoff, Hans Werner (1991), Liebe. In: M. Amelang et al. (Hg.), Attraktion und Liebe. Göttingen: 197-234

Bierhoff, Hans / Ina Grau (1999), Romantische Beziehungen: Bindung, Liebe, Partnerschaft. Bern: Huber

Bierhoff, Hans-Werner / Elke Rohrmann (2005), Was die Liebe stark macht. Die neue Psychologie der Paarbeziehung. Reinbek: Rowohlt

Bierhoff, Hans-Werner / Elke Rohmann, (2008): Persönliche Beziehungen aus sozialpsychologischer Perspektive. In: K. Lenz / F. Nestmann (Hg.), Handbuch Persönliche Beziehungen. Weinheim: im Druck

Bilden, Helga (1989), Geschlechterverhältnis und Individualität im gesellschaftlichen Umbruch. In: H. Keupp / H. Bilden (Hg.), Verunsicherungen. Göttingen: 19-46

Bilden, Helga (1991), Geschlechtsspezifische Sozialisation. In: K. Hurrelmann / D. Ulich (Hg.), Neues Handbuch der Sozialisationsforschung. Weinheim: 279-301

Bilden, Helga (1997), Das Individuum – ein dynamisches System vielfältiger Teil-Selbste. Zur Pluralität in Individuum und Gesellschaft. In: H. Keupp / R. Höfer (Hg.), Identitätsarbeit heute. Klassische und aktuelle Perspektiven der Identitätsforschung. Frankfurt am Main: 227-249

Blau, Peter (1964), Exchange and Power in Social Life. New York: Wiley

Bloch, Ines / Grit Fischer (2003), Ehe als kulturelle Selbstverständlichkeit. In: K. Lenz (Hg.), Frauen und Männer. Zur Geschlechtstypik persönlicher Beziehungen. Weinheim / München: 117-138

Blossfeld, Hans-Peter / Andreas Timm (1997), Der Einfluss des Bildungssystems auf den Heiratsmarkt. Eine Längsschnittanalyse der Wahl des ersten Ehepartners im Lebenslauf. In: Kölner Zeitschrift für Soziologie und Sozialpsychologie 49: 440-476

Blood, Robert O. / Donald M. Wolfe (1960), Husbands and Wives. New York: Free Press

Blumer, Herbert (1973), Der methodologische Standort des symbolischen Interaktionismus. In: Alltagswissen, Interaktion und gesellschaftliche Wirklichkeit. Bd. 1. Reinbek: 80-146

Blumstein, Philip / Pepper Schwartz (1983), American Couples. Money, Work, Sex. New York: William Morrow

Blumstein, Philip / Peter Kollock (1988), Personal relationships. In: Annual Review of Sociology 14: 467-490

Bochner, Arthur P. / Carolyn Ellis / Lisa M. Tillman-Healy (1997), Relationships as story. In: S. Duck (Hg.), Handbook of Personal Relationships. 2. Aufl., Chichester: 307-324

Bodenmann, Guy (2003), Die Bedeutung von Stress für die Partnerschaft. In: H. W. Bierhoff / I. Grau (Hrsg.), Sozialpsychologie der Partnerschaft. Berlin: 481-504

Bodenmann, Guy (2005), Beziehungskrisen: erkennen, verstehen und bewältigen. 2. Aufl., Bern: Huber

Bodenmann, Guy (2008), Paare in der Auflösungsphase. In: K. Lenz / F. Nestmann (Hg.), Handbuch Persönliche Beziehungen. Weinheim: 241-258

Bodenmann, Guy / Annette Cina (2000), Stress und Coping als Prädiktoren für Scheidung: Eine prospektive Fünf-Jahres-Längsschnittstudie. In: Zeitschrift für Familienforschung 12: 5-20

Bodenmann, Guy / Thomas Bradbury / Sabine Madarasz (2002), Scheidungsursachen und -verlauf aus der Sicht der Geschiedenen. Zeitschrift für Familienforschung 14: 5-20

Bodenmann, Guy / Jeanette Meyer / Gabriela Binz / Liliane Brunner (2004), Eine deutschsprachige Replikation der Paartypologie von Gottman. Zeitschrift für Familienforschung 16: 178-193

Böhnisch, Lothar (2001), Männlichkeiten und Geschlechterbeziehungen – ein männertheoretischer Durchgang. In: M. Brückner / L. Böhnisch (Hg.), Geschlechterverhältnisse. Gesellschaftliche Konstruktionen und Perspektiven ihrer Veränderung. Weinheim: 39-118

Böhnisch, Lothar (2003), Die Entgrenzung der Männlichkeit. Weinheim: Juventa

Böhnisch, Lothar (2005), Pornografie zwischen männlicher Bedürftigkeit und Konsum. In: H. Funk / K. Lenz, Sexualitäten. Diskurse und Handlungsmuster im Wandel. Weinheim: 275-298

Böhnisch, Lothar / Heide Funk (2002), Soziale Arbeit und Geschlecht. Theoretische und praktische Orientierungen. hgg. von L. Böhnisch / H. Funk / K. Lenz. Weinheim / München: Juventa

Bojanovsky, Jörg (1986), Verwitwete. Ihre gesundheitlichen und sozialen Probleme. Weinheim: Beltz

Bolton, Charles D. (1961), Mate selection as a development of a relationship. In: Marriage and Familiy Living 23: 234-240

Borneman, Ernest (1990), Sex im Volksmund. Der obszöne Wortschatz des Deutschen. Reinbek: Rowohlt

Borscheid, Peter (1983), Geld und Liebe. Zu den Auswirkungen des Romantischen auf die Partnerwahl im 19. Jahrhundert. In: P. Borscheid / H. J. Teuteberg (Hg.), Ehe, Liebe, Tod. Studien zur Geschichte des Alltags. Münster: 112-134

Bothfeld, Silke (2005), WSI Frauendatenreport. Hg. von Hans-Böckler-Stiftung. Berlin: edition sigma

Boss, Pauline G. (1987), Family stress. In: M. B. Sussman / S. K. Steinmetz (Hg.), Handbook of Marriage and the Family. New York: 695-724

Böttcher, Karin (2006), Scheidung in Ost- und Westdeutschland. Der Einfluss der Frauenerwerbstätigkeit auf die Ehestabilität. In: Kölner Zeitschrift für Soziologie und Sozialpsychologie 58: 592-616

Bourdieu, Pierre (1983), Ökonomisches Kapital, kulturelles Kapital, soziales Kapital. In: R. Kreckel (Hg.), Soziale Ungleichheiten. Sonderband 2 der Sozialen Welt. Göttingen: 183-198

Bozon, Michel / Osmo Kontula (1998), Sexual initiation and gender in Europe. A cross-cultural analysis of trends in the Twentieth Century. In: M. Hubert / N. Bajos / T. Sandfort (Hg.), Sexual Behavior and HIV / AIDS. London

Bozon, Michel (2002), Sociologie de la sexualité. Paris: Nathan

Braiker, Harriet B. / Harold H. Kelley (1979), Conflict in the development of close relationships. In: R. L. Burgess / T. L. Huston (Hg.), Social Exchange in Developing Relationships. New York: 135-168

Brehm, Sharon Stephens / Rowland Miller / Daniel Perlman / Susan Miller Campbell (2002), Intimate Relationships. Boston: McGraw-Hill

Brubaker, Timothy H. (1990), Families in later life. A burgeoning research area. In: Journal of Marriage and the Family 52: 959-981

Brückner, Margrit (1983), Die Liebe der Frauen. Über Weiblichkeit und Misshandlung. Frankfurt am Main: Verlag Neue Kritik

Brückner, Margrit (1990), Zwischen Keuschheit und Selbstbeherrschung. Von der Schwierigkeit weiblichen Begehrens. In: Zeitschrift für Sexualforschung 8: 195-217

Brückner, Margrit (2001), Geschlechtsverhältnisse im Spannungsfeld von Liebe, Fürsorge und Gewalt. In: M. Brückner / L. Böhnisch (Hg.), Geschlechterverhältnisse. Gesellschaftliche Konstruktionen und Perspektiven ihrer Veränderung. Weinheim: 119-178

Brückner, Margrit (2008), Gewalt in Paarbeziehungen. In: K. Lenz / F. Nestmann (Hg.), Handbuch Persönliche Beziehungen. Weinheim: 793-814

Brüderl, Josef / Andreas Diekmann / Henriette Engelhardt (1997), Erhöht eine Problemehe das Scheidungsrisiko? Eine empirische Studie mit dem Familiensurvey. In: Kölner Zeitschrift für Soziologie und Sozialpsychologie 49: 205-222

Buchholz, Wolfgang / Wolfgang Gmür / Renate Höfer / Florian Straus (1984), Lebenswelt und Familienwirklichkeit. Studien zur Praxis der Familienberatung. Frankfurt am Main: Campus

Buchmann, Marlis / Manuel Eisner (1997), Selbstbilder und Beziehungsideale im 20. Jahrhundert. Individualisierungsprozesse im Spiegel von Bekanntschafts- und Heiratsinseraten. In: S. Hradil (Hg.), Differenz und Integration. Die Zukunft moderner Gesellschaften. Verhandlungen des 28. Kongresses der DGS in Dresden 1996. Frankfurt am Main: 324-342

Buchmann, Marlis / Manuel Eisner (2001), Geschlechterdifferenzen in der gesellschaftlichen Präsentation des Selbst. Heiratsinserate von 1900 bis 2000. In: B. Heintz (Hg.), Geschlechtersoziologie. Sonderheft der Kölner Zeitschrift für Soziologie und Sozialpsychologie 41: 175-207

Bühler-Ilieva, Evelina (2006), Einen Mausklick von mir entfernt. Auf der Suche nach Liebesbeziehungen im Internet. Marburg: Tectum

Bullis, Connie / Carolyn Clark / Rick Sline (1993), From passion to commitment: Turning points in romantic relationships. In: P. J. Kalbfleisch (Hg.), Interpersonal Communication: Evolving Interpersonal Relationships. Hillsdale: 213-236

Bumke, Joachim (1986), Höfische Kultur. Literatur und Gesellschaft im hohen Mittelalter. 2 Bde. München: dtv

Bundesinstitut für Bevölkerungsforschung (2004), Bevölkerung. Fakten – Trends – Ursachen – Erwartungen. Die wichtigsten Fragen. 2. Aufl., Wiesbaden

Bundesministerium für Jugend, Familie und Gesundheit (Hg.) (1985), Nichteheliche Lebensgemeinschaften in der Bundesrepublik. Schriftenreihe des BMFJG Bd. 170. Stuttgart: Kohlhammer

Bundesministerium für Familie, Senioren, Frauen und Jugend (Hg.) (2003), Die Familie im Spiegel der amtlichen Statistik. Berlin

Bundeszentrale für gesundheitliche Aufklärung (Hg.) (2002), Jugendsexualität. Wiederholungsbefragung von 14-17-Jährigen und ihren Eltern. Ergebnisse der Repräsentativbefragung aus 2001. Köln

Bundeszentrale für gesundheitliche Aufklärung (Hg.) (2007), Jugendsexualität. Wiederholungsbefragung von 14- bis 17-Jährigen und ihren Eltern. Ergebnisse der Repräsentativbefragung aus 2005, Köln

Bundeszentrale für gesundheitliche Aufklärung (2008), Verhütungsverhalten Erwachsener 2007. Ergebnisse der Repräsentativbefragung. Köln

Burgess, Ernest W. (1926), The romantic impulse and family desorganization. In: Survey 57: 290-294

Burgess, Ernest W. / Harvey J. Locke (1953), The Family. New York: American Book

Burgess, Ernest W. / Paul Wallin (1943), Homogamy in social characteristics. In: American Journal of Sociology 49: 109-124

Burgess, Ernest W. / Paul Wallin (1953), Engagement and Marriage. Philadelphia: Lippincott

Burgess, Robert L. (1981), Relationships in marriage and the family. In: S. Duck / R. Gilmour (Hg.), Personal Relationships 1: Studying Personal Relationships. London: 179-178

Burkard, Benedikt (2003), Die Boten des Glücks. Liebe im Zeitalter der Kommunikation. In: B. Burkard (Hg.), liebe.komm. Botschaften des Herzens. Ausstellungskatalog des Museums für Kommunikation. Frankfurt am Main: 10-27

Burkart, Günter (1994), Die Entscheidung zur Elternschaft. Eine empirische Kritik von Individualisierungs-Theorien und Rational-Choice-Theorien. Stuttgart: Enke

Burkart, Günter (1997), Lebensphasen – Liebesphasen. Vom Paar zur Ehe, zum Single und zurück? Opladen: Leske + Budrich

Burkart, Günter (1998), Auf dem Weg zu einer Soziologie der Liebe. In: K. Hahn / G. Burkart (Hg.), Liebe am Ende des 20. Jahrhunderts. Opladen: 15-50

Burkart, Günter (2000), Arbeit und Liebe. Über die Macht der Liebe und der Arbeit an der Partnerschaft. In: K. Hahn / G. Burkart (Hg.), Grenzen und Grenzüberschreitungen der Liebe. Opladen: 165-198

Burkart, Günter (2007), Das modernisierte Patriarchat. Neue Väter und alte Probleme. In: WestEnd. Neue Zeitschrift für Sozialforschung 4: 82-91

Burkart, Günter (2008), Paare in der Bestandsphase. In: K. Lenz / F. Nestmann (Hg.), Handbuch Persönliche Beziehung. Weinheim: 221-240

Burkart, Günter / Beate Fietze / Martin Kohli (1989), Liebe, Ehe, Elternschaft. Eine qualitative Untersuchung über den Bedeutungswandel von Paarbeziehungen und seine demographischen Konsequenzen. Materialien zur Bevölkerungswissenschaft Heft 60, Wiesbaden

Burkart, Günter / Cornelia Koppetsch (2001), Geschlecht und Liebe. Überlegungen zu einer Soziologie des Paares. In: B. Heintz (Hg.), Geschlechtersoziologie. Sonderheft der Kölner Zeitschrift für Soziologie und Sozialpsychologie 41: 431-543

Burkart, Günter / Martin Kohli (1992), Liebe, Ehe, Elternschaft. Die Zukunft der Familie. München: Piper

Burleson, Brant R. / Sandra Metts / Michael Kirch (2000), Communication in close relationships. In: C. Hendrick / S. S. Hendrick (Hg.), Close Relationships. A Sourcebook. Thousand Oaks: 245-260

Burmann, Henriette (2000), Die kalkulierte Emotion der Geschlechterinszenierung. Galanterierituale nach deutschen Etikette-Büchern in soziohistorischer Perspektive. Konstanz: UVK

Buss, David (1994), Die Evolution des Begehrens. Hanburg: Kabel

Buss, David M. / David P. Schmidt (1993), Sexual strategy theory: An evolutionary perspective on human matching. In: Psychological Review 100: 204-232

Buunk, Abrahram P. / Pieternel Dijkstra (2000), Extradyadic relationships and jealousy. In: C. Hendrick / S. S. Hendrick (Hg.), Close Relationships. A Sourcebook. Thousand Oaks: 317-329

Buunk, Abraham P. / Pieternel Dijkstra (2006), Extradyadic Relations and Jealousy. In: A. L. Vangelisti / D. Perlmann (Hg.), The Cambridge Handbook of Personal Relationships. Cambridge: 533-555

Byrne, Donn (1973), Interpersonal attraction. In: Annual Review of Psychology 24: 317-336

Cahn, Dudley D. (1992), Conflict in Intimate Relationships. New York: The Guilford Press

Cameron, Deborah / Don Kulick (2003), Language and Sexuality. Cambridge: University Press

Canary, Daniel / Susan J. Messman (2000), Relationship conflict. In: C. Hendrick / S. S. Hendrick (Hg.), Close Relationships. A Sourcebook. Thousand Oaks: 261-270

Canary, Daniel / William Cupach / S. J. Messman (1995). Relationship Conflict: Conduct in Parent-Child, Friendship and Romantic Relationships. Newbury Parks: Sage

Cancian, Francesca M. (1987), Love in America. Gender and Self-Development. Cambridge: Cambridge University Press

Cancian, Francesca M. / Steven L. Gordon (1988), Changing emotion norms in marriage. Love and anger in U.S. women's magazines since 1900. In: Gender & Society 2: 308-342

Cate, Rodney M. / Sally Lloyd (1988), Courtship. In: S. Duck (Hg.), Handbook of Personal Relationships. Chicester: 409-427

Cate, Rodney M. / Ted L. Huston / John R. Nesselroade (1986), Premarital relationships: Toward the identification of alternative pathways to marriage. In: Journal of Social and Clinical Psychology 4: 3-22

Centers, Richard et al. (1971), Conjugal power structure: A reexamination. In: American Sociological Review 36: 364-278

Cherlin, Andrew J. (2004), The deinstitutionalization of American marriage. In: Journal of Marriage and Family 66: 848-861

Chodorow, Nancy (1985), Das Erbe der Mütter. Psychoanalyse und Soziologie der Geschlechter. München: Frauenoffensive (orig. 1978)

Christopher, F. S. / Susan Sprecher (2000), Sexuality in marriage, dating, and other relationships: A decade review. In: Journal of Marriage and the Family 62: 999-1017

Christopher, F. Scott / Sally A. Lloyd (2000), Physical and sexual aggression in relationships. In: C. Hendrick / S. S. Hendrick (Hg.), Close Relationships. A Sourcebook. Thousand Oaks: 331-343

Clanton, Gordon (1989), Jealousy in american culture, 1945-1985. Reflections from popular literature. In: D.D. Franks / E.D. McCarthy (Hg.), The Sociology of Emotions. Greenwich: 179-193

Cline, Sally (1998), Couples. Scene from the inside. London: Warner

Coenen-Huther, Josette (2002), Das Familiengedächtnis. Wie Vergangenheit rekonstruiert wird. Konstanz: UVK (orig. 1994)

Cohen, Stanley / Laurie Taylor (1977), Ausbruchsversuche. Identität und Widerstand in der modernen Lebenswelt. Franfurt am Main: Suhrkamp

Coleman, Fincham Marilyn / Lawrence Ganong / Kim Leon (2006), Divorce and Postdivorce Relationships. In: A. L. Vangelisti / D. Perlmann (Hg.), The Cambridge Handbook of Personal Relationships. Cambridge: 157-173

Cooley, Charles H. (1968), Human Nature and Social Order. New York: Charles Scribner's Sons (orig. 1902)

Coontz, Stephanie (2005), Marriage, a history: From obedience to intimacy or how love conquered marriage. New York: Viking

Cooper, Alvin / Coralie R. Scherer / Sylvain C. Boies / Barry L. Gordon (1999), Sexuality on the Internet: From Sexual Exploration to the Pathological Expression. In: Professional Psychology 30: 154-164

Corsten, Michael (1993), Das Ich und die Liebe: Subjektivität, Intimität, Vergesellschaftung. Opladen: Leske + Budrich

Coser, Lewis A. (1965), Theorie sozialer Konflikte. Neuwied: Luchterhand (orig. 1956)

Coser, Lewis A. (1968), Conflict: Social aspects. In: International Encyclopedia of the Social Sciences, Vol. 3: 232-236

Cramer, Duncan (1998), Close Relationships. The Study of Love and Friendships. New York: Oxfort University Press

Cromwell, Ronald E. / David H.Olson (Hg.) (1975), Power in Families. New York: Sage

Cuber, John F. / P. B. Haroff (1965), The Significant Americans. A Study of Sexual Behavior among the Affluent. New York: Appeton-Century

Cunningham, Michael R. / Anita P. Barbee (2000), Social support. In: C. Hendrick / S. S. Hendrick (Hg.), Close Relationships. A Sourcebook. Thousand Oaks: 273-285

Cutrona, Carolyn E. (1996), Social Support in Couples. Marriage as a Resource in Times of Stress. Thousand Oaks: Sage

Dannenbeck, Clemens / Jutta Stich (2002), Sexuelle Erfahrungen im Jugendalter. Aushandlungsprozesse im Geschlechterverhältnis. Bundeszentrale für gesundheitliche Aufklärung (Hg.). Köln

Daub, Claus-Heinrich (1996), Intime Systeme. Eine soziologische Analyse der Paarbeziehung. Basel: Helbing und Lichtenhahn

Davis, Murray S. (1973), Intimate Relations. New York: Free Press

Denzin, Norman K. (1974), Rules of conduct and the study of deviant behavior: Some notes on the social relationship. In: G. J. McCall et al., Social Relationships. Chicago: 62-94

Diamond, Lisa M. (2006), The Intimate Same-Sex Relationships of Sexual Minorities. In: A. L. Vangelisti / D. Perlmann (Hg.), The Cambridge Handbook of Personal Relationships. Cambridge: 293-312

Diewald, Martin (1991), Soziale Beziehungen: Verlust oder Liberalisierung? Soziale Unterstützung in informellen Netzwerken. Berlin: Sigma

Diewald, Martin (1993), Netzwerkorientierungen und Exklusivität der Paarbeziehung. Unterschiede zwischen Ehen, nichtehelichen Lebensgemeinschaften und Paarbeziehungen mit getrennten Haushalten. In: Zeitschrift für Soziologie 22: 279-297

Dindia, Kathryn (2000), Relational maintendance. In: C. Hendrick / S. S. Hendrick (Hg.), Close Relationships. A Sourcebook. Thousand Oaks: 287-299

Dindia, Kathryn / Steve W. Duck (Hg.) (2000), Communication and Personal Relationships. Wiley: Chichester

Dinzelbacher, Peter (1989), Liebe im Frühmittelalter. In: Zeitschrift für Literaturwissenschaft und Linguistik 74: 12-38

Dobash, Russel P. / R. Emerson Dobash (2002), Gewalt in heterosexuellen Partnerschaften. In: W. Heitmeyer / J. Hagan (Hg.), Internationales Handbuch der Gewaltforschung. Westdeutscher Verlag: 921-941

Doermer-Tramitz, Christiane (1990), ...Auf den ersten Blick. Über die ersten dreißig Sekunden einer Begegnung von Mann und Frau. Opladen: Westdeutscher Verlag

Donohue, William A. / Robert Kolt (1992), Managing Interpersonal Conflict. Newbury Park: Sage

Dorbritz, Jürgen / Karl Schwarz (1996), Kinderlosigkeit in Deutschland – ein Massenphänomen? Analysen zu Erscheinungsformen und Ursachen. In: Zeitschrift für Bevölkerungswissenschaft 3: 231-261

Dorbritz, Jürgen / Karla Gärtner (1999), Berechnungen zur Kinderlosigkeit am Bundesinstitut für Bevölkerungsforschung – methodische Probleme und Ergebnisse, In: BiB-Mitteilungen 20 (2): 13-15

Dorbritz, Jürgen (2005), Kinderlosigkeit in Deutschland und Europa – Daten, Trends und Einstellungen. In: Zeitschrift für Bevölkerungsforschung 30: 359-408

Dorbritz, Jürgen / Kerstin Ruckdeschel (2007), Kinderlosigkeit in Deutschland – Ein europäischer Sonderweg. In: D. Konietzka / M. Kreyenfeld (Hg.), Ein Leben ohne Kinder. Kinderlosigkeit in Deutschland. Wiesbaden: 45-82

Döring, Nicola (2003), Sozialpsychologie des Internet. Göttingen: Hogrefe, Verlag für Psychologie

Döring, Nicole (2008), Mediatisierte Beziehungen. In: K. Lenz / F. Nestmann (Hg.), Handbuch Persönliche Beziehungen. Weinheim: 651-676

Dose, Ralf (1990), Die Implantation der Anti-Baby-Pille in den 60er und frühen 70er Jahren. In: Zeitschrift für Sexualforschung 3: 25-39

Dreitzel, Hans Peter (1983), Peinliche Situationen. In: M. Baethge / W. Eßbach (Hg.), Soziologie: Entdeckungen im Alltäglichen: Hans Paul Bahrdt; Festschrift zu seinem 65. Geburtstag, Frankfurt am Main: 148-173

Dröge-Modelmog, Ilse (1987), Was heißt hier Liebe? Gedanken zu einem sozialen Massenphänomen. In: I. Dröge-Modelmog / G. Mergner (Hg.), Orte der Gewalt. Opladen: 15-31

Dryden, Caroline (1999), Being Married, Doing Gender. A Critical Analysis of Gender Relationships in Marriage. London: Routledge

Duck, Steve (1981), Toward a research map for the study of relationship breakdown. In: S. Duck / R. Gilmour (Hg.), Personal Relationships III: Personal Relationships in Disorder. London: 1-29

Duck, Steve (1982), A topography of relationship disengagement and dissolution. In: S. Duck (Hg.), Personal Relationships IV: 1-29

Duck, Steve (1986), Human Relationships. An Introduction to Social Relationships. London: Sage

Duck, Steve (1988b), Introduction. In: S. Duck (Hg.), Handbook of Personal Relationships. Theory, Research and Interventions. Chicester: xiii-xvii

Duck, Steve (1990), Relationships as unfinished business: Out of the frying pan and into the 1990s. In: Journal of Social and Personal Relationships 7: 5-28

Duck, Steve (1994), Stratagems, spoils, and a serpents tooth: on the delights and dilemmas of personal relationships. In: W. R. Cupach / B. H. Spitzberg (Hg.), The Dark Side of Interpersonal Communication. Hillsdale: 3-24

Duck, Steve (Hg.) (1988a), Handbook of Personal Relationships. Theory, Research and Interventions. Chicester: Wiley & Sons

Duck, Steve (Hg.) (1997), Handbook of Personal Relationships. Theory, Research and Interventions. 2. Aufl., Chicester: Wiley & Sons

Duck, Steve / Daniel Perlman (1985), The thousand islands of personal relationships: A prescriptive analysis for future explorations. In: S. Duck / D. Perlman (Hg.), Understanding Personal Relationships. London: 1-15

Duck, Steve / Harriet Scants (1983), On the origin of the specious. Are personal relationships really interpersonal states? In: Journal of Social and Clinical Psychology 1: 27-44

Duck, Steve / Robin Gilmour (Hg.) (1981a), Personal Relationships I: Studying Personal Relationships. London: Academic Press

Duck, Steve / Robin Gilmour (Hg.) (1981b), Personal Relationships II: Developing Relationships. London: Academic Press

Duck, Steve / Robin Gilmour (Hg.) (1981c), Personal Relationships III: Personal Relationships in Disorder. London: Academic Press

Dülmen, Richard von (1990), Kultur und Alltag in der frühen Neuzeit. Bd. 1: Das Haus und seine Menschen 16.-18. Jh. München: Beck

Duncombe, Jean and Dennis Mardsen (1993), Love and intimacy: The gender division of emotion and 'emotion work'. Neglected aspect of sociological discussion of heterosexual relationships. In: Sociology 27: 221-241

Durkheim, Emile (1921), La famille conjugale. In: Revue Philosophique 91: 1-12

Durkheim, Emile (1967), Die Bestimmung der moralischen Tatsache. In: E. Durkheim, Soziologie und Philosophie. Frankfurt am Main: 84-117 (orig. 1906)

Durkheim, Emile (1972), Der Selbstmord. Frankfurt am Main: Suhrkamp (orig. 1897)

Durkheim, Emile (1984), Die elementaren Formen des religiösen Lebens. Frankfurt am Main: Suhrkamp (orig. 1912)

Durkheim, Emile (1988), Über soziale Arbeitsteilung. Studie über die Organisation höherer Gesellschaften. Frankfurt am Main: Suhrkamp (orig. 1893)

Dux, Günter (1994), Geschlecht und Gesellschaft. Warum wir lieben. Frankfurt am Main: Suhrkamp

Ebbecke-Nohlen, Andrea (2008), Systemische Paarberatung. In: K. Lenz / F. Nestmann (Hg.), Handbuch Persönliche Beziehungen. Weinheim: 862-881

Ebert, Christiane (2005), Zeit und Raum in Liebesbeziehungen. Wunsch und Wirklichkeit im Alltagsgeschehen von Paaren mit Kindern. Berlin: Tenea-Verlag

Ecarius, Jutta (Hg.) (2007), Handbuch Familie, Wiesbaden: VS

Eckardt, Jörg (1993), Gebrauchte Junggesellen. Scheidungserleben und biographische Verläufe. Opladen: Leske + Budrich

Eckert, Roland / Alois Hahn / Marianne Wolf (1989), Die ersten Jahre junger Ehen. Verständigung durch Illusionen? Frankfurt am Main: Campus

Eder, Franz X. (2002), Kultur der Begierde. Eine Geschichte der Sexualität. München: Beck

Ehrenreich, Barbara / Elisabeth Hess / Gloria Jacobs (1986), Re-making Love. The Feminization of Sex. New York: Doubleday (dt. 1988)

Eibl-Eibesfeldt, Irenäus (1984), Die Biologie des menschlichen Verhaltens. München: Piper

Ekman, Paul (1988), Gesichtsausdruck und Gesicht. Paderborn: Junfermann

Ekman, Paul (1989), Weshalb Lügen kurze Beine haben. Über Täuschungen und deren Aufdeckungen im privaten und öffentlichen Leben. Berlin: de Gruyter (orig. 1985)

Ekman, Paul / Wallace V. Friesen / Klaus Scherer (1976), Body movement and voice pitch in deceptive interaction. In: Semiotica 16: 23-27

El-Giamal, Muna (1999), Wenn ein Paar zur Familie wird. Alltag, Belastungen und Belastungsbewältigung beim ersten Kind. Bern: Huber

Elias, Norbert (1978), Grundfragen der Soziologie. München: Juventa

Elschenbroich, Donata (1988), Eine Familie – zwei Kulturen. Deutsch-ausländische Familien. In: Deutsches Jugendinstitut (Hg.), Wie geht es der Familie? München: 363-370

Elsner, Constanze (1991), Heiratsschwindel, Eheinstitute und ihre Praktiken. Rastatt: Moewig

Emmerling, Dieter (2002), Ehescheidungen 2000 / 2001. Die wichtigsten Ergebnisse. In: Wirtschaft und Statistik 12 / 2002: 1056-1064

Engl, Joachim (1997), Determinanten der Ehequalität und Ehestabilität: eine fünfjährige Längsschnittstudie an heiratswilligen und jungverheirateten Paaren. München: Institut für Forschung und Ausbildung in Kommunikationstherapie

Engstler, Heribert / Sonja Menning (2003), Die Familie in der amtlichen Statistik. Hg. v. Bundesministerium für Familie, Senioren, Frauen und Jugend. Bonn

Enzensberger, Hans Magnus (1988), Requiem für eine romantische Frau. Die Geschichte von Auguste Bußmann und Clemens Brentano. Berlin: Friedenauer

Erikson, Erik H. (1966a), Wachstum und Krisen der gesunden Persönlichkeit. In: E. H. Erikson, Identität und Lebenszyklus. Frankfurt am Main: 55-122

Erikson, Erik H. (1966b), Das Problem der Ich-Identität. In: E. H. Erikson, Identität und Lebenszyklus. Frankfurt am Main: 123-215

Ernst, Stefanie (1996), Machtbeziehungen zwischen den Geschlechtern. Wandlungen der Ehe im Prozess der Zivilisation. Opladen: Westdeutscher Verlag

Esser, Hartmut (1993), Soziologie. Allgemeine Grundlagen. Frankfurt am Main: Campus

Esser, Hartmut (2002), In guten wie in schlechten Tagen? Das Framing der Ehe und das Risiko zur Scheidung. Eine Anwendung und ein Test des Modells der Frame-Selektion. In: Kölner Zeitschrift für Soziologie und Sozialpsychologie 54: 27-63

Fehr, Beverly (1996), Friendship processes. Thousand Oaks: Sage

Feingold, Alan (1988), Matching for attractiveness in romantic partners and same-sex friends: A meta-analysis and theoretical critique. In: Psychological Bulletin 104: 226-235

Feingold, Alan (1992), Good- looking people are not what we think. In: Psychological Bulletin 111: 304- 341

Feldhaus, Michael / Johannes Huinink (2005), Längsschnittliche Beziehungs- und Familienforschung. Darstellung des Forschungsprogramms. In: F. Busch / R. Nave-Herz (Hg.), Familie und Gesellschaft. Oldenburg: 187-205

Feldhaus, Michael / Johannes Huinink (2006), Beziehungs- und Familienentwicklung im modernen Wohlfahrtsstaat. Entwurf im Rahmen eines DFG Langfristvorhabens. PAIRFAM-Arbeitspapier Nr. 5: Universität Bremen 2006

Ferreira, Antonio J. (1980), Familienmythen. In: P. Watzlawick / J. H. Weakland (Hg.), Interaktion. Bern: 85-92

Fichte, Johann Gottlieb (1960), Grundlage des Naturrechts nach Prinzipien der Wissenschaftslehre. Hamburg: Meiner (orig. 1796)

Fiehler, Reinhard (1990), Kommunikation und Emotion. Theoretische und empirische Untersuchungen zur Rolle von Emotionen in der sozialen Interaktion. Berlin: de Gruyter

Filipp, Sigrun-Heide (Hg.) (1990), Kritische Lebensereignisse. 2. Aufl., München: Urban & Schwarzenberg

Finkelhor, David / Kersti Yllo (1985), Licence to Rape. Sexual Abuse of Wives. New York: Holt, Rinehart & Winston Inc.

Finzi, Sandra C. (1988), Die Affäre. In: Familiendynamik 13: 160-164

Fischer, Joachim (2001), Der Dritte. Zur Anthropologie der Intersubjektivität. In: W. Eßbach (Hg.) (2001), Wir / Ihr / Sie. Identität und Alterität in Theorie und Methode. Würzburg: 103-136

Fisher, Helen (1993), Anatomie der Liebe: wie Paare sich finden, sich binden und auseinandergehen. München: Drömer Knaur

Fitzpatrik, Anne Mary (1990), Models of marital interaction. In: H. Giles / W. P. Robinson (Hg.), Handbook of Language and Social Psychology. Chicester: 433-450

Flam, Helena (2002), Soziologie der Emotionen. Konstanz: UVK

Flandrin, Jean-Louis (1986), Das Geschlechtsleben der Eheleute in der alten Gesellschaft. In: P. Ariès et al., Die Masken des Begehrens und die Metamorphosen der Sinnlichkeit. Frankfurt am Main: 147-164

Flitner, Elisabeth / Renate Valtin (Hg.) (1987), Dritte im Bund: Die Geliebte. Reinbek: Rowohlt

Forgas, Joseph P. (1987), Sozialpsychologie. Eine Einführung in die Psychologie der sozialen Interaktion, München: Psychologie Verlags-Union (orig. 1985)

Frenzel, Hansjörg (1995), Bildung und Partnerwahl. In: ZUMA-Nachrichten, 36. Jg.: 61-88

Frevert, Ute (1995), "Mann und Weib, und Weib und Mann": Geschlechterdifferenzen in der Moderne. München: Beck

Frey, Hans-Peter / Karl Haußer (1988), Entwicklungslinien sozialwissenschaftlicher Identitätsforschung. In: H.-P. Frey / K. Haußer (Hg.), Identität. Stuttgart: 3-26

Friedeburg, Ludwig von (1953), Umfrage in der Intimsphäre. Stuttgart: Enke

Fromm, Erich (1990), Die Kunst des Liebens. 43. Aufl., Frankfurt am Main: Ullstein (orig. 1956)

Früchtel, Frank / Christian Stahl (1996), Das starke Geschlecht. Wie Männer heute Liebe machen. Frankfurt am Main: Fischer

Fthenakis, Wassilios E. (1986), Interventionsansätze während und nach der Scheidung. Eine systemtheoretische Betrachtung. Archiv für Wissenschaft und Praxis der sozialen Arbeit 2-4: 174-201

Fthenakis, Wassilios E. / Bernhard Kalicki / Gabriele Peitz (2002), Paare werden Eltern. Partnerschaft nach dem ersten Kind. Opladen: Leske + Budrich

Fuchs, Peter (1999), Liebe, Sex und solche Sachen. Zur Konstruktion moderner Intimsysteme. Konstanz: UVK

Fücker, Michael (2008), Mediation. In: K. Lenz / F. Nestmann (Hg.), Handbuch Persönliche Beziehungen. Weinheim: 904-927

Fumagalli, Mariateresa (1986), Heloise und Abaelard. München: Artemis (orig. 1984)

Funk, Heide (2005), Sexuelle Erfahrungen von Frauen. Befreiungen und neue Beschränkungen. In: H. Funk / K. Lenz, Sexualitäten. Diskurse und Handlungsmuster im Wandel. Weinheim: 213-234

Furstenberg, Frank F. (1990), Divorce and the american family. In: Annual Reviev of Sociology 16: 379-403

Gagnon, John H. / William Simon (2001), Sexual Conduct. Chicago: Aldine (orig. 1973)

Galtung, Johan (1975), Strukturelle Gewalt. Beiträge zur Friedens- und Konfliktforschung. Reinbek: Rowohlt

Garfinkel, Harold (1967), Studies in Ethnomethodology. Englewood Cliffs: Prentice Hall

Garhammer, Manfred (1997), Auf dem Weg zu egalitären Geschlechterrollen? Familiale Arbeitsteilung im Wandel. In: H. P. Buba / N. F. Schneider (Hg.). Familie. Zwischen gesellschaftlicher Prägung und individuellem Design. Opladen: 319-336

Gay, Peter (1985), Erziehung der Sinne. Sexualität im bürgerlichen Zeitalter. München: Beck

Gehlen, Arnold (1986), Der Mensch. Seine Natur und seine Stellung in der Welt. Wiesbaden: Aula

Gelles, Richard J. (2002), Gewalt in der Familie. In: W. Heitmeyer / J. Hagan (Hg.), Internationales Handbuch der Gewaltforschung. Westdeutscher Verlag: 1043- 1077

Gergen, Kenneth J. (1982), From self to science. What is there to know? In: J. Suls (Hg.), Psychological Perspectives on the Self. Vol. 1. Hillsdale: 127-149

Gergen, Kenneth J. (1996), Das übersättigte Selbst: Identitätsprobleme im heutigen Leben. Heidelberg: Auer

Gerhard, Ute (1981), Verhältnisse und Verhinderungen. Frauenarbeit, Familie und Rechte der Frauen im 19. Jahrhundert. 2. Aufl., Frankfurt am Main: Suhrkamp

Gerhards, Jürgen (1988), Soziologie der Emotionen. Fragestellungen, Systematik und Perspektiven. München: Juventa

Gerhards, Jürgen / Bernd Schmidt (1992), Intime Kommunikation. Eine empirische Studie über Wege der Annäherung und Hindernisse für "safer sex". Baden-Baden: Nomos

Gerhardt, Uta (1988), Frauenrolle und Rollenanalyse. In: U. Gerhardt / Y. Schütze (Hg.), Frauensituation. Veränderungen der letzten zwanzig Jahre. Frankfurt am Main: 45-80

Gern, Christiane (1992), Geschlechtsrollen: Stabilität oder Wandel? Eine empirische Analyse anhand von Heiratsinseraten. Opladen: Westdeutscher Verlag

Giddens, Anthony (1984), Die Konstitution der Gesellschaft. Frankfurt am Main: Campus (orig. 1980)

Giddens, Anthony (1993), Wandel der Intimität. Sexualität, Liebe und Erotik in modernen Gesellschaften. Frankfurt am Main: Fischer

Gildemeister, Regine (2000), Soziale Konstruktion von Geschlecht: Fallen, Missverständnisse und Erträge einer Debatte. In: C. Rademacher / P. Wiechens (Hrsg.), Geschlecht, Ethnizität, Klasse. Zur sozialen Konstruktion von Hierarchie und Differenz. Opladen: 65-90

Gildemeister, Regine / Kai-Olaf Maiwald / Claudia Scheid / Elisabeth Seyfarth-Konau (2003), Geschlechterdifferenzierungen im Berufsfeld Familienrecht. Empirische Befunde und geschlechtertheoretische Reflexionen. In: Zeitschrift für Soziologie 32: 374-395

Gillis, John R. (1997), Mythos Familie: Auf der Suche nach der eigenen Lebensform. Weinheim: Beltz Quadriga

Ginsburg, G. P. (1988), Rules, scripts and prototypes in personal relationships. In: S. Duck (Hg.), Handbook of Personal Relationships. Chicester: 23-39

Givens, David B. (1978), The nonverbal basis of attraction, flirtation, courtship, and seduction. In: Psychiatry 41: 346-360

Glaser, Barney G. / Anselm L. Strauss (1974), Interaktion mit Sterbenden. Göttingen: Vandenhoeck & Ruprecht (orig. 1965)

Goffman, Erving (1952), On cooling the mark out: Some aspects of adaptation to failure. In: Psychiatry 15: 451-463

Goffman, Erving (1953), Communication Conduct in an Island Community, Ph. D. Dissertation, University of Chicago (unveröffentlicht)

Goffman, Erving (1969), Wir alle spielen Theater. Die Selbstdarstellung im Alltag. München: Piper (orig. 1959)

Goffman, Erving (1971a), Verhalten in sozialen Situationen. Strukturen und Regeln der Interaktion im öffentlichen Raum. Gütersloh: Bertelsmann (orig. 1963)

Goffman, Erving (1971b), Interaktionsrituale. Über Verhalten in direkter Kommunikation. Frankfurt am Main: Suhrkamp (orig. 1967)

Goffman, Erving (1972), Asyle. Über die soziale Situation psychiatrischer Patienten und anderer Insassen. Frankfurt am Main: Suhrkamp

Goffman, Erving (1974), Das Individuum im öffentlichen Austausch. Mikrostudien zur öffentlichen Ordnung. Frankfurt am Main: Suhrkamp (orig. 1971)

Goffman, Erving (1977), Rahmen-Analyse. Ein Versuch über die Organisation von Alltagserfahrungen. Frankfurt am Main: Suhrkamp (orig. 1974)

Goffman, Erving (1981a), Geschlecht und Werbung. Frankfurt am Main: Suhrkamp (orig. 1979)

Goffman, Erving (1981b), A reply to Denzin and Keller. In: Contemporary Sociology 10: 60-68

Goffman, Erving (1994a), Die Interaktionsordnung. In: E. Goffman, Interaktion und Geschlecht. hg. von H. A. Knoblauch. Frankfurt am Main: 50-104 (orig. 1983)

Goffman, Erving (1994b), Das Arrangement der Geschlechter. In: E. Goffman, Interaktion und Geschlecht. hgg. von H. A. Knoblauch. Frankfurt am Main: 105-158 (orig. 1977)

Göller, Detlef (2005), Der immer neue Beitrag von Gottfrieds von Straßburg zum höfischen Liebesdiskurs. In: K. Tanner (Hg.), "Liebe" im Wandel der Zeiten. Kulturwissenschaftliche Perspektiven. Leipzig: 77-94

Goode, William J. (1956), After Divorce. Glencoe: Free Press

Goode, William J. (1959), The theoretical importance of love. In: American Sociological Review 16: 37-48

Goody, Jack (1986), Die Entwicklung von Ehe und Familie in Europa. Berlin: Reimer

Gordon, Steven L. (1981), The sociology of sentiments and emotion. In: M. Rosenberg / R. H. Turner (Hg.), Social Psychology. Sociological Perspectives. New York: 562-592

Gordon, Steven L. (1985), Micro-sociological theories of emotion. In: H. J. Helle / S. N. Eisenstadt (Hg.), Micro-sociological Theory. London: 133-147

Gostomski, Christian Babka von / Josef Hartmann / Johannes Kopp (1998), Sozialstrukturelle Bestimmungsgründe der Ehescheidung. Eine empirische Überprüfung einiger Hypothesen der Familienforschung. In: Zeitschrift für Soziologie der Erziehung und Sozialisation 18: 117-133

Gottman, John M. (1994), What predicts divorce? The relationship between marital processes and marital outcomes. Hillsdale: Lawrence Erlbaum Associates

Gottman, John M. / James Coan / Sybil Carrence / Catherine Swanson (1998), Prediting marital happiness and stability from newlywed interactions. In: Journal of Marriage and the Family 60: 5-22

Gove, Walter R. / Carolyn B. Style / Michael Hughes (1990), The effect of marriage on the well-being of adults. A theoretical analysis. In: Journal of Family Issues 11: 4-35

Grammer, Karl (1994), Die Signale der Liebe. Die biologischen Gesetze der Partnerwahl. Hamburg: Hoggmann & Campe.

Gräßel, Ulrike (2003), Ein "richtiger" Mann – eine "richtige" Frau. Die Konstruktion von Geschlechteridentitäten in häuslichen Gewaltbeziehungen. In: K. Lenz (Hg.), Frauen und Männer. Zur Geschlechtstypik persönlicher Beziehungen. Weinheim / München: 161-180

Grau, Ina / Hans Werner Bierhoff (Hg.) (2003), Sozialpsychologie der Partnerschaft. Berlin: Springer

Grimshaw, Allen D. (1990), research on conflict talk: antecedents, resources, findings, directions. In: A. D. Grimshaw (Hg.), Conflict talk. Sociolinguistic Investigations of Arguments in Conversations. Cambridge: 281-324

Gross, Llewellin (1944), A belief pattern scale for measuring attitudes toward romanticism. In: American Sociological Review 9: 463-472

Grünheid, Evelyn (2006), Die demographische Lage in Deutschland 2005. In: Zeitschrift für Bevölkerungswissenschaft 31: 3-104

Grunow, Daniela / Florian Schulz / Hans-Peter Blossfeld (2007), Was erklärt die Traditionalisierungsprozesse häuslicher Arbeitsteilung im Eheverlauf: soziale Normen oder ökonomische Ressourcen? In: Zeitschrift für Soziologie 36: 162-181

Grutzpalk, Jonas (2000), Leidenschaft und Treue. Zur Ausdifferenzierung kultureller Liebescodes in Italien, Frankreich und Deutschland. In: K. Hahn / G. Burkart (Hg.), Grenzen und Grenzüberschreitungen der Liebe. Opladen: 45-72

Guerrero, Laura K. / Peter A. Anderson (2000), Emotion in close relationships. In: C. Hendrick / S. S. Hendrick (Hg.), Close Relationships. A sourcebook. Thousand Oaks: 171-183

Gugutzer, Robert (2002), Leib. Körper und Identität. Eine phänomenologisch-soziologische Untersuchung zur personalen Identität. Opladen: Westdeutscher Verlag

Gukenbiehl, Hermann L. (1986), Ehe. In: B. Schäfers (Hg.), Grundbegriffe der Soziologie. Opladen: 55-58

Habermas, Rebekka (2001), Bürgerliche Kleinfamilie – Liebesheirat. In: R. van Dülmen (Hg.), Entdeckung des Ichs. Wien: 287-310

Haffner, Sarah (Hg.) (1976), Gewalt in der Ehe und was Frauen dagegen tun können. Berlin: Wagenbach

Hagemann-White, Carol et al. (1981), Hilfen für misshandelte Frauen. Schriftenreihe des BMFJG Bd. 124. Stuttgart: Kohlhammer

Hagemann-White, Carol (2006), Auswirkungen des Gewaltschutzgesetzes auf Beratung und Unterstützung. In: A. Bauer / C. Brand-Wittig (Hg.), Paardynamik in Gewaltbeziehungen. Arbeitspapiere aus der Evangelischen Fachhochschule Darmstadt, Nr. 4: 25-37

Hagestad, Gunhild O. / Michael A. Smyer (1982), Dissolving long-term relationships: Patterns of divorcing in middle age. In: S. Duck (Hg.), Personal Relationships IV: Dissolving Personal Relationships. New York: 155-188

Hahlweg, Kurt (1991), Störung und Auflösung von Beziehungen: Determinanten der Ehequalität und -stabilität. In: M. Amelang et al. (Hg.), Partnerwahl und Partnerschaft. Göttingen: 117-152

Hahn, Alois (1983), Konsensfiktionen in Kleingruppen. Dargestellt am Beispiel von jungen Ehen. In: F. Neidhardt (Hg.), Gruppensoziologie. Perspektiven und Materialien. Opladen: 210-232

Hahn, Alois (1987), Identität und Selbstthematisierung. In: A. Hahn / V. Kapp (Hg.), Selbstthematisierung und Selbstzeugnis: Bekenntnis und Geständnis. Frankfurt am Main: 9-24

Hahn, Alois (1998), Zivilisation, Modernität, Theatralität. Identität und Identitätsdarstellung (zusammen mit Herbert Willems). In: H. Willems / M. Jurga (Hg.), Inszenierungsgesellschaft. Ein einführendes Handbuch. Opladen: 193-213

Hahn, Alois (2000), Partizipative Identität. In: A. Hahn, Konstruktion des Selbst, der Welt und der Geschichte. Frankfurt am Main: 13-79

Hahn, Kornelia (1998), Liebe im Film – Fiktionale Modelle intimer Beziehungen? In: K. Hahn / G. Burkart (Hg.), Liebe am Ende des 20. Jahrhunderts. Opladen: 155-176

Hahn, Kornelia (2000), Liebe: Ein Testfall für die fragilen Grenzkonstruktionen zwischen Intimität und Öffentlichkeit. In: K. Hahn / G. Burkart (Hg.), Grenzen und Grenzüberschreitungen der Liebe. Opladen: 249-278

Haid-Loh, Achim / Martin Merbach / Irmgard Volger (2008), Familienberatung und Familientherapie. In: K. Lenz / F. Nestmann (Hg.), Handbuch Persönliche Beziehungen. Weinheim: 928-956

Halbwachs, Maurice (1966), Das Gedächtnis und seine sozialen Bedingungen. Frankfurt am Main: Fischer

Hall, Anja (1997), "Drum prüfe wer sich ewig bindet". Eine empirische Untersuchung zum Einfluss vorehelichen Zusammenlebens auf das Scheidungsrisiko. In: Zeitschrift für Sozialisationsforschung und Erziehungssoziologie 17: 275-296

Hanisch, Gregor M. (1988), Vergewaltigung in der Ehe. Ein Beitrag zur gegenwärtigen Diskussion einer Änderung des §177 StGB unter Berücksichtigung der Strafbarkeit de lege data und empirischer Gesichtspunkte. Bochum: Brockmeyer

Harré, Rom (1986), An outline of the social constructionist viewpoint. In: R. Harré (Hg.), The Social Construction of Emotions. Oxford: 1-14

Harten, Hans-Christian (1995), Sexualität, Missbrauch, Gewalt. Das Geschlechterverhältnis und die Sexualisierung von Aggressionen. Opladen: Westdeutscher Verlag

Hartmann, Peter H. (1989), Warum dauern Ehen nicht ewig? Eine Untersuchung zum Scheidungsrisiko und seinen Ursachen. Opladen: Westdeutscher Verlag

Hartmann, Josef (2003), Ehestabilität und soziale Einbettung. Würzburg: Ergon

Hartup, Willard W. (2006), Relationships in Early and Middle Childhood. In: A. L. Vangelisti / D. Perlmann (Hg.), The Cambridge Handbook of Personal Relationships. Cambridge: 177-190

Harvey, John H. / Andrea M. Hansen (2000), Love and bereavement in close romantic relationships. In: C. Hendrick / S. S. Hendrick (Hg.), Close Relationships. A Sourcebook. Thousand Oaks: 359-370

Harvey, John H. / Ann L. Weber / Kathryn S. Galvin / Heather C. Huszti / Nettie N. Garnick (1986), Attribution in the termination of close relationships: A special focus on the account. In: R. Gilmour / S. Duck (Hg.), The Emerging Field of Personal Relationships. Hillsdale: 189-201

Harvey, John H. / Gary L. Wells / Marlene D. Alvarez (1978), Attribution in the context of conflict and separation in close relationships. In: J. H. Harvey et al. (Hg.), New Directions in Attribution Research, Vol. 2. Hillsdale: 235-260

Hassebrauck, Manfred (Hg.) (1993), Physische Attraktivität. Göttingen: Hogrefe

Hassebrauck, Manfred / Beate Küpper (2005), Warum wir aufeinander fliegen. Die Gesetze der Partnerwahl. Reinbek: Rowohlt

Hatfield, Elaine / Richard L. Rapson (1987), Passionate love. New directions in research. In: Advances in Personal Relationships 1: 109-139

Hatfield, Elaine / Susan Sprecher (1986), Mirror, Mirror ... The Importance of Looks in Everyday Life. Albany: State University of New York Press

Haubl, Rolf (2005), Wahre Liebe kostet nichts? Erlebnisrationalität der romantischen Liebe. In: WestEnd 2: 119-130

Haug, Sonja (2004), Binationale Ehen und interethnische Partnerschaften in Deutschland – Datenlage und Erklärungsfaktoren. In: Zeitschrift für Familienforschung 3: 305-329

Hausen, Karin (1976), Polarisierung der "Geschlechtscharaktere" – Eine Spiegelung der Dissoziation von Erwerbs- und Familienleben. In: W. Conze (Hg.), Sozialgeschichte der Familie in der Neuzeit Europas. Stuttgart: 363-393

Hays, Robert B. (1988), Friendship. In: S. Duck (Hg.), Handbook of Personal Relationships. Chicester: 391-408

Heil, Friedrich E. (1991), Ehe und Partnerschaft als Gegenstand psychologischer Forschung. In: M. Amelang et al. (Hg.), Partnerwahl und Partnerschaft. Göttingen: 1-30

Held, Thomas (1976), Soziologie der ehelichen Machtverhältnisse. Darmstadt: Luchterhand

Henckmann, Wolfhart (1973), Gefühle. In: H. Krings (Hg.), Handbuch philosophischer Grundbegriffe. München: 520-536

Hendrick, Clyde / Susan Hendrick (1986), A theory and method of love. In: Journal of Personality and Social Psychology 50: 392-402

Hendrick, Clyde / Susan Hendrick (1992), Romantic Love. Newbury Parks: Sage

Hendrick, Clyde / Susan S. Hendrick (Hg.) (2000), Close Relationships. A Sourcebook. Thousand Oaks: Sage

Henning, Marina (2006), Individuen und ihre sozialen Beziehungen, Wiesbaden: VS

Herzer, Manfred (1998), Ehescheidung als sozialer Prozess. Frankfurt am Main: Campus

Hess, Robert D. / Gerald Handel (1975), Familienwelten. Düsseldorf: Schwann (orig. 1959)

Heß-Meining, Ulrike / Angelika Tölke (2005), Familien und Lebensformen von Frauen und Männern. In: W. Cornelißen (Hg.), Gender-Datenreport. 1. Datenreport zur Gleichstellung von Frauen und Männern in der Bundesrepublik Deutschland. München: 224-275

Hettlage, Robert (1991), Rahmenanalyse – oder die innere Organisation unseres Wissens um die Ordnung der sozialen Wirklichkeit. In: R. Hettlage / K. Lenz (Hg.), Erving Goffman – ein soziologischer Klassiker der zweiten Generation. Bern: 95-154

Hettlage, Robert (1998), Familienreport – Lebensmodell im Umbruch. 2. Aufl., München: Beck

Hettlage, Robert / Ludgera Vogt (Hg.) (2000), Identitäten in der modernen Welt. Wiesbaden: Westdeutscher Verlag

Hildenbrand, Bruno (1999), Fallrekonstruktive Familienforschung. Anleitungen für die Praxis. Opladen: Leske + Budrich

Hill, Charles T. / Zick Rubin / Letitia Anne Peplau (1976), Breakups before marriage: The end of 103 affairs. In: Journal of Social Issues 32: 147-168

Hill, Paul B. / Johannes Kopp (1990), Theorien der ehelichen Instabilität. In: Zeitschrift für Familienforschung, 2 / 3: 211-243

Hill, Paul B. / Johannes Kopp (2006), Familiensoziologie. Grundlagen und theoretische Perspektiven. 4. Überarb. Aufl., Wiesbaden: VS

Hill, Reuben (1949), Families under Stress. Adjustment to the Crisis of War Separation and Reunion. New York: Westport

Hinchliff, Sharron / Merryn Gott (2004), Intimacy, commitment and adaptation: Sexual relationships within long-term marriages. In: Journal of Social and Personal Relationships 21: 595-609

Hinde Robert (1993), Auf dem Wege zu einer Wissenschaft zwischenmenschlicher Beziehungen. In: A. E. Auhagen / M. v. Salisch (Hg.), Zwischenmenschliche Beziehungen. Göttingen: 7-36

Hinde, Robert A. (1979), Towards Understanding Relationships. London: Academic Press

Hinde, Robert A. (1981), The bases of a science of interpersonal relationships. In: S. Duck / R. Gilmour (Hg.), Personal Relationships I: Studying Personal Relationships. London: 1-22

Hirschauer, Stefan (1993), Die soziale Konstruktion der Transsexualität. Frankfurt am Main: Suhrkamp

Hirschman, Albert O. (1970), Exit, Voice, and Loyality. Responses to Decline in Firms, Organizations, and States. Cambridge: Harvard University Press

Hirseland, Andreas / Werner Schneider / Christine Wimbauer (2005), Paare und Geld. Zur Ökonomisierung der Beziehungskultur. In WestEnd 2: 108-118

Hoberg, Rudolf (Hg.) (2001), Sprache – Erotik – Sexualität. Berlin: Schmidt-Verlag

Hochschild, Arlie R. (1979), Emotion work, feeling rules, and social structure. In: American Journal of Sociology 85: 551-575

Hochschild, Arlie R. (1990a), Das gekaufte Herz. Zur Kommerzialisierung der Gefühle. Frankfurt am Main: Campus (orig. 1983)

Hochschild, Arlie R. (2002), Work-Life-Balance. Keine Zeit: Wenn die Firma zum Zuhause wird und zu Hause nur Arbeit wartet. Opladen: Leske + Budrich

Hochschild, Arlie R. (2003), Gender Codes and the Play of Irony. In: A. H. Hochschild, The Commercialization of Intimate Life: Notes from Home and Work. Berkeley: 45-57

Hochschild, Arlie R. / Anne Machung (1990), Der 48-Stundentag. Wege aus dem Dilemma berufstäti-
ger Eltern. Wien: Zsolnay (orig. 1989)

Hocker, Joyce L. / William W. Wilmot (1991), Interpersonal Conflict. (3rd edition). Dubuque, IA: Wm.
C. Brown

Hoffmann, Rainer / Rüdiger Lautmann / Lising Pagenstecher (1993), Unter Frauen – unter Männern.
Homosexuelle Liebesbeziehungen. In: A. E. Auhagen / M. v. Salisch (Hg.), Zwischenmenschliche
Beziehungen. Göttingen: 195-211

Hoffmann-Nowotny, Hans-Joachim (1995), Die Zukunft der Familie – die Familie der Zukunft. In: U.
Gerhardt et al. (Hg.), Familie der Zukunft. Opladen: 325-348

Hohenester, Birgitta (2000), Dyadische Einheit. Zur sozialen Konstitution der ehelichen Beziehung.
Konstanz: UVK

Höhn, Charlotte (1989), Demographische Trends in Europa seit dem 2. Weltkrieg. In: R. Nave-
-Herz / M. Markefka (Hg.), Handbuch der Familien- und Jugendforschung. Band 1: Familienforschung. Neuwied: 195-209

Hollstein, Bettina (2006), Qualitative Methoden und Netzwerkanalyse – ein Widerspruch. In: B. Hollstein / F. Straus (Hg.), Qualitative Netzwerkanalyse. Konzepte, Methoden, Anwendungen. Wiesbaden: 11-35

Hondrich, Karl Otto (1997), Die Dialektik von Kollektivisierung und Individualisierung – am Beispiel
der Paarbeziehung. In: S. Hradil (Hg.), Differenz und Integration. Die Zukunft moderner Gesellschaften. Verhandlungen des 28. Kongresses der DGS in Dresden 1996. Frankfurt am Main: 298-
308

Honig, Michael-Sebastian (1986), Verhäuslichte Gewalt. Eine Explorativstudie über das Gewalthandeln
von Familien. Frankfurt am Main: Suhrkamp

Honig, Michael-Sebastian (1988), Vom alltäglichen Übel zum Unrecht. Über den Bedeutungswandel
familialer Gewalt. In: Deutsches Jugendinstitut (Hg.), Wie geht's der Familie. München: 189-202

Höpflinger, François (1991), Neue Kinderlosigkeit – Demographische Trends und gesellschaftliche
Spekulationen. In: Acta Demographica 1991: 81-100

Höpflinger, François (1997), Bevölkerungssoziologie. Eine Einführung in bevölkerungssoziologische
Ansätze und demographische Prozesse. Weinheim: Juventa

Höpflinger, François (1999), Nichteheliche Lebensgemeinschaften im internationalen Vergleich. In: T.
Klein / W. Lauterbach (Hg.), Nichteheliche Lebensgemeinschaften. Analysen zum Wandel partnerschaftlicher Lebensformen. Opladen: Leske + Budrich: 167-181

Hopper, Robert / Mark L. Knapp / Lorel Scott (1981), Couples' personal idioms: Exploring intimate
talk. In: Journal of Communication 31: 23-33

Hradil, Stefan (1995), Auf dem Weg zur Singles-Gesellschaft? In: U. Gerhardt et al. (Hg.), Familie der
Zukunft. Bd. 6. Opladen: 189-226

Hradil, Stefan (2003), Vom Leitbild zum "Leidbild" – Singles, ihre veränderte Wahrnehmung und der
"Wandel des Wertewandels". In: Zeitschrift für Familienforschung 15: 38-54

Hradil, Stefan (2006), Die Sozialstruktur Deutschlands im internationalen Vergleich. 2. Aufl., Wiesbaden: VS

Huinink, Johannes (1995), Warum noch Familie? Zur Attraktivität von Partnerschaft und Elternschaft in
unserer Gesellschaft. Frankfurt am Main: Campus

Huinink, Johannes J. / Karl Alexander Röhler (2005), Liebe und Arbeit in Paarbeziehungen. Zur Erklärung geschlechtsspezifischer Arbeitsteilung in nichtehelichen und ehelichen Lebensgemeinschaften. Würzburg: Ergon

Huinink, Johannes / Dirk Konietzka (2007), Familiensoziologie: eine Einführung. Frankfurt am Main:
Campus

Huston, Ted L. (1983), Power. In: H. H. Kelley et al., Close Relationships. New York: 169-219

Ickes, William / Steve W. Duck (Hg.) (2000), The Social Psychology of Personal Relationships. Wiley:
Chichester

Illouz, Eva (2003), Der Konsum der Romantik. Liebe und die kulturellen Widersprüche des Kapitalismus. Frankfurt / Main: Campus (orig. 1997)

Illouz, Eva (2005), Vermarktung der Leidenschaft. Bedeutungswandel der Liebe im Kapitalismus. In: WestEnd 2: 80-95

Illouz, Eva (2006), Gefühle in Zeiten des Kapitalismus. Frankfurt / Main: Suhrkamp

Imbusch, Peter (2002), Der Gewaltbegriff. In: W. Heitmeyer / J. Hagan (Hg.), Internationales Handbuch der Gewaltforschung. Westdeutscher Verlag: 26-57

Impen, Emily A. / Letitia Anne Peplau (2006), "His" and "Her" Relationships? A Review of the Empirical Evidence. In: A. L. Vangelisti / D. Perlmann (Hg.), The Cambridge Handbook of Personal Relationships. Cambridge: 273-292

Inglehart, Marita R. (1988), Kritische Lebensereignisse. Eine sozialpsychologische Analyse. Stuttgart: Kohlhammer

Iványi, Nathalie (2002), Außerordentliches Verstehen – Verstehen des Außerordentlichen. Heiratsanträge der Sendung Traumhochzeit. In: N. Iványi / J. Reichertz, Liebe (wie) im Fernsehen. Eine wissenssoziologische Analyse. Opladen: 59-91

Iványi, Nathalie (2003), Die Wirklichkeit der gesellschaftlichen Konstruktion. Ein institutionalisierungstheoretischer Medienwirkungsansatz. Konstanz: UVK

Iványi, Nathalie / Jo Reichertz (2002), Liebe (wie) im Fernsehen. Eine wissenssoziologische Analyse. Opladen: Leske + Budrich

Jäckel, Karin (1997), Der gebrauchte Mann. Abgeliebt und abgezockt – Väter nach der Trennung. München: dtv

Jackson, Stevi (1993), Even sociologists fall in love. An exploration in the sociology of emotions. In: Sociology 27: 201-220

Jaeggi, Eva / Walter Hollstein (1989), Wenn Ehen älter werden. Liebe, Krise, Neubeginn. München: Piper (orig. 1985)

James, William (1968), The self. In: C. Gordon / K. J. Gergen (Hg.), The Self in Social Interaction. New York: 41-49

James, William (1884), What is emotion? In: Mind 19: 188-204

James, William (1890), Principles of Psychology. New York: Henry Holt and Co.

Jamieson, Lynn (1998), Intimacy. Personal Relationships in Modern Societies. Cambridge: Polite Press

Jamieson, Lynn (2003), Intimität im Wandel? Eine kritische Betrachtung der "reinen Beziehung". In: K. Lenz (Hg.), Frauen und Männer. Zur Geschlechtstypik persönlicher Beziehungen. Weinheim / München: 279-298

Jansen, Dorothea (2003), Einführung in die Netzwerkanalyse. Grundlagen, Methoden, Anwendungen. 2. Aufl., Opladen: Leske + Budrich

Jellouschek, Hans (1990), Semele, Zeus und Hera. Die Rolle der Geliebten in der Dreiecksbeziehung. Zürich: Kreuz

Johnson, John M. / Kathleen J. Ferraro (1988), Courtship violence: Survey vs. empathic understandings of abusive conduct. In: Studies in Symbolic Interaction 9: 175-186

Johnson, Michael P. (1982), Social and cognitive features of the dissolution of commitment to relationships. In: S. Duck (Hg.), Personal Relationships IV: Dissolving Personal Relationships. London: 51- 73

Johnson, Michael P. (2006), Violence and Abuse in Personal Relationships: Conflict, Terror, and Resistance in Intimate Partnerships. In: A. L. Vangelisti / D. Perlmann (Hg.), The Cambridge Handbook of Personal Relationships. Cambridge: 557-576

Jones, Edward E. / Thane S. Pittman (1982), Toward a general theory of strategic self-presentation. In: J. Suls (Hg.), Psychological Perspectives of the Self, Vol. 1. Hillsdale: 231-263

Judson, Olivia (2003), Die raffinierten Sexpraktiken der Tiere. München: Heyne

Kahlenberg, Eva (1993), Die Zeit allein heilt keine Wunden. Der Einfluss sozialer Unterstützung auf den Prozess der Trennungsbewältigung bei Frauen. Pfaffenweiler: Centaurus

Kahlenberg, Eva / Ilse Ruppert (1987), Durchgehangen – aufgefangen? Zur Bedeutung des sozialen Netzwerks für den Prozess der Trennungsbewältigung. Unveröffentl. Diplomarbeit München

Kalmijn, Matthijs (1991), Shifting boundaries: Trends in religious and educational homogamy. In: American Sociological Review 56: 786-800

Kantor, David / William Lehr (1975), Inside The Family. Toward a Theory of Family Process. New York: Harper Colophon

Kapl-Blume, Edeltraut (2005), Liebe im Lexikon. Zum Bedeutungswandel des Begriffs "Liebe" in ausgewählten Lexika des 18. und 19. Jahrhunderts – Ein Forschungsbericht. In: K. Tanner (Hg.), "Liebe" im Wandel der Zeiten. Kulturwissenschaftliche Perspektiven. Leipzig: 107-129

Katz, Judith (1976), How do you love me? Let me count the ways (The phenomenology of being loved). In: Sociological Inquiry 46: 17-22

Kaufmann, Franz-Xaver (1995), Zukunft der Familie im vereinten Deutschland. Gesellschaftliche und politische Bedingungen. München: Beck

Kaufmann, Jean-Claude (1994), Schmutzige Wäsche. Zur ehelichen Konstruktion von Alltag. Konstanz: Universitäts Verlag

Kaufmann, Jean-Claude (1999), Mit Leib und Seele. Theorie der Haushaltstätigkeit. Konstanz: UVK

Kaufmann, Jean-Claude (2003), Singlefrau und Märchenprinz. Über die Einsamkeit moderner Frauen. Konstanz: UVK

Kaufmann, Jean-Claude (2004), Der Morgen danach. Wie eine Liebesgeschichte beginnt. Konstanz: UVK

Kaufmann, Jean-Claude (2008), Was sich liebt, das nervt sich. Konstanz: UVK

Kelek, Necla (2005), Die fremde Braut. Ein Bericht aus dem Inneren des türkischen Lebens in Deutschland. Köln: Kiepenheuer & Witsch

Kelley, Harold H. et al. (1983a), Close Relationships. New York: Freeman and Company

Kelley, Harold H. et al. (1983b), Analyzing close relationships. In: H. H. Kelley et al., Close Relationships. New York: 20-67

Kelley, Harold H. / John W. Thibaut (1978), Interpersonal Relations: A Theory of Interdependence. New York: Wiley

Kemper, Theodore D. (1978), A Social Interactional Theory of Emotions. New York: Wiley

Kendon, Adam (1988), Goffman's approach to face-to-face-interaction. In: P. Drew / A. Wootton (Hg.), Erving Goffman. Exploring the Interaction Order. Cambridge: 14-40

Keppler, Angela (1994), Tischgespräche. Über Formen kommunikativer Vergemeinschaftung am Beispiel der Konversation in Familien. Frankfurt am Main: Suhrkamp

Kerckhoff, Alan C. (1974), The social context of interpersonal attraction. In: Ted L. Huston (Hg.), Foundations of Interpersonal Attraction. New York: 61-78

Kerckhoff, Alan C. / Keith E. Davis (1962), Value consensus und need complementarity in mate selection. In: American Sociological Review 27: 295-303

Kersting, Jens / Ina Grau (2003), Paarkonflikt und Trennung. In: I. Grau / H. W. Bierhoff (Hg.), Sozialpsychologie der Partnerschaft. Berlin: 429-456

Kessler, Suzanne J. / Wendy McKenna (1978), Gender. An Ethnomethodological Approach. Chicago: University of Chicago Press

Keupp, Heiner (1987), Soziale Netzwerke. Eine Metapher des gesellschaftlichen Umbruchs. In: H. Keupp / B. Röhrle (Hg.), Soziale Netzwerke. New York: 11-53

Keupp, Heiner (1989), Auf der Suche nach der verlorenen Identität. In: H. Keupp / H. Bilden (Hg.), Verunsicherungen. Göttingen: 47-69

Keupp, Heiner (1997), Diskursarena Identität: Lernprozesse in der Identitätsforschung. In: H. Keupp / R. Höfer (Hg.), Identitätsarbeit heute. Klassische und aktuelle Perspektiven der Identitätsforschung. Frankfurt am Main: 11-39

Keupp, Heiner (1999), Identitätskonstruktionen: das Patchwork der Identitäten in der Spätmoderne. Reinbeck: Rowohlt

Klees, Karin (1992), Partnerschaftliche Familien. Arbeitsteilung, Macht und Sexualität in Paarbeziehungen. Weinheim: Juventa

Klein, Renate C. A. / Michael P. Johnson (1997), Strategies of couple conflict. In: S. Duck (Hg.), Handbook of Personal Relationships. 2. Aufl., Chicester: 469-486

Klein, Thomas (1990), Wiederheirat nach Scheidung in der Bundesrepublik. In: Kölner Zeitschrift für Soziologie und Sozialpsychologie 42: 60-80

Klein, Thomas (1995), Heiratsmarkt und "marriage squeeze". Analysen zur Veränderung von Heiratsge-legenheiten in der Bundesrepublik. In: B. Nauck / C. Onnen-Isemann (Hg.), Brennpunkte aktueller Familienforschung. Neuwied: 357-367

Klein, Thomas (1999a), Der Einfluss vorehelichen Zusammenlebens auf die spätere Ehestabilität. In: T. Klein / J. Kopp (Hg.), Scheidungsursachen aus soziologischer Sicht. Würzburg: 143-158

Klein, Thomas (1999b), Partnerwahl in Ehen und Nichtehelichen Lebensgemeinschaften. In: T. Klein / W. Lauterbach (Hg.), Nichteheliche Lebensgemeinschaften. Analysen zum Wandel partner-schaftlicher Lebensformen. Opladen: Leske + Budrich: 207-234

Klein, Thomas (2000a), Binationale Partnerwahl – Theoretische und empirische Analysen zur familia-len Integration von Ausländern in die Bundesrepublik. In: Sachverständigenkommission 6. Fami-lienbericht (Hg.): Familien ausländischer Herkunft in Deutschland: Empirische Beiträge zur Fami-lienentwicklung und Akkulturation. Materialien zum 6. Familienbericht. Band 1. Opladen: Leske + Budrich: 303-346

Klein, Thomas (2000b), Partnerwahl zwischen sozialstrukturellen Vorgaben und individueller Entschei-dungsautonomie. In: Zeitschrift für Soziologie der Erziehung und Sozialisation 20: 229-243

Klein, Thomas (Hg.) (2001), Partnerwahl und Heiratsmuster. Sozialstrukturelle Voraussetzungen der Liebe. Opladen: Leske + Budrich

Klein, Thomas (2005), Sozialstrukturanalyse: Eine Einführung. Reinbek: Rowohlt

Klein, Thomas / Johannes Kopp (Hg.) (1999), Scheidungsursachen aus soziologischer Sicht. Würzburg: Ergon

Klein, Thomas / Wolfgang Lauterbach (Hg.) (1999), Nichteheliche Lebensgemeinschaften. Analysen zum Wandel partnerschaftlicher Lebensformen. Opladen: Leske + Budrich

Kluckhohn, Paul (1966), Die Auffassung der Liebe in der Literatur des 18. Jahrhunderts und in der deutschen Romantik. 3. Aufl., Tübingen: Niemeyer

Knapp, Mark L. (1978), Social Intercourse. From Greeting to Good-bye. Boston: Allyn and Bacon

Knoblauch, Hubert A, (1994), Erving Goffman Reich der Interaktion. In: E. Goffman, Interaktion und Geschlecht. hgg. von H. A. Knoblauch. Frankfurt am Main: 7-49

Koeppel, Liana B. / Yvette Montagne-Miller / Dan O´Hair / Michael J. Cody (1993), Friendly? Flirting? Wrong? In: P. J. Kalbfleisch (Hg.), Interpersonal Communication: Evolving Interpersonal Rela-tionships. Hillsdale: 13-32

Komter, Aafke (1989), Hidden power in marriage. In: Gender & Society 3: 187-216

Koppetsch, Cornelia (1998), Liebe und Partnerschaft: Gerechtigkeit in modernen Paarbeziehungen. In: K. Hahn / G. Burkart (Hg.), Liebe am Ende des 20. Jahrhunderts. Opladen: 111-130

Koppetsch, Cornelia (Hg.) (2000), Körper und Status. Zur Soziologie der Attraktivität. Konstanz: UVK

Koppetsch, Cornelia (2005), Liebesökonomie. Ambivalenzen moderner Paarbeziehungen. In WestEnd 2: 96-107

Koppetsch, Cornelia (2008), Persönliche Beziehungen in der Geschlechterforschung. In: K. Lenz / F. Nestmann (Hg.), Handbuch Persönliche Beziehungen. Weinheim: 171-188

Koppetsch, Cornelia / Günter Burkart (1999), Die Illusion der Emanzipation. Zur Wirksamkeit latenter Geschlechtsnormen im Milieuvergleich. Konstanz: UVK

Knapp, Mark L. (2006), Lying and Deception in Close Relationships. In: A. L. Vangelisti / D. Perlmann (Hg.), The Cambridge Handbook of Personal Relationships. Cambridge: 517-532

Krafft-Ebing, Richard von (1984), Psychopathia sexualis. Mit besonderer Berücksichtigung der konträ-ren Sexualempfindungen. Eine medizinisch-gerichtliche Studie über Ärzte und Juristen. München (orig. 1886)

Kraiker, Gerhard (1987), Frauen als Zweite Größe. Zur Stellung der Frau in politischen Utopien und Theorien von der Renaissance bis zur Frühromantik. In: I. Dröge-Modelmog / G. Mergner (Hg.), Orte der Gewalt. Opladen: 99-117

Krappmann, Lothar (2000), Soziologische Dimensionen der Identität. 10. Aufl., Stuttgart: Klett

Krappmann, Lothar / Hans Oswald (1983), Beziehungsgeflechte und Gruppen von gleichaltrigen Kin-dern in der Schule. In: F. Neidhardt (Hg.), Gruppensoziologie. Opladen: 420-450

Kraus, Wolfgang (1996), Das erzählte Selbst. Die narrative Konstruktion von Identität in der Spätmo-derne. Pfaffenweiler: Centaurus

Kressel, Kenneth et al. (1980), A typology of divorcing couples. In: Family Process 19: 101-116

Kreyenfeld, Michaela / Dirk Konietzka (2007), Die Analyse von Kinderlosigkeit in Deutschland. Dimensionen – Daten – Probleme. In: D. Konietzka / M. Kreyenfeld (Hg.), Ein Leben ohne Kinder. Kinderlosigkeit in Deutschland. Wiesbaden: 11-41

Krumrey, Horst-Volker (1984), Entwicklungsstrukturen von Verhaltensstandarden. Eine soziologische Prozessanalyse auf der Grundlage deutscher Anstands- und Manierenbücher von 1870-1970. Frankfurt am Main: Suhrkamp

Kuhnert, Peter / Ute Ackermann (1985), Jenseits von Lust und Liebe? Jugendsexualität in den 50er Jahren. In: H.-H. Krüger (Hg.), Die Elvis-Tolle, die hatte ich mir unauffällig wachsen lassen. Leverkusen: 43-83

Künzler, Jan (1994), Familiale Arbeitsteilung. Die Beteiligung von Männern an der Hausarbeit. Bielefeld: Kleine

Künzler, Jan / Wolfgang Walter / Elisabeth Reichart / Gerd Pfister (2001), Gender division of labour in unified Germany. Tilburg: Tilburg University Press

Laing, Ronald D. / Herbert Phillipson / A. Russell Lee (1971), Interpersonelle Wahrnehmung. Frankfurt am Main: Suhrkamp (orig. 1966)

Laireiter, Anton-Rupert (2008), Soziales Netzwerk und soziale Unterstützung. In: K. Lenz / F. Nestmann (Hg.), Handbuch Persönliche Beziehungen. Weinheim: 75-100

Lamnek, Siegfried (2002), Individuelle Rechtfertigungsstrategien von Gewalt. In: W. Heitmeyer / J. Hagan (Hg.), Internationales Handbuch der Gewaltforschung. Westdeutscher Verlag: 1379-1396

Lamnek, Siegfried / Jens Luedtke / Ralf Ottermann (2006), Tatort Familie: häusliche Gewalt im gesellschaftlichen Kontext. 2. Aufl., Wiesbaden: VS

Lankuttis, Teresa / Hans-Peter Blossfeld (2003), Determinanten der Wiederheirat nach der ersten Scheidung in der Bundesrepublik Deutschland. In: Zeitschrift für Familienforschung 14: 5-24

Laqueur, Thomas (1992), Auf dem Leib geschrieben. Die Inszenierung der Geschlechter von der Antike bis Freud. Frankfurt am Main: Campus

Lasch, Christopher (1987), Geborgenheit. Die Bedrohung der Familie in der modernen Welt. München: dtv (orig. 1977)

Lauterbach, Wolfgang (1999), Die Dauer nichtehelicher Lebensgemeinschaften. Alternative oder Vorphase zur Ehe? In: T. Klein / W. Lauterbach (Hg.), Nichteheliche Lebensgemeinschaften. Analysen zum Wandel partnerschaftlicher Lebensformen. Opladen: 289-309

Lautmann, Rüdiger (1996), Ambivalenzen der Verrechtlichung – die gleichgeschlechtlichen Partnerschaften im Gesetzgebungsverfahren. In: Zeitschrift für Frauenforschung 14: 121-128

Lautmann, Rüdiger (2002), Soziologie der Sexualität. Erotischer Körper, intimes Handeln und Sexualkultur. Weinheim: Juventa

Lautmann, Rüdiger (2005), Die Pluralisierung des Begehrens. In: H. Funk / K. Lenz, Sexualitäten. Diskurse und Handlungsmuster im Wandel. Weinheim: 69-88

Lawson, Annette. (1990), Adultery. An Analysis of Love and Betrayal. New York: Basics Books

Lee, John A. (1973), The Colors of Love. An Exploration of the Ways of Loving. Don Mills: New Press

Lee, Loren (1984), Sequences in separation: A framework for investigating endings of the personal (romantic) relationship. In: Journal of Social and Personal Relationships 1: 49-73

Legerer, Andrea / Thomas Klein (2007), Der langfristige Trend partnerschaftlicher Lebensformen. In Wirtschaft und Statistik 4 / 2007: 433-447

Leisi, Ernst (1990), Paar und Sprache. Linguistische Aspekte der Zweierbeziehung. 3. Aufl., Heidelberg: Quelle & Meyer

Lenz, Albert (1990), Ländlicher Alltag und familiäre Probleme. Eine qualitative Studie über Bewältigungsstrategien bei Erziehungs- und Familienproblemen auf dem Land. München: Profil

Lenz, Albert (1996), Die Methode des Networking in der Trennungs- und Scheidungsberatung. In: Soziale Praxis 26: 301-313

Lenz, Albert (2000), Praxis der netzwerkorientierten Trennungs- und Scheidungsberatung. In: W. Körner / G. Hörmann (Hg.), Handbuch der Erziehungsberatung. Bd. 2: Praxis der Erziehungsberatung. Göttingen: 91-124

Lenz, Karl (1986), Alltagswelten von Jugendlichen. Eine empirische Studie über jugendliche Handlungstypen. Frankfurt am Main: Campus

Lenz, Karl (1990), Institutionalisierungsprozesse in Zweierbeziehungen. In: Schweizerische Zeitschrift für Soziologie 223-244

Lenz, Karl (1991), Erving Goffman – Werk und Rezeption. In: R. Hettlage / K. Lenz (Hg.), Erving Goffman – ein soziologischer Klassiker der zweiten Generation. Bern: 27-95

Lenz, Karl (1999), Ehe? Familie? – beides, eins oder keines? Lebensformen im Umbruch. In: L. Böhnisch / K. Lenz (Hg.), Familien. Eine interdisziplinäre Einführung. Weinheim: 181-197

Lenz, Karl (2001a), Pädagogische Generationenbeziehungen aus soziologischer Sicht. In: W. Helsper / T. Kramer (Hg.), Generationsbeziehungen in Familie und Schule. Opladen: 16-39

Lenz, Karl (2001b), Im ehernen Gehäuse der Kultur: Geschlechterkonstruktion in heterosexuellen Zweierbeziehungen. In: M. Brückner / L. Böhnisch (Hg.), Geschlechterverhältnisse. Gesellschaftliche Konstruktion und Perspektiven ihrer Veränderung. Weinheim: 179-207

Lenz, Karl (2002), Eigengeschichten von Paaren: Theoretische Kontextualisierung und empirische Analyse. In: G. Melville / H. Vorländer, Geltungsgeschichten. Köln: 375-404

Lenz, Karl (Hg.) (2003a), Frauen und Männer. Zur Geschlechtstypik persönlicher Beziehungen. Weinheim / München: Juventa

Lenz, Karl (2003b), Zur Geschlechtstypik persönlicher Beziehungen. In: K. Lenz (Hg.), Frauen und Männer. Zur Geschlechtstypik persönlicher Beziehungen. Weinheim / München: 7-51

Lenz, Karl (2003c), Wie sich Frauen und Männer kennen lernen. Paarungsmuster im Wandel. In: K. Lenz (Hg.), Frauen und Männer. Zur Geschlechtstypik persönlicher Beziehungen. Weinheim / München: 55-92

Lenz, Karl (2003d), Familie – Abschied von einem Begriff? In: Erwägen Wissen Ethik (EWE) 14: 485-498

Lenz, Karl (2003e), Täuschungen in Zweierbeziehungen. Zur Normalität einer sozialen Praxis. In: R. Hettlage (Hg.), Verleugnen, Vertuschen, Verdrehen. Leben in der Lügengesellschaft. Konstanz 2003: 65-76

Lenz, Karl (2004), Entgrenztes Geschlecht. Zu den Grenzen des Konstruktivismus. In: K. Lenz / W. Schefold / W. Schröer, Entgrenzte Lebensbewältigung. Weinheim: 75-158

Lenz, Karl (2005a), Romantische Liebe – Fortdauer oder Niedergang? In: K. Tanner (Hg.), "Liebe" im Wandel der Zeiten. Kulturwissenschaftliche Perspektiven. Leipzig: 237-260

Lenz, Karl (2005b), Wie Paare sexuell werden. Wandlungsmuster und Geschlechterunterschiede. In: H. Funk / K. Lenz (Hg.), Sexualitäten. Diskurse und Handlungsmuster. Weinheim: 113-150

Lenz, Karl (2008a), Persönliche Beziehungen: Soziologische Traditionslinien. In: K. Lenz / F. Nestmann (Hg.), Handbuch Persönliche Beziehung. Weinheim: 29-48

Lenz, Karl (2008b), Paare in der Aufbauphase. In: K. Lenz / F. Nestmann (Hg.), Handbuch Persönliche Beziehungen. Weinheim: 189-220

Lenz, Karl (2008c), Persönliche Beziehungen. In: H. Willems (Hg.), Lehr(er)buch Soziologie. Eine systematische Einführung für die pädagogische Ausbildung und Berufspraxis. Wiesbaden: 681-701

Lenz, Karl (2008d), Keine Beziehung ohne großes Theater. Zur Theatralität im Beziehungsaufbau. In: H. Willems (Hg.), Theatralisierungen und Enttheatralisierungen in der Gegenwartsgesellschaft. Opladen: 5-25

Lenz, Karl / Lothar Böhnisch (1999), Zugänge zu Familien – ein Grundlagentext. In: L. Böhnisch / K. Lenz (Hg.), Familien. Eine interdisziplinäre Einführung. Weinheim: 9-63

Lenz, Karl / Maja S. Maier (2004), Paargeschichten als Kontinuitätskonstruktion. Ein Beitrag zur institutionellen Analyse von Zweierbeziehungen. In: G. Melville / K.-S. Rehberg (Hg.), Gründungsmythen, Genealogien, Memorialzeichen: Beiträge zur institutionellen Konstruktion von Kontinuität, Köln: 261-282

Lenz, Karl / Heide Funk (2005), Sexualitäten: Entgrenzung und Problemfelder – eine Einführung. In: H. Funk / K. Lenz (Hg.), Sexualitäten. Handlungsmuster und Diskurse im Wandel. Weinheim: 7-54

Lenz, Karl / Frank Nestmann (Hg.) (2008a), Handbuch Persönliche Beziehungen. Weinheim: Juventa

Lenz, Karl / Frank Nestmann (2008b), Persönliche Beziehungen – eine Einführung. In: K. Lenz / F. Nestmann (Hg.), Handbuch Persönliche Beziehungen. Weinheim: 9-27

Leridon, Henri / C. van Zesson / Michel Hubert (1998), The Europeans and their sexual partners. In: M. Hubert / N. Bajos / T. Sandfort (Hg.), Sexual Behavior and HIV / AIDS. London

Leupold, Andrea (2003), Liebe und Partnerschaft: Formen der Codierung von Ehen. In: U Pasero / C. Weinbach (Hg.), Frauen, Maenner, Gender Trouble: systemtheoretische Essays. Frankfurt am Main: 217-247 (orig. 1983)

Levinger, George (1979), A social exchange view on the dissolution of pair relationship. In: R. L. Burgess / T. L. Huston (Hg.), Social Exchange in Developing Relationships. New York: 169-193

Levinger, George (1980), Towards the analysis of close relationships. In: Journal of Experimental Social Psychology 16: 510-544

Levinger, George (1983), Development and Change. In: H. H. Kelley et al., Close Relationships. New York: 315-359

Levinger, George / J. Diederick Snoek (1972), Attraction in Relationships. Morristown: General Learning Press

Levinger, George / J. Diederick Snoek (1977), Attraktion in Beziehungen. Eine neue Perspektive in der Erforschung zwischenmenschlicher Anziehung. In: G. Mikula / W. Stroebe (Hg.), Sympathie, Freundschaft und Ehe. Bern: 108-138 (leicht gekürzte Übersetzung von Levinger / Snoek 1972)

Lewandowski, Sven (2003), Internetpornografie. In: Zeitschrift für Sexualforschung 16: 299-327

Lewis, Robert A. / Graham Spanier (1979), Theorizing about the quality and stability of marriage. In: W. R. Burr et al. (Hg.), Contemporary Theories about the Family, Bd. 1. New York: 268-294

Liebertz-Grün, Ursula (1977), Zur Soziologie des "amour courtois". Heidelberg: Winter

Limbach, Jutta / Siegfried Willutzki (2002), Die Entwicklung des Familienrechts seit 1949. In: R. Nave-Herz (Hg.), Kontinuität und Wandel der Familie in Deutschland. Stuttgart: 7-43

Lindahl, Kristin M. / Neena M. Malik (1999), Observations of marital conflict and power. Relations with parenting in the triad. In: Journal of Marriage and the Family 61: 320-330

Lindemann, Gesa (1993), Das paradoxe Geschlecht. Transsexualität im Spannungsfeld von Körper, Leib und Gefühl. Frankfurt am Main: Fischer

Lindsey, Ben B. / Wainwright Evans (1927), The Companionate Marriage. New York: Boni & Liveright (dt. 1929)

Lipp, Carola (1986), Sexualität und Heirat. In: W. Ruppert (Hg.), Die Arbeiter. München: 186-197

Lipp, Carola (1990), Die Innenseite der Arbeiterkultur. Sexualität im Arbeitermilieu des 19. und frühen 20. Jahrhunderts. In: R. van Dülmen (Hg.), Arbeit, Frömmigkeit, Eigensinn. Frankfurt am Main: 214-259

Lloyd, Sally / Cate, Rodney M. (1992), Courtship. Newbury Parks: Sage

Lorber, Judith (1999), Gender-Paradoxien. Opladen: Leske + Budrich

Lösel, Friedrich / Doris Bender (2003), Theorien und Modelle der Paarbeziehung. In: I. Grau / H.W. Bierhoff (Hg.), Sozialpsychologie der Partnerschaft. Berlin: 43-75

Lucius-Höhne, Gabriele / Arnilf Deppermann (2004), Rekonstruktion narrativer Identität. Ein Arbeitsbuch zur Analyse narrativer Interviews. Wiesbalden: VS Verlag für Sozialwissenschaften

Ludwig-Mayerhofer, Wolfgang (2006), Geldverwaltung und -verteilung in Paarbeziehungen. In: Zeitschrift für Sozialreform 52: 467-491

Ludwig-Mayerhofer, Wolfgang / Hermann Gartner / Jutta Allmendinger (2006), The Allocation of Money in Couples: The End of Inequality? In: Zeitschrift für Soziologie 35: 212-226

Luhmann, Niklas (1975a), Interaktion, Organisation, Gesellschaft. In: N. Luhmann, Soziologische Aufklärung 2: Aufsätze zur Theorie der Gesellschaft. Opladen: 9-20

Luhmann, Niklas (1975b), Einfache Sozialsysteme. In: N. Luhmann, Soziologische Aufklärung 2: Aufsätze zur Theorie der Gesellschaft. Opladen: 21-38

Luhmann, Niklas (1982), Liebe als Passion. Zur Codierung von Intimität. Frankfurt am Main: Suhrkamp

Luhmann, Niklas (1984), Soziale Systeme. Grundriss einer allgemeinen Theorie. Frankfurt am Main: Suhrkamp

Lukes, Steven (1974), Power: A Radical View. London: Macmillan

Lupri, Eugen (1990), Harmonie und Aggression. Über die Dialektik ehelicher Gewalt. In: Kölner Zeitschrift für Soziologie und Sozialpsychologie 42: 474-501

Lüschen, Günther (1988), Familial-verwandtschaftliche Netzwerke. In: R. Nave-Herz (Hg.), Wandel und Kontinuität der Familie in der Bundesrepublik Deutschland. Stuttgart: 145-172

Lüscher, Kurt / Barbara Grabmann (2002), Lebenspartnerschaften mit und ohne Kinder. Ambivalenzen der Institutionalisierung privater Lebensformen. In: Zeitschrift für Soziologie der Erziehung und Sozialisation 22: 47-63

Lusterman, Don-David (1998), Infidelity: A Survival Guide. Oakland, CA: New Harbinger Publ.

Lutz, Catherine / Geoffrey M. White (1986), The Anthropology of Emotions. In: Annual Review of Anthropology 15: 405-436

Lutz, Catherine / Lila Abu-Lughod (Hg.) (1990), Language and Politics of Emotion. Cambridge: Cambridge University Press

Mahlmann, Regina (1991), Psychologisierung des "Alltagsbewusstseins". Die Verwissenschaftlichung des Diskurses über Ehe. Opladen: Westdeutscher Verlag

Maier, Maja S. (1998), "Ländliche Galanterie" oder "Biedermeierliebe"? In: K. Hahn / G. Burkart (Hg.), Liebe am Ende des 20. Jahrhunderts. Opladen: 131-154

Maier, Maja S. (2003), Eigengeschichten von homosexuellen Paaren. In: K. Lenz (Hg.), Frauen und Männer. Zur Geschlechtstypik persönlicher Beziehungen. Weinheim / München: 183-206

Maier, Maja S. (2007), Paaridentitäten. Biografische Rekonstruktionen homosexueller und heterosexueller Paarbeziehungen. Weinheim: Juventa

Maier, Maja S. / Cornelia Koppetsch / Günter Burkart (1996), Emotionen in Paarbeziehungen. In: Zeitschrift für Frauenforschung 14: 129-148

Maier, Maja S. / Günter Burkart / Cornelia Koppetsch (1999), Milieu, Geschlechterverhältnis und Individualität. In: H. R. Leu / L. Krappmann (Hg.), Zwischen Autonomie und Verbundenheit. Frankfurt am Main: 158-190

Maier, Maja S. (2008), Homosexuelle Paare. In: K. Lenz / F. Nestmann (Hg.), Handbuch Persönliche Beziehungen. Weinheim: 259-278

Maiwald, Kai-Olaf (2007a), Freiheit gegen Hausarbeit. Ungleichheitsstrukturen in modernen Paarbeziehungen. In: WestEnd – Neue Zeitschrift für Sozialforschung 4: 35-55

Maiwald, Kai-Olaf (2007b), Die Liebe und der häusliche Alltag. Überlegungen zu Anerkennungsstrukturen in Paarbeziehungen. In: C. Wimbauer / A. Henninger / M. Gottwald (Hg.), Die Gesellschaft als "institutionalisierte Anerkennungsordnung" – Anerkennung und Ungleichheit in Paarbeziehungen, Arbeitsorganisationen und Sozialstaat. Opladen & Farmington Hills: 69-95

Mare, Robert D. (1991), Five decades of educational assortive matching. In: American Sociological Review 56: 15-32

Markefka, Manfred / Ilse Billen-Klingbeil (1989), Machtverhältnisse in der Ehe und ihre Folgen. In: R. Nave-Herz / M. Markefka (Hg.), Handbuch der Familien- und Jugendforschung, Bd. 1: Familienforschung. Neuwied: 345-360

Markman, Howard J. / S. W. Duncan / R. D. Storaasli / P. W. Howes (1987), The prediction and prevention of marital distress. In: K. Hahlweg / M. J. Goldstein (Hg.), Understanding Major Mental Disorder. New York: 266-289

Markus, Hazel / Elissa Wurf (1987), The dynamic self-concept: A social psychological perspective. In: Annual Review of Psychology 38: 299-337

Martin, Frank O. (2001), Marriage Squeeze in Deutschland – amtliche Befunde auf Grundlage der Amtlichen Statistik. In: T. Klein (Hg.), Partnerwahl und Heiratsmuster. Sozialstrukturelle Voraussetzungen der Liebe. Opladen: 287-313

Matthias-Bleck, Heike (1997), Warum noch Ehe? Erklärungsversuche der kindorientierten Eheschließung. Bielefeld: Kleine

Matthias-Bleck, Heike (2006), Jenseits der Institutionen? Lebensformen auf dem Weg in die Normalität. Würzburg: Ergon

Matthias, Heike (2008), Persönliche Beziehungen in der Familienforschung. In: K. Lenz / F. Nestmann (Hg.), Handbuch Persönliche Beziehungen. Weinheim: 123-144

McCall, George J. (1974), The social organization of relationships. In: G. J. McCall et al., Social Relationships. Chicago: 3-34

McCall, George J. (1982), Becoming unrelated: The management of bond dissolution. In: S. Duck (Hg.), Personal Relationships IV: Dissolving Personal Relationships. New York: 211-232

McCall, George J. (1987), The structure, content, and dynamics of self: Continuities in the study of role-identities. In: K. Yardley / T. Honess (Hg.), Self & Identity. Psychosocial Perspectives. Chicester: 133-145

McCall, George J. (1988), The organizational life cycle of relationships. In: S. Duck (Hg.), Handbook of Personal Relationships. Chicester: 467-484

McCall, George J. / Jerry L. Simmons (1974), Identität und Interaktion. Untersuchungen über zwischenmenschliche Beziehungen im Alltagsleben. Düsseldorf: Schwann (orig. 1966)

McCarthy, E. Doyle (1989), Emotions as social things: An essay in the sociology of emotions. In: D. D. Franks / E. D. McCarthy (Hg.), Sociology of Emotions. Greenwich: 51-72

McCubbin, Hamilton I. / Charles R. Figley (Hg.) (1983), Stress and the Family. Vol. 1: Coping with Normative Transitions. New York: Brunner / Mazel

McCubbin, Hamilton I. / Joan M. Patterson (1983), Family transitions. Adaptation to stress. In: H. I. McCubbin / Ch. R. Figley (Hg.), Stress and the Family. Vol. 1: Coping with Normative Transitions. New York: 5-25

Mead, Margaret (1992), Mann und Weib: Das Verhältnis der Geschlechter in einer sich wandelnden Welt. (orig.1949). Frankfurt am Main: Ullstein

Melzer, Wolfgang / Karl Lenz / Claus Ackermann (2003), Gewalt in Familie und Schule. In: H. H. Krüger (Hg.), Handbuch der Kinder- und Jugendforschung. Opladen: 837-863

Merten, Klaus / Helmut Giegler (1996), Kontakt per Annonce. Empirische Analyse von Inserenten, Anzeigen und Respondenten. Wiesbaden: Westdeutscher Verlag

Metts, Sandra (1992), The language of disagreement. A face-management perspective. In: T. L. Orbach (Hg.), Close Relationship Issues. Theoretical Apporaches. New York: 111-127

Metts, Sandra (1997), Face and facework. Implications for the study of personal relationships. In: S. Duck (Hg.), Handbook of Personal Relationships. 2. Aufl., Chichester: 373-390

Meuser, Michael (1998), Geschlecht und Männlichkeit. Soziologische Theorie und kulturelle Deutungsmuster. Opladen: Leske + Budrich

Meuther, Anke (1987), Warum heiratet man (k)einen Landwirt? Bonn: Schriftenreihe der Forschungsgesellschaft für Agrarpolitik und Agrarsoziologie

Meyer, Sibylle / Eva Schulze (1989), Balancen des Glücks. Neue Lebensformen: Paare ohne Trauschein, Alleinerziehende und Singles. München: Beck

Meyer, Thomas (1992), Modernisierung der Privatheit. Opladen: Westdeutscher Verlag

Mikula, Gerold (1984), Personal relationships: Remarks on the current state of research. In: European Journal of Social Psychology 14: 339-352

Milardo, Robert M. / Steve W. Duck (Hg.) (2000), Families as Personal Relationships. Wiley: Chichester

Milardo, Robert M. / Graham Allen (1997), Social networks and marital relationships. In: S. Duck (Hg.), Handbook of Personal Relationships. 2. Aufl., Chicester: 505-522

Mitchell, J. Clyde (1969), The concept and use of social networks. In: Ders. (ed.), Social networks in urban situations. Analysis of personal relationships in central African towns. Manchester: 1-50

Mitterauer, Michael (1983), Ledige Mütter. München: Beck

Mitterauer, Michael (1989), Entwicklungstrends der Familie in der europäischen Neuzeit. In: R. Nave-Herz / M. Markefka (Hg.), Handbuch der Familien- und Jugendforschung. Band 1: Familienforschung. Neuwied: 179-194

Mitterauer, Michael / Reinhard Sieder (1991), Vom Patriarchat zur Partnerschaft. 4. Aufl., München: Beck

Moeller, Lukas Michael (1998), Worte der Liebe. Erotische Zwiegespräche. Ein Elixier für Paare. Reinbek: Rowohlt

Monat, Alan / Richard S. Lazarus (Hg.) (1985), Stress and Coping. An Anthology. New York: University Press

Mongeau, Paul A. / Jerold L. Hale / Kristen L. Johnson / Jacqueline D. Hillis (1993), Who`s wooing whom? An investigation of female initiated dating. In: P. J. Kalbfleisch (Hg.), Interpersonal Communication: Evolving Interpersonal Relationships. Hillsdale: 51-68

Monsour, Michael (2001), Women and Men as Friends: Relationships across the Life Span in the 21st Century. Mahwah, N.J.: Lawrence Erlbaum Associates

Moore, Monica M. (1985), Nonverbal courtship patterns in women. In: Ethology and Sociobiology 6: 237-247

Moore, Monica M. / Diana L. Butler (1989), Predictive aspects of nonverbal courtship behavior in women. In: Semiotica 76: 205-215

Mosse, George L. (1997), Das Bild des Mannes. Zur Konstruktion der modernen Männlichkeit. Frankfurt am Main

Müller, Ursula / Monika Schröttle (2004), Lebenssituation, Sicherheit und Gesundheit von Frauen in Deutschland. Eine repräsentative Untersuchung zu Gewalt gegen Frauen in Deutschland. Im Auftrag des BMFSFJ. Bonn

Mummendey, Hans Dieter (1995), Psychologie der Selbstdarstellung. 2. Aufl., Göttingen: Verlag für Psychologie

Murstein, Bernard J. (1976), Who Will Marry Whom? Theories and Research in Marital Choice. New York: Springer

Murstein, Bernard J. (1986), Paths to Marriage. Beverly Hills: Sage

Napp-Peters, Anneke (1988), Scheidungsfamilien. Interaktionsmuster und kindliche Entwicklung. Aus Tagebüchern und Interviews mit Vätern und Müttern nach der Scheidung. Frankfurt am Main: Deutscher Verein für öffentliche und private Fürsorge

Nauck, Bernhard (2008), Binationale Paare. In: K. Lenz / F. Nestmann (Hg.), Handbuch Persönliche Beziehungen. Weinheim: 695-714

Nave-Herz, Rosemarie (1984), Familiäre Veränderungen seit 1950 – eine empirische Studie. Abschlussbericht I. Oldenburg: Eigenverlag

Nave-Herz, Rosemarie (1988a), Kontinuität und Wandel in der Bedeutung, in der Struktur und Stabilität von Ehe und Familie in der Bundesrepublik. In: R. Nave-Herz (Hg.), Wandel und Kontinuität der Familie in der Bundesrepublik Deutschland. Stuttgart: 61-94

Nave-Herz, Rosemarie (1988b), Kinderlose Ehen. In: K. Lüscher (Hg.), Die "postmoderne" Familie. Konstanz: 193-200

Nave-Herz, Rosemarie (1989a), Gegenstandsbereich und Entwicklung der Familienforschung. In: R. Nave-Herz / M. Markefka (Hg.), Handbuch der Familien- und Jugendforschung. Band 1: Familienforschung. Neuwied: 1-17

Nave-Herz, Rosemarie (1989b), Zeitgeschichtlicher Bedeutungswandel von Ehe und Familie in der Bundesrepublik Deutschland: In: R. Nave-Herz / M. Markefka (Hg.), Handbuch der Familien- und Jugendforschung, Band 1: Familienforschung. Neuwied: 211-222

Nave-Herz, Rosemarie (1997a), Die Hochzeit. Ihre heutige Sinnzuschreibung seitens der Eheschließenden: eine empirisch-soziologische Studie. Würzburg: Ergon

Nave-Herz, Rosemarie (1997b), Pluralisierung familialer Lebensformen – ein Konstrukt der Wissenschaft? In: L. A. Vaskovics (Hg.), Familienleitbilder und Familienrealitäten. Opladen: 36-49

Nave-Herz, Rosemarie (2002a), Wandel und Kontinuität in der Bedeutung, in der Struktur und Stabilität von Ehe und Familie. In: R. Nave-Herz (Hg.), Kontinuität und Wandel der Familie in Deutschland. Stuttgart: 45-70

Nave-Herz, Rosemarie (2002b), Ehe. In: G. Endruweit / G. Trommsdorff (Hg.), Wörterbuch der Soziologie. Stuttgart: 85-86

Nave-Herz, Rosemarie (2006), Ehe- und Familiensoziologie. Eine Einführung in Geschichte, theoretische Ansätze und empirische Befunde. 2. Aufl., Weinheim, München: Juventa

Nave-Herz, Rosemarie / Corinna Onnen-Isemann (2000), Die hochtechnisierte Reproduktionsmedizin aus soziologischer Sicht – Ergebnisse einer empirischen Studie. In: E. Brähler / H. Felder / B. Strauß (Hg.), Fruchtbarkeitsstörungen. Jahrbuch der Medizinischen Psychologie 17: Göttingen: 55-71

Nave-Herz, Rosemarie / Manfred Markefka (1989), Handbuch der Familien- und Jugendforschung. Neuwied: Luchterhand

Nave-Herz, Rosemarie / Marita Daum-Jaballah / Sylvia Hauser / Heike Matthias / Gitta Scheller (1990), Scheidungsursachen im Wandel. Eine zeitgeschichtliche Analyse der Ehescheidungen in der Bundesrepublik Deutschland. Bielefeld: Kleine

Neidhardt, Friedhelm (1979), Das innere System sozialer Gruppen. In: Kölner Zeitschrift für Soziologie und Sozialpsychologie 31: 639-660

Nestmann, Frank (1988), Die alltäglichen Helfer. Berlin: de Gruyter

Nestmann, Frank (1997), Familie als soziales Netzwerk und Familie im sozialen Netzwerk. In: L. Böhnisch / K. Lenz (Hg.), Familien. Eine interdisziplinäre Einführung. Weinheim: 213-234

Nestmann, Frank (2008): Netzwerkintervention und soziale Unterstützungsförderung. In: K. Lenz / F. Nestmann (Hg.), Handbuch Persönliche Beziehungen. Weinheim: 957-979

Nestmann, Frank / Christiane Schmerl (1990), Das Geschlechterparadox in der Social Support-Forschung. In: C. Schmerl / F. Nestmann (Hg.), Ist Geben seliger als Nehmen? Frankfurt: 7-35

Nestmann, Frank / Christiane Schmerl (Hg.) (1991), Frauen das hilfreiche Geschlecht. Dienst am Nächsten oder soziales Experiment? Reinbek: Rowohlt

Neumann, Eva (2002), Die Paarbeziehung Erwachsener und Erinnerungen an die Eltern-Kind-Beziehung – Eine Untersuchung zur Kontinuität von Bindung und Lebenslauf. In: Zeitschrift für Familienforschung 3: 234-256

Newcomb, Michael D. / Peter M. Bentler (1982), Marital breakdown. In: S. Duck (Hg.), Personal Relationships III: Personal Relationships in Disorder. London: 57-94

Newcomb, Theodore M. (1961), The Acquaintance Process. New York: Holt, Rinehart & Winston

Neyer, Franz Josef (2003), Persönlichkeit und Partnerschaft. In: I. Grau / H.W. Bierhoff (Hg.), Sozialpsychologie der Partnerschaft. Berlin: 165-190

Noack, Britt (2000), "Gleich und gleich gesellt sich gern?" – Eine empirische Überprüfung der Homogamieregel am Beispiel von Hoferben im Weser-Ems-Gebiet (Forschungsbericht). In: Zeitschrift für Soziologie der Erziehung und Sozialisation 20: 244-259

Noack, Britt (2001), Zeitgeschichtlicher Wandel und aktuelle Probleme der Ehepartnerinnen-Wahl bei Hoferben. Würzburg: Ergon

Noller, Patricia (1984), Nonverbal Communication and Marital Interaction. Oxford: Pergamon

Nollmann, Gerd (1997), Konflikte in Interaktion, Gruppe und Organisation. Zur Konfliktsoziologie der modernen Gesellschaft. Opladen: Westdeutscher Verlag

Notz, Petra (2004), Manager-Ehen. Zwischen Karriere und Familei. Konstanz: UVK

Nötzoldt-Linden, Ursula (1994), Freundschaft. Zur Thematisierung einer vernachlässigten soziologischen Kategorie. Opladen: Westdeutscher Verlag

Noyon, Alexander / Tanja Kock (2006), Living apart together: Ein Vergleich getrennt wohnender vs. zusammen lebender Paare. In: Zeitschrift für Familienforschung 1: 27-45

Nunner-Winkler, Gertrud (1985), Identität und Individualität. In: Soziale Welt 36: 466-482

Nunner-Winkler, Gertrud (1989), Gibt es eine weibliche Moral? In: M. Haller et al. (Hg.), Kultur und Gesellschaft. Verhandlungen des 24. Deutschen Soziologentags. Frankfurt am Main: 165-178

Oakes, Guy (1989), Eros and modernity. Georg Simmel on love. In: D. D. Frank / E. D. McCarthy (Hg.), The Sociology of Emotion. Greenwich: 229-247

Olson, David H. / Hamilton I. McCubbin et al. (1989), Families – What Makes them Work. Beverly Hills: Sage

Olson, David H. / Ronald E. Cromwell (1975), Power in families. In: R. E. Cromwell / D. H. Olson (Hg.), Power in Families. New York: 3-11

Onnen-Isemann, Corinna (1999), Kinderlosigkeit früher und heute: Moderne Lösung durch Reproduktionsmedizin? In: P. Kaiser (Hg.), Partnerschaft und Paartherapie. Göttingen: 239-254

Ostner, Ilona (1999), Ehe und Familie. Konvention oder Sonderfall? Ursachen, Probleme und Perspektiven des Wandels der Lebensformen. In: Zeitschrift für Familienforschung 11: 32-51

Oswald, Hans (2008), Persönliche Beziehungen in der Kindheit. In: K. Lenz / F. Nestmann (Hg.): Handbuch Persönliche Beziehungen. Weinheim: 491-512

Otis-Cour, Leah (2000), Lust und Liebe. Geschichte der Paarbeziehungen im Mittelalter. Frankfurt/Main: Fischer

Paetow, Barbara (1987), Vergewaltigung in der Ehe. Eine strafrechtsvergleichende Untersuchung unter besonderer Berücksichtigung des Rechts der Vereinigten Staaten von Amerika. Freiburg i. Br.: Eigenverlag Max Planck-Institut

Parks, Malcolm R. (1997), Communication networks and relationship life cycles. In: S. Duck (Hg.), Handbook of Personal Relationships. 2. Aufl., Chicester: 351-372

Parks, Malcolm R. / Mara B. Adelman (1983), Communication networks and the development of romantic relationships: An expansion of uncertainty reduction theory. In: Human Communication Research 10: 55-79

Partner, Peter (1984), Das endgültige Ehebuch für Anfänger und Fortgeschrittene. München: Schönberger

Peplau, Letitia / Leah R. Spalding (2000), The close relationships of lesbians, gay men, and bisexuals. In: C. Hendrick / S. S. Hendrick (Hg.), Close Relationships. A sourcebook. Thousand Oaks: 111-123

Perlman, Daniel / Steve Duck (2006), The Seven Seas of the Study of Personal Relationships: From "The Thousand Islands" to Interconnected Waterways. In: A. L. Vangelisti / D. Perlmann (Hg.), The Cambridge Handbook of Personal Relationships. Cambridge: 11-34

Perls, Frederick S. (1974), Gestalt-Therapie in Aktion. Stuttgart: Klett

Peterson, Donald R. (1983), Conflict. In: H. H. Kelley et al., Close Relationships. New York: 360-396

Peuckert, Rüdiger (2008), Familienformen im sozialen Wandel. 7. vollständig überarbeitete Aufl., Wiesbaden: VS Verlag für Sozialwissenschaften

Peukert, Detlev J. K. (1987), Die Weimarer Republik. Frankfurt am Main: Suhrkamp

Pizzey, Erin (1976), Schrei leise. Misshandlungen in der Familie. Frankfurt am Main: Fischer (orig. 1974)

Planalp, Sally / Julie Fitness /Beverley Fehr (2006), Emotion in Theories of Close Relationships. In: A. L. Vangelisti / D. Perlmann (Hg.), The Cambridge Handbook of Personal Relationships. Cambridge: 369-384

Plutchik, Robert (1980), A general psychoevolutionary theory of emotion. In: R. Plutchik / N. Kellerman (Hg.), Theories of Emotions. New York: 3-33

Popitz, Heinrich (1992), Phänomene der Macht. Tübingen: Mohr

Projektgruppe Jugendbüro (Hg.) (1978), Karin Q.: "Wahnsinn, das ganze Leben ist Wahnsinn". Frankfurt am Main: päd. extra Buchverlag

Raschke, Helen (1987), Divorce. In: M. Sussman / S. Steinmetz (Hg.), Handbook of Marriage and the Family. New York: 597-624

Rasmussen, Paul K. / Kathleen J. Ferraro (1979), The divorce process. In: Alternative Lifestyles 2: 443-460

Raush, Harold L. / William A. Barry / Richard K. Hertel / Mary Ann Swain (1974), Communication, Conflict and Marriage. San Francisco: Jossey-Bass

Raven, Bertram H. (1993), The base of power: origins and recent developments. In Journal of Social Issues 49: 227-251

Raven, Bertram H. / Richard Centers / Arnoldo Rodrigues (1975), The bases of conjugal power. In: R. E. Cromwell / D. H. Olson (Hg.), Power in Families. New York: 217-232

Rawls, Anne W. (1987), The interaction order sui generis. Goffman's contribution to social theory. In: Sociological Theory 5: 136-149

Reeder, Heidi M. (2000), "I like you ... as a friend": The role of attraction in cross-sex friendship. In: Journal of Social and Personal Relationships 17: 329-348

Regan, Pamela C. / Ellen Berscheid (1999), Lust. What We Know About Sexual Desire. Thousand Oaks: Sage

Rehberg, Karl-Siegbert (1994), Institutionen als symbolische Ordnung. Leitfragen zur Theorie und Analyse der institutionellen Mechanismen (TAIM). In: G. Göhler (Hg.), Die Eigenart der Institutionen. Baden-Baden: 47-84

Rehberg, Karl-Siegbert (1998), Die stabilisierende "Fiktionalität" von Präsenz und Dauer. In: R. Blänkner (Hg.), Institutionen und Ereignis. Über historische Praktiken und Vorstellungen gesellschaftlichen Ordnens. Göttingen

Reibstein, Janet / Martin Richards (1992), Sexual Arrangement Marriage and Affairs. London: Heinemann

Reich, Günter (1986), Warum die Schuldfrage aus Scheidungskonflikten so schwer herauszuhalten ist. In: Fragmente 22: 73-99

Reichart, Elisabeth (2007), Doppelte Transformation des Ernährermodells. Eine Längsschnittstudie zur Erwerbsteilung bei ost- und westdeutschen Paaren nach der Geburt des ersten Kindes. Würzburg: Ergon

Reiss, Ira L. (1960), Toward a sociology of the heterosexual love relationship. In: Marriage and Family Living 22: 139-145

Reiter, Ludwig (1983), Gestörte Paarbeziehungen. Göttingen: Verlag für Medizinische Psychologie

Rerrich, Maria S. (1988), Balanceakt Familie. Zwischen alten Leitbildern und neuen Lebensformen. Freiburg: Lambertus

Rhyne, Darla (1981), Bases of marital satisfaction among men and women. In: Journal of Marriage and the Family 43: 941-955

Richardson, Laurel (1985), The New Other Woman. New York: Macmillan (dt. 1987)

Richardson, Laurel (1988), Secrecy and status: The social construction of forbidden relationships. In: American Sociological Review 53: 209-219

Richter, Ursula (1989), Einen jüngeren Mann lieben. Neue Beziehungschancen für Frauen. Stuttgart: Kreuz

Ridley, Carl A. / Arthur W. Avery (1979), Social network influence on the dyadic relationships. In: R. L. Burgess / T. L. Huston (Hg.), Social Exchange in Developing Relationships. New York: 223-246

Riehl, Wilhelm Heinrich (1855), Die Naturgeschichte des Volkes als Grundlage einer deutschen Social-politik, Bd. 3: Die Familie. Stuttgart: Cotta

Riemann, Viola (1999), Kontaktanzeigen im Wandel der Zeit. Eine Inhaltsanalyse. Studien zu Kommu-nikationswissenschaft Band 43. Opladen: Westdeutscher Verlag

Röhrle, Bernd (1994), Soziale Netzwerke und soziale Unterstützung. Weinheim: PVU

Roloff Juliane / Karl Schwarz (2002), Bericht 2001 über die demographische Lage in Deutschland mit dem Teil B "Sozio-ökonomische Strukturen der ausländischen Bevölkerung". In: Zeitschrift für Bevölkerungswissenschaft 27: 3-68

Rosenbaum, Heidi (1982), Formen der Familie. Untersuchungen zum Zusammenhang von Familien-verhältnissen, Sozialstruktur und sozialem Wandel in der deutschen Gesellschaft des 19. Jahrhun-derts. Frankfurt am Main: Suhrkamp

Rosenberg, Morris (1990), Reflexivity and emotions. In: Social Psychology Quarterly 53,1: 3-12

Rosenblatt, Paul C. (2006), Two in a bed. The social system of couple bed sharing. Albany: State Uni-versity of New York Press

Rosenkranz, Doris / Harald Rost (1998), Welche Partnerschaften scheitern? Prädikatoren der Instabilität von Ehe. In: Zeitschrift für Familienforschung 10: 47-69

Rost, Harald / Norbert F. Schneider (1996), Gewollt kinderlose Ehen. In: H. P. Buba / N. F. Schneider (Hg.), Familie. Zwischen gesellschaftlicher Prägung und individuellem Design. Opladen: 245-272

Rottleuthner-Lutter, Margret (1989), Ehescheidung. In: R. Nave-Herz / M. Markefka (Hg.), Handbuch der Familien- und Jugendforschung, Bd. 1: Familienforschung. Neuwied: 607-623

Rubin, Zick (1970), Measurement of romantic love. In: Journal of Personality and Social Psychology 16: 265-273

Rückert, Gerd-Rüdiger / Wolfgang Lengsfeld / Winfried Henke (1979), Partnerwahl. Boppard: Boldt

Rupp, Marina (1996), Nichteheliche und eheähnliche Gemeinschaften? In: Zeitschrift für Frauenfor-schung 4: 36-55

Rusbult, Caryl E. (1980), Commitment and satisfaction in romantic associations. A test of the invest-ment model. In: Journal of Experimental Social Psychology 16: 172-186

Rusbult, Caryl E. (1987), Responses to dissatisfaction in close relationships: The exit-voice-loyalty-neg-lect model. In: D. Perlman / S. Duck (Hg.), Intimate Relationships. Newbury Park: 209-237

Russell, Diana E. H. (1982), Rape in Marriage. New York: Macmillan

Russell, Diana E. H. (1984), Sexual Exploitation. Rape, Child Sexual Abuse, and Workplace Ha-rassment. Beverly Hills: Sage

Sagstetter, Eva-Maria (1989), Belastungssituationen und Bewältigungsformen emotionaler Probleme bei der Trennung und Scheidung vom Ehepartner. Regensburg: Dissertation

Sammet, Kornelia (2003), Sexualität im Beziehungsaufbau. In: K. Lenz (Hg.), Frauen und Männer. Zur Geschlechtstypik persönlicher Beziehungen. Weinheim / München: 93-116

Sampson, Edward E. (1985), The decentralization of identity. Toward a revisited concept of personal and social order. In: American Psychologist 40: 1203-1211

Saraso, Barbara R. / Irwin G. Sarason (2006), Close Relationships and Social Support: Implications for the Measurement of Social Support. In: A. L. Vangelisti / D. Perlmann (Hg.), The Cambridge Handbook of Personal Relationships. Cambridge: 429-444

Sardon, Jean-Paul / Glenn D. Robertson (2004), Recent demographic trends in developed countries. In: Population 59: 263-314

Sautter, Christiane /Alexander Sautter (2007), Wenn die Masken fallen – Paare auf dem Weg zum Wir. Wolfegg: Verlag für Systemische Konzepte

Scanzoni, John (1979), Social processes and power in families. In: W. R. Burr (Hg.), Contemporary Theories about the Families, Vol 1. New York: 295-316

Scanzoni, John / Karen Polonko / Jay Teachman / Linda Thompson (1989), The Sexual Bond. Rethinking Families and Close Relationships. Newbury Park: Sage.

Schäfers, Bernhard (1999), Entwicklung der Gruppensoziologie und die Eigenständigkeit der Gruppe als Sozialgebilde. In: B. Schäfers (Hg.), Einführung in die Gruppensoziologie. 3. Aufl., Heidelberg: 19-34

Scheller, Gitta (1989), Familienzyklus als Forschungsansatz. In: R. Nave-Herz / M. Markefka (Hg.), Handbuch der Familien- und Jugendforschung. Band 1: Familienforschung. Neuwied: 151-162

Schenk, Herrad (1987), Freie Liebe – wilde Ehe. Über die allmähliche Auflösung der Ehe durch die Liebe. München: Beck

Schenk, Michael (1983), Das Konzept des sozialen Netzwerkes. In: F. Neidhardt (Hg.), Gruppensoziologie. Sonderheft 25 der Kölner Zeitschrift für Soziologie und Sozialpsychologie. Opladen: 88-104

Scherer, Klaus R. (1981), Wider der Vernachlässigung der Emotion in der Psychologie. In: W. Michaelis (Hg.), Bericht über den 32. Kongress der Psychologie in Zürich. Göttingen: 304-314

Scherer, Klaus R. (1990), Theorien und aktuelle Probleme der Emotionspsychologie. In: K. R. Scherer (Hg.), Psychologie der Emotion. Enzyklopädie Psychologie, C, IV, 3. Göttingen: 1-38

Schlemmer, Elisabeth (1995), Soziale Beziehungen junger Paare. In: H. Bertram (Hg.), Die Familie in Westdeutschland. Stabilität und Wandel familialer Lebensformen. Familien-Survey, Bd. 1. Opladen: 45-77

Schlenker, Barry R. (1980), Impression Management: The Self Concept, Social Identity and Interpersonal Relations. Monterey: Brooks

Schlenker, Barry R. (1984), Identities, identifications, and relationships. In: V. Derlega (Hg.), Communication, Intimacy, and Relationships. New York: 71-104

Schmädelbach, Herbert (1989), Vernunft. In: E. Martens / H. Schnädelberg (Hg.), Philosophie. Reinbek: 77-115

Schmidt, Gunter (Hg.) (2000), Kinder der sexuellen Revolution: Kontinuität und Wandel studentischer Sexualität 1966 – 1996. Eine empirische Untersuchung. Gießen

Schmidt, Gunter (2004), Das neue Der Die Das. Gießen: Psychosozial

Schmidt, Gunter / Arne Dekker / Silja Matthiesen (2000), Sexualverhalten. In: G. Schmidt (Hg.), Kinder der sexuellen Revolution. Kontinuität und Wandel studentischer Sexualität 1966-1996. Gießen: 39-68

Schmidt, Gunter / Silja Matthiesen / Arne Dekker / Kurt Starke (2006), Spätmoderne Beziehungswelten. Report über Partnerschaft und Sexualität in drei Generationen. Wiesbaden: VS Verlag für Sozialwissenschaften

Schmidt, Klaus (2006), Paarbeziehung und Identität: ein sozialpädagogischer Blick auf Wirklichkeit und Bedeutung des Lebens zu zweit. Jena: IKS-Verlag

Schmidt, Uwe (2002), Deutsche Familiensoziologie. Entwicklung nach dem Zweiten Weltkrieg. Opladen: Westdeutscher Verlag

Schneewind, Klaus (2002), Familie und Gewalt. In: R. Nave-Herz (Hg.), Kontinuität und Wandel der Familie in Deutschland. Stuttgart: 131-157

Schneewind, Klaus A. / Laszlo A. Vaskovics (1989), Optionen der Lebensgestaltung junger Ehen und Kinderwunsch. Bamberg / München: Forschungsbericht

Schneewind, Klaus A. / Laszlo A. Vascovics (1992), Optionen der Lebensgestaltung junger Ehen und Kinderwunsch. Schriftenreihe des Bundesministeriums für Familie und Senioren. Stuttgart: Kohlhammer

Schneewind, Klaus A. / Laszlo A. Vascovics (1996), Optionen der Lebensgestaltung junger Ehen und Kinderwunsch. Schriftenreihe des Bundesministeriums für Familie und Senioren. Stuttgart: Kohlhammer

Schneewind, Klaus A. / Eva Wunderer (2003), Prozessmodelle der Partnerschaftsentwicklung. In: I. Grau / H. W. Bierhoff (hg.), Sozialpsychologie der Partnerschaft. Berlin: 221-256

Schneewind, Klaus A. / Eva Wunderer / Mirjam Erkelenz (2004), Beziehungskompetenzen und Beziehungsmuster in stabilen (Langzeit-)Ehen: Ausgewählte Ergebnisse des Münchner DFG-Projekts "Was hält Ehen zusammen?" In: Zeitschrift für Familienforschung 3: 225-243

Schneider, Klaus / Klaus R. Scherer (1988), Motivation und Emotion. In: K. Immelmann et al. (Hg.), Psychobiologie. Grundlagen des Verhaltens. Stuttgart: 257-288

Schneider, Norbert F. (1990), Woran scheitern Partnerschaften? Subjektive Trennungsgründe und Belastungsfaktoren bei Ehepaaren und nichtehelichen Lebensgemeinschaften. In: Zeitschrift für Soziologie 19: 458-470

Schneider, Norbert F. (1994), Familie und private Lebensführung in Ost- und Westdeutschland. Eine vergleichende Analyse des Familienlebens 1970-1992. Stuttgart: Enke

Schneider, Norbert F. (2008), Distanzbeziehungen. In: K. Lenz / F. Nestmann (Hg.): Handbuch Persönliche Beziehungen. Weinheim: 677-694

Schneider, Norbert F. / Doris Rosenkranz / Ruth Limmer (1998), Nichtkonventionelle Lebensformen. Entstehung, Entwicklung, Konsequenzen. Opladen: Leske + Budrich

Schneider, Norbert F. / Heike Matthias-Bleck (Hg.) (2002), Elternschaft heute. Gesellschaftliche Rahmenbedingungen und individuelle Gestaltungsaufgaben. Opladen: Leske + Budrich

Schneider, Norbert F. / Kerstin Hartmann / Bernd Eggen / Brigitte Fölker (2000), Wie leben die Deutschen? Lebensformen, Familien- und Haushaltsstrukturen in Deutschland. Sonderauswertungen des Mikrozensus 1998. Materialien zur Familienpolitik Nr. 10. hgg. vom Bundesministerium für Familie, Senioren, Frauen und Jugend. Berlin

Schneider, Norbert F. / Kerstin Ruckdeschel (2003), Partnerschaften mit zwei Haushalten. Eine moderne Lebensform zwischen Partnerschaftsideal und beruflichen Erfordernissen. In: W. Bien / J. H. Marbach (Hg.), Partnerschaft und Familiengründung, Ergebnisse der dritten Welle des Familien-Survey. DJI: Familiensurvey 11. Opladen: 245-258

Schneider, Norbert F. / Ruth Limmer / Kerstin Ruckdeschel (2002), Mobil, flexibel, gebunden. Beruf und Familie in der mobilen Gesellschaft. Frankfurt am Main: Campus

Schneider, Werner / Christine Wimbauer / Andreas Hirseland (2006), Das eigene Geld von Frauen – Individualisierung, Geschlechterungleichheit und die symbolische Bedeutung von Geld in Paarbeziehungen. In: H. Bertram / H. Krüger / K. Spieß (Hg.), Wem gehört die Familie der Zukunft? Expertisen zum 7. Familienbericht der Bundesregierung, Opladen: 279-300

Schneider, Norbert F. / Heiko Rüger (2007), Value of Marriage. Der subjektive Sinn der Ehe und die Entscheidung zur Heirat. In: Zeitschrift für Soziologie 36: 131-152

Schnell, Rüdiger (1985), Causa Amoris. Liebeskonzeption und Liebesdarstellung in der mittelalterlichen Literatur. Bern: Francke

Schönauer, Rüdiger (1983), Eheliche Qualität und Stabilität. Ergebnisse und Hypothesen aus der angloamerikanischen Literatur. Materialien zur Bevölkerungswissenschaft, Heft 34. Wiesbaden

Schöningh, Insa (1996), Ehen und ihre Freundschaften. Niemand heiratet für sich allein. Opladen: Leske + Budrich

Schreiber, Lukas (2003), Was lässt Ehen heute (noch) gelingen? Ein Beitrag zur Erforschung posttraditionaler Ehestabilität. Wiesbaden: Westdeutscher Verlag

Schröder, Brigitte / Kurt Hahlweg (1996), Partnerschafts- und Eheprobleme. In: J. Margraf (Hg.), Lehrbuch der Verhaltenstherapie Bd. 2: Störungen – Glossar. Berlin: 283-294

Schröter, Michael (1985), "Wo zwei zusammenkommen in rechter Ehe... ". Sozio- und psychogenetische Eheschließungsvorgänge vom 12. bis 15. Jahrhundert. Frankfurt am Main: Suhrkamp

Schubert, Herbert J. (1990), Mitglieder der erweiterten Familie in persönlichen Hilfenetzen – Ergebnisse einer egozentrierten Netzwerkanalyse. In: Zeitschrift für Familienforschung 2: 176-210

Schülein, Johann A. (1987), "... Vater (oder Mutter) sein dagegen sehr". Über strukturelle Veränderungen von Primärkontakten am Beispiel der frühen Eltern-Kind-Beziehungen. In: Soziale Welt 38: 411-436

Schülein, Johann August (2003), Die Geburt der Eltern. Gießen: Psychosozial-Verlag

Schulz, Florian / Blossfeld, Hans-Peter (2006). Wie verändert sich die häusliche Arbeitsteilung im Eheverlauf? Eine Längsschnittstudie der ersten 14 Ehejahre in Westdeutschland. In: Kölner Zeitschrift für Soziologie und Sozialpsychologie 58: 23-49

Schütz, Alfred (1974), Der sinnhafte Aufbau der sozialen Welt. Eine Einleitung in die verstehende Soziologie. Frankfurt am Main: Suhrkamp (orig. 1932)

Schütz, Alfred / Thomas Luckmann (1975), Strukturen der Lebenswelt. Darmstadt: Luchterhand

Schütz, Astrid (1990), Selbstdarstellung von Politikern: Analyse von Wahlkampfauftritten. Bamberg: Dissertation

Schütze, Yvonne (1986), Die gute Mutter. Zur Geschichte des normativen Musters "Mutterliebe". Hannover: Kleine

Schwab, Dieter (1975), Artikel "Familie". In: Geschichtliche Grundbegriffe Bd. 2. Stuttgart: 253-301

Schwab, Dieter (2007), Familienrecht. 15. Aufl., München: Beck

Schwartz, Gary / Don Merton (1980), Love and Commitment. Beverly Hills: Sage

Schwartz, Judith / Phillip Shaver (1987), Emotions and emotion knowledge in interpersonal relations. In: Advances in Personal Relationships 1: 197-241

Schwartz, Pepper (1996), Peer-Partner: Das ideale Paar. Was Gleichheit im Zusammenleben wirklich bedeutet. Hamburg: Kabel

Schwarz, Karl (1995), In welchen Familien wachsen die Kinder und Jugendlichen in Deutschland auf? In: Zeitschrift für Bevölkerungswissenschaft 20: 271-291

Scott, Marvin B. / Stanford M. Lyman (1976), Praktische Erklärungen. In: M. Auwärter et al. (Hg.), Seminar: Kommunikation, Interaktion, Identität. Frankfurt am Main: 73-114 (orig. 1968)

Secord, Paul F. / Carl W. Backman (1976), Sozialpsychologie. Ein Lehrbuch für Psychologen, Soziologen, Pädagogen. Frankfurt am Main: Fachbuchhandlung für Psychologie (orig. 1974)

Seyfried, Barbara C. (1977), Complementarity in interpersonal attraction. In: S. Duck (Hg.), Theory and Practice in Interpersonal Attraction. London: 165-184

Shamgar-Handelman, Lea (1989), Verwitwung und Witwenschaft in modernen Gesellschaften. In: R. Nave-Herz / M. Markefka (Hg.), Handbuch der Familien- und Jugendforschung. Band 1: Familienforschung. Neuwied: 423-432

Shibutani, Tamotsu (1961), Society and Personality. An Interactionist Approach to Social Psychology. Englewood Cliffs: Prentice-Hall

Shorter, Edward (1977), Die Geburt der modernen Familie. Reinbek: Rowohlt (orig. 1975)

Shorter, Edward (1989), Einige demographische Auswirkungen des postmodernen Familienlebens. In: Zeitschrift für Bevölkerungswissenschaft 15: 221-233

Sickendieck, Ursel (2008), Persönliche Beziehungen am Arbeitsplatz. In: K. Lenz / F. Nestmann (Hg.), Handbuch Persönliche Beziehungen. Weinheim: im Druck

Siebel, Wigand (1984a), Dimensionen der Liebe. In: W. Siebel (Hg.), Herrschaft und Liebe. Zur Soziologie der Familie. Berlin: 151-199

Siebel, Wigand (1984b), Herrschaft und Liebe in der Familie. In: W. Siebel (Hg.), Herrschaft und Liebe. Zur Soziologie der Familie. Berlin: 200-305

Sieder, Reinhard (1995), Sozialgeschichte der Familie. 4. Aufl., Frankfurt am Main: Suhrkamp

Siegert, Michael T. (1977), Strukturbedingungen von Familienkonflikten. Frankfurt am Main: Suhrkamp

Sigusch, Volkmar (2008), Geschichte der Sexualwissenschaft. Frankfurt am Main: Campus

Sillars, Alan L. / Anita L. Vangelisti (2006), Communication: Basic Properties and Their Relevance to Relationship Research. In: A. L. Vangelisti / D. Perlmann (Hg.), The Cambridge Handbook of Personal Relationships. Cambridge: 331-351

Simm, Regina (1987), Partnerschaftsdynamik und Familienentwicklung. Die innere Dynamik von Part-ner- und Familiensystemen und ihre strukturellen Bedingungen und Folgen. Bielefeld: IBS-Materialien Nr. 25

Simm, Regina (1991), Partnerschaft und Familienentwicklung. In: K. Mayer et al. (Hg.), Vom Regen in die Traufe. Frankfurt am Main: 318-340

Simmel, Georg (1983), Soziologie. Untersuchungen über die Formen der Vergesellschaftung. 6. Aufl., Berlin: Duncker & Humblot (orig. 1908)

Simmel, Georg (1985a), Das Relative und das Absolute im Geschlechter-Problem. In: G. Simmel, Schriften zur Philosophie und Soziologie der Geschlechter. hgg. von H.-J. Dahme / K. C. Köhnke. Frankfurt am Main: 200-223 (orig. 1911)

Simmel, Georg (1985b), Fragment über die Liebe. In: G. Simmel, Schriften zur Philosophie und Sozio-logie der Geschlechter. hgg. von H.-J. Dahme / K. C. Köhnke. Frankfurt am Main: 224-281 (aus dem Nachlass, 1. Veröffentlichung: 1921 / 22)

Simmel, Georg (1989), Philosophie des Geldes. Frankfurt am Main: Suhrkamp (orig. 1900)

Simmel, Georg (1994), Grundfragen der Soziologie. Berlin: de Gruyter

Simon, William / John H. Gagnon (1969), On psychosexual development. In: D. A. Goslin (Hg.), Handbook of Socialisation Theory and Research. Chicago: 733-752

Simon, William / John H. Gagnon (1986), Sexual scripts: Permanence and change. In: Archives of Sexual Behavior 15: 97-120

Skolnick, Arlene (1981), Married lives: Longitudinal perspectives on marriage. In: D. H. Eichorn et al. (Hg.), Present and Past in Middle Life. New York: 269-298

Smock, Pamela J. (2000), Cohabition in the United States: An appraisal of research themes, findings and implications. In: Annual Review of Sociology 26: 1-20

Soden, Kristine von (1986), Auf dem Weg zur "neuen Sexualmoral" – die Sexualberatungsstellen der Weimarer Republik. In: J. Geyer-Kordesch / A. Kuhn (Hg.), Frauenkörper, Medizin, Sexualität. Düsseldorf: 237-262

Soden, Kristine von / Maruta Schmidt (Hg.) (1988), Neue Frauen. Die zwanziger Jahre. Berlin: Elefan-ten Press

Sofsky, Wolfgang / Rainer Paris (1991), Figurationen sozialer Macht. Autorität – Stellvertretung – Koalition. Frankfurt am Main: Suhrkamp

Spanier, Graham B. / Robert F. Casto (1979), Adjustment to separation and divorce: A qualitative ana-lysis. In: G. Levinger / O. C. Modes (Hg.), Divorce and Separation. New York: 211-227

Sprecher, Susan / Kathleen McKinney (1993), Sexuality. Newbury Park: Sage

Sprecher, Susan / Pamela C. Regan (1998), Passionate and companionate love in courting and young married couples. In: Sociological Inquiry 68: 163-185

Sprecher, Susan / Pamela C. Regan (2000), Sexuality in a relational context. In: C. Hendrick / S. S. Hendrick (Hg.), Close Relationships. A sourcebook. Thousand Oaks: 217-227

Sprecher, Susan / Sandra Metts (1989), Development of the 'romantic beliefs scale' and examination of the effects of gender and gender-role orientation. In: Journal of Social and Personal Relationships 6: 387-411

Sprey, Jetse (1999), Family dynamics: An essay on conflict and power. In: M. B. Sussman et al. (Hg.), Handbook of Marriage and Family. New York: 667-686

Stalb, Heidrun (2000), Eheliche Machtverhältnisse. Ein Theorievergleich. Herbolzheim: Centaurus

Starke, Kurt / Konrad Weller (2000), Deutsch-deutsche Unterschiede 1980-1996. In: G. Schmidt (Hg.), Kinder der sexuellen Revolution. Kontinuität und Wandel studentischer Sexualität 1966-1996. Gie-ßen: 231-255

Statisisches Bundesamt (2006), Leben in Deutschland. Haushalte, Familien und Gesundheit. Ergebnisse des Mikrozensus 2005. Wiesbaden

Statistisches Bundesamt (2006), Statistisches Jahrbuch für die Bundesrepublik Deutschland 2006. Wiesbaden

Statistisches Bundesamt (2007), Statistisches Jahrbuch der Bundesrepublik Deutschland 2007. Wiesba-den (als pdf auch im Netz verfügbar:
(http:// www.destatis.de/jetspeed/portal/cms/Sites/destatis/SharedContent/Oeffentlich/AI/IC/Publik ationen/Jahrbuch/Statistisches_20Jahrbuch2007,property=file.pdf)

Staupe, Gisela / Lisa Vieth (Hg.) (1996), Die Pille. Von der Lust und von der Liebe. Berlin: Rowohlt

Stearns, Peter N. / Carol Z. Stearns (1985), Emotionology: Clarifying the history of emotions and emotional standards. In: The American Historical Review 90: 813-836

Stegmann, Anne-Katrin / Marina Schmitt (2006), Veränderungen in langjährigen Partnerschaften des mittleren Erwachsenenalters. In: Zeitschrift für Familienforschung 1: 46-65

Stein-Hilbers, Marlene (2000), Sexuell werden. Sexuelle Sozialisation und Geschlechterverhältnisse. Zur Veröffentlichung bearbeitet und herausgegeben von Brigitta Wrede. Opladen: Leske und Budrich

Steinmetz, Suzanne K. (1987), Family violence. In: M. B. Sussman / S. K. Steinmetz (Hg.), Handbook of Marriage and the Family. New York: 725-765

Stengel, Stephan (2007), Liebe im Spielfilm - Romantische Idealisierung oder Spiegel der Alltagswirklichkeit. In: Medien + Erzeihung 51: 97-108

Sternberg, Robert J. (1987), Explorations of love. In: Advances in Personal Relationships 1: 171-196

Sternberg, Robert J. / Mahzad Hojjat (Hg.) (1997), Satisfaction in Close Relationships. New York: Guilford Press

Stich, Jutta (2002), Alleinleben – Chance oder Defizit. Opladen: Leske + Budrich

Stiehler, Steve (2008), Freundschaften unter Erwachsenen. In: K. Lenz / F. Nestmann (Hg.), Handbuch Persönliche Beziehungen. Weinheim: 383-402

Stöbel-Richter, Yve / Kerstin Weidner / Ada Borkenhagen / Ute Kraus / Elmar Brähler (2008), Entwicklungen in der Reproduktionsmedizin – mit welchen Konsequenzen müssen wir uns auseinandersetzen? In: Zeitschrift für Familienforschung 20: 34-61

Stolk, Bram van / Cas Wouters (1987), Frauen im Zwiespalt. Beziehungsprobleme im Wohlfahrtsstaat. Frankfurt am Main: Suhrkamp (orig. 1983)

Straßburger, Gaby (2003), Heiratsverhalten und Partnerwahl im Einwanderungskontext. Eheschließungen der zweiten Migrantengeneration türkischer Herkunft. Würzburg: Ergon

Straus, Florian (2002), Netzwerkanalysen. Gemeindepsychologische Perspektiven für Forschung und Praxis. Wiesbaden

Straus, Florian / Renate Höfer (1997), Entwicklungslinien alltäglicher Identitätsarbeit. In: H. Keupp / R. Höfer (Hg.), Identitätsarbeit heute. Klassische und aktuelle Perspektiven der Identitätsforschung. Frankfurt am Main: 270-307

Straus, Florian / Renate Höfer / Wolfgang Buchholz / Wolfgang Gmür (1987), Die Bewältigung familiärer Probleme im sozialen Netzwerk – Überlegungen zur Praxisrelevanz der Netzwerkperspektive in der Familienarbeit. In: H. Keupp / B. Röhrle (Hg.), Soziale Netzwerke. Frankfurt: 178-198

Straus, Murray A. (1979), Measuring intrafamily conflict and violence: The conflict tactics (CT) scales. In: Journal of Marriage and the Family 41: 75-88

Strauss, Anselm L. (1974), Spiegel und Masken. Die Suche nach Identität. Frankfurt am Main: Suhrkamp (orig. 1959)

Stroebe, Wolfgang (1981), Theorien und Determinanten der zwischenmenschlichen Anziehung. Ein Überblick. In: W. Stroebe (Hg.), Sozialpsychologie, Bd. 2. Darmstadt: 3-55

Surra, Catherine A. (1985), Courtship types: Variations in interdependence between partners and social networks. In: Journal of Personality and Social Psychology 49: 357-375

Surra, Catherine A. / Ted L. Huston (1987), Mate selection as a social transition. In: D. Perlman / S. Duck (Hg.), Intimate Relationships. Newbury Park: 88-120

Swann, William B. (1982), Self-verification: Bringing social reality into harmony with the self. In: J. Suls (Hg.), Psychological Perspectives on the Self. Hillsdale: 33-66

Swann, William B. (1985), The self as architect of social reality. In: B. R. Schlenker (Hg.), The Self and Social Life. New York: 100-125

Swidler, Ann (1980), Love and adulthood in American culture. In: N. J. Smelser / E. Erikson (Hg.), Themes of Work and Love in Adulthood. Cambridge: 120-147

Swidler, Ann (2003), Talk of Love. How Culture matters. Chicago: University Press

Szinovacz, Maximiliane E. (1987), Family power. In: M. B. Sussman / S. K. Steinmetz (Hg.), Handbook of Marriage and the Family. New York: 651-693

Tannen, Deborah (1998), Du kannst mich einfach nicht verstehen. Warum Männer und Frauen aneinander vorbeireden. München. Goldmann (orig. 1990)

Tannen, Deborah (1997), Andere Worte, andere Welten, Kommunikation zwischen Frauen und Männern. Frankfurt am Main: Campus

Teckenberg, Wolfgang (2000), Wer heiratet wen? Sozialstruktur und Partnerwahl. Opladen: Leske + Budrich

Tedeschi, James T. / Nancy Norman (1985), Social power, self-presentation, and the self. In: B. R. Schlenker (Hg.), The Self and Social Life. New York: 293-322

Tenbruck, Friedrich (1989), Freundschaft. Ein Beitrag zur Soziologie der persönlichen Beziehung. In: F. H. Tenbruck, Die kulturellen Grundlagen der Gesellschaft. Opladen: 227-250 (orig. 1964)

Textor, Martin R. (1991), Scheidungszyklus und Scheidungsberatung. Ein Handbuch. Göttingen: Vandenhoeck & Ruprecht

Thagaard, Tove (1997), Gender, power and love. A study of interaction between spouses. In: Acta Sociologica 40: 357-376

Thibaut, John W. / Harold H. Kelley (1959), The Social Psychology of Group. New York: Wiley

Thoits, Peggy A. (1989), The sociology of emotions. In: Annual Review of Sociology 15: 317-342

Thoits, Peggy A. (1990), Emotional deviance: Research agenda. In: T. D. Kemper (Hg.), Research Agendas in the Sociology of Emotions. Albany: 180-203

Tramitz, Christiane (1995), Irren ist männlich. Weibliche Körpersprache und ihre Wirkung auf Männer. München: Goldmann

Treas, Judith / Vern T. Bengtson (1987), The family in later years. In: M. B. Sussman / S. K. Steinmetz (Hg.), Handbook of Marriage and the Family. New York: 625-648

Trost, Jan (1985), What holds marriages together? In: Acta Sociologica 29: 303-310

Trost, Jan (1995), Ehen und andere dyadische Beziehungen. In: B. Nauck / C. Onnen-Isemann (Hg.), Familie im Brennpunkt von Wissenschaft und Forschung. Neuwied: 343ff.

Trotha, Trutz von (1990), Zum Wandel der Familie. In: Kölner Zeitschrift für Soziologie und Sozialpsychologie 42: 452-473

Trotha, Trutz von (1997), Zur Soziologie der Gewalt. In: T. von Trotha (Hg.), Soziologie der Gewalt. Sonderheft 37 der Kölner Zeitschrift für Soziologie und Sozialpsychologie. Opladen: 9-56

Turner, Ralph H. (1970), Family Interaction. New York: Wiley & Sons

Turner, Ralph H. (1976), The real self: from institution to impulsive. In: American Journal of Sociology 81: 989-1016

Tyrell, Hartmann (1982), Familienalltag und Familienumwelt. Überlegungen aus systemtheoretischer Perspektive. In: Zeitschrift für Sozialisationsforschung und Erziehungssoziologie 2: 167-188

Tyrell, Hartmann (1983a), Zwischen Interaktion und Organisation I: Gruppe als Systemtyp. In: F. Neidhardt (Hg.), Gruppensoziologie. Opladen: 75-87

Tyrell, Hartmann (1983b), Zwischen Interaktion und Organisation II: Die Familie als Gruppe. In: F. Neidhardt (Hg.), Gruppensoziologie. Opladen: 362-390

Tyrell, Hartmann (1985), Literaturbericht. In: Bundesministerium für Jugend, Familie und Gesundheit (Hg.), Nichteheliche Lebensgemeinschaften in der Bundesrepublik. Schriftenreihe des BMFJG Bd. 170. Stuttgart: 93-149

Tyrell, Hartmann (1986), Geschlechtliche Differenzierung und Geschlechterklassifikation. In: Kölner Zeitschrift für Soziologie und Sozialpsychologie 38: 450-489

Tyrell, Hartmann (1987), Romantische Liebe – Überlegungen zu ihrer "quantitativen Bestimmtheit". In: D. Baecker et al. (Hg.), Theorie als Passion. Frankfurt am Main: 570-599

Tyrell, Hartmann (1988), Ehe und Familie – Institutionalisierung und Deinstitutionalisierung: In: K. Lüscher et al. (Hg.), Die "postmoderne" Familie, Konstanz: 145-156

Tyrell, Hartmann (1989), Überlegungen zur Universalität geschlechtlicher Differenzierung. In: J. Martin / R. Zoepffel (Hg.), Aufgaben, Rollen und Räume von Frau und Mann. Freiburg: 37-78

Tyrell, Hartmann / Alois Herlth (1994), Partnerschaft versus Elternschaft. In: A. Herlth et al. (Hg.), Abschied von der Normalfamilie? Partnerschaft versus Elternschaft. Berlin: 1-15

Ulich, Dieter (1987), Krise und Entwicklung. Zur Psychologie der seelischen Gesundheit. München: Psychologie Verlags-Union

Ulich, Dieter / Philipp Mayring (2003), Psychologie der Emotionen. Stuttgart: Kohlhammer

Ulich, Dieter / Hans-Peter Kapfhammer (1991), Sozialisation der Emotionen. In: K. Hurrelmann / D. Ulich (Hg.), Neues Handbuch der Sozialisationsforschung. Weinheim: 551-571

Valtin, Renate / Reinhard Fatke (1997), Freundschaft und Liebe. Persönliche Beziehungen im Ost-West-Vergleich und im Geschlechtervergleich. Donauwörth: Auer

Vangelisti, Anita L. / Daniel Perlmann (Hg.) (2006), The Cambridge Handbook of Personal Relationsphips. Cambridge: University Press

Vascovics, Laszlo A. et al. (1998), Lebensverläufe in der Moderne: Ehe und Elternschaft. Eine soziologische Längsschnittstudie zur Lebensgestaltung junger Ehepaare in West- und Ostdeutschland. Opladen: Leske + Budrich

Vaskovics, Laszlo A. / Marina Rupp (1995), Partnerschaftskarrieren. Entwicklungspfade nichtehelicher Lebensgemeinschaften. Opladen: Westdeutscher Verlag

Vaskovics, Laszlo A. / Hanspeter Buba / Marina Rupp (1990), Optionen der Elternschaft und der Lebensgestaltung in nichtehelichen Lebensgemeinschaften. Bamberg: Forschungsbericht

Vaskovics, Lazlo A. / Marina Rupp / Barbara Hoffmann (1997), Lebensverläufe in der Moderne: Nichteheliche Lebensgemeinschaften. Eine soziologische Längsschnittstudie. Opladen: Leske + Budrich

Vaughan, Diane (1988), Wenn Liebe keine Zukunft mehr hat. Reinbek: Rowohlt (orig. 1986)

Venn, Susann (2007), 'It's okay for a man to snore': the influence of gender on sleep disruption in couples, Sociological Research Online, 12 (5) http://www.socresonline.org.uk/12/5/1.html.

Veroff, Josoph / Amy M. Young / Heather M. Coon (1997), The early years of marriage. In: S. Duck (Hg.), Handbook of Personal Relationships. 2. Aufl., Chicester: 431-450

Vincent, Jean-Didier (1992), Biologie des Begehrens. Wie Gefühle entstehen. Reinbek: Rohwohlt

Vögler, Gisela (Hg.) (1985), Die Braut: geliebt, verkauft, geraubt. Zur Rolle der Frau im Kulturvergleich. Köln: Rautenstrauch-Jöst-Museum

Vowinckel, Gerhard (1989), Zivilisationsformen der Affekte und ihres körperlichen Ausdrucks. In: Zeitschrift für Soziologie 18: 362-377

Vuchinich, Samuel (1987), Starting and stopping spontaneous family conflicts. In: Journal of Marriage and the Family 49: 591-601

Vuchinich, Samuel (1990), The sequential organization of closing in verbal family conflict. In: A. D. Grimshaw (Hg.), Conflict Talk. Sociolinguistic Investigations of Arguments in Conversations. Cambridge: 118-138

Wagner, Michael (1997), Scheidung in Ost- und Westdeutschland. Zum Verhältnis von Ehestabilität und Sozialstruktur seit den 30er Jahren. Frankfurt am Main: Campus

Wagner, Michael (2001), Soziale Differenzierung, Gattenfamilie und Ehesolidarität. In: J. Huinink / K. P. Strohmeier / M. Wagner (Hg.), Solidarität in Partnerschaft und Familie. Würzburg: 19-42

Wagner, Michael / Bernd Weiß (2003), Bilanz der deutschen Scheidungsforschung. Versuch einer Meta-Analyse. In: Zeitschrift für Soziologie 32: 29-49

Wagner, Michael / Bernd Weiß (2005), Konflikte in Partnerschaften. Erste Befunde der Kölner Befragung. In: Zeitschrift für Familienforschung 17: 217-250

Wahl, Klaus / Jutta Stich / Gerlinde Seidenspinner (1989), Das Innenleben der modernen Familien – Messungen auf schwierigem Terrain: In: Deutsches Jugendinstitut (Hg.), Familienalltag. Reinbek: 24-53

Walker, Lenore E. (1979), The Battered Women. New York: Harper & Row

Waller, Willard W. (1967), Old Love and the New: Divorce and Readjustment (orig. 1930). London: Southern Illinois University Press

Waller, Willard W. (1970), On The Family, Education, and War. Selected Writings. Chicago: University of Chicago Press (orig. 1930)

Wallerstein, Judith / Sandra Blakeslee (1988), Gewinner und Verlierer. Frauen, Männer, Kinder nach der Scheidung. München: Knaur

Wallerstein, Judith / Sandra Blakeslee (1996), Gute Ehen. Wie und warum die Liebe dauert. Weinheim: Beltz Quadriga

Wallerstein, Judith / Julia Lewis / Sandra Blakeslee (2002), Scheidungsfolgen – Die Kinder tragen die Last. Eine Langzeitstudie über 25 Jahre. Münster: Votum

Walper, Sabine (1998), Die Individuation in Beziehungen zu beiden Eltern bei Kindern und Jugendlichen aus konfliktbelasteten Kernfamilien und Trennungsfamilien. In: Zeitschrift für Soziologie der Erziehung und Sozialisation 18: 134-151

Walper, Sabine / Beate Schwarz (Hg.) (1999), Was wird aus den Kindern? Chancen und Risiken für die Entwicklung von Kindern aus Trennungs- und Stieffamilien. Juventa

Walster, Elaine / Vera Aronson / Darcy Abrahams / Leon Rottmann (1966), Importance in physical - attractiveness in dating behavior. In: Journal of Personality and Social Psychology 4: 508-516

Watt, Ian (1974), Der bürgerliche Roman. Aufstieg einer Gattung. Defoe – Richardson – Fielding. Frankfurt am Main: Suhrkamp (orig. 1957)

Watzlawick, Paul / Janet H. Beavin / Don D. Jackson (1969), Menschliche Kommunikation. Formen, Störungen, Paradoxien. Bern: Huber (orig. 1967)

Watzlawick, Paul / John H. Weakland / Richard Fisch (1972), Lösungen. Bern: Huber (orig. 1971)

Weber, Max (1972), Zwischenbetrachtung: Theorie der Stufen und Richtungen religiöser Weltablehnung. In: Gesammelte Aufsätze zur Religionssoziologie. Bd. 1. Tübingen: 536-573.

Weber, Max (1976), Wirtschaft und Gesellschaft. 5. Aufl., Tübingen: Mohr (orig. 1922)

Weber, Thomas P. (2003), Soziobiologie. Frankfurt am Main: Fischer

Weigert, Andrew J. / J. Smith Teitge / Dennis W. Teitge (1986), Society and Identity. Toward a Sociological Psychology. Cambridge: Cambridge University Press

Weinstein, Eugene A. / Paul Deutschberger (1963), Some dimensions of altercasting. In: Sociometry 26: 454-466

Weinstein, Eugene A. / Paul Deutschberger (1964), Tasks, bargains and identities in social interaction. In: Social Forces 42: 451-456

Weiss, Robert S. (1980), Trennung vom Ehepartner. Stuttgart: Klett (orig. 1975)

Welter-Enderlin, Rosemarie (1992), Paare – Leidenschaft und lange Weile. Frauen und Männer in Zeiten des Übergangs. München: Piper

Werking, Kathy J. (1997), Cross-sex friendship research as ideological practice. In: S. Duck (Hg.), Handbook of Personal Relationships. 2. Aufl., Chichester

Werner, Carol M. / Irwin Altman / Barbara B. Brown / Joseph Ginat (1993), Celebrations in personal relationships. In: S. Duck (Hg.), Social Contexts and Relationships. Newbury Parks: 109-138

West, Candace / Don H. Zimmerman (1987), Doing Gender. In: Gender & Society 1: 125-151

Wetzels, Peter et al. (1995), Kriminalität im Leben alter Menschen. Stuttgart: Kohlhammer

Wharton, Amy S. (2005), The Sociology of Gender. An Introduction to Theory and Research. Malden: Blackwell

Whitchurch Gail G. / Fran C. Dickson (1999), Family Communication. In: M. B. Sussman et al. (Hg.), Handbook of Marriage and Family. New York: 687-704

White, Lynn K. (1990), Determinants of divorce: A review of research in the eighties. In: Journal of Marriage and the Family 52: 904-912

White, Lynn K. / Alan Booth / John N. Edwards (1986), Children and marital happiness: Why the negative correlation? In: Journal of Family Issues 7: 131-147

Whyte, Martin King (1990), Dating, Mating and Marriage. New York: de Gruyter

Wiese, Leopold von (1966), System der Allgemeinen Soziologie als Lehre von den sozialen Prozessen und den sozialen Gebilden der Menschen (Beziehungslehre). Berlin: Duncker & Humblot (orig. 1924)

Wilcox, Brian (1990), Soziale Unterstützung bei der Bewältigung von zerbrochenen Ehen – eine Netzwerkanalyse. In: C. Schmerl / F. Nestmann (Hg.), Ist Geben seliger als Nehmen? Frankfurt: 192-214 (orig. 1981)

Willems, Herbert (1997), Rahmen und Habitus. Zum theoretischen und methodischen Ansatz Erving Goffmans: Vergleiche, Anschlüsse und Anwendungen. Frankfurt am Main: Suhrkamp

Willi, Jürg (1985), Die Koevolution. Reinbek: Rowohlt

Willi, Jürg (1991), Was hält Paare zusammen? Der Prozess des Zusammenlebens in psycho-ökologischer Sicht. Reinbek: Rowohlt

Willi, Jürg (1997), Die Zweierbeziehung. Reinbek: Rowohlt (orig. 1975)

Willi, Jürg (2004), Psychologie der Liebe. Persönliche Entwicklung durch Partnerbeziehungen. Reinbek: Rowohlt

Wilmot, William W. (1975), Dyadic Communication: A Transactional Perspective. Reading: Addison-Wesley

Wimbauer, Christine (2003), Geld und Liebe. Zur symbolischen Bedeutung von Geld in Paarbeziehungen. Frankfurt / Main: Campus

Wimbauer, Christine / Annette Henninger / Markus Gottwald (2007), 'Liebe', Arbeit, Anerkennung – (Un-)Gleichheit in Doppelkarriere-Paaren. In: C. Wimbauer / A. Henninger / M. Gottwald (Hg.), Die Gesellschaft als "institutionalisierte Anerkennungsordnung" – Anerkennung und Ungleichheit in Paarbeziehungen, Arbeitsorganisationen und Sozialstaat. Opladen & Farmington Hills: 33-65

Winch, Robert F. (1958), Mate Selection. A Study in Complementary Needs. New York: Harper

Winch, Robert F. (1967), Another look at the theory of complementary needs in mate-selection. In: Journal of Marriage and the Family 29: 756-762

Wirth, Heike (2000), Bildung, Klassenlage und Partnerwahl. Opladen: Leske + Budrich

Wolin, Steven J. / Linda A. Bennett (1984), Family Rituals. In: Family Process 23: 401-421

Wolper, Sabine / Mari Krey (2008), Familienbeziehungen nach Trennungen. In: K. Lenz / F. Nestmann (Hg.), Handbuch Persönliche Beziehungen. Weinheim: 716-746

Woods, Julia T. (1999), Gendered Lives. Communication, Gender and Culture. 3. Aufl., Belmont: Wadsworth

Woods, Julia T. (2000), Gender and Personal Relationships. In: C. Hendrick / S. S. Hendrick (Hg.), Close Relationships. A Sourcebook. Thousand Oaks: 301-313

Woods, Julia T. (2001), The Normalization of Violence in Heterosexual Romantic Relationships: Women's Narratives of Love and Violence. In Journal of Social and Personal Relationships 18: 239-261

Woods, Julia T. (2004), Monsters and victims: Male felons' accounts of intimate partner violence. In: Journal of Social and Personal Relationships 2004 21: 555-576

Woods, Julia T. (Hg.) (1996), Gendered Relationships. Mountain View: Mayfield

Worden, W. (1987), Beratung und Therapie in Trauerfällen. Bern: Huber

Wouters, Cas (1986), Informalisierung und Formalisierung der Geschlechterbeziehungen in den Niederlanden. In: Kölner Zeitschrift für Soziologie und Sozialpsychologie 38: 510-528

Wouters, Cas (1997): Wandlungen der Lustbalance: Sexualität und Liebe seit der sexuellen Revolution. In: G. Klein / K. Liebsch (Hg.), Zivilisierung des weiblichen Ich. Frankfurt am Main: S. 72-305

Wunderer, Eva (2005), Partnerschaft zwischen Anspruch und Wirklichkeit: Anforderungen von Ehepartnern und ihre Wirkung in der Ehebeziehung. In: Zeitschrift für Familienforschung 3: 308-333

Wunderer, Eva / Klaus Schneewind / Christina Grandegger / Gabi Schmid (2001), Ehebeziehungen. Eine Typologie auf Basis von Paarklima-Skalen. In: Zeitschrift für Familienforschung, 13: 74-95

Wyss, Eva Lia (2000), Intimität und Geschlecht. Zur Syntax und Pragmatik der Anrede im Liebesbrief des 20. Jahrhunderts. In: D. Elmiger / E. L. Wyss (Hg.), Sprachliche Gleichstellung von Frau und Mann in der Schweiz. La féminisation de la langue en Suisse. La femminilizzazione della lingua in Svizzera. L'egualitad linguistica da dunna ed um en Svizra. Ein Überblick und neue Perspektiven. Neuenburg: 187-210

Yllo, Kersti / Murray A. Straus (1981), Interpersonal violence among married and unmarried couples. In: Family Relations 40: 339-347

Ziegler, Rolf (1985), Bildungsexpansion und Partnerwahl. In: S. Hradil (Hg.), Sozialstruktur im Umbruch. Leverkusen: 85-106

Sachregister

Theorie

Dirk Baecker (Hrsg.)

**Schlüsselwerke
der Systemtheorie**
2005. 352 S. Geb. EUR 24,90
ISBN 978-3-531-14084-1

Ralf Dahrendorf

Homo Sociologicus
Ein Versuch zur Geschichte,
Bedeutung und Kritik der Kategorie
der sozialen Rolle
16. Aufl. 2006. 126 S. Br. EUR 14,90
ISBN 978-3-531-31122-7

Shmuel N. Eisenstadt

**Die großen Revolutionen und
die Kulturen der Moderne**
2006. 250 S. Br. EUR 34,90
ISBN 978-3-531-14993-6

Shmuel N. Eisenstadt

Theorie und Moderne
Soziologische Essays
2006. 607 S. Geb. EUR 49,90
ISBN 978-3-531-14565-5

Axel Honneth /
Institut für Sozialforschung (Hrsg.)

**Schlüsseltexte der
Kritischen Theorie**
2006. 414 S. Geb. EUR 34,90
ISBN 978-3-531-14108-4

Niklas Luhmann

Beobachtungen der Moderne
2. Aufl. 2006. 220 S. Br. EUR 24,90
ISBN 978-3-531-32263-6

Uwe Schimank

**Differenzierung und Integration
der modernen Gesellschaft**
Beiträge zur akteurzentrierten
Differenzierungstheorie 1
2005. 297 S. Br. EUR 29,90
ISBN 978-3-531-14683-6

Uwe Schimank

**Teilsystemische Autonomie
und politische Gesellschafts-
steuerung**
Beiträge zur akteurzentrierten
Differenzierungstheorie 2
2006. 307 S. Br. EUR 29,90
ISBN 978-3-531-14684-3

Jürgen Raab / Michaela Pfadenhauer /
Peter Stegmaier / Jochen Dreher /
Bernt Schnettler (Hrsg.)

Phänomenologie und Soziologie
Theoretische Positionen, aktuelle Problemfelder und empirische Umsetzungen
2008. 415 S. Br. EUR 29,90
ISBN 978-3-531-15428-2

Erhältlich im Buchhandel oder beim Verlag.
Änderungen vorbehalten. Stand: Juli 2008.

www.vs-verlag.de

VS VERLAG FÜR SOZIALWISSENSCHAFTEN

Abraham-Lincoln-Straße 46
65189 Wiesbaden
Tel. 0611.7878 - 722
Fax 0611.7878 - 400